ISBN 978-0-265-93432-6
PIBN 10376042

HISTOIRE GÉNÉRALE DE PARIS

COLLECTION DE DOCUMENTS

PUBLIÉE

SOUS LES AUSPICES DE L'ÉDILITÉ PARISIENNE

ÉPITAPHIER DU VIEUX PARIS

HISTOIRE GÉNÉRALE DE PARIS

ÉPITAPHIER
DU VIEUX PARIS

RECUEIL GÉNÉRAL DES INSCRIPTIONS FUNÉRAIRES

DES ÉGLISES, COUVENTS, COLLÈGES, HOSPICES, CIMETIÈRES ET CHARNIERS

DEPUIS LE MOYEN ÂGE JUSQU'À LA FIN DU XVIIIe SIÈCLE

FORMÉ ET PUBLIÉ

PAR ÉMILE RAUNIÉ

TOME IV

SAINT-EUSTACHE — SAINTE-GENEVIÈVE-LA-PETITE

N°s 1512 À 2053

REVU ET MIS AU POINT

PAR MAX PRINET

PARIS

IMPRIMERIE NATIONALE

MDCCCCXIV

VILLE DE PARIS.

COMMISSION DES TRAVAUX HISTORIQUES.

MEMBRES DE DROIT.

MM. LE PRÉFET DE LA SEINE.

LE PRÉSIDENT DU CONSEIL MUNICIPAL.

LE SECRÉTAIRE GÉNÉRAL DE LA PRÉFECTURE DE LA SEINE.

LE DIRECTEUR ADMINISTRATIF DES TRAVAUX DE PARIS.

LE DIRECTEUR DE L'ENSEIGNEMENT PRIMAIRE.

L'INSPECTEUR DES TRAVAUX HISTORIQUES, CONSERVATEUR DE LA BIBLIOTHÈQUE DE LA VILLE DE PARIS.

MEMBRES NOMMÉS PAR LE PRÉFET.

MM. GUIFFREY (JULES), O. ✳, I. ✺, membre de l'Académie des Beaux-Arts, Administrateur honoraire de la Manufacture nationale des Gobelins.

DE LASTEYRIE (ROBERT), O. ✳, I. ✺, membre de l'Académie des Inscriptions et Belles-Lettres, Professeur honoraire à l'École des Chartes.

SERVOIS (GUSTAVE), O. ✳, Directeur honoraire des Archives de France.

VIOLLET (PAUL), ✳, I. ✺, membre de l'Académie des Inscriptions et Belles-Lettres, Professeur à l'École des Chartes.

TUETEY (ALEXANDRE), O. ✳, I. ✺, Conservateur aux Archives nationales.

HÉRON DE VILLEFOSSE (ANTOINE), O. ✳, membre de l'Académie des Inscriptions et Belles-Lettres, Conservateur au Musée du Louvre.

TOURNEUX (MAURICE), O. ✳, homme de lettres.

LACOMBE (PAUL), ✳, Bibliothécaire honoraire à la Bibliothèque nationale.

LAMBELIN (ROGER), ✳, publiciste, ancien Conseiller municipal.

OMONT (HENRI), ✳, I. ✺, membre de l'Académie des Inscriptions et Belles-Lettres, Conservateur du département des manuscrits à la Bibliothèque nationale.

JULLIAN (CAMILLE), O. ✳, I. ✺, membre de l'Académie des Inscriptions et Belles-Lettres, Professeur au Collège de France.

PICOT (ÉMILE), ✳, membre de l'Académie des Inscriptions et Belles-Lettres.

PROU (MAURICE), ✳, membre de l'Académie des Inscriptions et Belles-Lettres, Professeur à l'École des Chartes.

COMMISSION DES TRAVAUX HISTORIQUES.

MM. LE GRAND (Léon), I. ✪, Conservateur adjoint aux Archives nationales.

STEIN (Henri), I. ✪, Conservateur adjoint aux Archives nationales.

BUREAU.

MM. LE PRÉFET DE LA SEINE, *Président.*

SERVOIS, *Vice-Président.*

GUIFFREY, *Vice-Président.*

POËTE (Marcel), I. ✪, Inspecteur des Travaux historiques, Conservateur de la Bibliothèque de la Ville de Paris, *Secrétaire.*

AVERTISSEMENT.

Au moment de la mort de M. Raunié, survenue le 28 septembre 1911, l'impression du présent volume était fort avancée. Les Épitaphes de l'église Saint-Eustache, les Notices et les Épitaphes des églises des Feuillantines, des Feuillants du faubourg Saint-Honoré, des Feuillants du faubourg Saint-Michel et des Filles-Dieu étaient mises en pages, comme la partie de la Notice de l'abbaye de Sainte-Geneviève qui va jusqu'à l'année 1636. La Notice de l'église Saint-Eustache, les Épitaphes de l'abbaye de Sainte-Geneviève et tout l'article concernant Sainte-Geneviève-la-Petite étaient en placards.

Chargé de terminer la publication, j'ai considéré comme définitif tout le texte mis en pages : je n'y ai apporté d'autres changements que ceux que rendaient nécessaires des erreurs évidentes. J'ai supposé que, dans la pensée de l'auteur, le texte qui se trouvait en placards était destiné à subir des remaniements; j'y ai fait les modifications qui m'ont semblé utiles. Enfin, n'ayant eu connaissance d'aucun manuscrit de M. Raunié, j'ai rédigé les parties du volume qui n'étaient pas représentées par des épreuves.

19 avril 1913.

Max PRINET.

ÉPITAPHIER
DU VIEUX PARIS.

L'église Saint-Eustache en 1632 [1].

ÉGLISE PAROISSIALE
DE SAINT-EUSTACHE.

NOTICE HISTORIQUE.

L'église de Saint-Eustache ne fut à l'origine qu'une modeste chapelle dédiée sous le titre de Sainte-Agnès [2]. Il paraît vraisemblable que cette chapelle avait été construite dans les dernières années du XIIe siècle, à peu près à l'époque où

[1] D'après Silvestre.

[2] Le territoire de la paroisse Saint-Eustache avait fait partie de la paroisse Saint-Germain-l'Auxerrois, comme l'indique le document suivant :

«L'église Sainct Germain de l'Auxerrois estoit anciennement une grande et ample paroisse qui s'estendoit depuis le Pont au Change jusques à Sainct Cloud, depuis Sainct Cloud à Sainct Ouyn, et de

s'achevait, sur la rive droite de la Seine, la construction du mur d'enceinte de Philippe Auguste.

D'après une ancienne tradition, la chapelle de Sainte-Agnès aurait été fondée par un bourgeois de Paris, Jean Alais, en expiation de ce qu'il avait été l'auteur d'un impôt mis sur chaque panier de poisson de mer qui se vendait aux Halles[1]. Il est possible que Jean Alais ait contribué de ses deniers à la fondation de cet oratoire, mais il paraît très vraisemblable que ce fut le doyen de Saint-Germain-l'Auxerrois qui prit l'initiative de sa construction, autant pour faciliter l'assistance aux offices à la population qui commençait à se grouper dans un quartier quelque peu éloigné de son église, que pour conserver sous sa juridiction spirituelle ceux de ses paroissiens que la construction du nouveau mur d'enceinte avait en quelque sorte séparés de Saint-Germain-l'Auxerrois. Aussi, dès que la nouvelle chapelle eut été bâtie, y fit-il célébrer le service religieux par des chanoines de l'église collégiale.

Lorsque les offrandes faites par les fidèles dans la nouvelle chapelle furent de quelque importance, les chanoines qui étaient chargés du service trouvèrent juste d'en réclamer leur part. Mais le doyen de Saint-Germain qui, dès le principe, se les était adjugées intégralement, refusa de leur donner satisfaction. D'un commun accord, les deux parties portèrent le différend devant l'abbé de Sainte-Geneviève et le doyen de Chartres, pris comme arbitres. Par leur sentence du mois de février 1214[2], ceux-ci décidèrent que du moment où le doyen faisait

---

Sainct Ouyn à la Belle Croix du Landy, retournant par la chaussée jusques au Pont au Change..... mais au dedans de ces confrontations ont esté erigées, par Maurice, évesque de Paris, les paroisses.....

« Où a present est l'eglise Sainct Eustache souloit estre la chapelle Sainct Agnès, depuis errigée en cure et paroisse, de laquelle le doien de Sainct Germain est le vray curé, auquel anciennement appartenoit tout le revenu fruictz et prouffictz d'icelle cure, qui a cy devant esté uny à la manse capitulaire par don et concession faicte par le doïen d'icelle eglise; et ne fut la chappelle de Sainct Agnès errigée en paroisse que environ l'an 1223.... » (Arch. nat., L 573, n° 12.)

[1] « Je n'ai pu découvrir ni l'origine de cette église ni le nom de son fondateur. Une opinion vulgaire veut que Jean Alais ait fait construire en cet endroit une chapelle sous l'invocation de sainte Agnès, *en satisfaction d'avoir été le premier auteur de l'impôt d'un denier sur chaque panier de poisson qui arrivoit aux Halles.* Il la porta encore plus loin, car selon ces mêmes auteurs il voulut que son corps fût geté

après sa mort dans un cloaque où se perdoient les eaux et les immondices des Halles et que nous avons vu, il y a quelques années, au bas de la rue Montmartre et de la rue Traînée, couvert d'une pierre élevée qu'on nommait *le Pont Alais.*

« Je crois qu'on ne doit pas ajouter plus de foi à l'auteur anonyme de la vie de Saint-Eustase, abbé de Luxeu, qui prétend qu'il y avoit une chapelle sous son invocation, à l'orient de Sainte Agnès et que le peuple l'appeloit S. *Eustache*, et anciennement S. *Witasse* ou S. *Vitase* ou S. *Huitace.* » (Jaillot, t. II, art. vii, p. 27.)

[2] « Nos J., abbas sancte Genovefe, et B., carnotensis ecclesie dictus decanus, arbitri electi a decano Sancti Germani autissiodorensis, Parisius, ex una parte, et canonicis ejusdem ecclesie, ex altera, in causis que inter eos vertebantur, videlicet de justitia seculari terre Sancti Germani..., et super oblationibus que fiunt in quatuor diebus, videlicet in nativitate Domini, in duabus primis missis et in die Passionis Domini et in die Pasche et in die Pentecostes, quas dicebant canonici debere esse communes sibi et clericis chori Sancti Germani,

célébrer les offices dans la chapelle de Sainte-Agnès, il devait partager avec les chanoines et les clercs les offrandes faites les jours de la Passion, de Pâques et de la Pentecôte et aux deux premières messes de la fête de Noël. Ils le condamnèrent en outre à restituer la part qu'il avait indûment perçue, depuis que le différend avait été soulevé, à raison d'une somme de vingt sous par an.

Lorsque les fonctions curiales de l'église Saint-Germain-l'Auxerrois eurent été attribuées par le doyen à un vicaire perpétuel, ce prêtre se trouva en conséquence chargé des offices de la chapelle de Sainte-Agnès, et il ne tarda pas à soulever des difficultés au sujet de ce ministère qui ne lui valait aucune rétribution. Il contesta les droits du doyen sur cette chapelle, et il semble même qu'il réclama la division de la paroisse de Saint-Germain, en vue de constituer, à Sainte-Agnès, une paroisse distincte dont il fût devenu titulaire. Le doyen de Saint-Germain, tout naturellement, se refusa à admettre ces prétentions. Ce nouveau différend fut soumis à l'arbitrage de l'évêque de Paris, de l'un de ses archidiacres et du doyen de Saint-Marcel, qui, par leur sentence du mois de décembre 1216, déboutèrent le vicaire perpétuel de ses réclamations, en stipulant que le doyen de Saint-Germain conserverait dans la chapelle de Sainte-Agnès les mêmes droits que dans son église, de façon que la paroisse ne fût pas démembrée, et que le vicaire continuerait à rester chargé du service religieux de la chapelle de Sainte-Agnès [1].

Il ne semble pas d'ailleurs que cette décision ait rendu le vicaire perpétuel beaucoup plus traitable, puisqu'il persista à soulever des difficultés au sujet de

lite coram nobis contestata,... ita dicimus et pronuntiamus : ... De petitione vero oblationum capelle Sancte Agnetis ita dicimus quod decanus ita provideat quod in supradictis quatuor festivitatibus non faciat celebrari in illa capella, sicque canonici vel clerici amittant oblationes quas in supradictis quatuor festivitatibus consueverunt recipere in majori ecclesia Sancti Germani ; aut si hoc non fecerit, oblationes que fient in capella Sancte Agnetis in nativitate Domini, antequam due misse celebrentur in ecclesia Sancti Germani, et illas que fient in die Passionis Domini et in die Paschæ et in die Pentecostes restituat canonicis pro parte sua et in hoc ipsis canonicis decanum condempnamus. Condempnamus etiam eum quod a tempore litis more receptas oblationes in illa capella restituat canonicis pro parte sua.... Illas autem oblationes omnes pro tempore preterito estimamus viginti solidos per annum. Actum anno Domini 1213°, mense februario. » (Arch. nat., LL 387, fol. 25 ; — Félibien, t. III, p. 96.)

[1] «Petrus, Dei gratia parisiensis episcopus, E., archidiaconus, M., decanus Sancti Marcelli parisiensis, omnibus presentes litteras inspecturis salutem in Domino. Notum facimus quod cum in nos compromissum fuisset, pro bono pacis, sub pœna quadraginta marcharum argenti, nichilominus præfato [l. præstito] juramento a dilectis nostris E., decano Sancti Germani autissiodorensis, ex parte una, et magistro Galtero, presbytero predicte ecclesie, ex alia, super ordinatione et servitio et super divisione parochiæ Sancti Germani, necnon et super capellis Sancte Agnetis et de Turre, et quid juris ad decanum et quid ad presbyterum Sancti Germani in iis omnibus pertineret, tandemque cum diutius tractassemus de pace, nec pervenire aliquatenus potuisset, nos, de bonorum virorum consilio, diffinitive pronuntiavimus quod decanus Sancti Germani prorsus idem juris habeat in capella Sancte Agnetis et de Turre quod habet in ecclesia Sancti Germani autissiodorensis, ita quod parochia Sancti Germani, sicut antea remaneat indivisa ; insuper presbyter Sancti Germani in capellis Sancte Agnetis et de Turre faciet deserviri. Actum anno Domini m cc xvi, mense decembri. » (Félibien, t. III, p. 97.)

l'exercice des droits du doyen dans sa propre église et que l'évêque de Paris, Guillaume de Seignelay, dut intervenir pour mettre un terme à des contestations incessamment renouvelées et fixer, en l'année 1223, par un règlement détaillé, les prérogatives et les obligations réciproques du doyen et de son vicaire [1].

Ce fut sans doute peu de temps après que le doyen de Saint-Germain, rassuré pour l'avenir sur l'exercice de ses droits, dont ses subordonnés ne pouvaient plus contester la validité, jugea nécessaire, en raison de l'accroissement du nombre des habitants qui se fixaient auprès de la chapelle de Sainte-Agnès, de la transformer en une paroisse dont il confia la direction à un vicaire spécial astreint aux mêmes charges et aux mêmes obligations que celui de Saint-Germain-l'Auxerrois [2]. La nouvelle paroisse prit dès lors le titre de Saint-Eustache, en langage du temps, Saint-Huitace ou Saint-Witasse.

En 1228, la fondation de deux chapelles faite, à Saint-Eustache, par Guillaume Point-l'Asne [3], provoqua un conflit entre le doyen de Saint-Germain

[1] In nomine patris et filii et spiritus sancti, Amen. Guillermus, Dei gracia episcopus, et magistri Johannes de Monte mirabili et Herbertus, canonici parisienses, omnibus presentes litteras inspecturis salutem in Domino. Notum facimus quod cum inter magistrum Symonem, presbyterum Sancti Eustachii parisiensis, ex una parte, et Wuillermum, decanum Sancti Germani autisiodorensis parisiensis, ex altera, contentio verteretur super eo quod dictus presbiter asserebat omnes oblationes et obventiones ecclesie Sancti Eustachii ad presbiterum Sancti Eustachii pertinere de jure communi, predicto decano e contrario allegante et dicente decanum Sancti Germani autisiodorensis parisiensis idem jus habere in ecclesia Sancti Eustachii predicta quod habet in ecclesia Sancti Germani autisiodorensis parisiensis, tandem in nos compromiserunt, super hoc fide prestita, promittentes quod quidquid super hoc duxerimus ordinandum firmiter observarent. Nos igitur, visis attestationibus et instrumentis, partibus quoque diligenter et sufficienter auditis in omnibus quecumque proponere voluerunt, prudentum habito consilio, sic ordinando pronunciavimus ut decanus Sancti Germani autisiodorensis habeat idem jus in ecclesia Sancti Eustachii in predictis oblationibus et obventionibus quod habet in ecclesia Sancti Germani autisiodorensis parisiensis, eumdem decanum ab impeticione prefati presbiteri super hiis absolventes. Actum anno Domini M CC XXIII°, mense julio, die jovis proxima ante festum Beate Marie Magdalene. » (Arch. nat., L 572, n° 2.)

[2] «... Augmentato vero populo dictæ parochiæ infra ejus terminos versus partes dictarum capellarum Sancti Agnetis et de Turre, fuit ædificata ecclesia Sancti Eustachii in dicta capella Sanctæ Agnetis et in parochiam erecta, in qua curatus seu vicarius perpetuus quod ministrationem ecclesiasticorum sacramentorum parochianis certæ partis dictæ parochiæ Sancti Germani in qua dicta capella de Turre existebat, eidem pro parochia assignandæ (alias, si sit opus declarandæ), fuit institutus, in quem portio oblationum et proventuum quæ in eadem parte Sancti Germani competebant fuit translata et sibi fuit assignata et non ultra, ceteris oblationibus et proventibus ac juribus parochialibus in dicta parte obvenientibus prædictis decano et capitulo communiter et divisim sicut antea remanentibus et salvis, ortaque controversia inter curatum seu vicarium perpetuum dictæ novæ ecclesiæ Sancti Eustachii, actorem ex una, et decanum Sancti Germani defensorem, parte ex altera, de et super oblationibus et juribus parochialibus in dicta ecclesia Sancti Eustachii et ejus parochia provenientibus, per sententiam domini episcopi parisiensis· extitit judicatum quod ad dictum decanum pertinebant, in ecclesia Sancti Eustachii et ejus parochia, omnia et talia jura sicut sibi in ecclesia Sancti Germani competebant. » (Félibien, t. III, p. 103.)

[3] «Omnibus presentes litteras inspecturis officialis curie parisiensis salutem in Domino. Notum facimus quod Galterus de Bonella, armiger, in nostra presentia constitutus, fide prestita, pignori obligavit per quatuor viginti libras parisiensium ecclesie Sancti

et l'évêque de Paris. L'un et l'autre prétendaient s'attribuer sans réserve le droit de choisir le titulaire du vicariat et des chapelles de cette paroisse. Ardengus, chanoine de Pavie, auquel le pape avait commis le soin de régler ce différend, adopta un moyen terme en prescrivant, par sa sentence du mois d'avril 1228, que la collation de la cure appartiendrait alternativement à l'évêque et au doyen chapitré de Saint-Germain, la première nomination, en cas de vacance, étant attribuée à l'évêque; la même règle devait être appliquée pour les deux chapellenies de Guillaume Point-l'Asne et pour celles qui seraient ultérieurement fondées; le tout, d'ailleurs, sous réserve expresse des droits que le doyen avait sur les offrandes faites dans l'église Saint-Eustache [1].

La perception de ces droits continua à soulever de perpétuelles contestations, le vicaire de Saint-Eustache ne pouvant se résoudre à abandonner au doyen une notable part des revenus de sa paroisse. En 1255, l'évêque de Paris, Renaud de Corbeil, dut intervenir pour mettre un terme à leurs différends par un règlement définitif, que les deux parties acceptèrent et qui était la reproduction à peu près littérale du règlement établi en 1214 pour la paroisse de Saint-Germain-l'Auxerrois.

Aux termes de cet acte, le doyen de Saint-Germain percevait toute la cire offerte à l'église Saint-Eustache, sous réserve de fournir au vicaire perpétuel le luminaire nécessaire pour les offices. Il avait droit aux oblations et aux profits de toutes les messes célébrées dans l'église le jour de la fête patronale et les jours de Toussaint, de la vigile de Noël, de Pâques et de Pentecôte. Toutefois, lorsque des messes de mort étaient célébrées avec présence de corps, durant ces quatre dernières fêtes, le doyen devait partager les offrandes avec le curé.

Eustachii parisiensis, ad opus duarum capellaniarum quas Guillelmus Pungens Asinum instituere proposuit in ecclesia Sancti Eustachii, vel alibi, de consilio domini parisiensis episcopi et amicorum ejusdem Guillelmi, tertiam partem decime de Bureo, cum omni jure quod ibi habebat, et omnibus augmentationibus ejusdem decime, si que in posterum sint facture, de martio in martium, ad petitionem partis que primo petierit redimende... Actum anno Domini 1224°, mense februarii.» (Arch. nat., L 3643).

[1] «In nomine patris et filii et spiritus sancti, amen. Omnibus presentes litteras inspecturis magister Ardengus, canonicus papiensis, Parisiis commorans, salutem in salutis auctore. Cum causa verteretur inter venerabilem patrem G., Dei gratia parisiensem episcopum, ex una parte, et decanum et capitulum sancti Germani autissiodorensis, Parisius, ex alia, super collatione prebendarum et beneficiorum institutorum et instituendorum in ecclesia Beati Honorati, et super juridictione temporali in terra que dicitur terra Sancti Germani, et in terra que dicitur claustrum sancti Germani et super patronatu ecclesie sancti Eustachii et duabus capellaniis institutis à Guillelmo Pungente Asinum, auctoritate litterarum domini Pape, coram nobis et collegis nostris prorogata juridictione, de consensu partium, in nos solum, aliis conjudicibus vices suas nobis specialiter demandantibus...; sic sententialiter diffinimus, ordinamus, disponimus et dicimus et volumus ut... in ecclesia Sancti Eustachii episcopus parisiensis et successores sui canonice instituendi collationem primam, quando primo vacaverit ipsa ecclesia, habebit; secundam collationem, quando secundo vacaverit, habebit decanus et capitulum Sancti Germani; et similiter ordinamus de capellanis institutis a Guillelmo Pungente Asinum et de beneficiis creandis, et sic vicissim conferat uterque, scilicet episcopus et decanus et capitulum, in posterum, reservatis tamen obventionibus decano... Actum anno Domini 1228°, mense aprili.» (Arch. nat., L 643.)

Il partageait de même avec lui les offrandes faites par les voyageurs et par les femmes après leurs relevailles, ainsi que celles des premières messes, et tous les revenus paroissiaux, en général, sauf les vivres donnés au curé, dans le cas où ils n'excédaient pas une valeur de deux sols parisis; pour le surplus il y avait lieu au partage.

Le doyen partageait encore avec le vicaire les oblations volontaires faites à l'occasion des confessions, des baptêmes, des visites et onctions des malades, les legs mobiliers ou immobiliers faits au vicaire à raison de son office, l'argent donné pour la bénédiction des lits nuptiaux ou pour les mariages célébrés aux portes de l'église. Toutefois le vicaire avait la faculté de distribuer à ses chapelains le tiers des deniers provenant des confessions durant le carême.

Lorsque le vicaire était réveillé pendant la nuit pour les fonctions de son ministère, il gardait l'offrande qui lui était faite à cette occasion, si elle n'excédait pas huit deniers; dans le cas contraire, il était astreint au partage pour le surplus. Il pouvait, lorsque les offrandes des services funèbres s'élevaient à deux sols, abandonner deux deniers aux pauvres sans l'autorisation du doyen. Lorsqu'il voulait procéder à quelque mariage hors de son église, il était tenu d'en aviser préalablement le chevecier du doyen.

Le doyen de Saint-Germain avait le droit d'instituer et de destituer les marguilliers et le fossoyeur de Saint-Eustache, qui étaient d'ailleurs tenus de prêter serment d'obéissance au curé pour leur office. Si le curé jugeait qu'ils étaient insuffisants dans le service ou de mauvaise conduite, il lui appartenait d'exiger leur changement.

Le curé avait la faculté de garder par devers lui les livres et les ornements de son église. Comme la fête de Pâques lui donnait, en raison de l'importance des offices, un notable surcroît d'occupation, le chevecier de Saint-Germain devait lui remettre, pour sa peine, dix sous prélevés sur les offrandes, dont la totalité pour ce jour appartenait au doyen.

Le curé et son chapelain étaient tenus, dans les trois jours de leur entrée en fonctions, de jurer au doyen qu'ils remettraient fidèlement, soit au doyen lui-même soit à ses mandataires, la moitié des offrandes et revenus paroissiaux à laquelle il avait droit. Ils devaient s'engager aussi à ne pas faire en sorte que la valeur des legs qui lui seraient faits subit aucune réduction, de telle façon que le doyen pût se trouver lésé pour sa part. Et, afin d'éviter toute fraude sur ce point, il était interdit au curé de prendre à ferme les legs particuliers dont pourraient bénéficier son chapelain ou ses clercs. Lorsqu'il y avait lieu de réclamer un legs à des héritiers, le curé devait aviser le doyen ou son procureur de la valeur dudit legs, afin qu'il lui fût possible, s'il le jugeait utile, d'adjoindre au curé un mandataire pour toucher.

Les troncs où l'on déposait les offrandes communes devaient être pourvus de

deux clefs dont l'une restait entre les mains du curé de Saint-Eustache et l'autre
était remise au doyen.

L'évêque de Paris, en terminant ce minutieux règlement, s'était réservé le droit
de régler ultérieurement toutes les difficultés que pouvait soulever son application et de décider des cas nouveaux ou douteux qui pourraient se présenter. Mais
son intervention ne fut guère invoquée; les deux parties en présence s'adressèrent
fréquemment à la justice civile, et les droits du doyen et du chapitre de Saint-
Germain, constamment méconnus, furent confirmés pendant trois siècles par
de nombreuses sentences du Châtelet et des arrêts du Parlement.

Il convient d'observer que, par voie de conséquence du règlement précédent,
le doyen de Saint-Germain était en possession de conférer les offices de vendeur
de cierges et de porteur d'eau bénite de la paroisse, qu'il avait la faculté de céder
à bail la ferme de ses revenus et d'instituer à Saint-Eustache un chevecier, chargé
de percevoir directement les revenus dont la totalité lui était attribuée, et de surveiller la rentrée et la répartition exacte de ceux dont la moitié seulement lui
était dévolue.

Le règlement de l'évêque Renaud, accepté par les curés de Saint-Eustache,
aurait dû, à ce qu'il semble, mettre un terme à toutes les contestations, puisqu'il
avait nettement défini les droits et prérogatives du doyen. Cependant, avec la
mise en pratique de ce règlement, les difficultés restèrent les mêmes que par le
passé, et ce fut sans doute pour mettre un terme aux ennuis que lui suscitaient
les curés de Saint-Eustache, qu'en l'année 1303, le doyen Remi de Reims, désireux
d'accroître les revenus des chanoines de son église, notablement amoindris depuis
quelques années, leur abandonna tous ses droits sur l'église Saint-Eustache [1]. Cette

(1) «Universis præsentes litteras inspecturis decanus et capitulum ecclesiæ Sancti Germani autissiodorensis, Parisius, salutem in Domino. Conside-
ratione diligenti præhabita circa statum ecclesiæ
predictæ tam ad personas pro divinis officiis sicut
decet agendis in ipsa ecclesia constitutas quam ad
distributiones et emolumenta seu profectus quos
dictæ personæ de bonis dictæ ecclesiæ nomine
stipendiorum percipiunt et percipere consueverunt
de bonis et obventibus ejusdem, videntes et attendentes perceptiones hujusmodi tenues nec tanti
valoris existere quod sufficerent ad sustentationem
dictarum personarum, persona decani dumtaxat
excepta, qui decanus, ratione decannatus de bonis
et obventibus dictæ ecclesiæ percipit et percipere
consuevit abundanter et in valore majori longe
plus quam alii ipsius ecclesiæ servitores.....;
cupientes igitur præmissis quantum in nobis
est occurrere et in statum reformare meliorem,
attentis insuper scripturis dicentibus quod qui
altare servit vivere debet de altari, et qui vo-
catur ad onus non debet repelli a mercede....
sic unanimiter duximus ordinandum, videlicet
quod omnes proventus et obventiones quos et
quas decanus ecclesiæ nostræ Sancti Germani
percipere et habere consuevit, provenientes ab
ecclesiis seu parochiis Sanctorum Salvatoris et
Eustachii, Parisius, levabuntur et percipientur
ex parte et nomine capituli dictæ ecclesiæ, in
augmentum videlicet antiquarum distributionum,
quæ minus tenues existebant, de cetero conver-
tendos, per hunc modum quod decanus qui
pro tempore fuerit in distributionibus de aug-
mento hujusmodi faciendis duplum percipiet,
sicut de aliis distributionibus facere consuevit...
Datum in capitulo, anno Domini 1303°, die Veneris
ante festum beati Johannis Baptistæ.» (Félibien,
t. III, p. 99.)

cession, d'ailleurs, ne changea rien à la situation; le chapitre se substitua purement et simplement au doyen pour la perception des revenus; il éprouva de la
part des curés la même opposition et il apporta peut-être plus d'ardeur encore dans
l'exercice de ses droits.

Le curé Sicard de Besoncelles, qui avait prêté serment au chapitre, en 1334,
après plusieurs injonctions de sa part, imagina pour se soustraire à sa juridiction
de se placer, lui et son clergé, sous la sauvegarde royale. Fort des lettres qu'il
avait obtenues à cet effet, il avait fait apposer sur l'église les panonceaux du roi.
Le chapitre de Saint-Germain n'eut pas de peine à obtenir des lettres contraires,
qu'il fit signifier sans retard au curé, en ordonnant l'enlèvement des panonceaux.

Un différend beaucoup plus grave surgit, à la fin du xve siècle, entre le curé
Jacques Petit et le chapitre, à propos de la destitution du clerc de la paroisse. Le
curé, qui contestait sur ce point les droits du chapitre, porta l'affaire au Châtelet
et obtint gain de cause. Mais le chapitre s'aperçut que le curé n'avait obtenu un
arrêt en sa faveur qu'à l'aide d'un document dont le texte avait été altéré et, sous
ce prétexte, il le fit emprisonner comme faussaire. Le roi dut intervenir pour
mettre un terme à ce scandale. Par ses lettres du 30 août 1403, il déclara qu'il
n'y avait pas lieu de poursuivre le curé, mit les parties hors de cour et imposa si-
lence sur cette affaire. Jacques Petit, qui avait suffisamment éprouvé les rigueurs
du chapitre, se décida à transiger; il renonça au bénéfice de l'arrêt précédemment
obtenu et s'engagea à observer désormais le règlement de l'évêque Renaud. Le
1er avril 1405, une sentence du prévôt de Paris confirma cet accord.

La présence du chevecier de Saint-Germain dans l'église de Saint-Eustache
provoqua, un siècle plus tard, l'opposition du curé Antoine de Paris. Le différend
fut porté devant le Parlement, qui, par un arrêt du 7 septembre 1504, confirma
sur ce point les droits du chapitre.

Il semble que, pour restreindre le plus possible les sujets de discussion, le chapitre aurait dû donner au curé de Saint-Eustache la ferme de ses revenus, moyennant une redevance qu'il lui eût été loisible de fixer à son gré. Mais cette solution si
rationnelle ne fut pas appliquée d'une manière constante par le chapitre. En 1482
et 1486, il avait fait un premier essai dans ce sens, en donnant cette ferme au
curé Jean Louet. En 1496, lorsque Jean Balue fut appelé à la cure, il demanda
la cession de la ferme; le chapitre la lui refusa et préféra instituer un chevecier
pour un an, après quoi il prit de nouveau des tiers comme fermiers. En 1534,
Balue, qui était devenu curé pour la seconde fois, finit par obtenir satisfaction;
on lui céda la ferme moyennant une redevance de 200 livres parisis, payable en
deux termes. Avec Jean Le Coq, neveu et successeur de Balue, le chapitre se
montra plus traitable : il se décida à lui céder définitivement la ferme, pendant
tout le temps qu'il serait en fonctions, pour une somme de 300 livres tournois,

payable en quatre termes; par exception, la redevance de la première année fut réduite à 250 livres[1].

Le bail se poursuivit désormais par tacite reconduction avec le successeur de Jean Le Coq, René Benoist. Mais, en 1570, le chapitre, qui jugeait la redevance insuffisante, réclama la moitié des revenus, que le curé refusa de lui payer. Une sentence du Châtelet, rendue le 15 mars 1571, consacra néanmoins les droits du chapitre en décidant que les arrêts et jugements antérieurs rendus à son profit devaient être intégralement exécutés, à moins que le curé ne préférât continuer le payement de la redevance habituelle. Ce fut le parti que prit Benoist; mais, en 1592, il obtint une remise de cent livres à raison de la dureté des temps et de la diminution des revenus de son église.

Le chapitre, qui consentait à réduire la redevance lorsque les ressources de Saint-Eustache diminuaient, jugea qu'il avait quelque droit de l'augmenter le jour où les produits de la cure s'accroissaient dans de notables proportions. Cette prétention n'avait rien que de très équitable. Mais les curés ne l'entendaient pas ainsi et, lorsque le chapitre adressa, en 1652, une réclamation dans ce sens à Pierre Marlin, ce fut sans aucun succès[2]. Une fois encore, il fallut plaider; mais le Parlement, par son arrêt du 8 juin 1652, mit les parties hors de cour, sans dépens, en obligeant seulement le curé à continuer de payer la provision de 300 livres, conformément à l'arrêt rendu en 1570.

---

[1] Contrat passé le 10 janvier 1539 [1540]. (Arch. nat., L. 573.)

[2] Ces droits «leur sont d'autant plus légitimement deus que c'est leur ancien patrimoine, que cela leur tient lieu des dixmes dont ils jouissoient dans toute l'estendue de ladite paroisse, avant les bastimens des maisons qui y sont et qui ont esté faites depuis quarante à cinquante ans et qui s'y font encore tous les jours.

«Il ne seroit point juste que le curé ou vicaire perpetuel de S. Eustache se fust enrichy aux despens du Chapitre S. Germain. Avant que ladite paroisse se fust estendue comme elle est, les dixmes que le Chapitre percevoit en icelle se montoient à plus de vingt muids de grains par chacun an, sans les agneaux et autres droits; à present que l'on a basty de tous costez, lesdites dixmes sont reduites à un muid, encores bien souvent n'y est-il pas, et tous les jours ce droit diminue au moyen des bastimens qui se font dans les terres et terroir auquel le Chapitre prenoit les dixmes, de sorte que l'augmentation et agrandissement de la cure S. Eustache a esté fait à la diminution du total revenu du Chapitre S. Germain et au profit de la cure S. Eustache

IV.

dont le vicaire perpetuel perçoit seul les emolumens qui arrivent en la paroisse par le moyen de ceux qui habitent les maisons qui sont basties en ladite paroisse, aux lieux ou le Chapitre percevoit les dixmes; lequel Chapitre de S. Germain, qui est le curé primitif, perd son droit; il n'est pas raisonnable que ledit vicaire perpetuel de S. Eustache s'agrandisse aux despens du Chapitre de S. Germain, qui est son curé primitif, et puisque ledit Chapitre, en l'establissement de ladite cure, s'est réservé la moitié des droits curiaux et les oblations pour son dédommagement, il est juste qu'il en jouisse, et ledit Merlin, curé ou vicaire perpetuel, ne sçauroit sans une injustice visible et apparente desnier une chose si légitime à son patron et curé primitif, et l'eglise S. Germain si ancienne et si noble se trouveroit reduite à néant, si la Cour ne luy conserve ce qui lui appartient, en ordonnant, s'il lui plaist, que ledit Chapitre percevra la vraye et juste moitié des droits curiaux de ladite paroisse S. Eustache, ou que nouveau bail sera fait pour ladite moitié, suivant l'estimation desdits droits du temps present....... (Arch. nat., L 573.)

Un siècle plus tard, la dépendance du curé de Saint-Eustache cessa complètement par suite de la réunion du chapitre de Saint-Germain-l'Auxerrois à celui de l'église métropolitaine, prononcée par décret de l'archevêque de Paris, le 18 juillet 1740 [1].

Bien que l'église Saint-Eustache eût pris rang de très bonne heure parmi les paroisses les plus importantes du vieux Paris, nous ne possédons presque pas de renseignements sur son histoire architecturale pour la période comprise entre le xiiie siècle et le milieu du xve. Quelles modifications avait pu subir, durant ce laps de temps, la chapelle primitive de Sainte-Agnès, c'est ce qu'il est à peu près impossible d'indiquer avec précision. Certains auteurs ont supposé que l'ancien oratoire avait été reconstruit vers 1224, lorsque le titre de Saint-Eustache lui fut attribué. Cette hypothèse paraît inacceptable, si l'on tient compte de ce fait que la population du quartier ne s'était pas accrue, en vingt ans, dans des conditions telles que l'édifice primitif fût insuffisant, et qu'il n'y avait, par suite, aucun motif de reconstruire un oratoire tout récemment bâti. Un document de l'année 1429 nous apprend que le maître-autel fut avancé d'un pied et que l'on supprima l'autel de Saint-Grégoire, qui y était adossé, pour faciliter le passage vers la crypte de Sainte-Agnès. C'était là une modification d'ordre intérieur et qui n'avait nullement été provoquée par l'accroissement de l'édifice. C'est seulement au milieu du xve siècle qu'il paraît possible de placer la reconstruction de l'ancienne église, puisque l'on fit disparaître, à cette époque, une maison appartenant à la fabrique, contiguë à l'hôtel de Royaumont, et dont l'emplacement fut affecté au bâtiment nouveau. On ignore absolument ce que pouvait être la seconde église de Saint-Eustache dont il n'a subsisté que des vestiges sans importance; mais on peut supposer qu'elle représentait à peu près exactement, comme étendue, le chœur de l'édifice actuel, et, dans ces conditions, il serait fort possible qu'elle n'eût été considérée par la fabrique que comme la première partie de la construction définitive. Cette hypothèse paraît justifiée par ce fait que, durant la seconde moitié du xve siècle, les marguilliers continuent à acquérir des terrains destinés à l'accroissement de l'édifice, qu'ils considèrent, par suite, comme inachevé. Et l'on s'explique, dans ces conditions, qu'ils aient dû accepter, pour l'exécution définitive du bâtiment, un plan très vaste et hors de proportion avec les ressources dont ils pouvaient disposer, ce qui en retarda l'achèvement d'un siècle environ.

[1] Arch. nat., L 572, 573. — Lebeuf, édit. Bournon, t. I, p. 58 et *Rectifications et additions*, p. 27-29. — Abbé Balthasar, *L'Église Saint-Eustache de Paris*, dans la *Revue archéologique*, 11e année, p. 712. — Le Roux de Lincy, *Essai historique sur l'église et la paroisse de Saint-Eustache*, en tête de l'ouvrage intitulé : *Église Saint-Eustache, mesurée, dessinée, gravée et publiée par V. Calliat*, p. 1-12. — Abbé Gaudreau, *Notice descriptive et historique sur l'église et la paroisse Saint-Eustache de Paris*, p. 49-71.

Quoi qu'il en soit, ce fut seulement au cours du xviᵉ siècle que l'on décida la construction de l'église actuelle. La première pierre fut posée, le 19 août 1532, par le prévôt de Paris, Jean de La Barre. Comme il fallait exécuter les travaux sans interrompre la célébration des offices, le bâtiment nouveau fut commencé par le transept et continué par la nef, sans que l'on touchât à l'ancienne église, qui restait toujours accessible aux fidèles. Le transept, avec ses deux portails, paraît avoir été édifié de 1537 à 1545 ; la construction de la nef et des chapelles qui la bordaient se prolongea jusque dans le premier quart du xviiᵉ siècle. En 1612, les travaux durent être interrompus faute de ressources, et repris seulement après 1628. La reconstruction du chœur fut alors effectuée et l'on acheva le grand portail. Le 26 avril 1637, l'archevêque de Paris procéda à la consécration de la nouvelle église ; mais il s'en fallait qu'elle fût terminée complètement. Les travaux de parachèvement pour le portail du Nord, les charniers et les chapelles des Fonts se prolongèrent encore durant une vingtaine d'années.

Mais le grand portail de l'église, construit dans de mauvaises conditions, avait été condamné à disparaître moins d'un demi-siècle après son achèvement. En 1638, la fabrique avait reçu d'un donateur anonyme une somme de 20,000 livres, destinée à cette entreprise, et dont les intérêts devaient être ajoutés au capital jusqu'au moment où cet argent pourrait être affecté à sa destination. Au mois de janvier 1753, le produit de ce don représentait une somme totale d'environ 111,000 livres qui était loin de suffire pour l'œuvre projetée ; mais, comme le portail fut frappé de la foudre, à cette époque, et menaçait ruine, l'on ne put différer plus longtemps sa reconstruction. Pour assurer les ressources complémentaires, le roi, par ses lettres patentes du 30 juillet 1756, autorisa la fabrique à vendre deux maisons, sises rue des Piliers et rue de la Tonnellerie, et à emprunter, en rentes perpétuelles et viagères, une somme de 60,726 livres. Il valida en même temps deux emprunts précédemment conclus par la fabrique dans le même but, l'un de 60,774 livres en rentes viagères et l'autre de 76,500 livres en rentes perpétuelles.

Les plans du nouveau portail furent dressés par l'architecte Mansart de Joui, qui fit disparaître les deux chapelles des baptêmes et des mariages fermant la dernière travée de l'église [1].

---

[1] « . . . . . Mais l'architecte de la fabrique auroit aperçu que d'un côté la chapelle des baptêmes et de l'autre la chapelle des mariages, qui de l'un et l'autre part tenoient au portail et les pilliers buttans menaçoient d'une ruine prochaine, ce qui venoit de ce que, pour former les arcades en renfoncement qui faisoient la decoration de ces deux chapelles, dès leur construction on auroit fouillé de cinq pieds de profondeur dans la masse des pilliers buttans, lesquels n'ayant originairement que six pieds, trois pouces d'épaisseur, n'en avoient plus à l'angle du refouillement que quinze pouces, ce qui était absolument insuffisant pour soutenir les poussées des voutes de l'eglise et supporter des masses aussy pesantes que celles qui étoient restées à faux au dessus de cette alteration, en sorte que cette partie basse n'ayant plus assez de force pour porter la superieure, toutes les assises du bas étoient cas-

La première pierre de cette reconstruction avait été posée, le 22 mai 1754, par le duc de Chartres; mais, par suite de l'insuffisance des ressources, les travaux furent exécutés d'une façon très intermittente.

En 1772, l'architecte de la ville, Moreau, fut chargé de continuer l'œuvre de Mansart de Joui et il la poursuivit jusqu'en 1788, sans la terminer complètement. La tour du Nord fut seule construite et, depuis cette époque, la façade de Saint-Eustache est toujours restée inachevée [1].

Durant la Révolution, l'église, devenue propriété nationale, resta pendant quelques années fermée au culte. En 1793, la fête de la Raison fut célébrée dans cet édifice que l'on avait transformé, pour la circonstance, en un vaste cabaret et décoré de chaumières et de bosquets mystérieux. Sur la demande des paroissiens, l'église fut rendue au culte, le 22 juin 1795; mais les Théophilanthropes furent autorisés à y tenir leurs réunions aux heures où les offices n'étaient pas célébrés; on leur laissa la libre disposition de la nef, en fermant par une clôture de planches le chœur et la chapelle de la Vierge.

Au cours du xixe siècle, l'église a été l'objet d'importantes restaurations, dirigées par l'architecte Baltard, et pourvue de nouvelles orgues, dont la dépense, couverte par une loterie et par une subvention de la Municipalité, dépassa 200,000 francs. Le Ministère de l'intérieur avait accordé à la fabrique, pour la décoration du buffet, trois grandes statues sculptées par Eugène Guillaume et un ensemble de figures dues à Pollet.

L'église Saint-Eustache comprenait les chapelles suivantes :

Au chevet : la chapelle de la Vierge.

Sur le côté droit du chœur :

    La chapelle de Saint-Louis de Gonzague.
        — de Saint-Pierre.
        — de Sainte-Marie-Madeleine.
        — de Saint-Anne.
        — de Saint-Jean.
        — des Charniers.

sées et les colonnes de ces deux chapelles totalement arasées par la charge que le mur fléchissant leur faisoit porter; que les exposants, ayant reconnu avec les gens de l'art que la refection de ces deux chapelles, entraînant indispensablement la reprise du portail en sa partie basse par sous-œuvre, seroit très difficile et d'une très grande depense, sans qu'elle procurat aucune commodité ny agrement: de plus ils auroient cru que la nécessité urgente de ces importantes reparations leur presentoit naturellement l'occasion de faire construire la face extérieure du grand portail par incrustation à l'ancien ouvrage, sur un plan qui ouvrit une entrée plus facile au publique, en y faisant trois portes au lieu d'une seule qu'il y avoit et qui étoit insuffisante par rapport au grand nombre des paroissiens qui assistent au service divin. . . .» (Arch. nat., S 3340.)

[1] Balthasar, op. cit., p. 712-715. — Le Roux de Lincy, op. cit., p. 17-20. — Gaudreau, op. cit., 2e partie, p. 2-16.

Sur le côté gauche :

La chapelle de Saint-Michel.
   — de Notre-Dame-de-Bonne-Délivrance.
   — de Saint-André.
   — de Sainte-Radegonde.
   — de Notre-Dame-de-Pitié.
   — de Sainte-Marguerite.
   — de Saint-Jean-Baptiste.

Dans la nef. du côté droit :

La chapelle des Fonts.
   — de Saint-Jean.
   — de l'Assomption.
   — de Saint-François.
   — de Saint-Jacques et Saint-Philippe.

Du côté gauche :

La chapelle de Saint-Charles.
   — de Saint-Pierre et Saint-Simon.
   — de Saint-Claude.
   — de la Trinité.
   — du Saint-Sépulcre.

Les charniers avaient été construits, en 1647, au nord de la chapelle de la Vierge, le long de la rue Montmartre [1].

---

[1] Balthasar, *op. cit.*, p. 714.

INDEX ALPHABÉTIQUE.

CHAPELAIN (Geneviève), 1803.
CHAPELIER (Suzanne), 1602.
CHARPENTIER (Anne), 1704.
— (Louise), 1785.
— (Michel), 1530, 1531.
CHASSEBRAS (Marie-Huguette), 1702, 1703.
— (Valentin), 1694.
CHASTENIER (Anne), 1526.
CHÉRON (Jean-Baptiste), 1672.
CHESNARD (Jean), 1704.
— (Philippe), 1704.
CHEVERT (François DE), 1565.
CHOISY (Jeanne-Éléonore DE), 1588.
— (Philibert DE), 1588.
— (Radegonde DE), 1812.
CHOPIN (Claude), 1673.
— (Marie), 1674.
CHULOT (Nicolas), 1721.
CHUPIN (Françoise), 1788.
— (Pierre), 1788.
COCHERY (Nicolas), 1559.
COLBERT (Jean-Baptiste), 1606.
COLLE (Guillaume), 1748.
COMBAUD (Charles DE), 1520.
— (Gilbert DE), 1520.
COQUILLE (Jean), 1724.
CORBIE (Anne DE), 1744.
CORMY (N...), 1585.
CORNOUAILLES (Charles DE), 1647.
— (François DE), 1647.
CORNU (Marguerite), 1708.
COUPÉ (Jacques), 1656.
COURCELLES (Jeanne DE), 1580.
COURTET (Pierre), 1794.
COURTIN (Anne), 1599.
CREIL (Louis DE), 1793.
CRESSÉ (Marie), 1589.
CRIEUR (Catherine), 1787.
CROCHET (Isabelle), 1813.
CUREAU DE LA CHAMBRE (Marin), 1563, 1564.
CUVIER (Claude), 1697.

DALLERET (Jacques), 1594.
DANÈS (Marguerite), 1685.
DANGEREUX (Denis), 1790, 1799.
DAUBONNET ou DOBONNET (Guillaume), 1560.
— ou — (Jeanne), 1559.
DAUVET (Geneviève), 1529.
DAVID (Charles), 1775.
DAVIOT (Flamine), 1525.
DELESTRE (Jean), 1734.

DENNET (Antoinette), 1553.
DESCHAMPS (Catherine), 1742.
— (Joseph), 1527.
DESMARAIS (Pierre), 1753.
DES MARETS (Marie), 1697.
DES MARTINS (Honoré). 1549, 1786.
DES MONCEAUX (Guillemette), 1828.
DES MOULINS (Charles), 1603.
DESNEUX (François). 1614-1616.
DESNOUELLES (Jean), 1767.
DES PORCELETS (Pierre), 1722.
DESPREZ (Gillette). 1574.
DORAVAL (Mathurine), 1604.
DORDELU-GARNIER (Anne DE), 1647.
DUBOIS (Jacques), 1785.
DU CASTEL (Margarin), 1566.
DUCHESNE (Catherine), 1657.
— (Jacques), 1782.
— (Jeanne), 1821, 1822.
DU FOUR (Jérôme), 1609.
DU JARDIN (Jean-Baptiste), 1619.
DUMAREST (Jean), 1765.
DUSSERT (Jean), 1646.
DU TREMBLAY (Barthélemy), 1581.
DU VAL (Marguerite), 1806, 1826.
DU VOULDY (François), 1827.

ESCAMAIN (Jérôme D'), 1780.
ESQUETOT (Denise D'), 1675.
EVRARD (Marie), 1770.

F... (Jean DE), 1587.
FAUCON (Claude), 1604.
FAVEROLLES (Jean DE), 1542.
FENIN (Denise), 1764.
FERRIOL (Jacques), 1761.
FETEAU (Jeanne), 1823.
FIESQUE (François DE), 1628.
— (Scipion DE), 1627.
FIZEAU (Anne), 1647.
FLAMENT (Jean), 1558.
FLEURIAU DE MORVILLE (Charles-Jean-Baptiste), 1626.
FLEURY (Jeanne), 1664.
FOLIGNY (Catherine DE), 1558.
FONTENU (Sébastien), 1537.
FORVILLE (Étienne DE), 1528.
FOUCQUETE (Julien), 1701.
FOUQUET (François), 1712.
FOUREAU (Léon), 1814.

FROMAGER (Michelle), 1673.
FROULAY (Philippe-Charles DE), 1699.

GAIGNY (Jean), 1514.
GALLOIS (Élisabeth), 1550.
— (Françoise), 1557.
GARY (François), 1834.
GASTINEAU (Madeleine), 1644.
GATIEN (Antoine), 1810, 1816, 1817.
GAUMONT (Nicole DE), 1618.
GELÉE (Charles), 1607.
— (Nicolas), 1607.
— (Pierre), 1607.
GENEVAULT (Jeanne), 1672.
GENTIEN (Jacques), 1630.
GERMAIN (Gillette), 1539, 1540, 1737.
GERVAIS (Marguerite), 1537.
GILBERT (Jacqueline), 1794.
GILLOT (Guillaume), 1740.
— (Marie), 1740.
GIMARDEZ (Jacques), 1696.
GISSEY (Germain), 1582.
GOMBAULT (Marguerite), 1774.
GORDELIN (Marie), 1657.
GOUDIER (Claude), 1769.
— (Louise), 1765.
GOUJON (Antoine), 1643.
— (Jeanne), 1643.
GOURLIN (Gervais), 1676, 1681.
GOURNAY (Marie DE), 1839.
GRANDFILS (Marguerite DE), 1812.
GUÉRIN (Jean ou Nicolas), 1685.
— (Pierre), 1800, 1801, 1824.
GUÉROULT (Jacqueline), 1592.
GUERRY (Françoise), 1704.
GUIGNIER (Marie DE), 1732.
GUILLEMINET (Catherine), 1820.
GUILLEMOT (Jean), 1597.
— (Nicole), 1597, 1600.
GUYOT (Marguerite), 1648.
— (Nicolas), 1580.

HABERT (Claude), 1771, 1772.
HAC (François), 1833.
— (Nicolas), 1830, 1832.
HACTE (Marguerite), 1637.
HARDOU (Radegonde), 1768.
HARDY (Simon), 1833.
HÉDOUYN (Claude), 1805.
HERBIN (Nicolas), 1803.
HERBINET (Charlotte), 1548.

HERPIN (Jeanne), 1766.
HERVY (Étienne D'), 1695.
HOUZEY (Nicolas), 1548.
HUON (Pierre), 1742.

JARS DE GOURNAY (Marie), 1839.
JOUAN (Jean), 1760.
JOUBERT (Marie), 1837.
— (Perrine), 1646.
JOURDAIN (Guillaume), 1660.
JUIF (François), 1670.
JUIN (Jeanne), 1800, 1801, 1824.

LA BALUE (Étiennette DE), 1521.
LA COUR (Geneviève), 1654, 1655.
— (Marie DE), 1663, 1665.
LADVOCAT (Anne), 1618.
LA HAYE (Mahiet DE), 1809.
LA LANE (Pierre DE), 1675.
LALOUETTE (Madeleine), 1753.
LA LUZERNE (Hervé DE), 1569, 1570.
LAMET (Léonard DE), 1513.
LANGLOIS (André), 1589.
— (Catherine), 1645.
— (Jean), 1764.
L'ARBALÉTRIER (Pierre), 1691.
LARGENTIER (Anne), 1827.
LASSÉGAN (Jacques-Carbon DE), 1524.
LAUGEOIS (Martin), 1664.
LAUNAY (Blaise DE), 1677, 1681.
— (Jean DE), 1795.
— (Michel DE), 1795.
— (Simon DE), 1795.
LAUNOY (Colas DE), 1576.
— (Hugues DE), 1576.
LE BÈGUE (Marguerite), 1666.
LE BOSSU (Catherine), 1657.
— (Claude), 1665.
— (Denis), 1657.
— (Eustache), 1665.
— (Jean), 1666.
— (Nicolas), 1663, 1665.
LE BREST (Geneviève), 1754.
— (Germain), 1650.
— (Jacques), 1683.
LE BREUX (Pierre), 1595.
LE CAMUS (Jeanne), 1538, 1696.
— (Marie), 1631, 1632.
LE CHARON (Catherine), 1650.
LE CIRIER (Georges), 1687.
LE COMTE (Louise), 1669.

Nicolas (Anne), 1771, 1772.
Nicolas (Michelle), 1593.
Nicole (Madeleine), 1583.
Nivert (Anne), 1777.
Notaire (Marie), 1730, 1731.
Noury (Claude), 1733.

Oulry (Michel), 1752.

Pajot (François), 1520, 1521.
— (François), 1521, 1520.
— (Marie), 1520.
Palluau (Denis de), 1640, 1641.
Pansart (Denise), 1598.
Parent (Marie), 1700.
Paris (Élisabeth de), 1741.
Parroy (Thomas), 1811.
Particelli (Michel), 1631, 1633.
Pasquier (Marie), 1548.
Passart (Michel), 1658.
Patin (Geneviève), 1798, 1807.
— (Perrette), 1749.
Payen (Guillaume), 1591.
Pelet (Marguerite), 1769.
Périchon (Étienne), 1837.
— (Guillaume), 1837.
— (Marie-Thérèse), 1837.
Perrot ou Perrotte (Simon), 1735, 1736.
Picou (Catherine), 1618.
— (Jean), 1618.
Pidou (Étienne), 1579.
— (Nicolas), 1575, 1825.
Pierre (Claude), 1596, 1636.
Piètre (Pierre), 1680.
Pignier (Marie), 1760.
Pimpernel (Simon), 1762, 1763.
Pinchon (Jean), 1774.
Pinguet (Marie), 1532, 1534.
Planson (Jacques), 1711.
Platrier (Marguerite), 1527.
Poilloue (Jeanne), 1728.
Poiret (Louise), 1762, 1763.
Poirier (René), 1728.
Poitevin (Étienne), 1545.
Polnay (Charlotte), 1834.
Poncet (Marie), 1544.
Porcher (Madeleine), 1723.
Pouget (François), 1696.
Prucher (Geneviève), 1660.
Prudhomme (Claude), 1561.

Quetier (Madeleine), 1521, 1522.

Reboul (Charles), 1741.
Rebuffe (André de), 1552, 1553.
— (Marie de), 1553.
Reding (Henri), 1726.
Regnard (Jean), 1590.
Regnault (Claude), 1783.
Remy (Jean), 1598, 1634.
Révérend (Claude), 1597, 1600.
— (Élisabeth), 1600.
Reyff (Jean-Guillaume), 1635.
Robin (François), 1544.
Robineau (Claire), 1819.
Rodelin (Hilaire), 1747.
— (Marie), 1747.
Roillart (Claude), 1620.
— (Nicolas), 1621.
Romey (Charlotte de), 1588.
— (Élisabeth de), 1591.
— (Madeleine de), 1833.
Rondelet (Charles de), 1741.
— (Charlotte de), 1741.
— (Élisabeth de), 1741.
— (Madeleine-Victoire de), 1741.
Rouillé (Claire), 1601.
— (Marguerite), 1684.
Rouillé du Coudray (Hilaire), 1624.
— (Pierre), 1623.
— (Pierre), 1624.
Rouvroy - Saint - Simon (Gabrielle - Louise de). 1512.

Sadot (Jean), 1805.
Saillard ou Sallart (Andrée), 1790.
Saumon (Pierre), 1787.
Savary (Jean), 1714, 1715.
Secousse (Jean-François-Robert), 1551.
Selier ou Sellier (Anne), 1530, 1531.
Soufflot (Michel), 1741.
Strozzi (Alphonsine), 1628.
Suart (Marie), 1750.

Tanton (Catherine), 1776.
Testu (Jean), 1550.
Thévenet (Zacharie), 1757, 1758.
Thibert (Guillaume), 1836.
Thiboust (Lhérotte), 1678, 1682.
Tonnelier (Alexandre), 1644.
— (Étienne), 1679.
— (François), 1644. Voir Le Tonnelier.
Tricot (Fleurance), 1573.
Tronson (Claude), 1617.

Trubert (Augustin), 1829.
Truchon (Françoise), 1770.
Truchot (Guy), 1730, 1731.

Vacquieux (Pierre de), 1808, 1813.
Van der Gracht (Charles), 1578.
Varin (Madeleine), 1778, 1779.
Vassal (Marguerite de), 1571.
Vaudureau ou Vendureau (N...), 1748.
Victor (Marie), 1816, 1817.
Vins (Jean de), 1625.
Vivien (Élisabeth), 1670.
— (Jean), 1669.

Voisin (Élisabeth), 1795.
Vullart (Antoine), 1818.
— (Jean), 1819.
— (Marguerite), 1818.
— (Pierre), 1818, 1819.

Wirtz (Jean-Henri), 1536.

Yon (Catherine), 1782.
— (Durand), 1659.
— (Robert), 1539, 1540, 1737.

Ysambert (Radegonde), 1543.

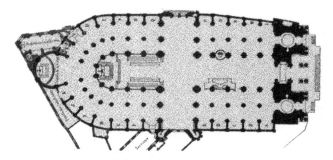

Plan de l'église paroissiale de Saint-Eustache [1].

ÉPITAPHES DE L'ÉGLISE.

CHOEUR.

Dans le sanctuaire, au bas des degrés du maître-autel :

GABRIELLE-LOUISE DE ROUVROY-SAINT-SIMON.

Tombe plate de marbre blanc avec l'épitaphe suivante dans un cartouche ovale, surmonté de deux écussons timbrés de la couronne et enveloppés du manteau ducal, avec deux anges pour supports, et décoré à la base de rinceaux de feuillages :

1512. — ICY REPOSE ‖ LE CORPS DE TRES HAUTE ET TRES PUISSANTE DAME ‖ MADAME GABRIELLE LOUISE DE SAINT SYMON, ‖ DUCHESSE DE BRISSAC, ESPOUSE DE TRES

---

[1] Réduction du plan publié, en 1878, dans *l'Inventaire général des œuvres d'art appartenant à la ville de Paris* (t. I, p. 67).

LÉGENDE DU PLAN.

A. Chapelle de la Rédemption.
B. — Saint-Jean-Baptiste.
C. — Notre-Dame des Sept-Douleurs.
D. — Saint-Joseph.
E. — Saint-Eustache.
F. — Saint-Louis.
G. — Sainte-Geneviève.
H. — Saint-Vincent de Paul.
I. — Sainte-Madeleine.

J. Chapelle Saint-Pierre l'Exorciste.
K. — Saint-Louis de Gonzague.
L. — des Monuments.
M. — du Calvaire.
N. — Sainte-Cécile.
O. — Sainte-Monique.
P. — des âmes du Purgatoire.
Q. — du Sacré-Cœur.
R. — Sainte-Agnès.
S. — Sainte-Anne.
T. — des Saints-Anges.
U. — Saint-André.
V. Porte de Miséricorde.
X. Entrée de la chapelle des catéchismes.

HAUT ET ‖ TRES PUISSANT SEIGNEUR MONSEIGNEUR HENRY ‖ ALBERT DE COSSÉ, DUC DE BRISSAC, PAIR DE ‖ FRANCE; LAQUELLE DECEDA LE DERNIER JOUR DE ‖ FEVRIER MIL SIX CENT QUATRE VINGT QUATRE, ‖ DANS LA TRENTE SEPTIESME ANNÉE DE SON AGE. ‖ PRIEZ DIEU POUR SON AME.

ARMES. *Cossé-Brissac : De sable à trois feuilles de scie d'or.*

Bibl. nat., ms. fr. 8237, fol. 123 (reproduction figurée); — Gaudreau, *Notice descriptive et historique sur l'église et la paroisse Saint-Eustache de Paris*, 2ᵉ partie, p. 220 [1].

LÉONARD DE LAMET.

Épitaphe gravée sur une table de marbre blanc :

1513. — ICY REPOSE ‖ LE CŒUR DE MESSIRE ‖ LEONARD DE LAMET, ‖ PRESTRE, DOCTEUR EN THEOLOGIE DE LA FACULTÉ DE PARIS, ‖ DE LA MAISON ET SOCIETÉ DE NAVARRE, ‖ CHANOINE HONNORAIRE DE L'ANCIENNE ARCHIDIACONÉ DE BRIE, ‖ EN L'ESGLISE DE PARIS, ‖ ET ANCIEN CURÉ DE CETTE ·EGLISE, ‖ LEQUEL APRES AVOIR GOUVERNÉ ‖ DEPUIS LE XVII JUILLET MIL VIᶜ LXXVIII JUSQU'AU JOUR DU MESME MOIS M DC LXXXXIX, ‖ DECEDA LE DERNIER NOVEMBRE M DCC V, ‖ AGÉ DE LXXX ANS, IX MOIS ET XXVII JOURS.

AVUNCULO DECESSORI ET BENEFICIATORI SUO ‖ MŒRENS POSUIT ‖ MAGISTER FRANCISCUS ROBERTUS SECOUSSE, ‖ FACULTATIS PARISIENSIS DOCTOR ‖ THEOLOGUS, ‖ SOCIUS NAVARRICUS, ‖ NECNON HUJUS ECCLESIÆ ‖ RECTOR. ‖ 1706.

ARMES. *De..... au chevron de..... chargé d'un croissant de..... et accompagné de trois arbres de......*

Bibl. nat., ms. fr. 8237, fol. 131 (reproduction figurée).

JEAN GAIGNY ✠ MARGUERITE D'AUBRAY.

Tombe plate de pierre, derrière le maître-autel, aux pieds du petit autel du Saint-Sacrement :

1514. — ICY REPOSE LE CORPS DE FEU NOBLE HOMME JEAN GAIGNY, VIVANT DOYEN DES CONSEILLERS, ANCIEN ESCHEVIN DE CETTE VILLE DE PARIS, AUSSY DOYEN DES CONSEILLERS DU ROY, COMMISSAIRE EXAMINATEUR AU CHASTELLET DE PARIS, AAGÉ DE LXXXII ANS, DECEDÉ LE XXVIII MARS 1669. — PRIEZ DIEU POUR LUY.

ET DAMOISELLE MARGUERITE D'AUBRAY, AU JOUR DE SON DECEDS, VEUFVE DUDICT DEFFUNCT SIEUR GAIGNY, DECEDÉE LE.....

· Ms. C³, fol. 106.

---

[1] L'abbé Gaudreau prétend que cette tombe se trouvait dans le transept, près de l'autel de Sainte-Reine. Nous ignorons à quelle source il avait puisé ce renseignement erroné et en contradiction avec les indications du ms. 8237. Une note de Clairambault, publiée ci-après (n° 1522), ne peut laisser d'ailleurs subsister aucun doute sur la vraie place de cette inscription.

RENÉ BENOIST.

René Benoist, après avoir rempli les fonctions curiales à Saint-Eustache, durant quarante années, avait été inhumé sous le chœur, dans le caveau affecté à la sépulture des curés. Son épitaphe était gravée sur une tombe plate de pierre porée, à droite du maître-autel :

1515. — Ci gist venerable et scientificque personne maistre René Benoist, prestre, docteur en la Faculté de theologie de Paris, curé de ceans, conseiller du Roy en ses Conseils d'Estat et privez et confesseur ordinaire de Sa Majesté, qui decedda le VII mars M DC VIII. — Requiescat in pace.

Mss B⁴, p. 120; — F¹, p. 57.

A gauche du maître-autel, sur un piédestal, était placée la statue priante de René Benoist, accompagnée des inscriptions suivantes, gravées en lettres d'or sur deux tables de marbre :

1516. — Sta, viator; ecce tibi effigies summi illius doctoris regni; Renatus, cognomento Benedictus appellatus est. Andibus in Gallia natus, sacris juxta ac profanis litteris eruditus vir, qua dicendi facultate, qua scribendi facilitate multum exercitatus supereminuit, rationis ut oppugnator, ita propugnator, qui, qua tempestate Galliæ urbes heretica contagione laborarent, periclitantibus animis manu medica est opitulatus; commissos sibi greges qui ad canendum Christo carmen in hanc ædem confluebant, cum privatis studiis, tum publicis concionibus, per annos quadraginta, labore indefatigato servavit. Eo pietas hominem evexit ut in sacris expiatoriis Henrico Magno, Regi christianissimo, fuerit ab aure delectus, expurgandæ vitæ censor acerrimus, et ab eodem Trecarum episcopus designatus; cui, si ad honores veneranda senectus pertinet, dignitatum cumulum auctoritas senilis accersiit, nam ex hac societate ad feliciorem vitam vocatus, annos LXXXVII agens, et theologorum collegium extulit cum decanus decennium sedisset; mortuus est Nonas Martii, anno Domini M DC VIII.

1517. — Hic jacet, immo ejus anima superest et inter beatos vivit eaque quam expectamus vita fruitur etiam inter mortales fama et rerum gestarum gloria.

Corpus vero

ΙΕΡΟΝ ΥΠΝΟΝ ΚΟΙΜΑΤΑΙ.
ΘΗΗΣΚȢΙΝ ΜΗ ΛΕΤΕ ΤΟΥΣ ΑΓΑΘΟΚΣ⁽¹⁾.

---

(1) La dernière partie de cette inscription grecque est évidemment reproduite d'une façon très incorrecte. Peut-être faut-il lire : Θνησκούσιν μὴ λήθη τοῖς ἀγαθοῖς.

Magister Stephanus Le Tonnelier, doctor theologus et ab eodem Renato Benedicto hujus ecclesiæ pastor designatus, viro illi de se bene merito sepulchrum hoc de suo posuit.

Mss A², p. 364; — B⁴, p. 120; — Gaudreau, *op. cit.*, p. 75.

TOUSSAINT ✛ JEAN ✛ ÉTIENNE LE TONNELIER.

Tombes plates, à gauche du maître-autel :

1518. — Cy gist le corps de venerable et discrette personne maistre Toussainct Le Tonnelier, en son vivant prebstre, lequel apres avoir exercé l'office de vicaire en ceste eglise, l'espace de XXXIII ans, decedda, aagé de LXIII ans, le XI apvril M DC VII;

Et maistre Jean Le Tonnelier, aussy prebstre, maistre ez arts en l'Université de Paris, lequel apres avoir pareillement exercé l'office de vicaire en ceste eglise, l'espace de XXX ans, est deceddé, aagé de LXI ans, le XX decembre M DC XIX;

Et venerable et discrette personne maistre Estienne Le Tonnelier, en son vivant prebstre, docteur en la Faculté de theologie de Paris et curé de ceste eglise, lequel apres avoir continué cette charge l'espace de...., decedda le XVIᵉ jour de janvier M DC LXXIX[1].

Armes. *D'azur au tonneau cerclé de ..., accompagné en chef d'un cœur navré de gueules et en pointe d'une grappe de raisin du même à deux pampres de sinople.*

Mss A², p. 364; — B⁴, p. 121.

JEANNE LE RAT.

1519. — Cy gist honnorable fille Jehanne Le Rat, fille de honnorable Jacques Le Rat, laquelle decedda le IXᵉ mai M DC XXXIV.

Mss A², p. 344; — B⁴, p. 121.

MARIE ✛ FRANÇOIS PAJOT ✛ ÉTIENNETTE LE COQ.
FRANÇOIS PAJOT ✛ GILBERT ✛ CHARLES DE COMBAUD.

Au milieu du chœur, tombe plate de marbre :

1520. — Cy gist noble et vertueuse dame dame Marie de Pajot, vefve de feu messire Charles de Combaud, chevalier, sieur des Clayes, baronne de

---

[1] Cf. ci-après le n° 1679.

MAFLIERS, DAME D'AUTEUIL ET DE FERCOURT, LAQUELLE, APRES AVOIR VESCU UNE
VIE DE BON EXEMPLE, EST DECEDDÉE A PARIS, LE JOUR ET FESTE DU SAINCT SACRE-
MENT, LE X^E JOUR DE JUING M DC XXXIII, ET A ORDONNÉ ESTRE INHUMÉ EN ICELUY
TOMBEAU DE MESSIEURS LE COQ.

REPOSE AUSSY LE CORPS DE MAISTRE FRANCOIS PAJOT, SIEUR D'AUTHEUIL ET DE
BURY, CONSEILLER DU ROY EN SA COUR DE PARLEMENT, DECEDDÉ L'AN M D LXIII,
LE CŒUR DE DAME ESTIENNETTE LE COQ, FEMME DUDICT SIEUR D'AUTHEUIL ET
AYEULLE DE LADICTE DAME DE COMBAUD, QUI DECEDDA L'AN M D LXXIV;
LE CORPS DE MESSIRE FRANÇOIS DE PAJOT, CHEVALIER, BARON DE MAFLIERS ET
SIEUR D'AUTHEUL, SON FRERE, MORT SANS ENFANS, EN L'AN M DC XXVIII;
LE CORRS DE MESSIRE FRANÇOIS DE PAJOT, SIGNEUR D'AUTHEUIL, PERE D'ICELLE
DAME DE COMBAUD, QUI MOURUT L'AN M D LXXXIII.

LE CORPS DE MESSIRE GILBERT DE COMBAUD, BEAU PERE D'ICELLE DAME, SIEUR
DES CLAYES ET DU POINTET, CONSEILLER ET SECRETAIRE DU ROY ET DE SES FINANCES,
GARDE DES ROLLES ET GRAND AUDIENCIER DE FRANCE, BAILLY DE MONTPENSIER,
CAPITAINE ET GOUVERNEUR D'AIGUEPERSE, LEQUEL, AYANT DIGNEMENT SERVY CON-
SECUTIVEMENT SIX ROYS, DECEDDA A PARIS, PLUS COMBLÉ D'HONNEURS QUE DE BIENS,
EN L'AGE DE LXXX ANS, L'AN M DC XVI. – REQUIESCANT IN PACE.

SOUBZ CESTE MESME TOMBE A ESTÉ AUSSY INHUMÉ LE CORPS DUDICT CHARLES DE
COMBAUD, CHEVALIER, SEIGNEUR DES CLAYES ET MARY DE LADICTE DAME DE PAJOT,
QUI EST DECEDDÉ à PARIS, EN L'AN M DC XXX..., LE...
REQUIESCAT IN PACE.

ARMES. *COMBAUD : D'or à trois merlettes de sable, au chef de gueules.*
—   *PAJOT : D'azur au chevron d'or accompagné de trois roses du même.*

Mss A², p. 344; — B², p. 105; — Bibl. nat., ms. fr. 8237, fol. 6.

JEAN ✦ GÉRARD LE COQ ✦ ÉTIENNETTE DE LA BALLUE
✦ ANTOINE LE COQ.
FRANÇOIS PAJOT ✦ CHARLES LE COQ ✦ MADELEINE QUETIER
CHARLES ✦ LOUISE LE COQ.

A gauche, plus près de l'autel, sous la lampe du sanctuaire, une grande tombe
de pierre plate portait cette inscription :

1521. — HIC JACET NOBILIS ET VENERABILIS DOMINUS DOMINUS MAGISTER JOAN-
NES LE COQ, QUONDAM IN SACRA THEOLOGIÆ FACULTATE PARISIENSI DOCTOR ET
HUJUS ECCLESIÆ PASTOR BENE MERITUS, QUI OBIIT ANNO M D LXVIII, DIE SABBATI
XXVI JUNII.

CY GISENT NOBLES PERSONNES MONSIEUR MAISTRE GIRARD LE COQ, SEIGNEUR
D'ESGRENAY ET DE LA HOUSSAYE, CONSEILLER DU ROY ET MAISTRE DES REQUESTES
ORDINAIRE DE SON HOSTEL, LEQUEL TRESPASSA LE .. JOUR DE M D XL, ET DAMOISELLE
ESTIENNETTE DE LA BALLUE, SA FEMME, PERE ET MERE DUDICT SIEUR CURÉ;

MONSIEUR MAISTRE ANTHOINE LE COQ, SEIGNEUR D'ESGRENAY ET DE CORBEVILLE, CONSEILLER DU ROY EN SA COURT DE PARLEMENT, FRERE DUDICT SIEUR CURÉ, LEQUEL DECEDDA LE ... JOUR DE ... M·D LXVI;

MONSIEUR MAISTRE FRANÇOIS PAJOT, SEIGNEUR DE BURY, CONSEILLER DU ROY EN LADICTE COURT, MARY DE DAMOISELLE ESTIENNETTE LE COQ, SŒUR DUDICT SIEUR CURÉ, LAQUELLE DECEDDA LE XIXᵉ SEPTEMBRE M D LXIII;

ET FRANÇOIS PAJOT, SEIGNEUR D'AUTHEUL, FILS DUDICT SIEUR DE BURY ET LE COQ, LEQUEL DECEDDA LE XVIII DECEMBRE M D LXXXIII;

MESSIRE CHARLES LE COQ, SEIGNEUR DE COMBS LA VILLE, DE LA MOTHE, ROMAIN-COURT ET BOIGNY, PRESIDENT EN LA COURT DES MONNOYES, FRERE DUDICT SIEUR D'ESGRENAY, LEQUEL DECEDDA I.E ... APVRIL AVANT PASQUES M D XLIV; DAMOISELLE MARGUERITTE QUETIER, SA FEMME, LAQUELLE DECEDDA LE XVIIᵉ APVRIL M D LXIV;

CHARLES LE COQ, ESCUIER, SEIGNEUR DESDICTS LIEUX, LEUR FILS, LEQUEL DECEDDA LE IIIᵉ MAY M D LXXIV;

ET DAMOISELLE LOUISE LE COQ, LEUR FILLE, FEMME DE MONSIEUR MAISTRE BAP-TISTE DE MACHAULT, CONSEILLER DU ROY EN LADICTE COURT DE PARLEMENT, LA-QUELLE DECEDDA LE XVIᵉ FEBVRIER M D LXXXIV. – PRIEZ DIEU POUR LEURS AMES.

Mss A², p. 344; — B⁴, p. 108; — Bibl. nat., ms. fr. 8237, fol. 7.

JEAN ✛ CHARLES LE COQ ✛ MADELEINE QUETIER
LOUISE LE COQ.

À droite, près de l'autel, l'épitaphe suivante était gravée sur une lame de cuivre :

1522. — D. O. M. — HIC JACET, IN ANTIQUO FAMILIÆ MONUMENTO, DISCRETUS VIR NOBILIS DOMINUS JOANNES LE COQ, DOCTOR THEOLOGUS, HUJUS ECCLESIÆ QUONDAM PASTOR VIGILANTISSIMUS, QUI DECESSIT ANNO M D LXVIIIᵒ, DIE XXVIᴬ JUNII.

HIC JACENT DOMINUS CAROLUS LE COQ, PATRUUS PRÆDICTI DOMINI PASTORIS, CONSILIARIUS REGIUS ET PRIMUS IN CURIA MONETARUM PRÆSES, QUI DECESSIT ANNO M D XLIV, MENSE APRILIS;

DOMINA MAGDALENA QUETIER, EJUS UXOR, QUÆ OBIIT DIE XVIIᴬ APRILIS;

ET DOMINA LUDOVICA LE COQ, FILIA, UXOR DOMINI BAPTISTÆ DE MACHAULT, SENATORIS IN SUPREMA CURIA PARISIENSI, QUÆ DECESSIT ANNO M D LXXXIVᵒ, DIE XVI FEBRUARII.

JOANNES BAPTISTA DE MACHAULT, IN DICTA SUPREMA CURIA QUONDAM SENATOR, PARENTIBUS SUIS, COGNATIONE GRATUS POSUIT. – REQUIESCANT IN PACE. AMEN.

Mss A², p. 344; — B⁴, p. 110 [1].

[1] « Cet escriture ne se voit plus, d'autant que ladite tombe a esté repolie alors que l'on a rebasti l'eglise et a esté reposée au meilleu du chœur, et à présent il y a une grande armoirie gravée de messieurs Le Coq et au dessous est gravé en grosses lettres :
Icy est la sepulture de messieurs Le Coq. »

D'après Clairambault, les épitaphes de la famille Le Coq n'existaient plus an xviiⁱ siècle. « Il n'y a présentement, observait-il, que deux seules tombes de marbre blanc au pied des marches du sanctuaire, que je rapporte à leur date.» Ce sont celles qui figurent sous les numéros 1512 et 1513.

GÉNÉALOGIE DE LA FAMILLE LE COQ.

A l'entrée du chœur, contre la porte, on lisait, sur une table de marbre décorée d'armoiries, la généalogie de la famille Le Coq :

1523. — QUISQUIS IN HOC MARMORE OCULOS CONJICIS, PRO VETUSTA GALLORUM FAMILIA PRECES FUNDERE MEMINERIS, CUJUS MAJOR PARS HIC SEPULTA IN TUMULO VETERIS TEMPLI RUINIS OBRUTO, QUALIS SIT ET ILLA DOCEBIT TE SUBJECTA SCRIPTURA.

PRIMUS IN HUNC QUIETIS LOCUM FAMILIAM DUXIT JOANNES LE COQ, IN CAMERA DENARIORUM MAGISTER, CUM UXORE, MARIA DE MORANT; JOANNIS, FRANCORUM REGIS, BENEVOLENTIAM MERUIT ET MUNIFICENTIAM SÆPIUS EXPERTUS EST.

PATREM SECUTUS EST JOANNES GALLI, JOANNIS LE COQ FILIUS, A JOANNE REGE SUSCEPTUS E SACRO FONTE, FISCI ADVOCATIONE IN PARLAMENTI PARISIENSIS CURIA CLARISSIMUS, KAROLO VI REGNANTE, CUI GALLO DEDIT DEUS INTELLIGENTIAM SCRIPTORUM, FAMAM; HUJUS [TORUM] TUMULUMQUE SORTITA EST JACOBA MAILLART, DOMINA DE COUPVRAY. DUO EX JOANNE GALLI NATI SUNT FILII, GERARDUS ET HUGO LE COQ, AMBO IN SENATUM PARISIENSEM ALLECTI, TEMPORIBUS KAROLI VII; ILLE DOMINUS DE COUPVRAY ET D'EGRENAY, PRIMAS CONTRAXIT NUPTIAS CUM JOANNA DES LANDES, SECUNDAS CUM DIONYSIA DE NANTADORO, VULGO DE NANTERRE; PRÆFECTUS FUIT MERCATORUM ET UXOREM HABUIT JACOBAM GUDIN, MAGISTRI SIMONIS GUDIN, SENATORIS, FILIAM.

GERARDUS LE COQ TRES LIBEROS SUSTULIT, QUORUM PRIMOGENITUS GERARDI LE COQ QUOQUE NOMEN ACCEPIT. ILLE, SUB REGNO LUDOVICI XI, CONSILIARII TITULO DECORATUS ET IN CURIA SUBSIDIORUM ALIAS GENERALIUM, DOMINUS FUIT D'EGRENAY ET DE COMBS LA VILLE, ET MATRIMONIO SIBI COPULAVIT MARGARETAM DE CULDOE; ALTER FILIUS HUGO LE COQ, NUNCUPATUS DOMINUS DE COUPVRAY; MINOR NATA FUIT PHILIPPA, QUÆ NUPSIT ROBERTO DE PIEDEFER, SENATORII ORDINIS VIRO. POSTERIOR GERARDUS LE COQ QUATUOR LIBEROS RELIQUIT; UNUM EJUSDEM PRÆNOMINIS GERARDI LE COQ, DOMINUM D'EGRENAY, CURIÆ PARISIENSIS SENATOREM, KAROLO VIII DOMINANTE, CONNUBIO JUNCTUM ÆGIDIÆ DE CORBIE, FILIÆ GUILLELMI DE CORBIE, EJUSDEM CURIÆ SENATORIS, ET DOMINÆ MARGARETÆ DE LONGOLIO, PRONEPTIS ILLUSTRISSIMI VIRI ARNOLDI DE CORBIE, FRANCIÆ CANCELLARII; JOANNEM LE COQ, DOMINUM, EADEM SENATORIA DIGNITATE IN SUPREMA PARLAMENTI CURIA PRÆDITUM, MAGDALENÆ BOUCHART, MAGISTRI JOANNIS BOUCHART SENATORIS FILIÆ, MARITUM; CAROLUM LE COQ, IN MONETARUM CURIA PRÆSIDIS, CUJUS UXOR FUIT MAGDALENA QUETIER, ET CATHARINAM LE COQ, UXOREM PETRI DE HACQUIN, FISCALIUM RATIONUM AUDITORIS.

QUATUOR ALII LIBERI EX TERTIO GERARDO LE COQ SUNT PROGENITI; HORUM MAJOR NATU FUIT GERARDUS LE COQ, EJUSDEM NOMINIS QUARTUS, DOMINUS DE GRENAY, DE LA HOUSSAYE, COMBS LA VILLE ET VAULAREINE, COMES CONSISTORIANUS, UNUS EX DUODECIM MAGISTRIS LIBELLORUM SUPPLICUM SUB LUDOVICO XII; UXOREM DUXIT STEPHANAM DE LA BALUE, NICOLAI DE LA BALUE, EQUITIS, DOMINI DE VUREPREUX, ET PHILIPPÆ BUREAU FILIAM, CARDINALIS DE LA BALUE EX FRATRE NEPTEM.

MINORES NATU FUERUNT NICOLAUS LE COQ, JOANNES LE COQ ET CATHARINA LE COQ. NICOLAUS PRÆSIDIS OFFICIO FUNCTUS EST IN CURIA SUBSIDIORUM ET JACOBAM SPIFAME CONJUGEM SIBI SOCIAVIT, EX QUA SUSCEPIT JACOBAM LE COQ, UXOREM

JACOBI DE DORMANS, DOMINI DE BIEVRE, SENATORIÆ DIGNITATIS, ET CATHARINAM LE COQ, CONJUGEM JOANNIS LE PICART, INQUESTARUM PARLAMENTI PARISIENSIS PRÆSIDIS; JOANNES LE COQ, CATHEDRALIS ECCLESIÆ PARISIENSIS CANONICUS FUIT; CATHABINA LE COQ IN MATRIMONIUM JUNCTA EST SIMONI SANGUIN, DOMINO DE LIVRY.

QUINQUE LIBERORUM PATER FUIT QUARTUS GERARDUS LE COQ : ANTONII LE COQ, DOMINI DE GRENAY, DE LA HOUSSAYE, VAULAREINE, CORBEVILLE, QUI, FRANCISCI I ÆTATE, SENATORIAM IN DICTA PARLAMENTI PARISIENSIS CURIA NACTUS EST UXOREM VERO PETRAM REGNAULT; CHRISTOPHORI LE COQ, EQUITIS HIEROSOLIMITANI, VULGO DICTUS EST EQUES DE GRENAY; JOANNIS LE COQ, IN ECCLESIA CATHEDRALI PARISIENSI CANONICI; IDEM JOANNES LE COQ, HUJUS ECCLESIÆ SANCTI EUSTACHI DIGNISSIMUS PASTOR FUIT; CATHARINÆ LE COQ NUPTÆ JOANNI DE LA HAYE, DOMINO DE VAUJOUR, IN SENATORUM PARISIENSIUM ALBUM CONSCRIPTO, ET STEPHANÆ LE COQ, QUÆ NUPTUI COLLOCATA EST FRANCISCO DE PAJOT, DOMINO D'AUTHEUIL, EJUSDEM ORDINIS SENATORIS.

AB ANTONIO LE COQ QUATUOR LIBERI PROFECTI SUNT : JACOBUS LE COQ, DOMINUS DE CORBEVILLE, CUI QUAMDIU VIXIT SATIS FUIT SUMMA CUM PROBITATE VICARIAS PROCURATORIS CATHOLICI IN CURIA PARISIENSI PARTES EGISSE, POTIORIBUS HONORIBUS OMISSIS; UXOREM DUXIT MAGDALENAM COLLIER; ANTONIUS ET STEPHANA LE COQ, CŒLIBES, DENIQUE MARIA LE COQ, MONASTERII VINALIS NORMANNI, JUXTA NOVUM CASTELLUM, ABBATISSA.

PIIS PARENTUM MANIBUS, JOANNES LE COQ, JACOBI FILIUS UNICUS ET SOLUS EX SUPRADICTA PARENTUM COGNATIONE SUPERSTES, DOMINUS DE CORBEVILLE ET D'ELLEVILLE, IN SUPREMA PARISIENSI CURIA SENATORIS, CUJUS UXOR EST ANNA BROÉ, DOMINI FRANCISCI BROÉ, IN SUPREMA SUPPLICATIONUM CAMERA PRÆSIDIS ET MAGDALENÆ DE HACQUEVILLE FILIA, ILLUSTRISSIMI PRINCIPIS SENATUS PARISIENSIS, EQUITIS HIERONYMI DE HACQUEVILLE EX SORORE NEPTIS, HOC FAMILIÆ SEPULCHRI MONUMENTUM RESTITUI CURAVIT, ANNO SALUTIS M DC XXXII.

AT NON SINE PROXIMO RESTITUENTIS LUCTU, NAM IDEM VIX DEPOSITA HUJUS MARMORIS CURA, CARISSIMAM CONJUGEM, ANNAM BROÉ, XIV DIES POST EDITUM PRIMO FILIUM, JOANNEM FRANCISCUM LE COQ, REPENTINO SOMNO, NON LÆTO SED LETHÆO, HAC VITA EREPTAM, IN EUMDEM MAJORUM SUORUM TUMULUM MŒRENS EXTULIT, VIII JULII, ANNO SALUTIS M DC XXXIII.

ARMES. *Le Coq : D'azur à trois coqs d'or.*
— *Maillard : D'argent à trois maillets de gueules, au lion de sable en abime.*
— *Nanterre : D'argent à deux fasces ondées d'azur.*
— *Culdoë : D'azur à trois oies d'or.*
— *Corbie : D'or à trois corbeaux de sable becqués de gueules.*
— *Balue : D'argent au chevron de sable accompagné de trois têtes de lion arrachées de gueules.*
— *Renaud : D'azur à la fasce d'or accompagnée de deux losanges d'argent, l'une en chef, l'autre en pointe.*
— *Collier : D'azur à trois lions d'or, au chef d'argent chargé de trois roses de gueules.*
— *Broé : D'azur à l'étoile d'or, au chef d'argent chargé de trois trèfles de sinople.*

Mss A². p. 362; — B⁴, p. 112.

CARRÉ DU TRANSEPT.

Tombes plates devant la porte du chœur :

JACQUES-CARBON DE LASSEGAN.

Tombe plate de pierre avec l'effigie du défunt, la tête posée sur un coussin, les mains jointes sur la poitrine, l'épée posée à sa droite et un casque à ses pieds,

Tombe de Jacques Carbon de Lassegan.

dans l'encadrement d'une arcade en plein cintre, décorée de rinceaux de feuillages et de moulures et surmontée d'un écusson entouré du collier de l'ordre de Saint-Michel.

L'épitaphe était gravée sur les quatre côtés de la bordure.

1524. — Cy gist noble homme Jacques Carbon de Lassegan[1], luy vivant seigneur dudict lieu, ‖ chevallier de l'Ordre du Roy et cappitaine ‖ de 50 hommes d'armes de ses ordonnances, lequel decedda le 26e jour de septembre 1580. — Priez Dieu pour luy.

ARMES. *Écartelé : aux 1 et 4, d'or à trois pals de gueules ; aux 2 et 3, coupé émanché ondé d'azur et d'argent.*

Mss A², p. 365 ; — B⁴, p. 235. — Tombeaux de Gaignières (Or. ms.), fol. 69 (reproduction figurée).

THOMAS DE MONBODIAR ✛ FLAMINE DAVIOT.

1525. — Cy dessoubs gist le corps de noble homme Thomas de Monbodiar, en son vivant vallet de chambre du Roy, lequel decedda, en sa maison, rue de Grenelle, le XVe jour de septembre M DC XXIV.

En memoire duquel dame Flamine Daviot, sa femme, a faict poser ceste tumbe soubs laquelle elle gist aussy.

Elle decedda le ... Priez Dieu pour eulx.

ARMES. *Monbodiar : D'azur à la tour d'argent sur un mont du même, accompagnée de deux étoiles d'or et surmontée d'une nuée d'argent crevante en pluie.*

— *Daviot : D'azur au chevron d'argent accompagné de trois merlettes d'or.*

Mss A², p. 344 ; — B⁴, p. 130.

ANNE CHASTENIER.

1526. — Cy gist honnorable femme Anne Chastenier, veufve de feu Philippe Chenart, vivant marchant, bourgeois de Paris, laquelle decedda le IIe jour de may, l'an M DC, l'an LXXXII de son aage.

ARMES. *D'argent au châtaignier de sinople, issant d'un buisson de gueules.*

Mss A², p. 354 ; — B⁴, p. 164.

JOSEPH DESCHAMPS ✛ MARGUERITE PLÂTRIER.

1527. — Soubz ceste tumbe gissent honnorable homme Joseph Des Champs, en son vivant bourgeois de Paris, lequel est decedé le Ier jour de decembre M DC XXV,

---

[1] Le dessin de Gaignières porte « Lassegou ».

ET MARGUERITE PLASTRIER, SA FEMME, LAQUELLE EST DECEDDÉE LE XXVe JOUR D'OCTOBRE XM DC XVI. — PRIEZ DIEU POUR LEURS AMES.

ARMES. *DES CHAMPS : D'azur au chevron d'or accompagné en chef de deux molettes du même et en pointe d'une rose d'argent.*

— *PLÂTRIER : D'or à la fasce d'azur accompagnée de trois têtes de loup arrachées de sable.*

Ms. B⁴, p. 128.

ÉTIENNE DE FORVILLE.

1528. — CY GIST ET REPOSE LE CORPS DE FEU ESTIENNE DE FORVILLE, JADIS CA-PITAINE D'UNE COMPAGNIE DE GENS DE PIED POUR LE SERVICE DU ROY HENRI IVe, ET EST DECEDDÉ LE XXVIe JOUR D'OCTOBRE M DC XXXIII.

Ms. B⁴, p. 253.

Au côté droit du carré du transept, tombes plates devant la chapelle de Saint-Jean :

BLANCHET DE CAY ✚ GENEVIÈVE DAUVET.

1529. — CY DESSOUBZ GIST HONNORABLE HOMME BLANCHET DE CAY, VIVANT MARCHANT ESPICIER ET BOURGEOIS DE PARIS, LEQUEL DECEDDA LE XIVe JOUR DE MAY M DC XX;

ET HONNORABLE FEMME, GENEVIEFVE DAUVET, FEMME EN SECONDE NOPCE DUDICT DE CAY, LAQUELLE TRESPASSA LE XXVe JOUR DE JUING M DC VII. — PRIEZ DIEU POUR EULX.

Mss A⁴, p. 347; — B⁴, p. 128.

MICHEL CHARPENTIER ✚ ANNE SELIER.

1530. — CY GIST HONNORABLE HOMME MICHEL CHARPENTIER, MARCHANT DRAP-PIER ET BOURGEOIS DE PARIS, LEQUEL, AYANT VESCU LVII ANS, EST TRESPASSÉ DE CE MONDE LE XIVe JOUR D'AOUST M D XC.

AUSSY REPOSE SOUBZ CESTE TUMBE LE CORPS DE VERTUEUSE DAME ANNE SELIER[(1)], ELLE VIVANTE FEMME DE HONNORABLE HOMME MICHEL CHARPENTIER, LAQUELLE, AYANT

[(1)] Cellier, Sellier, ou Le Sellier.

VESCU XLIV ANS, EST DEFFUNCTE A PARIS, LE XXVIIIE DECEMBRE M D LXXXVII. — PRIEZ DIEU POUR EULX.

> CORPORA BINA JACENT UNO COMPOSTA SEPULCHRO :
> PACEM FATA DABUNT, CONJUGIUM DEDERAT.

ARMES. CHARPENTIER : De.... à la bande échiquetée de deux traits et accompagnée de deux licornes.

— LE SELLIER : D'azur à trois merlettes d'argent, au chef d'or chargé d'un lion de gueules.

Mss A², p. 353; — B², p. 158; — F², p. 85.

Inscription placée au-dessus de la tombe, contre le 32ᵉ pilier :

1531. — D. O. M. — CY DEVANT, SOUBS CESTE TOMBE, GISENT LES CORPS DE HONNORABLE PERSONNE MICHEL CHARPENTIER, MARCHAND BOURGEOIS DE PARIS, QUI TRESPASSA LE XIV AOUST M D XC ;

ET D'ANNE LE SELLIER, SA FEMME, QUI TRESPASSA, LE XLIVE AN DE SON AGE, LE XXVII DECEMBRE M D XCVII.

ORA PRO DEFFUNCTIS. — IN CHRISTO FELIX OBITUS.

Bibl. nat., ms. fr. 8237, fol. 326.

_____

PIERRE LE MOINE ✝ MARIE PINGUET.

1532. — CY DESSOUBS REPOSE LE CORPS DE DEFFUNCTE MARIE PINGUET, EN SON VIVANT FEMME DE MAISTRE PIERRE LE MOYNE, PROCUREUR AU CHASTELLET DE PARIS, LAQUELLE EST DECEDDÉE LE XXIIIE JOUR DE DECEMBRE M DCXXV.

A ESTE AUSSY INHUMÉ SOUBZ CESTE TUMBE LE CORPS DUDICT MAISTRE PIERRE LE MOYNE, VIVANT PROCUREUR AUDICT CHASTELLET DE PARIS, QUI DECEDDA DEUX ANS APRÈS, SÇAVOIR LE XVIIE DECEMBRE M DC XXVII. — PRIEZ DIEU POUR EULX.

ARMES. LE MOINE : D'azur au pélican d'or accompagné de cinq étoiles du même, posées 3 et 2.

— PINGUET : D'azur au lion d'argent accompagné de deux pommes de pin et surmonté de trois étoiles du même.

Mss A², p. 353 ; — B⁴, p. 159.

Inscription placée au-dessus de la tombe, contre le 32ᵉ pilier :

1533. — D. O. M. — HIC JACENT AMBO CONJUGES CUM VIVENTIBUS UNA TANTUM CARO FUERIT, ANIMA EODEM MORTUOS CONDI MONUMENTO PERFUIT. FAXIT DEUS OPTIMUS MAXIMUS UT QUI PERFECTISSIME IN TERRIS VIXERUNT UNIONE SANCTISSIMA INHÆREANT IN CŒLIS.

ULTIMUS OBIIT PETRUS LE MOYNE, ANNO ÆTATIS LXVII, ET SALUTIS NOSTRÆ M DC XXVII, DIE XVII DECEMBRIS; UXOR VERO CASTISSIMA, MARIA PINGUET, DUOBUS ANTE OBITUM VIRI ANNIS ET ÆTATIS SUÆ L°. — TENDIMUS OMMES A ..., FST DOMUS ULTIMA.

Ms. B⁴, p. 159.

_____

PIERRE LE MOINE + MARIE PINGUET + RENÉE DE CAY
CHARLES LE MOINE.

Leur monument funéraire, fixé contre le même pilier, se composait d'une grande
table de marbre blanc accompagnée d'un encadrement architectural en pierre sur-

Monument funéraire de Pierre Le Moine, Marie Pinguet, Renée de Cay et Charles Le Moine [1].

monté d'un cartouche portant un écusson timbré d'un casque à lambrequins, avec
une banderole sur laquelle était gravée cette inscription : MAJORA NON POTEST
AMOR; le bas était orné d'une tête d'ange ailée.

[1] Réduction d'un dessin en couleurs du ms. fr. 8237 (fol. 115).

A la base du monument, une autre table de marbre était fixée contre un soubassement de marbre noir, soutenue par des consoles et amortie par une pomme
de pin.

La table supérieure portait l'inscription suivante :

1534. — PETRUS LE MOYNE ET MARIA PINGUET, CHRISTIANISSIMI CONJUGII EGRE-
GIUM EXEMPLUM, IN ECCLESIA VIXERUNT, IN CHRISTO MORTUI SUNT ET HIC SEPULTI,
ILLA ANNO M DC XXV, ILLE ANNO M DC XXVII, MENSE DECEMBRI. REQUIESCANT IN
PACE.

MEMORIÆ OPTIMORUM PARENTUM MONUMENTUM PRIDEM POSITUM, CAROLUS LE
MOYNE, RERUM CIVILIUM ET CAPITALIUM FORI ARCHIEPISCOPI PRÆFECTUS JURIDI-
CUS, UT CHARISSIMÆ UXORI PRÆMORTUÆ SIBIQUE PATEAT, RECLUDIT INSTAURATQUE.

RENATA DE CAY, ANTIQUI MORIS ET INGENII VIRILIS FEMINA, INGENS LIBERORUM
LUCTUS, MARITI DESIDERIUM, EJUS CINERES EXPECTAT UT QUOS INDIVIDUA VITÆ SO-
CIETAS CONJUNGIT, IDEM TUMULUS COMPONAT IN RESURRECTIONEM MORTUORUM.
RENATA DENATA EST ANNO DOMINI M DC LIII, DIE XXI MENSIS JANUARII.

EPIGRAMMA.

PARCITE COMPOSITI GENITORUM, PARCITE MANES,
IMPIA NON TETIGIT VESTRA SEPULCHRA MANUS,
FILIUS HEU! PATRIAM RESERO LACHRYMABILIS [URNAM],
UT CHAROS CHARIS ACCUMULEM CINERES.
UXORIS FUNCTÆ CINERES SED ET ADDERE NOSTROS
JAM JUVAT, URIT ENIM PECTORA NOSTRA DOLOR.

Sur une draperie qui décorait la table inférieure, on lisait cette autre inscription :

1535. — TANDEM ILLE OBIIT CAROLUS LE MOYNE ANNO DOMINI M DC LXXVII,
DIE XXIIII MENSIS JULII, ET CUM DILECTISSIMIS PARENTIBUS ET UXORE SUB EODEM
LAPIDE ET TUMULO SITUS EST.

IN MORTE QUOQUE NON SUNT DIVISI (*REG.* II). MAJORA NON POTEST AMOR.

Mss F¹, p. 496; — F², p. 84; — Bibl. nat., ms. fr. 8237, fol. 115 (reproduction figurée).

Autres inscriptions fixées au 33ᵉ pilier :

JEAN-HENRI WIRTZ.

1536. — CY GIST NOBLE ET VERTUEUX SEIGNEUR JEHAN HENRY WIRTZ, DE ZURICH,
VICE LIEUTENANT DE LA COMPAIGNIE DES CENT SUISSES DE LA GARDE DU ROY, QUI
DECEDDA LE XIIIᵉ JOUR DE NOVEMBRE M D XCVII.

Hii ligt begrade, der edell vest jucter
Hanns Teirich Wirtz, von Zuri,
Kunicklicler magistet zu erack
Stathalter der huderit Eidtgnossens
Wellicher Verscheyden ist den 13
Winttermonet; dem Got genadig siot.

1597 [1].

ARMES. *D'or à trois pals de gueules.*

Mss A², p. 353 ; — B¹, p. 156.

MARGUERITE GERVAIS ✛ SÉBASTIEN FONTENU
LOUISE BELIN.

Épitaphe gravée sur une table rectangulaire de marbre noir, encadrée d'une moulure de marbre blanc, surmontée d'un cartouche armorié et décorée à la base d'un autre cartouche portant un écusson entouré de branches de laurier :

1537. — Cy gist le corps de feue honnorable ‖ femme Marguerite Gervais, veufve ‖ de feu maistre Philippe Bellin, vivant com ‖ missaire examinateur au Chastellet de ‖ Paris, laquelle decedda le VIIIᵉ jour ‖ de juillet m vicxxii.

Gissent aussy les corps de nobles ‖ personnes maistre Sebastien Fontenu, ‖ vivant conseiller du Roy et auditeur ‖ de ses comptes, qui decedda le .. jour ‖ de ... m dc... ‖ et Louise Bellin, sa femme, laquelle ‖ decedda le .. jour de ... m dc... — Priez Dieu pour eulx.

ARMES. FONTENU : *D'azur au chevron d'or chargé de quatre croisettes de gueules, et accompagné de trois larmes d'argent; au chef d'or chargé d'un lion passant de sable.*

— BELIN : *Écartelé : aux 1 et 4, d'argent à la croix de Jérusalem d'or, cantonnée de quatre croisettes du même; aux 2 et 3, d'or à un écusson de gueules, chargé d'une feuille de houx d'argent, et à la bordure de sinople.*

Mss A¹, p. 354 ; — B², p. 163 ; — Bibl. nat. Ms. fr. 8237, fol. 47 (reproduction figurée).

NOËL LE SEMELLIER ✛ JEANNE LE CAMUS.

1538. — Cy gissent le corps de Noël Le Semellier, vivant sieur de la Gibauldiere et de Chalandroy, conseiller du Roy au grenier a sel d'Orleans

[1] Cette inscription allemande serait difficilement intelligible, tant elle est incorrecte, si la traduction presque littérale n'en était donnée par l'épitaphe française qui précède. — « Ceste épitaphe est de peinture ». (Note du ms. B¹.)

ET DE BEAUGENCY, NOTTAIRE AU CHASTELLET DE PARIS ET DE LA FABRICQUE, DE-
CEODÉ LE 1ᴱᴿ JOUR DE SEPTEMBRE M DC XXII, L'AN LIᴱ DE SON AAGE;

Et de Jehanne Le Camus, sa pemme, deceddée le XVᴱ jour de septembre
M DC XIX, le XLᴱ de son aage.

La presente epitaphe a esté mise en ce lieu par l'ordre de Jehan Le Semellier, fils aisné desdicts deffuncts, suivant la permission de messieurs les
marguilliers de ceste eglise, en date du XXIIIᴱ novembre M DC XLI. — Priez
Dieu pour leurs ames.

Ut sol in defectu, sic probus in morte renascitur. Amen.

Mss A², p. 357; — B², p. 185 [1].

Sur le côté gauche du transept, tombe plate devant la chapelle de Saint-Roch :

ROBERT YON ✚ GILLETTE GERMAIN.

1539. — Cy gist honnorable homme Robert Yon, en son vivant bourgeois
de Paris, lequel ayant esté consul des marchants des l'an M D LXXXIX et
marguillier de ceans, es années M D XC et ... est decedé le ...

Armes. *D'azur au roc d'argent chargé de trois roses de gueules tigées de sinople.*

Mss A², p. 355; — B⁴, p. 172.

Inscription fixée contre le 43ᵉ pilier, au-dessus de la tombe :

1540. — Cy devant gist honnorable homme Robert Yon, en son vivant
bourgeois de Paris, lequel ayant esté juge consul des l'an M D LXXXIX et
marguillier de l'oeuvre de ceans es années M D XCI et M D XCII et M D XCIII,
est decedé le VIᴱ jour de janvier M D XCVI.

Aussy gist en ce lieu honnorable femme Gillette Germain, femme dudict
Yon, laquelle decedda le...

Mss A², p. 355; — B⁴, p. 172.

Sur le côté gauche du transept, tombes plates devant le Crucifix :

FRANÇOIS ROBIN.

1541. — Hic jacet Franciscus Robin in resurrectionem mortuorum, deffunctus die XX septembris, anno M D XXXIV.

Armes. *D'or au chevron de gueules accompagné de deux branches d'olivier en chef et en pointe
d'une palme, le tout de sinople.*

Mss A², p. 355; — B⁴, p. 173.

[1] Cette inscription fut refaite et complétée vers 1650, et placée à cette époque contre le 33ᵉ pilier. Le nouveau texte est publié ci-après à son rang topographique (n° 1696).

JEAN DE FAVEROLLES ✛ NOELLE LOMBARD.

1542. — En ce lieu les os et les cendres des sieurs de Faverolles attendent la resurrection.

Ce lieu a esté choisy par Jean de Faverolles, bourgeois de Paris, et
Noelle Lombart, sa femme, lesquels par l'entremise de la mort ont faict
eschange de la vie, ledict de Faverolles le ... et ladict Lombart le ...
Priez Dieu pour leurs ames.

Armes. *D'azur à une tige de fève, mouvant d'un croissant d'argent, accompagnée en chef de deux
étoiles, le tout d'or.*

Ms. B⁴, p. 254.

GUILLAUME LONGIS ✛ RADEGONDE YSAMBERT.

1543. — Cy dessoubz gissent les corps de deffuncts maistre Guillaume
Longis, vivant procureur en Parlement, decedé le xix⁰ apvril m dc ...

Et Radegonde Ysambert, femme dudict Guillaume Longis, en son vivant
procureur en Parlement, decedée le ii⁰ apvril m dc ... — Priez Dieu pour
eulx.

Armes. *Longis : D'or au cœur de gueules accompagné de trois roses du même, tigées de sinople.*
— *Ysambert : D'or au chevron d'argent accompagné en chef d'une étoile d'or et d'un croissant d'argent et en pointe d'un rencontre de cerf de sable.*

Mss A², p. 355; — B⁴, p. 171.

GUILLAUME LONGIS ✛ MARIE PONCET.

Contre le 44ᵉ pilier, sur une table de pierre cintrée dans le haut, était gravée
la fondation suivante :

1544. — Messieurs les marguilliers de l'œuvre et fabricque de ceans ‖
sont tenuz et obligez de dire et celebrer a perpetuité pour le remede ‖ de
l'ame de deffunct maistre Guillaume Longis, vivant procureur en ‖ la court
de Parlement, et de deffuncte Marie Poncet, sa femme, ‖ le xviii⁰ jour d'aoust,
ung grand *Obiit* solempnel, auquel seront ‖ dictes, la veille, les vigiles,
laudes et la *Recommandace* et le lendemain ‖ trois haultes messes, la premiere du Sainct Esperit, la ii⁰ de la Vierge et la ‖ iii⁰ des Trespassez, auparavant laquelle sera chanté l'hymne ‖ *Vexilla* et en son lieu le traict et
la prose, et, a la fin, *Libera, De profun‖dis, Salve Regina* et les respons
et oraisons qui les suivent; auquel ‖ *Obiit* assisteront monsieur le curé, ses
deux vicaires, ses chaspellains, ‖ diacre et soubz diacres, deux clercs du

CHŒUR, DEUX CLERCS DE L'ŒUVRE ET ‖ DOUZE PAUVRES HONTEUX, LESQUELS PAUVRES
PORTERONT A L'OFFRANDE ‖ CHASCUN UNE BOUGIE JAULNE ET LEUR SERA BAILLÉ A
CHASCUN DOUZE DENI‖ERS ET UN PAIN DU POIDS DE DOUZE ONCES; SERA AUSSY
PRÉSENTÉ A ‖ LA DICTE OFFRANDE PAIN, VIN ET UNG CIERGE, ET PAR LES PREBSTRES
ET PARENS ‖ DES DOUBLES, ET PAR LES FEMMES DES BOUGIES QUI LEUR SERONT DON-
NÉES ‖ AUX DESPENS DE LADICTE FABRICQUE; ET SERA LEDICT *OBIIT* SONNÉ LA
VEILLE ‖ ET LE JOUR DE LA GROSSE SONNERIE, L'AUTEL PARÉ DE BONS PAREMENTS, ‖
LA REPRESENTATION DU BEAU POESLE ET FOURNY DE LUMINAIRE AC‖COUSTUMÉ A
TELS GRANDS *OBIITS* ET LES DISTRIBUTIONS EN DENIERS ET ‖ PAIN FAICTES A QUI ET
AINSY QU'IL EST PORTÉ PAR LE CONTRACT DE ‖ FONDATION DUDICT *OBIIT,* LE TOUT
AUX DESPENS DE LADICTE FABRICQUE ‖ MOYENNANT LA SOMME DE HUICT CENT LIVRES
TOURNOIS EN ARGENT ‖ QUE LADICTE MARIE PONCET A LAISSÉE A LADICTE FABRICQUE
PAR SON TES‖TAMENT ET AUX CHARGES QUE DESSUS ET AULTRES PLUS A PLAIN
DECLA‖RÉES AUDICT CONTRACT QUI EN A ESTÉ FAICT ET PASSÉ PAR DEVANT PIERRE‖
DOUJAT ET JEHAN LE CAMUS, NOTTAIRES, LE XIIE JOUR DE NOVEMBRE ‖ M DCXVI. —
PRIEZ DIEU POUR LEURS AMES.

Bibl. nat., ms. fr. 8237, fol. 38 (reproduction figurée).

ÉTIENNE POITEVIN ✠ JEANNE LE VAST.

1545. — CY GIST NOBLE HOMME ESTIENNE POICTEVIN, EN SON VIVANT SEIGNEUR
DE LA VALLÉE, BOURGEOIS DE PARIS, ET NOBLE PERSONNE JEANNE LE VAST, JADIS
SA FEMME. LEDICT POICTEVIN EST DECEDDÉ LE II JOUR DE MARS M DC XI ET LADICTE
LE VAST LE XVII JOUR D'AOUST M DC VII. — PRIEZ DIEU POUR EULX.

ARMES. *POITEVIN : D'argent au chevron de gueules accompagné en chef de deux grappes de
raisin du même, tigées de sinople, et en pointe d'un lion de sable.*

— *LE VAST : D'argent à l'arbre de sinople, au chien (?) passant brochant sur le fut.*

Mss A², p. 345; — B⁴, p. 130.

GASPARD BRAYER.

1546. — SUB HOC LAPIDE QUIESCUNT USQUE DUM RESURGANT MORTALES EXUVIÆ
GASPARIS BRAYÆ, EQUITIS, DOCTORIS MEDICI PARISIENSIS ET REGII... QUI OBIIT
XXIII JANUARII, ANNO M DC XXXIX.
EJUS ANIMÆ, VIATOR, [PRO SALUTE] BENE [PRECARE].

ARMES. *De ... à la bande de ... chargée de trois macles de ... et accompagnée de deux
croisettes de ....*

Ms. B⁴, p. 254.

Inscriptions fixées au 44ᵉ pilier, devant la chapelle de Saint-Michel :

MICHEL LE TELLIER ✛ PERRETTE LOCQUET.
MICHEL ✛ CHARLES LE TELLIER.

1547. — CY GIST NOBLE HOMME MAISTRE MICHEL LE TELLIER, VIVANT SEIGNEUR DE CHAVILLE, CONSEILLER DU ROY ET MAISTRE ORDINAIRE EN SA CHAMBRE DES COMPTES, LEQUEL EST DECEDDÉ LE XXIVᵉ JOUR DE JANVIER M DC VIII, AAGÉ DE LXIII ANS.

ET DAMOISELLE PERRETTE LOCQUET, SA FEMME, LAQUELLE DECEDA LE Vᵉ JOUR D'APVRIL M D XCIII;

AUSSY GIST NOBLE HOMME MAISTRE MICHEL LE TELLIER, VIVANT SEIGNEUR DE CHAVILLE, CONSEILLER DU ROI EN SA COURT DE PARLEMENT, LEQUEL EST DECEDDÉ LE VIᵉ JOUR DE MAY M DC XVII, AAGÉ DE XLVI ANS;

CY GIST AUSSY NOBLE HOMME MAISTRE CHARLES LE TELLIER, VIVANT CONSEILLER DU ROY EN SES CONSEILS ET MAISTRE ORDINAIRE EN SA CHAMBRE DES COMPTES, LEQUEL DECEDDA LE VIᵉ JOUR D'AOUST M DC XXXV, AAGÉ DE LXIII ANS; LESDICTS MICHEL ET CHARLES LE TELLIER, ENFANS DUDICT SEIGNEUR DE CHAVILLE. — PRIEZ DIEU POUR EULX.

ARMES. *D'azur à trois lézards d'argent, posés 2 et 1; au chef de gueules chargé de trois étoiles d'or.*

Mss A², p. 346; — B¹, p. 122.

MARIE PASQUIER ✛ NICOLAS HOUZEY
CHARLOTTE HERBINET.

Inscription gravée sur une table rectangulaire de marbre blanc, ornée dans le bas d'un écusson entouré de branches de laurier entre deux têtes de mort posées sur des ossements en croix.

1548. — CY DEVANT GIST HONNORABLE FEMME MARIE ‖ PASQUIER, EN SON VIVANT FEMME DE NOBLE ‖ HOMME NICOLAS HOUZEY, SIEUR DE LA BOU‖LAIS, CONSEILLER DU ROY, COMMISSAIRE ORDINAIRE ‖ DES GUERRES, LAQUELLE DECEDA LE QUATORZIEME ‖ SEPTEMBRE 1630, ET LEDICT SIEUR HOUZAY DECE‖DA LE XI MAY 1639, ET DAME CHARLOTTE ‖ HERBINET, FAMME DUDICT HOUZEY, QUI DECEDA ‖ LE..... ‖ PRIEZ DIEU POUR LEURS AMES.

ARMES. HOUZEY : *D'azur au chevron d'or accompagné en chef de deux étoiles d'or et en pointe d'une botte d'argent.*

Mss A², p. 349; — B², p. 131; — C¹, fol. 84 (reproduction figurée)[1].

---

[1] D'après le ms. C¹, cette inscription avait été transportée contre le 24ᵉ pilier.

HONORÉ DES MARTINS.

Inscription gravée sur une plaque de bronze ovale, encadrée d'une bordure coupée par quatre agrafes :

1549. — Au bas de ce pillier gist et est enseve‖ly le corps de feu messire Honoré des ‖ Martins, dict de Grilles, en son vivant sieur et baron des ‖ Baux en Provence, chevallier de l'Ordre du Roy, conseiller en son ‖ privé Conseil d'Estat, cappitaine de 50 hommes d'ar‖mes de ses ordonnances, et son seneschal de Beaucaire et Nis‖mes. Il fut vaillant, vertueux cheval-lier et fort fidele serviteur de son ‖ prince, ayant tres bien et leyaulment servy les feuz Roys de France de bonne ‖ memoire François Ier, Henry IIe, François IIe, Charles IX ‖ et Henry IIIe, a present regnant, en plusieurs grands et dignes effects, tant en paix qu'en guerre, comme les histoires de son ‖ temps ne laissent point ensevelir son nom sans en rendre tes‖moi-gnage ; ayant esté aimé et beneficié desdicts roys pour son merite ‖ et valeur et apres sa mort regretté de tous ceulx qui l'avoient ‖ cogneu, aultant que homme le sçauroit estre. Il decedda en ceste ville de Paris, la nuict pre-cedant le XIIIIe jour du mois de ‖ novembre de l'an M V C quatre vingtz ung et de son aage ‖ le cinquante VIIIe. — Priez Dieu pour luy.

ARMES. *De gueules à la bande d'or chargée d'un grillon de sable.*

Mss A², p. 360 ; — B², p. 201 ; — Bibl., nat. ms. fr. 8237, fol. 12 (reproduction figurée) [1].

JEAN TESTU ✝ ÉLISABETH GALLOIS.

Épitaphe fixée à l'un des piliers du transept :

1550. — Cy devant gist le corps de deffunct maistre Jehan Testu, vivant procureur en la Chambre des Comptes, decedé en sa maison, le VIe jour d'octobre M D LXXX, aagé de LV ans ;

Et Elisabeth Gallois, sa femme, laquelle decedda le .. jour de ... M DC ... — Priez Dieu pour eulx.

Mss A², p. 365 ; — B², p. 234.

[1] Il est probable que l'inscription gravée sur bronze avait été détruite, puisque l'on trouve dans les *Tombeaux de Gaignières* (Orig. ms.), fol. 10, la reproduction d'un monument tout différent, mais dont le texte était exactement le même, sauf les trois lettres D. O. M. placées en tête. Ce monument, fixé contre le 22e pilier, se com-posait d'une grande table rectangulaire de pierre, encadrée de moulures et surmontée d'un fronton triangulaire portant un écusson timbré d'un heaume et entouré du collier de l'ordre de Saint-Michel, avec des faisceaux de drapeaux sur les côtés et deux vases fumants en bronze doré ; la base était ornée d'une tête de mort ailée posée sur une pomme de pin, le tout en bronze doré.

JEAN-FRANÇOIS-ROBERT SECOUSSE.

Jean-François-Robert Secousse, qui occupa la cure de Saint-Eustache, de 1729 à 1771, avait été inhumé dans le chœur, au caveau des curés. Sur un médaillon de marbre blanc, fixé à la clôture du chœur, son buste était sculpté en bas-relief, accompagné d'un livre portant cette inscription : *Scio quod videbo Deum meum, reposita est haec spes mea in sinu meo.*

Au-dessous de ce monument [1], on lisait l'épitaphe suivante :

1551. — CY GÎT ‖ M^{RE} JEAN FRANÇOIS ROBERT SECOUSSE, ‖ DOCTEUR DE LA SOCIÉTÉ ROYALE DE NAVARRE, ‖ CURÉ DE CETTE ÉGLISE PENDANT 42 ANS, ‖ DOYEN DE MM. LES CURÉS DE PARIS ‖ ET BIENFAITEUR DE LA PAROISSE. ‖ IL MOURUT LE 16 AVRIL 1771. FILS ET FRERE DE NOBLES CONSEILLERS DU ROY, ‖ AVOCATS AU PARLEMENT, ‖ SAVANTS ILLUSTRES, ORATEURS DISTINGUÉS, ‖ DISTRIBUTEUR FIDÈLE DE LEURS ABONDANTES AUMÔNES, ‖ FONDATEUR DE LA COMMUNAUTÉ DES PRÊTRES ‖ DE LA PAROISSE SAINT-EUSTACHE, EN 1755, ‖ SA PIÉTÉ, SON ZÈLE, SA CHARITÉ ‖ L'ONT RENDU L'UNE DES GLOIRES DU CLERGÉ DE PARIS. ✝ *MEMORIA JUSTI CUM LAUDIBUS.* (PROV. X. 7.)

Gaudreau, *Notice historique et descriptive*, 1re partie, p. 128.

NEF.

À l'entrée de la nef, du côté droit, tombes plates :

ANDRÉ DE REBUFFE.

Tombe plate de marbre noir :

1552. — CY GIST NOBLE HOMME ANDRÉE DE REBUFFÉE, ESCUYER, SIEUR DE BEAUREGARD, COMMISSAIRE ORDINAIRE DES GUERRES, QUI DECEDDA LE XXIX JUILLET M D XCV.

Mss A¹, p. 349; — B¹, p. 125.

[1] Ce monument se trouve actuellement contre le mur du fond de la nef, au-dessus du bénitier, à gauche du grand portail, où il fait pendant à l'épitaphe de Chevert.

«Ce mausolée, observe l'abbé Gaudreau, dont M. Scellier, marbrier, était propriétaire, a été racheté, le 10 mai 1806, 600 livres, par M. le curé.» (*Notice historique et descriptive*, 1re partie, p. 128.) Il resta longtemps déposé dans la chapelle du Sépulcre, avant d'occuper sa place actuelle.

Inscriptions fixées au 31e pilier :

ANDRÉ DE REBUFFE + ANTOINETTE DENNET
MARIE DE REBUFFE.

Épitaphe gravée sur une table de pierre rectangulaire encadrée de marbre blanc et noir et surmontée d'un fronton brisé portant deux écussons, l'un timbré d'un heaume à lambrequins, l'autre entouré d'une cordelière.

1553. — Cy gisent André de Rebuffée, vivant ‖ chevalier, escuyer, sieur de Beauregard, com‖missaire ordinaire des guerres, qui ‖ deceda le 21 juillet 1595; et damoiselle ‖ Antoinette Dannet, jadis sa femme, ‖ qui deceda le 13 janvier 1603; et aussy ‖ damoiselle Marie de Rebuffée, leur fille, ‖ qui deceda le xxx aoust 1607, et ont ‖ laissé encore de leur mariage 3 en‖fans lesquels, a leur intention, ont ‖ fondé ung service en l'esglise de ceans, ‖ qui se doit celebrer le xxix juillet, ‖ comme appert par le contract qui en a‖ esté passé par messieurs les marguilliers de‖vant Doujat et Le Camus, nottaires. ‖ Dieu veuille avoir leurs ames.

Armes. *Rebuffé : Écartelé : aux 1 et 4, d'azur au croissant d'argent; aux 2 et 3, d'azur au lion d'or.*

— *Dennet : D'azur à trois carpes d'or, posées 2 et 1, surmontées d'un croissant d'argent.*

Mss A², p. 349; — B⁴, p. 125; — C¹, fol. 68 (reproduction figurée).

JEAN BIET.

Épitaphe gravée sur une table rectangulaire de pierre avec encadrement architectural en marbre blanc, incrusté de marbre noir, auquel s'adossaient deux statues de femmes en pleurs, soutenant un fronton décoré d'écussons en bronze, l'un timbré d'un heaume à lambrequins, l'autre en losange entouré d'une cordelière :

1554. — En ce lieu repose le corps de monsieur ‖ messire Jean Biet, conseiller du Roy en la Cour ‖ de Parlement de Paris, issu des plus celebres maisons ‖ de Bourges, en Berry, et dont le nom est encore ‖ si recommandable qu'il y possede les plus grandes ‖ charges et dignitez; lequel, ayant exercé sa charge ‖ l'espace de xxiii ans avec tout l'honneur et integrité ‖ requise a un senateur plein de gloire, deceda ‖ l'an liii de son age.

Demoiselle Françoise de Rebuffe, sa femme, pour le faire ‖ revivre a la posterité et servir de miroir de vertu ‖ a cincq enfans masles qu'il a laissés de son mariage, ‖ luy a faict dresser ce tombeau, estant passé a meilleur

‖ VIE, PLEIN DE FOY ET DE CHARITÉ, LE XI NOVEMBRE **M DC XVIII**[1]. ‖ DIEU VEUILLE AVOIR SON AME.

CONJUGI CHARISSIMO CONJUX MŒSTISSIMA POSUIT.

Sur la base du monument, on lisait cette autre inscription :

1555. — OCCIDIS ET NOSTROS HEU TECUM TOLLIS AMORES
TE SINE LUX GRAVIS EST, ET MIHI VITA MORI.

Monument funéraire de Jean Biet [1].

ARMES. *BIET* : *De gueules au bâton noueux en bande d'or, accompagné de trois rochers d'argent.*

Mss A³, p. 349; — B⁴, p. 126; — C¹, fol. 79 (reproduction figurée).

MARIE LE SECQ.

Inscription gravée sur une table de pierre cintrée dans le haut :

1556. — A LA MEMOIRE D'HONNORABLE FEME ‖ MARIE LE SECQ, VEUVE DE FEU HONO‖RABLE HOMME THOMAS OLLIVIER, ‖ EN SON VIVANT MARCHANT FRIPIER ‖ ET BOURGEOIS DE PARIS, LAQUELLE ‖ EST DECEDÉE LE SAMEDY DIX HUITIESME ‖ JOUR DE MAY M C LXXXXVI, ET LA XXVIII ANNÉE DE SON VEFVAGE ET ‖ LXV DE SON AAGE. ‖ PRIEZ DIEU POUR SON AME.

Mss A², p. 349 ; — B⁴, p. 127 ; — C¹, fol. 70 (reproduction figurée).

Épitaphes fixées au 49ᵉ pilier .

FRANÇOISE GALLOIS.

Inscription gravée sur une table de pierre, accompagnée de deux cariatides en marbre blanc, soutenant un fronton surmonté d'une croix qui portait un cartouche à tête d'ange ailé sur un écusson et dont la base était formée par un cénotaphe en marbre blanc et noir avec pilastres décorés de consoles, encadrant un autre cartouche décoré d'un écusson avec une tête de femme et des têtes d'anges :

1557. — LE MONDE N'A ESTÉ A FRANÇOISE GALLOIS ‖ QUE PASSAGE A L'ETERNITÉ. ‖ ELLE Y A DEMEURÉ COMME TOUSJOURS ‖ PRESTE D'EN SORTIR ; LES XXIII ANNÉES ‖ DE SON AAGE N'ONT ESTÉ QU'INNOCENCE ; ‖ LES QUATRE DE SON MESNAGE QUE PAIX ‖ ET CONCORDE. LES VERTUS FURENT SES ‖ EXERCICES ; LA PIETÉ SON CONTENTEMENT ; ‖ LA CRAINTE DE DIEU LA CONDUITE DE ‖ SA VIE QU'ELLE FINIST LE XXVII AOUST ‖ M DC XVI SI CHRESTIENNEMENT ‖ QUE RICHARD PETIT, SON MARY, ‖ CONSEILLER ET SECRETAIRE DU ROY, MAISON ET COURONNE DE ‖ FRANCE, NE CONSOLE L'AFFLICTION DE SON ‖ ABSENCE QUE PAR LA SOUBVENANCE ‖ DE SA MORT.

ARMES. PETIT : *D'azur à l'épervier d'or essorant, posé sur un bâton noueux du même, au chef de... chargé de trois étoiles d'argent.*

— GALLOIS : *D'or au chevron de gueules accompagné en chef de deux roses du même et en pointe d'un coq au naturel.*

Mss A², p. 358 ; — B⁴, p. 190 ; — Bibl. nat., ms. fr. 8237, fol. 37 (reproduction figurée).

JEAN FLAMENT ✚ CATHERINE DE FOLIGNY.

Leur épitaphe, placée au-dessous du monument de Françoise Gallois, avec lequel elle se raccordait, était gravée sur une table de marbre, découpée dans le

6.

haut en demi-cintre et encadrée d'une large bordure à moulures et angles sail-
lants :

1558. — Cy gist honnorable homme Jehan Flament, ‖ vivant marchant
bourgeois de Paris, deceddé le 4 apvril 1629, aagé de 45 ans;

Monument funéraire de Françoise Gallois, de Jean Flament et de Catherine de Foligny [1].

Et dame Catherine de Foligni, sa femme en pre‖mieres nopces et en secondes de feu noble homme Lucas ‖ Coffinier, vivant conseiller et secretaire

[1] Réduction d'un dessin en noir et en couleurs du ms. fr. 8937 de la Bibl. nat. (fol. 37).

DU ROY, ‖ MAISON ET COURONNE DE FRANCE, QUI DECEDDA LE 3ᵉ SEPTEMBRE 1643, AGÉE DE 51 ANS. ‖ PRIEZ DIEU POUR EUX.

Mss A², p. 358; — B⁴, p. 191; — Bibl. nat., ms. fr. 8237, fol. 37 (reproduction figurée).

NICOLAS COCHERY ✠ JEANNE DAUBONNET.

Épitaphe gravée sur une table de marbre blanc, cintrée aux deux extrémités, encadrée de moulures en marbre noir avec incrustations de marbre blanc et décorée dans le haut de deux écussons entourés de branches de laurier, et dans le bas d'une tête d'ange ailée, le tout en bronze doré :

1559. — D. O. M. ‖ CY GIST NICOLAS COCHERY, VIVANT ‖ MARCHAND BOURGEOIS DE PARIS, LEQUEL DECEDDA LE 3 AOUST MIL SIX CENT DIX ‖ HUIT; ET JEHANNE D'AUBONNET, ‖ FEMME DUDICT NICOLAS COCHERY, ‖ LAQUELLE DECEDDA LE .. DE .. MIL SIX CENT.. PRIEZ DIEU POUR LEURS AMES.

ARMES. *Cochery : De gueules au coq d'or posé sur un cep de vigne fruité.*
— *Daubonnet : D'azur au château à trois tours d'argent.*

Mss A², p. 358; — B⁴, p. 192; — Bibl. nat., ms. fr. 8237, fol. 40 (reproduction figurée).

GUILLAUME DAUBONNET ✠ GENEVIÈVE BAUDOIN.

1560. — CY DEVANT SOUBZ CESTE TUMBE GIST HON‖NORABLE HOMME GUILLAUME DOBONNET, ‖ LUY VIVANT MARCHAND[1] MAISTRE FRIPPIER, BOUR‖GEOIS DE PARIS, QUI DECEDDA LE MARDY ‖ XXIX JOUR D'OCTOBRE MIL Vᶜ IIIIˣˣ ET XII.

AUSSI GIST HONNORABLE FEMME GENE‖VIEFVE[2] BAUDOUIN, FEMME DUDICT DEFFUNCT‖ GUILLAUME DOBONNET, LAQUELLE DECEDDA ‖ LE VENDREDY XIX JOUR DE JUILLET MIL Vᶜ IIIIˣˣ VXI. PRIEZ DIEU POUR LES TRESPASSEZ.

Mss A², p. 358; — B⁴, p. 191; — C¹, fol. 67 (reproduction figurée).

RAPHAËL BONNART ✠ CLAUDE PRUDHOMME

Épitaphe gravée sur une table rectangulaire de pierre surmontée d'un fronton cintré, orné d'un calvaire avec l'effigie des défunts agenouillés au pied de la

---

[1] « Il faut observer que l'on a raturé la qualité de marchand, maistre frippier, mais si mal qu'on ne laisse pas encore de la lire. 26 août 1716. » (Note du ms. C¹.) — [2] Ou Catherine (mss A² et B⁴).

croix, accompagnés de leurs patrons saint Raphael et saint Claude, et soutenue par un cartouche portant une tête de mort avec des ossements en sautoirs :

1561. — Cy devant soubz ceste ‖ tumbe gisent et reposent ‖ les corps d'honnorables ‖ personnes Raphael Bon‖nart, marchand frippier, ‖ bourgeois de Paris, qui dece‖da le dixiesme jour de septembre ‖ mil six cent dix neuf et Claude Prudhomme, ‖ sa femme, laquelle deceda le... jour de... mil six cens... ‖ Priez Dieu pour leurs ames.

Mss A¹, p. 358; — B¹, p. 196; — C¹, fol. 80, et D, fol. 164 (reproductions figurées).

FRANÇOIS LE SECQ.

Épitaphe gravée sur une table rectangulaire de marbre noir, encadrée de moulures en marbre blanc et noir et surmontée de deux écussons accolés, timbrés d'un heaume à lambrequins :

1562. — Cy devant soubs ceste tumbe gist le corps ‖ de messire François Le Secq, conseiller du Roy en ses ‖ conseils, secretaire de Sa Majesté, maison, ‖ couronne de France et de ses finances, qui ‖ deceda le 1ᴱᴿ jour de may mil six cent soixante ‖ unze, et pour le repos de l'ame duquel ‖ dame Suzanne de l'Aulne, sa veuve, et exe‖cutrice de son testament et secondant ses pi‖euses intentions, a fondé en ceste eglise ‖ une messe basse quotidienne a perpetuité, ‖ et pour ce a payé a messieurs les marguilliers de ‖ l'œuvre et fabrique de ceans, la somme ‖ convenue entr' eux, comme plus long est ‖ porté par le contract de ladicte fondation, ‖ passé par devant Maistre Robert de Vaux et Jean ‖ Le Semelier, notaires au Chastelet de Paris, le 29 ‖ aoust audict an mil six cent soixante unze. ‖ Priez Dieu pour son ame.

ARMES. *Le Secq : D'azur au chevron accompagné en chef de deux tréfles et en pointe d'une hure de sanglier, le tout d'argent.*

— *L'Aulne : D'argent au chevron de gueules accompagné de trois roses du même.*

Mss C¹, fol. 99; — D, fol. 165 (reproductions figurées).

MARIN CUREAU DE LA CHAMBRE.

Le monument funéraire de Marin Cureau de La Chambre avait été d'abord appliqué contre le 39ᵉ pilier[1]. Il se composait d'une table de marbre noir, cin-

---

[1] D'après Piganiol (t. III, p. 184) et Thierry (t. I, p. 421), ce monument avait été transporté contre un pilier de la chapelle Colbert, vis-à-vis du mausolée de ce ministre.

trée dans le haut et le bas, encadrée d'une large bordure de marbre blanc, à moulures, portant une urne avec des guirlandes et deux vases fumants en bronze doré. Sur cette table se détachait, en marbre blanc, une figure de femme, ailée.

Monument funéraire de Marin Cureau de La Chambre [1].

représentant l'Immortalité, qui tenait dans ses mains un médaillon avec le buste du défunt, accompagné de cette inscription :

1563. — MARINUS DE LA CHAMBRE, ARCHIATER, OBIIT MDCLXIX, ÆTATIS LXXV

Texte d'après le dessin ci-dessus.

[1] Réduction d'un dessin en noir et en couleurs du ms. fr. 8237 (fol. 107).

Au-dessus, sur une tablette de marbre blanc, on lisait ce verset : *Spes illorum immortalitate plena est;* au-dessous, les armes du défunt, timbrées d'un heaume à lambrequins, posées sur deux bâtons en sautoir accolés de serpents, étaient aussi sculptées en marbre blanc.

Entre le 29ᵉ et le 28ᵉ pilier, se trouvait la tombe plate de marbre noir, portant l'épitaphe suivante, ornée dans le bas d'une tête de mort posée sur des ossements en sautoir.

1564. — ✚ Icy repose ‖ le corps de messire ‖ Marin Cureau de La ‖ Chambre, conseiller ‖ du Roy en ses Conseils ‖ d'Estat, médecin ‖ ordinaire de Sa Majesté, de Monseigneur ‖ Seguier, chancellier ‖ de France et de la ‖ Grande Chancellerie, ‖ qui deceda le XXIX ‖ novembre mil d c ‖ lxix, aagé de lxxiii ‖ ans et demy. ‖ Priez Dieu pour son ame.

Bibl. nat., ms. fr. 8237, fol. 108; — Ms. C', fol. 98 (reproductions figurées)[1].

Épitaphe de François de Chevert.

[1] Il existe un dessin analogue dans les Tombeaux de Gaignières (Oxford), t. IV, fol. 14.

FRANÇOIS DE CHEVERT.

Son épitaphe était fixée au 50e pilier, contre le mur du fond de l'église. Elle était gravée sur une table de marbre blanc, surmontée d'un médaillon représentant l'illustre défunt :

1565. — CY GÎT ‖ FRANÇOIS DE CHEVERT, ‖ COMMANDEUR GRAND CROIX DE L'ORDRE DE ST LOUIS, CHEVALIER DE L'AIGLE BLANC DE POLOGNE, ‖ GOUVERNEUR DE GIVET ET CHARLEMONT, ‖ LIEUTENANT GÉNÉRAL DES ARMÉES DU ROY. ‖ SANS AVEUX, SANS FORTUNE, SANS APPUY, ‖ ORPHELIN DÈS L'ENFANCE ‖ IL ENTRA AU SERVICE À L'AGE DE XI ANS; ‖ IL S'ÉLEVA MALGRÉ L'ENVIE À FORCE DE MERITE, ‖ ET CHAQUE GRADE FUT LE PRIX D'UNE ACTION D'ECLAT ‖ LE SEUL TITRE DE MARÉCHAL DE FRANCE ‖ A MANQUÉ NON PAS À SA GLOIRE ‖ MAIS À L'EXEMPLE DE CEUX QUI LE ‖ PRENDRONT POUR MODÈLE. ‖ IL ETOIT NÉ A VERDUN SUR MEUSE LE 2 ‖ FEVRIER 1695; IL MOURUT À PARIS ‖ LE 24 JANVIER 1769. ‖ PRIEZ DIEU POUR LE REPOS DE SON AME.

> Texte d'après l'inscription originale; — Guilhermy, t. I, p. 147.

A l'entrée de la nef, du côté droit, tombes plates :

MARGARIN DU CASTEL.

1566. — CY GIST NOBLE ET SCIENTIFIQUE PERSONNE MAISTRE MARGUARIN DU CASTEL, EN SON VIVANT CONSEILLER ET MEDECIN ORDINAIRE DE LA ROYNE D'ESCOSSE, DOUAIRIERE DE FRANCE, LEQUEL TRESPASSA LE DIMANCHE 9 DECEMBRE M D LXIX. — PRIEZ DIEU POUR SON AME.

> ARMES. De... à l'épée ailée mise en pal surmontée d'un soleil de... et accompagnée de deux étoiles de...

> Mss A², p. 346; — B⁴, p. 124.

CLAUDE MENARDEAU.

Tombe de marbre noir :

1567. — POUR LA MEMOIRE DE DEFFUNCT CLAUDE MENARDEAU, SEIGNEUR DE BEAUMONT, CONSEILLER DU ROY EN SES CONSEILS D'ESTAT ET DOYEN DES MAISTRES DES REQUESTES DE L'HOSTEL ET MARGUILLIER DE L'EGLISE SAINCT EUSTACHE, DECEDDÉ LE XXᵉ JANVIER M DC XXIV, DE QUI LE CORPS GIST ICI, REPOSE EN TERRE ET L'AME DANS LE CIEL.

> Mss A², p. 346; — B⁴, p. 123.

Inscriptions et épitaphes fixées contre le 45ᵉ pilier :

CHARLES MENARDEAU.

1568. — Deo æterno et animæ incomparabili viri clarissimi Caroli Me-nardeau, Regis a sanctioribus consiliis de libellis supplicibus, qui, cum an-nos decem in eo numero summa cum laude posuisset, honoribus qui eum ex-pectabant quadragesimo ætatis suæ anno, incredibile sui desiderium facere cepit.

Genovefa Foullé, Jacobi Foullé, magistri quoque libellorum supplicum, filia, conjux mœstissima cum filio posthumo ex lachrimis ponendum cura-vit. Salve, viator, exoptimæ salutem apprecare. Natus erat anno XLI; obiit VIᴬ Fabruarii, anno M DC XXXI.

Armes. *Ménardeau : De . . . à trois têtes de licorne de . . .*
— 　*Foullé : Palé d'hermine et de . . . de six pièces, à la fasce de . . . brochant sur le tout.*

Mss Aᴵ, p. 346; — Bᴵ, p. 123.

HERVÉ DE LA LUZERNE.

Inscriptions gravées sur deux tables de marbre :

1569. — Cy devant gist Hervé de La Luzerne, baron de Tolras, seigneur de Teurtainville, fils second de feu Jacques de La Luzerne, seigneur de Beuzeville sur le Vey, et de Barbe de Carbonnel Canisy, qui decedda le XIIᵉ jour de novembre M DC X, aagé de XV ans. — Priez Dieu pour luy.

1570.　　Cy gist le corps, l'esprit repose a part;
　　　　　　L'un paist les vers, l'autre est pu d'ambroisie;
　　　　　　Trop tost pour l'un et pour l'autre trop tard,
　　　　　　O mort cruelle! o belle et douce vie!
　　　　　　Mais si les biens, l'honneur, la noblesse
　　　　　　N'ont peu du corps retarder le trespas,
　　　　　　Ni les vertus d'une rare jeunesse
　　　　　　N'ont peu l'esprit arrester icy bas.

Armes. *La Luzerne : D'azur à la croix ancrée d'or chargée de cinq coquilles de gueules.*
— 　*Carbonnel : Coupé d'azur et de gueules à trois besants d'hermine.*

Mss Aᴵ, p. 354; — Bᴵ, p. 165.

GUY DE MONCHY
JACQUES DE BASTELARD ✛ MARGUERITE DE VASSAL.

Épitaphe gravée sur une table rectangulaire de marbre blanc veiné de noir, encadré d'un filet de marbre noir, avec deux écussons gravés dans le haut; l'un timbré d'un heaume à lambrequins, avec le collier de l'ordre de Saint-Michel, l'autre entouré d'une cordelière.

1571. — CY GIST MESSIRE GUY DE MONCHY, ESCUIER, ‖ SIEUR DE PONCEAUX, CHEVALIER DE L'ANCIEN ORDRE DU ‖ ROY, CONSEILLER ET MAISTRE D'HOSTEL ORDINAIRE DE SA ‖ MAJESTÉ, L'UN DES CENT GENTILSHOMMES DE SA ‖ MAISON ET ESCUYER ORDINAIRE DE SA GRANDE ESCURIE, ‖ LEQUEL, APRES S'ESTRE TROUVÉ AUX SIEGES D'OSTAGE ‖ ET DE GAUY, VERÜE, EN DE L'ISLE DE RÉ, AU PAS DE ‖ SUZE, A LA PRISE DE PRIVAS ET MARSAL, A MOYENVIC ‖ ET PLUSIEURS AUTRES RENCONTRES, TANT DEDANS LE ROYAUME, QUE DEHORS, TOUSJOURS AVEC EMPLOY ‖ ET COMMANDEMENT CONSIDERABLE, EST DECEDÉ EN SA MAISON, LE 16 NOVEMBRE 1664.

DAME MARGUERITTE DE BASTELART, SON ESPOUSE, L'A FAIT INHUMER DANS CESTE ESGLISE, ‖ SOUBZ LA TUMBE DE JACQUES DE BASTELART, ESCUYER, SIEUR DE L'AIGREFIN, ET DE DAMOISELLE ‖ MARGUERITTE DE VASSAL, SES PERE ET MERE.

PASSANT, QUI ARRESTE TES YEUX SUR CE MONUMENT, PRIE POUR LE REPOS DE LEURS AMES.

ARMES. *MONCHY : De gueules à trois maillets d'or, à la bordure de gueules, chargée de huit molettes d'or.*

— *BASTELART : D'argent au chevron de sable accompagné de trois trèfles de sinople, au chef de sable.*

Ms. F⁴, p. 345; — Bibl. nat., ms. fr. 8237 (reproduction figurée).

ANTOINE LE GRAND.

1572. — HOC SACRAT JANUS JAQUOTIUS, ADVOCATUS DIVIONENSIS, ANTONIO LE GRAND, VIRO MULTIS DIGNITATIBUS DEFUNCTO, SOCERO SUO, IN SE PIISSIMO, HOCQUE QUIDQUID EST INFERIARUM DESIDERII PERPETUI ERGO TIBI EJUS DE SUO POSUIT. TE ROGAT, VIATOR, UT POST TE ADSPICIAS MARMOR ILLUD OSSIBUS ILLIUS SUBJACENTIBUS POSITUM.

ARMES. *Vairé.*

Mss A², p. 354; — B⁴, p. 166.

ANTOINE BELLANGER ✛ FLEURANCE TRICOT.

1573. — CY GIST HONNORABLE HOMME ANTHOINE BELLANGER, MARCHANT ET BOURGEOIS DE PARIS, ET FLEURANCE TRICOT, SA FEMME; LEDICT BELLANGER EST DE-CEDDÉ LE XXIIIE JOUR DE DECEMBRE M D LXXXVIII ET LADICTE TRICOT LE IVE DE FEB-VRIER M DC LXXXVII. — PRIEZ DIEU POUR LEURS AMES ET DE TOUS TRESPASSEZ.

ARMES. *De gueules à deux triangles enlacés d'or, à l'étoile du même en cœur.*
— *D'azur à l'épi d'orge d'or tigé du même, surmonté de deux chapelets d'argent enfermant chacun une rose du même, tigée de sinople.*

Mss A², p. 355; — B⁴, p. 167.

Tombes plates devant la chaire :

GUILLAUME MALLOT ✛ GUILLEMÉTTE BOIRON.
NICOLAS MALLOT ✛ GILLETTE DESPREZ.

1574. — CY GIST HONNORABLE HOMME SIRE GUILLAUME MALLOT, EN SON VIVANT MARCHANT ET BOURGEOIS DE PARIS, LEQUEL DECEDDA LE .. JOUR DE ... M D ...;

ET GUILLEMETTE BOIRON, SA FEMME, LAQUELLE DECEDDA LE XIIE JOUR DE NO-VEMBRE M D ...;

AUSSY GIST HONNORABLE HOMME NICOLAS MALLOT, FILS DES DESSUSDICTS, LEQUEL DECEDDA LE XXI[E] JOUR DE FEBVRIER M D XXII;

ET HONNORABLE FEMME GILLETTE DESPREZ, FEMME DUDICT NICOLAS MALLOT, LAQUELLE DECEDDA LE... JOUR DE... M D...

Mss A², p. 355; — B⁴, p. 168.

NICOLAS PIDOU ✛ JEANNE BERTHAUT.

1575. — CY GIST HONNORABLE HOMME NICOLAS PIDOU, VIVANT MARCHANT ET BOURGEOIS DE PARIS, LEQUEL DECEDDA LE .. JOUR D'APVRIL M D XCVII.

ESTIENNE PIDOU, HUISSIER, SERGENT A CHEVAL AU CHASTELLET DE PARIS, SON FILS, A SA MEMOIRE A FAICT METTRE CESTE TUMBE.

AUSSY GIST HONNORABLE FEMME JEHANNE BERTHAULT, VIVANTE FEMME DUDICT ESTIENNE PIDOU, QUI DECEDDA LE XIVE JOUR D'APVRIL M D XXIV, AAGÉE DE LV ANS, AYANT VESCU AVEC SONDICT MARY XXXVII ANS.

Mss A², p. 355; — B⁴, p. 168.

Tombes platès près de la chaire :

HUGUES DE LAUNOY ✚ GENEVIÈVE MICHON
COLAS DE LAUNOY.

1576. — CY GIST HONNORABLE HOMME HUGUES DE LAUNOY, VIVANT MAISTRE COR-DONNIER ET BOURGEOIS DE PARIS, QUI TRESPASSA LE XXIIE JOUR D'APVRIL M DC XIV, AAGÉ DE LXXI ANS;

ET GENEVIEFVE MICHON, SA FEMME, QUI DECEDDA LE V^E JOUR DE FEBVRIER M DC XVII;

ET COLAS DE LAUNOY, MAISTRE CORDONNIER A PARIS, QUI DECEDDA LE XXXE AOUST M DC XIV. – PRIEZ DIEU POUR EULX.

Mss A², p. 351 ; — B⁴, p. 138.

_____

JEAN MARTEAU.

1577. — CY GIST NOBLE HOMME MAISTRE JEHAN MARTEAU, SEIGNEUR DE MON-CONTOUR, CONSEILLER SECRETAIRE DU ROY, MAISON ET COURONNE DE FRANCE, LE-QUEL DECEDDA LE XXIIE JOUR DU MOIS DE NOVEMBRE M DC XV. – PRIEZ DIEU POUR SON AME.

ARMES. *D'azur au chevron d'or accompagné de deux dextrochères tenant des marteaux et issant de deux nuées mouvantes des angles, le tout d'argent, et en pointe d'un lion d'or* [1].

Mss A², p. 350 ; — B⁴, p. 139.

_____

CHARLES VAN DER GRACHT.

Tombe plate ornée d'écussons aux quatre angles :

1578. — CY GIST HAULT ET PUISSANT SEIGNEUR CHARLES VAN DER GRACHT, SEI-GNEUR DE MALSTEDES WLIERDEN, ET FILS DE HAULT ET PUISSANT SEIGNEUR MESSIRE CHARLES VAN DER GRACHT, EN SON VIVANT SEIGNEUR DUDICT MALSTEDES, GENTIL-HOMME DE LA BOUCHE ET ESCUYER TRANCHANT DE L'EMPEREUR, QUI TRESPASSA LE XIIIIe OCTOBRE M DC V, AAGÉ DE XVIII ANS. — PRIEZ DIEU POUR LUY.

ARMES. *D'argent au chevron de gueules accompagné de trois merlettes de sable.*

Mss A², p. 349 ; — B², p. 129.

_____

[1] Les armes de sa femme, gravées sur le tombeau, étaient : D'azur à la bande d'or chargée de trois quintefeuilles de gueules.

GEORGES LE ROYER.

Inscription gravée sur une table rectangulaire de marbre noir, encadrée de moulures et soutenue par une console portant une tête de mort avec des ossements en sautoir, le tout en marbre blanc avec incrustations de marbre noir [1] :

1579. — A LA MEMOIRE DE FEU NOBLE HOMME GEORGE LE ROYER, SEIGNEUR DE LA MOTTE, ANGEVIN.

LE CORPS QUI [EST] GISANT SOUBS CETTE FROIDE LAME
A ESTÉ LE SEJOUR D'UN VERTUEUX ESPRIT
CAPABLE DE JOUIR DE L'HEUR ET DE CREDIT
D'UN EXCELLENT SEIGNEUR ET D'UNE RARE DAME.
LEQUEL ESPOINÇONNÉ D'UNE CELESTE FLAMME
A DOMPTÉ LES FUREURS D'UN MONDAIN APPETIT
ET PARMI LES MONDAINS [A] ENGENDRÉ LE FRUICT
QUI NOURRIT MAINTENANT DEDANS LE CIEL SON AME.
PASSANT, QUI QUE TU SOIS, LISANT CES TRISTES CARMES,
SOUVIENNE TOY QU'IL FAUT ARRIVER A LA MORT.
SI LA' VERTU POUVOIT ESVITER SON EFFORT
ET PARER LA RIGUEUR DE SES FUNEBRES ARMES,
LE CORPS QUI EST GISANT EN CE MOITE CERCUEIL
N'EUSSE JAMAIS PERDU LA CLARTÉ DU SOLEIL.

REQUIESCAT IN PACE.

ARMES. *D'argent à la fasce de gueules chargée d'un lion d'or et accompagnée de trois chaperons de gueules.*

Mss A², p. 358; — B⁴, p. 189.

NICOLAS GUYOT + JEANNE DE COURCELLES.

Épitaphe gravée sur une table de marbre blanc rectangulaire avec encadrement à pilastres flanqués de consoles, en marbre blanc et noir, décoré à la base d'un cartouche armorié entouré de branches de laurier et surmonté d'une tête de mort posée sur des ossements en sautoir :

1580. — D. O. M ‖ CY DEVANT GISENT MAISTRE NICOLAS ‖ GUYOT, VIVANT PROCUREUR AU CHAS‖TELLET DE PARIS, DECEDDÉ LE 8 APVRIL ‖ 1628, AAGÉ DE 67 ANS;

[1] Il semble, d'après le dessin de Gaignières, que cette inscription était surmontée d'un fronton armorié.

ET HONNORABLE FEMME JEHANNE ‖ DE COURCELLES, JADIS SA FEMME, ‖ DECEDDÉE LE 27 NOVEMBRE 1622, ‖ AAGÉE DE 77 ANS.

Épitaphe de Nicolas Guyot et de Jeanne de Courcelles.

MAISTRE CLAUDE DE VAULX, AUSSI ‖ PROCUREUR AUDICT CHASTELLET, NEVEU ‖ DUDICT GUYOT ET EXECUTEUR DE SON ‖ TESTAMENT, A FAICT POSER CESTE ‖ EPITAPHE A LEUR MEMOIRE. ‖ PRIEZ DIEU POUR LEURS AMES.

ARMES. *De... au levrier courant de... surmonté d'un croissant et d'une grappe de raisin de..., accompagné de trois annelets de...*

Mss A¹, p. 349; — B¹, p. 127; — Bibl. nat., ms. fr. 8237, fol. 56 (reproduction figurée).

Épitaphes fixées au 49ᵉ pilier, contre le mur du fond de la nef :

BARTHÉLEMY DU TREMBLAY ✚ GERMAIN GISSEY.

Le monument funéraire de Barthélemy du Tremblay, appliqué contre ce pilier, se composait d'un large cénotaphe de marbre noir et de pierre, surmonté d'un entablement formé d'un double fronton avec cartouche armorié et guirlandes de

Monument funéraire de Barthélemy du Tremblay et de Germain Gissey [1].

feuillages, qui servait d'encadrement à un médaillon de marbre sur lequel était sculpté en demi-relief le buste du défunt avec cette inscription en bordure : BARTHELEMY DU TREMBLAY, SCULPTEUR DU ROY.

[1] Réduction d'un dessin du ms. fr. 8237 (fol. 58). Il existe un dessin analogue dans le ms. D (fol. 184).

L'inscription suivante était gravée sur une table de marbre noir blanc fixée au cénotaphe :

1581. LOUVRES ME DONNA L'ESTRE ET PARIS MA FORTUNE.
J'EUS L'HONNEUR D'ESTRE AU ROY, SAINCT EUSTACHE A MES OS.
PASSANT, AU NOM DE DIEU, SI JE NE T'IMPORTUNE,
DURANT CE MIEN SOMMEIL, PRIE DIEU POUR MON REPOS.

IL DECEDDA LE XIII⁵ AOUST M DC XXIX, L'AN LXI DE SON AAGE.

ARMES. *D'argent au tremble de sinople, au chef d'azur chargé de trois écussons d'argent.*

Mss A², p. 361; — B⁴, p. 205; — Bibl. nat., ms. franç. 8237, fol. 58 (reproduction figurée).

———

Au-dessous, sur une table de marbre soutenue par un cartouche avec une tête de mort ailée, on lisait cette autre inscription. :

1582. GISSEY, LE GENDRE
DUDICT TREMBLAY, QUI D'AMOUR TENDRE
MIT CE MONUMENT EN CE LIEU,
IL EUST MESME EN PAREIL OFFICE
L'HONNEUR DE RENDRE AU ROY SERVICE.
POUR L'UN ET L'AUTRE PRIEZ DIEU

LEDICT GISSEY[1] EST INHUMÉ AU MESME LIEU ET DECEDDA L'AN M DC XLI. — PRIEZ DIEU POUR EULX.

Mss A², p. 361; — B⁴, p. 205; — Bibl. nat., ms. franç. 8237, fol. 58 (reproduction figurée).

———

GUY BONNET ✛ MADELEINE NICOLE.

Épitaphe gravée sur une table rectangulaire de marbre noir avec encadrement de marbre jaspé, surmonté d'un fronton brisé, décoré d'un cartouche armorié, le tout en marbre blanc incrusté de noir :

1583. — PORRIGE ME IN TERRA VIVENTIUM. — CY GIST NOBLE HOMME MESSIRE GUY ‖ BONNET, CONSEILLER SECRETAIRE DU ROY ‖ ET DE SES FINANCES, TRESORIER ET PAYEUR ‖ DE LA GENDARMERIE DE FRANCE, QUI DE‖CEDA LE NEUFVIESME SEPTEMBRE MIL ‖ VIᶜ VII, ‖ 'AGÉ DE SOIXANTE ET DIX ANS.

———

[1] Germain Gissey, fils de Pierre Gissey, huissier à la Cour des aides, et de Jeanne Jacquemin, marié, le 3 février 1620, à Marie, fille de Barthélemy du Tremblay.

Cy gist aussy dame Magdelaine Nicolle, femme dudict deffunct ‖ sieur Bonnet, qui decedda le... jour ‖ de ... mil ‖ six cent..... ‖ Priez Dieu pour eulx.

Armes. *Bonnet : D'azur au chevron d'or accompagné en pointe de deux masses passées en sautoir d'or, surmontant un croissant d'argent; au chef cousu de gueules, chargé d'une étoile d'or.*

— *Nicole : De gueules au chevron d'argent accompagné au chef de deux têtes d'aigle d'or, surmontées d'un croissant d'argent, et en pointe d'un massacre de cerf d'or.*

Mss A¹, p. 356; — B¹, p. 176; — Bibl. nat., ms. fr. 8237, fol. 30 (reproduction figurée).

JEAN LE GRAND.

Tombe plate au bas de la nef, contre la grande porte de l'église :

1584. — Cy gist honnorable homme Jehan Le Grand, vivant conseiller et premier chirurgien du Roy, lequel mourut le .. jour de decembre M DC XXXI.

Armes. *D'argent à la bande d'azur chargée de trois croisettes d'or et accompagnée de trois roses au naturel.*

Mss A¹, p. 350; — B¹, p. 139.

Autres tombes plates dans la nef :

· · · CORMY ✛ MARTINE BIGOT.

1585. — Cy gissent honnorable personne ... Cormy, en son vivant maistre pastissier oublayer et bourgeois de Paris, qui decedda le IIIᵉ jour de septembre M D LXXXIV;

Et Martine Bigot, sa femme, qui decedda le XXIIᵉ jour de juing, l'an M D LXXXIX. — Priez Dieu pour eulx.

Mss A¹, p. 352; — B¹, p. 151.

ROBERT ✛ SIMON ✛ NOEL MARCELLOT
JEANNE MARCELLOT.

1586. — Cy gist honnorable homme Robert Marcellot, luy vivant marchant tapissier et bourgeois de Paris et tapissier de ceans par l'espace de trente ans, lequel decedda le XXII janvier M D LXXXIV;

AUSSY GIST HONNORABLE HOMME SIMON MARCELLOT, FILS DUDICT ROBERT MAR-
CELLOT, EN SON VIVANT MARCHANT TAPISSIER ET BOURGEOIS DE PARIS, AUSSY TA-
PISSIER DE CEANS PAR L'ESPACE DE DIX ANS, QUI DECEDDA LE V^E MAY M D XCIV;

PAREILLEMENT GIST ICY HONNORABLE HOMME NOEL MARCELLOT, FILS DUDICT RO-
BERT MARCELLOT, MARCHANT TAPISSIER ET BOURGEOIS DE PARIS, QUI DECEDDA LE
XV SEPTEMBRE M DC XV.

CY GIST HONNORABLE FEMME JEHANNE MARCELLOT, FILLE DUDICT SIMON MAR-
CELLOT ET FEMME D'HONNORABLE HOMME PIERRE GIRAULT, HUISSIER EN LA COUR
DES MONNOYES, QUI DECEDDA LE VIIE D'APVRIL M DC XIII. — PRIEZ DIEU POUR EULX.

ARMES. *De. . . . à une charrue de. . . . . , surmontée en chef de trois mouchetures d'hermine.*

Mss A², p. 355; — B⁴, p. 170.

JEAN DE F...

1587. — SOUBZ CETTE TUMBE GIST LE CORPS DE NOBLE HOMME JEHAN DE F.....
EN SON VIVANT SECRETAIRE DE LA CHAMBRE DU ROY, CONTROLLEUR ET ESLEU POUR
SA MAJESTÉ EN L'ESLECTION DE GIEN, QUI EST DECEDDÉ EN CESTE VILLE DE PARIS
LE XXE JOUR DE MARS M DC VIII. — PRIEZ DIEU POUR LUY.

ARMES. *D'azur à la licorne passante d'argent surmontée d'une étoile et d'un croissant, le
tout d'or.*

Ms. B⁴, p. 140.

PHILIBERT DE CHOISY ✛ CHARLOTTE DE ROMEY.
JEANNE ÉLÉONORE DE CHOISY.

1588. — CY DESSOUBZ GIST NOBLE HOMME PHILLEBERT DE CHOISI, LEQUEL DE-
CEDDA LE ...

COMME AUSSY GIST DAMOISELLE CHARLOTTE DE ROMEY, SA FEMME, QUI DECEDDA
LE XVIIIE DE NOVEMBRE M DC XVIII, ET JEHANNE LEONORE DE CHOISI, LEUR ENFANT.
— PRIEZ DIEU POUR EULX.

ARMES. *Choisy : D'argent au chevron d'azur accompagné de trois merlettes de sable.*

Mss A², p. 356; — B⁴, p. 174.

ANDRÉ LANGLOIS ✦ MARIE CRESSÉ.

1589. — Dessoubz ceste tumbe, en attendant la resurrection, gissent et reposent les corps de honnorable personne André Langlois, marchant drappier et bourgeois de Paris, lequel decedda le .. jour de ··· m dc ···;
Et dame Marie Cressé, son espouze, laquelle decedda le iie jour d'apvril m dc xix. — Priez Dieu pour eulx.

Armes. *Langlois : D'argent à l'aigle éployée de sable; au chef d'azur chargé d'un croissant d'argent accompagné de deux molettes d'or.*

— *Cressé : D'azur au chevron d'argent accompagné de trois massacres de cerf d'or.*

Mss A², p. 352; — B², p. 152.

JEAN REGNARD.

1590. — Cy dessoubz gist noble homme maistre Jehan Regnard en son vivant conseiller et medecin ordinaire du Roy, lequel decedda le ive jour d'octobre m dc xx, a six heures du soir, ayant vescu lx.. ans.

Armes. *D'azur au chevron d'or chargé de deux croissants affrontés d'azur et accompagné de trois gerbes de blé d'or.*

Mss A², p. 355; — B⁴, p. 170.

GUILLAUME PAYEN ✦ ÉLISABETH DE ROMEY.

1591. — Cy gist noble homme Guillaume Payent, escuier, sieur de Cosserant, lequel decedda le.. jour de... m dc...;
Et damoyselle Elisabeth de Romey, sa femme, laquelle decedda le xiiie jour de febvrier m dc xxi. — Priez Dieu pour eulx.

Armes. *Payen : D'or au chevron d'azur chargé de cinq étoiles d'or et accompagné de trois têtes de maure de sable, tortillées d'argent.*

— *Romey : D'azur au chevron d'argent accompagné en chef de deux lions affrontés d'or, surmontés d'un besant du même, et en pointe d'un croissant d'argent, surmonté d'une étoile d'or.*

Mss A², p. 366; — B², p. 173.

MARTIN LE FEUGUEUX + JACQUELINE GUÉROULT.

1592. — D. O. M. — Cy gist noble homme Martin Le Feugueux, vivant conseiller du Roy et president en l'election de Paris, lequel decedda le XVIIe
jour de janvier M DC XXIV.

En perpetuelle memoire duquel damoiselle Jacqueline Gueroult, sa vefve,
a faict mettre ceste tumbe; de laquelle le corps y gist avec luy; elle decedda le ... — Priez Dieu pour eulx.

> Armes. *Le Feugueux : D'azur au lion d'or sur une terrasse de sinople, surmonté de deux*
> *vents d'argent mouvant des angles de l'écu.*
>
> — *Guéroult : D'azur à la fasce d'argent chargée de trois mouchetures d'hermine et*
> *accompagnée aux 1er et 4e cantons d'un croissant d'argent, aux 2e et 3e d'une*
> *croisette d'or.*

Mss A², p. 355 ; — B⁴. p. 167.

MICHELLE NICOLAS.

1593. — Cy gist dame Michelle Nicollas, natifve de Chartres, au jour
de son deceds veufve de noble homme Jacques de Romey, escuier, seigneur
de Romainville, vallet de chambre et porte manteau ordinaire du Roy; et
ladicte dame sa veufve decedda le XIIe jour de janvier M DC XXIV, et deux de
leurs filles inhumez aux tombes prochaines. — Priez Dieu pour eulx.

> Armes. *Nicolas : De gueules au chevron d'argent accompagné en chef de deux têtes de coq*
> *arrachées d'or, surmontées d'un croissant d'argent, et en pointe d'un massacre de*
> *cerf d'or.*

Mss A², p. 356; — B⁴, p. 173.

JACQUES DALLERET.

1594. — Jacques Dalleret, syndic des marchands tailleurs privilegiez du
Roy suivant la Cour, bourgeois de Paris, decedé dans la maison de Madame
sa mere, sous les pilliers de la Tonnellerie, enterré a Saint Eustache, le
mercredi 4 octobre 1719, a dix heures du matin.

Épitaphes de Saint-Eustache (Arsenal), fol. 72.

CHAPELLES DU CHŒUR.

CHEVET. — CHAPELLE DE LA VIERGE[1].

Tombes plates au milieu de la chapelle :

PIERRE LE BRUN.

1595. — CY GIST HONNORABLE HOMME PIERRE LE BRUN, EN SON VIVANT BOUR-GEOIS DE PARIS, QUI DECEDDA LE XXIXE SEPTEMBRE M DC XXX, AAGÉ DE LXIX ANS. – PRIEZ DIEU POUR LUY.

ARMES. *D'azur au chevron d'or accompagné de trois tours d'argent.*

Mss A², fol. 267 ; — B¹, p. 251.

PIERRE BOULANGER ✚ CLAUDE PIERRE.

1596. — CY GIST HONNORABLE HOMME PIERRE BOULLANGER, VIVANT MAISTRE MASSON ET BOURGEOIS DE PARIS, QUI DECEDDA LE XXVIIE JOUR DE FEBVRIER M DC XXX VIII; COMME AUSSY GIST PAREILLEMENT HONNORABLE FEMME CLAUDE PIERRE, SA FEMME, LAQUELLE DECEDDA LE [XIXE JOUR DE MARS M D XLV][2]. – PRIEZ DIEU POUR EULX.

Mss A², p. 366; — B⁴, p. 240.

JEAN GUILLEMOT ✚ MARIE BERTHAUT.
CLAUDE REVEREND ✚ NICOLE GUILLEMOT.

1597. — CY GIST HONNORABLE HOMME JEHAN GUILLEMOT, EN SON VIVANT MARCHANT BOURGEOIS DE PARIS, LEQUEL EST DECEDDÉ LE XIIIE JOUR DE JUING M D C XXX.

AUSSY GIST MARIE BERTHAULT, FEMME DUDICT GUILLEMOT, LAQUELLE DECEDDA LE XXVI DE SEPTEMBRE M D C XXXIX.

GY GIST CLAUDE REVEREND, MARCHANT BOURGEOIS DE PARIS, LEQUEL DECEDDA LE.....

[1] Cette chapelle est désignée dans le ms. B⁴ sous le vocable de Notre-Dame-de-Bon-Secours, en raison de ce que la confrérie de ce nom y faisait célébrer ses offices. — [2] Cette date nous est fournie par le texte de la fondation publiée ci-après n° 1636.

Aussy gist Nicolle Guillemot, femme dudict Reverend, laquelle decedda le..... — Priez Dieu pour leurs ames [1].

Mss A², p. 343; — B⁴, p. 249.

JEAN REMY ✠ DENISE PANSARD.

1598. — D. O. M. — Cy gist venerable et discrette personne, maistre Jehan Remy, prebstre clerc de l'œuvre de l'eglise de ceans, des l'année m d xcvi, qui a esleu sa sepulture et decedda le [xviii] jour de [janvier] m dc [xlvi], aagé de [lxxvii ans] [2].
Et honnorable femme Denise Pansart, mere dudict Remy, qui decedda le viii⁰ febvrier m dc xxxiii, aagée de lxxxviii ans. — Priez Dieu pour leurs ames.

Mss A², fol. 367; — B⁴, p. 251.

BÉNIGNE BERNARD ✠ ANNE COURTIN.

Près de l'autel de la chapelle, était placée l'inscription suivante gravée sur une table rectangulaire de marbre noir, portant un fronton roulé avec un écusson timbré d'un heaume à lambrequins, avec deux sangliers pour supports, et décorée à la base d'un cartouche avec écusson entouré d'une cordelière :

1599. — Cy gist noble homme messire Benigne Bernard, seigneur baron de Boves, des Menuscamz, Harbonnieres et nombre d'autres ‖ terres, conseiller et secretaire du Roy, maison et couronne de ‖ France et de ses finances, maistre d'hostel ordinaire de Sa Majesté ‖ et en sa Chambre des comptes a Paris, lequel a liberalement ‖ donné par son testament la somme de dix mille livres pour estre employées seulement en la continuation de ceste es‖glise; en memoire et recognoissance duquel benefice messieurs les mar-guilliers ‖ ont jugé raisonnable de faire chanter et celebrer a son ‖ inten-tion, par chacun an, au jour de son deceds qui fut ‖ le 26 septembre 1626, un service complet et de faire ‖ poser ce marbre pour l'honneur et souvbe-nance dudict ‖ sieur de Boves et de sondict bienfaict, comme aussi de ver-tueuse ‖ et sage dame Anne Courtin, sa veufve laquelle a pareillement esleu sepulture en ce lieu et decceda le...

---

[1] «Avant que l'on eut rehaussé et refait le pavé de la chapelle de la Vierge ou de Notre-Dame, on voyait cette tombe devant l'autel. Aujourd'hui il n'y a plus qu'une tombe de pierre bleuastre à la place de cette ancienne.» (Note du ms. A².)

[2] L'épitaphe, qui avait été gravée du vivant de Jean, ne fut pas complétée après sa mort, dont la date nous est fournie par la fondation publiée ci-après, n° 1634.

LECTEUR, PRIE POUR LE REPOS DE SON AME ET DE CEUX QUI POR‖TEZ DE MESME
ZELLE ET AFFECTION DONNENT DE LEURS BIENS POUR LA PERFECTION DE CE SAINCT
ET ADMIRABLE EDIFICE. 1628.

Épitaphe de Bénigne Bernard et d'Anne Courtin [1].

ARMES. BERNARD : *D'azur à la fasce d'or chargée de trois molettes de gueules, accompagnée en
chef de deux coutelas d'argent, les pointes en bas, à la poignée d'or, passés en sautoir,
soutenus d'une hure de sanglier d'or, et en pointe d'une bannière d'argent à la lance
d'or posée en bande.*

—   COURTIN : *Écartelé : aux 1 et 4, d'or à trois croissants de gueules ; au 2 et 3, d'azur
au lion rampant d'or, accompagné de trois. . .*

Mss A¹, p. 343 ; — B¹, p. 241 ; — C¹, fol. 82 ; — Bibl. nat., ms. fr. 8237, fol. 54 (reproductions figurées).

[1] Réduction d'un dessin du ms. fr. 8237 (fol. 54).

CLAUDE RÉVÉREND ✚ NICOLE GUILLEMOT
ELISABETH RÉVÉREND.

Contre le mur de la chapelle, du côté droit, près du mausolée de Colbert, on lisait l'inscription suivante gravée sur une table rectangulaire encadrée d'une moulure, le tout en marbre noir.

1600. — HONNORABLE HOMME CLAUDE REVEREND, PRE‖MIER ADMINISTRATEUR DE LA CONFRAIRIE DE NOSTRE ‖ DAME DE BON SECOURS, DECEDÉ LE 26 DECEMBRE 1647, NICOLLE ‖ GUILLEMOT, SON ESPOUSE, DECEDÉE LE 29 SEPTEMBRE 1659, ‖ LESQUELS AVOIENT ESLEU LEUR SEPULTURE SOUS LA TOMBE DE ‖ MARBRE DE CETTE CHAPELLE ET ONT DONNÈ LA FIGURE DE LA ‖ VIERGE, LES CARREAUX DE LA BALUSTRADE DE LADITE CHAPELLE, ‖ LE TOUT DE MARBRE, ONT ESTÉ RETIREZ ET MIS DANS LA CAVE ‖ AUX PIEDS DU PILLIER. LES SIEUR ET DEMOISELLE DES MARTINS, LEURS PETITS ‖ ENFANS, EXCITEZ A LA MESME DEVOTION, ONT FAICT ‖ PRESENT DES CARREÁUX DE MARBRE QUI SONT DANS LADICTE ‖ CHAPELLE, HORMIS LA BALUSTRADE, ET LEUR FILLE, DAME ELIZABETH ‖ REVEREND, VEUFVE DU SIEUR HURLOT, A FONDÉ DANS LADICTE CHAPELLE ‖ A PERPETUITÉ, UNE GRANDE MESSE DE LA PASSION, LES ‖ PREMIERS VENDREDIS DE CHAQUE MOIS PAR CONTRACT PASSÉ ‖ PAR DEVÁNT LE ROUX ET SON COMPAGNON NOTTAIRES, LE 24ᴇ ‖ MAY 1638; LAQUELLE EST DECEDÉE LE 28 AVRIL 1693, ‖ AGÉE DE 84 ANS.

ET LESDITS PERE ET MERE AYANT FAIT PLACER EN LADITE ‖ CHAPELLE CESTE EPITAPHE NON GRAVÉE ET DEPUIS OSTÉE ‖ AVANT SON DECEDS, ELLE A REQUIS LE SIEUR MUSNIER, SON ‖ EXECUTEUR TESTAMENTAIRE, D'OBTENIR DE LA FAIRE ‖ REPLACER ET GRAVER EN MEMOIRE DE CE QUE DESSUS. CE ‖ FAIT LE 25 OCTOBRE 1693. ‖ PRIEZ DIEU POUR LEURS AMES.

Ms. C³, fol. 83 (reproduction figurée).

Inscriptions fixées au mur, du côté gauche, près de l'entrée de la chapelle :

CLAIRE ROUILLÉ.

Inscription gravée sur une grande table de marbre noir, à bordure de marbre blanc, encadrée par des pilastres et des consoles renversées, soutenant un entablement à double fronton décoré d'un écusson entouré d'une cordelière, et posé sur un soubassement porté sur deux consoles avec une tête de mort ailée :

1601. — LES SIEURS JEHAN DES LAVIERS ET CHARLES GOURLAIN, ‖ PREMIERS MAISTRE ET GOUVERNEUR DE LA CONFRAIRIE ‖ DE NOSTRE DAME DE BON SECOURS, PAR LA PERMISSION DE MESSIRE ‖ CHARLES DE L'AUBESPINE, SEIGNEUR DE CHASTEAUNEUF, GAR‖DE DES SCEAUX DE FRANCE, DE MONSIEUR MAISTRE JACQUES LE B‖REST,

CONSEILLER DU ROY AU CHASTELLET DE PARIS, ET DU SIEUR PIERRE CADE‖AU ET
FRANÇOIS ROBIN, MARCHANDS BOURGEOIS DE LA‖DICTE VILLE, MARGUILLIERS DE
CESTE EGLISE SAINCT EUS‖TACHE, POUR PERPETUELLE MEMOIRE ONT FAICT ‖ APPOSER
CE TABLEAU FAISANT SÇAVOIR QUE FEUE ‖ DAMOISELLE CLAIRE ROULLIÉ, PREMIERE
ESPOUSE DE NO‖BLE JEHAN TRÓNSON, ESCUYER, SIEUR DU COUDRAY, CONSEILLER DU
ROY ‖ ET CORRECTEUR DES COMPTES A PARIS, ET AU JOUR ‖ DE SON DECEDS RELLI-
GIEUSE PROFESSE AU CONVENT DE ‖ LA VISITATION, DICT DE SAINCTE MARIE, AU
FAULXBOURG SAINCT ‖ JACQUES, PAR SON TESTAMENT ET ORDONNANCE DE DERNIERE
VOLONTÉ, ‖ RECEU PAR GAULTIER ET COUSINET, NOTTAIRES, LE 17ᵉ JUING 1631, A ‖
DONNÉ LA SOMME DE TROIS MIL DEUX CENS LIVRES A CESTE ‖ CONFRAIRIE, POUR FAIRE
DEUX CENS LIVRES TOURNOIS DE RENTE, POUR ‖ ASSISTER LES PAUVRES MALADES
NECESSITEUX DE CESTE ‖ PARROISSE ET POUR FAIRE INSTRUIRE QUELQUES PAUVRES‖
PETITES FILLES DÈS LEUR JEUNESSE A CONNOISTRE ET SERVIR ‖ DIEU, LESQUELLES
SERONT NOMMÉES PAR LES MAISTRES ET GOUVERNEURS ‖ DE LADICTE CONFRAIRIE;
LADICTE SOMME DE 3200 LIVRES DELLIVRÉE ‖ AUSDICTS SIEURS GOUVERNEURS PAR LES
HERITIERS D'ICELLE DAMOISELLE, PAR ‖ CONTRACT PORTANT QUITTANCE QUI EN A ESTÉ
PASSÉ PAR DEVANT LE CAMUS ET ‖ LE CAT, NOTTAIRES, LE 17ᵉ JANVIER 1631; LA-
QUELLE MESME DAMOISELLE ‖ AVOIT AUPARAVANT ENCORE DONNÉ ET FAICT APPLIQUER
LE ‖ PREMIER ORNEMENT DE CESTE CHAPPELLE, LE TABLEAU DE ‖ L'ANNONCIATION SUR
L'AUTEL, DONNANT EXEMPLE DE L'IMITER ET SE RENDANT DIGNE DES PRIERES D'ICELLE
CONFRAIRIE ET DE LA PROTECTION DE MARIE. APPOSÉ LE XXIIIᵉ JOUR DE JUING
M D C XXXII. — PRIEZ DIEU POUR ELLE.

ARMES. *TRONSON : D'azur à trois fleurs de coudrier d'or tigées du même, coupé d'argent, maçonné
de sable.*

—   *ROUILLÉ : D'azur à trois mains gauches d'argent, celle de la pointe surmontant un croissant du même, au chef cousu de gueules chargé de trois étoiles d'or.*

Mss A², p. 366 ; — B⁴, p. 242 ; — C¹, fol. 87 (reproduction figurée).

SUZANNE CHAPELIER.

Inscription gravée sur une table carrée de marbre noir, sans ornements :

1602. — MESSIEURS LES GOUVERNEURS ET ADMINISTRATEURS DE LA CONFRAIRIE
DE NOSTRE ‖ DAME DE BON SECOURS, PRESENS ET ADVENIR, SONT OBLIGEZ FAIRE CEL-
LEBRER A ‖ PERPETUITE, PAR CHASCUN AN, UN SALUT EN LA CHAPPELLE DE LADICTE
CONFRAIRIE, LE ‖ DIMANCHE D'APRES LA FESTE DE LA VISITATION DE LA VIERGE, ES-
CHEANT LE 7ᵉ JUILLET, A 7 HEURES DU SOIR, ET LE FAIRE SONNER EN CARRILLON, ET
CE ‖ A L'INTENTION DE DAME SUZANNE CHAPPELLIER, VEUFVE DE FEU NOBLE ‖ HOMME
JEHAN SAVARY, BOURGEOIS DE PARIS; PLUS SONT OBLIGEZ DE ‖ INSTRUIRE 13 PETITS
GARÇONS ISSUS DE PAUVRES HONTEUX DE LA PAROISSE ‖ SAINCT EUSTACHE, ET DE
FAIRE APPRENDRE A X ENFANS DES 25 QUI SONT A ‖ L'ESCOLLE DE LADICTE CON-
FRAIRIE, DE CEULX QUI SERONT LES PLUS ADVANCEZ EN LA ‖ LECTURE, A BIEN ESCRIRE,
COMPTER, JECTER AUX JETTONS ET A LA PLUME ‖ PAR UN MAISTRE ESCRIVAIN, ET DE

FOURNIR AUSDICTS PETITS ENFANS PAPIER, ‖ ENCRE ET PLUMES, AUTANT QU'IL EN SERA NECESSAIRE, AINSY QU'IL EST ‖ PORTÉ AU CONTRACT PASSÉ PAR DEVANT DE LACROIX ET BELLACHE, NOTTAIRES, ‖ LE 6 FÉVRIER 1634.

OUTRE LESDICTS MAISTRES SONT AUSSY OBLIGEZ DE FAIRE ‖ METTRE QUELQUE EN-FANT DE LADICTE ESCOLLE EN MESTIER, A LEUR DISCRETION, ‖ AINSY QU'IL EST PORTÉ PAR AULTRE CONTRACT DATTÉ DU 3 JUING 1634, PASSÉ PAR DEVANT LE CAT ET LE CAMUS, NOTTAIRES.

PAR PERMISSION DE MESSIEURS LES MARGUILLIERS.

Bibl. nat., ms. fr. 8237, fol. 60 (reproduction figurée).

CHARLES DES MOULINS.

Inscription gravée sur une table de marbre blanc, bordée de marbre noir, surmontée d'un fronton brisé, décoré d'un cartouche portant un heaume à lam-brequins, et soutenue par un autre cartouche de marbre blanc :

1603. — DEI GRATIA ‖ VIXIMUS ET VIVIMUS. ‖ CY GIST CHARLES DES MOULINS ESCÜYER ‖ SIEUR DU BREUIL, GENTILHOMME DE LA CHAMBRE ‖ DU ROY, LEQUEL A FONDÉ UN *OBIIT* A PERPETUITÉ, ‖ POUR DIRE ANNUELLEMENT APRES SON DECEDS, ET A ‖ DONNÉ A LA FABRIQUE PAROISSIALE DE SAINT HEUSTACHE DE SES DENIERS POUR CEST EFFECT, ‖ DONT MESSIEURS LES MARGUILLIERS SE SONT OBLIGEZ PAR ‖ CONTRACT PASSÉ AU CHASTELLET ‖ DE PARIS, LE 6ᴱ JOUR DE MARS 1643, ET ONT ‖ DONNÉ PER-MISSION DE METTRE LEDICT EPI ‖ TAPHE. LEQUEL EST DECEDDÉ LE 9 DECEMBRE 1646.‖ PRIEZ DIEU POUR SON AME.

ARMES. *De... à trois croix ancrées de...*

Bibl. nat., ms. fr., 8237, fol. 81 (reproduction figurée).

CLAUDE FAUCON ✚ MATHURINE DORAVAL.

Inscription gravée sur une table de marbre noir, cintrée dans le haut :

1604. — D. O. M. ‖ DAMOISELLE MATHURINE DORAVAL, FEMME DU ‖ SIEUR CLAUDE FAUCON, BOURGEOIS DE PARIS, A ‖ FONDÉ A PERPETUITÉ EN CESTE EGLISE CINQ MESSES ‖ BASSES, LES LUNDYS, MERCREDYS, JEUDYS, VENDRE‖DYS ET SAMEDYS DE CHACUNE ANNÉE, POUR ‖ ESTRE DITES A L'AUTEL DE LA CHAPELLE DE LA ‖ SAINTE VIERGE, A HUIT HEURES DU MATIN, POUR ‖ LE REPOS DE SON AME ET DE CELLE DE SON ‖ MARY, AINSY QU'IL EST PORTÉ AU CONTRACT ‖ DE LADITE FONDATION, PASSÉ ENTRE ELLE ET MES-SIEURS ‖ LES MARGUILLIERS DE CETTE EGLISE, ‖ LE IXᴱ JUIN M D CC V, DEVANT MAISTRE ‖ SIMON MOUFLE ET ˙SON CONFRERE, NOTAIRES. ‖ – PRIEZ DIEU POUR SON AME.

Bibl. nat., ms. fr. 8237, fol. 130 (reproduction figurée).

FRANÇOIS DE BASTARD.

1605. — Ici repose ‖ haut et puissant seigneur, monseigneur François de Bastard, ‖ chevalier, seigneur de la Fitte, en Languedoc, ‖ conseiller ordinaire de Sa Majesté en ses Conseils d'État et privé, ‖ chancelier, ‖ garde des sceaux et chef du Conseil ‖ de son Altesse Royale ‖ monseigneur le comte d'Artois, ‖ fils de France, ‖ frere du roi, ‖ ancien premier president de la cour du Parlement de Toulouse, ‖ né à Toulouse, le 16 décembre 1722, ‖ mort à Paris, le 16 janvier 1780. ‖ *Requiescat in pace.*

Armes. *Mi-parti d'or à l'aigle éployée de sable et d'azur à la fleur de lys d'or.*

Gaudreau, *Notice historique et descriptive,* 2ᵉ partie, p. 213 [1].

CHAPELLES DU CHOEUR. — CÔTÉ DROIT.

CHAPELLE DE NOTRE-DAME-DES-VERTUS.

Cette chapelle fut désignée, durant près d'un demi-siècle, sous le nom de Gelée, bourgeois de Paris, dont la pierre tombale y avait été placée peu après sa reconstruction [2]. Après 1683, elle fut généralement appelée la chapelle Colbert, lorsque le grand ministre y eut été inhumé, en reconnaissance de ses libéralités envers l'église Saint-Eustache [3].

[1] L'abbé Gaudreau, en publiant le texte de cette inscription, constate qu'elle devait être rétablie dans l'église, mais que ce projet n'avait pas encore reçu d'exécution en 1865.

[2] Nous n'avons trouvé aucun document qui permette de constater si la famille Gelée avait régulièrement obtenu de la fabrique la concession de cette chapelle; il paraît vraisemblable, par suite, qu'elle jouissait simplement d'un droit d'inhumation.

[4] «Par contrat du 28 août 1688, les marguilliers de Saint-Eustache s'étaient engagez à faire dire et celebrer à perpetuité pour le repos des ames de feu monseigneur et madame Colbert, sçavoir une messe quotidienne, par chacun jour, à neuf heures précises du matin, en la chapelle érigée

sous le titre de Nostre Dame des Vertus en ladite eglise, la premiere proche la chapelle de la Sainte Vierge et ce par un ecclesiastique qui sera à la nomination de monseigneur le marquis de Seignelay et après lui à l'aisné masle de ses enfans et, s'il n'y en a, à celui de la fille aisnée, les aisnez preferez aux autres; pour la retribution de laquelle sera payé par lesdit seigneur et sieurs marguilliers presens et avenir audit ecclesiastique la somme de 270 livres par chacun an, et deux services complets à hautes messes, au chœur de ladite eglise aussy par chacun an, les 5 septembre, jour du deceds dudit seigneur Colbert, et 8 avril, jour du deceds de ladite dame Colbert...; avec obligation par lesdits sieurs marguilliers d'empêcher qu'il ne

JEAN-BAPTISTE COLBERT.

Le mausolée de Colbert, exécuté par Antoine Coysevox et J.-B. Tuby, sur les dessins du peintre Lebrun, avait été dressé sous l'arcade qui séparait la chapelle de la Vierge de la chapelle de Notre-Dame-des-Vertus.

Un large soubassement rectangulaire de marbre blanc, avec application de plaque de marbre noir, qui reliait les pieds-droits de l'arcade, supportait un large cénotaphe posé sur deux piédestaux avec socles carrés, le tout en marbre noir, décoré d'ornements en bronze doré, mufles, pattes de lion et monogrammes entourés de couronnes de laurier. Une statue de grandeur naturelle, en marbre blanc, représentant le ministre défunt, revêtu du costume de l'ordre du Saint-Esprit, posée sur le sarcophage, avec les colliers des ordres du roi, à genoux et les mains jointes, devant un ange assis et adossé à l'arcade, qui tenait un livre ouvert. Aux côtés de ce monument, deux statues en marbre blanc personnifiaient l'une l'Abondance et l'autre la Religion. Coysevox avait sculpté la statue de Colbert et celle de l'Abondance; les deux autres étaient l'œuvre de Tuby [1].

Les pieds-droits et le cintre de l'arcade avaient été entièrement revêtus de plaques de marbre noir, encadrées de marbre blanc avec application de riches guirlandes de feuillages; l'entablement de cette décoration portait dans un médaillon ovale l'écusson de Colbert, timbré d'un heaume à lambrequins,

soit mis au devant du tombeau et mausolé dudit deffunt seigneur Colbert, à l'avenir, pour quelque cause ni occasion que ce soit, aucune tenture de tapisserie, serges, draps de deuil ni autre chose qui puisse en empecher la veue.» (Arch. nat., LL 723, fol. 297 v°.)

[1] Le mausolée de Colbert fut transporté par fragments au Dépôt des Petits-Augustins. Dans une Note de Lenoir relative aux monuments entrés au Dépôt pendant la Terreur, on trouve les mentions suivantes :

«172. Le 16 frimaire, an II [6 décembre 1793], reçu du citoyen Leclerc, ciseleur, rue Saint Eloi, n° 29, quatre médaillons en cuivre, dont deux bas reliefs et deux inscriptions provenant du tombeau de Colbert, qui était à Saint Eustache.» (Archives du Musée, t. II, p. 105.)

«250. Le 7 dudit ventôse, an II [19 février 1794], j'ai reçu du citoyen Bellier un fragment de marbre, représentant une figure à genoux, qu'il m'a dit provenir du tombeau de Colbert, qui étoit à Saint Eustache.

«251. Ledit, reçu du même la statue à genoux et

en marbre de Colbert sculpté par Coïsevox; plus une figure allégorique en marbre blanc, accessoire du même monument, venant de Saint-Eustache.

«253. Le 8 dudit ventôse, j'ai reçu du citoyen Bellier une statue en marbre blanc, faisant partie du tombeau de Colbert, venant de Saint-Eustache.» (Ibid., t. II, p. 126). Les deux dernières mentions se rapportant très nettement aux trois grandes statues du tombeau de Colbert, la première doit être considérée comme inexacte; elle ne peut s'appliquer, en effet, à la statue de l'ange, représenté assis, non à genoux, et qui d'ailleurs avait été détruite, ainsi que Lenoir l'a constaté lui-même, «par des ennemis des arts». (Musée des monuments français, t. V, p. 101, notes.) Le tombeau de Colbert fut reconstitué par Lenoir au Musée des monuments français (Ibid., et planche hors texte), d'où il sortit environ six ans après pour être réintégré dans l'église Saint-Eustache. L'état des monuments réclamés par les fabriques des églises porte qu'il fut rendu à cette église le 15 mars 1817. (Archives du Musée, t. III, p. 264.) Il a été reconstitué depuis dans la Chapelle de la Vierge.

entouré du collier du Saint-Esprit et soutenu par deux licornes; au-dessus était posée une croix entre deux vases fumants. Tous ces ornements étaient en bronze doré, de même que les médaillons et les cartouches appliqués contre les pilastres.

L'un de ces médaillons, du côté de la statue de la Religion, représentait Joseph occupé à faire distribuer du blé au peuple d'Égypte avec cette inscription : Acceptus est Regi minister intelligens, Proverb. 14, et plus bas, sur le socle de la statue : Quæ sunt Cæsaris, Cesari ; l'autre médaillon, du côté de la statue de l'Abondance, figurait Daniel transmettant aux satrapes et gouverneurs de Perse les ordres du roi Darius, avec ce texte : Culpa et suspicio non inventa est in eo, Daniel 6, et plus bas, sur le socle de la statue : Quæ sunt Dei, Deo.

Ces emblèmes et ces légendes avaient été choisis par l'abbé Gallois, de l'Académie française, désireux de témoigner ainsi sa reconnaissance au ministre qui l'avait honoré de ses bienfaits. Ce même abbé avait rédigé la première épitaphe primitive de Colbert, dénaturée quarante ans plus tard par une fâcheuse addition [1], et qui, sous sa forme définitive, était ainsi conçue :

1606. — D. O. M. ‖ Ex præclara ac pernobili stirpe ‖ equitum Colbertorum, ‖ qui anno Domini m cc l xxxiii ‖ ex Scotia in Galliam transmigraverunt, ‖ ortus est vir magnus ‖ Joannes Baptista Colbert, ‖ marchio de Seignelay, ‖ Regi administer, ærarii rationes in certum ac facilem ordinem regit, ‖ rem navalem instauravit, ‖ promovit commercium, ‖ bonarum artium studia fovit, summa regni negotia ‖ pari sapientia et equitate gessit; ‖ fidus, integer, providus, ‖ Ludovico Magno placuit. ‖ Obiit Parisiis, anno Domini m dc l xxxiii, ‖ ætatis suæ lxiiii. ‖ Orate et flete.

Ms. D, fol. 237 (reproduction figurée); — Piganiol, t. III, p. 183.

[1] La première épitaphe commençait simplement par les mots Joannes Baptista Colbert, ainsi que le constate une note du ms. D : «Cecy est de M. l'abbé Gallois, fait dès le temps de M. le marquis de Seignelay, ministre d'Estat.» Une autre note observe à propos de l'addition des premières lignes : «Ce sont MM. de Creuilly et comte de Seignelay qui ont fait poser cette épitaphe en 1725.» La nouvelle épitaphe, par suite des justes critiques qu'elle avait provoquées, ne resta pas longtemps en évidence, ainsi que nous l'apprend le dernier éditeur de Piganiol (t. III, p. 183) : «MM. Piganiol et Brice ont avancé l'un et l'autre, dans la description de ce mausolée qu'il étoit sans épitaphe; une telle omission ne paroissant pas vraisemblable, on s'est donné la peine de chercher et enfin on a trouvé cette épitaphe derrière le mausolée, dans un endroit fort obscur. Apparemment l'on n'a pas osé exposer au grand jour une origine illustre dont M. Colbert avoit eu la faiblesse d'être flaté. Un aussi grand ministre avoit-il besoin d'autre chose que de ses rares qualités et des services importants qu'il rendoit à la France, pour prétendre à l'Immortalité?»

Mausolée de Jean-Baptiste Colbert [1].

[1] Réduction d'un dessin en noir et en couleurs du ms. 1237 (fol. 13) de la collection Clairambault. Il existe des dessins analogues dans le ms. 1252 (fol. 115) de la même collection. Ce monument a été reproduit dans une planche hors texte de Piganiol (t. III, p. 181).

NICOLAS ✝ CHARLES ✝ PIERRE GELÉE ✝ LOUISE CASSELLE.

1607. — CY GIST ET REPOSE LE CORPS DE HONORABLE HOMME NICOLAS GELÉE, VIVANT MARCHANT ET BOURGEOIS DE PARIS, NATIF DE RHEINS EN CHAMPAIGNE, LEQUEL DECEDA LE... JOUR DE... MIL SIX CENS... AAGÉ DE...

ET HONNESTE FEMME LOUISE CASSELLE, FEMME DUDICT GELÉE, NATIVE DE BEAUREVOIR PRES LE CASTELLET, DECEDÉE LE VINGT NEUFIEME D'AVRIL 1628, AAGÉE DE SOIXANTE TROIS ANS, AYANT ESTÉ AVEC SONDICT ESPOUX L'ESPACE DE QUARANTE ANS. PRIEZ DIEU POUR EUX.

AUSSY GIST CHARLES GELÉE, FILS DUDICT NICOLAS GELÉE ET DE LADICTE CASSELLE, VIVANT MARCHANT DE SALINE ET BOURGEOIS DE PARIS, DECEDÉ LE 29 OCTOBRE 1629, AAGÉ DE TRENTE SIX ANS.

AUSSY GIST PIERRE GELÉE, FILS AISNE DUDICT NICOLAS GELÉE, MARCHANT DE SALINE ET BOURGEOIS DE PARIS, ET ENSEIGNE DU QUARTIER, DECEDÉ LE 21 MAY 1630, AAGÉ DE QUARANTE HUICT ANS.

Autour de la tombe, se lisait l'inscription suivante :

LE PREMIER JOUR DE L'AN MIL SIX CENT TRENTE QUATRE, CESTE TUMBE A ESTÉ MISE ET POSÉE PAR NICOLAS GELÉE, MARCHANT, BOURGEOIS DE PARIS, POUR Y ESTRE EN SEPULTURE ET LES SIENS PROCHES, DU NOM DES GELÉE ET NON AUTRES.

Mss A², p. 367; — B⁴, p. 249.

HONORÉ BEAUSSART.

1608. — CY GIST HONORABLE HOMME HONORÉ BEAUSSART, EN SON VIVANT CHIRURGIEN ORDINAIRE DU ROY ET DE LA REYNE, LEQUEL DECEDA LE IIIᴱ JOUR DE MARS M VIᶜ XL.

ARMES. *D'argent à trois branches de lis de sinople, fleuries d'argent et d'or, issant d'un croissant d'argent.*

Mss A², p. 367; — B⁴, p. 250.

JÉRÔME DU FOUR.

1609. — CY GIST NOBLE HOMME MONSIEUR MAISTRE HIEROSME DU FOUR, EN SON VIVANT CONSEILLER DU ROY EN SA COUR DE PARLEMENT, QUI DECEDA LE XIXᴱ D'AOUST M VIᶜ III.

ARMES. *D'argent au chevron d'azur accompagné de trois roses de gueules.*

Mss A², p. 367; — B⁴, p. 250.

CHAPELLES DU CHOEUR. — CÔTÉ DROIT.

CHAPELLE DE SAINT MATHIEU.

Cette chapelle, désignée dans le principe sous le titre du Saint-Sacrement et de sainte Anne, reçut au cours du XVIIe siècle les vocables de saint Jean-Baptiste, de saint Mathieu et de sainte Élisabeth; elle fut aussi communément appelée chapelle des Bourlon, du nom de la famille qui y avait reçu la sépulture[1].

NICOLAS ✝ JEAN ✝ MATHIEU BOURLON.

Le monument funéraire, en marbre blanc, sur lequel se trouvait gravée l'épitaphe collective des trois frères Bourlon et de leur famille, était adossé au mur de la chapelle qui faisait face à l'autel. Il se composait d'une table rectangulaire cintrée dans le bas, bordée de moulures et encadrée de pilastres que surmontait un double fronton décoré d'un écusson timbré d'un heaume à lambrequins avec deux lions pour supports; au cintre du bas se raccordait un cartouche avec guirlandes et écusson entouré d'une cordelière, soutenu par un arc en accolade portant une tête de mort ailée. Cet ensemble décoratif, enrichi de vases et de guirlandes en bronze doré, reposait sur un large cénotaphe en marbre noir, aux extrémités duquel étaient assis deux petits génies, aussi en bronze doré, tenant des flambeaux allumés et renversés.

L'inscription était ainsi conçue :

1610. — STA, VIATOR, ‖ UBI QUIESCIT NUMEROSA FRATRUM FAMILIA.
II SUNT NICOLAUS BOURLON, EQUES, DOMINUS DE LYONS ET DE CHARLY; ‖ DOMINUS JOHANNES BOURLON, SECRETARIUS REGIS ET CAMERÆ COMPUTORUM ACTUARIUS PRÆSIDENS; ‖ DOMINUS MATHÆUS BOURLON, REGIS E SANCTIORI CONSILIO ET RATIONUM MAGISTER ORDINARIUS.
PRETIOSAM DICERE VOLUIT FRATRUM GRATIAM, QUI DIXIT PURAM. ‖ QUAM PRETIOSA FUERIT TRIUM FRATRUM CONCORDIA EX EO COLLIGE : ‖ NEQUE ILLOS VITA DIVISIT NEC MORS DIVIDERE POTUIT; ‖ IDCIRCO COMMUNE SEPULCHRO CONDI VOLUERE, UT QUIBUS MORES INDIVIDUI ERANT, ‖ INDIVISI SINT CINERES.

[1] Il semble que la famille Bourlon ne jouissait que d'un droit de sépulture dans cette chapelle. Nous n'avons pu retrouver, en effet, aucun titre de concession régulière; les inventaires paroissiaux rappellent seulement la fondation d'«une messe quotidienne à la chapelle de saint Mathieu et de Saint Jean, sous l'invocation de la Vierge, par un prestre habitué, à dix heures, en esté, et à onze heures en hiver, pour Anne Monsigot, veuve de Nicolas Bourlon, conseiller au Parlement,» par contrat du 29 avril 1611. (Arch. nat., LL 1723, p. 410.)

Primus ex illis sine liberis vixit; ‖ alter sine conjuge; ‖ tertius decem liberos sustulit ‖ ex lectissima conjuge Christina de Bailly, ‖ nobilissimi domini de Bailly, prœsidis computorum, filia.

Monument funéraire de Nicolas, Jean et Mathieu Bourlon [1].

Primus, dominus Nicolaus Bourlon, consiliarius in senatu parisiensi; alter, dominus Carolus Bourlon, episcopus Cæsariæ et coadjutor suessionensis; ‖ tertius, dominus Joannes Bourlon, consiliarus in senatu metensi; ‖ quartus, dominus Mathæus Bourlon, Regis a sanctiori consilio, secretarius Regis et magister computorium ordinarius; ‖ quintus, canonicus regu-

[1] Réduction d'un dessin en noir et en couleurs du ms. fr. 8237 (p. 93).

LARIS ORDINIS SANCTI AUGUSTINI. ‖ EX QUINQUE FILIABUS, ‖ PRIMA NUPSIT DOMINO JOANNI JOLY, DOMINO DE FLEURY, CONSILIARIO MAGNI CONSILII; ‖ ALTERA DOMINO NICOLAO L'ESPAGNOL, DOMINO DE FONTENOY, COMPUTORUM MAGISTRO; ‖ TRES ALIÆ RELIGIOSÆ, MELIORI SPONSO NUPSERE.

NEC NOVA EST HÆC FRATRUM CONCORDIA QUÆ SECULUM VIDIT; ‖ NEC DESINET ESSE NOVA DUM ERIT ÆTERNA; ‖ FOVET ILLAM DECEM LIBERORUM MATER ‖ SEMEL MORITURA ET DECIES IN LIBERIS REDIVIVA. ‖ AUGEBUNT ILLAM VENTURI NEPOTES, ‖ TAMDIU HÆREDES FUTURI ILLUSTRIS FAMILIÆ ‖ QUAMDIU HÆREDES ERUNT PATERNÆ CONCORDIÆ.

ABI, VIATOR ET DISCE : CONCORDIA IMMORTALITATIS VITA EST. ‖ MORS IPSA NIHIL ALIUD EST NISI VITÆ DISCORDIA. ‖ OMNES POSUERE, ‖ 1652.

ARMES. BOURLON : D'or à la bande d'azur chargée de trois annelets d'or.

— BAILLY : D'or à la fasce de gueules chargée d'une croix d'or et accompagnée de deux pommes de pin de gueules en chef et d'un arbre du même en pointe.

Bibl. nat., ms. fr. 8237, p. 93; — Gaudreau, Notice historique, 2ᵉ partie, p. 202.

NICOLAS LE FÈVRE.

L'ancien précepteur de Louis XIII avait été inhumé dans la chapelle, sous une dalle de pierre portant cette épitaphe :

1611. — FEVRE, TU GIST ICY, MAIS POURTANT CETTE LAME
NE TE PEUT SEPARER DU NOMBRE DES VIVANS,
CAR TU NE PEUX MOURIR PUISQU'EN DIEU VIT TON AME,
COMME FAICT TA MEMOIRE EN L'ESPRIT DES SÇAVANS.

ARMES. D'azur à trois maillets d'or emmanchés d'argent.

Lemaire, Paris ancien et nouveau, t. I, p. 526.

Jean Bourlon, son ami, avait fait placer en son honneur cette autre inscription contre un des murs de la chapelle :

1612. — A. ☧. Ω. ‖ NICOLAUS FABER, ‖ PECCATOR NON UNUS EX MULTIS, ‖ HIC JACEO. ‖ QUID DE ME DICI VERIUS ‖ AUT A ME UTILIUS NON VIDEO. ‖ AGNOSCO, BONE JESU, TU IGNOSCE; ‖ AD HOC ENIM NATUS ET AD HOC PASSUS, ‖ AD HOC PRO NOBIS TREMUISTI ‖ UT PER TE SECURI ESSEMUS. VIXIT ANNOS LXVIII, MENSES IV, DIEM UNUM; ‖ DEVIXIT PRIMO NOVEMBRIS ANNO CHRISTI M D C XII. ‖ REQUIESCAT IN PACE.

HUNC TITULUM ‖ VIRO PIETATE, MORIBUS, ERUDITIONE ‖ IN EXEMPLUM ILLUSTRI, ‖ LUDOVICI XIII, FRANCIÆ ET NAVARRÆ REGIS ‖ CONSILIARIO ‖ EJUSQUE EDUCATIONI ADMOTO, ‖ EX TESTAMENTO ‖ ITA UTI CAVIT SIBIQUE ADSCRIPSIT, ‖ JOHANNES BURLONIUS PONI CURAVIT.

Mss A², p. 348; — B⁴, p. 221; — Lemaire, Paris ancien et nouveau, t. I, p. 525

CHAPELLE DE SAINT JEAN L'ÉVANGÉLISTE.

Cette chapelle, désignée sous les vocables de saint Jean l'Évangéliste, de saint Brice et de saint Guillaume, paraît avoir été concédée, à quelques années d'intervalle, à Jean Boursier [1] et à Jean Brice [2], qui tous deux avaient contribué à sa construction et à sa décoration. Les descendants des deux fondateurs y conservèrent le droit de sépulture.

JEAN LE PRESTRE [3].

Inscription gravée sur une table de marbre :

1613. — NON POTEST MALE MORI QUI BENE VIXERIT, ET VIX BENE MORITUR QUI MALE VIXIT. (AUGUST.)

> ICY LE PRESTRE FUT ENCLOS;
> MAIS SA BELLE AME GLORIEUSE
> DESSUS LA MORT VICTORIEUSE
> JOUIT D'UN ETERNEL REPOS.

[1] «Lettres du 14° jour de juillet 1534, pour deux des chappelles neufves baillées par lesdicts marguilliers de l'advis des parroissiens à Jehan Boursier et sa femme, et Guillaume Rouillard et sa femme, et à la charge de les parer et orner et y faire mettre imaiges et verrieres à leurs despens et les ouvrir toutes les festes; et aussy seront inhumez auxdictes chappelles eulx et leurs successeurs, sans payer dix livres tournois pour l'ouverture de la terre, ont baillé à la fabrique huit cens livres.» (Arch. nat., LL 723, fol. 170 v°.)

[2] «Jehan Brice, marchant et bourgeois de Paris, par son testament, a fondé, voulu et ordonné qu'il feust dict et celebré doresnavant par chascun jour, à tousjours, en ladicte eglise monseigneur sainct Eustache, à Paris, en la chappelle sainct Jehan l'Evangeliste, sainct Brice et sainct Guillaume, une basse messe, heure de unze heures et ung quart du matin avec quatre obiits, par chascun an.» (Arch. nat., LL 723, fol. 63.) Cette clause testamentaire fut exécutée le 3 février 1539 par sa veuve, Guillemette de Larche, qui paya à la fabrique une somme de 2,500 livres tournois.

Les 21 et 24 septembre 1542, Guillemette de Larche fonda elle-même «en ladicte eglise monseigneur sainct Eustache, à Paris, une basse messe quotidienne et perpetuelle, pour estre dicte et celebrée par chascun jour, heure de quatre heures du matin, en la chappelle que ledit deffunct Jehan Brice et Guillemette de Larche ont decorée et en partie ediffiée de leurs deniers en icelle eglise, appellée la Chappelle sainct Jehan l'Evangeliste, sainct Brice et sainct Guillaume.» (Arch. nat., LL 724, fol. 71.)

[3] Bien que le prénom du défunt ne soit pas indiqué dans l'épitaphe, il est vraisemblable qu'il s'agit ici de Jean Le Prestre, devenu, par son mariage avec Marguerite Boursier, le gendre du fondateur de la chapelle (Bibl. nat., cab. des Titres, *Dossiers bleus*, n° 543).

Cette alliance explique la fondation d'«un obit complet, qui se dit le jour des morts, avec offrande, à la chapelle saint Jean-Baptiste et sainte Élisabeth, pour Jean Le Prestre, bourgeois de Paris, et Françoise Gervais, sa femme, suivant le contract passé le 13 juillet 1619.» (Arch. nat., LL 723, fol. 153.)

LA MORT EST L'HONNEUR D'UNE VIE
QUAND DE LA JOIE ELLE EST SUIVIE
OU LE CHRESTIEN DOIBT ASPIRER.

AINSY NE PLEURONS PLUS LE PRESTRE,
CAR IL A PRINS CE NOUVEL ESTRE
QUE NOUS DEBVONS TOUS ASPIRER.

QUIESCAT IN CHRISTO FIDELIS.

ARMES. *D'azur au chevron accompagné en chef de deux besants et en pointe d'une couronne, le tout d'or.*

Mss A², p. 347; — B⁴, p. 230.

FRANÇOIS DESNEUX.

Sur un monument en marbre noir formé de deux tables superposées, l'une rectangulaire et l'autre cintrée dans le haut, encadrées d'une large bordure et accompagnées de deux têtes d'ange ailées et d'un écusson, le tout en bronze doré, on lisait les trois inscriptions :

1614. — MAISTRE FRANÇOIS DES‖NEUX, SECRETAIRE DE LA CHAM‖BRE DU ROY, SIEUR DE MINIERES EN ‖ BRIE, GIST ICY PRES DE MAISTRE ‖ FRANÇOIS RASSE[1] DESNEUX ET DAME ‖ MARIE LE PRESTRE, SES PERE ET ‖ MERE. IL MOURUT AAGÉ DE XXXIIII ‖ ANS, III MOIS, XI JOURS, LE Xᵉ NOVEMBRE ‖ MIL CINQ CENS QUATRE ‖ VINGT DIX.

1615. — FLORE ÆVI IN MEDIO SUPEROS LUCEMQUE RELINQUIS;
CONDERIS ET CARO PATRIS AVIQUE SINU.
DIGNUS AVI PATRISQUE ANNIS SI LÆTA FUISSENT
SÆCULA, QUÆ FELIX VIDIT UTERQUE PARENS.
NUNC DANT FATA TIBI MAGNO PRO MUNERE LETUM,
TEMPORE QUO TRISTE EST VIVERE, DULCE MORI.

1616. — DESNEUX, TU N'AS ESTÉ QU'UNE FLEUR DE PRINTEMPS
QUE L'INJURE DU CIEL SOUDAIN NOUS A RAVIE;
MAIS C'EST PLUS GRAND MALHEUR DE VIVRE PLUS LONGTEMPS,
LA PLUS COURTE (VIE) EN CE SIECLE EST LA MEILLEURE VIE.
BENE QUIESCAS ET SURGAS.

ARMES. *Parti-émanché d'argent et d'azur*

Bibl. nat., ms. fr. 8237, p. 16 (reproduction figurée); — Mss A², p. 265; — B⁴, p. 230.

[1] Ce nom manque dans les mss A² et B⁴.

ROBERT LE TELLIER ✛ CLAUDE TRONSON
JEAN-BAPTISTE LE TELLIER ✛ ANNE DE BRION
NICOLAS LE TELLIER ✛ MARGUERITE ✛ JEAN BOURCIER
MARGUERITE LE TELLIER.

Inscription gravée sur une table rectangulaire de marbre noir encadrée de moulures, au-dessous d'un écusson timbré d'un heaume à lambrequins.

1617. — LAUS DEO. — CY GISENT EN CESTE CHAPELLE LES CORPS DE DEFFUNCTE DAMOISELLE ‖ CLAUDE TRONSON, LORS DE SON DECEDS VEUFVE DE FEU ROBERT LE ‖ TELLIER, CONSEILLER DU ROY, RECEVEUR GENERAL DES FINANCES A PARIS ET‖ TRESORIER GENERAL DE LA MAISON DE MESSIEURS, ET JEAN BAPTISTE ‖ LE TELLIER, CONSEILLER NOTAIRE ET SECRETAIRE DU ROY, MAISON, COURONNE ‖ DE FRANCE ET DES FINANCES; DAMOISELLE ANNE DE BRION, DAME ‖ D'ALLONNE EN BEAUCE, SON ESPOUSE, ET DAMOISELLE MARIE LE TELLIER ‖ SŒUR[1] DUDICT SIEUR LE TELLIER, QUI ESTOIENT ENFANS DESDICTS ROBERT LE ‖ TELLIER ET CLAUDE TRONSON, LEQUEL RORERT LE TELLIER, ESTOIT FILS DE NICOLAS ‖ LE TELLIER, MARCHAND DRAPPIER, GROSSIER, BOURGEOIS DE PARIS, ET DAME ‖ MARGUERITE BOURCIER, QUI ESTOIT FILLE DE JEAN BOURCIER, AUSSY ‖ MARCHAND DRAPPIER, BOURGEOIS DE PARIS, QUI FONDA CESTE CHAPPELLE, EN ‖ L'ANNÉE 1634, ESTANT LORS MARGUILLIER DE CESTE EGLISE SAINCT EUSTACHE. ‖ CESTE EPITAPHE AYANT ESTÉ MISE POUR PERPETUELLE MEMOIRE DESDICTS ‖ DEFFUNCTS QUI ATTENDENT LA RESURRECTION GENERALE.

COMME AUSSY GIST EN CESTE CHAPELLE DAMOISELLE MARGUERITE LE TEL‖LIER, FILLE DESDICTS DEFFUNCTS ROBERT LE TELLIER ET CLAUDE TRONSON, QUI Y ‖ A FONDÉ A PERPETUITÉ, TOUS LES DIMANCHES DE L'ANNÉE, A X HEURES DU ‖ MATIN, UNE MESSE BASSE DE *REQUIEM,* POUR LE REPOS DE SON AME ‖ ET DE SES PARENS TRESPASSEZ, AINSY QU'IL APPERT PAR LE CONTRACT DE ‖ LADICTE FONDATION, PASSÉ PAR DEVANT LE CAT ET LE SEMELIER, NOTTAIRES, ‖ LE 22 AVRIL 1651. ‖ PRIEZ DIEU POUR LEURS AMES[2].

ARMES. *TRONSON : De. . . à trois mains de. . .*
— *Brion : Parti vairé d'or et de gueules et de gueules plein.*
— *Bourcier : Écartelé : aux 1 et 4, d'argent à la croix potencée d'or, cantonnée de quatre croix recroisetées du même; aux 3 et 4, de gueules à l'écusson d'or en abime, chargé d'une feuille de chêne de sinople.*

Bibl. nat., ms. fr. 8237, p. 89 (reproduction figurée).

---

[1] Le dessin porte ici les deux mots *FILLE SOEUR*, dont la juxtaposition constitue un non-sens.

[2] Le contrat de la fondation faite par Marguerite Le Tellier portait que la messe de *Requiem* devait être dite « dans la chapelle de messieurs les Bourciers, ses parens, dicte saint Jean-Baptiste, qui est la deuxiesme après celle de Saincte Reyne, allant vers la chappelle Nostre-Dame de Bon Secours, qui sont en ladicte eglise, moyennant la somme de 1,051 livres, payée comptant. » (Arch. nat., LL 723, fol. 277.)

CHAPELLE DE LA SAINTE-TRINITÉ.

Concédée le 14 juillet 1534 à Guillaume Roillart [1] et à Nicole de Gaumont [2], sa femme, cette chapelle fut généralement désignée sous le nom des familles Picou et Roillart. En 1772, elle redevint la propriété de la fabrique [3].

JEAN PICOU ✠ NICOLE DE GAUMONT

JEAN PICOU ✠ ANNE LADVOCAT ✠ CATHERINE PICOU.

Épitaphe gravée sur une table de marbre décorée d'armoiries :

1618. — SANCTISSIMÆ TRINITATIS UNI DEO SACRUM. — FELICI ET PERENNI MEMORIÆ JOHANNIS PICOU ET NICOLÆ DE GAUMONT, CONJUGUM, MEZERIÆ ET LONGUEVALLIS DOMINORUM, JOHANNES PICUS, MEZERIANUS, PRONEPOS HOC PIETATIS MONUMENTUM POSUIT.

ILLE M D XVII, MENSE JUNIO, HÆC UNO ANNO SUPERSTES M D, DIE SABBATI XVII APRILIS ET EJUSDEM ANNI ULTIMO, IN PACE QUIEVIT.

JOHANNIS PICOU, DOMINI DE MEZIERES, ET ANNÆ LADVOCAT, NOBILIUM CONJUGUM, QUORUM FELICES ANIMÆ PERENNI GLORIA PACEQUE FRUUNTUR PERPETUA, OSSA ET CINERES, JOHANNES PICUS, FRESNEUS, FILIUS PIENTISSIMUS, UNA CUM FRATRE ET SORORE SUPERSTITIBUS ET MŒSTISSIMIS, PARENTUM OPTIMORUM ET AMANTISSIMORUM HAUD IMMEMOR UNQUAM, IN HOC GENTILI TUMULO LUGENS AC MŒRENS CONDI CURAVIT.

QUI UT EODEM SEPTEMBRI MENSE QUONDAM NATI FUERE, SIC EODEM ÆTATIS ANNO LXXI, MENSE OBIERE DECEMBRI, ILLE DIE XXII M DC I, HÆC IX DIE, ANNO M DC XI.

CATHERINA PICOU, HORUM FILIA, NOBILIS PIETATE, VITÆ INTEGRITATE, ANIMI MORUMQUE CANDORE INSIGNIS, MUTATO MORTALITATIS ORDINE, NEC SINE FRATRUM SORORISQUE INGENTI ET DOLORIS RENOVATIONE, IMMATURO FATO EHEU! ABREPTA, BEATA DEO.

[1] Voir la note 1, p. 76.

[2] «Guillaume Roillart, marchand et bourgeois de Paris, et Nicole Gomont, sa femme, ont fondé en ladicte église monsieur Sainct Eustache, à Paris, une basse messe quotidienne et perpétuelle pour estre dicte et célébrée par chascun jour, heure de cinq heures du matin en la chappelle qu'ils ont décorée et en partie édiffiée de leurs deniers en icelle église, appellée la chapelle de la Saincte Trinité... ainsi qu'il est plus a plein contenu et déclairé ès lettres de la fondation de ce passées par devant Guillaume de Larche et François de Larche, notaires, l'an 1541, le samedi veille de Pasques communeaulx, 8ᵉ jour d'apvril.» (Arch. nat., LL 724, fol. 60.)

[3] Par contrat du 27 février «portant vente par M. Louis Melchior Dilvy, auditeur ordinaire du Roy en sa Chambre des Comptes, à l'œuvre et fabrique de Saint-Eustache de la propriété de la chapelle de la Trinité en ladite église moyennant 600ᵗ payées comptant». (Arch. nat., LL 723, fol. 327.)

Quæ obiit Parisius xii" calendas, reddita anima, hoc eodem sepulchro condita est, pridie idus octobris, anno salutis M DC XIV.

ARMES. *Picou : D'argent à la croix losangée d'or et de gueules, cantonnée de quatre lions couronnés de gueules.*

— *Gaumont : D'azur au chevron d'or chargé de trois croissants de sable et accompagné de quatre têtes de lion arrachées d'or.*

— *Ladvocat : D'azur à la fasce d'or accompagnée de trois croissants d'argent en chef et d'un lion d'or passant en pointe.*

Mss A², p. 356; — B⁴, p. 177.

JEAN-BAPTISTE DU JARDIN.

Inscription gravée sur une longue table rectangulaire de marbre noir encadrée de moulures et flanquée de deux consoles en marbre blanc, soutenant un entablement avec fronton, décoré d'un cartouche, le tout amorti à la base par un second cartouche orné d'une tête d'ange ailée.

1619. — D. O. M. – ‖ Morientis mortalium vitæ sortem adspicias et des-‖ picias, optime lector, pientissimi te manes isti rogant. ‖ Sunt Joannis Baptistæ Du Jardin, Regis regia‖rumque pecuniarum a secretis ‖ scribæ, quem generis splen‖dore clarum virtutum gloria insignem atque ‖ incredibili amicorum numero felicem plerique no‖runt; quippe qui constans Deo, Regibus, patriæ, ‖ parentibus et amicis, tam in secundis quam in adversis ‖ rebus, vixit semper quemadmodum debuit multis ‖ multum bene, nulli maledicens aut faciens, dignitatis au‖tem suæ magis quam augendæ rei domesticæ studi‖osus, unde apud omnes summam benevolentiam ‖ et auctoritatem promeruit; tandem dum ampliora ‖ abstinentissimæ virtutis suæ præmia succedunt ‖, gravi morbo petitus, post acerbissimos dolores, toto ‖ pene semestri christianissime perpessos, morta‖lium more, ut immortalis fieret, vivere desiit, xii ‖ calendas januarii, anno salutis humanæ 1598; vixit annos liiii, ‖ menses V, diem unum, horas VII.

Bona Roillart, marito concordissimo, Francis‖cus Du ‖ Jardin, fratri dulcissimo, Claudius Nau ‖ et Anna ‖ Du Jardin [patri] viro amantissimo quidquid est inferiarum, ‖ hoc elogium contra votum mœrentes dicaverunt.

Bene precare, viator, et tibi ‖ semper bene sit.

Bibl. nat., ms. fr. 8237, p. 21 (reproduction figurée); — Mss A², p. 356; — B⁴. p. 179.

Inscriptions gravées sur des tables de marbre :

CLAUDE ROILLART.

1620. — D. O. M. – CLAUDIO ROILLART, DOMINO DE LA BELLINIERE, ORDINARIO IN RECENSENDIS MILITUM NUMERIS COMMISSARIO, VIRO GENERIS NOBILITATE CLARO, SED PIETATE, FIDE, PRUDENTIA, INGENIO, MORUM CANDORE, QUIBUS OMNES MIRE SIBI DEVINXIT, NOBILIORE, IN IPSO ÆTATIS SUÆ FLORE PRÆREPTO, JOHANNES BAPTISTA DU JARDIN, REGIÆ FRANCORUM DOMUI ET REGNO IN PECUNIIS PUBLICIS A SECRETIS, ET BONA ROILLART, CONJUGES, RESURRECTIONEM A CHRISTO DEO PROMISSAM EXPECTANTES, ILLE ADFINO, HÆC FRATRI BENE DE SE, BENE DE CUNCTIS MERITO, MŒSTI PONI CURAVERUNT.

VIXIT ANNOS XLI, MENSES VI, DIES V! OBIIT XIV KALENDAS JUNII ANNO M D LXXX VII, — REQUIESCAT IN PACE. — POSITUM M DCX II.

ARMES. *ROILLART : De gueules à la fasce d'argent accompagné de trois* ɯ *gothiques couronnées d'or.*

Mss A², p. 357; — B⁴, p. 181.

NICOLAS ROILLART ✛ MARGUERITE LELIÈVRE.

1621. — A L'HEUREUSE ET LOUABLE MEMOIRE DE NICOLAS ROILLART, CONSEILLER DU ROY ET MAISTRE ORDINAIRE EN SA CHAMBRE DES COMPTES, LEQUEL, APRES AVOIR DIGNEMENT SERVI LE ROY ET LE PUBLIC EN SA CHARGE, PAR L'ESPACE DE VINGT-NEUF ANS, RENDIT SON AME A DIEU, LE PREMIER JOUR D'APVRIL M DC XXV, AAGÉ DE LXXII ANS. IL REPOSE EN CE LIEU AVECQUES SES ANCESTRES, ATTENDANT LA RESURRECTION.

DAMOISELLE MARGUERITE LE LIEVRE, SON ESPOUZE, PLEINE DE REGRETS, POUR MARQUE DE LEUR AMOUR CONJUGAL DURANT L'ESPACE DE TRENTE TROIS ANS QU'ILS ONT VESCU ENSEMBLE, LUY A FAICT ERIGER CE TOMBEAU QU'ELLE A PAREILLEMENT ESLEU POUR ELLE. — PRIEZ DIEU POUR EULX.

ARMES. *LELIÈVRE : D'azur au chevron d'or accompagné en chef de deux roses d'argent et d'une aigle éployée du même en pointe.*

Mss A², p. 357; — B⁴, p. 182.

CHAPELLES DU CHOEUR. — CÔTÉ GAUCHE.

CHAPELLE DE NOTRE-DAME-DE-PITIÉ,
DE SAINT-ADRIEN ET DE SAINT-HUBERT.

Mathieu de Nanterre, président au parlement de Paris [1], et sa fille Geneviève avaient acquis dès la fin du xve siècle, par diverses fondations, la propriété de cette chapelle, qui passa plus tard, par droit d'héritage, à la famille de Machault [2].

[1] «Maistre Mathieu de Nanterre, conseiller du Roy, nostre sire, et président en sa court de Parlement a fondé en ladicte église Monsieur saint Eustache, à Paris, six obiits sollempnels, ...; lesquels six obiits lesdicts marguilliers de ladicte église sont tenuz faire dire, chanter et celebrer à toujours, perpétuellement, comme dict est, moyennant douze escus d'or de rente que ledict maistre Mathieu a donnez et transportez à ladicte œuvre, ainsi qu'il est à plein déclairé es lettres de fondation dattées de l'an de grâce 1472, le vendredi 5° jour du mois de juing.» (Arch. nat., LL. 1724, fol. 29.)

«Fondation du feu sieur de Nanterre, en son vivant président en la court de Parlement, faicte le 12° mars 1486, par devant Baudequin et Chevalier, notaires, d'une messe en la chappelle de Nostre Dame de Pitié et de Sainct Adrien et Sainct Hubert, et pour ce faire a donné le moulin appellé de La Gourdine; assis en la rivière de Seyne . . . lors loué 40 livres parisis et diverses rentes.» (Arch. nat., LL. 1723, fol. 17 v°.)

«Fondation de Geneviefve de Nanterre, vefve de feu Messire Jehan Le Viste, en son vivant chevavallier, sieur d'Arsy, président de la justice des generaulx des Aides, d'une messe quotidienne, chascun jour en l'autel de Nostre Dame de Pitié, Sainct Adrian et Sainct Hubert et deux obits . . . , moyennant qu'elle a baillé aux marguillers une grande maison neufve, assise rue du Four, où lors demeuroit maistre Jehan de Hacqueville.» (Arch. nat., ibid., fol. 27 v°.)

«Aultre fondation faicte le 18° jour d'apvril, après Pasques, 1505, par devant de La Bretesche et Corrier, notaires, par Geneviefve de Nan-

terre, vefve de Messire Jehan le Viste, d'une messe basse tous les jours, à neuf heures du matin, et deux obits annuels, pour estre ladicte messe dicte en la chappelle Nostre Dame de Pitié, Sainct Adrian et Sainct Hubert . . . . . , et pour ce faire a donné une grande maison neufve, assise à Paris, en la rue du Four.» (Arch. nat., ibid., fol. 33 v°.)

[2] Par contrat du 19 décembre 1671, les marguilliers s'étaient obligés à payer 240 livres par an pour la célébration de la messe quotidienne fondée par Mathieu et Geneviève de Nanterre. (Arch. nat., LL. 723, fol. 289.)

Mais, par la suite, l'exécution de ce contrat souleva des contestations qui se prolongèrent durant près d'un siècle et auxquelles mit fin une transaction du 21 décembre 1778, homologuée en Parlement, le 15 mars 1779 : «Entre Louis-Alexandre de Machault, chevalier, plus proche parent de Mathieu de Nanterre, premier président du Parlement de Paris, et de Geneviève de Nanterre, sa fille, veuve de noble homme Jean Le Viste, chevalier, marquis d'Arcy, fondateurs d'une chapelle à eux concédée pour eux et leur famille, à perpétuité, en l'église, nommée chapelle de Notre Dame de Pitié, Saint Adrien et Saint Hubert, et MM. les curés et marguilliers en charge autorisés, par laquelle a été convenu que ledit sieur de Machault et ses successeurs nommeront le prêtre pour acquitter l'annuel fondé par ledit sieur de Nanterre, avoir leur banc et sépulture en ladite chapelle; que la fabrique employera le revenu des messes non acquittés à l'embellissement et décoration de ladite chapelle, que tous procès demeurent assoupis.» (Arch. nat., LL. 723, fol. 331 v°.)

JEAN-BAPTISTE DE MACHAULT ✛ MARIE DE MONSOY.

Épitaphe gravée sur une table de marbre décorée d'armoiries :

1622. — Bene merenti animæ Joannis Baptistæ de Machault, Baptistæ senatoris filii, patritii, parisini senatoris, clarissimi omnibus virtutibus et de litteris excultissimi, qui in hoc sacello, quod hereditario jure a præsidibus Nanterræ, Simone et Mathæo, majoribus, et Ludovica Le Coq, matre, proprium, post etiam decreto Senatus, et gentilitium recuperaverat, cum lectissimam conjugem Mariam de Moussoy, qua cum quinquaginta annos vixerat, xiii septembris, anno m dc xxxii, collocasset, anno altero ante obitum sacerdotio capto, ut uberius cœlum præustaret, tandem octogenarius, die xxix aprilis m dc xxxv, heic situs est, cum Francisci de Machault, unici eorum filii, lachrymis.

Armes. *Machault :* D'argent à trois têtes de corbeaux de sable, arrachées de gueules.
— *Monsoy :* D'azur au chevron d'or, accompagné en chef d'une étoile et d'un lion et en pointe d'un fer de pique, le tout d'argent.

Mss A', p. 362 ; — B', p. 225.

CHAPELLE DE SAINTE-MARGUERITE.

Au xviiᵉ siècle, plusieurs membres de la famille Rouillé du Coudray et, au xviiiᵉ, le marquis de Vins furent inhumés dans cette chapelle, qui ne paraît pas avoir été l'objet d'une concession régulière de la part de la fabrique[1].

PIERRE ROUILLÉ DU COUDRAY ✛ JEANNE MARCÈS.

1623. — Hic jacet Petrus Rouillé, miles, toparcha du Coudray, du Plessis, etc., in prætoriano consilio senator, magnus Franciæ referendarius, comes consistorianus, libellorum supplicum magister, apud Pictavos primum, tum apud Ambianos, Sommonæque tractum et Atrebates missus dominicus, qui pari fide, æquitate constantiaque mandatis sibi provinciis functus, supremum diem obiit, anno Reparatæ mdclxxviii, ætatis vero suæ lxii, hic in paterno

[1] Piganiol signale dans cette chapelle : «Deux petits monuments construits de marbre et de bronze doré, l'un érigé à la mémoire d'Hilaire Rouillé du Coudray, et l'autre à celle du marquis de Vins.» (T. III, p. 197.)

SEPULCHRO CUM JOHANNA MARCES, LECTISSIMA CONJUGE, TUMULATUS. SAXUM HOC OPTIMIS PARENTIBUS HILARIUS ROUILLÉ, MILES, TOPARCHA DU COUDRAY, DU PLESSIS, FORTOYSEAU, VOFVES, ETC., REGI AB OMNIBUS CONSILIIS, IN PRÆTORIANO CONSILIO SENATOR MAGNUSQUE FRANCIÆ REFERENDARIUS, MŒRENS POSUIT.

ARMES. *Rouillé : De gueules à trois mains senestres d'or ; au chef du même chargé de trois molettes de gueules.*

Bibl. nat.; Cabinet des titres, *Dossiers bleus*, n° 585.

HILAIRE ✚ PIERRE ROUILLÉ DU COUDRAY.

1624. — HIC JACET HILARIUS ROUILLÉ, EQUES, DOMINUS DU COUDRAY DU PLESSIS, QUI VIXIT GLORIOSUS EXTERIS, NEMPE SUMMO PONTIFICI CLEMENTI X, GENUENSI REIPUBLICÆ ATQUE ETIAM CHRISTINÆ REGINÆ, APUD QUOS ADHUC JUVENIS EGIT, CHARUS LUDOVICO MAGNO QUI NOTAM FIDEM AC RELIGIONEM POST EXERCITAM PRIMUM IN PRÆTORIANO CONSILIO SENATORIS, DEINDE VICENNIUM REGII IN SUPREMA RATIONUM CURIA PROCURATORIS, MOX DIRECTIONIS ÆRARII DUUMVIRI DIGNITATEM ULTRO AC SPONTE ABDICATAM CONSISTORIO ATQUE AMPLISSIMIS LAUDIBUS REMUNERAVIT, TUM ETIAM PHILIPPO, AURELIANENSIUM DUCI PROREGI, QUI NOLENTEM ITERUM ÆRARII DIRECTIONI ADMOVIT; DEVOTUS REI PUBLICÆ QUAM ITA SANCTE ADMINISTRAVIT UT ABJECTA RURSUM NOVA DIGNITATE, ANNUOS EX EA FRUCTUS ET REDITUS IN REGIUM ÆRARIUM REFERRI VOLUERIT. VIR INTEGER VITÆ JUSTUS AC PROPOSITI TENAX, AMANS RECTI ET VERI, IMPROBORUM AC PUBLICANORUM EXOSOR, PATIENS LABORIS AC VIGILIARUM, CONSILII PLENUS AC SCIENTIÆ, UNO VACUUS AURO, CUJUS AGGERENDI COPIA FUERAT; OMNIS TANDEM REI BONÆ STUDIOSUS, PRÆTERQUAM DITANDÆ FAMILIÆ; QUI CUM NESCIRET UTI FORO AUT SERVIRE TEMPORIBUS REM TANTUM PATRIAM, SED EAM, QUIS CREDAT! IMMINUTAM AC SUSTINENDO NOMINI LONGE IMPAREM RELIQUIT.

OBIIT 4° SEPTEMBRIS, ANNO DOMINI 1729, ÆTATIS PROPE 78, DORMITURUS HIC IN EXPECTATIONE JUDICII, UNA CUM FRATRE SUO NATU MINORE, PETRO ROUILLÉ, QUI MAJORIS, DUM VIVERET, CONSILII PRÆSES, ET A LUDOVICO MAGNO LEGATUS IN LUSITANIAM EXTRA ORDINEM MISSUS, OBIIT DIE 30 MAII, ANNO 1719.

CLARISSIMO PARENTI PIÆ MEMORIÆ MONIMENTUM POSUIT MŒRENS HILARIUS ARMANDUS ROUILLÉ, LIBELLORUM SUPPLICUM MAGISTER, FILIUS NATU MAXIMUS.

Piganiol, t. III, p. 198.

JEAN DE VINS.

1625. — ICI GIT HAUT ET PUISSANT SEIGNEUR MESSIRE JEAN DE VINS D'AGOULT DE MONTAUBAN, CHEVALIER, MARQUIS DE VINS ET DE SAVIGNY ET AUTRES LIEUX, LIEUTENANT GENERAL DES ARMÉES DU ROI, GOUVERNEUR DES PAYS, VILLE ET CITA-

DELLE DE BROUAGE, CI DEVANT SOUS LIEUTENANT PUIS CAPITAINE LIEUTENANT DES
MOUSQUETAIRES DU ROI, PENDANT 43 ANS. IL SE DISTINGUA AUX SIEGES DE BE-
SANÇON, DE CONDÉ, D'AIRE, D'YPRE, DE VALENCIENNES, DE GAND, DE PHILISBOURC,
DE NICE, DE VALENCE, D'ATH; IL SE SIGNALA AUX COMBATS DE CONFLANS, DE
BARCELONNETTE, AUX BATAILLES DE MONTESCLAROS, DE CASSEL. IL COMMANDA
L'AILE DROITE DE L'ARMÉE A LA BATAILLE DE LA MARSAILLE ET DECIDA DE LA VIC-
TOIRE; IL COMMANDA EN BRESSE, EN SAVOYE, SUR LES FRONTIERES DU DAUPHINÉ
ET DE PROVENCE; IL MERITA TOUS LES HONNEURS OU PEUT ASPIRER UN HOMME DE
GUERRE ET N'EN BRIGUA AUCUN; SON INTREPIDITÉ ET SON SANG FROID DANS LES
PLUS GRANDS PERILS SONT CONNUS; ENNEMI DU FASTE ET DE TOUTE OSTENTATION,
D'UNE PROBITÉ A TOUTE EPREUVE, SUR ET GENEREUX AMI, BON MAITRE, SEIGNEUR
BIENFAISANT, CHARITABLE, VRAI CHRETIEN. IL MOURUT LE IXE FEVRIER M DCC XXXII,
DANS LA XC^E ANNÉE DE SON AGE ET VOULUT ÊTRE ENTERRÉ DANS CETTE CHAPELLE,
OU REPOSE LE CŒUR DE SIMON CESAR DE VINS, SON FILS UNIQUE ET LE DERNIER DE
SON NOM, MORT DES BLESSURES QU'IL REÇUT AU COMBAT DE STEINKERQUE.

HAUTE ET PUISSANTE DAME CHARLOTTE RENÉE L'AVOCAT, SON EPOUSE, PLEINE
DE SA DOULEUR ET DE SA TENDRESSE, NE SE CONSOLANT QUE DANS L'ESPERANCE DE
LES REJOINDRE BIENTÔT, LUI A FAIT METTRE CETTE ÉPITAPHE [1].

ARMES. *Écartelé : aux 1 et 4, d'azur à la tour d'argent sur une terrasse du même, accostée de
deux étoiles d'or, qui est de Vins; aux 2 et 3, d'or au loup rampant d'azur, armé
et lampassé de gueules, qui est d'Agoult.*

Piganiol, t. III, p. 201.

CHAPELLE DE SAINT-JEAN-BAPTISTE.

Dédiée dans le principe sous le titre des Trois Rois Mages, cette chapelle
reçut au xviiie siècle le nom de saint Jean-Baptiste, à la suite de la fondation
faite par Joseph-Jean-Baptiste Fleuriau d'Armenonville, Garde des sceaux de
France [2].

[1] «Cet éloge ou cet epitaphe est de l'abbé
Joachim Le Grand, qui avoit été précepteur du
fils du marquis de Vins et qui, depuis ce temps-là,
eut un attachement particulier pour ce marquis
et pour Madame sa femme.» (Piganiol, t. III,
p. 201.)

[2] Contrat passé par Mes Sainfray et Doyen,
le jeune, notaires à Paris [le 1er janvier 1725];
«la fondation faite par très hault et très puissant
seigneur Monseigneur Joseph Jean Baptiste d'Armenonville, chevalier, garde des Sceaux de France,
chevalier des Ordres du Roy, d'une place de cha-

pelain, sans titre de bénéfice, pour desservir sa
chapelle, en l'église de Sainct-Eustache et y célébrer une messe basse, par chacun jour de l'année,
à perpétuité, ... laquelle messe seroit célébrée
par un prestre habitué de ladite paroisse, auquel
seroit payé quatre cens livres de rétribution par an
et dont la nomination appartiendroit à mondit seigneur, après luy à M. le comte de Morville et ensuite à l'aîné de ses descendans, pour laquelle
fondation mondit seigneur a constitué cinq cents
cinquante livres de rente à la fabrique. . . .» (Arch.
nat., LL. 723, fol. 312.)

CHARLES-JEAN-BAPTISTE FLEURIAU DE MORVILLE.

Joseph-Jean-Baptiste Fleuriau d'Armenonville, ancien Garde des sceaux de France, et son fils Charles-Jean-Baptiste Fleuriau de Morville, avaient été inhumés dans cette chapelle où un mausolée, formé d'une urne double adossée à une grande draperie, rappelait leur souvenir. Ce monument, qui était l'œuvre de Bouchardon, ne paraît avoir été accompagné d'aucune inscription.

Mais une épitaphe de Fleuriau de Morville nous a été conservée par une estampe allégorique qui présente dans un encadrement d'architecture surmonté d'un écusson aux armes du défunt, timbré de la couronne comtale, une femme ailée tenant un flambeau. Cette figure, qui personnifie l'Immortalité, déploie en pleine lumière une draperie sur laquelle est inscrite l'épitaphe du défunt, tandis qu'à ses pieds la Parque, renversée à terre et noyée dans l'ombre, agite ses ciseaux et s'efforce en vain de lacérer l'inscription [1].

1626. — Objet eternel des regrets des gens de bien, ‖ cy gist Charles Jean Baptiste Fleuriau, comte de Morville, ‖ ambassadeur en Hollande, ‖ ministre plenipotentiaire au congrès de Cambray, ‖ ministre et secretaire d'Estat des affaires etrangeres, ‖ chevalier de la Toison d'or, ‖ un des quarante de l'Academie françoise.

Sa sagesse lui attira la confiance des etrangers, ‖ sa douceur et sa modestie lui meriterent l'estime des ‖ courtisans.

Il ‖ fut l'ami de ses enfants, ‖ le pere de ses domestiques, ‖ le conseil de ses amis. ‖ Epoux, le modele des epoux, ‖ il etoit aimé d'une femme dont il faisoit tout le bonheur. ‖ Pere tendre, equitable, serieux et indulgent, ‖ il instruisit ses enfans par son exemple ‖ et les persuada par la reputation dont il jouissoit.

Sa vertu la plus chere ‖ etoit la bienseance dans les pensées et dans les actions. ‖ Loin d'exciter l'envie, ‖ l'amour du public s'est accru avec ses honneurs. ‖ Il n'a rencontrée la fortune ‖ que parce qu'elle l'a cherché; ‖ il ne l'a point regrettée quand elle l'a quitté, ‖ parce qu'il l'avoit tout au plus soufferte, ‖ sans s'y attacher. ‖ Trop homme d'esprit pour n'etre pas un veritable chretien, ‖ sa raison lui a servi a bien vivre ‖ et sa religion a bien mourir.

Ses fideles amis lui ont érigé ce tombeau, ‖ arrosé de leurs larmes, ‖ foible soulagement de leur douleur. ‖ Il est mort le 3 fevrier ‖ 1732.

Armes. *D'azur à l'épervier d'argent membré, longé et grilleté du même, posé sur un bâton de gueules; au chef d'or chargé de trois glands de sinople, tigés et feuillés du même.*

Bibl. nat., mss Collection Clairambault (Saint-Esprit), t. III, fol. 1.

[1] Cette estampe ne porte aucun nom de graveur.

CHAPELLES DE LA NEF. — CÔTÉ DROIT.

CHAPELLE DE SAINT-FRANÇOIS.

La chapelle de Saint-François avait été concédée, par contrat du 4 juin 1586, à Scipion, comte de Fiesque. Elle fut dès lors communément désignée sous le nom de Chapelle de Fiesque [1].

SCIPION DE FIESQUE + ALPHONSINE STROZZI.
+ FRANÇOIS DE FIESQUE.

Le somptueux mausolée que le comte de Fiesque avait fait ériger, après la mort de sa femme, était installé dans une niche rectangulaire, sous le vitrail de la chapelle. Il se composait d'un large cénotaphe décoré de godrons à la base, soutenu par deux piédestaux, le tout en marbre noir, et surmonté d'une urne funéraire en bronze doré. La niche était encadrée par deux consoles renversées avec socles et pilastres ornés de têtes de femmes ailées, qui soutenaient une large frise, décorée de rinceaux de feuillages et surmontée d'un fronton roulé avec guirlande. Un cartouche, avec écusson entouré d'une cordelière et timbré de la couronne comtale, et deux vases fumants surmontaient ce riche encadrement tout en marbre jaspé. Le comte de Fiesque et sa femme étaient représentés sur le vitrail de la chapelle, à genoux, l'un à la suite de l'autre, devant un prie-Dieu.

Trois épitaphes, gravées en lettres dorées sur des tables de marbre noir encadrées de marbre blanc, accompagnaient ce monument. Celle du comte de Fiesque occupait le milieu de la frise :

1627. — D. O. M. ‖ SCIPIONI FLISCO, ‖ PRINCIPUM GENUÆ CIVIUM PRINCIPI VIRO, PALATINO ET PATRITIÆ LAVANIÆ XV⁰ ‖ COMITI, DUPLICI TORQUATO ‖ ET ELIZABETHÆ LODOIZIÆ‖QUE, REGINARUM GALLIÆ, EQUITI HONO‖RARIO, PRÆCLARIS ET ARDUIS ‖

[1] Le 4 juin 1586, contrat de « la concession faicte à messire Scipion, conte de Fiesque, de la seconde chapelle neufve, appellée de Saint François, addossée contre celle de Jacques Lasnier, qui est de Saint-Jacques et Saint-Philippe, du costé de l'hostel de Royaumont, en laquelle dame Alphonsine de Strossi a esté inhumée, avecque permission de la faire clorre et y faire faire bancs, sieges et autres commoditez que bon luy sembleroit pour entendre le service et y faire cave pour y estre inhumé, luy, sadicte feue femme, leurs enffans et autres heritiers, parens et successeurs qui y vouldront estre sepulturez, sans que autres y puissent estre inhumez et prendre place en ladicte chappelle, y faire mettre ses armes et de sa feue femme avecque escripteaux declaratifs de ladicte concession, moyennant trois cens escus payez comptant. » (Arch. nat., LL 1723, fol. 245 v°.) Par contrat du 6 août suivant, le comte de Fiesque avait fondé « Une messe par semaine, le vendredy, à neuf heures du matin, et à dix heures, les jours de feste, en la chapelle de Saint François à la fin de laquelle sera dit la Passion de Notre-Seigneur, par un prebtre habitué, pour dame Alfonsine de Strozzi. » (Arch. nat., LL 1723, p. 365.)

TERRA MARIQUE MUNERIBUS PER ANNOS QUINQUAGINTA SUB QUINQUE REGIBUS INTE-
GERRIME PERFUNCTO, ‖ FRANCISCUS FLISCUS COMES, FILIUS MŒRENS, ‖ HOC MONU-
MENTUM POSUIT.

VIXIT ANNOS LXX MENSES II DIES V; OBIIT ANNO SALUTIS M D CXVIII, XVIIIᵒ CA-
LENDAS DECEMBRIS.

Mausolée de Scipion de Fiesque, Alphonsine Strozzi et François de Fiesque [1].

Celle d'Alphonsine Strozzi avait été placée entre les piédestaux du cénotaphe :

1628. — D. O. M. ‖ ALPHONSINÆ STROZZÆ ‖ MAJORUM SUORUM SPLENDORE ET
PROPRIIS LAUDIBUS CLARISSIMÆ ‖ ET APUD REGINAM FRANCORUM CATHARINAM HO-

[1] Réduction d'un dessin en noir et en couleurs du ms. D (fol. 185). — Il existe un autre dessin de ce mausolée dans la Collection Clairambault (1159, fol. 33) où sont reproduits les portraits du comte et de la comtesse de Fiesque, peints sur le vitrail de la chapelle (voir ci-contre la reproduction).

NORARIÆ MATRONÆ ‖ MUNERE SUMMA CUM FIDE, DIGNITATE ET DILIGENTIA FUNCTÆ, ‖
SCIPIO FLISCUS, COMES, ‖ CARISSIMÆ ET FIDELISSIMÆ CONJUGI, ACERBISSIMO FATO SIBI
EREPTÆ, ‖ HOC MONUMENTUM POSUIT.

QUÆ VIXIT ANNOS XLIIII; OBIIT ANNO SALUTIS M D LXXXVI, V° NONAS MAII.

Portraits de Scipion de Fiesque et d'Alphonsine Strozzi.
(Vitrail de la chapelle Saint-François.)

Celle de leur fils fut appliquée contre le soubassement du mausolée, qui formait avant-corps, au bas de la niche.

1629. — SOUBS CE MESME TOMBEAU EST AUSSY INHUMÉ LE CORPS DE MESSIRE
FRANÇOIS ‖ DE FIESQUE, COMTE DE LAVAGNE ET DU CALESTAN, FILS DUDICT SEI-
GNEUR SCIPION ‖ ET D'ALFONSINE STROZZE, LEQUEL DECEDDA ESTANT AU SERVICE DU
ROY, CONTRE ‖ LES REBELLES DE L'ESTAT, L'AN M D C... ET FUT SON CORPS APORTÉ
EN CE LIEU. ‖ IL AVOIT EPOUSÉ DAMOISELLE ANNE LE VENEUR, FILLE DU COMTE DE
TILLIÈRES.

ARMES. *FIESQUE : Bandé d'argent et d'azur de six pièces.*
— *STROZZI : D'or à la fasce de gueules chargée de trois croissants tournés d'argent.*
— *LE VENEUR DE TILLIÈRES : D'argent à la bande d'azur chargée de trois sautoirs
alésés d'or.*

Mss A², p. 353; — B⁴, p. 153; — D. fol. 184; — F², p. 80 (reproduction figurée).

CHAPELLES DE LA NEF. — CÔTÉ GAUCHE.

CHAPELLE DU SÉPULCRE.

Cette chapelle ne paraît pas avoir été l'objet d'une concession régulière. Elle était communément appelée la chapelle des Gentien, en mémoire d'une ancienne famille parisienne qui y avait obtenu le droit de sépulture.

JACQUES GENTIEN.

Son épitaphe fixée à l'entrée de la chapelle, contre un pilier, se lisait sur une table rectangulaire de marbre blanc avec consoles que surmontait un entablement dont la frise était décorée d'une tête d'ange ailée, posée sur des ossements en sautoir. Une corniche et deux consoles en marbre blanc avec appliques de feuillages en bronze doré, qui encadraient un cartouche armorié, formaient le soubassement :

1630. — D. O. M. ‖ ET MEMORIÆ ‖ ÆTERNÆ JACOBI GENCIAN, ‖ VIRI PROBITATIS SPECTATISSIMÆ, ‖ EX NOBILI ET ANTIQUO GENCIANO‖RUM FAMILIA ORTO, NICOLAUS ‖ GENCIAN, FILIUS MŒRENS PO‖SUIT, ANNO SALUTIS 1578.

ARMES. *De gueules à trois fasces vivrées d'argent, à la bande d'azur semée de fleurs de lis d'or brochant sur le tout.*

Mss A¹, p. 350 ; — B¹, p. 133 ; — Bibl. nat., fr. 8237, p. 10 (reproduction figurée).

CHAPELLE SAINT-MICHEL.

Désignée dans le principe sous le vocable de Saint-Charles, cette chapelle, après avoir été concédée, en 1625 [1], à la comtesse de Soissons, et en 1641 au chancelier Séguier, devint en 1647 [2] la propriété du surintendant des finances Michel Particelli et de sa femme Marie Le Camus. Elle prit dès lors le titre de Saint-Michel.

[1] «Le 23 décembre 1625 concession faite à madame la comtesse de Soissons d'une chapelle sous le titre de Saint-Charles, moyennant 3000ᴸ.» (Arch. nat., LL. 723, *in fine.*)

[2] «Le 1ᵉʳ decembre 1641 concession faite à M. Séguier, chancellier de France, d'une chappelle en ladite eglise, du costé de la porte du cadran, sans aucune reconnoissance, mais en consideration des bienfaits dudit seigneur.» (*Ibid.*)

«Le 24 juillet 1647 concession faite à messire Michel Particelli, seigneur d'Emery, surintendant des finances, d'une chapelle sous le titre de Saint-Michel, moyennant 6000ᴸ.» (*Ibid.*)

MICHEL PARTICELLI ✛ MARIE LE CAMUS.

Deux monuments identiques, formés chacun d'une grande table de pierre rectangulaire avec un encadrement architectural de marbre noir et blanc, surmonté d'une urne funéraire avec guirlandes de feuillage posée entre les rampants d'un

Monument de Michel Particelli et de Marie Le Camus [1].

fronton brisé, et décoré à la base d'un cartouche portant une tête d'ange ailée, étaient fixés vis-à-vis l'un de l'autre, contre les piliers, à l'entrée de la chapelle.

Ils portaient les inscriptions suivantes :

1631. — Messieurs les marguilliers de l'œuvre et fabric‖que de ceste église sont tenuz et obligez de faire ‖ dire et cellebrer par chacun jour, a

[1] Réduction d'un dessin du ms. fr. 8237 (p. 86).

PERPETUITÉ, ‖ UNE MESSE BASSE, DE LA SOLEMNITÉ DU JOUR, AVEC ‖ LE *DE PROFUNDIS*
ET LE *FIDELIUM* A L'ISSUE D'ICELLE, ‖ A L'INTENTION ET POUR LE REPOS DE L'AME DE
FEU ‖ MESSIRE MICHEL PARTICELLE, SEIGNEUR D'HEMERY, ‖ CHASTEAUNEUF, LA CHE-
VRETTE ET AUTRES LIEUX, ‖ CONSEILLER DU ROY EN SES CONSEILS, SURINTEN‖DANT
DES FINANCES DE FRANCE ET MARGUIL‖LIER EN CHARGE DE CESTE EGLISE ‖, ET DE
DAME MARIE LE CAMUS, SA ‖ VEUFVE, MOYENNANT CERTAINE SOMME DE ‖ DENIERS
DONNÉE ET LEGUÉE A CESTE FABRICQUE ‖ PAR LE TESTAMENT DESDICTS SEIGNEUR ET
DAME[1] ‖ TESTATEURS, PASSÉ PAR DEVANT DUPUIS ET LE ‖ MOYNE, NOTTAIRES DU
ROY, NOSTRE SIRE, EN SON CHASTELLET DE PARIS, LE ‖ XIIII NOVEMBRE M DC XLIX,
QUI ‖ ONT ESLEU LEUR SEPULTURE EN CE LIEU. — PRIEZ DIEU POUR LEURS AMES.

HUJUS ÆDIS SACRÆ CURATORES, BENEFICII HAUD IMMEMORES, MARMOR ILLUD
GRATI POSUERE.

ARMES. *PARTICELLI* : *D'or à l'arbre de sinople, au chef de gueules chargé de trois étoiles d'or.*
— *LE CAMUS* : *D'azur à trois pals d'or, au chef de gueules chargé de trois fermaux*
d'or.

Bibl. nat., ms. fr. 8237, p. 86 (reproduction figurée); — Mss C[1], p. 115; — F[1], p. 218.

1632. — POUR PERPETUER LA MEMOIRE D'UNE SECONDE FONDATION, FAITE PAR
DAME MARIE LE CAMUS, VEUFVE DUDIT FEU SEIGNEUR D'HEMERY, SURINTENDANT
DES FINANCES DE FRANCE, D'UNE MESSE BASSE QUOTIDIENNE A SON INTENTION ET
POUR LE REPOS DE SON AME, DE MESSIEURS ET DAMES LEURS ENFANS, QUI SERA
CELEBRÉE EN LEUR CHAPPELLE PROCHAINE PAR UN PRESTRE HABITUÉ DE CESTE PAR-
ROISSE, NOMMÉ PAR LADICTE DAME, ET QUI SERA CHOISY APRES SON DECEDS PAR
SES HERITIERS, AUQUEL SERA PAYÉ 300[H] DE DISTRIBUTION ANNUELLE ET FOURNY LE
LUMINAIRE ET AUTRES CHOSES NECESSAIRES POUR LA CELEBRATION D'ICELLE MESSE,
ENSUITE DE LAQUELLE SERONT DICTS LE *DE PROFUNDIS* ET ORAISONS ORDINAIRES,
MOYENNANT LA SOMME DE 10,000[H] PAYÉE PAR LADICTE DAME D'HEMERY A MES-
SIEURS LES MARGUILLIERS DE CESTE EGLISE, QUI SE SONT CHARGÉS, ET POUR LEURS
SUCCESSEURS, DE SATISFAIRE A LA PRESENTE FONDATION, SUIVANT LE CONTRACT
PASSÉ PAR DEVANT PAVYOT ET THOMAS, CONSEILLERS, NOTTAIRES DU ROY AU
CHASTELLET DE PARIS, LE XVI AOUST M DC L XXVI[2].

Bibl. nat., ms. fr. 8237, p. 86 (reproduction figurée).

Des fouilles récentes, exécutées dans la cave de la chapelle, ont mis à jour le
:

---

[1] En exécution de ce testament, la veuve de
Michel Particelli, fonda par contrat du 17 décembre
1653 «une messe à perpetuite, basse, de la solemp-
nile du jour, pour estre dicte à l'heure de dix heures,
en la chapelle desdits sieur et dame..., moyennant
la somme de neuf mil livres tournois paiez comptant...» (Arch. nat., LL 1723, fol. 280 v°.)

[2] Il est stipulé par ce contrat que «lesdits
sieurs marguilliers feront faire aux frais de la fabrique un épitaphe de marbre ou sera gravé en
lettres d'or, en substance, ladite fondation; le tout
moyennant dix mil cent livres payées complant...»
(Arch. nat., LL 1723, fol. 290 v°.)

cercueil de Michel Particelli, sur lequel est fixée une petite lame de cuivre portant l'épitaphe suivante :

1633. — Cy gist le corps de feu messire Michel ‖ de Particelle, vivant chevallier seigneur ‖ d'Hemery, Chateauneuf, La Chevrette et ‖ aultre[s] lieux, conseiller du Roy en tous ses ‖ conseils et surintendant de ses ‖ fi-

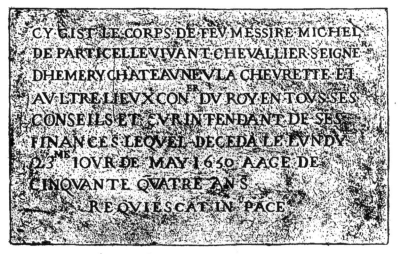

Épitaphe de Michel Particelli [1].

nances, lequel deceda le lundy ‖ 23ᵐᵉ jour de may 1650, aagé de ‖ ciñquante quatre ans. ‖ Requiescat in pace.

Texte d'après l'inscription originale.

COLLATÉRAL DU CHOEUR. — CÔTÉ DROIT.

JEAN REMY.

Contre l'un des piliers de la Chapelle de Notre-Dame des Vertus, était fixé un monument en marbre blanc et noir, formé d'un ordre d'architecture ionique avec consoles d'amortissement, qui soutenait un fronton brisé avec un cartouche portant le monogramme du Christ, surmonté d'une tête d'ange ailée, et qui avait pour soubassement une large table, en forme de trapèze régulier, soutenue par un

---

[1] Reproduction d'un estampage pris par M. P. Le Vayer.

cartouche en accolade orné d'une tête de mort ailée. Le défunt était représenté à genoux, en surplis, entre les deux colonnes, au-dessus d'une table rectangulaire de marbre sur laquelle se lisait l'inscription suivante :

1634. — A LA GLOIRE DE DIEU. — MESSIEURS LES MARGUILLIERS SONT TENUS ET OBLIGEZ DE FAIRE CHANTER ET CELLEBRER A PERPETUITÉ AU CHŒUR DE L'EGLISE, A L'INTENTION DE MAISTRE JEHAN REMY, PREBSTRE, CLERC DE L'ŒUVRE DE L'EGLISE DE CEANS DEPUIS LE XXII AOUST [M D] XCVI, SES PERE, MERE, PARENS ET AMIS, VIVANS

Monument funéraire de Jean Remy [1].

ET TRESPASSEZ, UNG GRAND SALUT LE JOUR DE SAINCT EUSTACHE, IIIᵉ NOVEMBRE, AVEC LA DISTRIBUTION D'ARGENT ET BOUGIES ACCOUSTUMÉS, TOUS LES VENDREDIS DE L'ANNÉE, APRES LE SALUT, *STABAT MATER* AVEC LE VERSET ET ORAISON ET EN FAISANT LA PROCESSION, APRES LE SALUT, S'ARRESTER SUR LA SEPULTURE OU LEDICT

[1] Réduction d'un dessin du ms. fr. 8237 (p. 82).

REMY DESIRE ESTRE INHUMÉ, VIS A VIS L'IMAGE DE LA VIERGE DE BON SECOURS, ET CHANTER *DE PROFUNDIS* AVEC LES ORAISONS ACCOUSTUMÉES ET UN GRAND *OBIIT* SOLEMPNEL, AU JOUR DU DECEDS DUDICT REMY, OU PLUS PROCHE, AVEC LES DISTRIBUTIONS D'ARGENT ET DE PAIN ACCOUSTUMÉES A DE TELS *OBIITS*, LE TOUT CONFORMEMENT AUX CONTRACTS PASSEZ PAR DEVANT DOUJAT ET LE CAMUS, NOTTAIRES DU ROY A PARIS, ES ANNÉES [MIL] SIX CENT DIX-SEPT ET SIX CENT VINGT. LEDICT MAISTRE JEHAN REMY DECEDDA LE XVIII JOUR DE JANVIER MIL SIX CENT XLVI, AAGÉ DE LXXVII ANS. — QUÆ DE MANU TUA ACCEPIMUS, TIBI, DOMINE DEDIMUS. (*PARALIP*. XXIX.)

Texte d'après le dessin ci-dessus.

Épitaphes et monuments funéraires contre le 13ᵉ pilier.

JEAN-GUILLAUME REYFF.

1635. — SOLA VIRTUS CARET SEPULCHRO. — GRADUM SISTE, VIATOR. JACET HIC NOBILIS JOANNES GUILLELMUS REYFF, PATRIA HELVETICUS, FRIBURGI AVENTICORUM CIVIS STUDIOSISSIMUS, HELVETICÆ LIBERTATIS AMANTISSIMUS, MAGNI ET INCLITI EJUS SENATUS SENATOR INTEGERRIMUS, QUI CUM LUDOVICO JUSTO, FRANCORUM ET NAVARRÆ REGE INVICTISSIMO, COHORTIS DUCENTORUM MILITUM HELVETIORUM DUX STRENUE DIMICASSET, ANNUM AGENS ÆTATIS XXXII, INTER VIVOS ESSE DESIIT. VIX SATIS VIXIT, NIMIUM SATIS SIBI QUIA PIE ET SANCTE MINUS PARENTI QUEM HIS IN REBUS AGENDIS PRUDENTIA AD CONSULATUM REIPUBLICÆ FRIBURGENSIS EVEXIT ET MINIM PATRIÆ QUIBUS INGENTEM SPEM ADEMIT. SÉPULCHRO DEMANDATUS EST III RA LENDAS MARTII M D XLI.

AD CUJUS ÆTERNAM MEMORIAM MARMOR HOC POSUIT NICOLAUS REYFF QUI FUIT FRATRI IN MUNERE SUCCESSOR EODEM ANNO M DC XLI.

ARMES. *Écartelé : aux 1 et 4, d'azur à trois cors de chasse d'or; aux 2 et 3, de gueules à trois annelets entrelacés d'or.*

Mss A¹, p. 367; — B⁴, p. 251; — F¹. p. 416.

PIERRE BOULANGER ✚ CLAUDE PIERRE.

Inscription gravée sur une grande table de pierre rectangulaire, surmontée d'un double fronton, amortie par des boules et décorée, à la base, d'un cartouche avec tête de mort ailée.

1636. — CY GIST HONNORABLE HOMME PIERRE BOULLANGER, VIVANT ‖ MAISTRE MAÇON, BOURGEOIS DE PARIS, QUI DECEDDA LE 27ᵉ ‖ JOUR DE FEBVRIER 1638, COMME AUSSY HONNORABLE FEMME ‖ CLAUDE PIERRE, SA FEMME, QUI DECEDDA LE 19ᵉ JOUR DE ‖ MARS 1645; LAQUELLE DE SON VIVANT A OBLIGÉ MESSIEURS ‖ LES MARGUILLIERS DE CESTE EGLISE, PRESENS ET ADVENIR, DE ‖ FAIRE DIRE ET CELLEBRER EN ICELLE UNE

MESSE BASSE CHA‖CUN JOUR, UN AN DURANT, APRES LE' JOUR DE SON DECEDS,‖ PLUS UN *OBIIT* A PERPETUITÉ, DES PLUS SOLEMPNELS QUI SE‖FONT, AVEC LES DISTRI-BUTIONS ORDINAIRES, POUR ESTRE CHANTÉ‖AU CHŒUR, A PAREIL JOUR DE SON DECEDS OU AULTRE‖PLUS PROCHAIN; FAIRE DIRE ET CHANTER AUSSY A PERPE‖TUITÉ A LA CHAPPELLE DE NOSTRE DAME DE BON SECOURS‖DE CESTE DICTE EGLISE, AU JOUR ET FESTE DE LA VISITATION OU‖PRESENTATION DE NOSTRE DAME, LE PLUS PROCHE DE‖SON DECEDS, L'OFFICE DE LADICTE FESTE, ASSAVOIR LES PRE‖MIERES ET SECONDES VESPRES, LA MESSE ET A L'ISSUE LE‖RESPOND DES TRESPASSEZ *LIBERA ME DOMINE,* AVECQUE *DE*‖*PROFUNDIS* ET ORAISONS CONVENABLES DU JOUR; ET SERA‖ SONNÉ LEDICT SERVICE AVECQUE LE CARILLON ET FAIRE JOUER LES OR‖GUES, FOURNIR LES ORNEMENS ET LUMINAIRES, LE TOUT‖A L'INTENTION ET POUR LE REPOS DES AMES TANT DUDICT‖DEFFUNCT BOULLANGER QUE DE LADICTE PIERRE ET DE TOUS‖ LEURS PARENS ET AMIS, ET CE MOYENNANT LA SOMME‖CONTENUE AU CONTRACT DE FONDATION PASSÉ ENTRE‖LADICTE PIERRE ET LESDICTS SIEURS MARGUILLIERS, PAR DEVANT LE SEMELIER,‖L'UN D'ICEULX, NOTAIRE AU CHASTELLET DE PARIS, LE 3ᴇ JOUR‖DE JUILLET 1638.‖PRIEZ DIEU POUR LEURS AMES.

Bibl. nat. ms. fr. 8237, p. 67 (reproduction figurée).

Contre le 12ᵉ pilier, épitaphe gravée sur une table de marbre noir rectangu-laire, au-dessous d'un écusson entouré de branches de laurier.

MATHURIN BROCHANT ✚ MARGUERITE HACTE.

1637. — CY GISENT HONORABLE HOMME MATHU‖RIN BROCHANT, VIVANT MAR-CHAND FOUR‖NISSANT LES ESCURIES DU ROY, DRAPPIER,‖ANCIEN CONSUL ET BOUR-GEOIS DE PARIS, QUI‖DECEDA LE 9ᴇ FEVRIER 1647, AAGÉ DE 63‖ANS ET DEMY.

ET DAME MARGUERITE HACTE, SA‖FEMME, QUI EST DECEDÉE LE VINGT NEUF‖ OCTOBRE MIL SIX CENT CINQUANTE-ET-UN, AAGÉE DE CINQUANTE-QUATRE ANS ET DEMY.

ARMES. *De... à l'arbre de... accompagné de deux croissants de.....*

Ms. C¹, p. 89 : — Bibl. nat., ms. fr. 8237, p. 84 (reproduction figurée).

FRANÇOIS MACIOT.

Inscription gravée sur un monument de marbre blanc et noir, comprenant une table rectangulaire encadrée de pilastres cintrés à la base, et surmontée de deux frontons reliés par une autre table de marbre. Deux petits génies, assis sur les ram-pants du fronton inférieur, soutenaient un médaillon, entouré d'une guirlande, avec le portrait du défunt. Un cartouche, portant un écusson timbré d'un heaume à lambrequins et entouré de rinceaux de feuillage, ornait le soubassement :

1638. — MESSIEURS LES MARGUILLIERS DE L'ŒUVRE ET FABRICQUE DE‖CESTE EGLISE SONT TENUZ ET OBLIGEZ DE FAIRE DIRE ET CELEBRER‖A PERPETUITÉ A L'INTENTION

DE DEFFUNCT FRANÇOIS MACIOT, ‖ ESCUIER, SIEUR DE NANTEAU, GENTILHOMME ORDI-
NAIRE DE LA CHAMBRE ‖ DU ROY, A PAREIL JOUR QUE CELUY DE SON DECEDS OU
AULTRE PLUS ‖ COMMODE DE DEVANT OU APRES ICELUY, ARRIVÉ LE 15ᴱ JOUR D'AOUST
M DC LII, AUX FRAIS ET DESPENS D'ICELLE FABRICQUE, PAR CHASCUN ‖ AN, AU CHŒUR

Monument funéraire de François Maciot [1].

D'ICELLE EGLISE, UNG GRAND *OBIIT* ET SERVICE COM‖PLET OU SERONT DICTES ET CHAN-
TÉES *LAUDES, RECOMMANDACES* ET ‖ TROIS HAULTES MESSES A DIACRE ET SOUBS
DIACRE, LA PREMIERE ‖ DU SAINCT ESPRIT, LA SECONDE DE LA VIERGE ET LA TROI-
SIEME DE ‖ REQUIEM, ET AVANT DE COMMENCER LESDICTES MESSES SERA CHAN‖TÉ

[1] Réduction d'un dessin du ms. fr. 8237 (P. 91).

L'HYMNE DE *VEXILLA REGIS,* ET FAIRE SONNER LEDICT *OBIIT* ET ‖ SERVICE, LA VEILLE ET LE JOUR, DE LA GROSSE CLOCHE SEULEMENT, ‖ FAIRE PARER DES ORNEMENS DES TRESPASSEZ SERVANS AUX ‖ *OBIITS* AVEC LA REPRESENTATION ET POELLE; FOURNIR POUR LA ‖ CELEBRATION DUDICT *OBIIT* HERSE D'UNE LIVRE ET SIX CIERGES DE ‖ QUATRE ONCES CHASCUN, DONT DEUX SUR L'AUTEL ET QUATRE A ‖ L'ENTOUR DE LA REPRESEN-TATION, ET OULTRE SONT ENCORE TENUZ LESDICTS ‖ SIEURS MARGUILLIERS DE FAIRE DONNER A CHASCUN DESDICTS *OBIITS* ET SERVICE ‖ LES DISTRIBUTION TANT EN AR-GENT, PAIN ET BOUGIES ET DE FAIRE ‖ AVERTIR LE PLUS PROCHE DES PARENS DUDICT SIEUR DE NANTEAU ‖ QUI SERA DEMEURANT SUR LADICTE PARROISSE DU JOUR QUE SE ‖ DIRA LEDICT *OBIIT* ET SERVICE, LE TOUT SELON ET AINSY QU'IL EST ‖ PLUS AMPLE-MENT PORTÉ AU CONTRACT DE FONDATION DE CE ‖ FAICT ET PASSÉ ENTRE LESDICTS SIEURS MARGUILLIERS, D'UNE PART, ET ‖ LEDICT DEFFUNCT SIEUR DE NANTEAU, D'AULTRE, PAR DEVANT LE VASSEUR ‖ ET LE SEMELIER, NOTTAIRES DU ROY AU CHASTELLET DE PARIS, LE ‖ 23 MARS 1643. ‖ — PRIEZ DIEU POUR SON AME.

ARMES. *De. . . au chevron de. . . . . accompagné de trois mouchetures d'hermine.*

Texte d'après le dessin ci-dessus.

MATHURIN NICERON ✛ MADELEINE BOUCHER.

Épitaphe gravée sur une table de marbre noir rectangulaire avec bordure à compartiments, entre deux consoles renversées, surmontée d'un cartouche armorié et posée sur un second cartouche décoré d'une tête de mort ailée :

1639. — EN ATTENDANT LA RESURRECTION ET LE ‖ JUGEMENT UNIVERSEL, CY DEVANT ‖ SOUBZ CESTE TOMBE GIST ET REPOSE ‖ LE CORPS D'HONNORABLE HOMME ‖ MATHURIN NICERON, VIVANT MAR ‖ CHAND, BOURGEOIS DE PARIS, QUI DECEDA ‖ LE 30ᵉ JOUR DE JUIN 1660 AGÉ DE. . .

ET MAGDELAINE BOUCHER, SA ‖ FEMME, QUI DECEDA LE VINGT-TROI ‖ SIESME DE JAN-VIER 1678, AGÉE DE ‖ QUATRE VINGTS ANS.

ET LEURS ENFANS ONT AUSSY ‖ CHOISY CE LIEU POUR LEUR SEPULTURE. ‖ PRIEZ DIEU POUR LEURS AMES.

ARMES. *De. . . à l'arbre de. . . . . accompagné de trois croissants de. . .*

Bibl. nat., ms. fr. 8237, p. 97 (reproduction figurée).

DENIS DE PALLUAU ✛ MADELEINE DE MONTHOLON.

Leur monument funéraire, tout en marbre blanc et noir, se composait d'une table rectangulaire avec un large cadre de moulures, cintré dans le haut et sur-monté d'un fronton circulaire portant un cartouche armorié timbré d'un heaume à lambrequins, dans le tympan, et deux petits génies adossés contre les rampants. Sur les côtés, deux consoles, ornées de volutes avec double socle, décoraient l'encadrement; la table de la base formant avant-corps reposait sur un cartouche cintré avec draperies et guirlandes, décoré d'un écusson entouré d'une cordelière.

L'inscription du monument était ainsi conçue :

1640. — Dionisio de Palluau, ‖ in Senatu parisiensi senatori integerrimo,‖ in eodem subdecano, ‖ foris moribus antiquis venerabili, ‖ domi sanctimonia vitæ religiosissimo, ‖ uxor pientissima, ‖ filii carissimi, filiæ dulcissimæ ‖ tabulam hanc posuere.

Monument funéraire de Denis de Palluau et de Madeleine de Montholon [1].

Vixit annos LXXVI, menses III; ‖ obiit nonas martii m dc xxvii. Quæ posuerat, Magdalena de Montholon, ‖ e generosissima Montholonorum gente,‖ avitam professa virtutem, ‖ diem sextum castissimæ viduitatis annum, ‖

[1] Réduction d'un dessin du ms. fr. 8237 (fol. 55).

ÆTATIS SEXAGESIMUM TERTIUM AGENS, ‖ AB EODEM SÆCULO CARISSIMA CONJUGI AMANTISSIMO ‖ ADORTA EST ‖ SEXTO IDUS DECEMBRIS, ANNO M ‖ DC XLII.

ARMES. PALLUAU : *D'or au chevron de gueules chargé de trois roses d'or et accompagné de trois fleurs d'aubifoin de gueules tigées de sinople.*

—   MONTHOLON : *D'azur au mouton d'or accompagné en chef de trois quintefeuilles d'argent.*

Bibl. nat., ms. fr. 8237, fol. 55; — Mss A², p. 346; — B⁴, p. 229.

Au pied du pilier, **une tombe plate portant cette épitaphe** :

1641. — CY GIST NOBLE HOMME MONSIEUR MAISTRE DENIS DE PALLUAU, VIVANT CONSEILLER DU ROY EN SA COUR DE PARLEMENT, QUI DECEDA LE IIIᵉ JOUR DE MARS M DC XXVII; ET DAMOISELLE MAGDELAINE DE MONTHOLON, SA FEMME, LAQUELLE DECEDDA LE... JOUR DE... M DC

Mss A², p. 346; — B⁴, p. 229.

GUILLEMETTE BOIRON.

Contre l'un des piliers de la chapelle de Saint-Roch[1], inscription gravée sur une table de pierre surmontée d'un petit fronton orné d'une croix et soutenue par un cartouche avec tête de mort sur des ossements en sautoir.

1642. — MESSIEURS LES MARGUILLIERS SONT TENUS FAIRE DIRE ‖ UNE MESSE QUOTIDIENNE EN LA CHAPELLE DU SAINT ‖ SACREMENT ENTRE SEPT ET HUICT HEURES DU MATIN, ‖ PLUS DEUX *OBIITS* PAR CHACUN AN, L'UN LE ‖ NEUVIESME SEPTEMBRE ET L'AUTRE LE TREIZIESME ‖ NOVEMBRE, AVEC DISTRIBUTIONS DE PAINS [ET AR‖GENT, LE TOUT SELON ET AINSY QU'IL EST PORTÉ PAR ‖ LE TESTAMENT DE DEFFUNCTE GUILLEMETTE BOI‖RON[2], AU JOUR DE SON TRESPAS FEMME DE GUILLAUME MALLOT, DATTÉ DU VINGT DEUXIESME JOUR D'AOUST MIL CINQ CENT QUATRE VINGTZ, PAR DEVANT ‖ THIERIOT ET DOUJAT, NOTAIRES AU CHASTELLET DE PARIS, MOYENNANT LA DONATION FAICTE PAR LADICTE BOI‖RON A LADICTE FABRICQUE DE LA MOICTIÉ D'UNE‖ MAISON CONTENANT PLUSIEURS CORPS D'HOSTELZ, ‖ SCISE A PARIS RUE DE MONTMARTRE, DESIGNÉE ‖ PAR ICELUI TESTAMENT.

POUR PERPETUELLE MEMOIRE DE QUOI, LES ENFANS ‖ ET HERITIERS DE LADICTE DEFFUNCTE GILLETTE DESPREZ ‖ ONT FAICT METTRE CE PRESENT MONUMENT EN ‖ L'ANNÉE 1634.

Bibl. nat., ms. fr. 8237, p. 61 (reproduction figurée).

[1] Contre la chapelle de M. Brulart, la première après celle de M. Colbert. (Note du ms. 8237.)

[2] Le dessin du ms. 8237 porte ici le mot : Bonshoms. L'épitaphe publiée ci-dessus sous le n° 1574 permet de rectifier avec une entière certitude cette indication erronée. Il s'agit bien ici de Guillemette Boiron, femme de Guillaume Mallot, et ce sont ses petits-fils, les enfants de Nicolas Mallot et de Gillette Després, qui ont fait poser l'inscription.

JEANNE ✛ ANTOINE GOUJON.

Tombes plates devant la même chapelle :

1643. — CY GISSENT HONNORABLE PERSONNE JEHANNE GOUJON, FILLE DE HONNO-RABLE HOMME PIERRE GOUJON, BOURGEOIS DE PARIS, ET DE DAME MARIE PERIER, SA FEMME, QUI DECEDDA A FONT'AINEBLEAU, LE XVIIE JOUR DE MARS M DC XVI.

AUSSY GIST SOUBS CESTE TUMBE ANTHOINE GOUJON, SON FRERE, QUI DECEDDA LE XXI MAY M DC XXVII. — PRIEZ DIEU POUR EULX.

ARMES. *De . . . au chevron de . . . accompagné d'un goujon en pointe; au chef de . . .*

Mss A², p. 348; — B⁴, p. 223.

FRANÇOIS ✛ ALEXANDRE TONNELLIER.
MADELEINE GASTINEAU ✛ BLAISE MANEZASSARD.

1644. — CY GISSENT LES CORPS DE DEFFUNCT HONNORABLE PERSONNE FRANÇOIS TONNELLIER, DECEDDÉ LE XVIE JOUR D'OCTOBRE M DC XXXVIII;

DE DEFFUNCT ALEXANDRE TONNELLIER, FILS DUDICT FRANÇOIS TONNELLIER, DE-CEDDÉ LE XXIE JOUR DE JANVIER M DC XXXV;

[DE] DEFFUNCTE MAGDELAINE GASTINEAU, VIVANTE VEUFVE DE FEU SEBASTIEN TONNELLIER, DECEDDÉE LE MARDY IIE JOUR D'AOUST M DC XXXIX;

ET D'HONNORABLE BLAISE MANEZASSART, VIVANT MARCHAND DE CESTE VILLE, DE-CEDDÉ LE MARDY, LE XXIII DE·NOVEMBRE M DC XXXVI. — VIR CLARISSIMUS MAGISTER STEPHANUS TONNELLIER, DOCTOR THEOLOGICUS ET INSIGNIS HUJUS ECCLESIÆ PASTOR, FRATERNÆ DILECTIONIS ET CLARISSIMÆ PARENTELÆ MEMOR, HOC MONUMENTUM DE SUO POSUIT.

Mss A², p. 367; — B⁴, p. 252.

CLAUDE BÀTONNEAU ✛ CATHERINE LANGLOIS.

Épitaphe gravée sur un médaillon ovale de marbre noir, incrusté.

Sur une table de pierre octogone, décorée d'une tête d'ange ailée et d'arabesques, étaient figurés deux petits génies soutenant un médaillon ovale en marbre noir,

surmonté d'un cartouche armorié entre deux vases fumants. Sur le médaillon était
gravée cette épitaphe :

1645. — Cy gist ‖ Honnorable homme ‖ Claude Bastonneau, ‖ bourgeois de
Paris, qui ‖ deceda le 12 decembre ‖ 1640, agé de 48 ans ;

Épitaphe de Claude Bâtonneau et Catherine Langlois [1].

Et damoiselle Cathe‖rine Langlois, sa ‖ femme, decedée le... ., ‖ agée
de.....

ARMES. *De· · · au chevron de · · accompagné en chef de deux roses et en pointe d'un
lézard de . . . . .*

Texte d'après le dessin ci-dessus.

[1] Réduction d'un dessin du ms. fr. 8237 (p. 7⁴).

Inscriptions contre le 11ᵉ pilier.

JEAN DUSSERT ✛ PIERRE JOUBERT.

Inscription gravée au-dessous d'un écusson timbré d'un heaume à lambrequins, sur une pierre rectangulaire, cintrée dans le haut, à la bordure semée de larmes, surmontée de deux têtes de mort.

1646. — A LA PLUS GRANDE GLOIRE DE DIEU ‖ ET A LA MEMOIRE DE DEFFUNCT JEAN DUSSERT, ‖ VIVANT GARDE DE LA CONNESTABLIE ET MARECHAUSSÉE ‖ DE FRANCE ET DES CAMPS ET ARMÉES DU ROY, LEQUEL, ‖ APRÈS AVOIR SERVY SA MAJESTÉ DANS SES ARMÉES ‖ ET PARTOUT AILLEURS OU IL A ESTÉ COMMANDÉ, ‖ L'ESPACE DE 26 ANNÉES, FUT TUÉ AU SIEGE DE ‖ BESANÇON, EN FRANCHE-COMTÉ, LE SABMEDY, 19ᵉ ‖ JOUR DE MAY 1674, VEILLE DE LA SAINCTE TRINITÉ, ‖ AGÉ DE CINQUANTE ANS OU ENVIRON;

ET DE DEFFUNTE PERRINE JOUBERT, SON ‖ ESPOUSE, DONT LE CORPS GIST ET REPOSE DEVANT ‖ CE PILLIER, LAQUELLE DECEDA LE LUNDY 20ᵉ ‖ JOUR DE SEPTEMBRE 1677, VEILLE DE SAINCT ‖ MATHIEU, AAGÉE DE 61 ANS ET DEMY ET 12 ‖ JOURS.

JEAN DUSSERT FILS DESDITS DEFFUNTS, LEUR A FAIT ‖ DRESSER CETTE EPITAPHE EN RECONNOISSANCE DES ‖ BIENSFAITS QU'IL A RECEUS D'EUX ET DE L'AMOUR TRES ‖ PARTICULIER QU'ILS LUY ONT TOUJOURS PORTÉ. ‖ PRIEZ DIEU POUR LE REPOS DE LEURS AMES. ‖ UN *DE PROFUNDIS*.

Bibl. nat., ms. fr. 8237, p. 113 (reproduction figurée).

ANNE FIZEAU.
FRANÇOIS ✛ CHARLES DE CORNOUAILLES.
ANNE DE DORDELU-GARNIER.

Epitaphe gravée sur une table carrée de marbre noir, sans aucun ornement :

1647. — ICY EST LA SEPULTURE DE DEF‖FUNCT MESSIRE ‖ FRANÇOIS DE CORNOAILLE, AVOCAT EN PARLEMENT, ‖ ET DE DAME ANNE FIZEAU, SON EPOUSE, ET DE ‖ LEURS DESCENDANS.

MESSIRE CHARLES DE CORNOAILLE, LEUR FILS, ‖ PRESTRE, SEIGNEUR PRIEUR DE SAINT LEONARD DE MON‖TATAIRE ET VICAIRE DE CESTE EGLISE PENDANT ‖ VINGT ANS, L'UN DES PLUS PARFAITS MODELES DU ‖ CLERGÉ, LE CONSOLATEUR DES GRANDS, LE PROTECTEUR ‖ DES PETITS, L'AMOUR DE SES EGAUX ET LE PERE DES ‖ PAUVRES, A ESTÉ AUSSY, AU TRES GRAND REGRET DE ‖ TOUS, DEPOSÉ DANS CESTE SEPULTURE, LA 63ᵉ ANNÉE ‖ DE SON AGE, L'AN 1694, LE 9 JOUR DE JUIN.

DAME ANNE DE DORDELU-GARNIER, EPOUSE ‖ DE MAISTRE FRANÇOIS MARTIN, SIEUR DE PINCHESNE, ‖ PETIT FILS DUDIT SIEUR FRANÇOIS DE CORNOAILLE, DECE‖DÉE

LE 3 AVRIL 1685, A DESIRÉ ESTRE INHUMÉE ‖ EN CESTE MESME SEPULTURE, A CAUSE QU'ELLE DOIT ‖ ESTRE AUSSY CELLE DUDIT SIEUR SON MARY, DECEDÉ ‖ LE... ‖ PRIEZ DIEU POUR LEURS AMES.

Bibl. nat., ms. fr. 8237, p. 127 (reproduction figurée).

Épitaphes et monuments contre le 36ᵉ pilier :

JEAN BOUCHER ✛ MARGUERITE GUYOT.

Fondation gravée sur une grande table de pierre rectangulaire, sans ornements :

1648. — MESSIEURS LES MARGUILLIERS DE LA FABRICQUE DE L'EGLISE DE CEANS SONT TENUZ ET OBLIGEZ DE FAIRE DIRE, CHANTER ET CELLEBRER PERPETUELLEMENT, PAR CHASCUN AN, AU CHŒUR DE LADICTE EGLISE, EN L'HONNEUR DE DIEU, POUR LE SALUT ET REMEDE DE L'AME DE DEFFUNCTE DAME MARGUERITE GUYOT, VEUFVE DE FEU HONNORABLE HOMME JEHAN BOUCHER, VIVANT BOURGEOIS DE PARIS, ET AUTRES SES PARENS ET AMIS TRESPASSEZ, UN *OBIIT* ET SERVICE COMPLET AUQUEL SERONT DICTES LA VEILLE *VIGILLE, LAUDES, RECOMMANDACES*, ET LE LENDEMAIN TROIS HAULTES MESSES A DIACRE ET SOUBZ DIACRE, LA PREMIERE DU SAINCT ESPRIT, LA SECONDE DE LA VIERGE MARIE, ET LA TROISIESME DE *REQUIEM*, A LAQUELLE Y AURA OFFRANDE DE PAIN, VIN ET CIERGE, ET AVANT QUE DE COMMENCER LADICTE MESSE DE *REQUIEM* SERA CHANTÉ L'HYMNE DE *VENI CREATOR SPIRITUS,* ET, EN SON LIEU, LA PROSE DES TRESPASSEZ SANS OBMETTRE LE TRAICT *SICUT SERVUS,* ET, EN FIN D'ICELLE MESSE, SERA AUSSY CHANTÉ AUTOUR DE LA REPRESENTATION LES RESPONDS DE *LIBERA, SALVE REGINA, DE PROFUNDIS* ET LES ORAISONS ACCOUSTUMÉES, ET AUQUELS *OBIIT* ET SERVICE ASSISTERONT MONSIEUR LE CURÉ, SES DEUX VICAIRES, SIX CHAPPELLAINS, DIACRE ET SOUBZDIACRE, DEUX CLERCS DU CHŒUR ET DEUX DE L'ŒUVRE, LESDICTS SIEURS MARGUILLIERS ET LEURS SUCCESSEURS MARGUILLIERS DE LADICTE FABRICQUE ET TREIZE PAUVRES HONTEUX QUI IRONT A L'OFFRANDE ET AUSQUELS ASSISTERONT; ICEULX SIEURS MARGUILLIERS ET LEURS SUCCESSEURS EN LADICTE CHARGE SERONT TENUZ DE FAIRE DISTRIBUER ET PAYER, SÇAVOIR : AUDICT SIEUR CURÉ, POUR LE SERVICE DES PREBSTRES QUI DIRONT LESDICTES TROIS MESSES, SOIXANTE SOLS, ET ENCORE AUDICT SIEUR CURÉ POUR SON ASSISTANCE XX SOLS ET QUATRE PAINS; A CHASCUN DESDICTS DEUX VICAIRES, SIX CHAPPELLAINS, DIACRE ET SOUBZDIACRE, DEUX CLERCS DU CHŒUR ET DEUX DE L'ŒUVRE V SOLS ET DEUX PAINS BLANCS, DE DOUZE DENIERS PIECES, ET A CHASCUN DESDICTS SIEURS MARGUILLIERS ET A LEURS SUCCESSEURS A CHASCUN QUATRE PAINS DE PAREILLE BLANCHEUR ET PRIX, A LA CHARGE QUE TOUS LES DESSUSDICTS ASSISTERONT EN PERSONNE AUDICT *OBIIT* ET SERVICE CONTINUELLEMENT ET ENTIEREMENT, ET A CHASCUN DESDICTS TREIZE PAUVRES HONTEUX UN PAIN DE DOUZE DENIERS ET OUTRE CE LEUR SERONT DISTRIBUEZ LES DENIERS ET PAINS DES DEFFAILLANS QUI N'AURONT ASSISTÉ AUDICT *OBIIT* ET SERVICE, PAR LE PROCHE PARENT DE LADICTE DEFFUNCTE DAME GUYOT, LEQUEL PARENT LESDICTS SIEURS MARGUILLIERS PRESENS ET AVENIR SERONT TENUS PAR CHASCUN AN

DE FAIRE AVERTIR DU JOUR AUQUEL SE DEBVRA DIRE LEDICT *OBIIT*, ET DE FOURNIR
D'ORNEMENS ET DE BONS PAREMENS DES TRESPASSEZ D'ICELLE EGLISE ET LUMINAIRE
QUI CONVIENDRA, QUI SERA DE DEUX CIERGES SUR L'AUTEL, QUATRE AUTOUR DE LA
REPRESENTATION, UNE HERSE ET DEUX TORCHES, LE TOUT DE CIRE JAULNE, PLUS
CINCQ SOLS EN DOUBLE ET QUATRE LIVRES DE CHANDELLE DE MESME CIRE, DE SIX
DENIERS PIECE, QUI SERONT DISTRIBUEZ AUX PREBSTRES, AUX PARENS ET AUXDICTS
PAUVRES HONTEUX QUI ASSISTERONT AUDICT *OBIIT*, POUR PRESENTER A L'OFFRANDE;
PLUS DOIBVENT BAILLER A CELLUY QUI AVERTIRA LESDICTS PARENS CINCQ SOLS ET
TOUTES AUTRES CHOSES A CE NECESSAIRES, ET LEQUEL *OBIIT* ET SERVICE SERA SONNÉ
LE JOUR ET LA VEILLE DE LA GROSSE SONNERIE DE LADICTE EGLISE, MOYENNANT LA
SOMME PORTÉE PAR LES LETTRES DE LADICTE FONDATION QUE LESDICTS SIEURS MAR-
GUILLIERS ONT RECEUE COMPTANT, SELON QU'IL EST DECLARÉ PAR ICELLE LETTRE
PASSÉE PAR DEVANT LE CAMUS ET DOUJAT, NOTTAIRES A PARIS, LE IVE JOUR DE
MAY MIL VI^C XIX. — PRIEZ DIEU POUR SON AME.

Bibl. nat., ms. fr. 8237, p. 42.

JACQUES MENANT ✠ JEANNE MERAULT.

Inscription gravée sur une table de marbre blanc cintrée, avec deux écussons
entourés de branches de laurier; dans le haut et dans le bas, un cartouche avec
tête de mort ailée sur ossements en sautoir.

1649. — LES MARGUILLIERS PRESENS ET A VENIR DE L'ŒUVRE ET FABRICQUE
MONSIEUR SAINCT ‖ EUSTACHE A PARIS, SONT TENUZ FAIRE CHANTER ET CELEBRER EN
LADICTE EGLISE ‖ PAR CHASCUN AN, A TOUSJOURS, LES PREMIERS DIMANCHES DES MOIS,
UN ‖ SALUT DU SAINT SACREMENT AUQUEL SERONT CHANTÉES LES VESPRES DUDICT
SAINCT ‖ SACREMENT, ET ICELLUY APPORTÉ ET POSÉ SUR L'AUTEL, ET EN L'APPORTANT‖
SERA CHANTÉ │ *O SALUTARIS HOSTIA*, PUIS *VENI CREATOR SPIRITUS*, AUXQUELLES ‖ VES-
PRES SERONT DICTES LES SUFFRAGES ET ANTIENNES ORDINAIRES, SONNÉ DES OR‖GUES
ET A LA FIN D'ICELUY SERA CHANTÉ UN *SALVE REGINA* ET, SUR LA ‖ TUMBE CY DEVANT,
UN *LIBERA* AVEC LE *DE PROFUNDIS* ET ORAISONS ACCOU‖TUMÉES, AUQUEL SALUT DOIBT
ASSISTER M. LE CURÉ, SES DEUX VICAIRES, SIX ‖CHAPPELLAINS, DEUX CLERCS, LES EN-
FANS DE CHŒUR ET LE CLERC DE L'ŒUVRE; ‖ LESDICTS DEUX CLERCS ET DEUX CHAPPEL-
LAINS DOIBVENT ESTRE REVESTUS DE ‖ CHAPPES; LESDICTS SIEURS MARGUILLIERS SONT
TENUZ DE FOURNIR DE LUMI‖NAIRE, ORNEMENS ET TOUTE CHOSE NECESSAIRE A CEST
EFFECT, FAIRE SONNER ‖ LEDICT SALUT PAR DEUX VOLLÉES DE CARILLON, AVEC LA
GROSSE CLOCHE ET ICELUY FAIRE TINTER PAR TRENTE COUPS ET CE POUR LE SALUT
DE L'AME ‖ DE DEFFUNCTS HONNORABLE HOMME JACQUES MENANT, EN SON VIVANT‖
MARCHANT ET BOURGEOIS DE PARIS, ET DE HONNORABLE FEMME‖JEHANNE MERAULT, SA
VEUFVE, QUI DECEDDERENT A SCAVOIR LEDICT ‖ MENANT LE PREMIER JOUR DE NO-
VEMBRE M V^C IIII^{XX} IX ET LADICTE‖MERAULT LE MERCREDY XIXE JOUR DE DECEMBRE M DC XII;
LE TOUT MOYENNANT CERTAINE RENTE DONNÉE PAR LADICTE MERAULT A ‖ LADICTE
EGLISE, A PLAIN DECLARÉE EN CERTAIN CONTRACT DE CE FAICT ET PASSÉ ‖ ENTRE
LADICTE VEUFVE ET LESDICTS SIEURS MARGUILLIERS PAR DEVANT JEHAN LE ‖ CAMUS

ET JEHAN THIERIOT, NOTAIRES AU CHASTELLET DE PARIS, LE VI^E JOUR ‖ D'APVRIL
M D LXXXVI, DONT LESDICTS MARGUILLIERS S'EN SONT TENUZ POUR CONTENS. — RE-
QUIESCANT IN PACE. AMEN. BEATI MORTUI QUI IN DOMINO MORIUNTUR. (APOC. 14.)

ARMES. *MENANT : D'azur à trois têtes de pucelle chevelées d'or.*
— *MIREAU : D'azur à la croix losangée, cantonnée de quatre étoiles, le tout d'or.*

Mss A², p. 347; — B², p. 216; — Bibl. nat., ms. fr. 8237, p. 15 (reproduction figurée).

CATHERINE LE CHARON ✚ GERMAIN LE BREST.

Épitaphe gravée sur une table rectangulaire de marbre noir bordée de moulures, surmontée d'un fronton circulaire avec cartouche armorié et décoré à la
base d'un autre cartouche avec écussson, le tout en marbre blanc et noir :

1650. — CY DEVANT GIST SOUBZ CESTE TUMBE HONNORABLE FEMME ‖ CATHERINE
LE CHARON, LAQUELLE A VESCU VERTUEU‖SEMENT ET CHASTEMENT EN MARIAGE PAR
L'ESPACE DE ‖ TRENTE-CINQ ANS ET DECEDA LE MERCREDY XXIIE ‖ JOUR DE MARS M D VI,
DE SON AAGE LA SOIXA‖NTIESME ANNÉE, ET AU JOUR DE SON DECEDS FEMME DE HON-
NORABLE ‖ HOMME JEHAN LOMBARD, VENDEUR DE POISSON DE ‖ MER FRAIS, SEC ET
SALLÉ, BOURGEOIS DE PARIS.

EN ‖ MEMOIRE DE LADICTE LE CHARON, SES ENFANS ONT FAICT ‖ METTRE CESTE
PRESENTE EPITAPHE.

AUSSY CY DEVANT GIST NOBLE HOMME GERMAIN LE ‖ BREST, VIVANT SECRETAIRE
DE LA CHAMBRE DU ROY, ‖ FILS DE LADICTE CHARON, QUI DECEDDA LE 12 DE FEB-
VRIER ‖ 1617 ET A FONDÉ UNG *OBIIT* EN L'EGLISE DE CEANS, LEDICT ‖ JOUR DE SON
DECEDS, PAR CONTRACT PASSÉ ENTRE MESSIEURS ‖ LES MARGUILLIERS ET LES HERITIERS
DUDICT DEFFUNCT, ‖ PAR DEVANT LE ROUX ET DOUJAT, NOTAIRES AU ‖ CHASTELLET
DE PARIS, LE 18 JOUR DE MAY 1619. ‖ REQUIESCANT· IN PACE.

ARMES. *LOMBARD : D'azur au chevron d'or accompagné de deux étoiles d'or en chef et d'une
hure de sanglier arrachée d'argent en pointe.*
— *LE CHARON : D'azur au chevron d'or accompagné en chef d'un croissant d'argent entre
deux étoiles d'or et en pointe d'une roue aussi d'or.*

Mss A², p. 347; — B², p. 215; — Bibl. nat., ms. fr. 8237, p. 27 (reproduction figurée).

THOMAS ✚ FRANÇOIS BASTARD ✚ CLAUDE LE ROUX.

Sur une table de marbre blanc bordée de marbre noir et surmonté d'une guirlande de feuillage avec rubans, d'où sortait un petit génie figuré à mi-corps, était

représentée assise une femme éplorée tenant devant elle une tête de mort. A la hauteur de sa tête, on lisait cette inscription :

1651. — TU ME VOIS MEDITANTE,
TOY, PASSANT OU PASSANTE,
SUR CE TRISTE SUJET MEDITE AVECQUE MOY,
PENSE A LHEURE DERNIERE,
FAIS POUR NOUS TA PRIERE,
EN PRIANT DIEU POUR NOUS, TU PRIERAS DIEU POUR TOY.

Monument funéraire de Thomas et François Bastard et de Claude Le Roux [1].

[1] Réduction d'un dessin du ms. fr. 8237 (p. 98).

Sur une draperie qui formait le soubassement de cette sculpture était gravée l'épitaphe suivante :

1652. — D. O. M. ‖ Cy gist Thomas Bastard, qui eut l'honneur de servir les roys Henry ‖ le Grand, Louis le Juste et Louis XIV a present regnant, [en] qualite ‖ d'huissier de salle, qui decedda le 15 decembre 1660.

Francois Bastard, son neveu, aussy huissier de salle, en recognois‖sance de ses biensfaicts a faict faire ceste espitaphe, ou devant‖gist Claude Le Roux, femme dudict Francois Bastard, qui deceda le ‖ 5 may 1663. Priez Dieu pour leurs ames et pour celle ‖ dudict donataire, qui deceda le 8 mars 1666.

Armes. *De . . . à trois feuilles de houx de . . .*

Ms. C¹, p. 106 ; — Bibl. nat., ms. fr. 8237, p. 100 (reproduction figurée).

Monument funéraire de Siméon Manuyn [1].

[1] Réduction d'un dessin du ms. fr. 8237 (p. 100).

SIMÉON MANUYN.

Une figure d'ange, posée sur une nuée, tenait de sa main gauche un cartouche décoré de deux écussons accolés, timbrés d'un heaume, et de sa main droite un rouleau sur lequel était fixée une longue et étroite tablette portant cette épitaphe :

1653. — VIRO CLARISSIMO ‖ SIMEONI ‖ MANUYNO, ‖ FRANCIÆ APUD ‖ PARISIENSES ‖ QUESTORI ‖ REGIARUM RATIONUM ‖ PERITISSIMO, ‖ MARIA DE ‖ GRIEULET ‖ UXOR ‖ MŒS-TISSIMA ET ‖ LIBERI ‖ SUPERSTITES, ‖ OPTIMO PARENTI ‖ POSUERE. OBIIT ‖ XII APRILIS ‖M DC LXII, ÆTATIS SUÆ LIV. ‖ BEATI QUI DOR‖MIUNT ‖ IN DO‖MINO.

ARMES. *MANUYN : De. . . à la fasce de. . . accompagnée en chef de trois étoiles et en pointe d'un dextrochère tenant deux branches de laurier de. . .*

— *GRIEULET : Écartelé : aux 1 et 4, de. . . à la croix pattée alaisée de. . . ; aux 2 et 3, de. . . au lion de. . .*

Texte d'après le dessin ci-dessus.

CHRISTOPHE MAILLET ✛ GENEVIÈVE LA COUR.

L'épitaphe des défunts était gravée sur une table rectangulaire de marbre blanc, découpée en creux aux quatre angles, bordée d'une large bande de marbre noir, et encadrée de pilastres avec torches allumées soutenant un fronton roulé. Au-dessus, contre une table de marbre, était suspendu par des rubans un médaillon avec bordure de feuillage en bronze, sur lequel était représentée une scène de charité :

1654. — VIATORES AFFATUR CHARITAS. SI QUÆRAS ‖ QUIS INTELLEXERIT SUPER EGENUM ET PAUPEREM, HIC ‖ JACET ET ILLUM LUGENT OMNES, IS EST QUI SUI OBLITUS‖ OMNIBUS EST OMNIQUE FACTUS OCULUS CŒCIS, MANUS PUPILLIS, ÆTATE PROVECTIS PRÆSIDIUM, DEO TEMPLUM, PAUPERIBUS DOMUS, OMNIBUS ET UBIQUE TOTUS.

A LA MÉMOIRE ETERNELLE ‖ DE NOBLE HOMME CHRISTOPHE MAILLET, CONSEILLER‖ DU ROY, CONTROLLEUR GENERAL DES MINES ET MINIERES DE ‖ FRANCE, ANCIEN CONSUL DE LA VILLE DE PARIS, L'UN DES ‖ DIRECTEURS DE L'HOSPITAL GENERAL, L'UN DES ADMINISTRA‖TEURS DES HOSPITAUX DES QUINZE VINGTS ET DE LA TRINITE,‖TRESORIER GENERAL DE LA TERRE SAINTE ET ANCIEN MAR‖GUILLIER DE CETTE EGLISE, LEQUEL DECEDA LE XXIVᵉ DU ‖ MOIS DE SEPTEMBRE M DC LXVII, AGÉ DE LXXIII ANS, IX MOIS;

ET DE DAMOISELLE GENEVIEFVE LA COURT, SA ‖ FEMME, LAQUELLE DECEDA LE Vᵉ SEPTEMBRE 1680.

Sous l'épitaphe, une table de marbre noir, bordée de blanc, en forme de cénotaphe, soutenue par des guirlandes de feuillage, portait cette autre inscription :

1655. — Lesdicts sieur et dame ont fondé en cette eglise, du consentement de messieurs ‖ les marguilliers, un *obiit* complet de trois hautes
messes avec *vigiles, laudes,* ‖ *recommandaces,* et les autres prieres accoustumées, et ce a perpetuité, au ‖ jour du mercredy des Quatre temps de
Caresme, ainsy qu'il est porté par ‖ le contract passe par devant Le Vasseur et Le Semelier, notaires au Chastelet de ‖ Paris, le xxiv decembre m dc xliii.
‖ Piis pie precare.

Monument funéraire de Christophe Maillet et de Geneviève La Cour [1].

Armes. *La Cour* : De... au chevron de... accompagné en chef de deux étoiles et en pointe
d'un croissant de...

Texte d'après le dessin ci-dessus.

[1] Réduction d'un dessin en noir et en couleur, du ms. fr. 8237 (p. 105).

JACQUES COUPÉ ✠ CATHERINE CARLES.

Épitaphe fixée contre l'un des piliers de la chapelle de Saint-Mathieu :

1656. — CY GIST SOUES L'UNE DE CES PROCHAINES TUMBES HONNORABLE HOMME JACQUES COUPPÉ, EN SON VIVANT MARCHANT ET BOURGEOIS DE PARIS, LEQUEL ESTANT MARGUILLIER DE CESTE EGLISE, DECEDDA LE XXVIᵉ SEPTEMBRE M D LXX IX.
HIC ET EGO TANDEM CAPIO ECCE IN PULVERE SOMNUM,
OPPERIOQUE DIEM MEA DUM IMMUTATIO FIAT.
AUSSY GIST HONNORABLE FEMME CATHERINE CARLLES, ESPOUZE DUDICT COUPPÉ, LAQUELLE DECEDDA LE VIII SEPTEMBRE MDLXXXVI. — L'ÉTERNEL FACE PAIX À LEUR AME.

ARMES. *Coupé : D'azur à trois coupes fermées d'or.*
— *Carles : De... à trois gerbes de blé de...*

Mss A¹, p. 348; — B¹, p. 222.

Tombes plates de pierre devant la même chapelle, entre le 10ᵉ et le 9ᵉ pilier :

DENIS ✠ CATHERINE LE BOSSU.
MARIE GORDELIN ✠ CATHERINE DU CHESNE.

1657. — CY DESSOUBS GISENT LES OS DE HONNORABLE HOMME DENIS LE BOSSU, VIVANT MARCHANT ET BOURGEOIS DE PARIS, ET DE MARIE GORDELIN, SA FEMME, LAQUELLE DECEDDA LE XXVIᵉ JOUR DE MAY M D XV;
ET CATHERINE LE BOSSU, FILLE DUDICT ET FEMME DE HONNORABLE HOMME DURANT YON, AUSSY MARCHANT ET BOURGEOIS DE PARIS, LAQUELLE DECEDDA LE XXVIIᵉ JOUR DE JUING M D LXXX VII;
ET CATHERINE DU CHESNE, LEUR PETITE-FILLE, ET FILLE DE HONNORABLE HOMME JACQUES DU CHESNE, AUSSY MARCHANT ET BOURGEOIS DE PARIS, ET DE CATHERINE YON, SES PERE ET MERE, ET FEMME DE HONNORABLE HOMME JACQUES PASSART, BOURGEOIS DE PARIS, LAQUELLE DECEDDA LE XVII MARS M DC XXX, AAGÉE DE LV ANS, XI JOURS, APRES AVOIR ESTÉ EN MARIAGE XXVIII ANS, III MOIS, X JOURS.
LEQUEL JACQUES PASSART A FAICT DE NOUVEAU ERIGER CE QUE PAR LA LONGUEUR DU TEMPS ESTOIT EFFACÉ, ET A PAREILLEMENT ESLEU SA SEPULTURE ET DE SES DESCENDANS. — PRIEZ DIEU POUR EULX.

ARMES. *Le Bossu : D'azur à la fasce d'or accompagné en chef de deux molettes aussi d'or et en pointe d'un croissant d'argent.*
— *Du Chesne : D'azur à trois glands de chêne d'or, à l'étoile du même en abime.*
— *Passart : D'azur à trois passereaux de sable.*

Mss A¹, p. 345; — B¹, p. 223.

MICHEL PASSART ✛ MADELEINE LE GRAND.

1658. — Soubs ceste tumbe[1] gisent honnorable homme Michel Passart, vivant sieur de Douyel, bourgeois de Paris, lequel, aagé de LXXI ans, decedda le .. jour de novembre M DC XXXVII;

Et dame Magdelaine Le Grand, sa femme, laquelle, aagée de LXVI ans, decedda le XXVI janvier M DC XLI.

Armes. *Le Grand : D'azur à la 2fasce d'argent chargée de trois oiseaux au naturel, accompagnée d'un lion passant en chef et en pointe de trois épis issant de la pointe, le tout d'or.*

Mss A², p. 365 ; — B⁴, p. 233 ; — Bibl. nat., ms. fr. 8237, p. 64.

DURAND YON.

1659. — Icy est le tombeau de Durant Yon, marchand et bourgeois de Paris, et de ses enfants. — Priez Dieu pour eulx.

Armes. *D'azur au rocher d'argent issant des ondes, à quatre jets d'eau d'argent.*

Mss A², p. 365 ; — B⁴, p. 233.

GUILLAUME JOURDAIN ✛ GENEVIÈVE PRUCHER.

1660. — A la plus grande gloire de Dieu et a la mémoire des deffuncts. — Cy dessoubs ceste tumbe gissent les corps de honnorable Guillaume Jourdin, de Montargis, marchant de Paris, et de Geneviefve Prucher, sa femme, et leurs enfans. — Priez Dieu pour eulx. 1642.

Armes. *De . . . au chevron de . . . accompagné de deux étoiles de . . . en chef et en pointe d'un cerf passant de . . .*

Mss A², p. 365 ; — B⁴, p. 233.

Tombes plates au pied du 9ᵉ pilier :

MARGUERITE MENANT.

. . . .

1661. — Aussy[2] gist honnorable Marguerite Menant, femme dudict Jacques Le Bossu, laquelle trespassa le samedi XXIVᵉ jour de may M D LXXII. — Priez Dieu pour eulx.

Mss A², p. 345 ; — B², p. 220.

---

[1] «Elle est ornée, mais si usée qu'on n'a pu rien y distinguer» (Note du ms. fr. 8237). — [2] «L'escriture du mary est toute usée.»

. JEAN MENANT.

1662. — CY GIST HONNORABLE HOMME JEHAN MENANT, EN SON VIVANT MAR
CHANT ET BOURGEOIS DE PARIS, QUI TRESPASSA LE . . . . . . L'AN MDXVIII [1].

Mss A², p. 345; — B⁴, p. 220.

NICOLAS LE BOSSU ✛ MARIE DE LA COUR.

1663. — MANE NOBISCUM DOMINE. — CY DEVANT SOUBS CESTE TUMBE GISSENT
LES CORPS DE HONNORABLE PERSONNE NICOLAS LE BOSSU, MARCHANT ET BOURGEOIS
DE PARIS, QUI DECEDDA L'AN CINQUANTE-DEUX DE SON AAGE, LE XVIIIᵉ JOUR DE
MAY M DC I;

ET DE MARIE DE LA COURT, SA FEMME, QUI TRESPASSA LE XXVI NOVEMBRE MDCXXX
DE SON AGE LX.

CORPORA BINA JACENT UNO COMPOSTA SEPULCHRO;
CONJUGIUM PACEM, CŒTERA FATA DABUNT.
REQUIESCANT IN PACE.

' ARMES. *Le Bossu : D'azur à la fasce d'or accompagnée de deux étoiles d'or en chef et en pointe*
d'un croissant d'argent.

— *La Cour : D'argent au chevron d'azur, accompagné d'une quintefeuille de gueules entre*
deux branches de jasmin de sinople fleuries d'argent en chef et en pointe d'un crois-
sant de gueules.

Ms. B⁴, p. 219.

Épitaphes et monuments fixés contre le 9ᵉ pilier :

MARTIN LAUGEOIS ✛ JEANNE FLEURY.

Épitaphe gravée sur une table rectangulaire, avec bordure à compartiments et
fronton roulé encadrant un médaillon où les défunts étaient représentés aux côtés
d'un Christ en croix; le tout en marbre blanc et noir.

1664. — CY GIST SOUS CETTE TOMBE LA PLUS ‖ PROCHE DE CE PILLIER HONNO
RABLE ‖ HOMME MARTIN LAUGEOIS, VIVANT ‖ MARCHANT ET BOURGEOIS DE PARIS,
QUI ‖ DECEDA LE DIX-SEPTIEME JOUR DE JANVIER ‖ MIL SIX CENT VINGT-SIX, AAGÉ DE
SOIXANTE ‖ ET DIX SEPT ANS. AUSSI GIST SOUBS LADICTE TOMBE HON‖NORABLE FEMME
JEHANNE FLEURY, SA ‖ FEMME, QUI DECEDA LE VINGTIEME JOUR DE MAY ‖ MIL SIX
CENT QUARANTE DEUX, AAGÉE DE ‖ 83 ANS.

Ms. B⁴, p. 219; — Bibl. nat., ms. fr. 8237, p. 53 (reproduction figurée).

---

[1] « Le nom de sa femme et le temps de son trespas est usé. »

NICOLAS LE BOSSU ✚ MARIE DE LA COUR.
EUSTACHE ✚ NICOLAS ✚ CLAUDE LE BOSSU.

Épitaphe gravée sur une table rectangulaire de marbre blanc, bordée de moulures, et décorée d'un encadrement architectural en pierre incrustée de marbre

Épitaphe de Nicolas Le Bossu, de Marie de La Cour et de leurs enfants.

blanc et noir, formée de pilastres de corniches à guirlande, d'un double fronton
avec cartouche armorié et d'un soubassement à saillie cintrée, orné d'un autre cartouche armorié, entouré de rinceaux de feuillage [1] :

1665. — Sous la tumbe cy devant gisent noble homme ‖ Nicolas Le
Bossu, qui deceda le LII an de son age, ‖ le XVIII mai MDCI;

_____

[1] Les deux écussons qui figurent sur le monument ne correspondent pas à ceux blasonnés ci-dessus
avec l'inscription n° 1663. L'un porte, en effet, trois têtes de maure et l'autre un lion rampant.

Damoiselle Marie de La Cour, sa femme, qui ‖ trespassa le xxv novembre, l'an mdcxx, de ‖ son age le lx;

Et leurs enfans, ‖ maistre Eustache Le Bossu, chanoine de la Saincte Cha‖pelle a Paris, au jour de son deceds, arrivé le ixe ‖ janvier l'an mdcxxxi, le xxxviii de son ‖ age;

Noble homme Nicolas Le Bossu, seigneur de Chesnard ‖ et de Courbe-vove en partie, decedé le xve jour ‖ d'aoust m dc xlv, en l'age de lv ans;

Noble homme Claude Le Bossu, seigneur dudict ‖ Courbevoye pour moictié et dudict Chesnard, ‖ conseiller, secretaire du Roy, maison, cou‖ronne de France, qui mourut le xvi avril ‖ m dc lxii, agé de lxxix ans.

Ms. A², p. 345 ; — Bibl. nat., ms. fr. 8237, p. 24 (reproduction figurée).

JEAN LE BOSSU ✛ MARGUERITE LE BÈGUE.

Leur monument, en marbre blanc et noir avec ornements en bronze doré, se composait d'une table rectangulaire encadrée d'une bordure en forme de cham-branle à crossettes et surmonté d'un fronton circulaire avec le buste du défunt dans le tympan et son écusson à une extrémité. Sur les côtés, deux statues de femme éplorées tenaient des torches renversées. Un cartouche avec tête de mort ailée sur des ossements en sautoir, posé entre les deux consoles, formait le soubassement. Il portait l'inscription suivante :

1666. — Cy gisent Jehan Le Bossu, conseiller et secretaire du Roy ‖ et de ses finances, seigneur de Charenton, Saint Maurice ‖ et autres lieux, et damoiselle Marguerite Le Be‖gue, son espouse; lequel sieur Le Bossu a fondé en ‖ ceste eglise quatre enfans de cœur, une messe ‖ basse de *Requiem* par chacun jour sans discon‖tinuation, deux services complets avec *Vigiles*, ‖ *Laudes* et *Recommandasses* et deux saluts, le tout ‖ a perpetuité, et lesdicts quatre enfants de cœur, a ‖ l'issue desdicts services et de la grande messe qui ‖ se dit par chacun jour en ceste eglise, doivent se ‖ transporter sur la fosse dudict sieur, leur fondateur, ‖ et illec dire et chanter un *Salve Regina* et un ‖ *De profundis* pour l'ame d'icelui, et autres char‖ges et conditions portées tant es actes de ce passez ‖ par de-vant Doujat et Riges, notaires au Chastelet ‖ de Paris, des xiii janvier et xxii decembre m‖vi^c dix huict, qu'en certain article du testament ‖ dudict sieur fondateur, lequel decedda le seizieme jour ‖ de janvier, audict an, et ladicte damoiselle le di‖manche iiiie octobre 1626, et a laissé son fils‖ aisné, noble homme Simon Le Bossu, conseiller du ‖ Roy et maistre ordi-

NAIRE EN SA CHAMBRE DES COMP‖TES, SEIGNEUR CHASTELAIN DE MARCAY EN TOU-
RAINE ET DE ‖ LA ROBERDIERE ET DES FIEFS CY DESSUS. ‖ PRIEZ DIEU POUR LEURS
AMES.

ARMES. *Le Bossu* : *D'or à trois têtes des maure de sable.*

—   *Le Bègue* : *D'azur à la fasce d'argent accompagné de trois trèfles d'or.*

Mss A², p. 345 ; — B⁴, p. 217 ; — Bibl. nat., ms. fr. 8237, p. 39 (reproduction figurée).

Epitaphe de Jean Le Bossu et de Marguerite Le Bègue [1].

[1] Réduction d'un dessin du ms. fr. 8237 (p. 39).

Monument funéraire fixé au pilier 35 :

JEAN ARNAULT.

Ce monument, tout en marbre noir et blanc avec ornements et filets de bronze doré, se composait d'une grande table, avec encadrement d'ordre corinthien, surmontée de deux frontons superposés, dont l'un encadrait un médaillon avec le

Monument funéraire de Jean Arnault [1].

buste du défunt, et l'autre un cartouche avec écusson timbré d'un heaume à
lambrequins entre deux vases fumants. Le soubassement, en forme de cénotaphe, reposait sur une table de marbre ornée d'un cartouche avec tête de mort
ailée.

Sur une tablette en forme de draperie, fixée sous le médaillon du défunt, était
gravée cette épitaphe :

1667. — Cy gist Jehan Arnault, ‖ vivant escuyer, seigneur de Cherelles,
conseiller ‖ du Roy en ses Conseils d'Estat et ‖ privé, lequel, apres avoir fide-
lement ‖ servy les Roys Henry III et Henry IV ‖ et Louis XIII, en Pologne,
Rome ‖ et Angleterre, et temoigné en ses ‖ emplois et durant le cours de sa ‖
vie une piété et charité singu‖liere, a rendu son ame a Dieu, ‖ le 18ᵉ juillet
1637, et la 86ᵉ ‖ année de son age. Priez Dieu pour luy.

Sur une autre tablette, fixée contre le soubassement, on lisait cette inscription :

1668. — Ledict sieur a fondé par son testament un ‖ *obiit* solempnel,
qui se doibt dire annuellement ‖ le jour de son deceds, et pour cet effect
messieurs les ‖ marguil.liers de la paroisse de Sainct Eustache ‖ ont passé
contract et se sont obligez par de‖vant Le Semelier et Le Vasseur, notaires
au ‖ Chastellet de Paris, le 19ᵉ jour de décembre 1637.

> Armes. *Écartelé : aux 1 et 4, de .. à l'étoile ou molette de. . . ; aux 2 et 3, de. . . à la*
> *grenade de. . .*
>
> Texte d'après le dessin ci-dessus.

Inscriptions fixées au pilier qui séparait les chapelles de Saint-Jean et de la
Sainte-Trinité, vis-à-vis le 8ᵉ pilier :

JEAN VIVIEN ✝ LOUISE LE COMTE.

Leur épitaphe était gravée sur une table de pierre, cintrée dans le haut, avec
bordure à compartiments de marbre blanc et noir et filets perlés. Au-dessus de
l'inscription, un dessin au trait représentant les défunts, accompagnés de la
Vierge et de saint Jean, à genoux, aux pieds d'un Christ en croix; au-dessous,
deux écussons encadraient un cartouche décoré d'une tête d'ange ailée :

1669. — Cy devant gist honnorable homme ‖ Jehan Vivian, en son vivant
marchant bourgeois de Paris ‖ qui trespassa le xxviiᵉ jour ‖ d'aoust m vᶜ
lxxxvii, aagé ‖ de xl trois ans, trois jours.
Aussy gist honnorable femme ‖ Loise Le Conte, femme dudit Vivian, ‖ qui
deceda le vᵉ may m vᶜ iiiixx xiii. ‖ Priez Dieu pour eulx.

ARMES. *VIVIEN : Écartelé en sautoir d'azur à la tour d'or, et d'argent au lion de sable, au sautoir denché de gueules brochant sur le tout.*

— *LE COMTE : Écartelé : aux 1 et 4, de gueules à trois roses d'argent; aux 2 et 3, d'argent à la bande d'azur chargée de trois étoiles d'argent.*

Texte d'après l'inscription originale[1]; — Mss A², p. 365 ; — Bibl. nat., ms. fr. 8237, p. 13; — Guilhermy, t. I, p. 131 [2].

Épitaphe de François Juif et d'Élisabeth Vivien.

[1] Cette inscription, en partie mutilée, existe actuellement dans l'église de Saint-Eustache.

[2] D'après Guilhermy, cette inscription était placée «dans la chapelle de M. Le Prestre, qui se trouvait à la cinquième travée du nord, autrefois dédiée aux apôtres saint Jacques le Majeur et saint Philippe». Cet archéologue ignorait qu'il y avait eu dans l'église Saint-Eustache deux chapelles désignées sous le nom des Le Prestre. La plus ancienne, dite aussi des Boursiers, était dans le chœur (cf. ci-dessus, p. 76). C'est contre un pilier de celle-ci, vis-à-vis le pilier numéroté 8, que se trouvait, d'après les indications des mss, l'épitaphe de Jean Vivien.

FRANÇOIS JUIF ✣ ÉLISABETH VIVIEN.

Inscription gravée sur une petite table de marbre noir, découpée en forme
d'écusson et surmontée de deux cassolettes fumantes, rattachée à un fronton
cintré sur lequel les défunts étaient figurés à genoux, au pied de la Croix :

1670. — FRANÇOIS JUIF, MAISTRE BARBIER ‖ CHIRURGIEN DE LA VILLE DE ‖
PARIS, AGÉ DE LXV ANS, DE‖CEDDÉ LE XXIIII JOUR DE JUIL‖LET M VI^c XLIII;

ET ELIZABETH VIVIEN, SA ‖ FEMME, TRESPASSÉE LE VIIIE ‖ JOUR DE SEPTEMBRE M VI^c
XXXIIII, AAGÉE DE XLVIII ‖ ANS, ATTENDENT ICY LA RESURRE‖CTION DES MORTS. ‖
PRIEZ DIEU POUR LEURS AMES.

ARMES. *JUIF : D'azur à l'arbre d'or surmonté d'un croissant, entre deux étoiles, le tout d'or.*

Ms. A², p. 365 ; — Bibl. nat., ms. fr. 8237, p. 80 (reproduction figurée).

NICOLAS BROCHARD.

Inscription gravée sur une table rectangulaire de marbre blanc, encadrée d'un
filet de marbre noir et surmontée de deux enfants assis et soulevant un cœur de
leurs mains jointes :

1671. — A LA GLOIRE DE DIEU ‖ ET A LA MEMOIRE DE NICOLAS ‖ BROCHART,
BOURGEOIS ‖ DE PARIS, DECEDÉ LE 12 SEPTEMBRE 1696.

> CY GIST ET REPOSE A LOISIR
> LE CORPS D'UNE HONNESTE PERSONNE.
> TU LUY FERAS UN GRAND PLAISIR
> SI DES PRIERES TU LUY DONNES.
> IL TE SERA BIEN OBLIGÉ
> SI POUR LUY TU DIS DANS L'EGLISE
> OU RETIRÉ DANS TA MAISON
> TROIS *PATER* OU AUTRE OROISON;
> SON AME EN REPOS SERA MISE.
> PASSANT, TES PRIERES EN CE LIEU
> SERONT PLUS AGREABLES A DIEU.
> AINSY SOIT IL. – REQUIESCAT IN PACE.

Bibl. nat., ms. fr. 8237, p. 128; — Ms. C¹, fol. 106 (reproductions figurées).

Tombe plate, devant la chapelle de Saint-Jean, vis-à-vis le pilier 8 :

JEAN-BAPTISTE CHÉRON + JEANNE GENEVAULT.

Tombe de pierre, sans aucun ornement :

1672. — Cy gist honnorable homme Jean Baptiste Cheron, vivant marchand bourgeois de Paris, lequel decedda le VIIIe jour d'aoust m dc lxxxiii, agé de..... et Jehanne Genevault, sa femme, laquelle deceda le viii jour de juin m dc lxiii, agée de xlviii ans. Ses enfans ont choisy ce mesme lieu pour leur sepulture.

Bibl. nat., ms. fr. 8237, p. 121.

CLAUDE CHOPIN + MICHELLE FROMAGER + MARIE CHOPIN.

1673. — Cy gist noble homme et sage maistre Claude Chopin, vivant chaufecire du Roy en la Chancellerie de France, qui deceda le 21 decembre mil cinq cents quarante huict, et noble femme Michelle Fromager, femme dudict deffunct, laquelle trespassa le 20 d'octobre mil cinq cents cinquante trois. Priez Dieu pour eulx.

1674. — Aussy gist noble femme Marie Chopin, veufve de feu noble homme Estienne Brisset, conseiller au conseil et affaires de Madame la duchesse de Bar, sœur unique du Roy Henry quatriesme, fille de noble homme maistre Jean Chopin, vivant chaufecire du Roy en la grande Chancellerie de France, filz aisnez dudict deffunct maistre Claude Chopin et de ladicte Fromager, et noble femme Marie Du Playsis, ses pere et mere, suivant le testament de laquelle Marie Chopin, ceste tumbe a esté mise de neuf au lieu de la vieille qui estoit en ceste place rompue, par maistre Jacques Brisset, conseiller du Roy en sa Cour des Monnoies, son filz, et noble homme Jacques Zoccosoly, vallet de chambre ordinaire de la Royne mere du Roy Louis treziesme, son gendre et executeur de son testament; laquelle Marie Chopin trespassa le vingt siziesme jour de novembre mil six cents seize.

ARMES. *Chopin : D'argent au pin de sinople, efruité au naturel, au chef de gueules chargé de trois soleils d'or.*

— *Fromager : D'azur au chevron d'or accompagné de trois fromages d'argent.*

— *Brisset : D'azur à un dextrochère d'argent empoignant une tige de rosier fleurie d'or entre deux autres tiges du même, accompagné en chef d'un croissant d'argent.*

Mss A², p. 357; — B⁴, p. 183.

PIERRE DE LA LANE + DENISE D'ESQUETOT.

1675. — CY GIST NOBLE HOMME ET SAGE MAISTRE PIERRE DE LA LANE, EN SON VIVANT ADVOCAT AU CONSEIL PRIVÉ, LEQUEL TRESPASSA LE XXIIᵉ JOUR DE JUING MIL CINQ CENTZ... ET HONNORABLE FEMME DENISE D'ESQUESTOT, SA FEMME, LAQUELLE TRESPASSA LE... DE JUING MIL CINQ CENTZ QUATRE-VINGT QUATRE. — PRIEZ DIEU POUR EUX.

ARMES. *D'azur à un demi-vol d'argent.*

MₙS A², p. 357 ; — B⁴. p. 184.

Inscriptions et monuments funéraires fixés contre le pilier ♭.

GERVAIS GOURLIN + BLAISE DE LAUNAY.

Sur une table rectangulaire de pierre les inscriptions suivantes étaient gravées en lettres gothiques, au-dessous d'une Descente de croix :

1676. — LES MARGUILLIERS DE L'ŒUVRE ET FABRICQUE DE L'EGLISE DE CEANS, PRESENS ET ADVENIR, SONT TENUZ ET OBLIGEZ DE FAIRE DIRE, CHANTER ET CELLEBRER A TOUSJOURS, PERPETUELLEMENT, PAR CHASCUN JOUR DE L'AN, A DIX HEURES, EN LA CHAPPELLE DE L'ŒUVRE D'ICELLE EGLISE, PAR UN BACHELIER FORMÉ EN THEOLOGIE, UNE BASSE MESSE DU JOUR, ET LIVRER PAIN, VIN, ORNEMENS ET LUMINAIRE A CE NECESSAIRES, LE TOUT AUX DESPENS DE LADICTE ŒUVRE ET FABRICQUE, ET EN FIN D'ICELLE DIRE DEUX MESSES HAULTES DES TRESPASSEZ, LES ANTHIENNES ET ORAISONS DE LA PASSION NOSTRE SEIGNEUR, CONCEPTION NOSTRE DAME ET DE TOUS LES SAINTS ET DIRE LE PSAULME *DE PROFUNDIS* ET LES ORAISONS *INCLINA* ET *FIDELIUM*, EN JETTANT EAUE BENISTE SUR LA FOSSE DE FEU HONNORABLE HOMME GERVAIS GOURLIN, EN SON VIVANT MARCHANT BOURGEOIS DE PARIS, ET DE BLAISE DE LAUNAY, JADIS SA FEMME, GISANS SOUBZ LA TOMBE CY DEVANT POSÉE; ET SI SERONT TENUZ ICEULX MARGUILLIERS BAILLER ET PAYER AU BACHELIER QUI ICELLE MESSE CELLEBRERA TROIS SOLS TOURNOIS PAR CHASCUN JOUR ET ICELLE FAIRE SONNER A BRANSLE, A LADICTE HEURE DE DIX HEURES, PAR LA MOYENNE CLOCHE DE LADICTE EGLISE; LAQUELLE MESSE A ESTÉ FONDÉE PAR LEDICT DEFFUNCT GOURLIN QUI, POUR CE FAIRE, A DONNÉ A LADICTE EGLISE CERTAINE SOMME DE DENIERS PAYEZ ET DELLIVREZ PAR LES EXECUTEURS DE SON TESTAMENT AUSDICTS MARGUILLIERS, PAR LES EXECUTEURS DU TESTAMENT DUDICT GOURLIN, COMME DES CHOSES DE CE APPERT PAR LECTRES PASSÉES PAR DEVANT FRANCOYS ET GUILLAUME DE L'ARCHE, NOTTAIRES AU CHASTELLET DE PARIS, LE XXᵉ JOUR D'AOUST, L'AN M D XL.

1677. — ET AFFIN QUE LESDICTS MARGUILLIERS SOIENT PLUS SOIGNEUX DE FAIRE DIRE ET ENTRETENIR LADICTE MESSE ET POUR L'AUGMENTATION DE LADICTE FONDATION

D'ICELLE, LADICTE DEFFUNCTE BLAISE DE LAUNAY, VEUFVE DUDICT DEFFUNCT GERVAIS
GOURLIN, A DONNÉ ET LAISSÉ PAR TESTAMENT A LADICTE ŒUVRE ET FABRICQUE
XII LIVRES TOURNOIS DE RENTE ASSIGNEZ SUR UNE MAISON ASSISE RUE DES DEUX
HACHES, FAISANT LE COING DE LA RUE ALLANT AUX FILLES PENITENTES, LAQUELLE
RENTE EST RACHEPTABLE A UNE FOIS PAYÉ POUR LA SOMME DE QUATRE CENS LIVRES
TOURNOIS, COMME APPERT PAR LE TESTAMENT DE LADICTE DEFFUNCTE FAICT ET PASSÉ
PAR DEVANT MICHEL LE TELLIER ET PIERRE CHAPPELLE, NOTTAIRES AU CHASTELLET
DE PARIS, LE DERNIER JOUR DE DECEMBRE, L'AN M D L. — PRIEZ DIEU POUR EULX ET
POUR LES TRESPASSEZ.

Bibl. nat., ms. fr. 8237, p. 4 et 5.

ANTOINE MICHEL ✚ LHÉROTTE THIBOUST.

Inscription gravée sur une grande table, bordée d'une plate-bande semée de
larmes, surmontée d'une large frise flanquée de consoles que décorent deux écussons entourés de branches de laurier, et surmontée d'un fronton circulaire avec
tête de mort et ossements en sautoir dans le tympan, et à la base un cartouche
avec tête d'ange ailée, le tout en marbre blanc et noir :

1678. — *SOLI DEO HONOR ET GLORIA.* ‖ LES MARGUILLIERS DE L'ŒUVRE ET FA-
BRICQUE DE L'EGLISE SAINCT EUSTACHE, PRESENS ET ‖ A VENIR, SONT TENUZ ET OBLI-
GES DE FAIRE DIRE CHANTER ET CELEBRER A PERPETUITÉ, AU ‖ CHŒUR DE LADICTE
EGLISE, A L'INTENTION DES AMES DE DEFFUNCTS HONNORABLES PERSON‖NES AN-
THOINE MICHEL, VIVANT MARCHANT BOURGEOIS DE PARIS, L'UN DES ANCIENS ‖
CAPITAINES DE LADICTE VILLE, ET DE LHEROTTE THIBOUST, SA FEMME, ET DE TOUS
LEURS PARENS ‖ ET AMIS, LES SERVICES QUI ENSUIVENT, C'EST ASSAVOIR : UNG GRAND
SALUT QUI SERA ‖ SONNÉ PAR DEUX VOLLÉES DE CARILLON, A L'HEURE DE SEPT
HEURES, LE JOUR ET FESTE DUDICT ‖ SAINCT EUSTACHE EN ESTÉ, AUQUEL SERONT
DICTES LES VESPRES DU JOUR SOLEMNELLES, AVEC LE ‖ RESPONS CHANTÉ PAR DEUX
DES SIX CHAPELLAINS, AVEC LES DEUX CLERCS REVESTUS DE ‖ LEURS CHAPES, ET, EN
ALLANT SUR LA SEPULTURE SERA CHANTÉ L'ANTIENNE *AVE* ‖ *REGINA CŒLORUM* AVEC
LES ORGUES ALTERNATIVEMENT, AVEC LE VERSET ET ORAISON ‖ *QUIS DOMINUS, NON
SECUNDUM,* LE VERSET ET ORAISON *NE RECORDERIS* ET *DE PRO*‖*FUNDIS,* AVEC LES
ORAISONS ACCOUTUMÉES COMME IL EST PORTÉ PAR CONTRAT PASSÉ ‖ PAR DEVANT
CHAPPELAIN ET LE VASSEUR, NOTTAIRES, LE SAMEDI VINGT UNIESME JUIN ‖ 1598;
TOUS LES JOURS DE DIMANCHES ET FESTES, APRES COMPLIES, AVANT QUE ‖ D'ALLER
A LA PROCESSION, UNE ANTIENNE DE LA VIERGE MARIE, SELON LE TEMPS, ‖ AVEC LE
VERSET ET ORAISON, ET, AU RETOUR DE LA PROCESSION, SERA CHANTÉ SUR ‖ LEUR
DICTE SEPULTURE *LIBERA ME DOMINE,* TOUT AU LONG, *DE PROFUNDIS* ET ORAISONS
ACCOUSTU‖MÉES, ET DEUX ENFANS DE CHŒUR PORTERONT DEUX CHANDELIERS ET
DEUX CIER‖GES ARDENS; DEUX GRANDS *OBIITS,* L'UN LE XIXe JOUR DU MOIS DE OC-
TOBRE, JOUR DU ‖ DECEDS DUDICT MICHEL, OU PLUS PROCHE, L'AUTRE LE XIIIIe JOUR
DE APVRIL, JOUR ‖ DU DECEDS DE LADICTE THIBOUST, OU PLUS PROCHE; LESQUELS SE-
RONT SONNEZ LA VEILLE ET ‖ LE JOUR DE LA GROSSE SONNERIE ET L'AUTEL PARÉ DE

BEAUX PAREMENS; AUSQUELS ‖ SERONT DICTES *VIGILES, LAUDES, RECOMMANDACES,* TROIS HAULTES MESSES, LA PREMIERE ‖ DU SAINCT ESPRIT, LA SECONDE DE LA VIERGE ET LA DERNIERE DE *REQUIEM;* ‖ ET AVANT QUE LA COMMENCER SERA CHANTÉ *VEXILLA REGIS PRODEUNT* AVEC LE VERSET ‖ ET ORAISON, SANS OUBLIER LE TRAICT *SICUT SERVUS* ET LA PROSE DES TRESPASSEZ, ‖ ET A LA FIN, ALLANT SUR LEUR SE-PULTURE SERA CHANTÉ *LIBERA, DE PROFUNDIS* ET ‖ ORAISONS ACCOUSTUMÉES, *SALVE REGINA,* LE VERSET ET ORAISONS; AUSQUELS SALUTS ‖ ET *OBIITS* SERONT FAICTES LES DISTRIBUTIONS TANT D'ARGENT, BOUGIE, QUE PAIN ET ‖ AULMOSNES AUX PAUVRES, AVEC TOUT LE LUMINAIRE REQUIS, AINSY QU'IL A ESTÉ ‖ CONVENU ET AC-CORDÉ PAR LESDICTS MICHEL ET THIBOUST ET LESDICTS SIEURS MARGUILLIERS, ‖ MOYENNANT CERTAINE RENTE QU'ILS ONT CONSTITUÉ, LE TOUT COMME IL APPERT PAR ‖ LE CONTRACT FAICT ET PASSÉ PAR DEVANT LE CAMUS ET DOUJAT, NOTTAIRES AU ‖ CHASTELLET DE PARIS, LE SABMEDY 11ᵉ JOUR DE MAY 1615. ‖ PRIEZ DIEU POUR LEURS AMES. ‖ IN MANU TUA [QUÆ] ACCEPIMUS, DOMINE, TIBI REDDIMUS.

Bibl. nat., ms. fr. 8237, p. 35 (reproduction figurée).

ÉTIENNE TONNELIER.

Inscription gravée sur une table rectangulaire de marbre noir, bordée de moulures et encadrée de rinceaux de feuillage formant ailerons, d'un fronton circulaire portant dans le tympan un cartouche armorié entre des branches de laurier et des palmes, et, pour soubassement, d'un cul-de-lampe avec tête de mort ailée.

1679. — MESSIEURS LES MARGUILLIERS PRESENS ET AVENIR SONT TENUS ET OBLIGEZ FAIRE ‖ DIRE, CHANTER ET CELEBRER A PERPETUITÉ, EN CESTE ESGLISE PAR-ROISSIALE DE SAINT EUSTACHE, ‖ A L'INTENTION DE FEU MAISTRE ESTIENNE TONNE-LIER, PREBSTRE, BACHELIER EN THEO‖LOGIE, PREMIER VICAIRE DE LADICTE EGLISE, ET DE DEFFUNCTS SES PERE ET MERE, ‖ DEUX SALUTS ET DEUX *OBIITS* SOLEMNELS, A L'INSTAR DE CEUX CY DEVANT FONDEZ ‖ EN LADICTE EGLISE PAR DEFFUNCTS TOUSSAINCT ET JEHAN TONNELIER, SES ONCLES, ‖ POUR ESTRE CELEBRÉS, SÇAVOIR L'UN DESDITS *OBIITS* LE XVIᵉ JANVIER, ET L'AUTRE LE ‖ XVIᵉ OCTOBRE DE CHACUNE ANNÉE, QUI SONT LES PAREILS JOURS DES DECEDS ‖ DESDICTS PERE ET MERE DUDICT SIEUR TONNELIER, PLUS DEUX SALUTS LES PREMIERS ‖ DIMANCHES DE L'AVENT ET DU CARESME, AUSSY PAR CHACUN AN, POURVEU QUE ‖ LESDICTS DIMANCHES NE SE TROUVENT LES PREMIERS DES MOIS, AUQUEL CAS LESDICTS ‖ SALUTS SERONT REMIS AU DIMANCHE SUIVANT;

PLUS UNE MESSE SOLEMNELLE LE JOUR ET FESTE DE LA COURONNE DE NOSTRE SEIGNEUR, QUI ES‖CHET LE LENDEMAIN DE LA FESTE SAINT LAURENT, ET LE JOUR SUIVANT UNE MESSE HAUTE DES ‖ TRESPASSEZ; LA CELEBRATION DESQUELLES MESSES SE FERA DE LA MANIERE DE CELLES FONDÉES ‖ EN LADICTE EGLISE PAR FEU MAISTRE MAXIMILIEN HENRY, PREBSTRE HABITUÉ EN ICELLE, ET SERONT ‖ AUXDICTS *OBIITS* ET MESSES CHANTÉS LE PSAUMES, HYMNES ET PRIERES DECLARÉES AU TESTAMENT ‖ OLO-GRAPHE DUDICT FEU SIEUR TONNELIER, EN DATE DU XIXᵉ DE MAY MDCLXXVIII, RE-

COG‖NEU PAR DEVANT MOUFLE ET BOINDIN, NOTAIRES AU CHASTELET DE PARIS, LE XVᴱ JOUR DE JUIN AUDICT AN, ‖ ET SERA FOURNY A CET EFFET PAR LESDICTS SIEURS MARGUILLIERS ET LEURS SUCCESSEURS, AUX DESPENS DE ‖ LADICTE FABRIQUE, LE PAIN, VIN, OFFRANDE, LUMINAIRE, ORNEMENS, SONNERIE DE LA GROSSE CLOCHE ‖ AUX *OBIITS*, LE CARILLON AUX SALUTS ET AUTRES CHOSES NECESSAIRES, SELON ET AINSY

Monument funéraire d'Étienne Tonnelier [1].

QU'IL EST ‖ PORTÉ AUDICT TESTAMENT ET CONTRACT DE FONDATION, PASSÉ EN EXE-CUTION D'ICELUY ENTRE LESDICTS SIEURS ‖ MARGUILLIERS D'UNE PART, FRANÇOIS LE FOUYN, CONSEILLER SECRETAIRE DU ROY, GREFFIER ORDINAIRE DE ‖ SON CONSEIL PRIVÉ, ET JEAN BACHELIER, ESCUIER, CONSEILLER EN L'HOSTEL DE CETTE VILLE DE

[1] Réduction d'un dessin du ms. fr. 8237 (p. 118).

PARIS, ‖ LEGATAIRES UNIVERSELS ET EXECUTEURS DU TESTAMENT DUDICT FEU SIEUR TONNELIER D'AUTRE, PAR DEVANT ‖ PLASTRIER ET DE BEAUVAIS, NOTAIRES, LE IIIIE JOUR DE MAY M D C LXXX, LE TOUT AUX CHA‖RGES, CLAUSES ET CONDITIONS DECLARÉES AUDICT CONTRACT DE FONDATION ET TESTAMENT SUSDATTÉ, ‖ PAR LEQUEL LEDICT DEFUNCT SIEUR TONNELIER A DONNÉ ET LEGUÉ A LADICTE FABRIQUE III CENS LIVRES DE‖ RENTE QUI LUI ESTOIENT DEUS PAR LADICTE FABRIQUE DE SAINT EUSTACHE, AU MOYEN DUQUEL LEGS ET ‖ FONDATION LADICTE FABRIQUE EST DEMEURÉE DECHARGÉE DESDITES TROIS CENS LIVRES DE RENTE, TANT EN PRIN‖CIPAL QU'ARRERAGE.

POUR MEMOIRE DE LAQUELLE FONDATION LESDITS SIEURS LE FOUYN ET BACHELIER ONT FAIT POSER ‖ CET EPITAPHE PAR PERMISSION DESDITS SIEURS MARGUILLIERS.

LEDIT SIEUR TONNELIER DECEDÉ LE XVIE JOUR DE JANVIER M D C LXXIX ET A ESTÉ ‖ INHUMÉ EN LA CAVE QUI EST SOUS LA BALUSTRADE DU GRAND AUTEL, AU CHŒUR DE CETTE ‖ EGLISE, OU SONT INHUMÉS MESSIEURS LES CURÉS DE CESTE PARROISSE.

Texte d'après le dessin ci-dessus.

PIERRE PIÈTRE.

Épitaphe gravée au-dessous d'un écusson entouré de branches de laurier, sur une table de marbre blanc cintrée à la base et au sommet et bordée d'une plate-bande de marbre noir :

1680. — D. O. M. — PETRUS PIETRE, MERCATOR ET CIVIS PARISIENSIS, ‖ HIC RESUR-RECTIONEM EXPECTAT, ‖ QUI PAUCIS CONTENTUS, DUM VIVERET, ‖ PLURA SIBI MORIENS NOLUIT.

OBIIT ANNO SALUTIS 1664°, 26[A] ‖ DIE DECEMBRIS.

DIONISIA LE VAST, CONJUX SUAVISSIMA, ‖ FILII SEX CUM UNICA FILIA, MŒRENTES ‖ POSUERE. ‖ REQUIESCAT IN PACE.

Bibl. nat., ms. fr. 8237, p. 79 (reproduction figurée); — Ms. C¹, fol. 94 *bis*.

Tombes plates de pierre, au pied du pilier 8, vers la petite porte du chœur :

GERVAIS GOURLIN ✛ BLAISE DE LAUNAY.

1681. — CY GISSENT HONNORABLES PERSONNES GERVAIS GOURLIN, VIVANT MAR-CHAND FRIPPIER ET BOURGEOIS DE PARIS, LEQUEL TRESPASSA LE XIIE JOUR DE ... M D XXXIX.

AUSSY GIST [HONNORABLE FEMME BLAISE DE LAUNAY,] EN SON VIVANT FEMME DUDICT GOURLIN, LAQUELLE TRESPASSA LE .. JOUR DE ..... M D LI. — PRIEZ DIEU POUR EULX.

Mss A², p. 345 : — B⁴, p. 131.

ANTOINE MICHEL ✝ LHÉROTTE THIBOUST.

1682. — CY GIST HONNORABLE HOMME ANTOINE MICHEL, EN SON VIVANT MAR-
CHANT ET BOURGEOIS DE PARIS ET L'UN DES ANCIENS CAPITAINES DE LADICTE VILLE,
QUI DECEDDA LE [XIXᵉ] JOUR DU MOIS [D'OCTOBRE] M D C ET...
AUSSY GIST HONNORABLE FEMME LHEROTTE THIBOUST, FEMME DUDICT MICHEL,
LAQUELLE DECEDDA LE [XIVᵉ] JOUR D'[APVRIL] M D C ET...

ARMES. *Michel : D'azur à la fasce d'argent chargée de trois étoiles de gueules, accompagnée
d'un soleil en chef et d'un lion passant en pointe, le tout d'or.*

— *Thiboust : D'azur au chevron d'or accompagné de trois roses d'argent.*

Mss A², p. 365; — B⁴, p. 234.

Inscriptions et monuments funéraires appliqués contre le pilier 34 :

JACQUES LE BREST.

Épitaphe gravée au-dessous d'un écusson timbré d'un heaume à lambrequins,
sur une table rectangulaire de marbre noir bordée d'une large plate-bande :

1683. — D. O. M. ‖ HIC SUNT PULVIS ET OSSA ‖ JACOBI LE BREST, ‖ QUI INTER
PRÆSIDES SENATUS PARISIENSIS ‖ SENATORIO MUNERE FUNCTUS ‖ PER ANNOS QUADRA-
GINTA DUOS, ‖ SUI ORDINIS DECANUS EXCESSIT, ‖ CITIUS TAMEN QUAM PUBLICA VOTA
POSTULABANT. ‖ HUJUS ALMÆ URBIS ÆDILIS, ‖ ECCLESIÆ HUJUS ADMINISTRATOR FUIT, ‖
MULTIS HONORIBUS CLARUS ET PAR OMNIBUS. ‖ UBI GRATIAM CHRISTI BAPTISATUS
ACCEPERAT, ‖ CORPORIS IBIDEM DEPOSITI GLORIAM PRÆSTOLATUR. ‖ TU, SPEM EJUS ET
SUORUM PRECES ADJUVANS, ‖ UT IN DEO QUIESCAT, ‖ ORA, VIATOR, ET INCOLUMIS ABI.
OBIIT ANNO SALUTIS M VIᶜ XXXX, MAII IV, ‖ ÆTATIS LXXI.

ARMES. *D'azur à la tour d'or; au chef d'argent chargé de trois mouchetures d'hermine de sable.*

Ms. B⁴, p. 213; — Bibl. nat., ms. fr. 8237, p. 71 (reproduction figurée).

MARGUERITE ROUILLÉ.

Inscription gravée au-dessous d'un écusson entouré d'une cordelière, sur une
table rectangulaire de marbre blanc veiné encadrée d'une moulure de marbre
noir :

1684. — DAMOISELLE MARGUERITE ROUILLÉ, VEUFVE DE FEU MONSIEUR MAISTRE ‖
JACQUES LE BREST, VIVANT DOYEN DES CONSEILLERS DU ROY EN SON ‖ CHASTELLET
DE PARIS, A, PAR CONTRACT PASSÉ ENTRE ELLE ET MESSIEURS LES ‖ MARGUILLIERS DE
L'ŒUVRE ET FABRICQUE DE L'EGLISE DE CEANS, EN ‖ PRESENCE DE MONSIEUR LE CURÉ

DE LADICTE EGLISE, PAR DEVANT LE SEMELIER ET LE ‖ VASSEUR, NOTTAIRES AU CHAS-
TELLET, LE 15ᵉ SEPTEMBRE 1640 ET 29 NOVEMBRE 1641, FONDÉ UN GRAND *OBIIT* QUI
DOIT ETRE CELLEBRÉ PENDANT SON ‖ VIVANT LE 15 MAY DE CHASCUNE ANNÉE ET
APRES SON DECEDS, LE ‖ MESME JOUR QU'IL SERA ARRIVÉ, QUI FUT LE 6 MAI 1652;
AUQUEL ‖ *OBIIT* DOIT ESTRE FAIT DISTRIBUTION DE 300 PAINS DE DOUZE DENIERS ‖
PIECE, QUI SERONT DISTRIBUEZ SCAVOIR : CENT CINQUANTE A LA SERVANTE ‖ DES
PAUVRES DE LA CONFRAIRIE DE NOSTRE DAME DE BON SECOURS ‖ ET LES AUTRES 150
SERONT DISTRIBUEZ PAR LES SERVITEURS CLERCS OU ‖ LAIZ DE LADICTE FABRICQUE AUX
PAUVRES QUI SE TROUVERONT AUX POR‖TES DE LADICTE EGLISE LE JOUR DUDICT
OBIIT, ET OULTRE QU'IL SOIT DIT PAR CHA‖CUN DES SIX JOURS OUVRABLES DE L'OC-
TAVE DE L'ASSOMPTION DE LA ‖ VIERGE, EN AOUST, UN SERMON A NEUF HEURES DU
MATIN PAR UN DOC‖TEUR; ET POUR CET EFFECT A DONNÉ A LADICTE FABRICQUE LA
SOMME ‖ DE DEUX MIL DEUX CENS LIVRES, MOYENNANT QUOI LESDICTS SIEURS MAR-
GUILLIERS ‖ ET LEURS SUCCESSEURS SONT OBLIGEZ DE FAIRE CELEBRER LEDICT *OBIIT*
A ‖ L'INTENTION DE LADICTE DAMOISELLE ET DE SES PARENS ET AMIS TRESPASSEZ ‖
ET FAIRE DIRE LEDICT SERMON. ET PAR AUTRE CONTRACT DU 5 JANVIER ‖ 1651, PASSÉ
PAR DEVANT LE SEMELIER ET LE CAT, NOTTAIRES AU CHASTELLET, ‖ LADICTE DA-
MOISELLE A ENCORE PAYÉ AUXDICTS SIEURS MARGUILLIERS LA SOMME ‖ DE MIL LIVRES
AUX CONDITIONS PORTÉES PAR LEDICT CONTRACT ET ‖ POUR TENIR LIEU D'AUGMEN-
TATION DE LADICTE FONDATION DUDICT ‖ GRAND *OBIIT* ET SERMON.

Bibl. nat., ms. fr. 8237, p. 90 (reproduction figurée).

NICOLAS GUÉRIN ✠ MARGUERITE DANÈS.

Inscription gravée sur un médaillon de marbre noir entouré d'un filet de
marbre blanc, avec encadrement carré de marbre blanc, aux angles semés de
larmes, un petit fronton avec cartouche armorié et à la base un autre cartouche
avec tête de mort sur des ossements en sautoir.

1685. — CY DEVANT GIST LE CORPS DE ‖ FEU NOBLE HOMME NICOLAS ‖ GUERIN[1], QUI
DECEDA LE XVIIIᵉ JOUR ‖ DE JANVIER 1606.

> AYANT PASSÉ LE COURS DE QUATRE VINGT DEUX ANS;
> SOUS L'ESTAT D'UNE VIE A TOUS BIENS ADONNÉE,
> ET CINQUANTE DEUX ANS SOUS UN SEUL HYMENÉE,
> QUE LE CIEL FIT RELUIRE EN SEIZE SIENS ENFANS,
> GUERIN, JA BISAYEUL ABANDONNA LE MONDE
> MAIS EN VAIN; CAR S'ESTANT ACQUIS L'ETERNITÉ
> ICY BAS PAR SON LOS, LA HAULT PAR SA BONTÉ
> IL REPREND DE SA MORT UNE VIE SECONDE.
> AINSY DONC SA VERTU PAR UN CONTRAIRE SORT
> A FRUSTRÉ DE LA PARQUE ET L'EFFORT ET L'ENVIE,
> CAR, AU LIEU QUE LA MORT DEVOIT VAINCRE LA VIE,
> ELLE A FAIT QUE LA VIE A SURMONTÉ LA MORT.

[1] Dans les mss A et B, son prénom est Jean.

'ET CELUY DE DAME MARGUERITTE DANÈS, ‖ SA VEUFVE, LAQUELLE EST DECEDDÉE, LE DI‖MANCHE XXIIII AVRIL MIL. SIX CENT ‖ SEIZE, AGÉE DE 80 ANS, X MOIS, ‖ VI JOURS. ‖ PRIEZ DIEU POUR LES TRESPASSEZ.

ARMES. *GUÉRIN : Écartelé : aux 1 et 4, de gueules au lion rampant d'or ; aux 2 et 3, d'azur au croissant d'argent ; à la croix d'argent brochant sur le tout.*

Mss A², p. 357 ; — B², p. 186 ; — C¹, fol. 73 (reproduction figurée).

TOUSSAINT LE CUNCTIER ✚ MICHELLE BERTHAUT.

Épitaphe gravée sur une table rectangulaire avec bordure à compartiments et consoles soutenant un fronton roulé encadrant un médaillon décoré de deux écussons entourés de branches de laurier.

1686. — CY DEVANT GISENT HONORABLE ‖ HOMME TOUSSAINCTS LE CUNTIER, ‖ MARCHAND ET BOURGEOIS DE PARIS, DECEDDÉ LE XII MARS M VI^c XIII, ET ‖ HONNORABLE FEMME MICHELLE BER‖THAULT, DECEDÉE LE VI JUIN M ‖ VI^c XLII.

LESQUELS ONT FONDÉ A PERPETU‖ITÉ UNE MESSE BASSE QUI SE DIRA ‖ LE PREMIER JOUR DE L'AN, ‖ ET LEQUEL JOUR, A L'ISSUE DE VESPRES, ‖ UN SALUT AU CHŒUR DE LADICTE EGLI‖SE, AUQUEL ASSISTERONT M^R LE CU‖RÉ, M^{RS} LES VICAIRES ET AUTRES‖ PRESTRES DU CHŒUR, AINSY QU'IL ‖ EST PORTÉ AU CONTRACT PASSÉ ‖ DEVANT LE CAMUS ET DOUJAT, NOT‖TAIRES, LE XXIIIE DECEMBRE MIL VI^c VI.

ARMES. *LE CUNTIER : D'azur au chevron d'or chargé de trois mouchetures d'hermine de sable, accompagné en chef de deux bourdons d'argent et en pointe d'une clef du même.*

— *BERTHAULT : D'azur au chevron d'or chargé de trois étoiles de gueules, accompagné en chef de deux colombes d'argent et en pointe d'un trèfle d'or.*

Mss A², p. 360 ; — B², p. 200 : — C¹, fol. 77 ; — D, fol. 170 (reproduction figurée).

NICOLE MOTHIN ✚ GEORGES LE CIRIER.

Épitaphe fixée contre le 7e pilier : elle était gravée sur une table rectangulaire de marbre noir, encadrée de marbre noir incrusté de marbre blanc, surmontée d'un fronton à consoles renversées renfermant un écu aux armes des Le Cirier, et ornée à la partie inférieure d'un cul-de-lampe renfermant un écu mi-parti aux armes des Le Cirier et des Mothin.

1687. — D. O. M. ‖ CY DEVANT, SOUBZ CESTE TUMBE, GIST LE ‖ CORPS DE DEFFUNCTE NICOLE MOTHIN, ‖ VIVANTE FEMME DE NOBLE HOMME ‖ GEORGES LE CIRIER,

PREMIER HUISS‖IER DU ROY EN SES CONSEILS D'ESTAT ET ‖ PRIVÉ, LAQUELLE DECEDA L'AN CINQUANTE ‖ QUATRE DE SON AGE LE SIX‖IEME DE FEBVRIER MIL SIX CENT VINGT. ‖ LEDICT GEORGES LE CIRIER DECEDA LE TROISIEME JOUR DE JANVI‖ER 1642, AGE DE 78 ANS. ‖ PRIEZ DIEU POUR SON AME.

ARMES. *LE CIRIER : D'azur à une ruche d'or accompagnée de trois mouches à miel de même.*

— *MOTHIN : D'azur au chevron d'or accompagné en chef de deux croissants d'argent, et en pointe d'une motte ou montagne de même.*

Mss A². p. 354 : — B⁴, p. 164 : — Bibl. nat., ms. fr. 8237, p. 75 (reproduction figurée).

ANNE MATHAREL ✛ CHARLES LE FEBVRE.

Inscription fixée contre le 7ᵉ pilier. Elle était gravée sur une table de marbre noir, surmontée d'un fronton armorié de deux écus accolés, timbrés d'un heaume de face à lambrequins, cimé d'un cygne le cou traversé d'une épée dont il tenait l'extrémité dans son bec. La partie inférieure de la table était cintrée et portait une tête de mort couronnée de laurier, posée sur deux os en sautoir.

1688. — A LA GLOIRE DE DIEU ‖ ET ‖ A LA MÉMOIRE DE ‖ DAME ANNE MATHAREL, ESPOUSE DE CHARLES LE FEBVRE, ESCUYER, Sʳ DE PACI, ‖ CONSEILLER SECRETTAIRE DU ROY, QUI A FAIT ERIGER CE MONUMENT ET, PAR CONTRACT PASSÉ ‖ PAR DEVANT CHUPPIN ET SAINFRAY, NOTAIRES AU CHASTELET DE PARIS, LE 18 DECEMBRE ‖ 1683, ENTRE MESSIEURS LES MARGUILLIERS DE CESTE PARROISSE ET LUY, A FONDÉ UNE MESSE QUI ‖ SERA DITTE A PERPETUITÉ DANS CESTE EGLISE LE LUNDY DE CHAQUE SEPMAINE, JOUR DE SON ‖ DECEDZ QUI ARRIVA LE 19 AOUST 1683, APRÈS 22 ‖ ANS 3 MOIS DE MARIAGE DANS ‖ UNE TRES PARFAITE UNION. SA PIETÉ ENVERS DIEU, SON APPLICATION A L'ORAISON, SA ‖ CHARITÉ ENVERS LES PAUVRES, LA PRATIQUE DE TOUTES LES VERTUS CHRESTIENNES, LA ‖ BONNE EDUCATION DE SES ENFANS ET L'AMOUR CONJUGAL ONT FAIT SON OCCUPATION ‖ DURANT SA VIE ET ONT PORTÉ SON MARY, PAR UNE PARFAICTE ET RECIPROQUE A‖MITIÉ A CHOISIR SA SEPULTURE AUPRÈS DE SA CHERE ESPOUSE AVEC CEUX DE SES AN‖CESTRES DONT LE CORPS REPOSE SOUBZ LA TOMBE DE LEUR FAMILLE QUI EST ICY BAS ‖ POSÉE, AFIN QUE LEURS CORPS SOIENT REUNIS APRES SA MORT, COMME IL ESPERE ‖ DE LA GRACE ET MISERICORDE DE DIEU QUE LEURS AMES LE SERONT UN JOUR DANS ‖ LE CIEL POUR BENIR ET GLORIFIER A JAMAIS SON SAINT NOM. IL DECEDA LE..... ‖ PRIEZ DIEU POUR EUX. ‖

1689. — CUM PROAVIS ET MATRE PIA TUMULATA PUDICI
    ANNA, DECUS SEXUS, HIC MATHARELLA JACET
    PAR UNUS QUAM SIC CARA VIRO SOBOLIQUE RELICTÆ
    PLUS IPSIS VIVENS QUAM SIBI VIVA FUIT.
    NUMINIS HOC CULTRIX ARDENTIOR, HOC AD EGENOS,
    PARCA SIBI, EXTENDIT SEMPER UTRA[M]QUE MANUM.
    CONJUGIS ÆTERNOS, NATI NATÆQUE DOLORES
    EXPRIMET HOC MARMOR FLETIBUS USQUE MADENS.

ARMES. *LE FEBVRE : De... au chevron de... accompagné en chef de deux losanges de... et en pointe d'un cygne, le cou transpercé d'une épée dont il tient la pointe dans son bec.*

— *MATHAREL : De... au chevron de...*

Bibl. nat., ms. p. 8237, fr. 122 (reproduction figurée).

JEAN LUCAS.

Épitaphe gravée au-dessous d'un écusson, timbrée d'un heaume à lambrequins, sur une petite table de pierre rectangulaire :

1690. — D. O. M. ‖ CY GIST LE CORPS DE DEFFUNCT JEAN LUCAS, ‖ ESCUYER, SEIGNEUR DE MUIN ET COURCELLES, ‖ CONSEILLER DU ROY, PRESIDENT TRESORIER DE‖ FRANCE ET GENERAL DE SES FINANCES EN ‖ LA PROVINCE DE PICARDIE, QUI EST DECEDÉ ‖ EN CETTE VILLE DE PARIS LE XIIIᴱ AOUST ‖ 1643, SON CŒUR ESTANT INHUMÉ A AMI‖ENS, DANS LE CLOISTRE DE SAINCT DENIS. ‖ PRIEZ DIEU POUR SON AME.

ARMES. *Écartelé : aux 1 et 4, de... à la fasce de... chargée de trois glands de... et accompagnée de trois merlettes de...; aux 2 et 3, de... au lion de... tenant dans ses pattes une gerbe de...*

Ms. C¹, p. 89; — Bibl. nat., ms. 8237, p. 76 (reproduction figurée).

PIERRE L'ARBALÉTRIER ✚ MARGUERITE LE LONG.

Épitaphe gravée sur une petite table rectangulaire de pierre, surmontée d'un cartouche en accolade orné d'une arbalète, avec soubassement, tête de mort sur ossements en sautoir :

1691. — D. O. M. ‖ CY DEVANT GIST HONNORABLE HOMME ‖ PIERRE L'ARBALES-TRIER, EN SON VIVANT ‖ MARCHAND TAPISSIER, BOURGEOIS DE ‖ PARIS, AAGÉ DE LXXIII ANS, DECEDÉ LE ‖ XIX NOVEMBRE 1661, LEQUEL A FONDÉ ‖ UN *OBIIT* EN CESTE EGLISE, LE MESME JOUR, ‖ PAR CHACUN AN, A PERPETUITÉ, SUIVANT ‖ LE CONTRACT PASSÉ ENTRE MESSIEURS LES MARGUILLIERS ‖ DE CESTE EGLISE ET MARGUERITE‖ LE LONG, SA VEUVE, PAR DEVANT JEHAN ‖ LE SEMELIER ET NICOLAS LE VASSEUR,‖ NOTAIRES AU CHASTELET DE PARIS, LE 17 NOVEMBRE 1663.
AUSSY GIST CY DEVANT LADITE MARGUERITE ‖ LE LONG, DECEDÉE LE..... JOUR DE..... ‖ PRIEZ DIEU POUR SON AME.

Bibl. nat., ms. 8237, p. 102 (reproduction figurée).

REMY LE ROYER + MARIE BAZIN.

Sur une table rectangulaire encadrée d'une large bordure à compartiments, en marbre blanc et noir, surmontée d'un cartouche elliptique portant deux écussons, et soutenue par un autre cartouche avec tête de mort sur des ossements en santoir, on lisait les épitaphes suivantes :

1692. — *JESUS MARIA.* ‖ CY DEVANT SOUBZ CESTE TOMBE GIST LE CORPS DE ,HON-NORABLE HOMME ‖ REMY LE ROYER, EN SON VIVANT MARCHAND MERCIER, BOURGEOIS DE ‖ PARIS, LEQUEL EST DEFFUNCT AAGÉ DE ‖ LXXII ANS, LE XXIIII JOUR DE ‖ JUING 1606.

CY GIST HONNORABLE FEMME MARIE BAZIN, VEUFVE DUDICT SIEUR LE ‖ ROYER, LAQUELLE DECEDDA LE XIIII MAY MIL VI^c VIII.

A la suite, on lisait le texte de deux fondations :

1693. — LES MARGUILLIERS PRESENS ET ADVENIR DE L'ŒUVRE ET FABRICQUE DE‖ L'EGLISE DE MONSIEUR SAINCT EUSTACHE SONT TENUZ DE FAIRE DIRE, CHANTER ET CE‖-LEBRER A PERPETUITÉ, A TOUSJOURS, A L'INTENTION DUDICT DEFFUNCT, TOUS LES LUN‖DIS DE L'ANNÉE, FORS ET EXCEPTEZ LES ‖ PREMIERS LUNDYS DU MOIS, ‖ UNE HAULTE MESSE DU SAINCT ESPRIT, A DIACRE, ET SOUBZDIACRE, A LAQUELLE ‖ SERA TENU ASSISTER MONSIEUR LE CURÉ ET DEUX VICAIRES, LES SIX ‖ CHAPPELLAINS ET LES DEUX CLERCS DU CHŒUR, LAQUELLE SE DIRA A L'HEURE ‖ DE SEPT HEURES, ET SERA SONNÉE A CARILLON, ET TOUS LES DESSUSDICTS, ‖ A LA FIN DE LADICTE MESSE, D'ALLER SUR LA FOSSE DUDICT DEFFUNCT LE ‖ ROYER CHANTER UNG *LIBERA* ET *DE PROFUNDIS, SALVE REGINA,* ET ‖ LE TOUT MOYENNANT CERTAINE SOMME DE DENIERS QUE LESDICTS MAR‖GUILLIERS ONT RECEU COMPTANT, AINSY QU'IL APPERT PAR LE CONTRACT ‖ PASSÉ PAR DEVANT DOUGEAT ET LE CAMUS, NOTAIRES, LE XIX JOUR ‖ D'AOUST 1606.

ET OULTRE LADICTE DEFFUNCTE MARIE BAZIN A FONDÉ A PERPE‖TUITÉ, LEDICT JOUR DE SON DECEDS, UN *OBIIT* SOLEMPNEL, MOYENNANT ‖ CERTAINE SOMME DE DENIERS QUI ONT ESTÉ PAYEZ PAR LES HERITIERS ‖ DE LADICTE DEFFUNCTE A L'ŒUVRE DE CEANS, COMME APPERT PAR CON‖TRACT PASSÉ ENTRE LES HERITIERS DE LADICTE DEF-FUNCTE DAME ‖ MARIE BAZIN, ET LES MARGUILLIERS DE LADICTE EGLISE, EN DATE DU XXXE ‖ OCTOBRE MIL VI^c VIII, PASSÉ PAR DEVANT DOUJAT ET LE CAMUS, ‖ NO-TAIRES A PARIS. ‖ PRIEZ DIEU POUR LEURS AMES.

ARMES. *LE ROYER : D'azur au lion d'or tenant une gerbe de blé.*

— *BAZIN : D'azur à la fasce d'or accompagnée en chef de trois étoiles du même et en pointe d'un croissant d'argent.*

Bibl. nat., ms. fr. 8237, p. 28 (reproduction figurée); — Mss A², p. 358 : — B¹, p. 187.

VALENTIN CHASSEBRAS ✝ MADELEINE LE ROYER.

Épitaphe gravée sur une table de marbre :

1694. — CY DEVANT GIST HONNORABLE HOMME VALLENTIN CHASSEBRAS, EN SON VIVANT VENDEUR DE POISSON DE MER FRAIS ET SALLÉ, LEQUEL DECEDA LE XXIIE JOUR D'OCTOBRE M DC V, DE SON AAGE LA XLIIE ANNÉE ET VI MOIS;

AUSSY GIST HONNORABLE FEMME MÂGDELAINE LE ROYER, VEUFVE DUDICT DEFFUNCT VALLENTIN CHASSEBRAS, LAQUELLE DECEDA LE... JOUR DE... M DC ET...

Mss A², p. 358; — B⁴, p. 188.

Inscriptions et monuments fixés au pilier 33 :

ÉTIENNE D'HERVY.

Inscription en lettres gothiques, sur une table de pierre cintrée dans le haut, décorée d'un ordre d'architecture composite, avec une Descente de croix dans le tympan du fronton, et une représentation du défunt, nu, et les mains jointes, étendu sur son linceul; le tout gravé au trait.

1695. — L'EUVRE ET FABRICQUE DE CESTE EGLISE MONSEIGNEUR SAINCT EUSTACHE A PARIS ‖ ET LES MARGUILLIERS D'ICELLE PRESENS ET ADVENIR SONT TENUZ ET OBLIGEZ‖ DE FAIRE DIRE, CHANTER ET CELLEBRER PAR CHASCUNE SEPMAINE DE L'AN, A TOUS-JOURS, ENTRE ‖ CINCQ ET SIX HEURES DU MATIN, A LA CHAPPELLE DE L'EUVRE DE LADICTE EGLISE, DEUX ‖ BASSES MESSES, L'UNE LE MERCREDY, DES TRESPASSEZ, ET L'AULTRE LE VENDREDY, DE LA ‖ PASSION, POUR LE SALUT ET REMEDE DE L'AME DE FEU HONNORABLE HOMME ESTIENNE ‖ D'HERVY, EN SON VIVANT BOURGEOIS DE PARIS, QUERIR ET LIVRER PAIN, VIN, ‖ CALICE, LIVRE, LUMINAIRE ET AOURNEMENS, LE TOUT AUX DESPENS DE ‖ LADICTE EUVRE ET FABRIQUE; ET POUR CE FAIRE LEDICT DEFFUNCT, PAR SON TES‖TAMENT, A DONNÉ ET LAISSÉ A LADICTE EUVRE ET FABRIQUE CERTAINS HE-RI‖TAGES DONT DELIVRANCE A ESTÉ FAICTE AUSDICTS MARGUILLIERS PAR LES ‖ EXE-CUTEURS DU TESTAMENT DUDICT DEFFUNCT ESTIENNE HERVY, AINSY ‖ QUE LE TOUT EST PLUS AU LONG CONTENU ET DECLAIRÉ ES LETTRES FAICTES‖ET PASSÉES ENTRE LESDICTS MARGUILLIERS ET EXECUTEURS PAR DEVANT NICOLAS BRA‖HIER ET CHARLES DUGUÉ, NOTAIRES DU ROY NOSTRE SIRE ‖ EN SON CHASTELLET DE PARIS, L'AN M V[c] QUARANTE ET UNG, LE ‖ DIMANCHE UNZIESME JOUR DE DECEMBRE. PRIEZ DIEU POUR LUY. ‖ PATER NOSTER.

Bibl. nat., ms. fr. 8237, p. 2 (reproduction figurée).

Monument funéraire d'Étienne d'Hervy.

NOËL LE SEMELLIER ✛ JEANNE LE CAMUS.
FRANÇOIS POUGET ✛ JACQUES GIMARDEZ ✛ MARIE LE SEMELLIER.

Inscription gravée sur une table rectangulaire de marbre blanc, bordée d'une plate-bande de marbre noir, sans aucun ornement.

1696. — Cy gisent les corps de Noël Le Semelier, vivant sieur de La Gibaudiere ‖ et de Challandron, conseiller du Roy, lieutenant au grenier a sel d'Orleans ‖ et Beaugency, notaire au Chastelet de Paris, et de la fabricque de ceste esglise, ‖ decedé le premier jour de septembre mil six cent vingt huit, l'an cinquante ‖ uniesme de son age;

ET DE JEANNE LE CAMUS, SA FEMME, DECEDÉE LE QUINZIESME JOUR DE SEPT‖EMBRE MIL SIX CENT VINGT NEUF, L'AN QUARANTIEME DE SON AGE.

LA PRESENTE EPITAPHE A ESTÉ MISE EN CEST ENDROIT PAR L'ORDRE DE JEAN LE‖ SEMELIER, FILS AISNÉ DESDICTS DEFFUNCTS, SUIVANT LA PERMISSION DE MESSIEURS LES ‖ MARGUILLIERS DE CESTE DICTE ESGLISE, EN DATE DU 23 JOUR DE NOVEMBRE MIL SIX CENT ‖ QUARANTE UNG.

CY GIST AUSSY FRANÇOIS POUGET, ADVOCAT EN PARLEMENT, DECEDDÉ LE 30ᴇ JOUR ‖ DE DECEMBRE 1647, QUI AVOIT ESPOUSÉ CATERINE LE SEMELIER.

· CY GIST PAREILLEMENT JACQUES GYMARDEZ, PREMIER COMMIS DE M. ‖ DE MORANGIS, DIRECTEUR DES FINANCES DE SA MAJESTÉ, DECEDÉ LE DERNIER JUILLET‖ 1652, LEQUEL AVOIT ESPOUSÉ MARIE LE SEMELIER, QUI A, SUIVANT SON INTENTION, ‖ FONDÉ UN OBIIT EN CEST ESGLISE POUR Y ESTRE DICT A PERPETUITÉ, CHASCUN AN, AU ‖ JOUR DE SONDICT DECEDS OU AUTRE PLUS COMMODE. ‖ PRIEZ DIEU POUR LEURS AMES. ‖ UT SOL IN DEFECTU, SIC VIR PROBUS IN · MORTE RENASCITUR.

Bibl. nat., ms. fr. 8237, p. 57 (reproduction figurée).

CLAUDE CUVIER ✠ MARIE DES MARETS.

Épitaphe gravée au-dessous d'un écusson timbré d'un heaume à lambrequins, sur une table rectangulaire de marbre noir :

1697. — CY GIST NOBLE HOMME CLAUDE CUVIER, ‖ VIVANT CONSEILLER DU ROY ET PRESIDENT ‖ AU GRENIER A SEL DE POISSY ET ANCIEN ‖ MARGUILLIER DE CESTE PAROISSE, LEQUEL ‖ EST DECEDÉ LE 8ᴇ JANVIER 1661, ET ‖ DAMOISELLE MARIE DES MARETS, ‖ SA FEMME, DECEDÉE LE ... ‖ PRIEZ DIEU POUR LEURS AMES.
MESSIRE CLAUDE CUVYER, SON FILS, ‖ 19 AOUST 1661.

ARMES. *Cuvier : De... à la fasce de... semée de mouchetures d'hermine et accompagnée de trois losanges de...*
— *Des Marets : De... au chef de... chargé de trois étoiles de...*

Bibl. nat., ms. fr. 8237, p. 99 (reproduction figurée).

FRANÇOIS MONNIN.

Petite table rectangulaire encadrée d'une large bordure, le tout en marbre noir, et surmontée d'un fronton cintré décoré d'un cartouche portant deux écussons accolés et timbrés d'un heaume à lambrequins.

1698. — D. O. M. ‖ CY GIST ‖ NOBLE FRANÇOIS MONNIN, ‖ DE LA PRINCIPAUTÉ DE NEUFCHASTEL, ‖ COLONEL D'UN REGIMENT SUISSE ‖ LEQUEL APRES AVOIR SERVY LE ROY ‖ PENDANT CINQUANTE ANS, ‖ TOUSJOURS AVEC LE MESME ZELE ‖ ET LA MESME FIDELITÉ, ‖ EST DECEDÉ LE 17 MAI 1696, ‖ AGÉ DE 66 ANS.

Dame Marguerite Le Fevre, son espouse, ‖ et ses enfans ont laissé à la postérité ‖ ce temoignage de llur perpetuel souvenir. ‖ Priez Dieu pour son ame.

Armes. Monnik : *Écartelé : aux 1 et 4, de... à trois épées de... posées en pal, les gardes en bas; aux 2 et 3, de... au lion rampant de...*

— Le Fèvre : *De... au chevron de... accompagné en chef de deux glands et en pointe d'une étoile de...*

Ms. C¹, fol. 105 (reproduction figurée).

PHILIPPE-CHARLES DE FROULAY.

Épitaphe gravée sur une table de marbre blanc, en forme de pyramide tronquée, amortie par une urne funéraire et dressée sur un cénotaphe de marbre blanc, en forme de trapèze régulier, soutenu par deux petites consoles, décoré dans le milieu d'un écusson timbré de la couronne comtale, avec deux léopards pour supports, et portant aux extrémités deux cassolettes fumantes :

1699. — D. O. M. ‖ Icy repose ‖ le corps de ‖ haut et puissant ‖ seigneur messire Philippe ‖ Charles de Froul‖lay, chevallier, comte ‖ de Montclaux, en‖seigne des gens d'ar‖mes de la garde du ‖ Roy, lieutenant pour Sa ‖ Majesté en la province du ‖ Maine et comté de Lav‖al, fils de haut et puis‖sant seigneur messire Charles de ‖ Froulay, chevalier des Ordr‖es du Roy et grand marechal ‖ des logis de la maison de Sa ‖ Majeste, decedé le VII may 1697.‖ - Priez Dieu pour son ame.

Armes. *D'argent au sautoir denché de gueules.*

Ms. C¹, fol. 107 (reproduction figurée)[1].

Inscriptions et monuments fixés au pilier 6 :

JEAN LECUYER ✚ MARIE PARENT.

Inscription gravée sur une table de bronze :

1700. — Fiat misericordia tua, domine, super nos, quemadmodum speravimus in te. — Cy devant gist honnorable homme Jehan Lescuyer, en son vivant

[1] Il existe dans le manuscrit D (fol. 178 et 181) des reproductions de ce même monument, dont l'ensemble rappelait, à quelques détails près, ceux que l'on trouvera reproduits dans le dessin du monument funéraire de Bontemps publié ci-après (n° 1709).

BOURGEOIS DE PARIS, LEQUEL DECEDDA LE JOUR SAINCT ANDRÉ, DERNIER JOUR DE
NOVEMBRE M D LXXXIV.

AUSSY GIST HONNORABLE FEMME MARIE PARENS, JADIS FEMME DUDICT LESCUYER,
LAQUELLE DECEDDA LE XIIIE JOUR D'APVRIL M D XCVI. — PRIEZ DIEU POUR EULX. —
SCOPUS PIÆ VITÆ CHRISTUS.

> ARMES. *Lecuyer* : *D'azur au chevron d'argent chargé de trois roses de gueules et accompagné*
> *de trois étoiles d'or.*
>
> —— *Parent* : *D'azur à deux bâtons noueux en sautoir d'or, accompagnés en chef d'un*
> *croissant d'argent, aux flancs et en pointe de trois étoiles d'or.*

Mss A², p. 353 ; — B⁴, p.157.

JULIEN FOUCQUETE.

Inscription gravée en lettres gothiques sur une table de pierre :

1701. — LES MARGUILLIERS DE L'EGLISE MONSIEUR SAINCT EUSTACHE A PARIS
SONT TENUZ FAIRE DIRE ET CELLEBRER A TOUSJOURS, PAR CHASCUN AN, LE JOUR
SAINCT JULIAN, XVIIE JOUR DE JANVIER, UNG *OBIIT* SOLEMPNEL, COMPLET, POUR LE
REMEDE DE L'AME DE FEU VENERABLE ET DISCRETTE PERSONNE MAISTRE JULIAN
FOUCQUETE, EN SON VIVANT PREBSTRE HABITUÉ EN LADICTE EGLISE SAINCT EUSTACHE,
LEQUEL *OBIIT* SERA SONNÉ DE LA GROSSE CLOCHE A BRANSLE, ET SERA DISTRIBUÉ CE
QUI S'ENSUIT, C'EST ASSAVOIR : AU CURÉ POUR SON SERVICE XX SOLS TOURNOIS ET A
LUY POUR SON ASSISTANCE A *VIGILLES* ET A *LAUDES* X DENIERS TOURNOIS, A *RE-*
COMMANDASSES X DENIERS TOURNOIS, A LA MESSE X DENIERS TOURNOIS ET QUATRE
PAINS, POURVEU QU'IL SOIT ASSISTANT A ICEULX; ITEM A UNG OU DEUX VICAIRES, A
CHASCUN DEUX PAINS; ITEM AUX SIX CHAPELLAINS DE L'ŒUVRE DE LADICTE EGLISE
EN ASSISTANT AUXDICTES *VIGILLES* ET *LAUDES,* A CHASCUN V DENIERS TOURNOIS,
A *RECOMMANDACES* V DENIERS TOURNOIS, A LA MESSE V DENIERS TOURNOIS ET A
CHASCUN DEUX PAINS; ITEM AUX DEUX CLERCS CHASCUN DEUX PAINS; AUX MAR-
GUILLIERS DE LADICTE EGLISE, A CHASCUN QUATRE PAINS, ET AUX DEUX CLERCS
DE L'ŒUVRE, L'UNG POUR ADMINISTRER LES ORNEMENS ET L'AUTRE POUR SONNER ET
MECTRE LA PRESENTATION, A CHASCUN XV DENIERS TOURNOIS ET A CHASCUN DEUX
PETITS PAINS BLANCS DE LA FENEST, AVEC LA SOMME DE X SOLS TOURNOIS A
DISTRIBUER AUX PAUVRES, ET A LA CHARGE DE LIVRER PAR LESDICTS MARGUILLIERS LE
LUMINAIRE ACCOUSTUMÉ, PRESENTATION ET AUTRES CHOSES A CE NECESSAIRES.
LEQUEL MAISTRE JULIAN FOUCQUETE A DONNÉ ET LAISSÉ PAR SON TESTAMENT A
LADICTE EGLISE DEUX MAISONS AUDICT DEFFUNCT APPARTENANTES, ASSISES EZ
FAULXBOURG SAINCT MARCEL LEZ PARIS, EN LA RUE DES MORFONDUS, COMME LE
TOUT APPERT PAR LETTRES PASSÉE PAR DEVANT DEUX NOTTAIRES AU CHASTELLET DE
PARIS, QUI DECEDA LE XIVE JOUR D'APVRIL M D XLVII. — PRIEZ DIEU POUR LUY.

Bibl. nat., ms. fr. 8237, p. 3.

JEAN BAZIN ✛ HUGUETTE CHASSEBRAS.

Sur une table rectangulaire de marbre noir, accompagnée de pilastres soutenant un fronton avec rinceaux de feuillages, amorti par une croix et portant
dans le tympan un cartouche armorié, avec un second cartouche décoré d'une
tête d'ange ailée au-dessus d'un autre écusson, on lisait les inscriptions suivantes :

1702. — CY GIST HONNORABLE HOMME JEHAN ‖ BAZIN, EN SON VIVANT MAR-
CHANT DRAPPIER, BOUR‖GEOIS DE PARIS, QUI DECEDDA LE XXVIᵉ JANVIER, L'AN DE
NOSTRE SALUT M DC III, ‖ ET DE SON AAGE LE LIII.

AUSSY GIST HONNORABLE FEMME MARIE HU‖GUETTE CHASSEBRAS, FEMME DUDICT
BAZIN, ‖ QUI TRESPASSA LE XI MARS MIL DC XXIII.

Epitaphe de Jean Bazin et de Huguette Chassebras.

1703. — LADICTE DEFFUNCTE HUGUETTE CHASSEBRAS ‖ A FONDÉ, LEDICT JOUR DE
SON DECEDS, UN *OBIIT* ‖ SOLEMNEL, MOYENNANT CERTAINE SOMME ‖ DE DENIERS QUI
ONT ESTÉ PAYEZ PAR LES ‖ HERITIERS DE LADICTE DEFFUNCTE AUX MAR‖GUILLIERS DE

L'ŒUVRE ET FABRIQUE DE ‖ L'EGLISE DE CEANS, COMME APPERT PAR CON‖TRAT
PASSÉ ENTRE LES HERITIERS DE LADICTE ‖ DEFFUNCTE CHASSEBRAS ET LES MARGUIL-
LIERS, ‖ EN DATE DU X JUIN M DC XXIII, ‖ PASSÉ PAR DEVANT CHAPPELAIN ET LE ‖
CAMUS, NOTAIRES AU CHASTELET DE PARIS. ‖ PRIEZ DIEU POUR LEURS AMES.

ARMES. BAZIN : *D'azur à la fasce d'or accompagnée en chef de deux étoiles du même et en
pointe d'un croissant d'argent.*
— CHASSEBRAS : *D'azur au pélican d'or.*

Bibl. nat., ms. fr. 8237, p. 26 (reproduction figurée.); — Mss A², p. 358; — B⁴, p. 187.

Monument funéraire d'Anne Charpentier, Philippe et Jean Chesnard, Françoise Guerry [1].

—————

[1] Réduction d'un dessin du ms. fr. 8237 (p. 49).

ANNE CHARPENTIER ✛ PHILIPPE CHESNARD
JEAN CHESNARD ✛ FRANÇOISE GUERRY.

Inscription gravée sur une table rectangulaire accompagnée de doubles pilastres portant des têtes d'anges ailés, surmontée d'un fronton roulé avec draperie, encadrant un médaillon orné d'une croix et placée sur un soubassement décoré de trois cartouches, celui du milieu avec une tête de mort, les deux autres avec un écusson.

1704. — LES MARGUILLIERS DE L'ŒUVRE ET FABRIQUE ‖ DE L'EGLISE DE CEANS SONT TENUZ DE FAIRE ‖ DIRE, CHANTER ET CELEBRER TOUS LES VENDREDYS ‖ DE CHASCUNE SEPMAINE DE L'ANNÉE, A L'HEURE ‖ DE VIII HEURES DU MATIN, SUR L'AUTEL DE LA ‖ CHAPPELLE SAINCT JOSEPH, UNE MESSE BASSE ‖ DE *REQUIEM* ET CE A L'INTENTION DES AMES ‖ DE DEFFUNCTS HONNORABLES PERSONNES ANNE ‖ CHARPENTIER, VEUFVE PHILIPPE CHES‖NART, BOURGEOIS DE PARIS, ET JEHAN ‖ CHESNART, SON FILS, ET DE FRANÇOISE ‖ GUERRY, VEUFVE DUDICT JEHAN CHESNART, LEURS PARENS ET AMIS TRESPASSEZ; ET ‖ POUR CE FAIRE SERONT TENUZ LESDICTS SIEURS ‖ MARGUILLIERS FOURNIR PAIN, VIN, LUMI‖NAIRE, ORNEMENS, MESME DE PAYER LE ‖ PRESTRE QUI CELLEBRERA LADICTE MESSE, A LA ‖ FIN DE LAQUELLE IL SERA TENU DE DIRE LE *DE PROFUNDIS* ET ORAISONS ACCOUSTUMÉES ‖ SUR LA FOSSE DESDICTS DEFFUNCTS, LE TOUT, COMME ‖ APPERT PAR LE CONTRACT DE CE FAICT ET PASSÉ ‖ PAR DEVANT LE CAMUS ET SEMELIER, NOTTAIRES ‖ AU CHASTELET DE PARIS, LE VIᴱ JOUR DE ‖ MAY M VIᶜ XXIII. — PRIEZ DIEU POUR LEURS AMES.

ARMES. *CHESNARD : De... au chêne de... issant d'une gerbe de flammes.*
— *GUERRY : De... à deux épées en sautoir, les pointes en haut, au chef de... chargé de trois roses de...*

Texte d'après le dessin ci-dessus.

PIERRE AIMERAY.

Le monument funéraire de Pierre Aimeray se composait d'une table de marbre noir, encadrée de moulures, dont la partie supérieure découpée en cintre était ornée d'une tête d'ange ailée et de guirlandes de feuillage. Au-dessus, un entablement, avec fronton circulaire à denticules, portait un cartouche avec écusson timbré d'un heaume à lambrequins entre deux cassolettes fumantes. Aux côtés s'adossaient deux statues de femmes en pleurs, debout sur des socles, sur lesquels étaient gravées ces inscriptions : VIVERE TRANSITUS EST TEMPUS NOSTRUM. —— NON

QUAMDIU SED QUAM BENE. Le soubassement, en forme de cénotaphe, décoré de faisceaux de drapeaux et d'attributs guerriers, était posé sur un cartouche en accolade, avec tête de mort ailée, terminée par une pomme de pin. Sur la table de marbre on lisait cette inscription [1] :

1705. — HIC JACET, NON SINE ‖ PLURIMIS LACHRIMIS, NOBILISSI‖MUS ATQUE OPTIMUS ADOLESCENS ‖ PETRUS AIMERAY, QUI LICET AD MAGNA ‖ NATUS ESSET, NON TAM SIBI VIXIT QUAM CHRISTO, QUEM VITÆ ‖ INNOCENTIA ET MORUM PROBITATE CASTISSIME COLUIT. IS ‖ ENIM LIBERALITER HONORIFICEQUE EDUCANDUS, E PIISSIMÆ ‖ PARENTIS GREMIO MIGRAVIT IN HARCURIUM, UBI ‖ EMENSO PHILOSOPHIÆ CURSU, PUBLICE RESPONDIT ET VIRORUM UTRI‖USQUE ORDINIS AMPLISSIMORUM ADMIRATIONEM HABUIT.‖ AT, PROH DOLOR! VIX PATERNIS VIRTUTIBUS EMINUIT ET ‖ AVI SUI, DE REGNO ET CHRISTIANISSIMIS REGIBUS CAROLO ‖ 9° ET HENRICO 3° BENE MERITI, OB MULTA PRÆCLARE GESTA, ‖ HÆRES UNICUS FACTUS EST, UT TETERRIMIS TYMPANITIS ‖ CRUCIATIBUS STATIM CONFECTUS EST, ANNO ÆTATIS SUÆ ‖ 17, SICQUE IN TENERO ET ILLIBATO FLORE, OCCIDENTEM EUM, ‖ AD BEATAM FINEM PERDUXIT DIGNA NECESSITAS NE SERIUS ‖ ILLI CONVIVERET ET CONREGNARET QUI IN HOC MORTUUS EST ET ‖ RESURREXIT UT ET MORTUORUM ET VIVORUM DOMINETUR.

1706. — MESSIEURS LES MARGUILLIERS DE CESTE EGLISE SONT OBLIGEZ DE FAIRE DIRE ‖ ET CELEBRER UN GRAND *OBIIT* COMPLET, PAR CHACUN AN, POUR L'AME ‖ DUDICT DEFFUNCT SIEUR AYMERAY, ET POUR MAISTRE CLAUDE COQUILLE, CONSEILLER, ‖ SECRETAIRE DU ROY ET RECEVEUR GENERAL DES FINANCES EN LA GENERALITÉ DE PA‖RIS, ET DAME MICHELLE CORMIER, SA FEMME, ET LEURS ENFANS, APRES ‖ LEUR DECEDS, PAR CONTRACT PASSÉ LE XIIIᴱ JANVIER 1653 PAR DEVANT ‖ JEHAN LE SEMELIER ET NICOLAS LE VASSEUR, NOTAIRES AU CHASTELET DE ‖ PARIS. — REQUIESCANT IN PACE.

Une tablette rectangulaire de marbre, fixée au milieu du soubassement, portait cette inscription :

1707. — IN REQUIE MORTUI FILII ‖ DILECTISSIMI, MŒRENS MATER ‖ REQUIESCERE FECIT MEMO‖RIAM EJUS QUEM CONSO‖LATA EST IN EXITU SPIRITUS SUI. OBIIT PETRUS ALMARICUS, LUDOVICI FILIUS, V° MARTII MDCLXII.

ARMES. *De... à la fasce de trois fusées de...*

Mss C¹, fol. 113 ; — D, p. 163 ; — F³, fol. 171.

----

[1] Guilhermy nous apprend que cette table de marbre noir avait été d'abord retaillée pour servir de fond de niche au tombeau de Louis d'Orléans et de Valentine de Milan, à Saint-Denis, et que, lors d'un nouveau remaniement de ce mausolée, les morceaux furent relégués avec d'autres marbres mutilés dans un magasin de l'église abbatiale (t. I, p. 144).

Monument funéraire de Pierre Aimeray [1].

[1] Réduction d'un dessin du ms. D (fol. 163). — Il existe une autre reproduction de ce même monument, mais seulement dessinée au trait, dans le ms. C¹ (fol. 113).

Inscriptions et monuments appliqués contre le pilier 32 :

MARGUERITE CORNU.

Inscription gravée sur une table rectangulaire de pierre surmontée d'un fronton triangulaire sur lequel les défunts étaient représentés à genoux, au pied de la croix, et accompagné à la base d'un cartouche.

1708. — LES MARGUILLIERS DE L'ŒUVRE ET FABRICQUE DE CESTE EGLISE ‖ MONSIEUR SAINCT EUSTACHE, PRESENS ET AVENIR, SONT TENUZ ET OBLIGEZ FAIRE ‖ DIRE, CHANTER ET CELEBRER EN LADICTE ESGLISE, LE JOUR MADAME ‖ SAINCTE MARGUE'RITE, UNG SALUT A CINQ PSEAULMES TELS QUE ‖ CEULX QUI SERONT CHANTEZ LE PLUS PROCHE DIMANCHE DU ‖ JOUR, AVEC L'HYMNE ET ORAISONS DE LADICTE SAINCTE A *MAGNIFICAT,* A ‖ L'ACCOUSTUMÉE; AUQUEL SALUT ASSISTERONT M. LE CURÉ, LES ‖ DEUX VICAIRES ET LES PREBSTRES DU CHŒUR, LES ORGUES ‖ SONNANS ET TROIS FOIS LE CARILLON DES GROSSES CLO‖CHES D'ICELLE ESGLISE; LEQUEL SERA SONNÉ ET DICT A 6 HEURES DU SOIR, ET A LA FIN D'ICELUY IRONT LEDICT SIEUR CURÉ ‖ ET LES GENS D'EGLISE SUR LA FOSSE DE LADICTE TESTATRICE ‖ AVECQUE LA CROIX ACCOMPAGNÉE DE DEUX TORCHES BLANCHES ET ‖ LA DIRONT UNG *LIBERA, MISERERE* ET *DE PROFUNDIS* ET ‖ ORAISONS EN TEL CAS, LE TOUT POUR LE REMEDE DE L'AME ‖ DE DEFFUNCTE HONNORABLE FEMME MARGUERITE CORNU, VEFVE ‖ EN PREMIERES NOPCES DE FEU GUILLAUME GUILGAN, ET EN SECONDES ‖ DE JEHAN LE CONTE, VIVANT BOURGEOIS DE PARIS, QUI A ‖ DONNÉ ET LEGUÉ A LADICTE ŒUVRE LA SOMME DE SIX CENS LIVRES ‖ PAR SON TESTAMENT· DE LAQUELLE SOMME DELIVRANCE ‖ LEUR EN A ESTÉ FAICTE PAR LES EXECUTEURS D ICELLE AUX CHARGES CI DESSUS ET DE DISTRIBUER PAR LESDICTS SIEURS ‖ MARGUILLIERS SCAVOIR : AU SIEUR CURÉ 32 SOLS ET AUX PREBSTRES ‖ A CHASCUN CINQ SOLS, PAYER L'ORGANISTE, FRAIS DE LA SONNE‖RIE, FOURNIR D'ORNEMENS ET LUMINAIRE A CE NECESSAIRE, ‖ ENSEMBLE 3 LIVRES ET DEMIE DE BOUGIES BLANCHES DES 16 ‖ A LA LIVRE, QUI SERA DISTRIBUÉE SÇAVOIR : UNE LIVRE ET ‖ DEMIE AUDICT SIEUR CURÉ ET GENS D'ESGLISE QUI ASSISTERONT ‖ ET DEUX LIVRES AUX ENFANS ET PARENS DE LADICTE CORNU ET ‖ AUTRES ASSISTANS AUDICT SALUT, SELON ET AINSY QUE LE ‖ CONTIENT L'ACTE DE LADICTE DELIVRANCE PASSÉ DEVANT JEHAN ‖ LE CAMUS ET PIERRE LE ROUX, NOTTAIRES AU CHASTELLET, LE 21 AOUST 1627. ‖ PRIEZ DIEU POUR SON AME.

Mss C¹, fol. 83 (reproduction figurée); — D, fol. 168.

JEAN-BAPTISTE BONTEMPS ✛ MARGUERITE LE ROUX.

Sur une table rectangulaire de marbre noir, encadrée de moulures et accompagnée de deux corniches à denticules, celle du haut surmontée d'un très petit fronton amorti par une croix, et celle du bas décorée d'un écusson timbré d'un heaume à lambrequins, étaient gravées les inscriptions suivantes :

1709. — CY GISENT LES CORPS DE MESSIRE JEAN ‖ BAPTISTE BONTEMPS, CONSEILLER, PREMIER ‖ VALET DE CHAMBRE ET MAISTRE D'HOSTEL ‖ ORDINAIRE DU ROY, LEQUEL APRES ‖ AVOIR SERVY QUARANTE ANS LES ROIS ‖ LOUIS 13 ET LOUIS XIV A PRESENT REGNANT, EST DECEDÉ LE VIII MAY 1659;

Monument funéraire de Jean-Baptiste Bontemps et Marguerite Leroux [1].

ET DE DAME MARGUERITE LE ROULX, ‖ SON ESPOUSE, QUI DECEDA LE 14ᵉ SEP- ‖ TEMBRE 1664. ‖ PRIEZ DIEU POUR EUX.

1710. — MESSIEURS LES MARGUILLIERS DE CESTE E‖GLISE SONT TENUS DE FAIRE CELEBRER ‖ DEUX MESSES BASSES DE *REQUIEM*, A PERPETUITÉ, LES 8 ET 14 DE

[1] Réduction d'un dessin du ms. Cᵗ (fol. 96). Il existe un dessin analogue dans le ms. D (fol.) 179 qui ne porte pas le numéro d'ordre du pilier.

CHAQUE ‖ MOIS DE L'ANNÉE, JOUR DE LEUR DECEDS POUR LE ‖ REPOS DE LEURS AMES, SUIVANT LE ‖ CONTRACT PASSÉ PAR DEVANT DE BEAUVAIS ‖ ET SON CONFRERE, NOTAIRES, LE 6 FE‖VRIER 1664.

ARMES. *D'or au chêne de sinople; au chef de gueules chargé d'un lion passant d'or.*

. Mss C', fol. 96; — D, fol. 179.

JACQUES PLANSON ✚ ÉLISABETH LE FOUYN.

Épitaphe gravée sur une table de marbre noir en forme de pyramide tronquée, encadrée de moulures de marbre blanc, surmontée d'une urne funéraire avec, pour soubassement, un cénotaphe décoré d'un écusson et portant deux vases fumants à ses extrémités [1] :

1711. — CY DEVANT SOUBZ CET‖TE TOMBE GIST LE CORPS ‖ DE NOBLE HOMME JACQUES ‖ PLANSSON, ANCIEN CON‖SUL, L'UN DES QUARTINIERS ‖ DE CETTE VILLE ET ANCIEN ‖ MARGUILLIER DE CETTE EGLI‖SE, DECEDÉ LE 14 OCTOBRE ‖ 1663; LEQUEL PAR SON TES‖TAMENT A ORDONNÉ LA FON‖DATION D'UNE MESSE QUOTIDI‖ENNE ET DE 2 OBITS A PERPE‖TUITÉ, L'UN A PAREIL JOUR DE SON ‖ DECEDS, L'AUTRE POUR DAMOI-SELLE ‖ ELISABETH LE FOUYN, SA FEMME, ‖ QUI DECEDA... EN A PASSÉ CONTRACT ‖ AVEC MESSIEURS LES MARGUILLIERS LE 5ᵉ ‖ JUIN 1665, PAR DEVANT LE VASSEUR ET ‖ LE SEMELIER, NOTAIRES, ET A ESLEU SA ‖ SEPULTURE AU MESME LIEU.

ARMES. *PLANSON : De... à deux chevrons de...*
' — *FOUYN : De... à la botte de foin de...*

Ms. C', fol 95 (reproduction figurée).

COLLATÉRAL DU CHOEUR. — CÔTÉ GAUCHE.

Inscriptions fixées au pilier qui séparait la chapelle de la Vierge de la sacristie :

FRANÇOIS FOUQUET ✚ MARIE DE BÉNIGNE.

Épitaphe gravée sur une petite table rectangulaire de marbre noir, encadrée de moulures et de pilastres en marbre blanc et jaspé, le tout surmonté d'un petit fronton décoré de deux écussons soutenus par de petits génies, assis sur les ram-

---

[1] C'est la pyramide que l'on voit à gauche du monument de Bontemps dans le dessin publié ci-dessus. Au sommet de cette pyramide, dans la reproduction du même monument fournie par le ms. D (fol. 179), on lit, en effet, la note suivante : «Epitaphe de Mʳ Plansson, rapportée en son lieu.»

pants, et d'un vase fumant, avec une corniche et un cartouche portant une tête
de mort sur des attributs funéraires en sautoir, pour soubassement :

1712. — D. O. M. ‖ Siste, viator, Deumque ‖ precare pro salute ‖ animæ
Francisci Fouc‖quet, in suprema parisiensi curia ‖ senatoris integerrimi, ‖
cujus hic cor jacet ‖ cum corpore Mariæ ‖ de Benigne, ejus ‖ uxoris, qui obiit
v ‖ nonas julii, anno Redemptionis m d c.

Épitaphe de François Fouquet et de Marie de Bénigne [1].

Armes. Fouquet : *D'argent à l'écureuil rampant de gueules.*
— Bénigne : *De gueules au chef d'or chargé de trois merlettes de sable.*

Mss A², p. 366; — B², p. 238; — C¹, fol. 72; — D, fol. 183.

[1] Réduction d'un dessin en noir et en couleurs du ms. D (fol. 183). — Il existe un dessin analogue
dans le ms. C¹ (fol. 72).

JEAN MIREAU ✝ MARIE BERTRAND.

Inscriptions gravées sur une grande table rectangulaire de marbre noir à bordure de pierre, surmontée d'un petit fronton portant un cœur avec cette devise : *Le cœur à Dieu*, et décorée dans le bas de deux écussons entourés de branches de laurier.

1713. — LE CŒUR A DIEU. — CY DEVANT REPOSE LE CORPS DE HONNORABLE HOMME JEHAN ‖ MIREAU, VIVANT MARCHANT TEINTURIER, BOURGEOIS DE PARIS, ‖ DECEDDÉ LE 2ᵉ JOUR DE JANVIER 1639.

AUSSY GIST LE CORPS DE DEFFUNCTE HONNORABLE FEMME MARIE BERTRAND ‖ JADIS FEMME DUDICT MIREAU, DECEDDÉE LE 29 DECEMBRE 1634[1].

MESSIEURS LES MARGUILLIERS DE L'ŒUVRE ET FABRICQUE DE L'EGLISE SAINCT ‖ EUSTACHE, PRESENS ET ADVENIR, SONT TENUZ ET OBLIGEZ DE FAIRE DIRE, ‖ CHANTER ET CELLEBRER, PAR CHASCUN AN, A PERPETUITÉ, AU CHŒUR DE LADICTE ‖ EGLISE UNG *OBIIT* COMPLET POUR LE SALUT ET REMEDE DE L'AME DUDICT DEF‖FUNCT MIREAU ET DE LADICTE DEFFUNCTE BERTRAND, ET DE LEURS PARENS ‖ ET AMIS TRESPASSEZ, LE DEUX JANVIER DE CHASCUNE ANNÉE, QUI EST LE JOUR ‖ DU DECEDS DUDICT MIREAU, AUQUEL *OBIIT* SERONT DICTS *VIGILLES*, *LAÙDES*, ‖ *RECOMMANDACES*, ET TROIS HAULTES MESSES A DIACRE ET SOUBZ DIA‖CRE, LA PREMIERE DE TRESPASSEZ, LA SECONDE DE LA VIERGE MA‖RIE ET LA TRÒISIESME DE *REQUIEM;* ET AVANT QUE COMMENCER CELLE DE ‖ *REQUIEM,* SERA CHANTÉ L'HYMNE *VEXILLA REGIS PRODEUNT,* ‖ ET EN ICELLE MESSE SERA DICTE ET CHANTÉE LA PROSE DES TRES‖PASSEZ, SANS OB-METTRE LE TRAICT DE *SICUT CERVUS*, ET EN FIN ‖ D'ICELLE MESSE DE *REQUIEM,* SERA DICT AU LIEU DE LA SEPUL‖TURE DUDICT DEFFUNCT MIREAU, QUI EST AU MILIEU DE LA ‖ CHAPPELLE DE NOTRE DAME DE BON SECOURS, *LIBERA, DE PRO‖FUNDIS* ET ORAISONS ORDINAIRES, ET APRES *SALVE REGINA* ‖ LE VERSET ET ORAISONS AVEC AS-PERSION D'EAU BENISTE ‖ SUR LADICTE SEPULTURE, ET FAIRE SONNER LEDICT *OBIIT* LA VEILLE ET ‖ LE JOUR DE LA GROSSE SONNERIE DE LADICTE EGLISE, ET ICELLE FAIRE PA‖RER DES BEAUX ORNEMENS ET PAREMENS SERVANS AUX TRESPAS‖SEZ AVEC LA REPRESENTATION ET BEAU POESLE ET OUTRE FOURNIR, ‖ POUR LA CELLEBRATION DES-DICTS *OBIIT,* UNE HERSE D'UNE LIVRE ET SIX ‖ CIERGES DE 4 ONCES PIÈCE, DONT 2 SUR L'AUTEL ET 4 AUTOUR ‖ DE LA SEPULTURE, LE TOUT DE CIRE JAULNE, BRULANS ET ARDENS ‖ PENDANT LEDICT SERVICE, PLUS UN CIERGE DE 4 ONCES DE CIRE ‖ BLANCHE, PAIN ET VIN POUR PORTER A L'OFFRANDE, AVEC 5 SOLS ‖ EN DOUBLES POUR BAILLER AUX GENS D'EGLISE ET AUX PERSONNES ‖ QUI SERONT AUDICT SERVICE, ET OULTRE 4 ONCES DE BOUGIE POUR LES ‖ FEMMES, ET A 12 PAUVRES, A CHASCUN UNE CHAN-DELLE POUR ALLER ‖ A L'OFFRANDE; AUSQUELS PAUVRES SERA AULMOSNÉ AU SORTIR ‖ D'ICELLE OFFRANDE A CHASCUN UNG SOL; AUQUEL *OBIIT* ASSISTERONT ‖ MONSIEUR LE CURÉ, MESSIEURS LES DEUX VICAIRES, 6 CHAPPELAINS, DIACRE ET ‖ SOUBZ DIACRE, DEUX CLERCS DU CHŒUR, DEUX CLERCS DE L'ŒUVRE, ‖ AUSQUELS LESDICTS SIEURS MARGUILLIERS SERONT TENUS DE LA DISTRIBUTION, ‖ ET PAYER CE QU'IL CONVIENDRA

---

[1] Le ms. B⁴ donne la date du 19 décembre.

POUR CE FAIRE, MOYENNANT CERTAINE ‖ SOMME DE DENIERS LEGUÉE A LADICTE FA-
BRICQUE PAR LEDICT MIREAU, COMME ‖ IL EST PLUS AU LONG DECLARÉ PAR LE CON-
TRACT DE FONDATION DUDICT ‖ *OBIIT* PASSÉ ENTRE LESDICTS SIEURS MARGUILLIERS
ET LES EXECUTEURS DU ‖ TESTAMENT DUDICT DEFFUNCT MIREAU, PRESENT LE VAS-
SEUR ET LE ‖ SEMELIER, NOTTAIRES AU CHASTELLET DE PARIS, LE 24ᵉ JOUR DE ‖
MARS 1640.

Bibl. nat., ms. fr. 8237, p. 70 (reproduction figurée); — Ms. B⁴, p. 236.

JEAN SAVARY.

Inscription gravée sur une table de marbre :

1714. — D. O. M. — HIC DEPOSITUS RESSURRECTIONEM EXPECTAT V. C. JOHANNES
SAVARY, CIVIS PARISINUS, QUI UT MORIENS SEMPER VIVERET ET SEMPER VIXIT, PRÆ-
SERTIM ANTE OBITUM, ANNIS QUIBUS ÆTERNITATEM SOLAM IN MENTE HABUIT, SIBI-
QUE DUNTAXAT VACAVIT, MORTALITATIS EXITUM PRÆSTOLATUS; AB HUMANARUM
RERUM COGITATIONE ANIMAM ITA DIRECTISSIME ATTENTAM ET DEO ADDICTAM RED-
DIDIT, ANNO M DC XXIV. SUZANNA CHAPELIER, MARITO DULCISSIMO, MŒRENS POSUIT.

1715. — MESSIEURS LES MARGUILLIERS DE CESTE PAROISSE, PRESENS ET ADVENIR
SONT TENUZ DE FAIRE DIRE ET CELEBRER ANNUELLEMENT, A PERPETUITÉ, UN *OBIIT*
SOLENNEL, LA VEILLE DE SAINCT JEHAN BAPTISTE, FONDÉ PAR DAME SUSANNE CHA-
PELLIER, PAR CONTRACT PASSÉ PAR DEVANT LE VASSEUR ET LE CAMUS, NOTAIRES,
LE X MARS M DC XXIX, ET A LADICTE DAME CHAPELLIER ET MESSIEURS SES ENFANS
ESLEU EN CE LIEU LEUR SEPULTURE. — REQUIESCAT IN PACE.

ARMES. *SAVARY : D'azur au lion d'or.*
— *CHAPELIER : De gueules à trois quintefeuilles tigées d'argent.*

Mss A², p. 364; — B⁴, p. 227.

Épitaphes et monuments fixés contre le pilier 14 :

ANTOINE DE CALMESNIL.

Épitaphe gravée sur une table de marbre blanc encadrée de marbre noir, entre
un écusson timbré d'un heaume à lambrequins, avec deux laies pour support et
une tête de mort sur des ossements en sautoir ·

1716. — CY DEVANT GIST LE ‖ CORPS D'ANTHOINE DE CALMESNIL, VIVANT ‖ ES-
CUYER, AAGÉ DE VINGT ET UN ANS, ‖ NATIF DU PAYS DE CAULX, EN ‖ NORMANDIE, LE

QUEL ESTANT AVEC ‖ EMPLOY EN L'ARMÉE DU ROY DANS ‖ LA CONTÉ DE BOURGOGNE, FUT ‖ REPORTÉ MALADE EN CETTE VILLE‖, OU IL DECEDA, LE 19 SEPTEMBRE, ‖ L'AN DE NOSTRE SALUT 1638. EN ‖ MEMOIRE DUQUEL DAMOISELLE ‖ MARGUERITE[1] DE PELLETOT, SA MERE, ‖ A FONDÉ DE SON BIEN EN L'EGLISE DE ‖ CEANS UNE MESSE A PERPETUITÉ‖, LAQUELLE LE TRESOR DE LADICTE EGLISE ‖ S'EST OBLIGÉ DE FAIRE DIRE ET CELEBRER‖ TOUS LES ANS, LE JOUR DE SON TRESPAS, A ‖ L'AUTEL DE NOSTRE DAME DE BON SECOURS. ‖ PRIEZ DIEU POUR SON AME.

ARMES. *D'azur à trois coquilles d'argent.*

Bibl. nat., ms. fr. 8237, p. 68 (reproduction figurée); — Mss A², p. 366; — B⁴, p. 236.

NICOLAS BACHELIER.

L'un des deux monuments élevés à sa mémoire, en marbre blanc et noir avec ornements en bronze doré, se composait d'une table carrée, encadrée d'un ordre corinthien, accompagné d'ailerons avec rosaces et palmettes et surmonté d'un fronton brisé qui encadrait un cartouche orné d'un écusson et entouré du collier de l'ordre de Saint-Michel, entre deux vases fumants. Il avait pour soubassement une double corniche soutenue par deux consoles figurant des têtes de femmes voilées, et par un médaillon orné d'une tête de mort ailée.

Il portait les deux inscriptions suivantes :

1717. — ICY REPOSE LE CORPS DE NOBLE HOMME MESSIRE‖NICOLAS BACHELIER, VI-VANT CHEVALIER, GENT‖ILHOMME ORDINAIRE DE LA CHAMBRE DU ROY ‖ ET MAISTRE DE CAMP ENTRETENU PAR SA MA‖JESTÉ, SENESCHAL ET GOUVERNEUR D'AIGUILLON, QUI DE‖CEDA LE 13 OCTOBRE 1635.

1718. — MESSIEURS LES MÁRGUILLIERS DE L'ŒUVRE ET FABRIQUE ‖ DE SAINCT EUS-TACHE PRESENS ET ADVENIR, SONT TENUS DE ‖ [FAIRE] DIRE A SON INTENTION TOUS LES ANS A PERPETUITÉ, LES JOURS ‖ ET FESTES DECLAREZ PAR SON TESTAMENT, LES MESSES ET ‖ PRIERES PAR LUY FONDEZ MOYENNANT LE LEGS QU'IL A ‖ FAIT A CESTE EGLISE, AINSY QU'IL APPERT PAR LE ‖ CONTRACT PASSÉ PAR DEVANT LE VASSEUR ET LE SE‖MELIER, NOTAIRES AU CHASTELET DE PARIS, LE PREMIER DECEMBRE MIL SIX CENT TRENTE CINQ.

ARMES. *D'azur à la croix engrêlée d'or, cantonnée de quatre paons ?faisant la roue du même.*

Texte d'après le dessin ci-après.

---

[1] Les mss A² et B⁴ *bis* donnent comme prénom Françoise, très probablement par suite d'une erreur de copiste.

Épitaphe de Nicolas Bachelier [1].

NICOLAS BACHELIER.

Le second monument, fixé contre le pilier 15, vis-à-vis du précédent et qui
était aussi en marbre blanc et noir avec ornements en bronze doré, se composait

[1] Réduction d'un dessin en noir et en couleurs du ms. fr. 8237 (fol. 63).

d'une table rectangulaire avec un encadrement architectural formé de consoles renversées posées sur des têtes de mort, soutenant un fronton brisé avec cartouche décoré d'un écusson timbré d'un heaume à lambrequins, et entouré du collier de Saint-Michel, entre deux faisceaux de drapeaux et deux vases fumants; une petite table de marbre, ornée d'une tête d'ange ailée entre deux volutes, formait le soubassement.

Monument funéraire de Nicolas Bachelier.

Comme le précédent, il portait deux inscriptions :

1719. — Icy repose le corps de messire ‖ Nicolas Bachelier, vivant ‖ chevalier de l'Ordre du Roy, gentil‖homme ordinaire de sa Chambre, ‖ mestre de camp entretenu par Sa Majesté, ‖ senechal et gouverneur de la ville et

DUCHÉ D'AIGUILLON, QUI DE‖CEDDA LE TREIZIESME JOUR D'OCTOBRE M D C XXXV. –
PRIEZ DIEU POUR LUY.

1720. — PUISQUE TU NE SÇAIS PAS OU LA MORT TE DOIT PRENDRE
SI DE NUIT OU DE JOUR, EN QUEL AAGE, EN QUEL POINT,
EN TOUT TEMPS, EN TOUS LIEUX, IL TE LA FAUT ATTENDRE,
CAR DE CE QU'ON ATTEND, ON NE S'ESTONNE POINT.

Bibl. nat., ms. fr. 8237, p. 62 (reproduction figurée); — Mss A², p. 366; — B⁴, p. 237; —
D, fol. 174.

PIERRE BOUCHER ✛ THIERRIE LE VEEL.
NICOLAS CHULOT ✛ MARIE BOUCHER.

Épitaphe gravée sur une table de pierre cintrée dans le haut avec la représentation des défunts, à genoux au pied de la Croix, accompagnés de leurs patrons
saint Pierre et saint Nicolas, et décorée dans le bas d'une tête de mort et d'un
médaillon de marbre noir et blanc, avec le monogramme des défunts entouré de
deux têtes d'ange ailées reliées par des cornes d'abondance, entre deux écussons :

1721. — CY DEVANT SOUBZ CESTE TUMBE GIST HONNORABLE HOMME ‖ PIERRE
BOUCHER, EN SON ‖ VIVANT BOURGEOIS ET ‖ MARCHANT DE PARIS, ‖ QUI TRESPASSA
L'AN MIL CINQ CENS QUATRE ‖ VINGT SEIZE, LE DERNIER DE JUILLET.

CY GIST HONNORABLE FEMME THIERRYE ‖ LE VEEL, SA FEMME, QUI TRESPASSA LE ‖
DYMANCHE XXVᴱ JOUR DE JANVIER, L'AN ‖ MIL CINQ CENS SOIXANTE ET DIX NEUF;
AUSQUELS ‖ DIEU VEUILLE FAIRE PARDON ET MISERICORDE.

PATER NOSTER, AVE MARIA POUR LES TRESPASSEZ.

NICOLAS CHULOT, PERE, DECEDÉ LE 4 NOVEM‖BRE 1609 [1].

MARIE BOUCHER, SA FEMME, DECEDÉE LE 23 ‖ NOVEMRBE 1643. ‖ PRIEZ DIEU POUR
EULX.

ARMES. *BOUCHER* : *De . . . à la foi de . . .*

Bibl. nat., ms. fr. 8237, p. 20 (reproduction figurée) [2]; — Mss A², p. 360; — B⁴, p. 200.

PIERRE DES PORCELETS.

Épitaphe gravée sur une table rectangulaire bordée d'une moulure à feuilles
d'eau et décorée d'un encadrement architectural avec fronton orné d'un écusson
timbré d'une couronne comtale et d'un heaume à lambrequins, et soubassement
en forme de trapèze régulier posé sur un cartouche avec tête de mort ailée et draperies, le tout en marbre blanc et noir.

---

[1] Les noms de Nicolas Chulot et de Marie Boucher ne figurent pas dans les textes des mss A²
et B⁴.

[2] La place de cette inscription est indiquée ici
«contre le pilier de la petite sacristie, du côté de la
porte qui va à la rue Montmartre». Mais antérieurement, d'après les mss A² et B⁴, elle se trouvait
contre un pilier de la croisée. Il paraît probable
qu'elle dut être déplacée lorsque l'on ajouta la dernière partie du texte.

1722. — D. O. M. — P. M. ‖ Hic jacet nobilissimus et ‖ illustrissimus vir do‑minus ‖ Petrus Des Porcelets de ‖ Maillane, Regis a consiliis, ‖ prosenes‑callus arelaten‖sis, qui Lutetiæ Parisiorum ‖ vita functus, vi nonas martii, ‖ anno m dc lv, in hoc tem‖plo sepulchrum elegit.

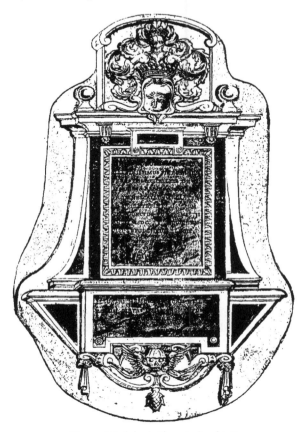

Monument funéraire de Pierre des Porcelets [1].

Illustri memoriæ uxoris amor et libe‖rorum pietas monumentum hoc ‖ po‑suebe.

Armes. *D'argent au sanglier de sable.*

Mss C¹, fol. 91; — D, fol. 176; — F¹, p. 260; — F³, p. 141 [2].

[1] Réduction d'un dessin du ms. C¹ (fol. 91). — Il existe un dessin analogue dans le ms. D (fol. 176).

[2] «Cette épitaphe a esté depuis quelques mois déjà ostée du lieu ou elle estoit à Sainct Eustache» (note du ms. F¹).

CLAUDE AMAND ✝ MADELEINE PORCHER.

Épitaphe gravée sur une table très allongée, encadrée de moulures, ornée dans le haut d'un médaillon portant un écusson entouré de branches de laurier et dans le bas d'un cartouche en accolade avec tête de mort sur des ossements en sautoir, le tout en marbre blanc et noir :

1723. — EN ATTENDANT LA RESURRECTION ET LE JUGEMENT UNIVERSEL, CY ‖ DEVANT SOUBS CESTE TUMBE GIST ET REPOSE LE CORPS DE CLAUDE ‖ AMAND, VIVANT MARCHAND DRAPPIER, BOURGEOIS DE PARIS, ‖ QUI DECEDA LE 22 OCTOBRE 1657, AGÉ DE 52 ANS;

ET MADELENE PORCHER, SON ESPOUSE, LAQUELLE A CHOISY LE ‖ MESME LIEU POUR SA SÉPULTURE. ELLE DECEDA LE ‖ ... — PRIEZ DIEU POUR LEURS AMES

Ms. C¹, p. 90 *bis;* — Bibl. nat., ms. fr. 8237, p. 95 (reproduction figurée).

Monuments funéraires et épitaphes contre le pilier de la sacristie à l'entrée du passage de la porte de la rue Montmartre :

JEAN COQUILLE ✝ MARIE DE MÉZIÈRES.

Leur monument funéraire en marbre blanc et noir se composait d'une table carrée avec un encadrement d'ordre corinthien, flanqué de deux figures de femme en pleurs, et surmonté d'un fronton cintré orné d'un écusson timbré d'un heaume à lambrequins entre deux vases fumants. Le soubassement était formé d'une large corniche soutenue par un socle accompagné de deux petites consoles, posé sur un cartouche orné du chiffre entrelacé des défunts et terminé par une pomme de pin.

La grande table de marbre portait l'épitaphe suivante :

1724. — CY DEVANT EST LA SEPULTURE DE DAMOISELLE MARIE DE MEZIERES, EN SON VIVANT FEMME DE JEAN COQUILLE, SEIGNEUR DE VOFVES ET DU BOIS LOVIER, CONSEILLER SECRETAIRE DU ROY, MAISON ET COURONNE DE FRANCE ET DE SES FINANCES, LEQUEL SIEUR COQUILLE A FONDÉ A PERPETUITÉ EN CESTE EGLISE SAINCT EUSTACHE UN GRAND *OBIIT* PAR CHACUN AN, LE XIᴱ DE DECEMBBE, PAR CONTRACT PASSÉ ENTRE LUY ET MESSIEURS LES MARGUILLIERS D'ICELLE EGLISE, PAR DEVANT JEHAN LE SEMELIER ET NICOLAS LE VASSEUR, NOTAIRES AU CHASTELET DE PARIS, LE IIIᴱ JOUR DE JANVIER M DC LXIII, ET POUR LE REPOS DE L'AME TANT DE LADICTE DEFFUNCTE DAMOISELLE DE MAIZIERES QUE DE CELLE DUDICT SIEUR COQUILLE ET DE CELLE DE LEURS ENFANS APRES LEUR DECEDS. — PRIEZ DIEU POUR LEURS AMES.

Sur une tablette de marbre fixée en avant corps sur le soubassement, on lisait cette inscription :

1725. — Non diu, sed bene. — Sat diu quæ bene :
Sta, viator, et mirere   pulvis est quæ natura sua in immensum dissociata

Monument funéraire de Marie de Mézières [1].

[1] Réduction d'un dessin du ms. fr. 8237 (p. 94). — Il existe un dessin analogue, au trait seule-ment, dans le ms. D.

20.

CŒLUM SOCIAVIT, DUM PRIMO ÆTATIS FLORE, INDOLI FACILLIME AC MUNDI ILLECEBRIS
CHARISMATA MELIORA ADJUNXIT. VALE, PRECARE.

ARMES. *COQUILLE : D'or au chevron de . . . accompagné en chef de deux coquilles de sable et
en pointe d'un coq de . . .*

—— *MÉZIÈRES : D'azur au chevron d'or accompagné en pointe d'un épi de blé du même.*

Bibl. nat., ms. fr. 8237, p. 94; — Ms. F³, p. 181.

Monument funéraire de Henri Reding [1].

[1] Réduction d'un dessin en noir et en couleurs des Tombeaux de Gaignières (original manuscrit).
fol. 100.

HENRI REDING.

Son monument, en marbre blanc et noir, avec ornements en bronze doré, se composait d'une table carrée avec un encadrement d'ordre corinthien accompagné de volutes à palmettes formant ailerons, et surmontée d'un fronton brisé encadrant un cartouche décoré d'un écusson timbré d'un heaume à lambrequins et entouré du collier de l'ordre de Saint-Michel. entre deux vases fumants. Le soubassement était formé d'une sorte de vasque à godrons, soutenue par une table de marbre cintrée dans le bas et ornée de faisceaux de drapeaux et d'attributs guerriers.

Il portait l'inscription suivante :

1726. — STA VIATOR. ‖ HIC SITUS EST HENRICUS RADING, E REPUBLICA ‖ SUITENSI HELVETIORUM ORTUS, FILIUS RODOLPHI, QUI ‖ REGII ORDINIS EQUES, CUM IN CRUENTIS PRÆLIIS, ‖ DRUSIO, MONCONTOUR ET COMPLURIBUS ALIIS FACTIS HEROICIS ‖ COLONEL- LUS, CAROLO IX°, HENRICO III° ET IIII° REGIBUS, PRO ‖ AVORUM MORE SERVIENS, FOR- TITER EGISSET, ‖ PRO PATRIÆ CONSULIS SUI GENERIS QUINTIDECIMI, SUMMIQUE ‖ SIGNIFERI MUNERIBUS DIGNISSIME FUNCTUS ESSET ‖ AC MULTOTIES APUD REGES GALLORUM PRO REPUBLICA ‖ ORATOR EXTITISSET, IN PATRIIS LARIBUS SEPTUAGENARIUS NATURÆ ‖ DECRE- TUM SUBIIT. HUJUS ISTE VESTIGIA PLENE SECUTUS ‖ PRO PATRIA, IISDEM DIGNITATIBUS A REGE MUNERIBUS, ‖ A REPUBLICA DECORATUS, ORATORISQUE OFFICIO APUD ‖ LUDOVICUM JUSTUM JAM TERTIO PERDIGNE FUNGENS, LXXIIII ÆTATIS ANNO PARISIIS FATA COM- PLEVIT, DIE ‖ XIX DECEMBRIS, M DC XXXIII.

PATERNIS MANIBUS ‖ WOLFANGUS THEODORICUS RADING, DUCENTIS HELVETIIS ‖ RE- GIARUM EXCUBIARUM PRÆFECTUS, ET HENRICUS, EJUS ‖ VICEM GERENS, FILII, HOC ÆTERNÆ MEMORIÆ MONU ‖ MENTUM MŒSTISSIMI POSUERUNT.

ARMES. *Écartelé : aux 1 et 4, d'azur à la fleur de lis d'or; aux 2 et 3, d'argent au créquier de sinople de cinq feuilles; sur le tout un écu de gueules à une R d'argent.*

Tombeaux de Gaignières (original manuscrit), fol. 100; — Mss A², p. 366; — B⁴. p. 239.

Inscription contre le pilier 39 :

GILLES MARCHAND.

Épitaphe gravée sur une table carrée de marbre blanc sans aucun ornement :

1727. — CY GIST HONNORABLE HOMME GILLES MARCHAND, ADMINISTRATEUR DES HOSPITAUX DE PARIS, COMMISSAIRE DES PAUVRES ET ANCIEN MARGUILLIER DE CESTE PARROISSE, DECEDÉ LE XVI AVRIL M DC XICX.

LEQUEL A FONDÉ EN CESTE EGLISE DEUX MESSES PAR CHACUN MOIS POUR LE REPOS DE SON AME, PAR SON TESTAMENT RECEU PAR GAILLARDYE ET SON CONFRERE, NO- TAIRES A PARIS, LE XXIV FEVRIER M DC XCIX.

DAME MARGUERITE GRAISSEAU, SON ESPOUSE, A AUGMENTÉ CESTE FONDATION D'UNE MESSE BASSE DE *REQUIEM,* TOUS LES LUNDIS DE CHACUNE SEMAINE, A HUIT HEURES DU MATIN, EN L'UNE DES SIX CHAPELLES DE LA CROISÉE DE CESTE EGLISE, LE TOUT A PERPETUITÉ, AINSY QU'IL EST EXPLIQUÉ PAR LE CONTRACT DE LADITE FONDATION, PASSÉ PAR DEVANT SAINFROY ET SON CONFRERE, NOTAIRES, LE XVI SEP- TEMBRE M DC XCIX. — PRIEZ DIEU POUR SON AME.

Bibl. nat., ms. fr. 8237, p. 129.

Monument funéraire de René Poirier et Jeanne Poilloue [1].

[1] Réduction d'un dessin en noir et en couleurs du ms. fr. 8237 (p. 66).

Monuments funéraires et inscriptions fixées au pilier 18 :

RENÉ POIRIER ✚ JEANNE POILLOUE.

Leur monument funéraire, de marbre blanc et noir, adapté au contour du pilier se composait d'une grande table encadrée de moulures et de pilastres corinthiens qui soutenaient deux frontons brisés, superposés, et dont l'un encadrait un cartouche avec écusson et l'autre une urne. Le soubassement était formé par une large corniche en forme de tore posée sur une table rectangulaire dont le milieu de la base était découpé en forme de cintre et que décorait un cartouche portant une tête de femme ailée.

Sur une table de marbre en forme de draperie dont l'extrémité pendait entre deux têtes de mort, on lisait cette épitaphe :

1728. — Cy devant ‖ gist le corps d'honnorable | homme René Poirier, vivant‖ marchand pottier d'estain, ‖ bourgeois de Paris, qui de‖ceda le... jour de... m vi^c...

Et le corps de deffuncte ‖ vertueuse et charitable ‖ femme Jeanne Poillou,‖ jadis femme dudict René Poi‖rier, laquelle deceda le xxii juin mil vi^c. ‖ — Priez Dieu pour leurs ames.

Armes. Poirier : De... au poirier arraché de... accompagné en chef d'un soleil au-dessus d'une nuée, et en pointe d'un croissant de...

Mss A², p. 367; — B⁴, p. 253; — Bibl. nat., ms. fr. 8237, p. 66.

GUILLAUME MOROT.

Inscription gravée sur une longue table rectangulaire de marbre noir, encadrée d'une large bordure à compartiments en marbre blanc et noir, et accompagnée dans le haut et le bas d'un cartouche avec écussons entourés de branches de laurier.

1729. — Cy devant ce pillier gist le corps de feu noble homme Guillaume‖ Morot, vivant conseiller du Roy et controlleur general de ses finances a Paris ‖ et tresorier de la gendarmerie de France, qui trespassa le lundy ixe jour ‖ de juillet mil vi^c sept.

A la memoire duquel et de feuz nobles hommes ‖ Martin et le Beaumont, ses freres, leurs pere et mere, parens et amis ‖ trespassez, messieurs les

MARGUILLIERS DE L'EGLISE MONSIEUR SAINCT EUSTACHE A PA‖RIS, PRESENS ET AD-
VENIR, SONT TENUZ FAIRE DIRE ET CELEBRER A PERPETUITÉ, TOUS LES ‖ LUNDIS DE
CHASCUNE SEPMAINE DE L'ANNÉE EN LADICTE EGLISE, EN LA CHAPPELLE DES ‖ TROIS
ROYS, HEURE DE SEPT A HUICT HEURES DU MATIN, UNE MESSE BASSE DES ‖ TRESPAS-
SEZ, ET POUR CE FOURNIR AU PREBSTRE QUI CELLEBRERA ICELLE DE LUMI‖NAIRE BLANC,
LIVRE, CHASUBLE ET AUTRES ORNEMENS DES TRESPASSEZ; A LA FIN ‖ DE LAQUELLE IL
SE ‖ TRANSPORTERA SUR LA TUMBE DUDICT DEFFUNCT GUILLAUME MOROT, ‖ OU IL
DIRA *DE PROFUNDIS* ET LES ORAISONS *INCLINA, DEUS, VENIÆ LARGITOR,* ‖ *DEUS QUI
NOS PATREM* ET *SECUNDUM* ET ASPERGERA EAU BENISTE. COMME AUSSY ‖ SONT TENUZ
LESDICTS MARGUILLIERS FAIRE CHANTER ET CELEBRER A PERPETUITÉ ‖ AU CHŒUR DE
LADICTE EGLISE, LE IXE JOUR DE JUILLET ET XXVE JOUR DE SEP‖TEMBRE DE CHASCUNE
ANNÉE DEUX *OBIITS* SOLEMPNELS, A CHASCUN DESQUELS SERA ‖ DICT *VIGILLES, LAUDES,
RECOMMANDACES* ET TROIS HAULTES MESSES A DIACRE ET ‖ SOUBZ DIACRE, ET AVANT
QUE COMMENCER LA DERNIERE SERA CHANTÉ PAR LEDICT PREBSTRE ‖ *VEXILLA REGIS*
ET PENDANT ICELLE LE TRAICT DE *SICUT CERVUS* ET LA PROSE DES ‖ TRESPASSEZ, ET,
A LA FIN, *LIBERA, DE PROFUNDIS, SALVE REGINA* ET ORAISONS ‖ ACCOUTUMÉES, LES-
QUELS *OBIITS* SERONT SONNEZ LA VEILLE ET LE JOUR DE LA GROSSE ‖ SONNERIE DE
LADICTE EGLISE, ET POUR ICEULX FOURNIRONT LES ORNEMENS DES TRES‖PASSEZ LES PLUS
BEAUX ET ENCORE DU LUMINAIRE NEUF, DE CÎRE BLANCHE, ET ‖ D'UNE HERSE ET
SEPT CIERGES DONT DEUX POUR METTRE SUR L'AUTEL ET IIII AUTOUR ‖ DE CHASCUNE
REPRESENTATION ET UN AULTRE POUR L'OFFRANDE, PAIN ET VIN POUR ‖ ICELLE, V SOLS
TOUT EN DOUBLES ET IIII ONCES DE CHANDELLES POUR LES FEMMES ‖ ET XII
PAUVRES HONTEULX QUI ASSISTERONT A CHASCUN DESDICTS *OBIITS;* A CHASCUN ‖ DES
QUELS PAUVRES SERA FAICT DISTRIBUTION PAR LESDICTS SIEURS XII DENIERS TOUR-
NOIS; ‖ ET AUXQUELS *OBIITS* ASSISTERONT MONSIEUR LE CURÉ, MESSIEURS SES DEUX
VICAIRES, SIX ‖ CHAPPELLAINS, DEUX CLERCS DU CHŒUR, DEUX CLERCS DE L'ŒUVRE,
AUXQUELS ‖ ASSISTANS SERA DISTRIBUÉ ASSAVOIR : AUDICT SIEUR CURÉ POUR LES
PREBSTRES QUI ‖ CELEBRERONT LES TROIS MESSES LXX SOLS TOURNOIS ET ENCORE POUR
SON ASSIS‖TANCE XXV SOLS TOURNOIS ET QUATRE PAINS BLANCS DE DOUZE ONCES
PIECES, AUXDICTS ‖ SIEURS VICAIRES, SIX CHAPPELLAINS, CLERC DU CHŒUR ET DE
L'ŒUVRE, DIACRE ET ‖ SOUBZ DIACRE A CHASCUN V SOLS TOURNOIS ET DEUX PAINS
DE PAREILLE BLANCHEUR ET ‖ POIDS, ET A CHASCUN DESDICTS SIEURS MARGUILLIERS
QUATRE PAINS PAREILS QUE DESSUS, ‖ A LA CHARGE QUE TOUS LES DESSUSDICTS SE-
RONT TENUS ASSISTER AUXDICTS ‖ *OBIITS* POUR AVOIR LADICTE DISTRIBUTION, ET AU
DEFFAULT LES DENIERS ET PAINS ‖ DE CEULX QUI N'Y AURONT ASSISTÉ SERONT DON-
NEZ AUX PAUVRES, LE TOUT ‖ MOYENNANT CERTAINE SOMME DE DENIERS QUI ONT
ESTÉ MIS ES MAINS ‖ DESDICTS SIEURS MARGUILLIERS PAR LES HERITIERS DESDICTS
DEFFUNCTS, AINSY QU'IL EST ‖ PLUS AU LONG CONTENU ET DECLAIRÉ ES LETTRES DE
FONDATION DE CE FAICTES ‖ ET PASSÉES PAR DEVANT CADIER ET DOUJAT, NOTTAIRES
AU CHASTELLET DE PARIS, LE ‖ SABMEDY XIX JOUR DE JUILLET MVI^C HUICT. ‖ PRIEZ
DIEU POUR LES TRESPASSEZ.

ARMES. De. . . au chevron de. . . accompagné de trois têtes de maure de sable, tortillées de. . .

Bibl. nat., ms. fr. 8237, p. 29 (reproduction figurée).

Inscriptions contre le pilier 40 :

GUY TRUCHOT ✛ MARIE NOTAIRE.

Leur épitaphe était gravée sur une table carrée de marbre noir sans ornements :

1730. — JESUS. MARIA. ‖ SOUBZ CES DEGRÉS REPOSE LE CORPS DE FEUE DAME ‖ MARIE NOTAIRE, VIVANTE ESPOUSE DE MAISTRE GUY ‖ TRUCHOT, ESCUYER, CONSEILLER SECRETAIRE DU ROY, ‖ MAISON, COURONNE DE FRANCE ET DE SES ‖ FINANCES, QUI DECEDDA LE 13ᵉ NOVEMBRE ‖ 1675, ET LEDIT SIEUR TRUCHOT, SON MARY, ‖ CONSEILLER SECRETAIRE DU ROY, DECEDÉ ‖ LE 22ᵉ JOUR DE JUILLET 1688. ‖ PRIEZ DIEU POUR LE ‖ REPOS DE LEURS AMES.

Au-dessous, une table rectangulaire de marbre noir encadrée d'une plate-bande de marbre blanc, surmontée d'une frise à godron, et décorée de penditifs sur les côtés et de rinceaux de feuillages dans le bas, portait cette inscription :

1731. — PAR CONTRACT DU 14 AOUST 1673, PAR DEVANT ‖ MOUFLE ET DE BEAUVAIS, NOTAIRES, FAIT AVEC ‖ MESSIEURS LES MARGUILLIERS DE CETTE EGLISE, LEDIT SIEUR ‖ TRUCHOT, A FONDÉ UNE HAULTE MESSE DE *RE‖QUIEM,* LE 1ᴱᴿ AVRIL DE CHACUNE AN‖NÉE ET ‖ UN *DE PROFUNDIS* AVEC ASPERSION D'EAU ‖ BENISTE SUR LA TUMBE ET SEPULTURE DE ‖ LADITE DEFFUNCTE, TOUS LES DIMANCHES, A PER‖PETUITÉ, PAR LE SIEUR DIACRE D'OFFICE AVANT ‖ LA CELEBRATION DE LA PREMIERE GRANDE ‖ MESSE, MOYENNANT LES RETRIBUTIONS MEN‖TIONNÉES AUDIT CONTRAT.

Bibl. nat., ms. fr. 8237, fol 114 (reproduction figurée).

Monuments funéraires et inscriptions fixés au pilier 19 :

CHARLES BOUCHER ✛ MARIE DE GUIGNIER.
LOUIS PAUL BOUCHER.

Épitaphe gravée sur une table rectangulaire de marbre blanc, enchâssée dans un large cadre à moulures surmonté d'un petit fronton portant un cartouche armorié avec une croix entre deux cassolettes pour amortissement, et dans le bas une tête de mort ailée accompagnée de draperies; le tout en bronze doré :

1732. — CY GISENT HONNORABLE HOMME CHAR‖LES BOUCHER, MARCHAND DRAPPIER ‖, BOURGEOIS DE PARIS, QUI DECEDA LE ON‖ZIESME JUIN 1688, AGÉ DE 68 ANS;

Marie de Guignier, son espouze, ‖ natifve de la ville de Beauvais, qui ‖ deceda le jeudy saint, 4 d'avril ‖ 1697;

Et Louis Paul Boucher, leur ‖ fils, aussy marchand drappier, qui ‖ deceda le ..... ‖ Requiescant in pace.

Épitaphe de Charles Boucher, Marie de Guignier et Louis-Paul Boucher (1).

Armes. *Écartelé : aux 1 et 4, de. . . à la croix de Jérusalem de. . .; aux 2 et 3, de. . . à l'écu en abime chargé d'une feuille de houx de. . .*

Texte d'après le dessin ci-dessus.

(1) Réduction d'un dessin en noir et en couleur du ms. fr. 8237 (P. 125).

FRANÇOIS DE LISLE ✚ CLAUDE NOURY.

Inscription gravée sur une table de pierre, incrustée de marbre noir, surmontée d'un cartouche armorié entre deux consoles, et décorée à la partie inférieure d'une tête de mort entre deux ailes.

1733. — MESSIEURS LES MARGUILLIERS PRESENS ET AVENIR DE L'ŒUVRE ET PARROISSE ‖ DE L'EGLISE DE SAINT EUSTACHE A PARIS SONT TENUS ET OBLIGÉS DE FAIRE DIRE, CHANTER ‖ ET CELEBRER A PERPETUITÉ, PAR CHACUN AN, LE XXVE JOUR DE MAY, AU CHŒUR DE ‖ LADITE EGLISE, UN *OBIIT* SOLEMNEL ET TROIS HAUTES MESSES A DIACRE ET SOUBS DIA‖CRE, LA DERNIERE DE *REQUIEM,* OU ASSISTERONT DOUZE PAUVRES, LA VEILLE *VIGILES* A ‖ NEUF LEÇONS, FAIRE PARER L'AUTEL DE BEAUX PAREMENS ET POELE SUR LA REPRESEN‖TATION, FOURNIR L'ARGENTERIE, LUMINAIRE, PAIN, VIN ET OFFRANDE, GROSSE ‖ SONNERIE ET DISTRIBUTION AUXDITS PAUVRES ET AUTRES CHOSES, AINSY QU'IL EST ‖ PORTÉ PAR LE CONTRACT PASSÉ PAR DEVANT LE VASSEUR ET LE SEMELIER, NOTAIRES, ‖ LE XXI FEVRIER M DC LXXI, ENTRE LESDICTS SIEURS MARGUILLIERS ET LE SIEUR PIERRE CROU‖ZET, MARCHAND BOURGEOIS DE PARIS, COMME EXECUTEUR DU TESTAMENT ET ‖ CODICILLE DE DEFUNTE CLAUDE NOURY, VEUVE DE DEFUNT FRAN‖ÇOIS DE LISLE, LAQUELLE A FONDÉ LEDICT *OBIIT* POUR LE REPOS DE SON AME, CELLE DUDIT DE LISLE, SON MARI, ET DE LEURS ENFANS. ‖ – PRIEZ DIEU POUR EULX.

ARMES. *De... au rosier à trois tiges de... mouvant d'un... accompagné en chef de deux étoiles.*

Bibl. nat., ms. 8237, p. 110 (reproduction figurée); — Bibliothèque de l'Arsenal, ms. 4622, fol. 150.

Inscriptions fixées au pilier 20 :

JEAN DELESTRE ✚ MICHELLE LE GLANNEUR.

Sur une table de pierre rectangulaire bordée d'un filet, entre la représentation du défunt avec son fils et de sa femme avec sa fille, agenouillés au pied de la croix, et un cartouche avec tête de mort sur des ossements en sautoir accompagné de deux écussons, était gravée l'inscription suivante :

1734. — LES MARGUILLIERS PRESENT ET ADVENIR DE L'ŒUVRE ET FABRIQUE DE ‖ L'EGLISE MONSIEUR SAINT EUSTACHE SONT TENEUS DE FAIRE DIRE CHANTER ET CELEBRER ‖ PERPETUELLEMENT, A L'INTENTION DE HONORABLE HOMME JEHAN DE LESTRE,‖ VIVANT MAISTRE BRODEUR ET CHASUBLIER, BOURGEOIS DE PARIS, JURÉ PESEUR ‖ CONTEUR DE LA MARCHANDISE DE FOIN DE LA VILLE DE PARIS ET BAN‖LIEUX, ET DE

MICHELLE LE GLANNEUR, JADIS SA FEMME, LAQUELLE DECEDA ‖ LE XXIXE JOUR DE SEPTEMBRE 1607, ET LEDICT DE LESTRE LE X^E JOUR ‖ DE NOVEMBRE MIL VI^{C}IX, AU CŒUR DE LADICTE EGLISE, PAR CHACUN AN, OU ‖ JOUR DE LA SAINTE NATIVITÉ DE NOTRE SEIGNEUR, A L'ISSUE DE VESPRES, UNG SALLUT AUQUEL SE DIRON LES VES-PRES DU JOUR, ET, EN FIN DUDICT SAL‖LUT, SERA CHANTÉ PAR LESDICTS GENS D'EGLISE ASSITENS AUDICT SAL‖LUT ET EN ALLEN SUR LA SEPULTURE DUDICT DE LESTRE ET LEGLANNEUR *INVIOLATA, INTEGRA,* LES ORGUE QUI JOURON COMME A *MANIFICAT,* ‖ ET SUR LADICTE SEPULTURE, SELON ET AU CAS SUSDICT SERA DICT CHANTÉ ‖ LE RESPON DE VESPRES PAR DEUX DES SIX CHAPPELAIN ET LES ‖ DEUX CEERT REVETEU DE CHAPPE ET AVEC LES ORGUE JOUANT SERA ‖ INSY FAICT L'OFICE PAR MONSIEUR LE CURÉ DE LADICTE EGLISE OU PAP L'UNG ‖ DE MESSIEUBS LES DEUX VI-CAIRES, SIX CHAPPELAIN, DIACRE, DEUX ‖ SOUBS DIACRES, LES DEUX CLERS DE L'ŒUVRE, LES QUATRE EN‖FANS DE CHŒUR ET LES QUATRE VERGE, ET, AN ALLENT SUR LADICTE SE‖PULTURE SERA PORTÉ LA CROIX PAR UN PREBSTBE REVESTU DE ‖ SON SURPLIS, A COSTÉ DUQUEL SERON DEUX ENFANTS DE CŒUR ‖ PORTANT DEUX CHAN-DELIERS D'ARGENT, LA IL LUY AURA DEUX ‖ SIERGE BLAN ARDAN, ET LES DEUX AUL-TRE CLERCS PORTERONT LES ‖ DEUX TORCHE BLANCHE NEUF ALLUMÉE; LEQUEL SIEUR CURÉ OU CE‖LUY QUI FERA L'OFFICE AVEC LES DEUX CLERCS SERONT REVESTU DE ‖ BELLE CHAPPE QUI AURONT SERVIR LEDICT JOUR A VESPRE ET LEDICT SIEUR ‖ CURÉ OU CELUY QUI FERA LA PREDICATION SERA TENEUS AD‖VERTIR LE PEUPLE SE TROU-VER AUDICT SALLEUT, *PATER NOSTER ET AVE MARIA,* POUR L'AME DES SUSDITCTS FONDATEURS ET AINSY A TOUS LES ‖ DESSUSDICTS SERA FAIT DISTRIBUTION TANT D'ARGENT QUE DE BOUGIE AINSI ‖ QU'A ESTÉ ACCORDÉ, LE TOUT MOYENNANT CER-TAINE RENTE QUE MESSIEURS LES ‖ MARGUILLIERS ONT RECEU, COMME IL APPERT PAR LE CONTRACT PASSÉ PAR DEVANT ‖ DOUJAT ET LE CAMUS, NOTAIRES. — PRIEZ POUR EULX.

ARMES. DELESTRE : *De . . . à l'aigle de . . . prenant son vol sur un rocher; au soleil de . . .* *au canton dextre.*

LE GLANNEUR : *De . . . à trois gerbes de blé, liées de. . .*

Texte d'après l'inscription originale; — Mss A², p. 364; — B¹, p. 228; — Bibl. nat., ms. fr. 8237, p. 31 (reproduction figurée); — Guilhermy, t. I, p. 186.

Guilhermy accompagne ce texte de l'observation suivante :

«Les incorrections abondent dans l'inscription du chasublier Jean Delestre; nous n'avons eu garde de les réformer. Il est bon de voir en quel style et en quelle orthographe étaient rédigées les épitaphes des bourgeois commerçants de Paris, au commencement du xviie siècle.»

Il convient d'ajouter toutefois que ce document est d'un genre assez exception-nel; on trouve assez rarement des textes gravés par un tombier aussi négligent et aussi ignare.

Monuments funéraires et inscriptions fixés au pilier 42 :

SIMON PERROTTE.

Sur une table de pierre, au-dessous de la représentation du défunt, en surplis, et de son patron, saint Simon, tous deux à genoux aux pieds de la croix :

1735. — LES MARGUILLIERS DE LA FABRICQUE DE CESTE PRESENTE EGLISE SAINCT-EUSTACHE A PARIS, PRESENS ET ADVENIR, SONT TENUS FAIRE DIRE, CHANTER ET CELEBRER PENDANT CHASCUN AN, A PERPETUITÉ, A L'INTENTION DE VENERABLE ET DISCRETTE PERSONNE MAISTRE SIMON PERROTTE, PRESTRE, CLERC DE L'ŒUVRE DE LA-'DICTE EGLISE, ET POUR LE REMEDE DE SON AME, SES PARENS ET AMIS TRESPASSEZ ET BIENSFAICTEURS, AU CHŒUR DE LADICTE EGLISE, DEUX *OBIITS*, L'UN A TEL JOUR, VEILLE OU LENDEMAIN QUE LEDICT PERROTTE DECEDERA, ET L'AUTRE *OBIIT* LA VEILLE OU LE LENDEMAIN DU JOUR SAINT SIMON SAINT JUDE, A CHASCUN DESQUELS *OBIITS* SERA CHANTÉ *VIGILLES, LAUDES, RECOMMANDACES,* UNE HAULTE MESSE DES TRESPASSEZ A DIACRE ET SOUBS DIACRE, LA PROSE ET LE TRAICT DE *SICUT [SERVUM] CERVUS,* ET AN LA FIN, SUR LA FOSSE ET SEPULTURE DUDICT PERROTTE, LES RESPONS *LIBERA* ET *SALVE REGINA;* A CHACUN DESQUELS *OBIITS* ASSISTERONT MONSIEUR LE CURÉ, MES-SIEURS SES DEUX VICAIRES, LES SIX CLERCS, DIACRE ET SOUBS DIACRE ET UN CLERC DU CHŒUR ET DEUX CLERCS DE L'ŒUVRE ET DOUZE PAUVRES HONTEUX, AUXQUELS ASSISTANS SERA DISTRIBUÉ PAR LESDICTS SIEURS MARGUILLIERS CE QU'IL S'ENSUIT, ASSAVOIR : AUDICT SIEUR CURÉ, POUR LE SERVICE DES PRESTRES QUI CELEBRERONT LA-DICTE MESSE, A CHASCUN *OBIIT* XX SOLS TOURNOIS, ET ENCORE AUDICT CURÉ, POUR SON ASSISTANCE, VIII SOLS TOURNOIS, POURVEU QU'IL Y ASSISTE EN PERSONNE ET NON QUEL[QUE AUTRE] POUR LUY; A CHASCUN DESDICTS SIEURS DEUX VICAIRES, SIX CHA-PELAINS, DIACRE, SOUBS DIACRE, DEUX CLERCS DU CHŒUR ET DEUX CLERCS DE L'ŒUVRE QUATRE SOLS TOURNOIS, A LA MANIERE QUI ENSUIT, ASSAVOIR : AU *PECCATUM,* SIXIESME RESPONS DES *VIGILES* 4 DENIERS, ET A LA FIN DE LA *RECOMMANDACE* XII DENIERS; A L'EPISTRE XII DENIERS, AU *LIBERA* QUI SERA DICT A LA FIN DE LADICTE MESSE XII DENIERS, ET A CHACUN DESDITS DOUZE PAUVRES HONTEUX DOUZE DENIERS ET UNE CHANDELLE DE CIRE JAULNE POUR PAR EUX OFFRIR A L'OFFRANDE; ET AVEC CE SERONT TENUS LESDITS SIEURS MARGUILLIERS FAIRE LA DISTRIBUTION EN PAIN QUI ENSUIT, ASSAVOIR : AUDICT SIEUR CURÉ ET A CHACUN DESDICTS MARGUILLIERS QUATRE PAINS, ET AUX DEUX VICAIRES, SIX CHAPELAINS, DIACRE ET SOUBS DIACRE, DEUX CLERCS DU CHŒUR ET DEUX CLERCS DE L'ŒUVRE DEUX PAINS BLANCS PESANT CHACUN DOUZE ONCES, SANS LES DIMINUER, NONOBSTANT MUTATION DE PRIX DE BLED, ET NE SERONT LESDICTES DISTRIBUTIONS FAICTES SINON A CEUX QUI SERONT PRESENS ET ASSISTANS, POUR QUELQUE EMPESCHEMENT QU'ILS AYENT, SOIT PAR IN-FIRMITÉ OU AUTREMENT, ET CE QUI SERA TROUVÉ DES DEFFAILLANS TANT PAINS QUE ARGENT SERA DISTRIBUÉ POUR DIEU AUX PAUVRES; ET POUR LESQUELS DEUX *OBIITS* SERVIR, CHANTER ET CELEBRER, LESDICTS SIEURS MARGUILLIERS SERONT TENUS FOURNIR ET LIVRER D'ORNEMENS, PAREMENS ET LUMINAIRES, ASSAVOIR : SUR LA [RE]PRESENTA-TION DE LA FOSSE ET SEPULTURE DUDICT PERROTTE LE BEAU POESLE AVEC QUATRE POINTES, LES BEAUX PAREMENS DE L'AUTEL DES TRESPASSEZ, AVEC DEUX CIERGES

SUR LEDICT AUTEL, QUI DEMEURERONT A LADICTE FABRIQUE; LAQUELLE MESSE DE CHAS-
CUN DESDITS *OBIITS* SERA SONNÉE DE LA GROSSE CLOCHE, LE TOUT MOYENNANT
CERTAINE RENTE ET AINSI QU'IL EST CONTENU ES LETTRES DE LA FONDATION, POUR
CE FAICTES PAR DEVANT MARTIN ET CADIER, NOTAIRES AU CHASTELET DE PARIS, LE
XXIV MARS M DC LXXX XI.

1736. — LESDICTS MARGUILLIERS SONT AUSSY TENUZ DE FAIRE DIRE A PERPETUITÉ,
A L'INTENTION DUDICT DEFFUNCT ET DE SES PARENS ET AMYS EN LADICTE EGLISE,
LE JOUR ET FESTE DE L'ASCENSION DE NOSTRE SAULVEUR, JHESUS CHRIST, UNG SALUT,
A L'HEURE DE SEPT HEURES DU SOIR, AUQUEL SERONT DICTES VESPRES DU JOUR ET
AULTRES SUFFRAGES CONTENUZ, SUIVANT ET CONFORMEMENT AU CONTRACT DE FON-
DATION DE CE FAICT; PAREILLEMENT SONT TENUZ ET OBLIGEZ LESDICTS SIEURS MAR-
GUILLIERS AUSSY DE FAIRE DIRE PAR CHASCUN AN, A PERPETUITÉ, EN LADICTE
EGLISE, LE JOUR DU VENDREDY SAINCT, APRES MIDY, UNE PREDICATION PAR UN PRE-
DICATEUR CELLEBRE; A LA FIN DE LAQUELLE SERA CHANTÉ PAR LES PREBSTRES ET
GENS D'EGLISE DU CUEUR, DEVANT LE CRUCIFIX, L'ANTIENNE *VEXILLA REGIS* ET
AULTRES SUFFRAGES, ET POUR CE FAIRE DISTRIBUER LES DENIERS AUX PERSONNES
SELON ET AINSY QU'IL EST PORTÉ ET CONTENU ES LETTRES DE CE FAICTES ET PASSÉES
ENTRE LESDICTS SIEURS MARGUILLIERS ET LES LEGATAIRES DUDICT DEFFUNCT, PAR
DEVANT MAISTRE JEHAN CAMUS ET JEHAN CHAPPELAIN, NOTTAIRES AU CHASTELLET
DE PARIS, LE V^E JOUR DE NOVEMBRE, L'AN MIL V^c IIII^{XX} XVI. — PRIEZ DIEU POUR SON
AME.

Bibl. nat., ms. fr. 8237, p. 17.

ROBERT YON ✠ GILLETTE GERMAIN.

Une table de bronze encadrée d'une plate-bande à compartiments, en marbre
blanc et noir, surmontée d'un fronton cintré avec tête d'ange ailée, et ornée à la
base d'un cartouche avec tête de mort ailée sur des ossements en sautoir, portait
les inscriptions suivantes :

1737. — CY DEVANT REPOSE LE CORPS D'HONNORABLE HOMME ‖ ROBERT YON, VI-
VANT MARCHANT BOURGEOIS DE PARIS, LE‖QUEL A ESTÉ FAICT MARCHANT EN L'ANNÉE
1582 ET MARGUIL‖LIER DE L'ŒUVRE DE CEANS EZ ANNÉES 1591, 1592 ET 1593, ‖ ET DE-
CEDDA LE 6 JANVIER 1596. ET AUSSY REPOSE AU MES‖ME LIEU HONNORABLE FEMME
GILLETTE GERMAIN, FEM‖ME DUDICT YON, LAQUELLE DECEDDA LE.....

LES MARGUILLIERS DE L'ŒUVRE ET FABRIQUE DE L'EGLISE DE SAINCT EUSTACHE PRE-
SENS ET AVENIR SONT TENUZ ET OBLIGEZ DE ‖ FAIRE DIRE, CHANTER ET CELEBRER A
PERPETUITÉ, AU CHŒUR DE ‖ LADICTE EGLISE, DEUX *OBIITS* A L'INTENTION DE HON-
NORABLE ‖ PERSONNE ROBERT YON, VIVANT BOURGEOIS DE PARIS, ET DE ‖ GILLETTE
GERMAIN, SA FEMME; UN DESQUELS *OBIITS* SE DIRA ‖ LE VIIE JANVIER POUR LEDICT

Yon, et l'aultre au jour ou len‖demain du deceds de ladicte Germain, ausquels *obiits* se ‖ diront la veille vespres des morts, *Vigilles* et *Laudes*, et
le lende‖main *Recomandaces*, une haulte messe de *Requiem* avec ‖ la prose
des trespassez, sans oublier *Sicut Jervus*, avant ‖ laquelle messe sera chanté
Vexilla Regis et a la fin de ‖ ladicte messe *Libera*, *De profundis*, et oraisons
sur la sepulture ‖ desdicts Yon et Germain, et *Salve Regina* verset et
oraison ‖ accoutumés; auquel *obiit* assisteront monsieur le curé, messieurs‖
ses deux vicaires, six chapellains, diacre et soubz diacre, ‖ deux clercs du
chœur, deux clercs de l'œuvre, messieurs les mar‖guilliers et douze pauvres
honteux; auxquels assistans ‖ seront faict[e]s les distributions d'argent et de
pain, comme a ceux ‖ de monsieur Simon Perrotte, et le pain et argent des
deffaillans ‖ sera donné aux pauvres et seront advertis ladicte Germain
ou ‖ l'un des enfans du jour que se diront lesdicts *obiits*, ainsy qu'il ‖ a
esté accordé, comme il appert par le contract passé par devant ‖ Chappelain et Doujat, notaires au Chastellet de Paris, le 10 febvrier m d xcvi.

Bibl. nat., ms. fr. 8237, p. 19 (reproduction figurée).

ALPHONSE DE LOPEZ.

Son monument funéraire, d'ordonnance assez bizarre, tout en marbre blanc et
noir, se composait d'un ordre corinthien accompagné de pilastres soutenant un
fronton brisé avec vases fumants qui encadrait un soleil, le tout appliqué contre
une large frise bordée par deux consoles renversées et surmontée d'un fronton
circulaire portant un écusson, avec une urne pour amortissement. A la base, sur
un large cénotaphe était appliqué un cartouche avec tête de mort sur des ossements en sautoir accompagnés de draperies.

Les deux inscriptions suivantes étaient gravées sur une table de marbre qui
occupait le milieu du monument :

1738. — Cy gist le corps de feu messire Alphonse ‖ de Lopez, en son vivant
conseiller du Roy ‖ en ses conseils et maistre ordinaire ‖ de son hostel,
decedé le 21 octobre 1649, agé de 67 ans. ‖ Priez Dieu pour le repos ‖ de son
ame.

Natus Iber, vivit Gallus, ‖ legemque secutus,
Auspice nato Christo, mortuus ‖ astra tenet.

Armes. *De gueules à la grue d'argent.*

Bibl. nat., ms. fr. 8237, p. 85 (reproduction figurée).

Monument funéraire d'Alphonse de Lopez [1].

Tombe plate devant la chapelle des Trois Rois Mages :

GUILLAUME MOROT.

1739. — CY DESSOUBS GIST NOBLE HOMME MAISTRE GUILLAUME MOROT, VIVANT CONSEILLER DU ROY, CONTROLEUR GENERAL DE SES FINANCES, TRESORIER ET PAYEUR DE LA GENDARMERIE DE FRANCE, QUI TRESPASSA LE LUNDY VIIe JOUR DE JUILLET M DC VII. — PRIEZ DIEU POUR LUY.

Mss A², 364; — B⁴, 226.

[1] Réduction d'un dessin du ms. fr. 8237 (p. 85).

Inscriptions fixées au pilier 21 :

GUILLAUME GILLOT ✚ DENISE MARCHAND.
MARIE GILLOT.

Une table de pierre rectangulaire surmontée d'un fronton cintré sur lequel étaient représentés, à genoux au pied de la Croix, d'un côté le défunt, de l'autre sa femme et sa fille, portait l'inscription suivante, encadrée d'un filet :

1740. — LES MARGUILLIERS DE L'ŒUVRE ET FABRICQUE MONSIEUR SAINCT EUS-TACHE A ‖ PARIS PRESENS ET ADVENIR, SONT TENUS FAIRE DIRE, CHANTER ET CELLE-BRER ‖ PERPETUELLEMENT, A TOUSJOURS, POUR LE SALUT D'HONNORABLE HOMME GUIL-‖LAUME GILLOT, MARCHANT FRIPPIER ET BOURGEOIS DE PARIS, ET DENISE ‖ MARCHANT SA FEMME, ET POUR LE REPOS DE L'AME DE MARIE ‖ GILLOT, LEUR FILLE, ET LEURS PARENS ET AMIS TRESPASSEZ, AU CŒUR DE ‖ LADICTE EGLISE, PAR CHASCUN PREMIER VENDREDY DE CHASCUN MOIS DE CHASCUN AN, ‖ APRES LA MESSE DE SIX HEURES DICTE, *VIGILLES* A TROIS LEÇONS ET UNE ‖ HAULTE MESSE DE *REQUIEM,* ET A LA FIN D'ICELLE SE DOIBT DIRE LE *LIBERA, SALVE* ‖ *REGINA* ET ORAISONS ACCOUSTUMÉES SUR LA FOSSE EN LAQUELLE LADICTE DEFFUNCTE ‖ MARIE GILLOT EST INHUMÉE ET OU LESDICTS GILLOT ET SA FEMME ONT ESLEUS LEUR ‖ SEPULTURE, DEVANT LE PREMIER PILLIER DE LA BASSE NEF DE LADICTE EGLISE; SUR ‖ LAQUELLE FOSSE SE DOIBVENT TRANSPORTER A CESTE FIN DE LADICTE MESSE DICTE LES ‖ GENS D'EGLISE QUI Y AU-RONT ASSISTÉ, AVEC LA CROIX, POUR DIRE SUR LADICTE ‖ FOSSE LESDICTS SUFFRAGES, SCAVOIR : MESSIEURS LES DEUX VICAIRES, SIX CHAPPELLAINS, ‖ DIACRE ET SOUBZ DIACRE DEUX CLERCS DU CŒUR ET LE CLERC DE L'ŒUVRE PORTANT ‖ SURPLIS, AUSQUELS ASSIS-TANS LESDICTS SIEURS MARGUILLIERS ET LEURS SUCCESSEURS ‖ FERONT DISTRIBUER PREMIEREMENT POUR LE DROICT DE M. LE CURÉ, A CAUSE ‖ DESDICTS *OBIITS,* POUR CHASCUN D'ICEULX DIX SOLS, DIX SOLS POUR CHASQUE MESSE, ‖ TROIS SOLS POUR L'ASSIS-TANT DE M. LE CURÉ POUR CHASCUN ‖ *OBIIT,* POUR ‖ LES DEUX VICAIRES, SIX CHAPPEL-LAINS, DEUX CLERCS DU CŒUR, LE DIACRE ET SOUBZ ‖ DIACRE ET LE CLERC DE L'ŒUVRE PORTANS SURPLIS, POUR LEUR ASSISTANCE DE ‖ CHASCUN *OBIIT,* CHASCUN DIX HUICT DENIERS, ET SI FOURNIRONT ICEULX SIEURS MAR‖GUILLIERS LES ORNEMENS, LUMI-NAIRE, ET AULTRES CHOSES NECESSAIRES, ET SI, ‖ CESDICTS PREMIERS VENDREDIS DE CHASCUN MOIS DE L'AN, IL Y ESCHET QUELQUE‖FOIS UNE FESTE, SERA SEULEMENT DICTE UNE BASSE MESSE DES TRESPASSEZ, ‖ LE *LIBERA, SALVE REGINA* ET ORAISONS SUS-DICTES SUR LADICTE FOSSE AVEC L'ASSIS‖TANCE ET DISTRIBUTION FAICTES ORDI-NAIRES SUR LADICTE FOSSE, LE TOUT MOYENNANT ‖ CERTAINE SOMME DE DENIERS PAR LESDICTS GILLOT ET SA FEMME BAILLÉE ET FOUR‖NIE COMPTANT A LADICTE FABRICQUE EN ESPÈCES, SELON ET AINSY QUE LE CONTIEN‖NENT LES LETTRES DE LADICTE FON-DATION DE CE FAICTES ET PASSÉES PAR DEVANT ‖ JEHAN LE CAMUS ET PIERRE DOU-JAT, NOTTAIRES AU CHASTELLET DE PARIS, LE DERNIER ‖ JOUR DE JANVIER MIL SIX CENS DEUX. AUGMENTATION DE LA DISTRIBUTION ‖ DE SIX DENIERS PAR LEDICT GUIL-LAUME.

Bibl. nat., ms. fr. 8237, p. 25 (reproduction figurée).

CHARLES DE RONDELET ✚ ÉLISABETH DE PARIS.
CHARLES REBOUL ✚ MADELEINE-VICTOIRE DE RONDELET.
MICHEL SOUFFLOT ✚ CHARLOTTE DE RONDELET.
FRANÇOIS DE BERNETZ ✚ ÉLISABETH DE RONDELET.

Inscription gravée en lettres dorées sur une table rectangulaire de marbre noir, avec deux écussons au-dessus du texte, dont l'un timbré d'un heaume à lambrequins; le tout encadré par trois filets de bronze doré incrustés dans le marbre :

1741. — A LA GLOIRE ‖ DE DIEU ‖ ET DE LA SAINTE VIERGE. ‖ MESSIEURS LES MARGUILLIERS DE CESTE PARROISSE SONT TENUZ DE FAIRE ‖ DIRE ET CELEBRER A PERPETUITÉ, A L'AUTEL DE LA VIERGE, DEUX MESSES BASSES ‖ DE *REQUIEM,* L'UNE LE LUNDY ET L'AUTRE LE VENDREDY DE CHACUNE SEMAINE ‖ DE L'ANNÉE POUR LE REPOS DES AMES DE FEU MESSIRE CHARLES DE RONDELET, ‖ ESCUYER, SEIGNEUR DE RICHEVILLE, CONSEILLER SECRETAIRE DU ROY, MAISON, COURONNE ‖ DE FRANCE ET DE SES FINANCES, DECEDÉ LE 13 FEVRIER DE L'ANNÉE 1677, AGÉ DE ‖ 77 ANS, ET DE DAME ELIZABETH DE PARIS SON EPOUSE, DECEDÉE LE 24 JUILLET ‖ 1663, A L'AAGE DE 63 ANNÉES, ET POUR LAQUELLE FONDATION MESSIEURS DE REBOUL, ‖ SOUFFLOT ET DE BERNETZ ET DAMES MAGDELAINE VICTOIRE, CHARLOTTE ET ‖ ELIZABETH DE RONDELET, LEUR EPOUSES, FILLES DESDICTS DEFFUNCTS, ONT PAYÉ ‖ COMPTANT A L'ŒUVRE LA SOMME DE DEUX MILLE CINQ CENS LIVRES ET SE ‖ SONT RESERVEZ, LEUR VIE DURANT, LA NOMINATION DU PRESTRE POUR ‖ CELEBRER LESDITES MESSES, QUI DOIT ESTRE HABITUÉ DE LADITE PARROISSE, COMME ‖ IL EST PLUS AU LONG EXPLIQUÉ PAR LE CONTRACT DE LADITE FONDATION FAITE ‖ SUIVANT LES PIEUSES INTENTIONS DESDITS DEFFUNTS, PASSÉ LE 23 NOVEM‖BRE 1680, PAR DEVANT MOUFLE ET BEAUVAIS, CONSEILLERS DU ROY, ‖ NOTAIRES AU CHASTELET DE PARIS.

LEDIT MESSIRE CHARLES REBOUL, CHEVALIER, SEIGNEUR DE LA FOREST, ‖ EST DECEDÉ LE... ‖

LADITE DAME MAGDELAINE VICTOIRE DE RONDELET, SON EPOUSE, LE ...

LEDIT MESSIRE MICHEL SOUFFLOT, ECUYER, SEIGNEUR DE MAISON ‖ BLANCHE, CONSEILLER SECRETAIRE DU ROY, MAISON, COURONNE DE FRANCE ‖ ET DE SES FINANCES LE ...

LADITE DAME CHARLOTTE DE RONDELET, SON EPOUSE, LE ...

LEDIT MESSIRE FRANÇOIS DE BERNETZ, CHEVALIER, SEIGNEUR DES ARPENTIS, ‖ LE ... ‖; LADITE DAME ELIZABETH DE RONDELET, SON EPOUSE, DECEDÉE LE 24ᵉ ‖ MARS 1680, AGÉE DE 32 ANS.

PARENTIBUS AMANTISSIMIS ET AVORUM SUORUM VIRTUTUM NON ‖ MINUS QUAM NOBILITATIS HÆREDIBUS DIGNISSIMIS, HOC SUÆ PIETATIS ‖ ET MEMORIÆ MONUMENTUM, LIBERI MŒRENTES POSUERE. ‖ PRECARE VIATOR.

ARMES. *De ... au chevron de ... accompagné de deux croissants de... en chef, et d'un besant de ... en pointe.*

Bibl. nat., ms. fr. 8237, p. 119 (reproduction figurée).

Inscriptions fixées au pilier 43, contre l'autel de Saint-Roch :

PIERRE HUON ✠ CATHERINE DESCHAMPS.

Inscription gravée sur une table de marbre noir avec plate-bande à compartiments, surmontée d'un fronton brisé encadrant une urne avec le monogramme du Christ entre des branches de laurier, et ornée à la base d'une tête d'ange ailée :

1742. — LES MARGUILLIERS PRESENS ET ADVENIR DE L'ŒUVRE ‖ ET FABRIQUE DE MONSIEUR SAINCT EUSTACHE A PARIS SONT ‖ TENUZ FAIRE DIRE, CHANTER ET CELEBRER A PERPETUITÉ UNE ‖ MESSE BASSE TOUS LES PREMIERS MARDIS DE CHACUN‖ MOIS, SUR L'AUTEL DE SAINCT ROCH, A HUICT HEURES DU ‖ MATIN ET UNG SALUT LE JOUR ET FESTE DUDICT SAINT ROCH, ‖ OU SERONT DICT LES SUFFRAGES ET FAICT LES DISTRIBUTIONS, ‖ ET CE A L'INTENTION ET POUR LE REPOS DES AMES DE ‖ HONNORABLES PERSONNES PIERRE HUON, MARCHAND ‖ FRIPPIER, ET CATHERINE DESCHAMPS, SA FEMME, ‖ CY DEVANT INHUMÉS ET DE LEURS PARENS ET AMYS ‖ TRESPASSEZ, MOYENNANT CERTAINE SOMME QUE LEDICT ‖ HUON A DONNÉ À LADICTE FABRIQUE, AINSY QU'IL EST ‖ PORTÉ AU CONTRACT DE FONDATION PASSÉ PAR DEVANT ‖ CUVILLIER ET LE CAMUS, NOTAIRES AU CHASTELLET DE ‖ PARIS, LE 14ᵉ DE NOVEMBRE 1625. ‖ A LA SUSDICTE MESSE ASSISTERONT DOUZE PAUVRES ‖ AYANT UNE BOUGIE A LA MAIN, A CHACUN DESQUELS ‖ SERA DISTRIBUÉ UNG SOL TOURNOIS ET UN PAIN DE 12 ‖ DENIERS ET DEUX DENIERS POUR ALLER A L'OFFRANDE. LEDICT HUON, BOURGEOIS DE PARIS, DECEDA LE...

LES MAISTRES ET CONFRAIRIE DUDICT SAINT ROCH SE‖RONT TENUZ DE PARER LA CHAPPELLE ET ALLUMER LES ‖ CIERGES PENDANT LE SUSDICT SALUT. ‖ PRIEZ DIEU POUR EULX.

Bibl. nat., ms. fr. 8237, p. 51 (reproduction figurée).

GABRIEL CARTIER ✠ JEANNE BAYARD.

Sur une table de marbre noir, cintrée dans le haut, était gravée, au-dessous d'un écusson accompagné de branches de laurier, l'épitaphe suivante entourée d'un filet :

1743. — A L'HONNEUR DE DIEU ET A LA MEMOIRE ‖ DE MAISTRE GABRIEL CARTIER, DOYEN ‖ DES PROCUREURS DU CHASTELET DE PARIS, ‖ QUI DECEDA LE PREMIER JOUR DE SEPTEM‖BRE MIL SIX CENS QUARANTE QUATRE, ‖ AAGÉ DE QUATRE VINGTZ ANS;

ET JEHANNE BAYART, SA FEMME ‖ EN DERNIERES NOPCES, QUI DECEDDA LE ‖ III JOUR DE FEBVRIER 1651, AAGEE ‖ DE LXII ANS. ‖ PRIEZ DIEU POUR LEURS AMES.

ARMES. De... à trois triangles de...

Bibl. nat., ms. fr. 8237, p. 78 (reproduction figurée).

LOUIS DE BARRY ✚ ANNE DE CORBIE.

Épitaphe gravée sur une table de marbre décorée comme la précédente, mais avec l'écusson du haut timbré d'un heaume à lambrequins :

1744. — I. H. S. M. I. H. P. ‖ Cy devant repose le corps de noble homme ‖ maistre Louis de Barry, vivant conseiller du ‖ Roy, commissaire enquesteur et examinateur ‖ au Chastelet de Paris, doyen de sa compagnie, ‖ lequel apres avoir servi le Roy et le public ‖ dans sa charge l'espace de 45 années, a ‖ rendu son ame a Dieu, le 8 novembre ‖ 1678, agé de 77 ans.

Repose aussi le corps de demoiselle Anne ‖ de Corbie, sa femme, laquelle deceda ‖ le 24 septembre 1649, agée de 37 ans. ‖ Priez Dieu pour leurs ames.

ARMES. *De... au chevron de ... accompagné en chef de deux étoiles de ... et en pointe d'un corbeau de...*

Bibl. nat., ms. fr. 8237. p. 116 (reproduction figurée).

COLLATÉRAL DE LA NEF. — CÔTÉ DROIT.

Dans la croisée, inscriptions fixées contre le mur de la chapelle de Sainte-Reine :

FAMILLE DE BESSON.

Épitaphe gravée sur une table de pierre carrée, bordée de marbre blanc, figurant un drapeau blanc, décorée dans le haut d'un écusson timbré d'un heaume à lambrequins et entouré du collier de l'ordre de Saint-Michel, accosté de deux autres écussons, et dans le bas d'une toque entre deux fers de hallebarde :

1745. — Cy devant la chappelle Sainct Leonard, est la ‖ sepulture de messieurs de Besson, escuyers, che‖valiers, capitaines anciens des premiers et ‖ haults officiers de la compagnie des ‖ cent gardes suisses de la garde ordinaire du ‖ Roy.

Geboren zù Steffis in der gelopt Eydg‖noschaft Orth und Statt Freyburg her‖kommen, edeln Rittern und Bür‖geren daselbsten.

A la memoire desquels François de ‖ Besson, escuyer, chevalier de l'Ordre

DU ROY, ‖ CAPITAINE ENSEIGNE DES CENT SUISSES ‖ A FAICT APPOSER LE PRESENT EPITAPHE, LE XII JUIL‖LET 1661. ‖ PRIEZ DIEU POUR EUX.

Épitaphe de François de Besson et de sa famille.

ARMES. *De . . . à la bande d'azur chargée d'une fleur de lis d'or et accompagnée de deux lions rampants de . . .*

— *Coupé de . . . et de . . .*

— *De . . . à la rose de . . .*

Ms. C¹, fol. 94 (reproduction figurée)[1].

JACQUELINE DE MONTMILLET.

1746. — CY DEVANT GIST NOBLE FEMME JACQUELINE DE MONTMILLET, EN SON VIVANT FEMME DE NOBLE HOMME PIERRE HABERT, NOTAIRE ET SECRETAIRE DU ROY

[1] Il existe un autre dessin de cette épitaphe dans les Tombeaux de Gaignières (orig. ms.), fol. 73.

ET DES FINANCES, VALLET DE CHAMBRE ORDINAIRE DUDICT SEIGNEUR ET BAILLY DE
L'ARTILLERIE DE FRANCE, LAQUELLE DECEDDA LE XXVIIᴱ OCTOBRE M D LXXVII. — PRIEZ
DIEU POUR SON AME.

ARMES. *D'azur au pélican d'or.*

Mss A², p. 351; — B¹, p. 140.

HILAIRE RODELIN ✛ MARIE ARROGER ✛ MARIE RODELIN.

Épitaphe gravée sur une petite table carrée de pierre, encadrée d'une bordure
à compartiments en marbre blanc et noir, et accompagnée de deux cintres, celui
du haut orné d'un calvaire avec le défunt, sa femme et sa fille, représentés à
genoux; celui du bas, d'une tête de mort sur des ossements en sautoir :

1747. — CY DEVANT GISENT HONNORABLES PER‖SONNES HILAIRE RODELIN, BOUR-
GEOIS ‖ DE PARIS, QUI DECEDA LE XIIIIᴱ JOUR DE ‖ APVRIL M VIᶜXIIII;

ET HONNORABLE FEMME MARIE ARRO‖GER, SA FEMME, LAQUELLE DECEDA LE
IIᴱ ‖ JOUR DE JUING M VIᶜX;

ET MARIE RODELIN, SA FILLE, LAQUELLE ‖ DECEDA LE XVᴱ JANVIER, M VIᶜVI.

Mss A², p. 352; — B¹, p. 152; — Bibl. nat., ms. fr. 8237, p. 34 (reproduction figurée).

GUILLAUME COLLE ✛ . . . VENDUREAU.

Tombe plate dans la croisée :

1748. — CY GIST ET REPOSE HONNORABLE HOMME GUILLAUME COLLE, EN SON
VIVANT BOURGEOIS DE PARIS, AAGÉ DE LXXIII ANS, DECCEDDA EN SA MAISON LE
XXVIᴱ JOUR DE MARS M DC XVI;

AUSSY GIST HONNORABLE FEMME VENDUREAU, FEMME DUDICT COLLE, AAGÉE DE
.., QUI DECEDDA EN SA MAISON, LE... JOUR DE... MDC...

LESQUELS COLLE ET SADICTE FEMME ONT LAISSÉ DES ENFANS, SÇAVOIR : MAISTRE
VINCENT COLLE, NOTAIRE AU CHASTELLET DE PARIS, ET MARGUERITE COLLE, FRERE
ET SŒUR, QUI EN LA MEMOIRE DE LEURSDICTZ PERE ET MERE ONT FAICT POSER ET
METTRE CESTE PRESENTE TUMBE, SUIVANT LA PERMISSION DE MESSIEURS LES MAR-
GUILLIERS DE L'EGLISE DE CEANS. — PRIEZ DIEU POUR EULX.

Mss A², p. 356 ; — B¹, p. 175.

Épitaphes et monuments funéraires appliqués contre le pilier 5 :

PERRETTE PATIN.

Inscription en lettres gothiques sur une table de pierre :

1749. — Les marguilliers de l'œuvre et fabricque de l'eglise de ceans et leurs successeurs, sont tenuz et obligez faire dire deux basses messes par chascune sepmaine de l'an, sçavoir le mardy du Sainct Esperit et l'aultre, le samedy, de Nostre Dame, et en la fin de chascune desdictes messes dire *De profundis* avec les oraisons *Inclina, Domine quesumus* et *Fidelium*, donner et livrer choses necessaires pour vin, luminaire et calice et touttes choses necessaires, pour l'ame de feu honnorable femme Perette Patin, en son vivant vefve de feu Jacques Malherbe, en son vivant marchant espicier, bourgeois de Paris et auparavant vefve de feu Toussaint Maillart; et pour ce faire ladicte Perrette Patin a donné, par donnation faicte entre vifs, a ladicte œuvre et fabricque plusieurs rentes et heritages destinez des leur vivant ausdicts marguilliers de ladicte œuvre, ainsy que plus amplement est contenu et declairé es lettres de ce faictes et passées par devant Jean Hinselin et Jacques Le Clerc, nottaires au Chastelet de Paris, le vendredy xxive jour de mars m d lxxxi. — Priez Dieu pour son ame.

> Bibl. nat., ms. fr. 8237, fol. 11.

MATHIEU BARNIER ✠ MARIE SUART.

Inscription gravée en lettres gothiques sur une table de pierre avec bordure à compartiments en marbre blanc et noir, accompagnée de consoles renversées à rosaces et guirlandes de feuillage, le tout surmonté d'un fronton orné d'un calvaire, avec la représentation des défunts à genoux et, derrière chacun d'eux, un écusson armorié :

1750. — Cy devant, soubz ceste tumbe, gisent les ‖ corps de honnorables personnes Mathieu ‖ Barnier, luy vivant pelletier et ‖ vallet de chambre ordinaire du ‖ Roy, lequel est deceddé le ve oct‖obre mil v^c iiii^{xx} vi, aagé de lxiii ‖ ans, ix mois; et Marie⁽¹⁾ Suart, sa ‖ femme en secondes nopces, deceddée‖ le 2e jour de febvrier mil vi^c xxxii, ‖ aagée de 84 ans, avec leurs ‖ enfans aussy deceddez. ‖ Priez Dieu pour leurs ames. ‖ Justorum animæ ‖ in manu Dei sunt. (*Sap. 3.*)

> Armes. *Barnier : De... au chevron de... accompagné de trois étoiles de ... et surmonté d'un croissant de ...*
>
> *Suart : De ... à une gerbe de blé de ...*
>
> Bibl. nat., ms. fr. 8237, p. 18; — Mss A², p. 353; — B⁴, p. 160; — C¹, fol. 66 (reproductions figurées).

(1) Les manuscrits A² et B⁴ lui attribuent le prénom d'Anne.

DENIS ✠ MARTIN LE SUEUR.

Inscription gravée sur une lame de bronze, avec deux écussons aux angles
inférieurs :

1751. — D. O. M. CY GISENT NOBLES HOMMES DENIS LE SUEUR, VIVANT SEIGNEUR‖
DES TOURNELLES ET DU CHARMET, INTENDANT DE LA MAI‖SON ET AFFAIRES DE MADAME
LA DUCHESSE DE BEAUFORT, ‖ A ELLE DONNÉ PAR LE CHOIX DU DEFFUNCT ROY HENRY ‖
LE GRAND, DE TRES HEUREUSE MEMOIRE, ET DEPUIS LA ‖ MORT D'ICELLE DAME DE
MESSIEURS DE VENDOSME, SES ENFANS, ‖ LEQUEL DECEDA LE XIIIE JOUR DE DECEMBRE
M VI^{C}XXIII; ‖ ET NOBLE HOMME MARTIN LE SUEUR, SON FRERE, AUSSI ‖ VIVANT SEI-
GNEUR DES MESMES LIEUX, CAPITAINE ET GOUVER‖NEUR DE LA VILLE ET CHASTEAU
DE CRECY, QUI MOURUT LE ‖ XVIE AOUST M VI^{C}XXXIII. IL Y A FONDATION DE DEUX
MESSES ‖ PAR CHASCUN AN, AU JOUR DE LEUR DECEDS, PAR CONTRACT ‖ DU XVIIE
JUING M VI^{C}XXXVII.

G. P. S. GENTILITIA NECESSITUDINE CONJUNCTUS, ‖ ACCEPTI BENEFICII NON IMMEMOR,
PONI CURAVIT. ‖ REQUIESCANT IN PACE.

ARMES. *D'azur à trois soucis d'or.*

Mss A², p. 354 ; — B⁴, p. 161 ; — C¹ fol. 81 ; — D, fol. 160 (reproductions figurées).

MICHEL OULRY ✠ ANNE DE MALCOT.

Épitaphe gravée sur une table de marbre bordée de moulures, surmontée
d'un fronton qui encadrait un cartouche timbré d'un heaume à lambrequins, et
accompagnée dans le bas d'un autre cartouche en accolade, le tout en marbre
blanc et noir :

1752. — CY DEVANT EST LE SEPULCHRE DE ‖ MESSIEURS OULRY, ‖ OU GIST NOBLE
HOMME MICHEL ‖ OULRY, ANCIEN JUGE CONSUL, RECEVEUR ‖ GENERAL DE L'HOSTEL DIEU
ET ANCIEN ‖ MARGUILLIER DE CETTE PAROISSE, ‖ LEQUEL DECEDA LE 16 DECEMBRE
M VI^C LXIX.

ET DAME ANNE DE MALCOT, SA ‖ FEMME, LAQUELLE DECEDA LE... ‖ PRIEZ DIEU
POUR EUX.

ARMES. *De . . . à la croix de . . . chargée de cinq coquilles de . . .*

Bibl. nat., ms fr. 8237, p. 109 (reproduction figurée).

PIERRE DESMARAIS + MADELEINE LALOUETTE.

Épitaphe gravée sur une table de marbre blanc encadrée de moulures :

1753. — IHS. — PETRUS DESMARAIS, 87 ANNOS ET 3 MENSES NATUS, QUOS FERE TOTIDEM ‖ HUJUS ÆDIS SACRÆ REBUS TEMPORALI‖BUS INSERVIENS, INTEGRITATE PROBATA, ‖ CONSUMPSIT, RECTUS VIVENS MORTUUS ‖ EST PLENUS DIERUM IN SENECTUTE ‖ BONA, EODEM DIE VENERIS QUO SALVATOR MUNDI ANIMAM PATRI RECOMMEN-‖ DAVIT, 31 MARTII, HORA 12, SALUTIS ANNO 1673.

MAGDALENA LALOUETTE, UXOR SUAVISSIMA, ‖ PRÆDECESSERAT, DIE 17 OCTOBRIS, ETATIS SUÆ 60.

QUORUM MEMORIÆ MARMOR FILIUS PO‖SUIT, EA PRÆSERTIM MENTE UT PIIS LEC‖TORUM PRECIBUS OPTIMORUM PARENTUM ‖ ANIMÆ IN PACE REQUIESCANT. AVE MARIA.

Ms. C¹. fol. 100 (reproduction figurée).

GRATIEN MÉNARDEAU + GENEVIÈVE LE BREST.

Épitaphe gravée sur une table de marbre blanc veiné, encadrée d'une large moulure de marbre noir :

1754. — D. O. M. ‖ GRATIANO MENARDEAU, ‖ CLARISSIMA APUD BRITTONES ‖ GENTE ORTO, ‖ IN DECURIA PARLAMENTI ‖ SENATORI INTEGERRIMO, GENOVEFA LE BREST, ‖ MŒRENS UXOR POSUIT, ‖ OPTIMO MARITO ET SIBI.

VIXIT ILLE ANNOS LXIIII, ‖ DECESSIT OCTOBRIS XIIII [1] M DC LVIII. ‖ HÆC VERO NATA ANNOS LXX, ‖ OBIIT DIE ULTIMA DECEMBRIS ‖ M DC LXXXIX. ‖ UTRIQUE, LECTOR, BENE PRECARE.

Bibl. nat., ms. fr. 8237, p. 96 [2]; — Mss C¹, fol. 92 ; — C², fol. 326 ; — Tombeaux de Gaignières (Oxford), t. IV, fol. 12 (reproductions figurées).

[1] Ou : le 13 octobre 1657 (Ms. C¹).

[2] D'après une note de ce recueil (p. 326) et les indications du manuscrit C¹, cette épitaphe se trouvait «contre le dernier pilier de la 2ᵉ rangée de la nef, à main gauche en entrant», ce qui correspond très exactement au pilier 5, qui est d'ailleurs désigné dans les épitaphiers sous le nom de «pilier de Ménardeau». On dut la déplacer plus tard, en vue de la rapprocher des épitaphes de Charles et Claude Ménardeau (cf. ci-dessus, nᵒˢ 1567 et 1568), puisque, d'après une autre indication du manuscrit français 8237 (p. 96), elle se trouvait fixée au pilier 45.

JEAN-BAPTISTE AMÉ ✛ CATHERINE BERTHELOT.

Inscription gravée au-dessous d'une tête de mort ailée sur une table de marbre blanc, cintrée dans le haut et bordée de filets en marbre noir :

1755. — D. O. M. ‖ CY DEVANT REPOSE LE CORPS DE JEAN ‖ BAPTISTE AMÉ, ES-CUYER, CONSEILLER SECRETAIRE ‖ DU ROY, MAISON ET COURONNE DE FRANCE, ‖ DECEDÉ LE 17ᴱ JOUR ‖ DE JANVIER 1681, AGÉ DE 46 ANS OU ‖ ENVIRON ;

ET DE DAME CATHERINE BERTHELOT, ‖ SON ESPOUSE, MORTE LE 14 SEPTEMBRE ‖ 1702, AGÉE DE 64 ANS. ‖ PRIEZ DIEU POURS LEURS ‖ AMES.

ARMES. *De . . . à la fasce de . . .*

Bibl. nat., ms. fr. 8237, fol. 120 (reproduction figurée).

———

Au pied du pilier, une tombe plate de pierre portait cette épitaphe, gravée au-dessous d'un cartouche avec écusson timbré d'un heaume à lambrequins :

1756. — D. O. M. ‖ CY GISENT LES CORPS DE DEFFUNCT ‖ JEAN BAPTISTE AMÉ, ESCUYER, ‖ CONSEILLER, SECRETAIRE DU ROY. DECEDÉ LE 7 JANVIER 1681 ;

ET DE DAME CATHERINE BERTHE‖LOT, SON ESPOUSE, DECEDÉE LE 4ᴱ SEPTEMBRE 1702. ‖ PRIEZ DIEUX POUR ‖ LEURS AMES.

Ms. C¹, fol. 103 (reproduction figurée) [1].

———

Inscriptions fixée au pilier 31 :

ZACHARIE THÉVENET ✛ MARIE MÉGISSIER.

Inscription gravée sur une table de pierre, au-dessous d'un calvaire, avec la représentation du défunt avec ses deux fils, et de sa femme, à genoux, et accompagnée dans le bas de deux écussons :

1757. — LES MARGUILLIERS PRESENS ET AVENIR DE L'ŒUVRE ET FABRIQUE ‖ DE L'EGLISE MONSIEUR SAINCT EUSTACHE SONT TENUZ FAIRE DIRE, CHANTER ‖ ET CELE-BRER PERPETUELLEMENT, A L'INTENTION D'HONNORABLE PER‖SONNE ZACHARIE THE-VENET, VIVANT MARCHANT TAPISSIER ET BOUR‖GEOIS DE PARIS, ET DE MARIE MEGISSIER, JADIS SA FEMME, LAQUELLE ‖ DECEDA LE VENDREDY Xᴱ JOUR DE FEVRIER 1606, ET LEDICT THEVEN‖ET LE XXVIIᴱ JOUR DE MAY 1607, AU CHŒUR DE LA-DICTE EGLISE, PAR ‖ CHACUN AN, LE LUNDY, LENDEMAIN DE LA PENTECOSTE, A SEPT

---

[1] Le dessinateur, en recopiant ses notes, avait certainement interverti les deux inscriptions, dont la place logique est indiquée d'une façon indiscutable par les mots : «cy devant repose» et «cy gisent».

HEURES ‖ DU SOIR, UN SALUT AUQUEL SE DIRONT LES VESPRES DU JOUR ET EN FIN ‖ SERA CHANTÉ, EN ALLANT SUR LA SEPULTURE DESDICTS THEVENET ET ME‖GISSIER, *REGINA CŒLI LÆTARE,* AVEC LES ORGUES QUI JOUERONT AL‖TERNATIVEMENT, COMME *MAGNIFICAT,* ET SUR LADICTE FOSSE SERA DICT ‖ *NE RECORDERIS, DE PROFUNDIS* ET LES ORAISONS ACCOUSTUMÉES, ET ‖ SERA CHANTÉ LE RESPONS DES VESPRES *EO ADVENIT IGNIS* PAR DEUX ‖ DES SIX CHAPPELLAINS ET LES DEUX CLERCS REVESTUS DE CHAPPES ‖ ET AVEC LES ORGUES; SERA AUSSY FAIT L'OFFICE PAR M. LE CURÉ OU ‖ PAR L'UN DE MESSIEURS SES VICAIRES; AUQUEL SALUT ASSISTERONT MONDICT ‖ SIEUR LE CURÉ, MESSIEURS SES VICAIRES, SIX CHAPPELLAINS, DIACRE, SOUBZ DIACRE, ‖ DEUX CLERCS DU CHŒUR, DEUX CLERCS DE L'ŒUVRE, LES QUATRE ENFANS ‖ DE CHŒUR ET LES QUATRE VERGERS, ET EN ALLANT SUR LADICTE SEPULTURE ‖ SERA PORTÉ LA CROIX PAR UN PREBSTRE REVESTU DE SON SURPLIS, A ‖ COSTÉ DUQUEL SERONT DEUX ENFANS DE CHŒUR PORTANT DEUX CHAN‖DELIERS D'ARGENT ET DEUX CIERGES BLANCS ARDENS ET LES DEUX ‖ AUTRES DEUX TORCHES BLANCHES ALLUMÉES; LEQUEL SIEUR CURÉ OU CE‖LUY QUI FERA L'OFFICE AVEC LES DEUX CLERCS SERONT REVESTUS DE ‖ CHAPPES QUI AURONT SERVY LEDICT JOUR, ET LE SIEUR CURÉ OU CELUY ‖ QUI FERA LA PREDICATION SERA TENU AVERTIR LE PEUPLE DE SE TROU‖VER AUDICT SALUT, ET A TOUS LES DESSUS DICTS SERA FAICT LA DISTRIBUTION ‖ TANT D'ARGENT QUE DE BOUGIE, AUSSY QU'IL EST ACCORDÉ, LE TOUT ‖ MOYENNANT CERTAINE SOMME DE DE-NIERS EN ARGENT COMPTANT ‖ QUE POUR CE LESDICTS SIEURS MARGUILLIERS ‖ ONT RECEUE, COMME IL APPERT PAR LE CON‖TRACT PASSÉ PAR DEVANT DOUJAT ET LE ‖ CAMUS, NOTTAIRES AU CHASTELLET DE PARIS, LE JEUDY IIIIe JOUR DE ‖ MAY MIL SIX CENT SIX. ‖ PRIEZ DIEU POUR LES TRÉSPASSEZ.

ARMES. *THÉVENET : D'argent au croissant d'azur surmonté d'un cœur de gueules, d'où sortent deux quintefeuilles d'azur tigées de sinople.*

MÉGISSIER : D'argent au chêne de sinople.

Ms. C¹, fol. 74 (reproduction figurée).

Au pied du pilier, une tombe plate portait cette épitaphe :

1758. — CY GIST HONNORABLE PERSONNE ZACHARIE THEVENET, EN SON VIVANT MARCHANT TAPISSIER ET BOURGEOIS DE PARIS, QUI DECEDA LE XXVIIe JOUR DE MAY M DC VII, ET HONORABLE FEMME, MARIE MEGISSIER, JADIS SA FEMME, LAQUELLE DECEDA LE VENDREDY Xe JOUR DE FEBVRIER M DC VI.

Mss A², p. 359; — B¹, p. 195.

JEAN-BAPTISTE DE BENCIVENNI.

Contre l'un des piliers de la chapelle de Saint-François, on lisait l'épitaphe gra-vée sur une table rectangulaire de pierre, encadrée d'une large bordure à com-partiments en marbre blanc, noir et jaspé, surmontée d'un fronton roulé, dé-coré d'un cartouche avec un écusson timbré de la crosse et de la mitre, et accompagné dans le bas d'un autre cartouche portant une tête de mort ailée et couronnée de lauriers, sur des ossements en sautoir :

1759. — D. O. M. ‖ Hic jacet piæ memoriæ reveren‖dus in Christo pater Johannes Baptis‖ta de Bencivennis, nobilis Florentinus, ‖ abbas bellefrondeus, consiliarius ‖ primusque Catherinæ Medicæ, quondam‖Francorum Reginæ, eleemosinarius, ‖ qui obiit Parisiis duodecimo kalendas | decembris 1598.

Épitaphe de Jean-Baptiste de Bencivenni.

Petrus de Bencivennis, nepos, non im‖memor beneficiorum, patruo suo bene ‖ merito hoc monumentum mœrens ‖ cura posuit. ‖ Requiescat in pace.

Armes. *De gueules à la fasce d'argent chargée d'une croisette ancrée, ou pattée, de gueules entre deux fleurs de lis d'azur et surmontée d'une rose d'or.*

Mss A², p. 353 ; — C¹, fol. 71 ; — D, fol. 173 (reproduction figurée)[1].

[1] Il existe deux autres dessins de cette épitaphe dans les Tombeaux de Gaignières (original), fol. 142, et (Oxford), t. IV, fol. 13.

Inscriptions fixées au pilier 40 :

JEAN JOUAN ✠ MARIE PIGNIER.

Épitaphe gravée sur une table de marbre à crossettes, encadrée de moulures, surmontée d'un fronton en accolade portant un écusson entre des branches de lauriers, et décorée à la base d'un cartouche avec tête de mort sur des ossements en sautoir accompagnée de deux triglyphes :

1760. — CY GIST HONNORABLE HOMME ‖ JEHAN JOUAN, VIVANT MARCHANT ‖ BOURGEOIS DE PARIS, ANCIEN COMMISSAIRE ‖ DES PAUVRES ET GARDE DE L'ESPICERIE ‖ DE CESTE VILLE DE PARIS, QUI DECEDA ‖ LE XVIII NOVEMBRE MIL VIᶜ ‖ CINQUANTE, AAGÉ DE XLV ANS, ET ‖ DE MARIE PIGNER, SA ·FEMME, ·‖ QUI DECEDA LE ... ‖ PRIEZ DIEU POUR SON ‖ AME.

ARMES. De ... à trois chardons de ... au chef de ... chargé d'un croissant de ... entre deux étoiles de ...

Bibl. nat., ms. fr. 8237, p. 87 (reproduction figurée).

JACQUES FERRIOL.

Son épitaphe était gravée sur une table rectangulaire de marbre noir, cintrée dans le bas, bordée d'un filet avec accolade fleuronnée à la base, et surmontée d'un fronton ornée d'un cartouche avec écusson timbré d'un heaume à lambrequins :

1761. — D. O. M. ‖ ADSTA, VIATOR. ‖ HIC CORPUS POSITUM QUIESCIT VIRI CLARISSIMI ‖ AC INTEGERRIMI, DOMINI DOMINI ‖ JACOBI FERRIOL, ‖ QUI IN SUPREMA MEDIOMATRICUM CURIA SENATOR ‖ ET JUDICUM QUI DE PECULATU COGNOSCERENT, ‖ UNDIQUE A REGE DELECTORUM, ‖ UNUS DE INTEGERRIMIS FUIT. ‖ MORTALIS ESSE DESIIT 14 KALENDAS JUNII, ANNO 1667. ‖ METAS EJUS VITÆ MORS FIXIT CUJUS ERUDITIO ‖ METAS NON HABUIT. ‖ MENS ENIM EJUS TAM LATE PATUIT QUAM NATURA. ‖ TEMPUS OMNE PRÆSENS ILLI FUIT, QUI PRÆTERITORUM ‖ MONUMENTA SÆCULORUM OMNIA MEMORIA ‖ CONTINEBAT. ‖ NUSQUAM HOSPES FUIT QUI SITUS LOCORUM, MORES ET ‖ LINGUAS OMNIUM NOVERAT POPULORUM. ‖ THEMIDIS SACERDOS INTEGRE SANCTEQUE ‖ JURIS EDIDIT ORACULA, ‖ IN ID INTENTUS UNICE UT DEI VOLUNTATEM CUM ‖ AUCTORITATE PRINCIPIS ET UTILITATE PUBLICA ‖ CONCILIARET.

MŒSTA CONJUX, MARIA DE SILVECANNE, ‖ LUGENTESQUE LIBERI, CONSTANTINUS, CAROLUS, AUGUSTINUS FERRIOL, ‖ HOC MONUMENTUM POSUERE, DIE 26 MENSIS MARTII ‖ 1668. ‖ PURIS, VIATOR, CŒLITES PRECIBUS MOVE, ‖ UT ‖ REQUIESCAT IN PACE.

ARMES. *D'azur semé de roses d'argent, à la bande d'or chargée de trois lionceaux de sable, brochant sur le tout.*

Mss C¹, fol. 97; — D, fol. 171; — F¹, p. 320: — F², p. 108.

Épitaphe de Jacques Ferriol [1].

SIMON PIMPERNEL ✝ LOUISE POIRET.

Inscription gravée sur une table de pierre avec bordure à compartiments en marbre blanc et noir, surmontée d'un fronton roulé avec deux urnes aux angles, qui encadrait un cartouche avec le monogramme du Christ au-dessous d'une tête

[1] Réduction d'un dessin du manuscrit C¹ (fol. 97). — Il existe un dessin identique dans le manuscrit D (fol. 171).

d'ange ailée, et décorée à la base d'un autre cartouche en accolade avec tête de mort sur des ossements en sautoir :

1762. — Hic ut sacramento et fide, sic sorte ‖ juncti jacent et in spem resurrectionis ‖ quiescunt Simeon Pimpernel, qui obiit ‖ die 2 septembris, anno 1652;

Et Lodoica Poyret, uxor ejus charis‖sima, quam intempestiva mors abstulit, ‖ IVᵒ kalendas octobris, anno reparatæ salutis ‖ millesimo sexcentesimo trigesimo septimo. ‖ Requiescant in pace.

Bibl. nat., ms. fr. 8237, p. 92 (reproduction figurée).

Au pied du pilier, leur tombe plate portait cette épitaphe :

1763. — Hoc sub tumulo jacent Simeon Pimpernel et Lodoica Poiret conjux ejus carissima. — Requiescant in pace.

Mss A', p. 359; — B', p. 196.

———————

Épitaphes et monuments funéraires fixés au pilier 30, contre la chapelle de la Trinité :

JEAN LANGLOIS ✛ DENISE FENIN.

1764.
L'ame a vie de l'Eternel.
Celluy qui a faict ceste tumbe eriger
Sur les regrets de sa chere partie
C'est Jehan Langlois, pour son corps y loger
Quand d'icelluy sera l'ame sortie.
Vous qui vivez en la mortelle vie,
En attendant le celeste depost,
Veuillez prier pendant qu'estes dispos
Affin qu'au ciel vostre ame soit ravie.
Dieu createur au salut vous convie.
Vous estes sourds a ses divins propos.
Helas! pensez que la fiere Atropos
Sans advertir vostre cours abrevie.
Si je receus de mes travaulx le comble
Que terminai au lieu de Villemomble
Mil six cens neuf, feste de tous les saincts
[Lesquels] ayant exaucé ma priere
M'ont par honneur ce jour clos la paupiere
Pour oublier tous les mortels dessins.
Icy devant gist Denise Fenin
Laquelle ayant ci bas vescu sans blasme

LASSE DU MAL TROUVE UN REPOS DIVIN.
MORTEL VIVANT, PRIEZ DIEU POUR SON ÂME.

VIVAM POST MORTEM.

ARMES. LANGLOIS : *D'azur à l'aigle d'or.*

FENIN : *De. . . au cep de vigne fruité, accolé d'un échalas de . . .*

Mss A², p. 354 ; — B', p. 162.

Épitaphe de Jean Dumarest et de Louise Goudier [1].

JEAN DUMAREST ✚ LOUISE GOUDIER.

Inscription gravée sur une table de pierre, dans un encadrement d'attributs funéraires surmonté d'un calvaire, avec la représentation des défunts, à genoux,

[1] Réduction d'un dessin du manuscrit C' (fol. 76). — Il existe un dessin identique dans le ms. fr. 8237 (p. 32).

le mari accompagné de six fils, avec son patron saint Jean à ses côtés, et la femme, près de saint Louis, accompagnée de sept filles :

1765. — Cy devant gist soubz cette tumbe hon‖norable homme Jehan du Ma‖restz, marchant ‖ frippier, bourgeois de Paris et archer ‖ de la ville, l'un du nombre des cent arba‖lestriers et pistolliers de cette ville ‖ de Paris, lequel deceda le jeudy XVIIIe ‖ jour de juillet m v^c VIII.

Aussy gist soubz ladicte tumbe honnorable ‖ femme Loyse Goudier, femme dudict deffunct ‖ Jehan Du Marests, laquelle deceda le mardy XIIe jan-vier 1638. ‖ Priez Dieu pour eux. ‖ Tout bien vient de Dieu.

> Armes. Dumarest : De . . . à quatre tiges d'osier issant d'un marais.
>
> Goudier : De . . . à la barrique renversée en barre, au renard rampant de . . . con-tourné au-dessus.

> Mss A², p. 359 : — B³, p. 198 ; — C¹, fol. 76 ; — Bibl. nat., ms. fr. 8237, p. 32.

JEANNE HERPIN.

Inscription gravée sur une table rectangulaire de marbre noir, encadrée d'un filet de marbre blanc :

1766. — Par acte d'assemblée de messieurs les marguilliers en charge ‖ [et] anciens de ceste eglise, tenue au bureau de la fabrique, le ‖ XXIIIe jour de may mil VI^c LX, l'assignation du fonds ‖ destiné a la fondation de la messe quotidienne qui se dict ‖ a six heures, faicte par Jeanne Herpin, veufve de Christo‖phle Herbelot, par contract du XII janvier mil VI^c I, ‖ par devant Chevalier et Baudequin, notaires au Chastelet, a esté ‖ transferée sur une maison appartenante a ladicte fabricque, scize ‖ au coin des rues Tique-tonne et Montorgueil, cy devant appelée ‖ l'Hospital Sainct Eustache, attendu que les deux maisons scizes ‖ rue de Beauvais, destinées par ladicte Herpin, a l'effect de ladicte ‖ fondation, ont esté desmolies par ordre exprès du Roy pour ‖ servir au bastiment du Louvre et les XXX mille livres pro-venans de ‖ la vente d'icelles ont esté employez utilement au desir du con-‖ tract de ladicte vente passé par devant Le Cat et Le Semelier, ‖ no-taires, le 28 avril mil VI^c LX ; ce marbre ayant eté apposé de l'avis desdicts sieurs ‖ presens et anciens marguilliers pour perpetuer a la ‖ posterité la celebration de ladicte messe, qui se continue a ‖ l'intention de ladicte dame Jeanne Herpin, tous les jours, a six ‖ heures, a la chapelle de Saint Michel de la croisée d'icelle ‖ eglise, ce jourd'huy XIIIe jour de juin m VI^c LX. ‖ Re-quiescant in pace.

> Bibl. nat., ms. fr. 8237, p. 1 (reproduction figurée).

JEAN DESNOUELLES.

Inscription gravée sur une table rectangulaire de marbre noir, accompagnée de deux cintres de marbre noir, décorés d'ornements en bronze doré, celui du haut, d'un écusson timbré d'un heaume à lambrequins, celui du bas, d'une tête de mort ailée, couronnée de lauriers sur des ossements en sautoir, entre deux pommes de pin :

1767. — EST INHUMÉ EN CESTE EGLISE JEAN DESNOUELLES, ES‖CUYER ORDINAIRE [DE LA] BOUCHE DU ROY, LE DERNIER MAY 1690; ‖ EN LAQUELLE IL A FONDÉ A PER-PETUITÉ CE QUI ENSUIT : PRE‖MIEREMENT UN SALUT POUR LA PERSONNE DU ROY ET DE ‖ TOUTE LA FAMILLE ROYALE, LE JOUR ET FESTE DE SAINT LOUIS, LE ‖ VINGT-CINQ AOUST DE CHACUNE ANNÉE, COMPOSÉ DES VEPRES ‖ DU JOUR ET PSEAUMES QUI CONVIENDRONT, L'*EXAUDIAT* JUS‖QU'A *DOMINE SALVUM FAC REGEM* QUI SERA REPETÉ DEUX ‖ FOIS; LES *OREMUS* QUI SUIVENT *INVIOLATA* AVEC UN *DE PRO*‖*FUNDIS* SUR SA SEPULTURE ET L'*OREMUS;* LEQUEL SALUT NE ‖ POURRA ESTRE REMIS A UN AUTRE JOUR POUR QUELQUE ‖ CAUSE QUE CE SOIT; PLUS, LE DERNIER MAY DE CHACUNE ‖ ANNÉE QUI EST LE PAREIL JOUR DE L'ENTERREMENT DUDICT ‖ DEFFUNCT SIEUR DES NOUELLES, UN *OBIIT* COMPLET, COMPOSÉ ‖ D'UNE HAUTE MESSE DE *REQUIEM* ET DEUX BASSES AVEC UNE ‖ REPRESENTATION MORTUAIRE ET LA GROSSE SONNERIE, LA ‖ VEILLE ET LE JOUR, *VIGILLES* A NEUF LEÇONS, *LAUDES* ET *RECOM*‖*MANDACES;* PLUS CIN-QUANTE-DEUX MESSES PAR AN, QUI ‖ EST UNE MESSE PAR CHAQUE SEMAINE, LE JOUR DU MER‖CREDY, POUR LE REPOS DE L'AME DUDICT DEFFUNCT SIEUR DES NOU‖ELLES, ET CELLES DES DEFFUNCTS SIEUR ET DAME ROUSSEAU, SES ONCLE ‖ ET TANTE, ET BIENFAICTEURS; POUR L'EXECUTION DE LAQUELLE FONDATION ‖ SERA FOURNI LES BEAUX ORNEMENS ET TOUT LE LUMINAIRE NECESSAIRE ‖ AVEC LE PAIN ET VIN; LES ORGUES JOUERONT AUDIT SALUT QUI SERA ‖ SONNÉ DE TROIS VOLLÉES AVEC CARILLON, LE TOUT SUIVANT QU'IL EST ‖ PLUS AU LONG PORTÉ AU CONTRACT PASSÉ ENTRE MES-SIEURS LES MARGUILLIERS ‖ DE LADICTE EGLISE, DE PRESENT EN CHARGE, LE SIEUR EXECUTEUR TESTAMENTAIRE ‖ ET LEGATAIRES UNIVERSELS DUDICT DEFFUNCT SIEUR DES NOUELLES, PAR DEVANT ‖ LE FEVRE ET BLANCHARD, NOTAIRES AU CHASTELET DE PARIS, LE 1ᴿ AOUST 1690. ‖ PRIEZ DIEU POUR SON AME.

ARMES. *De . . . au chevron de . . . accompagné de trois noix de . . .*

Bibl. nat., ms. fr. 8237, p. 126 (reproduction figurée).

SÉRAPHIN DE MAUROY ✚ RADEGONDE HARDOU.

Devant la chapelle de l'Assomption, vis-à-vis le pilier 3, épitaphe gravée sur une tombe plate de pierre, sans aucun ornement :

1768. — D. O. M. ‖ ICY REPOSENT SERAPHIN DE ‖ MAUROY, ECUYER, CONSEILLER SFCRE‖TAIRE DU ROY, MAISON COURONNE ‖ DE FRANCE ET DE SES FINANCES, DECEDÉ LE . . . JOUR DE . . . 1640.

ET DE DAME RADEGONDE ‖ HARDOU, SON ESPOUSE, ‖ QUI TRESPASSA LE...
NOVEMBRE ‖ 1669.

ARMES. *De sinople à la croix d'argent, au lion de sable brochant sur le tout.*

Bibl. nat., ms. fr. 8237, p. 73; — Mss A², p. 360; — B², p. 199.

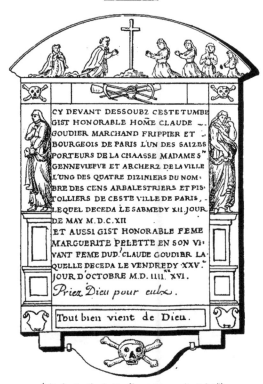

Épitaphe de Claude Goudier et Marguerite Pelet [1].

Inscriptions et monuments funéraires fixés contre le pilier 3 :

CLAUDE GOUDIER + MARGUERITE PELET.

Inscription gravée sur une table de pierre, dans un encadrement analogue à
celui de l'épitaphe de Jean Dumarest, vis-à-vis de laquelle elle se trouvait placée :

1769. — CY DEVANT DESSOUBZ CESTE TUMBE, ‖ GIST HONORABLE HOMME CLAUDE ‖
GOUDIER, MARCHANT FRIPPIER ET ‖ BOURGEOIS DE PARIS, L'UN DES SAIZES ‖ PORTEURS DE

[1] Réduction d'un dessin du manuscrit C¹ (fol. 69). Il existe un dessin identique dans le manuscrit D (fol. 172).

24.

LA CHASSE MADAME SAINCTE ‖ GENEVIEFVE, ET ARCHERS DE LA VILLE, ‖ L'UNG DES
QUATRE DIZAINIERS DU NOM‖BRE DES CENS ARBALESTRIERS ET PIS‖TOLLIERS DE CESTE
VILLE DE PARIS, ‖ LEQUEL DECEDA LE SABMEDY XII[1] JOUR ‖ DE MAY M DC XII.

ET AUSSI GIST HONORABLE FEME ‖ MARGUERITE PELETTE, EN SON VI‖VANT
FEME DUDICT CLAUDE GOUDIER, LA‖QUELLE DECEDA LE VENDREDY XXVE [2] ‖ JOUR D'OC-
TOBRE M D IIIIX[xx] VI. ‖ PRIEZ DIEU POUR EULX. ‖ TOUT BIEN VIENT DE DIEU.

ARMES. *Pelet : De . . . à trois roses de . . . tigées de . . .*

Mss A[5]. p. 359; — B[4]. p. 197; — C[1]. fol. 69; — D, fol. 172 (reproduction figurée).

Épitaphe de Samuel François de Bresson et Françoise Truchon [3].

[1] Ou le 22ᵉ. d'après A[3] et B[4]. — [2] Ou le 15ᵉ d'après A[2] et B[4]. — [3] Réduction d'un dessin du
manuscrit C[1] (fol. 85).

SAMUEL-FRANÇOIS DE BRESSON ✚ FRANÇOISE TRUCHON.
ANTOINE DE BRESSON ✚ MARIE EVRARD.

1770. — CY DEVANT GIST LE CORPS DE MAISTRE SAMUEL FRANÇOIS DE BRESSON, VIVANT CONSEILLER DU ROY, MAISTRE D'HOSTEL ORDINAIRE DE SA MAISON, QUI TRESPASSA LE XXIIE JOUR DE JANVIER M DC XXXII;

ET DE DAME FRANÇOISE TRUCHON, SON ESPOUZE, QUI DECEDDA LE XXIIE OCTOBRE M DC XXI. — PRIEZ DIEU POUR LEURS AMES.

EN CE MESME LIEU REPOSENT LES CORPS DE ANTHOINE DE BRESSON, VALLET DE CHAMBRE DE LA ROYNE CATHERINE DE MEDICIS, ET DE MARIE EVRAR, SA FEMME, PERE ET MÈRE DUDIT SIEUR DE BRESSON. — PRIEZ DIEU POUR EULX.

ARMES. *BRESSON : D'argent à la bande de sable endentée en chef d'or et accompagnée de deux trèfles de sinople.*

TRUCHON : D'azur à deux couleuvres tortillées, enlacées et affrontées d'or ; au chef cousu de gueules, chargé d'un oiseau d'argent contourné.

Mss A², p. 36o : — B⁴, p. 199 [1]; — C⁴, fol. 85; — D, fol. 167.

CLAUDE HABERT ✚ ANNE NICOLAS.

Inscription gravée sur une table de bronze carrée, sans aucun ornement :

1771. — CY GIST DAMOISELLE ANNE NICOLAS, VEUFVE DE FEU CLAUDE ‖ HABERT, VIVANT ESCUYER, SIEUR DE SAINCT LEONARD, CONSEILLER DU ROY ET ‖ PRESIDENT AU BUREAU DES FINANCES DE RIOM EN AUVERGNE, ‖ LAQUELLE PAR SON TESTAMENT A FONDÉ EN CESTE EGLISE DE ‖ SAINCT EUSTACHE, SA PARROISSE, UNE MESSE BASSE TOUS LES VEN‖DREDIS DE CHASCUNE SEPMAINE, A PERPETUITÉ, EN MEMOIRE DE ‖ LA PASSION DE NOSTRE SEIGNEUR JHESUS CHRIST ET DES FIDELS TRESPASSEZ, ‖ EN L'AUTEL DE LA TRES SAINCTE TRINITÉ, QUI EST CONTRE UN PILLIER, ‖ A COSTÉ DE L'ŒUVRE, QUI SERA SONNÉE ET CELLEBRÉE A UNZE ‖ HEURES ET DEMIE, APRES LAQUELLE LE PREBSTRE QUI L'AURA ‖ DICTE IRA SUR LA TOMBE ET SEPULTURE DE LADICTE DAMOISELLE, ESTANTE ‖ DERRIERE LADICTE ŒUVRE, OU IL RECITERA DEVOTEMENT *LIBERA ME* ‖ *DOMINE, DE PROFUNDIS* ET LES ORAISONS ACCOUTUMÉES POUR ‖ LES MORTS, COMME PLUS A PLAIN IL EST PORTÉ PAR LE CONTRACT ‖ DE CE PASSÉ AVEC MESSIEURS LES MARGUILLIERS, PAR DEVANT LE VASSEUR ‖ ET LE SEMELIER, NOTAIRES AU CHASTELLET DE PARIS, LE 15^E JOUR DE JUILLET, ‖ L'AN 1634; LESQUELS SIEURS MARGUILLIERS, EN ACCEPTANT LE LEGS FAICT POUR RAIS‖SON DE LA SUSDITE FONDATION SE SONT OBLIGEZ, ET LEURS SUCCES‖SEURS A L'ACCOMPLISSEMENT D'ICELLE ET DE LA FAIRE ENREGIS‖TRER AU MARTYROLOGE DE LADICTE EGLISE.

---

[1] Le texte donné par les manuscrits A² et B⁴ est évidemment celui d'une épitaphe primitive à laquelle dut être substituée plus tard le monument dont nous publions la reproduction.

DE CESTE DISPOSITION DE DERNIERE VOLONTÉ ONT ESTÉ EXECU‖TEURS MONSIEUR MAISTRE JACQUES HABERT, SIEUR DUDICT SAINCT LEONARD, CON‖SEILLER DU ROY ET MAISTRE ORDINAIRE EN SA CHAMBRE DES COMPTES ‖ ET MAISTRE LOUIS BOYHIER, AUSSY CONSEILLER DE SA MAJESTÉ, AUDITEUR EN ‖ LADICTE CHAMBRE, A CAUSE DE DAMOISELLE MARIE HABERT, SON ESPOUSE, ‖ ENFANS DUDICT SIEUR HABERT, DECEDÉ ET INHUMÉ AUDICT RIOM, EN L'E‖GLISE DE SAINCT AMABLE, LE 19 JUILLET 1596, ET DE LADICTE DAMOISELLE ‖ NICOLAS, QUI DECEDA EN SA MAISON A PARIS, LE 25ᵉ D'OC-TOBRE ‖ 1631.

ARMES. *HABERT : De . . . à la tête de lion arrachée de . . .*

　　　　NICOLAS : D'azur au chevron d'argent accompagné en chef de deux lions affrontés et en pointe d'une coupe fermée, le tout d'or.

　　　　BOHIER : D'or au lion d'azur, au chef de gueules.

Mss A², p. 359; — B², p. 194; — C², fol. 86 (reproduction figurée).

Au pied du même pilier, derrière l'œuvre, épitaphe gravée sur une tombe plate de pierre ornée d'écussons aux quatre angles :

1772. — CY CIST DAMOYSELLE ANNE NICOLAS, VEUFVE DE FEU CLAUDE HABERT, VI-VANT ESCUYER, SIEUR DE SAINCT LEONARD, CONSEILLER DU ROY ET PRESIDENT AU BUREAU DES FINANCES D'AUVERGNE, DECEDÉE LE XXVᵉ OCTOBRE M DC XXXI, LAQUELLE A FONDÉ LA MESSE BASSE QUI SE DOIBT DIRE TOUS LES VENDREDYS DE CHASCUNE SEPMAINE DE L'ANNÉE, A PERPETUITÉ, A L'AUTEL DE LA TRES SAINCTE TRINITÉ, A UNZE HEURES ET DEMIE, SUIVANT LE CONTRACT DE CE PASSÉ PAR DEVANT CLAUDE LE VASSEUR ET JEHAN LE SEMELLIER, NOTAIRES A PARIS, LE XVᵉ JUILLET M DC XXXIV, AINSY QU'IL EST PORTÉ PAR L'ÉPITAPHE GRAVÉE SUR LA LAME DE BRONZE ATTACHÉE CONTRE LE PILIER PROCHE. — PRIEZ DIEU POUR SON AME ET DE TOUS FIDELES TRES-PASSEZ.

Mss A², p. 359; — B², p. 193.

MICHEL LE SUEUR ✚ ANNE BUÉE ✚ PHILIPPE BOURDREAU
MARIE LE SUEUR.

Derrière l'œuvre, tombe plate de pierre :

1773. — CY GISSENT HONNORABLE PERSONNE MICHEL LE SUEUR, VIVANT MAR-CHANT CHANDELLIER ET BOURGEOIS DE PARIS, LEQUEL TRESPASSA LE... JOUR DE... L'AN M DC...;

ET HONNORABLE FEMME JEHANNE BUÉE, SA FEMME LAQUELLE TRESPASSA LE ... JOUR DE ... M DC...;

ET PHILIPPES BOURDREAU, SECRETAIRE DE LA CHAMBRE DU ROY, GENDRE DUDICT MICHEL LE SUEUR ET D'ANNE BUÉE, SA FEMME QUI TRESPASSA L'AN M DC V LE XXIVᵉ JOUR DE SEPTEMBRE;

ET HONORABLE FEMME MARIE LE SUEUR, FEMME DUDICT PHILIPPES BOURDREAU, LAQUELLE DECEDDA L'AN M DC ..., LE JOUR DE ... — PRIEZ DIEU POUR EULX.

ARMES. *D'argent au cep de vigne à deux branches en sautoir de sinople, fruitées de gueules; au chef d'azur chargé d'un croissant d'argent entre deux étoiles du même.*

Mss A², p. 358; — B⁴, p. 192.

JEAN PINCHON ✝ MARGUERITE GOMBAULT.

Contre le pilier 29, épitaphe gravée sur une table rectangulaire de marbre blanc :

1774. — CY DEVANT REPOSE LE CORPS D'HONNORABLE HOMME ‖ JEAN PINCHON, BOURGEOIS DE PARIS, ANCIEN ‖ MARGUILLIER DE CESTE ESGLISE, DECEDÉ LE JOUR ‖ DE PASQUES 18 AVRIL 1688, AGÉ DE 63 ANS.

AUSSI REPOSE LE CORPS DE MARGUERITE GOM‖BAULT, SON ESPOUSE, DECEDÉE LE 26 MARS ‖ 1709, AGÉE DE 72 ANS, LAQUELLE A FONDÉ A PER‖PETUITÉ UNE MESSE BASSE, TOUS LES MARDIS A SEPT ‖ HEURES PRECISES, SUIVANT LE CONTRAT PASSÉ ‖ AVEC MESSIEURS LES MARGUILLIERS, PAR DEVANT ‖ SAINFRAY ET SON COMPAGNON, NOTAIRES, LE 18 ‖ DECEMBRE 1688. ‖ PRIEZ DIEU POUR LE REPOS DE ‖ LEURS AMES.

Mss C¹, p. 102; — Bibl. nat., ms. fr. 8237, p. 124 (reproduction figurée).

CHARLES DAVID ✝ ANNE LE MERCIER.

Contre le pilier qui séparait les chapelles de Saint-Nicolas et de l'Assomption, se trouvait placée leur épitaphe, gravée sur une table de pierre, accompagnée d'un riche encadrement architectural, avec incrustations en marbre blanc et noir :

1775. — CY DEVANT GIST LE CORPS ‖ D'HONNORABLE HOMME CHARLES DA‖VID, VIVANT JURÉ DU ROY DES ŒU‖VRES DE MAÇONNERIE, DOYEN DES ‖ JURÉS ET BOURGEOIS DE PARIS, AR‖CHITECTE ET CONDUCTEUR DU BASTI‖MENT DE L'EGLISE DE CEANS, LEQUEL ‖ APRES AVOIR VESCU AVEC ANNE LE ‖ MERCIER, SA FEMME, L'ESPACE ‖ DE 53 ANS, IL DECEDA LE 4ᵉ JOUR ‖ DE DÉCEMBRE 1650, AAGÉ DE 98 ANS.

ET LADICTE ANNE LE MERCIER, FEMME ‖ DUDICT DAVID, EST DECEDÉE LE ... ‖ PRIEZ DIEU POUR LEURS AMES.

Texte d'après le dessin ci-après.

Monument funéraire de Charles David et Anne Lemercier [1].

JEAN BOUDET + CATHERINE TANTON.

Entre les quatre derniers piliers du collatéral, tombe plate de pierre portant l'épitaphe suivante, dans un cadre elliptique avec agrafes, accompagné de deux écussons, l'un armorié, timbré d'un heaume à lambrequins, l'autre portant le n° 60 :

1776. — Noble homme ‖ Jean Boudet, sieur ‖ de Bellierre, premier barbier ‖
et chirurgien du Roy, et dame ‖ Catherine Tanton, sa femme et ‖ leur famille,
ont eslsu icy soubz ceste ‖ tombe, leur sepulture. ‖ ... Priez Dieu pour eulx.

Armes. *D'azur à la fasce d'argent accompagnée de trois étoiles d'or.*

Mss A², p. 356 ; — B⁴, p. 176 ; — C², fol. 59.

[1] Réduction d'un dessin du manuscrit C⁴ (fol 89). Il existe un dessin identique dans le ms. fr. 8237
fol. 88).

HENRY BERRAN ✠ ANNE NIVERT ✠ PIERRE BERRAN.

Contre le pilier qui séparait les chapelles de Saint-Denis et de Saint-Nicolas, épitaphe gravée sur une table rectangulaire de marbre blanc, encadrée de moulures en marbre noir, et surmontée d'un écusson entouré de branches de laurier :

1777. — CY DEVANT, SOUS CESTE TUMBE GI‖SENT ET REPOSENT LES CORPS D'HONNORABLE‖HOMME HENRY BER‖RAN, MARCHAND DRAPIER,‖BOURGEOIS DE PARIS, ‖ ANCIEN CONSUL ET ‖ ANCIEN MARGUILLIER DE CESTE PARROISSE, ‖ QUI DECEDA LE XXVE JOUR DE MAY ‖ MIL VI^C ‖ LVIII, AAGÉ DE LXXX VI ANS;

ET DE DAME ANNE NYVERT, SA FEMME, AUPA‖RAVANT VEUFVE DE FEU HONNO-RABLE HOMME ‖ CLAUDE PREVOST, MARCHAND ET BOURGEOIS DE PARIS, ‖ LAQUELLE DECEDA LE IXE JOUR DE JUIN MIL ‖ VI^C LXV, AAGÉE DE LXXVIII ANS.

LESQUELS ONT CONJOINCTEMENT FONDÉ ‖ EN CESTE ESGLISE UNE BASSE MESSE QUO-TIDI‖ENNE ET UN GRAND ‖ OBIT SOLENNEL POUR ‖ ESTRE DICT TOUS LES ANS A PER‖PETUITÉ, PAR ‖ CONTRACT DE FONDATION PASSÉ ENTRE ‖ MESSIEURS LES MARGUIL‖LIERS DE LA FABRIQUE DE CEANS ET LESDICTS ‖ SIEURS ET DAME BERRAN, PAR DEVANT LE CAT ET ‖ LE SEMELIER, NOTAIRES, LE I^E JOUR DE MARS ‖ MIL VI^C LIII, MOYEN-NANT CERTAINE SOMME DE‖ DENIERS PAYÉE COMPTANT, PORTÉE PAR ‖ LEDICT CONTRACT.

AUSSI GIST HONNORABLE HOMME PIERRE ‖ BERRAN, LEUR FILS, AUSSI VIVANT MARCHAND ‖ DRAPPIER, BOURGEOIS DE PARIS, LEQUEL ‖ DECEDA LE X^E JOUR DE SEP-TEMERE MIL VI^C ‖ XLIII, AAGÉ DE XXVIII ANS OU ENVIRON. ‖ PRIEZ DIEU ¦POUR EUX.

ARMES. *BERRAN : De . . . à la fasce de. . . accompagnée en chef de trois croissants de . . . et en pointe d'un croissant de. . .*

NIVERT : De . . . à trois chevrons de . . . accompagnés de trois tourteaux de . . .

Mss C^1, fol. 93; — D, fol. 186 *bis* (reproductions figurées).

COLLATÉRAL DE LA NEF. — CÔTÉ GAUCHE.

Dans la croisée, tombe plate devant la chapelle de Sainte-Véronique.

JEAN LE SECQ ✠ MADELEINE VARIN ✠ NICOLAS LE SECQ.

1778. — CI GIST HONNORABLE HOMME JEHAN LE SECQ, LE JEUNE, EN SON VIVANT MARCHAND BOURGEOIS DE PARIS, LEQUEL TRESPASSA LE XIXE JOUR DE JUING M D LXXXIX.

AUSSY GIST SA FEMME, MAGDELEINE VARIN, FEMME EN SON VIVANT DUDICT LE SECQ, LAQUELLE DECEDDA LE XIXE JOUR D'AOUST M D LXXXVII. — PRIEZ DIEU POUR EULX.

ET DEPUIS SOUBS CESTE MESME TUMBE A ESTÉ AUSSY INHUMÉ HONNORABLE HOMME
NICOLAS LE SECQ, VIVANT SEIGNEUR DE BRIDEVALLE, L'UN DES QUATRE CHAUFFE-
CIRES ET SCELLEURS DE LA GRANDE ET PETITE CHANCELLERIE DE FRANCE, QUI DE-
CEDDA LE Vᴱ JOUR DE MARS M DC XVI; ET LEDICT LE SECQ A LAISSÉ À LADICTE
EGLISE SOIXANTE ET .... DE RENTE POUR UN *OBIIT* DANS LE CHŒUR TOUS LES ANS,
LE Vᴱ JOUR DE MARS. — PRIEZ DIEU POUR LUY.

ARMES. *LE SECQ : D'argent à un arbre ser de . . .*

Mss A², p. 346; — B², p. 132.

Près de la tombe, l'inscription suivante gravée sur une table de pierre surmontée d'un petit cintre, orné de la représentation de Jean Le Secq et de sa femme
agenouillés aux pieds de la croix, était fixée au pilier de la chapelle du Sépulcre :

1779. — LES MARGUILLIERS PRESENS ET ADVENIR DE L'ŒUVRE ET FABRIQUE DE
L'EGLISE ‖ MONSIEUR SAINCT EUSTACHE SONT TENUZ FAIRE DIRE, CHANTER ET CEL-
LEERER PERPE‖TUELLEMENT, A TOUSJOURS, A L'INTENTION DE HONNORABLE HOMME
JEHAN LE SECQ, ‖ BOURGEOIS DE PARIS, ET MAGDELAINE VARIN, JADIS SA FEMME,
LEURS ENFANS ‖ ET HERITIERS, AU CHŒUR DE LADICTE EGLISE, PAR CHASCUN AN, LE
JOUR DE LA RESURRECTION ‖ DE NOSTRE SEIGNEUR, A L'HEURE DE SIX HEURES ET
DEMIE DU SOIR, UNG SALUT ‖ AUQUEL SE DOIBVENT DIRE LES VESPRES DU JOUR, ET
EN FIN DUDICT SALUT SERA CHANTÉ, ‖ SUR LA FOSSE DESDICTS LE SECQ ET SA FEMME,
LE *REGINA CŒLI* ET *DE PROFUNDIS* ET ‖ ORAISONS ACCOUTUMÉES, *SUBMISSA VOCE*,
DEVOSTEMENT ET A LOISIR, ET SE DOIBT ‖ CHANTER LE RESPONDS DESDICTES VESPRES
PAR DEUX DES SIX CHAPPELLAINS AVEC LES ‖ DEUX CLERCS DU CHŒUR, LE TOUT AVEC
LES ORGUES, ET AUSSY SE DOIBT FAIRE L'OF‖FICE PAR MONSIEUR LE CURÉ OU PAR
L'UN DE MESSIEURS SES VICAIRES, ET AUQUEL SALUT ‖ DOIBVENT ASSISTER LEDICT
SIEUR CURÉ, SES DEUX VICAIRES, SIX CHAPPELLAINS, DIACRE ‖ ET SOUBZ DIACRE, DEUX
CLERCS DU CHŒUR, DEUX CLERCS DE L'ŒUVRE, LE CONFESSEUR ‖ DUDICT SIEUR LE
SECQ, ENFANS ‖ DE CHŒUR, VERGERS ET MESSIEURS LES MARGUILLIERS DE LADICTE‖
FABRIQUE, ET AUQUEL SALUT DOIBVENT ESTRE EMPLOYEZ LES BEAUX PAREMENS ‖
ET CHAPPES QUI ONT ACCOUSTUMÉ SERVIR AUDICT JOUR; AUSSY DOIBVENT ESTRE ‖
ALLUMEZ TOUS LES CIERGES DE LA TRAVERSE DU CHŒUR DE LADICTE EGLISE ET
DEUX CIERGES ‖ SUR L'AUTEL; AUSSY DOIBT ‖ ESTRE LE SALUT SONNÉ PAR DEUX VOL-
LÉES DE CARILLON ‖ AVEC LA GROSSE CLOCHE, ET PUIS TINTER PAR TRENTE COUPS;
ET EST TENU LEDICT SIEUR ‖ CURÉ OU AULTRE QUI EN SON LIEU FAICT L'ABSOUTE, LE
MATIN DUDICT JOUR AVERTIR ‖ LES PARROISSIENS DE LADICTE EGLISE QUE LEDICT
SALUT SE DOIBT DIRE AU JOUR, LIEU ‖ ET HEURE; ET A CHASCUN DESQUELS SALUTS SONT
TENUS LESDICTS SIEURS MARGUILLIERS FAIRE ‖ LES DISTRIBUTIONS QUI ENSUIVENT,
ASSAVOIR : AUDICT SIEUR CURÉ VINGT SOLS TOURNOIS; AUX ‖ DEUX VICAIRES, SIX
CHAPPELAINS, DIACRE ET SOUBZ DIACRE, DEUX CLERCS DU CHŒUR ‖ ET ENCORE AUDICT
SIEUR CURÉ OU A CELLUY QUI DONNERA LEDICT AVERTISSEMENT, A CHACUN ‖ CINCQ
SOLS, ET AU CLERC DE L'ŒUVRE PORTANT SURPLIS SEPT SOLS ET SIX DENIERS; AU ‖ CLERC
LAY DE L'ŒUVRE, DIX SOLS, A L'ORGANISTE, DIX SOLS, ‖ AU SOUFFLEUR TROIS SOLS;‖
A CELLUY DESDICTS VERGERS QUI ALLUMERA LADICTE TRAVERSE IIII SOLS TOURNOIS; A

QUATRE AU‖TRES VERGERS, CHASCUN DEUX SOLS ET SIX DENIERS TOURNOIS; AUX
QUATRE ENFANS ‖ DE CHŒUR A CHASCUN UNG SOL, ET ENCORE A CHASCUN DES DES-
SUSDICTS UNE CHANDELLE ‖ DE CIRE BLANCHE DE XVIII DENIERS TOURNOIS, ET A
CHASCUN DESDICTS SIEURS CURÉ ET DESDICTS ‖ QUATRE MARGUILLIERS ET AUDICT
JEHAN LE SECQ, ET, APRES SON DECEDS, AU PLUS AIS‖NÉ DESDICTS ENFANS, PARENS
OU HÉRITIERS UNE DEMIE LIVRE DE BOUGIE DE CIRE BLAN‖CHE, LE TOUT MOYEN-
NANT CERTAINE RENTE QUE LEDICT LE SECQ A CONSTITUÉE A LADICTE ‖ FABRIQUE,
COMME LE TOUT EST A PLAIN DECLARÉ EZ LETTRES DE LADICTE FONDATION DE ‖ CE
FAICTES ET PASSÉES PAR DEVANT JEHAN THIRIAT ET PIERRE DOUJAT, NOTAIRES ‖
DU ROY, NOSTRE SIRE, EN SON CHASTELLET DE PARIS, L'AN MIL Vᶜ IIIIˣˣ VIII, LE
DEU‖XIESME JOUR D'APVRIL. ‖ LEDICT LE SECQ EST DECEDDÉ LE 19 DE JUING 1589.

Bibl. nat., ms. fr. 8237, p. 14 (reproduction figurée)[1].

JÉRÔME D'ESCAMAIN.

Épitaphe gravée sur une table de marbre posée contre la porte de la rue des
Prouvaires :

1780. — HIEROSME D'ESCAMAIN, SEIGNEUR DE LAUNAY ET DE SAINT MICHEL SUR
ORGE, BOISSY, L'ESTOUTEVILLE ET DAME BLANCHE, COMMISSAIRE ORDINAIRE DES
GUERRES, AYANT VESCU SOIXANTE NEUF ANS, CESSA DE MOURIR LE XXIXᵉ JOUR D'AOUST
M DC XI, POUR COMMENCER A VIVRE SA VIE; EUT LA PIETÉ POUR CONDUITE, LA
VERTU POUR EXERCICE, L'HONNEUR POUR CONTENTEMENT; ET IL EST REGRETTÉ PAR
LES LARMES DE LOUYS ET JEAN D'ESCAMAIN SES ENFANS ET DE FEUE DAMOYSELLE
FRANÇOISE COURTIN, QUI ONT DONNÉ CECI A SA MEMOIRE ET A LEUR DEBVOIR. —
PRIEZ DIEU POUR EULX.

ARMES. *ESCAMAIN : D'azur à trois cors de chasse liés d'or.*
— *COURTIN : D'azur à trois croissants d'or.*

Mss A², p. 351 ; — B⁴, p. 141.

Épitaphe fixée à l'un des piliers de la chapelle du Sépulcre :

JEAN BLATIER ✚ JEANNE MULLOT.

1781. — CY DEVANT SOUBS CESTE TUMBE GIST HONNORABLE HOMME JEHAN BLA-
TIER, MARCHANT DE POISSON DE MER ET BOURGEOIS DE PARIS, LEQUEL EST TRES-
PASSÉ LE XVIIᵉ JOUR DE JUILLET M D XCIV.

---

[1] Cette inscription subsiste dans l'église de
Saint-Eustache; Guilhermy n'avait pas cru devoir
lo publier à cause des «nombreuses lacunes que
présente le texte». (T. I, p. 133.)

AUSSY GIST HONNORABLE FEMME JEHANNE MULLOT, FEMME DUDICT BLATIER, QUI
DECEDDA LE XVE DECEMBRE M DC VII. — PRIEZ DIEU POUR EULX.

ARMES. *BLATIER : D'azur au chevron accompagné de trois épis de blé, le tout d'or.*

Mss A², p. 351; — B¹, p. 142.

Tombes plates devant la chapelle du Sépulcre :

JACQUES DU CHESNE ✚ CATHERINE YON.

1782. — CY DESSOUBS GISENT LES CORPS DE FEUES HONNORABLES PERSONNES
JACQUES DU CHESNE, VIVANT MARCHANT ET BOURGEOIS DE CESTE VILLE DE PARIS,
QUI DECEDA LE XVIE JOUR D'AOUST M DC XCV, ET CATHERINE YON, SA FEMME, QUI
DECEDDA LE IER JOUR DE MAY M DC....

ARMES. *Du Chesne : D'azur à trois glands d'or, les deux du chef affrontés; à l'étoile du même
en abîme.*

Mss A², p. 351; — B¹, p. 142.

CLAUDE REGNAULT ✚ MARGUERITE BIZARD ✚ MARIE BOUTIGNY.

1783. — CY GIST HONNORABLE HOMME CLAUDE REGNAULT, EN SON VIVANT MAR-
CHANT ET BOURGEOIS DE PARIS, QUI DECEDA LE..... AUSSY [GIST] HONNORABLE
FEMME MARGUERITE BIZART, FEMME EN PREMIERES NOPCES DUDICT REGNAULT, QUI
DECEDDA LE PREMIER JOUR D'APVRIL M D LXII.

AUSSY GIST MARIE BOUTIGNY, FEMME EN SECONDES NOPCES DUDICT REGNAULT,
QUI DECEDDA LE ... — PRIEZ DIEU POUR EULX.

Mss A², p. 350; — B¹, p. 133.

CHARLES BAUDOIN.

1784. — CY GIST HONNORABLE HOMME CHARLES BAUDOYN, VIVANT BOURGEOIS
DE PARIS, LEQUEL DECEDDA LE DIMANCHE ... JOUR DE SEPTEMBRE MIL ... XIII. —
PRIEZ DIEU POUR LUY.

ARMES. *D'argent à l'arbre de sinople; au chef de gueules chargé de trois étoiles d'or.*

Mss A², p. 350: — B¹, p. 133.

JACQUES DUBOIS ✚ LOUISE CHARPENTIER.

1785. — CY GIST HONNORABLE HOMME JACQUES DU BOYS, EN SON VIVANT MAR-
CHANT BOURGEOIS DE PARIS, NATIF D'ORLEANS, LEQUEL DECEDDA LE XVIII JOUR DE
MAY M DC...

ET LOYSE CHARPENTIER, SA FEMME, QUI DECEDDA LE... PRIEZ DIEU POUR EULX.

Mss A², p. 362; — B¹, p. 212.

Monuments funéraires et inscriptions contre le pilier 22 :

HONORÉ DES MARTINS.

A cet endroit paraît avoir été transportée l'inscription qui a été reproduite ci-dessus, n° 1549. A côté de cette inscription, ou à sa place même, fut érigé un monument funéraire plus important. Il se composait d'une grande table rectangulaire de pierre, encadrée de moulures et surmontée d'un fronton triangulaire portant

Épitaphe de Honoré des Martins.

un écusson timbré d'un heaume et entouré du collier de l'ordre de Saint-Michel, avec des faisceaux de drapeaux sur les rampants et deux vases fumants en bronze doré, aux extrémités; la base était ornée d'une tête de mort ailée posée sur une pomme de pin, le tout en bronze doré.

L'inscription de ce monument était ainsi conçue :

1786. — D. O. M. ‖ DEVANT CE PILLIER GIST ET EST ENSEVELY LE CORPS ‖ DE MES-
SIRE HONNORÉ DES MARTINS, DICT DE GRILLES, EN SON VIVANT SEIGNEUR ET BARON
DES BAUX EN PROVENCE, ‖ CHEVALLIER DE L'ORDRE DU ROY, CONSEILLER EN SON
PRIVÉ ‖ CONSEIL D'ESTAT, CAPITAINE DE CINQUANTE HOMMES D'ARMES ‖ DE SES ORDON-
NANCES, ET SON SENESCHAL DE BEAU‖CAIRE ET NISME. IL FUT VAILLANT, VERTUEUX‖
CHEVALLIER ET FORT FIDELLE SERVITEUR DE SON PRINCE, ‖ AYANT TRES BIEN ET
LOYAUMENT SERVY LES FEUZ ROYS DE FRANCE DE BONNE MEMOIRE FRANÇOIS Iᴱᴿ,‖
HENRY II, FRANÇOIS II, CHARLES IX ET HENRY III, ‖ A PRÈSENT REGNANT, EN PLU-
SIEURS GRANDS ET ‖ DIGNES EFFECTS, TANT EN PAIX QU'EN GUERRE, COMME ‖ LES HIS-
TOIRES DE CES TEMPS [QUI] NE LAISSENT ENSEVELIR ‖ SON NOM EN RENDENT TESMOI-
GNAGE; AYANT ESTÉ AIMÉ ET BENEFICIÉ DES ‖ ROYS. PAR SA NOMPAREILLE VALLEUR
ET APRES SA MORT ‖ REGRETTÉ DE TOUS CEUX QUI L'ONT COGNEU, AULTANT‖
QUE HOMME LE SÇAUROIT ESTRE. IL DECEDA EN ‖ CETTE VILLE DE PARIS, LA NUICT
PRECEDANTE LE XVᴱ ‖ JOUR DU MOIS DE NOVEMBRE DE L'AN 1581 ET ‖ DE SON AGE LE
LVIIIᵉ. ‖ PRIEZ DIEU POUR LUY.

ARMES. *De gueules à la bande d'or chargée d'un grillon de sable.*

Tombeaux de Gaignières (orig. ms.), fol. 10.

———————

PIERRE SAUMON + CATHERINE CRIEUR.

Inscription gravée sur une table de marbre encadrée d'une bordure à compartiments accompagnée de deux consoles soutenant un fronton cintré avec deux têtes
de chérubin et deux écussons entourés de branches de laurier en sautoir, et décorée à la base d'un cartouche portant une tête de mort sur des ossements en sautoir, le tout en marbre blanc et noir :

1787. — LES MARGUILLIERS DE L'ŒUVRE ET FABRIQUE MONSIEUR SAINCT ‖ EUS-
TACHE A PARIS, PRESENS ET ADVENIR, SONT TENUS FAIRE DIRE CHAN‖TER ET CELE-
BRER A PERPETUITÉ, EN LADICTE EGLISE, A L'INTENTION DE HONNORA‖BLES PERSONNES
PIERRE SAULMON, VIVANT MARCHANT MERCIER, BOURGEOIS ‖ DE PARIS, ET CATHERINE
CRIEUR, SA FEMME, ET DE LEURS PARENS ET A‖MIS TRESPASSEZ, PAR CHACUN AN,
LE XVIIᴱ JOUR DE SEPTEMBRE OU AUL‖TRE PLUS PROCHE, UNG *OBIIT* SOLEMPNEL
AUQUEL SERONT DICTES *VIGLLES,* ‖ *LAUDES, RECOMMANDACES* ET TROIS HAULTES
MESSES, ET AVANT QUE COM‖MENCER LA DERNIERE SERA CHANTÉ L'HYMNE *VEXILLA*
REGIS PRODEUNT ‖ AVEC LE VERSET ET ORAISONS, SANS OUBLIER LE TRAICT *SICUT*
CERVUS ET LA ‖ PROSE DES TRESPASSEZ, ET A LA FIN D'ICELLE DERNIERE MESSE, EN
ALLANT SUR ‖ LA SEPULTURE, SERA AUSSY CHANTÉ *LIBERA, DE PROFUNDIS* AVEC LES
ORAI‖SONS ACCOUSTUMÉS ET L'ANTIENNE *SALVE REGINA* AVEC LE VERSET ‖ ET ORAI-
SON; LEQUEL *OBIIT* SERA SONNÉ LA VEILLE ET LE JOUR DE LA GROSSE ‖ SONNERIE ET
L'AUTEL PARÉ DES BEAUX PAREMENS DES TRESPASSZ, ‖ AVEC LA PRESENTATION ET BEAU
POESLE; AUQUEL *OBIIT* ASSISTERONT ‖ MONSIEUR LE CURÉ, MESSIEURS SES VICAIRES ET

SIX CHAPPELAINS, DIACRE ET SOUBZ ‖ DIACRE, DEUX CLERCS DU CHŒUR, DEUX CLERCS DE L'ŒUVRE ET MESSIEURS LES MAR‖GUILLIERS ET DOUZE PAUVRES HONTEUX QUI IRONT A L'OFFRANDE, ET SERA ‖ FOURNY LE LUMINAIRE, SÇAVOIR DEUX CIERGES SUR L'AUTEL, QUATRE AUTOUR ‖ DE LA PRESENTATION ET UNG POUR L'OFFRANDE, DE QUATRE ONCES PIECES, ‖ PAIN, VIN ET DOUBLES POUR LES PREBSTRES, PARENS ET AMIS, QUATRE ONCES ‖ DE BOUGIE POUR LES FEMMES ET UNE BOUGIE ET UNG SOL A CHACUN DESDICTS ‖ PAUVRES HONTEUX; ET QUANT AUX DISTRIBUTIONS D'ARGENT ET DE PAIN, ‖ ELLES SERONT FAICTES AINSY QU'IL A ESTÉ ACCORDÉ PAR LE CONTRACT LE TOUT ‖ MOYENNANT CERTAINE RENTE QUE LADICTE CRIEUR A CONSTITUÉE SUR UNE ‖ MAISON, AINSY QUE LE TOUT EST PLUS AU LONG DECLARÉ ET CONTENU ES ‖ LETTRES DE LADICTE FONDATION, PASSÉES PAR DEVANT JEHAN LE CAMUS ET ‖ PIERRE DOUJAT, NOTAIRES DU ROY AU CHASTELET DE PARIS, LE VINGT HUICTIESME ‖ JOUR D'AOUST MIL SIX CENT SIX.

ARMES. *SAUMON : De. . .au saumon de. . .en fasce accompagné en chef de deux étoiles et en pointe d'une rose de. . .*

— *CRIEUR : De . . . à la cloche de . . .*

Bibl. nat. . ms. fr. 8237, p. 33 (reproduction figurée).

PIERRE ✚ FRANÇOISE CHUPIN.

Épitaphe gravée sur une table de marbre noir bordée de deux plaques de marbre veiné découpées en creux :

1788. — CY DEVANT GISENT SOUBZ CESTE TUMBE NOBLE HOMME PIERRE ‖ CHUPIN, ESCUYER, CONSEILLER DU ROY, LIEUTENANT DE SES GARDES, ‖ EN LA PREVOSTÉ DE L'HOSTEL ET GRANDE PREVOSTÉ DE FRANCE, QUI ‖ DECEDA LE 1ᵉʳ JOUR DE L'ANNÉE MIL SIX CENT QUARANTE QUATRE, AGÉ DE ‖ QUARANTE HUICT ANS;

ET DAMOISELLE FRANÇOISE CHUPIN, SA FILLE, QUI EST DECEDÉE ‖ LE VINGT SEP-TIESME DE JUIN DE LA MESME ANNÉE, AGÉE DE CINQ MOIS. ‖ PRIEZ DIEU POUR LEURS AMES.

Bibl. nat., ms. fr. 8237, p. 77 (reproduction figurée).

PHILIPPE BRULÉ ✚ BARBE MÉNARD.

Inscription gravée sur une table de marbre noir, bordée d'une plate-bande semée de larmes, et surmontée de deux écussons, l'un timbré d'un heaume à lambrequins, l'autre entouré de deux palmes.

1789. — LAUS DEO, ‖ PAX VIVIS, ‖ REQUIES DE‖FUNCTIS. ‖ MESSIEURS LES MAR-GUILLIERS DE CESTE EGLISE DE SAINCT EUS‖TACHE SONT TENUS DE FAIRE CELEBRER, LE MARDI DE PASQUES, ‖ A PERPETUITÉ, UNE MESSE BASSE EN LA CHAPELLE DE SAINCT

Mi‖chel, sur les huict heures du matin; plus a six heures du ‖ soir, après avoir faict sonner les quatre petites cloches ‖ et deux volées de carillon au grand clocher, faire chanter ‖ solennellement au chœur un salut ou sera dict *Veni Cre‖ator* et l'oraison, puis les vespres du jour, le repons, a quatre ‖ chappes avec l'orgue, le grand autel paré des beaux orne‖mens du jour, de la croix, de dix gros chandeliers d'argent, ‖ avec deux autres pour le *Magnificat;* l'oraison dite pour ‖ la station sera chantée par les enfans de chœur *O filii* ‖ et *filiæ* avec l'orgue; monsieur le curé, revestu de chappe, accom‖pagné de deux choristes revestus de chappes, de messieurs les vi‖caires, huict chapelains, diacre et soudiacre, ‖ du maistre des enfans de chœur et de quatre vergers ayans ‖ tous une bougie ardente en main, precedés de la haulte ‖ croix [de] vermeil doré, avec deux chandeliers et deux torches ‖ d'une livre piece, passeront devant la chapelle du Sainct Se‖pulchre et viendront devant le Crucifix; l'*O filii* fini, sera ‖ dit *Domine non secundum, Ne recorderis, De profun‖dis* et les oraisons accoustumées a l'intention du sieur ‖ Philippes Bruslé, marchand bourgeois de Paris, qui ‖ a icy esleu sa sepulture avec Barbe Mesnard, sa ‖ femme, ses enfans et parens, devant la susdicte chapelle ‖ Sainct Michel, a coste et vers le Crucifix ou ladite Barbe ‖ Mesnard est enterrée, decedée le 21 may 1671, aagée ‖ de 36 ans, le tout suivant le contract passé par devant ‖ Simon Moufle et Noël de Beauvais, notaires a Paris, le 20 mars 1674. Et ledit sieur Philippes Bruslé [est] decedé ‖ le 18 de juin 1701, agé de 79 ans et 3 mois. ‖ Requiescant in pace.

Armes. Brulé : *D'azur au phénix sur un bûcher du même, regardant un soleil naissant et mouvant du canton dextre du chef, le tout d'or.*

— Ménard : *De . . .à l'arbre de . . .terrassé de . . .et accompagné de deux palmes de . .*

Bibl. nat., ms. fr. 8237, p. 111 (reproduction figurée).

DENIS DANGEREUX ✛ ANDRÉE SAILLARD.

Au pied du pilier devant la chapelle de Saint-Michel, leur tombe plate portait cette épitaphe[1] :

1790. — Cy gist honnorable homme Denis Dangereux, bourgeois de Paris, lequel decedda le jeudy 11e jour de janvier m dc xxv, aagé de lxvii ans; et honnorable femme Andrée Sallart, sa femme, laquelle decedda le.....

Mss A³, p. 355; — B⁴, p. 169.

[1] D'après l'inventaire des titres paroissiaux, Denis Dangereux aurait été inhumé dans une fosse «proche la petite du chœur». (Arch. nat. LL 1723, p. 53), tandis que les mss. A² et B⁴ placent sa tombe devant la chapelle de Saint-Michel. Si ces indications contradictoires sont cependant exactes, il faut admettre que l'on avait dû déplacer la sépulture pour la rapprocher de l'inscription fixée au pilier 45.

Inscriptions fixées contre le pilier 44 :

NICOLAS ALLAIS.

Inscription gravée sur une table carrée de marbre blanc, au-dessous de deux palmes en sautoir, encadrée d'un filet cintré dans le haut :

1791. — Nicolas Allais, ‖ bourgeois de Paris, a fondé en cette ‖ eglise une messe basse chaque jour de ‖ l'année et trois messes chaque ‖ semaine, a perpetuité, pour le repos de son ame, comme ‖ il est porté au contract passé devant ‖ Courtois et Le Masle, notaires au Chastelet ‖ de Paris, le 20 septembre 1706. Il a esté ‖ inhumé en cette eglise, le lendemain ‖ de sa mort, arrivée le 19 septembre 1706. ‖ Priez Dieu pour luy.

Ms. C¹, fol. 110 (reproduction figurée).

FRANÇOIS DE CAILLIÈRES.

Épitaphe gravée sur une table de marbre blanc cintrée dans le haut :

1792. — D. O. M. ‖ Cy gist messire François de Callieres, ‖ chevallier, sei-gneur de La Rochechellay et ‖ de Gigny, conseiller du Roy en ses Conseils, ‖ secretaire du cabinet de sa Majesté, un des ‖ Quarante de l'Academie fran-çoise, cy de‖vant ambassadeur extraordinaire et pleni‖potentiaire de France a la negotiation de la ‖ paix de Riswick, et envoyé extraordinaire ‖ en Lor-raine, qui deceda le 5 mars 1717, ‖ agé de soixante et onze ans. Il a insti-tué ‖ legataires universels de ses biens les pauvres ‖ de l'Hostel Dieu de Paris et fondé en ‖ cette esglise une messe chaque jour a per‖petuité. De laquelle fondation le contract a esté ‖ passé par devant Courtois et Bailly, not‖taires au Chastelet de Paris, le 8 may 1718, ‖ entre messieurs les administrateurs de ‖ l'Hostel Dieu, qui lui ont fait eriger cette ‖ epi-taphe et messieurs les marguilliers de ‖ cette paroisse.

Armes. *D'azur à neuf cailles d'or en orle.*

Bibl. nat., ms. fr. 8237, p. 133 (reproduction figurée) [1]; — Piganiol, t. III, p. 193.

[1] D'après une note du manuscrit C¹, cette épita-phe fut mise à la place de la précédente, le 15 juin 1718. On transporta alors celle de Nicolas Allais contre le pilier 24. (Ms. C¹, fol. 40.)

FONDATION DE LOUIS DE CREIL [1].

Inscription gravée sur une table de pierre :

1793. — LES MARGUILLIERS PRESENS ET ADVENIR DE L'ŒUVRE ET FABRICQUE DE CESTE EGLISE SAINCT EUSTACHE SONT TENUZ FAIRE DIRE EN LADICTE EGLISE, À UNE HEURE APRES MIDY, CHACUN JOUR DE DIMANCHE ET TOUS LES JOURS DE FESTES DE L'AN, A PERPETUITÉ, FORS LE CARESME ET ADVENT, UNG SERMON PAR UNG DOCTEUR EN THEOLOGIE OU AUTRE HOMME DE BON SÇAVOIR, DE BON REGNOM ET SANS AUCUNE MAUVAISE NOTTE QUI SERA TROUVÉ ET PRIÉ PAR LESDICTS MARGUILLIERS ET PAR EULX PRESENTÉ AU CURÉ D'ICELLE, EN LEUR ABSENCE A SON VICAIRE, ET POUR CE FAIRE SONT LESDICTS MARGUILLIERS TENUZ DONNER ET PAYER AUDICT PREDICATEUR, PAR CHACUN JOUR, XX SOLS TOURNOIS, LUY FOURNIR DE SURPLIS, PAYER AU CLERC DES SERMONS XVIII DENIERS TOURNOIS ET AU PORTE VERGE AULTRES XVIII DENIERS TOURNOIS, A LA CHARGE QUE LEDICT PREDICATEUR SERA TENU DE ADMONESTER LES AUDITEURS DE DIRE A CHACUN SERMON *PATER* ET *AVE* A L'INTENTION DES FONDA- TEURS. PLUS LESDICTS MARGUILLIERS SERONT TENUZ FAIRE SONNER LEDICT SERMON A L'HEURE ACCOUSTUMÉE, BAILLER CHAMBRE HONNESTE POUR RETIRER ET RECEPVOIR LEDICT PREDICATEUR ATTENDANT L'HEURE POUR COMMENCER LEDICT SERMON, ET LES- DICTS CLERC DES SERMONS ET PORTE VERGES SONT TENUS LE RECEPVOIR ET CONDUIRE A LADICTE CHAMBRE EN LUY FAISANT COMPAIGNIE ET LUY BAILLER FEU, PAIN ET VIN ET QUELQUE BOUESTE POUR SA COLLATION, ET LE SERMON ESTANT COMMENCÉ EST TENU LEDICT PORTE VERGE DURANT ICELUY SERMON ALLER ALLENTOUR DES AU- DITEURS POUR FAIRE CESSER ET EMPESCHER LE BRUICT, SI AUCUN EN FAICT; LE TOUT AUX DESPENS DE LADICTE ŒUVRE ET FABRICQUE, MOYENNANT CERTAINE SOMME DE DENIERS ET RENTE QUE LES FONDATEURS ONT BAILLEZ ET FOURNIS COMPTANT AUX- DICTS MARGUILLIERS, AINSY QUE LE TOUT EST A PLEIN DECLAIRÉ ES LETTRES DE LADICTE FONDATION PASSÉES PAR DEVANT PARQUE ET POUTRAIN, NOTAIRES DU ROY, NOSTRE SIRE, EN SON CHASTELLET DE PARIS, LE XVIIIe JOUR DE JUILLET M D LX ET XIII.

Bibliothèque de l'Arsenal, ms. 4615, fol. 1; — Bibl. nat., ms. fr. 8237, p. 9.

Monuments funéraires et inscriptions fixés contre le pilier 23 :

PIERRE COURTET ✛ JACQUELINE GILBERT.

Leur épitaphe était gravée dans un médaillon en forme de cœur, bordé de moulures, avec une tête d'ange ailé dans le haut, en guise d'agrafe et soutenu par deux petits génies assis; un cadre à crossettes surmonté d'un fronton roulé

[1] Le nom du fondateur nous a été indiqué par la note suivante : «La prédication en l'église de St Eustache fondée par Loys de Creil, moyennant 50[tt] de rente sur l'Hostel de Ville constituée le 1er juillet 1573 et 600[tt] comptant, par devant Parque et Poutrain, le 17 juillet 1573». (Arch. nat., L. 643, Extrait de l'Inventaire des fondations, n° 78.)

qui portait un cartouche avec écusson amorti par une croix, et un soubassement imitant un cénotaphe orné d'un cartouche armorié entre deux consoles posées sur des triglyphes complétaient la décoration de ce monument en marbre blanc et noir appliqué sur une dalle de pierre :

1794. — Deus adjutorium meum. – ‖Après avoir voué leurs ames et l'affec-tion de ‖ leur cœur a Dieu, gisent cy devant les ‖ corps d'honnorables personnes Pierre ‖ Courtet, marchant maistre orfevre ‖ et bourgeois de Paris,

Monument funéraire de Pierre Courtet et Jacqueline Gilbert [1].

lequel decedda le 27ᵉ ‖ jour d'octobre 1622[2], ‖ et de Jaqueline ‖ Gilbert, sa femme, laquelle ‖ decedda le vᵉ jour de no‖vembre 1605. ‖ Priez Dieu qu'il ‖ leur fasse mercy.

[1] Réduction d'un dessin du ms. fr. 8237 (fol. 48). — [2] Ou 1629, d'après les mss A² et B⁴.

ARMES. COURTET : *D'azur au chevron d'or accompagné en chef de deux étoiles et en pointe d'un lion et surmonté d'un soleil, le tout d'or.*

— GILBERT : *D'argent au chevron d'azur accompagné de trois têtes de sanglier arrachées de sable et surmonté d'un croissant de gueules.*

Bibl. nat., ms. fr. 8237, p. 48 (reproduction figurée): — Mss A², p. 352 : — B³, p. 150.

SIMON DE LAUNAY ✚ ÉLISABETH VOYSIN
MICHEL DE LAUNAY ✚ ANNE MANTEL ✚ JEAN DE LAUNAY.

1795. — ÉPITAPHE. ‖ CY GISENT SOUBZ LA TUMBE DEVANT POSÉE ‖ HONNORABLE HOMME SYMON DE LAUNAY, ‖ EN SON VIVANT MARCHANT DE SALINE, ‖ BOURGEOIS DE PARIS, QUI FUT MARGUILLIER ‖ DE CESTE EGLISE, DECEDDÉ LE XXII JOUR DE JUIN ‖ MIL VI^c XX, DE SON AAGE LE LXXI; ET HONNORABLE FEMME ELIZABETH VOY‖SIN, JADIS SA FEMME, DECEDDÉE DES LE VIe ‖ JOUR DU MOIS DE JANVIER MIL VI^c XV, ‖ DE SON AAGE LE LVIIIe. AUSSY ‖ GISENT LES CORPS DE HONNORABLE HOMME ‖ MICHEL DE LAUNAY, MARCHANT BOUR‖GEOIS DE PARIS, QUI DECEDDA LE 15 MARS ‖ 1636, AAGÉ DE 60 ANS, ET D'ANNE ‖ MANTEL, SA FEMME, LAQUELLE DECEDDA LE ‖ 12 MARS 1641 [1]. ‖ PRIEZ DIEU POUR LEURS AMES.

NOBLE HOMME MAISTRE JEHAN DE LAUNAY, VIVANT ADVOCAT EN PARLEMENT, FRERE DE DEFFUNCT MICHEL DE LAUNAY, ENFANS DESDITS DEFFUNCTS SIMON DE LAUNAY, SES PERE ET MERE. PRIEZ DIEUX POUR EULX.

ARMES. *D'azur au besant d'or accompagné en chef de deux étoiles du même et en pointe d'un croissant d'argent.*

Bibl. nat., ms fr. 8237, p. 43 (reproduction figurée); — Mss A², p. 350 : — B⁴, p. 134.

Monuments funéraires et inscriptions appliqués contre le pilier 45 :

JACQUES BLONDEL ✚ GENEVIÈVE PATIN.

Une table rectangulaire avec bordure à compartiments, accompagnée de consoles renversées, décorées de palmettes, et surmontée d'un fronton roulé, qui encadrait un cartouche avec écusson, le tout en marbre blanc et noir, portait les épitaphes suivantes :

1796. — D. O. M. - RESISTE PAULULUM, VIATOR, ET PIIS MANIBUS QUI ‖ CONDITI SUNT BENE PRECARE. JACET ET NOSTRO QUIDEM ‖ EXITIO VIR INTEGERRIMUS, JACOBUS

[1] Ou 1642 (mss A² et B⁴).

BLONDELUS, ‖ REGIUS QUONDAM PHARMACOPOLA, CIVIS PARISIENSIS. ‖ CUJUS SANE ACERBISSIMUS INTERITUS INCREDIBILEM ET ‖ INOPINATAM MŒSTISSIMÆ CONJUGI, DO-LENTIBUS ‖ LIBERIS, TOTI DENIQUE FAMILIÆ NIHIL TALE COGITANTI ‖ CALAMITATEM IMPORTAVIT. SED ILLUM UNUM IN TANTO LUC‖TU, MŒRORE CONSENESCENTES OMNIUM

Monument funéraire de Jacques Blondel et Geneviève Patin [1].

ANIMOS REFICIT ‖ ET RECREAT, CUM SCILICET AD MORTEM CONTINENDAM ‖ VEL AB IPSA ETIAM ADOLESCENTIA OPTIME ‖ INSTRUCTUM CONSTANTEMQUE SENEM MORS FIIED! NIMI‖UM REPENTINA INVENERIT. ABI, VIATOR, ET SORTIS NOS‖TRÆ MISERATUS TE TANDEM ALIQUANDO MORITURUM ‖ MEMENTO. OBIIT ANNUM AGENS 67ᵁᴹ, PRIDIE IDUS ‖ DECEMBRIS, ANNO REPARATÆ SALUTIS M DC XXI.

Bibl. nat., ms. fr. 8237, p. 45. — Mss A², p. 152; — B⁴, p. 144.

A la base du monument, formée d'une grande table rectangulaire de marbre soutenue par un cartouche orné de deux écussons accolés [1], on lisait, sur une petite tablette, le quatrain suivant :

1797. ARRESTE TOY, PASSANT, ET D'UNE SAINCTE ENVIE,
VERSE SUR CE CERCUEIL DE LARMES UN RUISSEAU.
ICI DECEMBRE A MIS LA MOICTIÉ DE MA VIE
PAR LAQUELLE JE MEURS VIVE SUR SON TOMBEAU.

et au-dessous cette épitaphe :

1798. — D. O. M. ‖ VIDE, VIATOR, CIRCULUS RES MORTALIUM CUI NASCI OBTIGIT NEC MORI NUNC RESTAT EREPTUM SIBI JACOBUM ‖ BLONDELUM CONJUX FIDISSIMA, GENOVEFA PATIN LUGEBAT; SUPERSTITEM SE QUEREBATUR; EHEU! IPSA ‖ DEMUM ALTERUM DOLORIS SEMPITERNI ARGUMENTUM LIBERIS RELICTURA INTERIIT, E VITA ISTA DISCEDENS ‖ TANQUAM EX HOSPITIO NON TANQUAM EX DOMO, ÆTATIS INEUNTE SEXAGESIMO, REPARATÆ SALU‖TIS M DC XXX, PRIDIE NONAS JULIAS.
ORATE PRO MORTUIS. ‖ ΧΑΡΙΣ ΑΜΕΤΑΜΕ ΛΗΤΟΣ.

ARMES. *BLONDEL : D'azur à trois épis de blé soutenus d'un croissant, le tout d'argent.*
— *PATIN : De... au sautoir engrêlé, chargé de cinq étoiles de..., accompagné à dextre et à senestre d'un croissant, en chef et en pointe d'un tourteau de..., au chef denché de...*

Mss A², p. 351 ; — B⁴, p. 146.

DENIS DANGEREUX.

Inscription gravée sur une table rectangulaire avec bordure à compartiments, accompagnée de deux consoles et surmontée d'un fronton brisé, le tout en marbre blanc et noir :

1799. — MESSIEURS LES MARGUILLIERS DE L'EGLISE SAINCT EUSTACHE ‖ PRESENS ET AVENIR SONT TENUZ ET OBLIGEZ FAIRE DIRE, CHAN‖TER ET CELLEBRER A PERPETUITÉ AU CHŒUR DE LADICTE EGLISE POUR LE ‖ REMEDE DE L'AME DE DEFFUNCT HONNORABLE HOMME DENIS ‖ DANGEREUX VIVANT BOURGEOIS DE PARIS, ET DE SES PARENS ‖ ET AMIS TRESPASSEZ, LE DEUXIESME JANVIER OU AUTRE JOUR PLUS COM‖MODE UN *OBIIT* SOLEMPNEL AUQUEL SE DIRONT LA *VIGILES, LAU‖DES* ET *RECOM-*

[1] L'écusson de Jacques Blondel était surmonté de sa devise : CRESCIT IN ADVERSIS VIRTUS.

MANDACES, ET LE LENDEMAIN TROIS HAULTES MESSES ‖ ET AVANT QUE COMMENCER
LA DERNIERE SERA CHANTÉ *VEXILLA RE‖GIS PRODEUNT*, AVEC LE VERSET ET L'ORAISON;
SERA AUSSY CHANTÉ LE ‖ TRAICT *SICUT SERVUS*, SANS OUBLIER LA PROSE DES TRES-
PASSEZ, ET ‖ APRES ICELLE, EN ALLANT SUR LA SEPULTURE, *LIBERA*, DE *PROFUNDIS*
ET ‖ ORAISONS ACCOUTUMÉES, ET *SALVE REGINA*, VERSET ET ORAISON; ‖ LEQUEL *OBIIT*
SERA SONNÉ LA VEILLE ET LE JOUR DE LA GROSSE ‖ SONNERIE; AUQUEL *OBIIT* ASSIS-
TERONT MONSIEUR LE CURÉ, MESSIEURS SES ‖ VICAIRES, SIX CHAPPELAINS, DIACRE ET
SOUBZ DIACRE, DEUX CLERCS ‖ DU CHŒUR, DEUX CLERCS DE L'ŒUVRE, MESSIEURS LES
MARGUILLIERS ET DOUZE ‖ PAUVRES HONTEUX AUSQUELS SERA DONNÉ A L'OFFRANDE
UN SOL ET ‖ UN PAIN DE MEILLEUR PRIX A TOUS LES DESSUSDICTS, SERA FAICT DIS‖
TRIBUTION D'ARGENT ET DE PAIN, COMME IL EST ACCOUSTUMÉ A TELS ‖ *OBIITS*, ET
LESDICTS SIEURS MARGUILLIERS SERONT TENUS DE FOURNIR LES ‖ BONS PAREMENS,
BEAU POELLE, PRESENTATION, LUMINAIRE DOUBLE ET ‖ PAIN ET VIN DE L'OFFRANDE,
BOUGIE POUR LES DAMES, ET AUTRES CHOSES NECESSAIRES, MESME FAIRE AVERTIR
LES PARENS DUDICT JOUR ‖ DUDICT *OBIIT*, LE TOUT MOYENNANT CERTAINE SOMME
D'ARGENT QU'ILS ‖ ONT RECEU, COMME IL EST PLUS A PLEIN ‖ DECLARÉ AU CONTRACT‖
PASSÉ PAR DEVANT LE CAMUS ET LE SEMELIER, NOTAIRES ROYAULX ‖ AU CHASTELLET
DE PARIS, LE DERNIER JOUR DE JANVIER M VIᵉ ‖ XXV. ‖ REQUIESCAT IN PACE.

Bibl. nat., ms. fr. 8237, p. 50 (reproduction figurée).

PIERRE GUÉRIN ✝ JEANNE JUIN.

Sur une table de pierre, surmontée d'un fronton brisé qui encadrait un cartouche avec écusson amorti par une tête d'ange ailée, et flanquée de deux
pilastres portant des vases fumants, le tout en marbre blanc et noir, on lisait cette
inscription :

1800. — A ☧ Ω. PETRUS GUERIN, INTER HUJUS REGIÆ URBIS CIVES ORTHO‖DOXÆ
FIDEI ET AVITÆ RELIGIONIS CULTOR PRÆCIPUUS, MORUM ‖ CANDORE AC TOTIUS VITÆ
INTEGRITATE CUNCTIS CHARISSIMUS, ‖ POST SEPTUAGINTA QUATUOR ÆTATIS ANNOS
SOBRIE, JUSTE ET PIE ‖ TRANSACTOS, INCIPIENTE DOMINICÆ RESURRECTIONIS CELE-
BRITATE, ‖ DEPOSITA CARNIS SARCINA, AD SUUM AUCTOREM, FELICI PAS‖CHATE,
REMEAVIT, ANNO SALUTIS 1638, DIE 29 MARTII, FELIX ‖ ET OMNI BEATITUDINE DIGNUS
QUEM SENECTUS OCCUPAVIT ‖ CHRISTO SERVIENTEM, QUEMQUE EXTREMA DIES SALVA-
TORI VIGI‖LITANTEM INVENIENS, HANC SPEI SECURITATEM ILLE DEDERIT ‖ MANDARE
DE OSSIBUS SUIS UT IN SACRO SUÆ PARROCHIÆ‖PULVERE CONDITA, ULTIMUM MAGNI
DEI ADVENTUM EX‖PECTARE PERMITTERENTUR.

PUDICISSIMA AUTEM FIDISSIMA[QUE] CONJUX, JOANNA JUIN, ‖ SINCERÆ PIETATIS
PROPOSITO SOCIA AC PARI CHRISTIANARUM VIRTUTUM ‖ STUDIO GERMANA, ALIQUAN-
TULUM VIRO DEI SUPERSTES, IN ‖ EJUS DORMITIONE, FORTITUDINEM MENTIS OSTEN-
DENS, CON‖SOLABILES LACHRYMAS FIDEI GAUDIO REPRESSIT, EUMDEM‖QUE SIBI FINEM
SIMILI CHARITATE DISPONENS, JUXTA QUIES‖CENTES CINERES, EUMDEM TUMULUM
DESIDERAVIT ET HABUIT, ‖ VITAM CHRISTIANAM FINIENS ANNO ÆTATIS 82⁰, DIE 3⁰ ‖

ᴛEBRUARII 1642. OPTIMORUM PARENTUM FUNERIS SUMME ME‖MORES LIBERI ERGA ILLOS OFFICIA POSTREMI MUNERIS ET ‖ SUI HUMANI LENIMENTA MŒRORIS IMPLENTES, UT SE‖CUNDUM MERITUM EORUM LUCTUM FACERENT, TITULUM ‖ HUNC AD POSTERITATIS, ETIAM STIMULUM ET EXEMPLUM ‖ ERIGI CURAVERUNT, ANNO REPARATI GENERIS HUMANI MDCXL.

La base de ce monument, ornée d'une tête de mort ailée, portait, sur une tablette de marbre en forme de draperie, l'indication suivante :

1801. — LOCUS SEPULCHRI EST LAPIDEUS TUMULUS PROXIME PO‖SITUS AD RADICES HUJUS PROPINQUIORIS SUBSELLII CLAUSI SACRUM ‖ SACELLUM IMMEDIATE CONTINGENTIS. ‖ REQUIESCANT IN PACE.

ARMES. *D'azur au chevron d'or chargé de trois étoiles de sable et accompagné de trois mains ouvertes d'argent.*

Bib. nat., ms. fr. 8237, p. 65 (reproduction figurée).

FRANÇOIS BRUGIÈRE.

Épitaphe gravée dans un encadrement ovale avec agrafes sur une table de marbre blanc bordée d'un simple filet :

1802. — CY GIST MESSIRE FRANÇOIS ‖ BRUGIERE, VIVANT CONSEILLER, SECRETAIRE ‖ ET MAISTRE D'HOSTEL ORDINAIRE DU ROY ‖ ET CY DEVANT PREMIER SECRETAIRE DE ‖ MONSEIGNEUR DE CHASTEAUNEUF, GAR‖DE DES SCEAUX DE FRANCE, LEQUEL EST ‖ DECEDÉ LE 12 MARS 1672. ‖ PRIEZ DIEU POUR SON AME.

Bibl. nat., ms. fr. 8237, fol. 112 (reproduction figurée).

NICOLAS HERBIN ✦ GENEVIÈVE CHAPELAIN.

Épitaphe gravée au-dessous d'un blason timbré d'un heaume à lambrequins, sur une table de marbre noir découpée en forme d'écusson, encadrée d'une bordure à compartiments :

1803. — D. O. M. ‖ CY DEVANT GIST NICOLAS HERBIN, VIVANT ESCUIER, ‖ CONSEILLER SECRETAIRE DU ROY DU COLLEGE ANCIEN ET ‖ GREFFIER EN CHEF DE SON GRAND CONSEIL, LEQUEL A FONDÉ PAR SON TESTAMENT ‖ EN CESTE EGLISE, A PERPETUITÉ, LE LUNDY DE CHACUNE SEPMAINE, A L'AUTEL PRIVILEGIÉ, ‖ UNE MESSE BASSE PAR CONTRACT PASSÉ PAR DEVANT LE ‖ VASSEUR ET LE SEMELIER, NOTTAIRES AU CHASTELET DE ‖ PARIS, LE XVIIIᵉ JOUR DE NOVEMBRE MIL SIX CENT ‖ SOIXANTE ET DEUX.

ET DAME GENEVIEFVE CHAPPELAIN, VEUFVE ‖ DUDIT DEFFUNCT, LAQUELLE EST DECEDÉE LE CINQUIESME JOUR DE ‖ FEVRIER M DC LXXIII. ‖ PRIEZ DIEU POUR EUX.

ARMES. *D'azur au chevron d'or accompagné en chef de deux croissants et en pointe d'une gerbe de blé du même.*

Bibl. nat., ms. fr. 8237, p. 101 (reproduction figurée).

Tombes plates devant la chapelle du Saint-Esprit.

CLAUDE BIGOT.

Tombe plate de marbre noir :

1804. — CY GIST SOUBZ CESTE TUMBE MESSIRE CLAUDE BIGOT, VIVANT SIEUR DES FONTAINES, CONSEILLER DU ROY EN SES CONSEILS D'ESTAT ET PRIVÉ ET MAISTRE ORDINAIRE DES REQUESTES DE SON HOSTEL, LEQUEL A EXERCÉ SA CHARGE VINGT ANS ET PLUS AVEC HONNEUR ET BONNE REPUTATION, QUI DECEDDA LE XXIE SEPTEMBRE M DC XXII, AAGÉ DE LXVI ANS ET DEMY. – PRIEZ DIEU POUR LUY.

ARMES. *De sable au chevron d'or accompagné de trois têtes de léopard du même.*

Mss A², p. 350; — B⁴. p. 135.

JEAN SADOT ✚ CLAUDE HEDOUYN.

Autre tombe plate de marbre noir :

1805. — CY GISSENT ET REPOSENT SOUBZ CESTE TUMBE LE CORPS DE HONNORABLE HOMME JEHAN SADOT, EN SON VIVANT MARCHANT ET BOURGEOIS DE PARIS, LEQUEL DECEDDA LE... JOUR DE... M DC... AAGÉ DE...;
ET HONNORABLE FEMME CLAUDE HEDOUYN, VIVANTE FEMME DUDICT SADOT, QUI DECEDDA LE XIIE DE FEBVRIER M DC XXVIII, AAGÉ DE LV ANS. – PRIEZ DIEU POUR EULX.

ARMES. *De . . . à deux cottes d'armes soutenues de deux branches fleuries, et surmontées d'une étoile entre deux macles, issantes des deux cantons de l'écu, et accompagnées d'un croissant en pointe.*

Mss A², p. 350; — B⁴, p. 136.

Tombe plate entre les piliers 23 et 24 :

ANTOINE CHANTEAU + MARGUERITE DU VAL.

1806. — Cy gist honnorable homme Anthoine Chanteau, natif de Chaulme, paroisse de Chemilly pres Auxerre, en Bourgongne, et bourgeois de Paris, vendeur de poisson de mer frais, sec et sallé, lequel decedda le ... jour de... M DC...

Cy gist aussy honnorable femme Marguerite Du Val, natifve de Coulombe, femme en secondes nopces dudict sieur Chanteau, laquelle decedda le XXIXe jour de may M DC XVI, aagée de LXX ans. — Priez Dieu pour eulx [1].

ARMES. *Chanteau : D'or à trois poissons nageants de gueules, à la grappe de raisin d'azur en abime.*

— *Du Val : De... à trois roses de... surmontées d'une merlette.*

Mss A². p. 351; — B⁴, p. 138.

Tombes plates derrière la chaire :

JACQUES BLONDEL + GENEVIÈVE PATIN.

1807. — Cy gist honnorable homme Jacques Blondel, vivant appotiquaire du Roy et maistre appotiquaire et espicier et bourgeois de Paris, qui decedda, aagé de LXVII ans, le XIVe jour de decembre M DC XXI.

Aussy gist honnorable femme Geneviefve Patin, veufve dudict deffunct laquelle decedda, aagée de LX ans, le .. juillet 1630. - Priez Dieu pour eulx.

Bibl. nat., ms. fr. 8237, p. 46; — Ms. B⁴, p. 143.

PIERRE DE VACQUIEUX.

1808. — Cy gist noble homme Pierre de Vacquieux, en son vivant secretaire de la Chambre du Roy, qui deceda le IXe jour de juin M DXCIX. — Priez Dieu pour luy.

ARMES. *Vacquieux : D'or au chêne de sinople, à la vache de gueules couchée au pied.*

— *Crochet : D'azur à deux trèfles d'or surmontés d'une étoile d'or et accompagnés en pointe d'un croissant d'argent.*

Bibl. nat., ms. fr. 8237, p. 23: — Mss A². p. 361; — B⁴. p. 206.

---

[1] Ainsi qu'il sera constaté ci-après (n° 1826), Marguerite du Val avait été inhumée dans le collatéral du chœur, du côté droit, près de la chapelle de la Trinité. Le déplacement de la pierre tombale fut sans doute motivé par la reconstruction du chœur, effectuée peu de temps après son décès.

MAHIET DE LA HAYE.

1809. — Cy gist venerable et discrette personne monsieur Mahiet de La Haye, natif du bourg de Vertehueil, pres Mantes, prebstre habitué par l'espace de XXIV ans en l'eglise de Sainct Eustache, aagé de XLVIII ans, lequel decedda le XXVIIe de juing M DCXII.

Mss A². p. 352; — B¹. p. 151.

ANTOINE GATIEN.

1810. — Cy gist noble homme Anthoine Gatian, vivant secretaire du Roy, maison et couronne de France, et l'un de la maison du duc de Vendosme, qui trespassa le [V^e] jour de novembre M D[XXXII.] Priez Dieu pour luy.

Mss A², p. 361; — B¹, p. 207.

THOMAS PARROY.

Son épitaphe, fixée contre le pilier qui sépare la chapelle du Saint-Esprit de celle de Saint-Claude, était gravée sur une table carrée de marbre veiné, bordée de moulures, accompagnée dans le haut d'une tête de mort et dans le bas d'un cartouche avec écussons accolés timbré d'un heaume à lambrequins, le tout entouré d'une draperie :

1811. — Cy devant repose Thomas Par‖roy, escuyer, sieur du Vernay, ‖ conseiller secretaire du Roy, ‖ maison, couronne de France et de ses finances, qui est dece‖dé le XXVII octobre M DC ‖ LXXVIII, agé de LXIIII ans. — Priez Dieu pour luy.

ARMES. De... à un pal-fasce ondé de... chargé d'un annelet en cœur, et accompagné d'un mouton en pointe [1].

Texte d'après le dessin ci-après.

_____

[1] Les armes de la femme figurées sur le monument sont : De...au chevron de...accompagné de trois quintefeuilles de...·

Épitaphe de Thomas Parroy [1].

Inscriptions et monuments funéraires fixés au pilier 24 :

MARGUERITE DE GRANDFILS ✛ RADEGONDE DE CHOISY.

Inscription gravée sur une table de pierre surmontée d'un petit cintre sur lequel Marguerite de Grandfils et son mari, Pierre Petitpied, étaient représentés à genoux, devant une croix :

1812. — Les marguilliers de l'œuvre et fabricque de l'eglise de ceans ‖ sont tenuz et obligez faire dire et celebrer a perpetuité pour ‖ le remede de l'ame de deffuncte Marguerite de Granfilz, vivante ‖ femme de maistre Pierre Petitpied, procureur en la cour de Parlement, ‖ et dé tous ses parens et amys, le sixiesme jour d'avril, un grand ‖ *obiit* solempnel, auquel seront dictes la veille *Vigilles, Laudes* et ‖ *Recommandaces,* et le lendemain trois haultes messes, la premiere ‖ du Sainct Esprit, la deuxiesme de la Vierge et

[1] Réduction d'un dessin du ms. C[1] (p. 101).

LA TROISIESME DES TRESPASSEZ, AUPARAVANT LA‖QUELLE SERA CHANTÉ L'HYMNE *VEXILLA*, SANS OUBLIER LE TRAICT ‖ ET LA PROSE ET A LA FIN *LIBERA*, *DE PROFUN-DIS* ET ORAISONS ET *SALVE RE*‖*GINA* AVEC LES VERSETS ET ORAISONS; AUQUEL *OBIIT* ASSISTERONT MONSIEUR LE CURÉ, SES ‖ DEUX VICAIRES, SIX CHAPPELAINS, DIACRE SOUBS DIACRE, DEUX CLERCS DU CHŒUR, ‖ DEUX CLERCS DE L'ŒUVRE ET DOUZE PAUVRES HONTEUX QUI PORTERONT A ‖ L'OFFRANDE UNE BOUGIE JAULNE, ET AURONT UN SOL ET UN PAIN; LEQUEL *OBIIT* SERA SONNÉ LA VEILLE ET LE JOUR DE LA GROSSE SONNE-RIE, L'AUTEL PARÉ DE TOUS LES BEAUX PAREMENS ET FOURNY DE LUMINAIRE ACCOUS-TUMÉ A TELS GRANDS *OBIITS*; SERA ‖ AUSSY PRESENTÉ A L'OFFRANDE PAIN, VIN, CIERGE DOUBLE POUR LES PREBS‖TRES ET PARENS ET QUATRE ONCES DE BOUGIE POUR LES FEMMES, LE TOUT ‖ AUX DESPENS DE LADICTE FABRICQUE; SERONT AUSSY AVERTIS LES PA‖RENS DU JOUR QUE SE CELEBRERA LES *OBIITS*, LE TOUT MOYENNANT VIII ‖ LIVRES EN ARGENT QUE LADICTE MARGUERITE DE GRANDFILZ A LAISSÉS ‖ PAR SON TESTAMENT, A LA CHARGE DE FAIRE LESDICTES DISTRIBUTIONS, ‖ TANT DE PAIN QUE D'ARGENT ET AULTRES CHARGES, AINSY QU'IL EST ‖ PLUS A PLAIN DECLARÉ AU CON-TRACT PASSÉ DEVANT PIERRE DOUJAT ‖ ET PIÈRRE LE CAMUS, NOTTAIRES, LE SABMEDI XIXE MARS M DC XVI [1] :

SONT AUSSY TENUZ ET OBLIGEZ LESDICTZ SIEURS MARGUILLIERS FAIRE DIRE ‖ ET CELEBRER UN PAREIL *OBIIT* LE [XIXE] JOUR D['APVRIL][2] POUR L'AME ‖ DE RADEGONDE DE CHOISY, VEUFVE DE FEU NICOLAS GRANDFILS, PERE ‖ ET MERE DE LADICTE MAR-GUERITTE GRANDFILS, ET POUR LES AMES DE SON ‖ MARY, PERE, MERE, PARENS ET AMIS, FAIRE [DIRE] LA PROSE OU SERA CHANTÉ ‖ *LANGUENTIBUS IN PURGATORIO*, ETC., ET MOYENNANT AUSSY PAREILLE SOMME QU'ELLE A DELLIVRÉE COMPTANT AUSDICTS MARGUILLIERS, COMME APPERT ‖ PAR ·LE CONTRACT PASSÉ PAR LESDICTS PIERRE DOUJAT ET JEHAN LE ‖ CAMUS, NOTAIRES, LE SABMEDY DERNIÈR JOUR D'APVRIL, AUDICT AN M DC XVI.

Mss C^I, fol. 78; — D, fol. 177;— Guilhermy, t. I, p. 138 [3].

PIERRE DE VACQUIEUX ✚ ISABELLE CROCHET.

Leur monument funéraire était formé d'une grande table de pierre encadrée de doubles pilastres, et surmontée d'un fronton roulé avec guirlandes de feuillages, qui encadrait un écusson portant le monogramme du Christ. Une seconde table, accompagnée de deux socles décorés d'écussons et soutenue par un cartouche avec tête de mort entouré de draperies, formait le soubassement. Sur la table supé-rieure, on lisait cette inscription :

1813. — D. O. M. ‖ AOSTA, VIATOR ET ADVERTE. DISCITO QUANTUM AMORIS VINCU-‖ LUM PETRI DE VACQUIEUX, AQUITANEI, ET ISABELLÆ CROCHET, PA‖RISINÆ, NOBILIUM

---

[1] La date, qui n'avait pas été gravée sur la pierre, est empruntée à l'Inventaire des titres paroissiaux.

[2] «Obit complet qui se dit le 19 avril..., pour Radegonde de Choisy, suivant le contract passé le 30° avril 1616.» (*Ibid.*)

[3] Cette inscription subsiste encore dans l'église Saint-Eustache; mais comme la partie gauche est devenue presque illisible, le texte complet ne peut être établi qu'avec l'aide des copies manu-scrites.

CONJUGUM, HAUD ‖ BINÆ SED UNIUS CARNIS DEPOSITUM, ‖ HIC LYDIUS OBRUIT LAPIS.
NON FUIT ALIUD TOTIUS MATRIMONII VINCENNIUM ‖ CONCORDIA NISI ET OBSTINATUS
FIDEI CATHOLICÆ CULTUS, ITA UT MARI‖TUS SANCTÆ SYNAXEOS FESTUM, UXOR
POSTRIDIE VITÆ SPATIA MONADICA ‖ TRIA CLAUSERIT, HIC 5 IDUS JUNIAS, ANNI REPA-
RATÆ SALUTIS M DIC, ÆTATIS ‖ L, ILLA 12 ‖ KALENDAS JULIAS, ANNO M DC XX,
ÆTATIS VERO LX, ‖ ET ALTERO CASTI AMPLEXUS PIGNORE RELICTO DEVIXERUNT. ‖
VIATOR ABI ET MORTUIS FELICITER OPTA. ÆTERNÆ PARENTUM MEMORIÆ TABULAM ‖
HANC UNANIMI FRATRES MŒRENTESQUE FILII CONSECRARUNT. ‖ HORUM NATU MINOR
HEU PRÆSENTI SÆCULO INFELIX, FUTURO BEATIOR, ‖ CONTINUO EXERCITAM LANGORE
VITAM DUXIT, LICET NULLA DIE TAMEN ‖ A RELIGIONIS CULTU, IN PAUPERES PIETATE,
IN GERMANOS CONCORDIA, ‖ IN AMICOS OBSEQUIIS, UNIVERSOSQUE CARITATE[1] VA-
CAVERIT. OBIIT ‖ ÆTATIS ANNUM AGENS 43, ET 30 DEMPTIS DIEBUS, 12 JUNII, ANNO
A PARTU VIRGINIS 32.

ARMES. *Vacquieux : D'or au chêne de sinople, à la vache de gueules couchée au pied.*

— *Crochet : D'azur au croissant d'argent surmonté d'une étoile d'or et accompagné de deux
tréfles, le tout d'or.*

Bibl. nat., ms. fr. 8237, p. 22 (reproduction figurée): — Mss A², p. 361; — B¹, p. 206.

LÉON FOUREAU.

Le monument du défunt, en marbre blanc et noir, se composait d'une table
rectangulaire encadrée d'une plate-bande avec une tête d'ange ailée dans le haut
et une tête de mort dans le bas, accompagnée de deux figures de femmes en
pleurs. Elle était surmontée d'un fronton brisé qui encadrait un cartouche avec
un écusson timbré d'un heaume à lambrequins, amorti par des guirlandes de
feuillage. Le soubassement, en forme de cénotaphe, était également décoré d'un
autre cartouche avec écusson entouré d'une cordelière et guirlandes de feuillage,
et terminé par une pomme de pin.

Il portait l'épitaphe suivante :

1814. — CY GIST ET REPOSE LE CORPS DE NOBLE ‖ HOMME LEON FOUREAU, VI-
VANT ‖ CONSEILLER SECRETAIRE DU ROY, CONTROLLEUR ‖ GENERAL DE L'ORDINAIRE
DES GUERRES, ‖ QUI DECEDA LE TROISIESME JOUR DE ‖ DECEMBRE MIL SIX CENT VINGT
CINQ, ‖ AGÉ DE QUARANTE NEUF ANS.

ARMES. *De... au griffon de...* [2].

Mss A², p. 350; — B¹, p. 137; — Bibl. nat., ms. fr. 8237, p. 52.

---

[1] Ou : *Comitati*, d'après les mss A² et B¹.

[2] Les armes de la femme, formant partition
dans le blason gravé au-dessous de l'épitaphe,
étaient : *D'azur au chevron d'or accompagné de trois
étoiles du même, celle de la pointe surmontée d'une
merlette d'argent.*

Monument funéraire de Léon Foureau [1].

PHILIPPE LÉVÊQUE ✛ MARGUERITE BAZIN.

Épitaphe gravée sur une petite table de marbre blanc, sans ornements :

1815. — D. O. M. — ICY REPOSENT LES CORPS DE PHILIPPES L'EVESQUE, ESCUYER, SEIGNEUR DE GRAVELLE, LA TOUR D'AUVERS, CHALLOUP, ETC., CONSEILLER SECRE-

[1] Réduction d'un dessin du ms. fr. 8237 (p. 52).

TAIRE DU ROY, MAISON, COURONNE DE FRANCE ET DE SES FINANCES, DECEDÉ LE
II JANVIER M DCC VI, AGÉ DE LXXVII ANS ET IV MOIS;
  ET DE DAME MARGUERITE BAZIN, SON EPOUSE, DECEDÉE LE...

Bibl. nat., ms. fr. 8237, p. 132.

Inscriptions fixées au pilier 46 :

ANTOINE GATIEN ✠ MARIE VICTOR.

1816. — D. O. M. S. — HEIC SITUS EST PIÆ MEMORIÆ ANTONIUS GATIANUS,
DUM VIVEBAT REGIS A CONSILIIS, AMANUENSIS ET SECRETARIUS SACRI PALATII ET
REGNI FRANCICI ILLUSTRISSIMIQUE DOMINI DUCIS VINDOCINENSIS PRÆPOSITUS, ET NO-
BILIS FEMINA MARIA VICTOR, CONJUNX CARISSIMA, QUORUM ALTER EIDIBUS NOVEM-
BRIS ANNO M D XCXII OBIIT, ALTERA MARIA VICTOR FEMINA SEXTILIBUS ANNI DOMINI
M DC XV, DECESSIT QUÆ, TESTAMENTO RITE FACTO AC ULTIMA VOLUNTATE SUA, ANNO
DOMINI M DC XIII XV KALENDAS JUNII, FABRICÆ HUJUS TEMPLI DONAVIT LEGAVITQUE
SUMMAM SEXCENTARUM LIBRARUM, EA LEGE ET CONDITIONE UT QUOTANNIS, SU-
PREMO DIE SUO, SACRUM SOLEMNE UT SATIUS IN CONTRACTU EXPRESSUM EST, IN
PIAM DEFUNCTÆ ET DEFUNCTI MARITI SUI GATIANI ANIMAM ET PROPINQUORUM ET
AMICORUM QUI FATIS CONCESSERUNT, RITE RECTEQUE CLARA VOCE CELEBRETUR, IDEM-
QUE SACRUM INTER HORAM DECIMAM ANTE MERIDIEM PERAGETUR, ÆDITUI VERO AUT
ALIUS QUISPIAM NOMINE PRIDIE ILLIUS DIEI QUO SACRUM ILLUD MISSÆ OFFICIUM CE-
LEBRABITUR, HÆREDES DEFUNCTÆ ADMONEBUNT, UT PATET EX CONTRACTU CORAM
NOTARIIS REGIS IN PRETORIO PARISIENSI FACTO, ANNO SALUTIS REPARATÆ M DC XVI,
DIE XII NOVEMBRIS.

ARMES. *GATIEN* : *D'azur à la sphère d'or soutenue d'un croissant d'argent, et accompagnée en*
        chef de deux étoiles d'or.
  —   *VICTOR* : *D'azur au chevron d'or accompagné en chef de deux quintefeuilles avec leur*
        tige et en pointe d'une colombe tenant un rameau dans son bec, le tout d'argent.

Mss A², p. 361; — B⁴, p. 209.

1817. — EPITAPHIUM ANTONII GATIANI ET MARIÆ VICTOR CONJUGUM.
    CONNUBIO STABILI DEUS HOS CONJUNXERAT, AT MORS
      DISSOLVIT SANCTI VINCULA CONNUBII.
    HÆC FATI LEX EST : ARCTISSIMA FÆDERA RUMPIT.
      PARCA EST CRUDELIS, INJICIT ATRA MANUS.
    DISCE MORI, QUÆSO; PER MORTEM AD VERA VENITUR
      GAUDIA; MORS MUNDI, VITA BEATA DEO EST.

HOC MONUMENTUM PROPINQUI MŒSTISSIMI MŒRENTESQUE POSUERUNT ANNO DOMINI
M DC XVI.

Donec coronet nos corona gloriæ qui pro nobis gestavit coronam igno-
miniæ.

Requiescant in pace.

Mss A², p. 361 : — B⁴, p. 209.

_____

PIERRE VULLART ✝ MARGUERITE CHAMPION.
MARGUERITE ✝ ANTOINE VULLART.

1818. — Cy devant gisent les corps de honnorable personne Pierre Wllart,
en son vivant marchant de draps de soye et bourgeois de Paris, qui trespassa le xvᴱ septembre m dc x ;

Et Marguerite Champion, sa femme, decedée le xviiᵉ avril m dc xvii ; Marguerite Wllart, leur fille, qui deceda le...

Et Anthoine Wllart, fils dudict Pierre Wllart et de ladicte Marguerite
Champion, decedée le...

Lequel a laissé par son testament et derniere volonté la somme de .....
une fois payée, a la charge de dire annuellement, a perpetuité, en ceste
eglise Sainct Eustache, quatre *obiits* complets, sçavoir : le premier au jour
du deceds dudict Pierre Wllart, le deuxiesme au jour du deceds de ladicte
Champion, le troisiesme au jour du deceds de ladicte Marguerite Wllart,
le quatriesme au jour du deceds dudict Anthoine Wllart [1].

Passant, voyant ce que dessus, souviens toi qu'il fault mourir et prie Dieu
pour les deffuncts comme tu voudras que l'on prie Dieu pour toy.

Ledict Anthoine Wllart est decedé le vendredy dernier jour de may m dc xli.

Armes. *Vullart : D'azur au chevron d'or chargé d'un cœur d'où sortent des goûttes de sang de*
gueules, accompagné de deux colombes volantes d'argent en chef, et d'une autre
en pointe, posée sur un bâton du même, à une nuée et un soleil d'argent mouvants
des cantons du chef.

— *Champion : De gueules à la fasce d'argent accompagnée de trois besants du même.*

Mss A², p. 362 ; — B⁴, p. 210.

_____

PIERRE VULLART ✝ MARGUERITE CHAMPION.
JEAN VULLART ✝ CLAIRE ROBINEAU.

1819. — Cy devant gist honnorable homme Pierre Wllart, en son vivant
marchant de soye et bourgeois de Paris, qui deceda en son hostel le xvᴱ
jour de septembre m dc x ;

_____

[1] L'inventaire des titres fixe les dates auxquelles
se réfèrent ces diverses indications : «Obit complet, qui se dit le 14ᵉ mars, avec aumosne à douze
pauvres et offrande et representation proche la chapelle Saint-Simon (on avertit les parens), pour
Pierre Vullart, marchand bourgeois de Paris et
Marguerite Champion sa femme, Antoine Vullart
et Marguerite Vullart ses enfans... Il se dit trois
pareils obits les dernier may, 27 aoust et 5ᵉ septembre» (Arch. nat., LL 753, p. 79).

ET MARGUERITE CHAMPION, SA FEMME, QUI DECEDA LE XVIIE AVRIL M DC XVII;
ET HONNORABLE HOMME JEHAN WLLART, AUSSY MARCHANT DE SOYE ET BOURGEOIS
DE PARIS, FILS DUDICT PIERRE WLLART, ET MARGUERITE CHAMPION, LEQUEL DECEDA
LE XVe JANVIER M DC XXX, AAGÉ DE LXII ANS. POUR LE REPOS DE L'AME DUDICT,
MESSIEURS LES MARGUILLIERS PRESENS ET ADVENIR SERONT TENUZ FAIRE DIRE A
HAULTE VOIX, A PERPETUITÉ, LE XVIIE JANVIER, A DIX HEURES DU MATIN, SUR LA
TUMBE DUDICT DEFFUNCT CY DEVANT POSÉE, UNG *SALVE REGINA*, UNG *LIBERA*, UNG
DE PROFUNDIS, ET LES ORAISONS ACCOUSTUMÉES PAR MONSIEUR LE CURÉ, MESSIEURS
LES VICAIRE, CHAPPELAINS, PORTE-CROIX, ENFANS DE CHŒUR ET AUTRES PORTANT
CHASCUN UNE BOUGIE ALLUMÉE, COMME IL EST PLUS AU LONG DECLARÉ AU CON-
TRACT PASSÉ PAR DEVANT LE VASSEUR ET LE SEMELLIER, NOTAIRES, LE XVIE JOUR
DE AVRIL M DC XXXIX, DONT LA MINUTE EST DEMEURÉE VERS LE SEMELLIER;
    ET HONNORABLE CLAIRE ROBINEAU, FEMME DUDICT SIEUR JEHAN WLLART, LA-
QUELLE DECEDA LE...

ARMES. *ROBINEAU : D'or au chevron d'azur accompagné en chef de deux quintefeuilles de gueules*
et en pointe d'un olivier de sinople issant d'ondes d'azur.

Mss A², p. 362; — B⁴, p. 210.

LAURENT CHAMBRELIN + CATHERINE GUILLEMINET.

1820. — CY DEVANT GIST ET REPOSE LE CORPS DE HONNORABLE HOMME LAURENT
CHAMBRELIN, EN SON VIVANT TAILLEUR ET VALLET DE CHAMBRE DU ROY, QUI DE-
CEDA LE VIIE JOUR DE FEBVRIER M DC XXV, AAGÉ DE CINQUANTE SEPT ANS.
    AUSSY GIST HONNORABLE FEMME CATHERINE GUILLEMINET, SA FEMME, LAQUELLE
DECEDA LE...

ARMES. *De . . . au chevron de . . . accompagné en chef d'un croissant entre deux étoiles et en*
pointe d'une branche à trois roses de . . .

Mss A², p. 352; — B⁴, p. 150.

ROBERT MARCELOT + JEANNE DUCHESNE.

Contre le pilier qui séparait les chapelles de Saint-Claude et de Saint-Simon,
ou lisait, sur une longue table de pierre cintrée dans le haut, la fondation suivante
gravée au-dessous d'un écusson entouré de branches de laurier :

1821. — MESSIEURS LES MARGUILLIERS PRESENS ET AVENIR DE LA FABRIQUE ‖ DE
CEANS SONT TENUS DE FAIRE DIRE ET CHANTER A PERPETUITÉ [UNG SALUT], LE LEN-‖
DEMAIN DE PASQUES, A SEPT HEURES DU SOIR, A L'INTENTION DE DEFFUNCT ‖ ROBERT
MARCELOT, MARCHANT TAPISSIER ET BOURGEOIS DE PARIS, QUI ‖ DECEDA LE SAMEDY
VINGTIESME JOUR DE MARS 1608, ET JEHANNE DU CHAISNE, ‖ SA FEMME, LE VEN-
DREDY 3 FEBVRIER 1606; SONT LEDICT MARCELOT ET LADICTE ‖ DU CHAISNE INHUMEZ

CI-DEVANT SOUBZ UNE TOMBE, ONT FONDÉ ‖ UNG SALUT SOLEMNEL, PAR CHACUN AN, ET A LA FIN DUDICT SALUT, SERA ‖ CHANTÉ PAR LES ENFANS DE CŒUR EN ALLANT SUR LA SEPULTURE DESDICTS ‖ DEFUNCTS *O FILII ET FILIÆ* AVEC LE VERSET ET L'ORAISON SUIVANTE, ET ‖ *De profundis* ET L'ORAISON *QUESUMUS*, ET AU SORTIR DE DESSUS LADICTE ‖ FOSSE IRONT CHANTER *NE RECORDARIS*, ALLANT SUR LA FOSSE OU EST IN-‖ HUMÉ ROBERT MARCELOT, PERE DUDICT FONDATEUR, QUI EST DANS LA ‖ HAUTE NEF, AU MEILLIEU D'ICELLE, ET SERA CHANTÉ UN *De profundis* ET L'ORAISON *INCLINA* ET *FIDELIUM, SUBMISSA VOCE*, DEVOSTEMENT ET A ‖ LOYSIR, ET SERA CHANTÉ LES RESPONDS DESDICTES VESPRES PAR DEUX DES ‖ SIX CHAPELAINS ET DEUX CLERCS DU CŒUR, LE TOUT AVEC LES ORGUES; ‖ SERA AUSSY FAIT L'OFFICE PAR MONDICT SIEUR LE CURÉ OU UNG DE SES VICAIRES; ‖ ICELUY SIEUR CURÉ OU CELUY QUI FERA L'OF-FICE AVEC LESDICTS DEUX CLERS ‖ REVESTUS DE CHAPES ET LES DEUX CLERCS, ET Y ASSISTERONT LES CY ‖ APRES NOMMEZ : LES DEUX SIEURS VICAIRES, SIX CHAPELAINS, DIACRE ET SOUBZ ‖ DIACRE ET CLERCS D'ŒUVRE, ET SERA PORTÉE LA CROIX, LES VER-GERS DE‖VANT ET LES QUATRE ENFANS DE CŒUR DONT DEUX PORTERONT LES DEUX ‖ CIERGES DE DESSUS L'AUTEL, PORTANT AU COSTÉ D'ICELLE CROIX, LES DEUX ‖ AUTRES PORTANT DEUX TORCHES, LE TOUT FOURNY PAR LESDICTS SIEURS MARGUILLIERS, ‖ ET SERONT ALUMÉS TOUS LES CIERGES DE LA TRAVERSE DU CŒUR; AUSSY ‖ SERA LEDICT SALLUT SONNÉ PAR DEUX VOLLÉES DE CARILLON AVEC LA GROSSE ‖ CLOCHE, PUIS TINCTÉ PAR 30 COUPS; SERA LEDICT SIEUR CURÉ OU CELUY QUI FERA ‖ LA PREDICA-TION [TENU] DE AVERTIR LESDICTS PARROISSIENS QUE LEDICT SALUT SE DIRA ‖ LEDICT JOUR ET HEURE QUE DESSUS, ET A CESTE FIN SERONT TENUS LESDICTS MAR‖GUILLIERS DE DISTRIBUER AUXDICTS ASSISTANS, SÇAVOIR : AUDICT SIEUR CURÉ XXX SOLS, AU CURÉ OU VICAIRE QUI AVERTIRA LESDICTS PARROISSIENS V SOLS, AUX CHA‖PELAINS, VICAIRE, DEUX CLERCS DU CŒUR, DIACRE, SOUBZ DIACRE, A ‖ CHACUN V SOLS, LE CLERC DE L'ŒUVRE VII SOLS VI DENIERS, LE CLERC LAY XV SOLS, A L'ORGANISTE X SOLS, AU SOUFFLEUR III SOLS, AU VERGER QUI ALLUME LES CIER‖GES IIII SOLS, AUX AUTRES 4 VERGERS, CHACUN II SOLS VI DENIERS, AUX QUATRE ‖ ENFANS DE CŒUR, CHACUN UNG SOL; LAQUELLE DISTRIBUTION SERA FAITE ‖ SUR LA FOSSE DUDICT FONDATEUR, ET ENCORE A CHACUN UNE CHANDELLE ‖ DE CIRE BLANCHE DE 18 DE-NIERS PIECE; A CHASCUN DE MESSIEURS LES CURÉS ET MARGUILLIERS ‖ UNE DEMIE LIVRE DE BOUGIE ET AU PLUS PROCHE HERITIER DU FONDATEUR ‖ ENVOYERONT UNE LIVRE DE BOUGIE, LE TOUT BLANCHE, CAR AINSY A ESTÉ ‖ ACCORDÉ SELON ET AINSY QU'IL EST PLUS AU LONG PORTÉ PAR LE CONTRACT ‖ PASSÉ PAR DEVANT DOUJAT ET LE CAMUS, NOTAIRES DU ROY AU CHASTELET DE PARIS, ‖ LE SAMEDY XIᴱ JOUR DE FEVRIER 1606. — PRIEZ DIEU POUR LEURS AMES.

ARMES. *MARCELOT : De . . . à la charrue de . . . au chef d'hermine.*

— *DUCHESNE : De . . . au chêne de . . .*

Bibl. nat., ms. Cⁱ, p. 75 (reproduction figurée).

La tombe des fondateurs, placée devant la chapelle de Saint-Simon, portait l'épitaphe suivante :

1822. — CY GIST HONNORABLE FEMME JEHANNE DUCHESNE, EN SON VIVANT FEMME D'HONNORABLE ROBERT MARCELLOT, MARCHANT TAPISSIER COURTEPOINCTIER ET BOURGEOIS DE PARIS, QUI DECEDA LE VENDREDI IIIᴱ JOUR DE MARS M DC VI;

ET LEDICT MARCELLOT EST DECEDÉ LE JEUDY VIIIe JOUR DE MARS M DC VIII. — PRIEZ DIEU POUR EULX.

Mss A², p. 350; — B², p. 136.

Autres tombes plates devant la chapelle de Saint-Simon :

JEANNE FETEAU.

1823. — CY GIST DEFFUNCTE JEHANNE FETEAU, AU JOUR DE SON DECEDS FEMME DE PHILLEBERT FOLINS, CAPPITAINE DES MULES DE LA ROYNE, DECEDDÉE LE VI JANVIER M DC VI ET INHUMÉE EN L'ÉGLISE DE SAINT EUSTACHE, LE VII DUDICT MOIS. — PRIEZ DIEU POUR ELLE.

Mss A², p. 350; — B², p. 137.

PIERRE GUÉRIN + JEANNE JUIN.

1824. — CY GIST PIERRE GUERIN, BOURGEOIS DE PARIS, LEQUEL, APRES AVOIR VESCU DANS UNE GRANDE PIETÉ ET PROBITÉ EXEMPLAIRE, A FINI SES JOURS PARMI LES SIENS, PIEUSEMENT ET CHRESTIENNEMENT, REGRETTÉ DE TOUS, L'AN DE SALUT M DC XXVIII, LE XXIX MARS, AAGÉ DE LXXIV ANS;
CY GIST JEANNE JUIN, SA TRES CHERE ET FIDELE ESPOUSE, DECEDÉE LE...

Mss A², p. 352; — B², p. 147.

NICOLAS PIDOU.

1825. — CY DEVANT GIST HONNORABLE HOMME NICOLAS PIDOU, EN SON VIVANT MARCHANT ET BOURGEOIS DE PARIS, LEQUEL EST DECEDÉ LE DERRENIER JOUR DE MARS M D LXXXVII. — PRIEZ DIEU POUR SON AME[1].

Mss A², p. 352; — B², p. 149.

Inscriptions fixées contre le pilier 47 :

ANTOINE CHANTEAU + MARGUERITE DU VAL.

Inscription gravée sur une table rectangulaire avec bordure à compartiments, surmontée d'un cartouche portant un écusson entouré de branches de laurier,

---

[1] Nous avons publié ci-dessus (n° 1575) le texte d'une autre pierre tombale placée devant la chaire, sur laquelle se lisait une autre épitaphe de Nicolas Pidou.

et décorée à la base d'un cartouche avec une tête d'ange ailée, le tout en marbre blanc et noir :

1826. — Messieurs les marguilliers de l'œuvre et fabricque ‖ de ceans presens et a venir sont tenuz et obligez de faire ‖ dire et celebrer tous les jours de l'année a perpetuité ‖ une basse messe, a vii heures du matin, en la chappelle ‖ de la Saincte Trinité, et fournir au prestre qui la celle-brera ‖ de pain, vin, livre, ornemens, calice, deux cierges et au‖tres choses a ce necessaires; laquelle messe a esté fondée ‖ par honorable homme Anthoine Chanteau, bourgeois ‖ de Paris, vendeur de poisson de mer frais, sec et sallé ‖ et cy devant marguillier de ladicte œuvre et fabricque; la‖quelle fondation il a faicte tant en son nom que comme ‖ executeur du testament de deffuncte honorable femme Mar‖guerite Duval, jadis sa femme, moyennant trois mil ‖ trois cent livres que pour icelle il a payé comptant ‖ auxdicts sieurs marguilliers; de laquelle somme ils se sont tenuz ‖ pour contens, comme il appert par contrat passé enstr'eux par devant Le Camus et Doujat, le 2 septembre ‖ vi^c xvii; lesquels sieurs marguilliers sont tenuz et ‖ obligez par ledict contract payer par chacun an au ‖ prestre qui celebrera ladicte messe cent cinquante livres, ‖ sçavoir xxxvii livres dix sols par chacun quartier; ‖ lequel prestre sera tenu, a l'issue d'icelle, revestu de son ‖ aube, venir cy devant sur la tombe ou ladicte Duval ‖ est inhumée et ou ledict sieur Chanteau desire aussy d'estre ‖ inhumé apres son deceds, et la dire le *De Profundis* ‖ et les oraisons accoutumées, tant pour les ames des ‖ fondateurs que pour leurs parens et amis vivans ‖ et trespassés. Laquelle Duval deceda le xxixe ‖ may mil vi^c xvi, aagée de lxx ans, et ledict ‖ Chanteau le... aagé de... ‖ Priez Dieu qu'il leur fasse mercy !

Bibl. nat., ms. fr. 8237, fol. 36 (reproduction figurée).

FRANÇOIS DU VOULDY ✠ ANNE LARGENTIER.

Inscription gravée sur une table de marbre blanc, encadrée de moulures, sur-montée d'un couronnement cintré avec guirlandes de feuillage, portant un écus-son timbré du tortil, entouré du collier de Saint-Michel, supporté par deux léopards; à la base une tête de mort ailée, couronnée de lauriers :

1827. — Cy gist messire François, baron du ‖ Vouldi, chevalier de l'Ordre du Roy, ‖ seigneur de Montfusin, Voué, Sainct Remy, ‖ et autres lieux, doyen des gentilshommes ‖ ordinaires de la maison de Sa Majesté, lequel ‖ apres avoir eu pendant plusieurs ‖ années des emplois tres considerables ‖ pour le service du Roy, tant en Espaigne, ‖ Savoye, qu'aupres d'autres princes ‖ sou-verains, est enfin decedé a Paris, le ‖ 26e janvier 1679.

Dame Anne L'Argentier, son ‖ espouse, a fait mettre cet epitafe pour ‖ marque de son souvenir. ‖ Requiescat in pace.

ARMES. *De... à l'arbre de... à la levrette de... brochant sur le tout.*

Bibl. nat., ms. fr. 8237, p. 117 (reproduction figurée).

Épitaphe de François du Vouldy et d'Anne Largentier.

LANDRY ALLEGRAIN ✚ GUILLEMETTE DES MONCEAUX.

Inscription gravée sur une table de pierre, cintrée dans le bas, sans ornements :

1828. — MESSIEURS LES MARGUILLIERS DE L'ŒUVRE ET FABRICQUE DE CEANS ET LEURS ‖ SUCCESSEURS MARGUILLIERS SONT TENUZ DE FAIRE DIRE, CHANTER ET CE-‖ LEBRER A PERPETUITÉ, PAR CHACUN AN, AU CHŒUR DE LADICTE EGLISE DEUX ‖ *OBIITS* SOLEMPNELS A SÇAVOIR L'UNG A L'INTENTION DE DEFFUNCT LANDRY ‖ ALLEGRAIN, VIVANT ESCUYER DE CUISINE DE FEU MONSEIGNEUR LE ‖ PRINCE DE CONTY, ET BOUR-

GEOIS DE PARIS, LE..... JOUR DE..... ‖ JOUR DE SON DECEDS, ET L'AULTRE DE DEF-
FUNCTE GUILLEMETTE DES ‖ MONCEAUX, SA PREMIERE FEMME, LE SEPTIESME JOUR DE
MARS, A ‖ CHASCUN DESQUELS SERONT DICTES *VIGILLES* A NEUF LEÇONS DES TRES-‖
PASSEZ, *LAUDES* ET *RECOMMANDACES*, TROIS HAULTES MESSES A ‖ DIACRE ET SOUBZ
DIACRE, LA 1ʳᴱ DU SAINCT ESPERIT, LA 2ᴱ DE NOSTRE ‖ DAME ET LA 3ᴱ DES TRESPASSEZ,
AUPARAVANT LAQUELLE SERA ‖ CHANTÉ L'HYMNE *VEXILLA REGIS* ET SERA CHANTÉ
LE TERCET *SICUT* ‖ *CERVUS*, LA PROSE DES TRESPASSEZ, A LA FIN, ALLANT SUR LA
FOSSE ‖ DUDICT ALLEGRAIN, *DE PROFUNDIS, SALVE REGINA* ET ORAISONS ACCOU‖TU-
MÉES; SERONT SONNÉS DE LA GROSSE SONNERIE, LA VEILLE, A VIGILLE, ‖ LE SOIR ET
AUSDICTES MESSES; AUXQUELS *OBIITS* ASSISTERONT MONSIEUR ‖ LE CURÉ ET SES DEUX
VICAIRES, SIX CHAPPELLAINS, DIACRE ET ‖ SOUBZ DIACRE, LES DEUX CLERCS DU
CHŒUR, DEUX CLERCS DE L'ŒU‖UVRE AUSQUELS SERONT FAICTES LES DISTRIBUTIONS
TANT EN AR‖GENT QUE PAIN CONTENUES AU CONTRACT DE FONDATION, COM‖ME
AUSSI A DOUZE PAUVRES QUI IRONT A L'OFFRANDE, SERA DONNÉ ‖ A CHASCUN XII
DENIERS ET AUSSY LES DOUBLES ET BOUGIES A ‖ DISTRIBUER AUX PARENTS DESDICTS
DEFFUNCTS, PAIN ET VIN A L'OF‖FRANDE ET LE LUMINAIRE A CE REQUIS, LES BEAUX
PAREMENS ‖ ET ORNEMENS DES TRESPASSEZ, LE TOUT AUX DESPENS DE LADICTE ‖
FABRICQUE, SUIVANT LE CONTRACT DE CE FAICT ET PASSÉ DEVANT ‖ DOUJAT ET LE
CAMUS, NOTTAIRES AU CHASTELLET DE PARIS, LE ‖ XXII D'AOUST, L'AN MIL SIX CENT
VINGT. ‖ REQUIESCAT IN PACE.

Bibl. nat., ms. fr. 8237, p. 44 (reproduction figurée).

AUGUSTIN TRUBERT ✠ CATHERINE BUISSON.

Inscription gravée sur une table rectangulaire surmontée d'un petit fronton et décorée à la base d'un cartouche avec une tête d'ange ailée, le tout en marbre blanc et noir :

1829. — LES MARGUILLIERS DE L'ŒUVRE ET FABRIQUE DE ‖ L'EGLISE SAINT EUS-
TACHE, PRESENS ET ADVENIR, SONT ‖ TENUZ ET OBLIGEZ FAIRE DIRE ET CHANTER AU
CHŒUR ‖ DE CETTE EGLISE, A PERPETUITÉ, LE JOUR ET FESTE DE LA ‖ DEDICACE, VI OC-
TOBRE, A L'HEURE DE QUATRE HEURES ‖ DU SOIR, UN SALUT SOLEMNEL POUR ET A
L'INTENTION ‖ D'HONNORABLE HOMME AUGUSTIN TRUBERT ET ‖ CATHERINE BUISSON,
SA FEMME, ET DE SES PARENS ‖ ET AMIS VIVANS ET TRESPASSEZ, AUQUEL SALUT SE ‖
DIRONT LES VESPRES DU JOUR AVEC LE REPONDZ QUI SERA ‖ CHANTÉ PAR DEUX DES
SIX CHAPPELAINS ET LES DEUX ‖ CLERCS ET SERA FAICT L'OFFICE PAR M. LE CURÉ
OU L'UN ‖ DE MESSIEURS SES VICAIRES, ET EN ALLANT SUR LA SEPULTURE ‖ QUI SERA
PROCHE LES FONDS, SERA CHANTÉ *INVIOLATA* AVEC ‖ LES ORGUES QUI JOUERONT AL-
TERNATIVEMENT ET LE REPONDS ‖ *NE RECORDERIS, DE PROFUNDIS* ET LES ORAISONS;
AUQUEL ASSIS‖TERONT MONDICT SIEUR LE CURÉ, SIX CHAPPELAINS, DIACRE ET SOUBZ ‖
DIACRE, DEUX CLERCS DU CHŒUR ET DEUX CLERCS DE L'ŒUVRE, LE ‖ CONFESSEUR
DUDICT TRUBERT, LES 4 ENFANS DE CHŒUR DONT ‖ DEUX PORTERONT DEUX CIERGES
AUPRES DE LA CROIX ET DEUX ‖ AUTRES DEUX TORCHES ARDENTES, LES QUATRE VER-
GERS ET ‖ MESSIEURS LES MARGUILLIERS, ET SERONT EMPLOYEZ LES ORNEMENS ‖ QUI

AURONT SERVI LEDICT JOUR, LA HERSE ALLUMÉE AVEC LES DEUX ‖ VOLLÉES DE CARILLON ET SERA DONNÉ AVERTISSEMENT DUDICT SALUT ‖ A LA PREDICATION PAR MONDICT SIEUR LE CURÉ OU UN AULTRE; SERONT ‖ AUSSY FAICTES LES DISTRIBUTIONS TANT D'ARGENT QUE BOUGIE ‖ AUX SUSDICTS ASSISTANS ET PARENS, COMME IL EST PORTÉ AU ‖ CONTRAT; SONT AUSSY TENUZ DE DIRE LEDICT JOUR, A L'AUTEL DE ‖ L'ŒUVRE, UNE MESSE DE JOUR, ET A LA FIN *DE PROFUNDIS,* A ‖ L'HEURE LA PLUS COM-MODE, LE TOUT MOYENNANT CERTAINE ‖ SOMME D'ARGENT QUE LEDICT TRUBERT A DONNÉE A LADICTE FABRICQUE, ‖ COMME IL APPERT PAR LE CONTRAT PASSÉ PAR DEVANT LE CAMUS ET ‖ DOUJAT, NOTAIRES, LE XXIIe JOUR DE SEPTEMBRE MIL VJ^c‖ XVIII. PRIEZ DIEU POUR LEURS AMES.

Bibl. nat., ms. fr. 8237, p. 41 (reproduction figurée).

Inscriptions fixées contre le pilier 48 :

NICOLAS HAC.

Épitaphe gravée sur une table de pierre cintrée et décorée dans le haut d'une croix entre deux écussons :

1830. — IN CLARISSIMI ET PIISSIMI VIRI ‖ NICOLAI HAC, PARISIENSIS QUONDAM CIVIS, SEXDECIM VIRORUM ÆDILIS, ÆDILITUI MERCATORUM ‖ DECANI ET HUJUS ECCLE-SIÆ ÆDITUI, ‖ PIAM MEMORIAM.

NICOLAUS IN HOC SITUS EST HAC ILLE SEPULCHRO,
PARISIOS INTER CIVES PIETATE FIDEQUE
NOBILIS, ELECTUS BIS TERQUE DECEMQUE VIRORUM
UNUS ÆDILES SEMEL INTER QUATTUOR URBIS,
DEINDE A CONSILIIS RELIQUUM FUIT OMNE PER ÆVUM;
HUJUS ET ÆDITUUS FUIT ÆDIS QUATTUOR ANNOS
SEDULUS AUDITOR VERBI CUSTOSQUE SACRORUM.
HUNC VIGINTI ET SEX JUNCTA ANNIS ANNA BOEA,
AUXIT PIGNORIBUS SEPTEM FECUNDA DECEMQUE
TER MARIBUS TERNIS, OCTO PARITERQUE PUELLIS,
PER TOTIDEM CŒLEBS, DEFUNCTA UXORE, PER ANNOS
PERSTITIT EGREGIUM SPONSALIS PIGNUS AMORIS.
SIC PIUS IN SUPEROS, UXOREM, PIGNORA VIVENS,
DONEC SEX DENOS TER QUINOS EGIT ET ANNOS
SEX MENSESQUE SUPRA SIMUL EST DEFFUNCTUS, UTROQUE
ET VITA ET PRIMI QUEM GESSIT HONORE DECANI,
INTER EOS QUIBUS EST PANNORUM MAXIMA CURA.
HIC FUNCTUM PLACIDA NATORUM TURBA SUPERSTES
INDE PIE POSUIT, PONENSQUE ROGAVIT UT OMNES
PRO PIETATE PATRIS SUPERIS PIA VOTA FREQUENTENT.

LEDICT NICOLAS HAC DECEDDA LE XIIe JOUR D'OCTOBRE ‖ MIL V^c L XXIX. ‖ PRIEZ DIEU POUR EULX.

ARMES. HAC : *D'or à trois perroquets de sinople, accolés et couronnés de gueules, posés chacun sur un bâton.*

— *Boué : De... au chevron chargé de trois étoiles et accompagné de trois têtes de bélier de...*

Mss A², p. 36o; — B⁴, p. 2o3; — C¹, fol. 65 (reproduction figurée).

SIMON HARDY ✠ MARGUERITE ANDRENAS.

Inscription gravée sur une table de marbre blanc, flanquée de deux consoles et surmontée d'un fronton circulaire qui encadrait un cartouche accompagné de deux têtes d'anges ailées, et orné d'un écusson entouré de palmes; à la base, un autre cartouche avec tête de mort sur des ossements en sautoir :

1831. — D. O. M. — ‖ A LA LOUANGE DE DIEU ‖ POUR SA GLOIRE ET A LA POSTERITÉ ‖ POUR MEMOIRE.

ATTENDANT LA RESURRECTION, EN CESTE ES‖GLISE, DEVANT LE CRUCIFIX, EST INHUMÉ LE ‖ CORPS DE FEU SIMON HARDY, VIVANT MARCHAND ‖ DRAPPIER BOURGEOIS DE PARIS, FILS D'HONNO‖RABLE HOMME SIMON HARDY ET D'ELISABETH ‖ CORMY, LEQUEL DANS LE COURS DE SA VIE S'EST ‖ EMPLOYÉ AUX ŒUVRES SPIRITUELLES ET ‖ POUR MEMOIRE DE SON ZELE ET DEVOTION, ‖ A FONDÉ A PERPETUITÉ UNE MESSE BASSE DE ‖ *REQUIEM* QUI SE DOIBT DIRE ET CELLEBRER ‖ TOUS LES JEUDIS DE CHAQUE SEPMAINE A PA‖REIL JOUR DE SON DECEDS ARRIVÉ LE 1ᴱᴿ ‖ SEPTEMBRE 1661; A QUOI MESSIEURS LES MARGUIL‖LIERS SE SONT OBLIGEZ PAR CONTRACT PAS‖SÉ PAR DEVANT LE CAMUS ET LE SEMELIER, NOTTAIRES, ‖ LE 7 JANVIER 1662, AVEC DAME MARGUERITE ‖ ANDRENAS, VEUFVE DUDICT DEFUNT, EXECU‖TRICE DE SON TESTAMENT, LAQUELLE A ‖ DESTINÉ SA SEPULTURE AU MESME LIEU ‖ ET DECEDA LE 8 JUIN 1708. ‖ PRIEZ DIEU POUR LEURS AMES.

ARMES. *De... à deux chevrons de... accompagnés en chef de deux étoiles de... et en pointe d'un croissant de...*

Ms. C¹, fol. 111 (reproduction figurée).

Tombes plates devant la chapelle de Saint-Michel.

NICOLAS HAC.

1832. — CY GIST HONNORABLE HOMME NICOLAS HAC, EN SON VIVANT MARCHANT ET BOURGEOIS DE PARIS, QUI FUT ESLEU ESCHEVIN DE CESTE VILLE DE PARIS, L AN M D LX, ET L'UN DES SEIZE QUARTENIERS DE LADICTE VILLE, LEQUEL DECEDA LE XIIᵉ JOUR D'OCTOBRE M D LXXIX.

Mss A², p. 36o; — B⁴, p. 2o2.

FRANÇOIS HAC ✚ MADELEINE DE ROMEY.

1833. — Cy gisent noble homme maistre François Hac, conseiller du Roy, seigneur de Romainville et tresorier des menus plaisirs et affaires de la Chambre de Sa Majesté, lequel deceda le jeudy X^e septembre M DC XXIV, aagé de XLI ans;

Et dame Magdelaine de Romey, son espouze laquelle deceda le... — Priez Dieu pour eulx.

Mss A², p. 360: — B⁴, p. 204.

FRANÇOIS GARY ✚ CHARLOTTE POLHAY.

Épitaphe gravée sur une petite table de pierre fixée au pilier qui séparait les chapelles de Saint-Simon et de Saint-Michel :

1834. — Cy devant gissent soubz ceste tumbe honnorable homme François Gari, marchant frippier, bourgeois de Paris, qui decedda le ...;

Et Charlotte Polhay, sa femme, laquelle decedda le XXIVe febvrier M DC XXXIV. — Priez Dieu pour leur ame.

Mss A², p. 350; — B⁴, p. 137.

CHARNIERS.

FAMILLE LE PRESTRE.

Le monument funéraire de la famille Le Prestre, en marbre en blanc et noir, était placé contre l'un des murs des charniers. Il se composait d'un sarcophage en forme de trapèze avec moulures et soubassement, surmonté d'une frise à gorges, découpée en ellipse dans sa partie supérieure et surmontée d'une corniche sur laquelle était posé le buste de Nicolas Le Prestre.

Le milieu de la frise était décoré d'un cartouche ovale bordé dans le haut d'une large guirlande de feuillages dont les deux bouts reposaient sur les angles du sarcophage. Au-dessous, les armes de la famille Le Prestre et celles de ses alliances étaient gravées sur un écu timbré d'un heaume à lambrequins et accompagné de deux guirlandes de feuillages qui se rattachaient aux extrémités du soubassement.

L'inscription funéraire occupait tout à la fois le médaillon ovale et la place que l'écu avait laissée libre des deux côtés sur le sarcophage :

1835. — ILLUSTRI SUORUM MEMORIÆ : CLAUDII LE ‖ PRESTRE, DOMINI EX PARTE DE LIFERMEAU, QUI EX PRETURA UR‖BANA AURELIANENSI, IN QUA AVIS SUCCESSERAT, ET URBE BELLORUM PLUS‖QUAM CIVILIUM FURORE LUTETIAM PULSUS, 84 ANNOS NA-

Monument funéraire de la famille Le Prestre [1].

TUS, OBIIT 28 MAII 1597; MARGUARITÆ BASTUELLÆ, CONSORTIS, QUÆ NON MULTUM SUPERSTES, OBIIT 5 ‖ AUGUSTI ‖ SEQUENTI;

   CLAUDII LE PRESTRE, DOMINI DE FLEURI ET BOIXTELLE, ANTE ÆTATEM DEFUNCTI,

---

[1] Réduction d'un dessin du ms. fr. 8237 (fol. 69).

CLAUDIO FILIO RELICTO DOMINO ET IDEM DE FLEURI ET BOIXTELLE, IN SUPREMA
PARLAMEN‖TI CURIA SENATORI, DOCTRINA, INTEGRITATE VITÆ ET CENTURIS SCRIPTIS
ILLUSTRIS, QUI OBIIT ‖ ..... 1614; GUILLELMI LE PRESTRE, DOMINI DE MENUCOURT,
RUCOURT, BEAUMONT, ETC., COMI‖TIS CONSISTORIANI, QUESTORUM GENERALIUM NEUS-
TRIÆ PER 35 ANNOS PRÆSIDIS, QUI OBIIT 1° JUNII 1614; ANTONIÆ CLERCIÆ LESSE-
VILLÆ, CONSORTIS, QUÀE OBIIT DIE 5 ‖ JANUARII, ANNO 1626; NICOLAI LE PRESTRE,
DOMINI DE MENUCOURT, ETC., COMITIS ‖ CONSISTORIANI, QUI AVITÆ VIRTUTIS, DUM
VIXIT, MEMOR, PARLAMENTI QUARTUS ‖ A DECANO, 64 ANNOS NATUS, OBIIT DIE
1° OCTOBRIS 1651; GUILLELMI, DOMINI DE RUCOURT, IVRI, ETC., COMITIS CONSISTO-
RIANI ET PARLAMENTI SENATORIS, QUI CITIUS QUAM NUMEROSÆ FAMILIÆ PAR ESSET,
39 ANNOS NATUS, OBIIT DIE 14 APRILIS ‖ ANNO 1630; HENRICI, DOMINI DE ROULOYRES,
CORBEVOYE ET PLATEAU, ETC., COMITIS CONSISTORIANI ET IN SUPREMA AUXILLIORUM
CURIA SENATO‖RIS, QUI 54 ANNOS NATUS, OBIIT DIE 16° SEPTEMBRIS 1643; MARIÆ
LE BOSSU, CONJUGIS, QUÆ OBIIT DIE 4 ‖ MAII 1637; CAROLI LE PRESTRE, DOMINI DE
BEAUMONT, EX QUÆSTORIBUS PARISINIS ‖ UNUS, QUI OBIIT 10 DECEMBRIS, ANNO 1639,
— POSUIT —, NECNON CAROLI, GUILLELMI, BERNARDI, FRANCISCÆ, ANTONIÆ, BER-
NARDI, GA‖BRIELLIS, FRANSCISCI, BERNARDI EX ANNA BAILLY, CONJUGE, CHARISSI-
MORUM PI‖GNORUM SIBI PER UNIUS ANNI SPATIUM CRUDELI FATO EREPTORUM VIX
SUPERSTES,

NICOLAUS LE PRESTRE, DOMINUS ET BARO DU BOURG LE PRESTRE, MENUCOURT, LA
CHA‖PELLE, GRILLEMONT, LE BOURGNEUF, Sᵀ JEAN, NEUFVILLE, MESI, ETC., COMES
CONSIS‖TORIANUS ET IN SUPREMA AUXILIORUM CURIA PRÆSES, EX GUILLELMO ‖ SE-
CUNDO ET MARIA BERTHEA CLAROMONTANA CONJUGIBUS, ‖ NICOLAI NEPOS ET EX TES-
TAMENTO HERES [1], ‖ MEMOR ET GRATUS, 30 LIBRAS TURONENSES ANNUI, PERPETUI ET NON
REDEMPTUI VENDITUS ASSIGNAVIT EA CONDITIONE UT QUALIBET 1° DIE OCTOBRIS MISSA
SOLEMNIS CELEBRARETUR, SECUNDUM INSTRUMENTA DE HOC PERACTA PER [MOUNIER
ET LE SEMELIER] ET... SOCIOS, CASTELLETI NOTARIOS [2], DIEBUS... ANNIS...[3].

[1] Les dernières lignes n'ayant pu, faute de
place, être inscrites sur le monument, le dessinateur les avait reportées à côté de la reproduction.

[2] Le 3 février 1663, par devant Germain Mou-
nier et Jean Le Semelier, il avait été déclaré aux
marguilliers par «messire Nicolas Le Prebstre,
chevallier, seigneur de La Chapelle et autres lieux,
conseiller du Roy en ses Conseils et président en
sa cour des Aydes à Paris, légataire universel de
deffunct messire Nicolas Le Prebstre, vivant seigneur de Menucourt, son oncle», que «ledict
deffunct sieur Le Prebstre, auroit par son testament olographe et ordonnance de dernière
vollonté... donné et legué à ladicte église Saint-
Eustache, trente livres de rente foncière non racheptable, à la charge de dire à son intention, chacun an à perpétuité, un service complet à trois
haultes messes, Vigilles et *Recommandasses* et le
pseaume *De profundis*, sur la cave de ses ancestres, estant sous le charnier de ladicte église

Saint-Eustache, à pareil jour que celui de sondict
deceds.»

Après avoir accepté la fondation, «lesdicts
sieurs marguilliers promectent et s'obligent faire
inserer au martirologe de ladicte église, pour perpétuelle mémoire d'icelle, et permectent audict
sieur Le Presbstre, comparant, de faire mectre et
poser à ses frais et despens, en ladicte église Saint-
Eustache, soubs ledict charnier, proche ladicte sépulture, un épitaphe déclaratif en substance de ladicte fondation aussi pour perpétuelle mémoire
d'icelle...» (Arch. nat., L. 643.)

[3] L'inscription avait été gravée avant la rédaction du contrat de fondation, puisqu'elle ne portait
pas sa date et qu'elle désignait inexactement Le-
moyne comme l'un des notaires qui avaient rédigé
l'acte. Cette indication ne pouvait pas d'autre part
se rapporter au testament de Nicolas Le Prestre,
qui avait été reçu le 12 février 1649, par Pruvost
et Le Semelier.

ARMES. *Écartelé : au 1, de... à trois écussons de... ; au 2, de... au sautoir de ...*
accompagné de quatre roses de... ; au 3, de... au chevron de... accompagne
de trois croisettes pattées de... ; au 4, de... à trois croissants de... et au
lambel de... ; et sur le tout d'azur à trois chevrons d'or accompagnés en chef de
deux besants et en pointe d'une couronne du même.

Texte d'après le dessin ci-dessus.

Tombes plates de pierre, sans aucun ornement :

GUILLAUME THIBERT ✛ DENISE LOMME.

1836. — CY GIST HONNORABLE HOMME GUILLAUME THIBERT, EN SON VIVANT MARCHANT, BOURGEOIS DE PARIS, QUI TRESPASSA LE XIVE JOUR DE FEBVRIER MDXIV; ET HONNORABLE FEMME DENISE LOMME, EN SON VIVANT FEMME DUDICT THIBERT, LAQUELLE TRESPASSA LE IXE JOUR DE MARS MDXV.

Mss A², p. 368; — B⁶, p. 244.

GUILLAUME ✛ ÉTIENNE PÉRICHON ✛ MARIE JOUBERT ✛ MARIE-THÉRÈSE PÉRICHON.

Inscription gravée sur une table de marbre blanc, encadrée d'une moulure de marbre noir, et surmontée d'un petit fronton avec le monogramme du Christ, placé entre deux vases funéraires :

1837. — CY DEVANT, SOUBS CESTE TUMBE, SONT LES ‖ DEPOUILLES MORTELLES DE GUILLAUME PE‖RICHON, MARCHAND BOURGEOIS DE PARIS, AN‖CIEN CONSUL, ANCIEN RECEVEUR GENERAL, L'UN ‖ DES ADMINISTRATEURS DE L'HOSPITAL DE L'HOS‖TEL DIEU DE LA TRINITÉ ET ANCIEN MARGUIL‖LIER DE CESTE ESGLISE, LEQUEL, APRES AVOIR SER‖VY LES PAUVRES L'ESPACE DE 20 ANNÉES, EST ‖ PASSÉ DE CESTE VIE A UNE MEIL-LEURE, LE IER ‖ JOUR DE NOVEMBRE 1658, AGÉ DE 75 ANS;
ET DE ESTIENNE PERICHON, SON FILS, VENDEUR ‖ DE POISSON DE MER ET ANCIEN MARGUILLIER ‖ DE CESTE PARROISSE, DECEDÉ LE 4 SEPTEMBRE 1694, ‖ AGÉ DE 67 ANS;
AUSSY CELLE DE DAME MARIE JOUBERT, SON ‖ ESPOUSE, DECEDÉE LE 4^E JOUR DE FEVRIER 1674 ‖, AGÉE DE 78 ANS;
ET DE DAME MARIE THERESE PERICHON, LEUR ‖ FILLE, DECEDÉE LE 13^E JOUR DE MAY 1654, AGÉE ‖ DE 18 ANS.

Mss C¹, fol. 104; — D, fol. 166 (reproduction figurée).

SIMON MOZAC + SIMONE MINIER.

1838. — Cy gist honnorable homme Symon Mozac, vivant bourgeois de Paris et maistre cordonnier, lequel passa de ceste vie en l'autre, aagé de LX ans, le VIIIe jour de decembre MDCLXVI.

En memoire duquel, Symonne Mynier, son espousse, fist poser ceste tumbe et decedda, aagée de LX ans, le XXVe decembre MDCLXXIV.

Bibl. nat., ms. fr. 8237, p. 104.

TOMBE DONT L'EMPLACEMENT EST INCONNU.

MARIE JARS DE GOURNAY.

1839. — Maria Gornacensis, quam Montanus ille filiam, Justus Lipsius adèoque omnes docti sororem agnoverunt, vixit annos 80; devixit 13. julii anno 1645. — Umbra æternum victura.

Piganiol, t. III, p. 14.

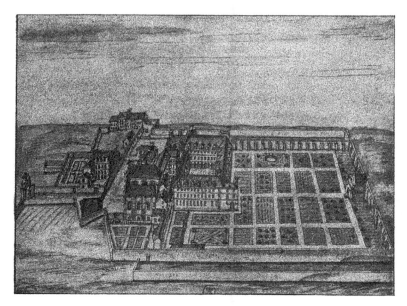

Vue du couvent des Feuillantines [1].

COUVENT DES FEUILLANTINES

DU

FAUBOURG SAINT-JACQUES.

NOTICE HISTORIQUE.

Jean de La Barrière, fondateur de la Congrégation de Notre-Dame des Feuillants, avait obtenu du pape Sixte-Quint, le 13 novembre 1587, en même temps
que l'approbation de la nouvelle règle instituée par lui, l'autorisation d'établir
des monastères des deux sexes. Les premières religieuses de la nouvelle obser-

[1] D'après un dessin de la collection Gaignières
(Bibl. nat., Topographie de Paris). — Le plan du
couvent a été dressé par M. Hochereau fils d'après
deux documents, conservés aux Archives nationales
(N³ Seine, n° 307), dont l'un présente le monastère primitif, sur la rue du faubourg Saint-Jacques,
et l'autre le projet des nouvelles constructions, par
Jean Marot. La juxtaposition de ces plans permet
de se rendre très exactement compte de la situation
respective des locaux successivement occupés par
les religieuses. Le plan, publié hors texte, a été
gravé par M. Ducourtioux.

vance, réunies en communauté, soit à Montesquiou de Volvestre, au diocèse de
Rieux, en 1588, soit à proximité de Toulouse, en 1590 [1], furent transférées
dans cette ville, le 12 mai 1599. Durant plus de vingt années, il n'y eut pas dans
la Congrégation d'autre monastère de femmes, le général s'étant toujours refusé
à en créer de nouveaux.

La reine Anne d'Autriche vint à bout cependant de cette obstination. En 1622,
sur les instances d'Anne Gobelin, veuve de M. d'Estournelles de Plainville, qui
avait formé le dessein d'installer à Paris un couvent de religieuses Feuillantines,
elle chargea le père Jean de Saint-François, qui se rendait à Pignerol pour la tenue
du Chapitre général, de provoquer l'autorisation nécessaire, et elle confirma cette
mission par une lettre adressée, le 9 mai, au Chapitre lui-même [2]. Les bienfaits
que le roi Louis XIII et Anne d'Autriche elle-même n'avaient cessé de prodiguer
au couvent des Feuillants du faubourg Saint-Honoré imposaient au Chapitre l'obligation d'accéder au désir de la Reine, et un décret du 12 juin accorda l'autorisation demandée. Le pape, c'était Grégoire XV, approuva la création du nouveau
monastère, qui devait porter le titre de Notre-Dame-de-Charité, et afin qu'elle
pût être réalisée sans retard, il autorisa la translation à Paris de six religieuses du
couvent de Sainte-Scholastique de Toulouse. Dès le 29 juillet le nouveau général
de l'Ordre, qui était précisément le père Jean de Saint-François, commit les
provinciaux de France et d'Aquitaine pour aller les chercher. Avant même qu'elles
fussent en route, le roi leur accorda, au mois de septembre, des lettres d'amortissement pour le futur couvent, qui devaient être enregistrées en Parlement, le
12 décembre 1624 [3]. Ces religieuses partirent de Toulouse, le 18 octobre, pour
arriver au monastère de Saint-Étienne du Plessis-Piquet, où elles séjournèrent
durant quelques jours. Le 28 novembre, elles furent amenées, par Mme de Plainville et plusieurs autres dames de qualité, au couvent des Carmélites où elles
étaient attendues par les Feuillants, et de là elles furent conduites procession-
nellement au couvent du faubourg Saint-Jacques, que Mme de Plainville leur avait
destiné.

Cette propriété, qui comprenait divers corps de bâtiments avec des cours et

---

[1] Ces indications sont fournies, l'une par le
P. Hélyot (*Histoire des ordres monastiques*, t. V,
p. 415), l'autre par Hermant (t. XIII, p. 208).

[2] Cette lettre était à vrai dire beaucoup moins
une sollicitation qu'un ordre déguisé : « ... Ayant
sçu que vous n'avez point d'autre monastère de
filles en ce royaume que celui de Toulouse, nous
desirons pour nostre consolation d'en establir un
dans ceste ville de Paris, et parce que c'est chose
qui dépend principalement de vous et que nous ne
voudrions entreprendre sans estre assurée que vous
y contribuerez ce qui est de vostre pouvoir; main-

tenant que vous estes assemblez, à l'occasion de
vostre chapitre general, nous avons fait entendre
nostre intention au P. dom Jean de Saint-François,
avec mandement de vous le faire sçavoir. Vous
le croirez de ce qu'il vous dira sur ce suject de
nostre part et correspondrez de la vostre, autant
que vous pourrez, à l'accomplissement d'un si
bon œuvre, qui ne tend qu'à la gloire et honneur de Dieu, lequel nous prions qu'il vous ait
en sa sainte et digne garde... » (Félibien, t. IV.
p. 64.)

[3] Arch. nat., Z^{1r} 604, fol. 36 v°.

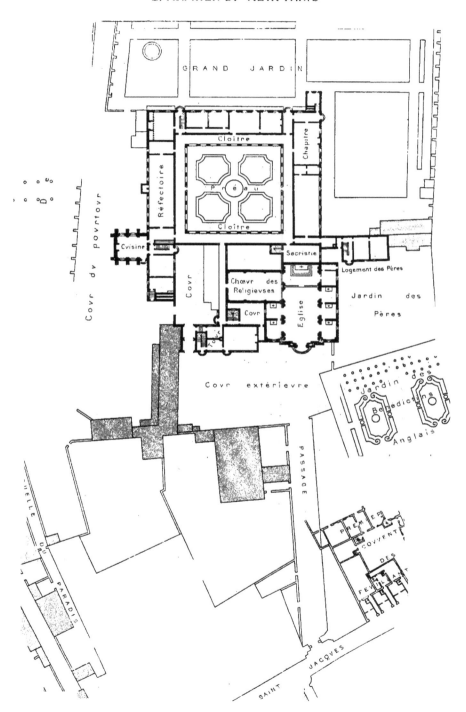

jardins, d'une surface totale d'environ sept arpents, avait été achetée le 19 juillet 1621 par Jean Le Moyne [1], curé de Sainte-Opportune, pour le compte des Feuillants, qui avaient l'intention d'y établir un noviciat [2]. Mme de Plainville, qui

[1] Jaillot prétend que Jean Le Moyne avait agi comme mandataire de Mme de Plainville (t. V, art. XVII, p. 144). Le contrat de vente et la déclaration de l'acheteur interposé ne permettent pas d'accepter cette opinion.

[2] Par le contrat du 19 juillet 1621, François Bunault, sieur de Humont, avait vendu, tant en son propre nom qu'au nom de sa fille mineure, dont il était tuteur : «à venerable et discrette personne maistre Jehan Le Moyne, prebstre, bachelier en theologie, proviseur du college de Justice, chevessier et curé de Saincte Opportune, à Paris, demeurant dans le cloistre de ladicte eglise, à ce present, achepteur et acquereur pour luy et ses ayans cause, une grande maison ou pend pour enseigne la Teste Noire, size au faulxbourg Sainct Jacques, en ceste ville de Paris, proche et du costé du monastere des religieuses urselines, consistant en une entrée à porte cochere, une grande cour, puits moictoyen en icelle, deux corps d'hostel sur le derriere apliquez à caves voultées, salles, cuisine, chambres, bouge, grenier, deux montées dans ladicte grande court servans auxdicts deux corps d'hostels, trois grandes escuryes, une petite escurie joignant les aysances, grenier au dessus, un petit jardin derriere avec deux huchez, et une petite court proche ledict petit jardin; item une maison size en la grande rue dudict faulxbourg, proche ladicte porte cochere, consistant en une bouticque, salle, allée, petite court, cave voultée, chambre sur chambre et grenier au dessus; item un petit corps d'hostel sur ladicte porte cochere consistant en deux chambres l'une sur l'autre et un grenier au dessus; item un autre corps de logis apliqué à boutique, salle où y a à present un four à boulanger, petite cour, estable, allée, chambre sur chambre et grenier au dessus; item une autre maison joignant aussy, apliquée à une boutique, salle où y a pareillement à present un four, allée, grande cour, aysance, chambre sur chambre et grenier au dessus, lesdicts quatre corps d'hostels et maisons joignans l'un l'autre, couverts de thuille et assis en ladicte grande rue; item cinq jardins, tous clos de murs, estans au derriere des susdictes maisons, en l'un desquels plus proche de la rue y a une butte en platte

forme, bordée d'arbres alentour, et un petit cabinet au dessus, où y a une table, un grand puys faict en baignoire, un petit logis pour l'habitation du jardinier, apliqué à une salle basse, et une chambre en galletas au dessus, avec un petit grenier et une cave contre ladicte butte, où est à present demeurant Denis Lelyevre, jardinier; en un autre desdicts jardins y a aussy une maison ayant son yssue et entrée par la rue des Marionnettes, où est demeurant Jacques Regnier, jardinier, consistant en deux berceaux de cave, salle basse et grenier au dessus, deux estables, porte chartiere, lequel Regnier tient à loyer ladicte maison, jardin et un autre jardin tout joignant, qui est l'un des cinq appartenans aux vendeurs, esquels jardins y a un puis; et en deux autres jardins y a aussy un puis et une maison sur ladicte rue des Marionnettes, contenant deux berceaux de cave, une salle basse, grenier au dessus, deux petites cours, une estable à chevaux et une porte chartiere, le tout couvert de thuille, façon de Flandres; et lesdicts cinq jardins qui sont tous joignans les uns des autres, plantez d'arbres fruictiers de diverses sortes; item le droit de tenir estail à boucher esdictes maisons de devant, estant sur ladicte grande rue et droict du jeu de Paulme sur ladicte rue des Marionnettes,.... tenans la totalité desdicts lieux et heritaiges, d'une part, aux heritiers et ayans cause Tronquet et Me de Cossy, huissier aux Requestes du Palais, et à ladicte rue des Marionnettes, d'autre part, à Guesdon et à autres et à une ruelle qui est le long des murailles et closture dudict monastere des Urselines, d'un bout par devant à ladicte grande rue et d'autre bout par derriere au chemin conduisant à la rue des Vignes et à M. Corbilly, chirurgien juré, le tout appartenant audict sieur Bunault et à sadicte fille..., moyennant le prix somme de vingt un mil livres tournois, sur laquelle somme ledict sieur vendeur, oudict nom, confesse avoir eu et receu dudict sieur acquereur... la somme de huict mille livres tournois..., et pour le surplus montant treize mil livres tournois, ledict sieur acquereur en a vendu, constitué, assis et assigné et par ces presentes vend, constitue, assied et assigne du tout, dès maintenant à tousjours, et promet garentir, four-

avait fait aménager l'immeuble en vue de sa nouvelle destination, fournit aux religieuses la somme nécessaire pour le remboursement du prix d'achat. Le 6 mai 1623, les Feuillants se désistèrent de tous droits sur l'immeuble, en déclarant que le nouveau couvent formait un établissement distinct et absolument indépendant du leur[1], sous le rapport du temporel seulement, car ils en conservaient la direction spirituelle. Le même jour, Mme de Plainville donna par contrat[2] à la communauté une somme de vingt-sept mille livres et lui constitua

nir, faire valloir, tant en sort principal, cours d'arres que rachapt audict sieur Bunault, esdicts noms, ce acceptant pour luy, ses hoirs et ayans cause sept cent vingt deux livres, quatre sols, six deniers tournois de rente annuelle, qui est à la raison du denier dix huict... Ledict sieur Le Moyne a promis, sera tenu, promet et gaige les bailler et payer en cette ville de Paris doresnavant, par chascun an, aux quatre termes en l'an, à Paris accoustumez egallement, dont le premier quartier de paiement escherra le dernier jour de septembre prochain venant, lequel quartier se payera entierement parceque ledict sieur Le Moyne jouira du loyer desdicts lieux à commencer du premier jour du present mois de juillet... Icelle rente sera racheptable à tousjours, en baillant et payant par les racheptans audict sieur Bunault, esdicts noms, à deux fois et deux payemens egaux, pareille somme de treize mille livres tournois avec les arrerages lors deubs, escheus et entrez pour portion de temps... » (Arch. nat., S 4692.)

Le même jour, Jehan Le Moyne déclarait que «l'acquisition qu'il a ce jour d'huy faicte de François Bunault, sieur de Humont.... d'une grande maison size au faulxbourg St Jacques de cette ville de Paris, en la grande rue, où est pour enseigne la Teste noire, avec les autres maisons, jardins et heritaiges à plain declarez au contract de ladicte acquisition... a esté par luy accepté et stipullé pour et au nom et au profict des religieux, prieur et convent du monastere Saint Bernard de la congregation Nostre Dame des Feuillans, fondé au faulxbourg St Honoré lez Paris, suivant la priere qu'ils luy en ont faicte, ayant de leurs deniers payé ladicte somme de huict mil livres, laquelle ils ont à cette fin mise en ses mains. A cette cause, ledict sieur Le Moyne... a fait declaration et transport au profict desdicts sieurs religieux Feuillans, ce acceptans et stipullans pour eulx et leurs successeurs a perpetuité..., et les a mis et subrogez pour ce du tout en son lieu, droit,

noms et raisons..., pour en jouir, faire et disposer par lesdicts sieurs religieux Feuillans et leursdicts successeurs à tous jours, comme de chose à eulx apartenant... » (Arch. nat., S 4692.)

[1] «Ce jour d'huy, 6e de mai 1623, les religieux vocaux du monastere de St Bernard, de la congregation de Nostre Dame des Feuillans, situé au faulxbourg de St Honoré lez Paris, capitulairement assemblez, le reverend dom prieur a proposé que le très reverend Pere general, du pouvoir et autorité à luy donnée du chapitre general, a trouvé bon que la maison, sise au faulxbourg de St Jacques, qui avoit esté acquise à ladicte congregation pour y faire un monastere et dont ceste maison auroit advancé les deniers, fust destinée pour la demeure et habitation des religieuses Feuillentines, qui ont esté amenées de Toulouse, et, en consequence de cela que lesdictes religieuses Feuillentines desirent que par acte capitulaire les susdicts religieux declarent comme jamais ils n'ont acquis ceste maison pour estre dependente de leur monastere, comme estant des appartenances d'iceluy, ains seulement pour la congregation et pour y faire un monastere entierement separé et independant du leur; sur quoy ayant demandé l'advis d'un chascun d'eux, ils ont unanimement declaré qu'ils n'ont jamais acquis ladite maison que pour la congregation et pour en faire un monastere entierement separé et independant du leur, et puisque lesdictes religieuses leur ont rendu ce qu'ils pouvoient avoir avancé pour l'achapt et accommodement de ladicte maison, ils se soumettent tres librement à la volonté dudit très reverend Pere general, sans pretendre chose quelconque sur elles pour le prix et recompense d'icelle maison, comme ne leur appartenant point, ains à la congregation; en foy de quoy ils ont soussigné ce present acte, ès susdits jour et an.» (Arch. nat., S 4692.)

[2] «Par devant Jehan Fontaine et Pierre Fieffé, notaires, garde nottes du Roy, nostre sire, au Chastellet de Paris, soussignés, fut presente en sa

une rente annuelle de deux mille livres, dont huit cents payables seulement à sa mort, tant pour l'achat et l'aménagement de la maison que pour la fondation de six places de religieuses dont la présentation devait lui être réservée. En raison de cette donation, elle était déclarée unique fondatrice du couvent et jouissait

personne haulte et puissante dame Anne Gobelin, veufve de deffunct messire Charles d'Estournel, vivant chevalier, seigneur de Plainville, conseiller du Roy en ses Conseils d'Estat et privé, gouverneur de Corbie et capitaine de la premiere des quatre compagnies des gardes du corps de Sa Majesté, demeurant à Paris, rue, paroisse Sainct Paul, d'une part, et reverend pere dom Jehan de Sainct Martial, provincial de la congregation de Nostre Dame de Feuillan, en la province de France, et encore reverende mere domne Margueritte Saincte Marie, prieure, ... etc., toutes religieuses professes amenées du monastere de Sainte Scolastique, de ladicte congregation de Feuillan, fondé en la ville de Thoulouze, et ce en la maison et monastere où elles sont de present establies, laquelle maison souloit appartenir au sieur François Bunault, seize ès fauxbourgs Sainct Jacques lez Paris, deuement congregées, et assemblées au parloir de ladicte maison et monastere d'aultre part, disant ladicte dame de Plainville qu'ayant pleu à Dieu luy donner la devote intention de fonder ung couvent de religieuses de ladicte congregation, pour la remission de ses pechez et pour le repos des âmes dudict deffunct seigneur de Plainville, son mary, et ses pere et mere et ses aultres parens et amis trespassez..., elle avoit cy devant desiré lui estre octroyé au Chappitre general de ladicte congregation la permission de fonder et establir ung monastere et convent de religieuses Feuillentines en ceste dicte ville ou faulxbourgs d'icelle, et après l'avoir obtenu auroit moyenné l'envoi desdictes six religieuses susnommées, donné ordre à leur venue en ceste ville et obtenu desdicts Peres supperieurs qu'elles feussent establies en la susdicte maison qu'ils avoient acquise en intention d'y establir ung novitiat de religieulx; laquelle maison elle avoit fait accommoder et approprier pour l'usage et commodité desdictes religieuses, de sorte qu'il ne reste plus qu'à leur donner selon la devotion quelques moyens pour ayder à leurs necessitez presentes et leur entretenement à l'advenir; pour ceste cause, ladicte dame de Plainville, sur ce bien conseillée et advisée. a donné et donne par ces presentes, par

donnation entre vifs et irrevocable, aux religieuses, prieure et convent de ladicte congregation Nostre Dame de Feuillan, de nagueres establies en ladicte maison et monastere, licentiées et auctorisées par ledict reverend pere dom Jehan de Sainct Martial, provincial d'icelle congregation, la somme de vingt sept mille livres qu'elle leur a presentement baillée et payée en deniers comptans en la presence des notaires soussignés... Et, pour plus ample fondation dudict monastere, icelle dame de Plainville a donné et donne aussy par donnation entre vifs et irrevocable audict convent, ce acceptans lesdictes prieure et religieuses, deux mil livres de rente annuelle et perpetuelle que pour cest effect elle constitue par ces presentes, assiet et assigne sur tous et chacun ses biens meubles et immeubles presens et advenir, generallement quelconques, pour desdicts deux mil livres de rente jouir à perpetuité par lesdictes religieuses et en estre payées par ladicte dame ou ses heritiers après son decès, aux quatre quartiers de l'an à Paris accoustumés, à commencer c'est assçavoir : de douze cens livres de rente du jourd'huy et des huict cens livres de rente restans du jour du decès de ladicte dame de Plainville seulement, lesdicts deux mil livres de rente racheptables au denier seize par elle ou ses heritiers, quand bon leur semblera;... lesquels deux mil livres de rente serviront pour la fondation de six places de religieuses, qui seront affectées perpetuellement à de pauvres filles ou femmes veufves, lesquelles estans par lesdictes religieuses trouvées propres à la religion seront recues audict monastere sans payer aulcuns deniers d'entrée ne aucune pension, et ce à mesure que decederont lesdictes six religieuses venues de Thoulouze, et ainsy consecutivement remplir lesdictes six places à perpetuité, comme dict est; la nomination desquelles filles ou femmes veufves ladicte dame de Plainville s'est reservée, tant à elle pendant sa vie qu'après son decès à dame Marthe Gobelin, veufve de feu messire Jehan Lescalopier, vivant conseiller du Roy en ses Conseils d'Estat et privé et president en sa cour de Parlement, sa sœur, et aussy, après le decès de ladicte dame Lescalopier, la presentation desdictes six places appartiendra à perpetuité

30.

de tous les privilèges attachés à ce titre [1]. Ce contrat, accepté, le 20 novembre 1623, par le général des Feuillants, fut approuvé, le 30 juin 1624, avec quelques rectifications de détails, par l'archevêque de Paris, Jean-Baptiste de Gondy [2]. Le 30 août 1625, Mme de Plainville racheta la rente de douze cents livres par le versement d'un capital de dix neuf mille deux cents livres. Quant à la rente de huit cents livres, elle fut également rachetée, après sa mort [3], le 1er février 1629, par son frère Balthasar Gobelin, conseiller du roi et président de la Chambre des Comptes.

L'immeuble dans lequel les Feuillantines avaient été installées, outre qu'il était assez mal disposé pour une communauté, fut jugé promptement insuffisant. Au lieu de l'agrandir elles jugèrent plus pratique de le reconstruire entièrement sur les terrains qu'elles possédaient, et pour faciliter la réalisation de ce projet. elles achetèrent tout d'abord aux Ursulines, le 10 juillet 1626, un terrain contigu à la maison de la Tête noire [4], ce qui leur permit de ménager entre les deux couvents une ruelle de séparation.

au reverend pere provincial de ladicte province de France, qui sera au temps de la vaccation de chacune place, lequel sera tenu nommer et presenter à icelle dans six mois après la vacation; les presentes donnations faictes à la charge expresse que ladicte dame de Plainville sera recognue pour unicque fondatrice dudict monastere et aura tous les droits et privilleges de fondatrice, mesmement pourra entrer et coucher dans ledict monastere, toutes fois et quantes que bon luy semblera, avec deux femmes ou filles telles qu'elle vouldra choisir, et chascune fois, sans qu'on la puisse abstraindre de mener toujours les memes femmes ou filles, lesquelles y pourront aussy coucher en une chambre qu'elle choisira audict monastere; et qu'après le decès de ladicte dame de Plainville ou qu'il pleust à Dieu de l'appeler à l'estat de religion, ladicte dame Lescalopier aura le mesme privillege d'entrer et coucher audict monastere ...; laquelle entrée pour coucher audict monastere il ne sera permis pendant la vie de ladicte dame de Plainville ausdicts peres Feuillens ni auxdictes religieuses de permettre ni accorder à aucune aultre femme ni fille, soit en qualité de bienfaitrice ou aultrement; que si pour quelque consideration qui regardera la gloire de Dieu ou l'utilité du monastere, ils y permettent l'entrée, le jour seulement, à quelque femme ou fille, ce ne pourra estre les jours qu'il plaira à ladicte dame de Plainville d'y aller ...; ledict pere provincial avec lesdictes religieuses a promis et s'est chargé de fournir à ladicte dame de Plainville, dans d'huy en six mois, des actes de concession en bonne et deue forme, comme aussy de faire ratiffier par le reverend pere general le present contract et faire omologuer icelluy par le chapitre general de ladicte congregation, au premier chapitre general qui sera assemblé; et à faulte d'effectuer entierement ledict present contract et en cas de contravention à aucune des charges cy dessus speciffiées, ladicte dame de Plainville et ses heritiers demeureront quittes desdicts deux mil livres de rente et sera le present contract nul et resolu pour ce regard, si bon semble à ladicte dame de Plainville et qu'elle en ait fait la declaration expresse pendant sa vie et non aultrement... » (Arch. nat., S 4692.)

[1] Jaillot prétend que, par cette donation, Mme de Plainville avait complété ses libéralités antérieures, c'est-à-dire l'achat et l'installation du couvent; mais il paraît ressortir du contrat que la somme de 27,000 livres donnée par elle avait été appliquée à ces dépenses antérieurement à la rédaction de l'acte et que le rappel de cette somme ne constituait pas une donation nouvelle. Les indications de la chronique du couvent confirment d'ailleurs cette interprétation.

[2] L'archevêque s'était borné à désigner nominativement les dames que Mme de Plainville pouvait faire entrer avec elle dans le couvent et à limiter le nombre des domestiques qui devaient l'accompagner. soit à deux pour le jour et une pour la nuit.

[3] Mme de Plainville était morte le 22 juin 1627.

[4] Les Ursulines avaient acheté elles-mêmes, le 5 janvier 1621, de Guillaume Étienne et Nicole

La première pierre du bâtiment neuf avait été posée le 17 septembre 1625 par le cardinal Barberini, légat du pape; elle le fut, une seconde fois, le 2 juillet 1626, par le maréchal de Bassompierre [1]. En raison du défaut de solidité du terrain, situé sur d'anciennes carrières, qui provoquèrent à plusieurs reprises de dangereux éboulements, la construction provoqua de sérieuses difficultés. Le 28 août 1631, les religieuses prirent solennellement possession des nouveaux locaux, bien qu'il ne fussent pas complément achevés [2]. Le bâtiment qu'elles abandonnaient fut loué par bail, au prix de huit cents livres, aux Bénédictins anglais qui l'occupèrent dix ans, et après leur départ on l'accommoda pour des locations séculières.

Au cours de l'année 1669, une religieuse, fille de M. Macquart, secrétaire du Roi [3], fit don au couvent d'une somme de cinquante mille livres destinée à la construction d'une église et d'un chœur [4] Ces édifices furent commencés le 19 août de la même année; mais c'est seulement le 21 avril 1670 qu'eut lieu la bénédiction de la première pierre par l'abbé des Feuillants [5]. L'église, construite sous la direction d'un religieux feuillant [6], fut bénite le 30 octobre 1672,

Callot, sa femme, ce terrain contenant «un demy arpent de terre et plus en une piece, comme elle se comporte, assise au terrouer dudit faulxbourg Saint Jacques, au lieu dit les Poteries, tenant d'un costé d'un bout aux murs du jardin dudit monastere des Feuillentines, dependant de la maison où souloit pendre pour enseigne la Teste noire, qui fust au sieur Bunault, duquel les religieuses d'iceluy monastere ont le droict mediatement, d'autre costé, aux terres dudit convent Sainte Ursulle et de la confrairie Sainct Augustin, d'autre bout, au chemin qui conduit du monastere des Cordelieres du Faulxbourg Saint Marcel aux dames religieuses Urselines».

La vente était faite à condition que les Feuillantines «ne pourront et ni leur sera loisible, quelque cause et occasion que ce puisse estre, de jamais faire construire et ediffier aucuns bastimens, quels qu'ils soient, sur ledict heritaige ci-dessus vendu, fors les murs de closture, sans laquelle charge et condition lesdites dames religieuses Urselines n'eussent vendu et allené pour chose quelconque iceluy heritaige, et outre moyennant la somme de cent soixante-quinze livres tournois que lesdites dames religieuses Urselines ont confessé et confessent avoir eu et receu desdites dames religieuses Feuillentines...» (Arch. nat., S 4692.)

[1] Guilhermy a publié le texte de l'inscription gravée sur cette pierre (t. I, p. 563).

[2] D'après la Chronique des Feuillantines (Les Feuillantines de Paris, 1622-1792, Journal d'une religieuse de ce monastère, publié d'après le manuscrit original, par F.-H. Mabille), le roi Louis XIII avait contribué aux dépenses du monastère « par différens payemens qui depuis 1625 représentaient une somme de 45,289 livres » et ce «à la sollicitation de M. des Noyers, conseiller d'État et frère des domnes Sublet des Noyers, des six religieuses de Toulouse» (p. 22).

[3] Les demoiselles Macquart étaient quatre sœurs, dont deux furent prieures, sous les noms de domne Anne de Sainte-Madeleine et domne Catherine de Saint-Augustin: l'aînée mourut encore jeune et la quatrième fut la marquise de Renty. D'après la Chronique, elles avaient donné au couvent une somme d'environ 300,000 livres.

[4] Il existe aux Archives nationales un manuscrit intitulé: «Estat de la depense faiste pour le bâtiment de l'église, commencé le 29 juillet 1669, que le R. P. dom Louis de Saint Bernard est arrivé pour en former le dessein» (H 4113). Dans les comptes de ce document, il n'est nulle part question de Marot; par contre, le sculpteur Paris y est indiqué comme l'auteur des statues de l'église et du portail.

[5] M. Mabille a publié le texte de l'inscription latine qui fut gravée sur cette pierre (p. 28).

[6] Contrairement à l'opinion commune, il ne paraît pas que Jean Marot ait participé à la con-

par le provincial de France, sous le titre de Notre-Dame-de-Charité; la consécration fut faite seulement le 16 juillet 1719 par l'évêque de Lectoure, Illières
d'Entragues. Pour lui ménager un accès de proportions convenables et en dégager
la façade, les religieuses durent acheter, en 1677 et 1678, deux maisons qui
furent aussitôt abattues[1]. En 1682 elles achetèrent également, au prix de
dix mille livres, la maison du sieur Roussel, qui se trouvait enclavée dans le
couvent[2], et qui, après avoir été d'abord aménagée pour les petites pensionnaires, fut utilisée, en 1698, pour l'installation de logements et de parloirs.

L'achèvement de l'église provoqua différents changements dans la disposition
des bâtiments, l'ancienne église devint le chapitre de la communauté, et la sacristie servit d'apothicairerie; la dépense fut installée dans le chœur; l'ancien chapitre et la buanderie furent convertis en appartement. D'autre part les religieuses
avaient projeté de bâtir des infirmeries et un nouveau clocher; mais le manque
de ressources les en empêcha[3].

Les Feuillantines avaient été obligées de composer, pour les droits de seigneurie,
avec les religieux de Sainte-Geneviève et de Saint-Marcel, et de leur payer une
indemnité de deux mille cent livres, et quinze deniers de cens. Comme le terrain de leur nouvelle église se trouvait dans la censive du chapitre du Saint-
Sépulcre, elles furent astreintes à une redevance annuelle de sept livres dix sols,
et le curé de Saint-Jacques-du-Haut-Pas avait exigé d'elle huit livres par an, à titre
de droit paroissial, qu'elles avaient d'ailleurs cessé de lui payer à dater de 1640.

La construction de l'église, les acquisitions de maisons et les frais de démolition

struction de cette église. La Chronique du monastère fournit à ce sujet les renseignements suivants :
«Le R. P. general dom Cosme de Saint Michel
envoya un ordre à dom Louis de Saint Bernard de
se rendre à Paris, en notre monastère, pour en
dresser le plan; il vint exprès de Tours pour ce
sujet et il fit un fort beau dessein de l'église et du
chœur qui a été receu, approuvé et agréé non seulement des supérieurs et de la communauté; mais
encore des architectures les plus expérimentés de
Paris.» (p. 27).

[1] La Chronique du monastère évalue les frais
de ces constructions à 211,062 livres, en obser-
vant qu'ils auraient été beaucoup plus élevés si une
bonne partie de la pierre et du moellon employés
n'avait été tirée des carrières du couvent (p. 29).

[2] D'après le contrat de vente du 16 mars 1682,
c'était «une maison sise à Paris, audit fauxbourg
Sainct Jacques dans un cul de sacq estant entre
leur monastere et celuy des religieuses Ursulines, .
laquelle consistoit naguere en cinq petits corps de
logis joignans l'un l'autre, auxquels il n'y a à pre-

sent qu'une seule entrée et deux petites courts,
boutiques, salles, antichambres en plusieurs estages
et greniers au dessus, aysances, apartenances et
dependances; item un jardin derrière contenant
demy arpent ou environ, dans lequel est un petit
corps de logis et un autre petit jardin attenant iceluy...; item un berceau de fer estant dans toute
l'estendue du grand jardin, quatre cens pieds
d'arbres plantez dans lesdits deux jardins...»
(Arch. nat., S 4692.)

[3] Le 27 novembre 1686, la prieure faisait
assembler la communauté pour l'aviser «qu'il
n'y avoit plus d'argent dans le coffre pour le
bâtiment, et qu'il fallait encore 6,000 livres».
Au mois de juin 1694, pour se procurer
3,000 livres dont on avait un besoin urgent,
elle était d'avis de vendre une partie de l'argenterie, mais sa proposition fut rejetée. Malgré cela,
elle n'hésita pas, au mois de novembre suivant,
à effectuer cette vente, en vue d'éviter la saisie
générale dont le couvent était menacé. (Arch. nat.,
LL 1653.)

ou de transformation avaient obéré le couvent à tel point qu'il était endetté, dans les dernières années du xviie siècle, de plus de cent mille livres [1]. Comme les créanciers se montraient pressants, le Roi décida, en 1695, qu'ils ne pourraient exercer des poursuites que devant des commissaires spéciaux nommés par lui. Les religieuses se trouvaient ainsi momentanément protégées, mais leurs dettes n'en subsistaient pas moins. Pour leur permettre de se libérer, le Roi, sur les sollicitations de son premier apothicaire, M. Biet, beau-frère de deux Feuillantines, leur accorda, par arrêt du Conseil du 29 mars 1713, 15 pour 100 du bénéfice de la Loterie royale, pendant deux mois, et de ce fait elles se trouvèrent pourvues d'une somme nette de quatre-vingt-huit mille cent trente-cinq livres, ce qui améliora notablement leur situation financière [2].

D'ailleurs, en dehors du produit des maisons qu'elles possédaient en bordure sur la rue Saint-Jacques, les Feuillantines tiraient un revenu très appréciable des logements concédés dans l'intérieur du couvent à des personnes désireuses d'y trouver une retraite paisible. Elles recevaient à ce sujet de si nombreuses demandes qu'il leur était souvent impossible de les accueillir immédiatement et qu'elles devaient attendre, pour leur donner satisfaction, qu'il survînt quelques vacances.

Au xviiie siècle, diverses transformations furent effectuées dans l'intérieur du couvent; la maison Roussel, cessant d'être affectée aux petites pensionnaires, fut démolie et remplacée par des constructions neuves servant de logement et de parloirs; le mur de clôture sur l'ancienne ruelle de Paradis fut abattu et celui des Ursulines devint mitoyen; enfin l'église fut dotée, en 1767, d'un clocher [3].

Les bâtiments du couvent des Feuillantines se trouvaient limités, du côté du Nord, par une ruelle dite *de Paradis*, ou *Coupe-Gorge*, qui le séparait de celui des Ursulines [4]; cette ruelle fort mal fréquentée présentait pour les

[1] D'après la Chronique, il avait été dépensé pour acquisitions et constructions 703,695 livres, 12 sols, 4 deniers; les transformations et réparations avaient porté cette somme à 1,112,000 livres, ce qui représentait le quart environ des sommes que le monastère avait reçues depuis son établissement. Dans ces conditions un déficit de cent mille livres n'avait rien d'excessif.

[2] Presque tous les historiens, et Jaillot lui-même, ont cru que l'église avait été construite avec le produit de la Loterie, c'est-à-dire après l'année 1713. Les dates précises que nous avons empruntées à la Chronique démontrent l'inexactitude de cette opinion.

[3] «Le 17 août 1767, la révérende mère prieure a fait part à la communauté de la construction d'un nouveau clocher qu'elle étoit obligée de faire,

l'ancien étant hors d'état de servir plus longtemps sans beaucoup de danger; le mémoire de la dépense qui sera faite monte à deux mille vingt livres; la place que l'on choisit pour le mettre sera une chambre de la lingerie qui se trouve au dessus du chœur; ledit clocher a été commencé le 27 septembre.» (Arch. nat., LL 1653, p. 626.)

[4] Jaillot prétend que cette ruelle avait existé de tout temps et qu'elle se nommait autrefois ruelle de Notre-Dame-des-Champs (t. V, art. xviii, p. 164).

Il paraît plus vraisemblable qu'il y avait eu là simplement une impasse nécessaire pour accéder aux propriétés qui se trouvaient derrière les maisons de la rue Saint-Jacques, et qui servit de passage d'entrée aux Ursulines. Le prolongement de l'impasse jusqu'à la rue des Vignes n'avait eu d'autre objet que de séparer les propriétés des Feuillantines

deux maisons des inconvénients de tout genre. D'un commun accord, les deux communautés sollicitèrent, par une requête du 26 juillet 1647, adressée aux Trésoriers de France, grands voyers de la Généralité de Paris, l'autorisation de la fermer [1]. Une enquête eut lieu sur place, le 2 août, mais aucune décision ne fut prise. Les désordres dont les religieuses avaient à se plaindre finirent par devenir intolérables. En 1660, un ordre du Roi prescrivit la fermeture de la ruelle durant la nuit, mais sans aboutir à un résultat appréciable. Par une ordonnance du 9 avril 1680, le lieutenant de police décida la fermeture complète et définitive, à laquelle il fut procédé sans retard. Mais les trésoriers généraux, par une ordonnance contraire du 4 juin, prescrivirent la suppression des murs, portes et clôtures qui venaient d'être établis, sous prétexte qu'il s'agissait d'une question de grande voirie qui les concernait exclusivement. En conséquence, une nouvelle requête dut leur être adressée, le 6 septembre 1680 ; le 10, une enquête [2] et visite

et des Ursulines, ainsi que le constatent les lettres du 16 septembre 1680 : «Entre les murailles qui servent de closture à leurs deux convens, il y a une petite ruelle étroite, n'ayant en des endroits que six pieds, neuf pouces de largeur..., ayant une de ses issues à la grande rue du faubourg et l'autre dans la rue des Vignes du faubourg S¹ Marcel, qui a esté prise sur un demy arpent de terre que lesdictes relligieuses feuillantines avoient, par contract du 10 juillet 1626, acquis desdites relligieuses ursulines.» (Arch. nat., S 4692.)

[1] «Lors de l'establissement et construction de ces deux maisons, par la consideration qu'elles sont joignantes l'une à l'autre et que, suivant la maxime ordinaire, deux relligions doivent estre separées de quelque distance, elles avoient laissé entre leurs deux murs et clostures une espace de terre de sept à huict pieds de largeur, pour faire ladite separation, et une petite allée, en la longueur, de deux cens thoises ou environ, pour conduire en chascun des jardins desdittes suppliantes les fumiers dont elles auroient besoin; cette ouverture auroit donné occasion aux artisans dudit fauxbourg Sainct Jacques d'y passer parfois et d'appeler ce passage la ruelle de Paradis, autrement Couppe-Gorge, à cause de la difficulté et incommodité d'icelluy; mais le peu de frequentation dans ladite ruelle ayant aussy donné occasion aux soldats des Gardes, logés dans lesdits fauxbourgs, et autres gens malvivans de s'y attrouper, et y donner des rendez vous avec des femmes de mauvaise vie, d'y commettre des meurtres, vols et assassiner avec lesdittes femmes prostituées, au dessous des fe-

nestres et à l'endroit des infirmeries et dortoir desdittes suppliantes, mesme de voller les poulles, linges et ce qu'ils trouvoient dans les cours et jardins desdittes suppliantes (ce qui les avoit reduit à faire faire garde jour et nuict au dedans des murs qui sont attenans ladite ruelle), aux escourcheurs, chiffonniers et bouchers d'y porter et jetter des cadavres de toute sorte d'animaux escourchés, des abatis de bouchers, et aux particuliers voisins toutes les immondices du quartier, tous ces desordres ayant obligé lesdittes suppliantes de se joindre aux directeurs et habitans du quartier dudit fauxbourg Saint Jacques, elles auroient obtenu, sur procès verbaux et information faite du sieur lieutenant general de police, une ordonnance, le 9 avril dernier, portant que, pour empescher la peste que lesdits immondices et matieres fecalles de hauteur de cinq à six pieds qui estoient dans ladite ruelle pouvoient causer, elle seroit nettoyée et pour empescher pareillement lesdits meurtres, vols et autres infames actions qui s'y commettoient, qu'elle seroit bouchée par un mur au milieu de ladite ruelle, à l'alignement du mur de closture separant le jardin du sieur Roussel d'avec la cour desdittes relligieuses Feuillantines, et deux portes aux deux bouts, ce qui avoit esté executé à la satisfaction de tous les gens d'honneur du quartier qui n'avoient plus receu de puanteur au moyen de ce qu'il auroit esté enlevé trois cens trente tombereaux d'immondices et quinze cens tombereaux de gravois...»

[2] Au cours de cette enquête les Bénédictines du Val-de-Grâce déclaraient «qu'elles, ne peuvent

des lieux démontra la nécessité de la fermeture[1] qui fut décidée par un arrêt du 27 septembre. Le Roi approuva cette fermeture par ses lettres du 10 novembre, enregistrées au Parlement et au Bureau des finances les 8 et 13 mars 1681. Par un accord du 29 décembre suivant, les deux communautés se partagèrent la propriété de la ruelle qu'elles avaient divisée en deux parties par un mur de séparation, et l'abbaye de Sainte-Geneviève leur amortit le fonds de terre moyennant une rente de 20 sous[2].

Dix ans plus tard, les Ursulines, les Feuillantines, les religieuses du Val-de-Grâce et de la Providence obtinrent des lettres du Roi, en date du 16 juin 1691[3], enregistrées au Bureau des finances le 9 juillet suivant, qui autorisaient la fermeture de la rue des Marionnettes pour des raisons identiques à celles qui avaient motivé la suppression de la ruelle Coupe-Gorge.

D'après les plans qui nous ont été conservés et les diverses indications que nous avons pu recueillir, le couvent des Feuillantines occupait un vaste emplacement rectangulaire isolé de la rue Saint-Jacques par la rangée de maisons qui bordait cette voie et limité, sur les trois autres côtés, par l'impasse et le couvent des Ursulines, la rue des Vignes et l'ancienne ruelle des Marionnettes. Le passage d'entrée, dans lequel se trouvait la loge du portier, donnait accès dans la cour extérieure du monastère, fermée en face par l'église, à gauche par le mur de clôture

---

consentir à la suppression de ladite ruelle de Paradis pour ce qu'il ne resteroit au publicq de passage que par ladicte rue des Marionnettes, qui se trouvant contigue aux murs de leur jardin, pouvoit troubler leur closture et donner moyen aux passans de regarder dans leurdit jardin par l'encombrement des descharges d'une partie des ordures dudit fauxbourg Sainct Jacques, en sorte qu'elles ne peuvent consentir à la suppression d'icelle ruelle qu'à la charge de faire decombrer et paver ladite ruelle...» (Arch. nat., S 4692.)

[1] En vertu de cet arrêt, les religieuses Feuillantines et Ursulines étaient autorisées à clôturer ladite ruelle, «sçavoir : d'un mur de refend à l'endroit du mur qui sépare la cour desdittes religieuses Feuillantines et le jardin dudit Roussel; par le bout, du costé dudit fauxbourg Saint Jacques, d'une porte ouvrante et fermante à clef. et par l'autre bout, du costé de ladite rue des Vignes, aussy d'un mur de refant, en laissant neantmoins une porte chartiere de largeur et hauteur convenable pour l'usage et commodité desdittes relligieuses Ursulines et Feuillantines...».

D'autre part, conformément à la réclamation formulée par les Bénédictines du Val-de-Grâce,

l'arrêt portait que «ladite rue des Marionnettes sera incessamment decombrée en toute son estendue par les proprietaires des maisons d'icelle, chascun en droit soi, sinon et à faute de ce faire dans huictaine du jour de la signification, seront lesdits encombrements ostés et enlevés aux frais et despens desdits proprietaires par le commis à l'exercice de la voirie, et icelle rue pavée aux frais et despens desdictes relligieuses Ursulines et Feuillantines...». (Arch. nat., S 4692.)

[2] Lorsque les Feuillantines eurent acheté la maison Roussel, elles jugèrent que la partie du passage qui longeait cet immeuble devait leur appartenir; mais les Ursulines refusant de reconnaître leur droit de propriété, il fallut plaider. En 1686, un arrêt du Parlement donna gain de cause aux Feuillantines

[3] Le préambule de ces lettres constate que «la dite rue des Marionnettes est un receptacle d'ordures et immondices que le menu peuple y apporte journellement, ne servant que de retraicte aux vagabonds et n'est pas utile pour le public, y ayant à peu de distance une autre rue, du même côté, qui communique du faubourg Saint Jacques à celui de Saint Marcel.» (Arch. nat., Z¹ 8609, p. 96.)

des religieuses et à droite par le logement des Pères chargés d'assurer le service
religieux.

L'église, construite sur un plan rectangulaire, comprenait l'avant-chœur, servant d'abside, qui était surmonté d'une tribune et pourvu d'un caveau pour les
sépultures de la communauté, et accompagnés sur les côtés de deux sacristies,
l'une intérieure, l'autre extérieure, le sanctuaire, la nef et six chapelles latérales[1]
dont l'une, la plus reculée, du côté droit, se confondait avec le chœur des religieuses. La façade, dont l'ordonnance rappelait avec quelques modifications
celle de l'église des Feuillants, se composait de deux ordres d'architecture, l'un
ionique et l'autre corinthien, qui encadraient, au rez-de-chaussée, le portail, et
au-dessus une grande baie rectangulaire, accompagnée de deux grandes statues.
Un attique avec fronton triangulaire surmontait le tout. Les bâtiments du couvent
proprement dit se développaient à côté et derrière l'église, où ils formaient un
cloître. Ils comprenaient, au rez-de-chaussée, le tour d'entrée, les parloirs des religieuses et des dames pensionnaires, le Chapitre, le réfectoire, la cuisine, la dépense, l'apothicairerie, l'infirmerie et une grande galerie, dite « des Anges », terminée par une chapelle. Les étages supérieurs étaient occupés par les cellules
des religieuses, les appartements des pensionnaires et le grenier à blé. De vastes
jardins entouraient les constructions de tous côtés.

Au commencement du xviiie siècle le couvent n'abritait pas moins de 106 personnes, dont 65 religieuses de chœur, 13 converses et 28 pensionnaires. Au
cours de ce siècle le nombre des religieuses avait très sensiblement diminué pour
se réduire finalement à 30[2].

Fermé à la Révolution et devenu propriété nationale, le couvent fut aliéné en
échange de l'hôtel de Castries et, le 2 fructidor an vi (10 août 1796), les jardins

---

[1] Il ne nous a pas été possible de retrouver
les vocables de toutes les chapelles. Dans les documents des Archives, comme dans la Chronique, il
est seulement question de celle de la Sainte Vierge
et de l'Enfant Jésus, et d'une chapelle de la
Conception, désignée comme étant intérieure et
qui ne paraît pas devoir compter dans les six de
l'église.

[2] La déclaration des biens, du 8 février 1790,
constate que « le monastère des dames religieuses
Feuillantines de la rue St Jacques est composé de
vingt religieuses de chœur et de dix sœurs converses; que les immeubles qu'elles possèdent
consistent : 1° en maisons rue St Jacques louées à
différents particuliers 6,750 livres; 2° en 3,569 livres 4 sols 4 deniers de rente sur l'Hôtel de ville;
3° en 660 livres de rentes sur des communautés;
4° en un récépissé sur le Trésor royal de 4,400 li-

vres pour le principal de 220 livres de rente de
l'emprunt national et provenant de l'argenterie
portée à la Monnoie; que ledict couvent est grevé
de charges réelles de 567 livres 12 sols 6 deniers et de charges éventuelles de 5,520 livres
5 sols...

« Le terrain du monastère, compris église, cloîs-
tres, lieux réguliers, jardins, clôture régulière,
ainsi que les cours exterieurs et maisons de location,
tant dans l'avant cour que dans la rue S. Jacques,
le tout occupe une superficie de 7,761 toises. »

Une déclaration rectificative, du 3 octobre 1791,
porte que : « Les revenus des loyers dans l'intérieur du monastère sont très variables par les fré-
quentes mutations et non valeurs et ne produisent
pour le présent que 6,400 livres, et que les charges
sur le revenu foncier sont réduites à 300 livres. »
(Arch. nat., S 4692.)

.furent vendus et la démolition de l'église suivit de près. Le passage d'entrée devint une impasse et les bâtiments qui subsistèrent au milieu des jardins, durant la première moitié du xixe siècle, formaient un enclos pittoresque dénommé l'Ermitage des Feuillantines, où trouvèrent place un établissement de bains publics et une institution de jeunes gens. Un décret du 4 décembre 1850, prescrivant la transformation de cette impasse en une rue qui devait se prolonger jusqu'à la rue Gay-Lussac, fit disparaître les derniers vestiges du couvent.

Vue de l'église des Feuillantines [1].

ÉPITAPHES DU COUVENT.

JEAN LE PICART.

1840. — CY GIST MESSIRE JEAN LE PICART, CHEVALIER, SEIGNEUR DU PLESSIS ET DE PERIGNY, CONSEILLER DU ROY EN SES CONSEILS D'ESTAT ET PRIVÉ, LEQUEL DE-CEDDA LE XII NOVEMBRE M DC LV, AAGÉ DE LXXX ANS. — PRIEZ DIEU POUR SON AME.

ARMES. *D'argent au lion de sable.*

Ms. F³, p. 224.

JEANNE SUBLET.

1841. — CY GIST DAME JEANNE SUBLET, VEUFVE DE MESSIRE JEAN LE PICART, CHEVALIER, SEIGNEUR DU PLESSIS ET DE PERIGNY, CONSEILLER DU ROY EN SES CON-

[1] D'après une estampe signée J. Marot (Bibl. nat.; Topographie de Paris). Cette estampe porte pour légende : « Face de l'église des Feuillantines dans le fauxbourg S'-Jacques, du dessein du S' Marot. »

SEILS D'ESTAT ET PRIVÉ, LAQUELLE, APRES AVOIR VESCU TREIZE ANNÉES DANS CE MONASTERE DEPUIS LA MORT DE SON MARY, DANS TOUS LES EXERCICES D'UNE PIETÉ VRAYMENT CHRESTIENNE, PASSA A UNE VIE MEILLEURE, LE 11 AVRIL M DC LXVII, AAGÉE DE LXXX ANS. — PRIEZ DIEU POUR SON AME.

ARMES. *D'azur au pal bretessé d'or, maçonné de sable, chargé d'une vergette du même.*

Ms. F³, p. 223.

MARGUERITE FEYDEAU [1].

1842. — ICY REPOSENT, ATTEN‖DANTES LA RESURRECTION ‖ GENERALLE, LES CENDRES DE ‖ DAME MARGUERITE ‖ FEYDEAU, EN SON VIVANT ‖ VEUFVE DE MESSIRE CLAUDE ‖ ANJORANT, CHEVALIER, SEIGNEUR ‖ DE CLAYE, LAQUELLE AYANT ‖ FAIT SON ENTRÉE AU MONDE ‖ LE 13 MARS DE L'ANNÉE 1601, ‖ ENNUYÉE D'UN GRAND AGE ‖ ET DES MISERES [DE LA VIE], ‖ EN A TROUVÉ LA [SAINTE] ‖ REMISSION ·[ENTRE LES] ‖ MAINS DE [SON CREATEUR], ‖ ESTANT DECEDÉE LE ... ‖ DECEMBRE ..., EN CE ‖ MONASTERE DES DAMES FEUILLANTINES [2].

ARMES. *ANJORRANT : D'azur à trois lys d'argent, tigés et feuillés de sinople, posés 2 et 1.*
— *FEYDEAU : D'azur au chevron d'or accompagné de trois coquilles du même.*

Guilhermy, t. I, p. 565 [3].

[1] «La tombe de Marguerite Feydeau ne présentait autre chose que le texte de l'inscription, encadré d'un simple filet. Elle avait été employée comme une dalle ordinaire dans un des bâtiments provisoirement conservés. Nous l'avons vue, au moment de la démolition définitive, exposée en vente avec d'autres matériaux, le 30 janvier 1870. Les dernières lignes étaient à peu près effacées.» (Guilhermy, t. I, p. 565.)

[2] Marguerite Feydeau dut mourir avant le 18 décembre 1681, puisqu'il n'est fait aucune mention d'elle dans le registre des Actes capitulaires qui commence à cette date. (Arch. nat., LL 1653.)

[3] Dans les premiers jours d'août 1861, en fouillant le sol dans l'impasse des Feuillantines, on trouva deux cercueils de plomb, à tête arrondie, avec plaques de cuivre portant les noms :

1° De dame Anne Ribier, veuve d'Étienne-Charles Le Chevalier, seigneur d'Ébly, Ille et autres lieux, conseiller du roi, maître d'hôtel ordinaire de sa maison, décédée le 10 mars 1709, à l'âge de soixante-trois ans;

2° De dame Catherine Le Ricard, veuve de Nicolas Lepelletier, maître des requêtes, morte le 11 mars 1710.

Les ossements furent portés au cimetière du Sud, dit du Mont-Parnasse. (Guilhermy, t. I, p. 567.)

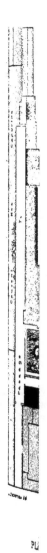

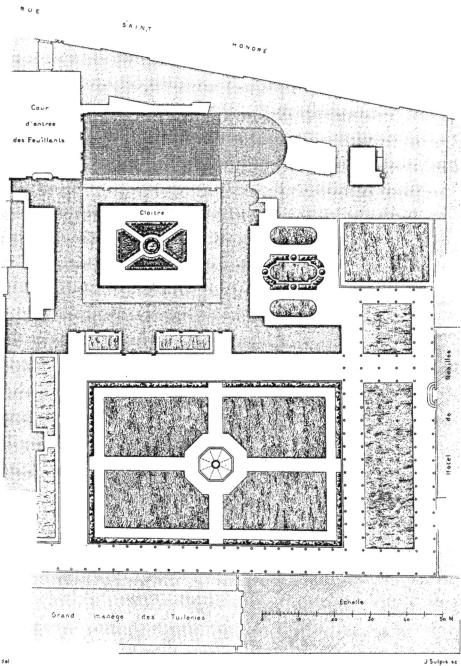

RUE

SAINT

HONORÉ

Cour
d'entrée
des Feuillants

Cloître

Échelle

Grand manège des Tuileries

Hôtel de Noailles

J. Sulpis sc

Vue de la façade du monastère des Feuillants.

COUVENT DES FEUILLANTS

DU

FAUBOURG SAINT-HONORÉ[1].

NOTICE HISTORIQUE.

La congrégation dite des Feuillants avait pris naissance en 1573, dans l'abbaye de Notre-Dame-de-Feuillans, au diocèse de Rieux, près de Toulouse. Jean de La Barrière qui avait été pourvu de ce monastère, dès l'âge de 19 ans, à titre d'abbé commendataire, résolut de le réformer et d'y remettre en vigueur la discipline qui s'était singulièrement relâchée, en faisant revivre l'ancienne observance de saint Benoît aggravée par des pratiques d'une extrême austérité et dont il était

[1] La vue générale du couvent des Feuillants est la reproduction d'un dessin de la collection Gaignières. Les vues de l'église et de la façade du monastère sur la rue du faubourg Saint-Honoré sont des réductions de deux estampes de Wolff et de Lallemand. (Bibl. nat., Topographie de Paris.)

Le plan d'ensemble du couvent a été dressé par M. Hochereau fils, d'après le plan géométral de Paris de Verniquet, et gravé par M. Sulpis.

d'ailleurs le premier à donner l'exemple. De nombreux disciples vinrent se joindre à lui et, le 3 mai 1577, il fut béni comme abbé régulier dans l'église de la Daurade à Toulouse.

Cette réforme valut à son auteur une juste célébrité, et Henri III, désireux de connaître le nouvel abbé dont il entendait vanter les rares mérites, lui écrivit, le 20 mai 1583, pour l'appeler à Paris. La Barrière ne pouvait que s'incliner devant cet ordre et, au mois d'août suivant, il était à Paris[1]. Son talent pour la prédication, sa vie édifiante et le renom de ses vertus firent une profonde impression sur le public autant que sur le roi lui-même. Henri III ne consentit à lui permettre de rentrer à Toulouse qu'à la condition expresse qu'il reviendrait à Paris pour fonder un couvent de son ordre dont il fournirait lui-même le bâtiment.

Lorsque, au bout de quatre ans, le 7 juillet 1587, Jean de La Barrière arriva à Paris avec soixante-deux religieux[2], le couvent promis par le roi n'avait pas encore été aménagé, et ils furent provisoirement logés au bois de Vincennes, chez les Minimes, où le roi lui-même se trouvait à ce moment. Henri III avait conçu depuis quelque temps déjà le dessein de les mettre en possession de l'abbaye de Longchamps[3], dont les religieuses devaient, en ce cas, être transférées à l'abbaye

[1] L'Estoile n'a pas manqué de consigner ce fait dans son *Journal :* «Au commencement d'aoust [1583], un Bernardin, nommé de La Barre, tolozain, abbé d'une abbaye des Bernardins, size à cinq ou six lieues de Toulouse, appelée Fœillans, vinst à Paris, où il prescha devant le Roy, les Roynes et les princes et seingneurs de la Court, et en quelques autres églises; où il fut suivi et admiré de tous ceux qui ouïrent ses prédications et entendirent l'austérité de sa vie. Car il ne mangeoit que du pain et des herbes, alloit par les champs pieds nus et tête nue, ne beuvoit que de l'eau, couchoit ordinairement sur la dure... On disoit que son père, riche marchant, avoit acheté cette abbaye pour luy, estant encore jeune escholier, estudiant à Toulouze...

«Le Roy l'aïant fait venir à Paris pour le voir et ouïr, le voulut retenir près de lui; mais le bon abbé s'en excusa, disant que puisqu'il avoit pleu à Dieu et au saint Père de le commettre à la garde de sa bergerie de Fœillans, qu'il ne pouvoit en saine conscience faire moins, que s'y en retournant, faire la veille sur son troupeau.» (Éd. Jouaust, t. II, p. 128.)

[2] Le Journal de L'Estoile, note l'arrivée des religieux, à la date du 19 juillet : «Ce mesme jour les soixante Bernardins que le Roy avoit fait venir de l'abbaye de Fœillans, près Thoulouse, arrivèrent à Paris, avec leur abbé. Et les logea le roi

premièrement au monastère du bois de Vincennes, leur fit construire un couvent aux fauxbourg St-Honoré.» (Édit. Jouaust, t. III, p. 55.)

[3] «Sa Majesté desire mettre au lieu et abbaye de Longchamp, ordre de St François, l'abbé et religieux de Feuillans, qui sont de l'Ordre de Cisteaux, afin qu'elle puisse plus commodement vacquer à ses devotions, estant ladite abbaye de Longchamps dedans son parc et bois du chasteau de Boulongne, aussy qu'elle a volonté que les religieuses soient plus esloignées tant de son chasteau que de sa ville de Paris.

«Elle desire bailler à l'abbesse et religieuses de Longchamps le lieu de l'abbaye du Val, estant de cinq lieues ou environs de Paris, assez proche de l'Isle-Adam et de Ponthoise, qu'elle fera bien clorre de hautes murailles et accommoder selon qu'il sera necessaire pour loger lesdites religieuses; auquel lieu elles seront beaucoup mieux logées, tant pour estre plus esloignées de Paris que pour la commodité du lieu où elles auront plus grande estendue.

«Et afin qu'elles n'ayent necessité d'aucune chose, Sa Majesté desire leur bailler six mil livres de rente en fonds de terre, du revenu de l'abbaye du Val, au lieu de seize ou dix huit cents livres qu'elles ont; lequel revenu demeurera à l'abbé de Feuillans et sera annexé à sa manse et de ses religieux...

de Notre-Dame-du-Val, près Mériel, et il s'était assuré, à cet effet, dès le 25 février 1587, le consentement préalable des abbés de Citeaux et de Clairvaux, supérieurs immédiats de ces deux abbayes. Les Feuillants insistaient pour la réalisation de ce projet, jugé par eux fort avantageux, et le 20 juillet le roi se transporta lui-même à Longchamps, pour signifier à la supérieure de la communauté ses volontés à ce sujet[1]. Mais les religieuses, malgré cet ordre formel et malgré les avantages qui leur étaient offerts, ne pouvaient se résoudre à s'éloigner de Paris. En fin de compte elles réussirent, grâce à des appuis influents, à faire revenir le roi sur une décision qu'il avait déclarée lui-même irrévocable. Par suite, les Feuillants durent se contenter d'un modeste logis avec jardin qui avait été acquis, trois ans auparavant, par Henri III, au faubourg Saint-Honoré, pour y installer des Hiéronymites[2]. Le souverain, pris au dépourvu, le fit res-

«Sa Majesté entend mettre au monastere de Longchamps, du costé où les Peres confesseurs des religieuses sont à present, ledit abbé de Feuillans avec bon nombre des religieux d'icelui, vivans selon la reformation que ledit abbé de Feuillans observe et tient, et non autrement... Le costé du lieu de Longchamps où sont les religieuses à present demeurant pour loger le Roy et ceux qu'il voudra avec lui en sesdictes devotions...»

Ces renseignements très précis sont empruntés à un curieux document qui a pour titre : «Mémoires pour obtenir de N.-S. père le pape la bulle authentique de la permutation et translation perpetuelle du monastère des religieuses Cordelières de Longchamps à l'abbaye du Val de l'ordre de Cisteaux, comme aussy les consentemens du general des Cordeliers en ce qui est necessaire de l'avoir de luy, le tout ainsy qu'il est ci-apres specifié, et que toutes lesdites expeditions en bonne forme soient rendues entre les mains du Roy, s'il est possible, pour le plus tard dans le vingtiesme d'avril.» (Arch. nat., S 4207, fol. 197.)

[1] Berty a signalé le premier ce fait, d'après une chronique manuscrite de l'abbaye de Longchamps. (*Topographie hist.*, t. I, p. 300.) Mais il n'a pas connu les diverses pièces desquelles il résulte que les projets du roi étaient antérieurs de six mois à l'arrivée des Feuillants à Paris.

[2] Par un contrat en date du 7 novembre 1585, Jeanne Maufex, veuve de Pierre de Laleu, sergent royal au Châtelet de Paris, en son nom, et comme tutrice de sa fille mineure Catherine, déclarait vendre «au Roy, nostre sire, nobles hommes maistres Pierre Habert, conseiller, notaire et secre-

taire du Roy et de ses finances, bailly de son artillerie, et Baptiste Androuet du Cerceau, aussy vallet de Chambre dudict seigneur et ordonnateur general des bastimens de Sa Majesté, à ce presens et acceptans, achepteurs et acquesteurs pour Sa Majesté, une maison contenant deux corps d'hostel estant en ruyne et decadence, avec le jardin et terres derriere y attenans et jouste la muraille du jardin de la Royne, mere dudict sieur, tout le lieu, si comme il se comporte, contenant soixante et quatorze thoises de longueur, sur vingt huict thoises quatre pieds et demy de largeur ou environ, assis ès faulxbourg Sainct Honoré, sur la grande rue dudict faulxbourg, tenant d'une part à maistre Anthoine Du Pré, advocat en Parlement, d'aultre au Roy, nostre dict sire, à cause de l'acquisition faicte par Sa Majesté de monseigneur le duc de Retz d'un jardin joignant le monastere des Cappussains, abboutissant d'un bout par devant sur la grande rue et chaussée dudict faulxbourg et par derriere aux murs du pallais des Thuilleries..., moyennant la somme de trois mil trois cent trente trois escus sol et ung tiers, que ledict sieur Habert a promis et promet... bailler et payer auxdicts vendeurs, esdicts noms, ou au porteur de ces presentes, pour eulx, dedans le temps de huict jours prochainement venans et si tost qu'ils seront deslogés de ladicte maison...» (Arch. nat., S 4116.)

D'après le Journal de l'Estoile, au mois de décembre suivant, Baptiste Androuet du Cerceau, dont il est question dans ce contrat, préféra, en qualité de protestant, «quitter et l'amitié du roi et ses biens que de retourner à la messe». Il est donc

taurer et aménager en toute hâte, et les religieux purent s'y installer le 8 septembre 1587. Mais ce couvent fut promptement jugé insuffisant pour les religieux, et le roi, qui désirait avoir chez eux une chambre où il pût se retirer à l'occasion, les autorisa à prendre possession des bâtiments récèmment construits par lui sur une partie du terrain des Capucins contigu à leur enclos, les troubles de la Ligue, qui l'obligèrent à quitter Paris après la Journée des Barricades, ne lui permettant pas de s'occuper d'eux plus longtemps.

Comme les Feuillants n'avaient point de ressources propres, Henri III avait décidé, dès le 29 août 1587, qu'il leur serait attribué une moitié des revenus de la mense abbatiale du Val, dont il confia l'administration provisoire à Jean de Vabres, avec mission de les partager entre eux et le futur abbé. Mais les Feuillants insistèrent pour jouir de la totalité, et le roi, par un brevet du 8 février 1588, donna l'abbaye en commende régulière à Jean de La Barrière, à la condition d'installer, dans tel couvent qu'il désignerait, deux cents religieux de sa congrégation[1]; après lui, elle devait passer de plein droit à ceux qui lui succéderaient en qualité d'abbés.

La réforme de Jean de La Barrière avait été approuvée, le 5 mars 1586, par une bulle de Sixte-Quint. Une autre bulle du 13 novembre 1587 érigea leur communauté en congrégation sous le titre de «Notre-Dame des Feuillants». Le 4 septembre 1592, ils devaient être distraits, par Clément VIII, de la juridiction de l'abbé de Citeaux et placés directement sous l'autorité du Saint-Siège.

Au mois d'août 1588, Jean de La Barrière, quittant Paris pour aller visiter son abbaye de Feuillans, désigna comme prieur du couvent le P. Bernard de Montgaillard qui, en son absence, s'adressa directement au Souverain Pontife pour obtenir des statuts moins rigoureux, desquels était exclue l'obligation de marcher pieds nus, et pour être autorisé à reprendre l'habit de l'ordre de Citeaux. Il prit,

---

peu vraisemblable que, deux ans plus tard, il ait pris part à l'installation du couvent des Feuillants, comme l'a supposé Berty, en se fondant sur une assertion contestable des Mémoires du duc de Nevers.

[1] «Aujourd'huy, 8e de febvrier, l'an 1588, le Roy estant à Paris, desirant chercher tous moiens de faire croistre et augmenter en ce royaume l'ordre et religion de frere Jean de La Barriere, abbé de l'abbaye de Feuillans, et religieux de ladicte abbaye, pour la bonne et exemplaire vie qu'ils font, Sa Majesté a accordé et accorde audict abbé de Feuillans, l'abbaye de Nostre Dame du Val, vacante par le decez de Gilbert Jean de Bellenave, dernier titulaire d'icelle, pour tenir ladicte abbaye en commande reguliere et à la charge qu'il sera tenu, comme il l'a luy mesme requis, et pro-

posé à Sadicte Majesté, outre les charges ordinaires, entretenir là où sadicte majesté voudra, dix decanies de religieux de sa congregation, faisant le nombre de deux cens, observans la regle de St Benoist, suivant la reformation commencée en ladicte abbaye des Feuillans, authorizée par nostre tres sainct pere le Pape, desirant Sadicte Majesté requerir Sa Saincteté qu'advenant cy après vacation de ladicte abbaye de Feuillans, celuy qui sera nommé pour en estre pourveu en titre, conformement à ce qu'icelle Majesté en a cy devant ordonné, soit pareillement pourveu en commande reguliere de ladicte abbaye du Val, sous les mesmes charges et conditions que dessus.» (Arch. nat., S 4207. fol. 194 v°.)

d'autre part, ouvertement pàrti dans les dissensions politiques et, oublieux des bienfaits du roi, il n'hésita pas à se déclarer pour ses ennemis. Henri III, justement indigné, profita de ce que les bulles en faveur de La Barrière n'avaient pas été encore expédiées en cour de Rome pour enlever aux Feuillants, quelques jours avant sa mort, les revenus de l'abbaye du Val[1], et pour donner, le 26 juillet 1589, l'abbaye en commende à MM. de Sancy et de Manou.

Les imprudences du prieur eurent ainsi pour résultat immédiat de priver les Feuillants de leur principale ressource, ce qui obligea la plupart d'entre eux à quitter le couvent.

Elles faillirent leur être plus funestes encore par le fâcheux effet qu'elles avaient produit sur l'esprit de Henri IV, qui, dès le début de son règne, se montra mal disposé à l'égard de ces religieux. Le roi, prenant prétexte de leur nombre trop restreint, leur enjoignit, le 11 mars 1595, de rentrer dans leur couvent d'origine ou de se retirer aux Bernardins[2]. En présence de leurs explications, il revint d'ailleurs promptement sur sa première décision, confirma leur établissement par un brevet du 28 mars 1595 et ne cessa dès lors de leur témoigner une extrême bienveillance. Par des lettres patentes du mois de mars 1597, enregis-

[1] «Aujourd'huy, 26ᵉ jour de juillet 1589, le Roy estant au camp de Ponthoise, desirant gratifier les sieurs de Sancy et de Manou, en consideration de leurs services, leur a accordé et faict don de l'abbaye du Val, vaccante par la mort du dernier possesseur, pour y estre pourveu de personne capable et à la charge de deux mil livres de pension à Jacques Benoise, frere de Benoise, secretaire de Sa Majesté, sur ladicte abbaye, à les prendre par les mains du fermier ou receveur qui seront tenus les luy delivrer et en seront deschargez...» (Arch. nat., S 4207, fol. 201 vᵒ.)

[2] «Le Roy sachant qu'il ne reste que quatre religieux au couvent des Feuillans sis ès fauxbourgs de ceste ville, lesquels, pour leur peu de nombre, ne sont suffisans pour desservir leur eglise et que, pour ce subjet, ils ont intention de se retirer en leur couvent general, estant en Languedoc, Sa Majesté, en ce cas, a ordonné et ordonne que lesdicts religieux se retireront dudict convent et qu'il leur sera baillé chascun vingt escus pour servir de leur conduitte et voiage, si ce n'est qu'ils se puissent accommoder dans le couvent des Bernardins où Sa Majesté aura agreable qu'ils se retirent et veult qu'ils se retirent. Faict à Paris, le xiᵉ jour de mars 1595.»

Sur la signification à eux faite de cette ordonnance, le 17 mars suivant, les Feuillants adressent

au roi une supplique pour lui faire connaître «que Sa Majesté a esté surprinse et luy a esté donné mal à entendre, d'autant en premier lieu que ça n'a jamais esté leur intention de sortir dudict convent, ni usé d'aucuns propos contenus en ladite ordonnance; d'ailleurs ils sont en nombre de neuf ... et ce qui a esté cause qu'ils sont si peu, n'a esté que le peu de moyens qu'ils ont de se nourrir et s'il plaisoit à Sa Majesté leur donner et aumosner quelques bienfaicts, ils feroient revenir leurs freres qui estoient dudict convent en nombre de soixante profès; supplians très humblement Sa Majesté de voulloir differer l'execution de ladicte ordonnance jusqu'à ce qu'elle soit plus amplement informée....».

En réponse à cette supplique, le roi s'empressa de déclarer qu'il lui était «tres agreable de continuer et confirmer l'establissement dudict couvent et des religieux d'icelluy et leur octroyer et conceder les mesmes logis, appartenances et deppendances d'iceulx, qui leur ont esté donnés et octroyés par ledict deffunct Roy, desquels ils jouissent encore à present, ne voulant que, pour cause ou occasion que ce soit, ils en soient ores ne pour l'advenir, en sorte que ce soit, depossedés, se comportant fidellement et avec la regle et discipline que leur institution reformée le requiert...» (Arch. nat., S 4166.)

trées au Parlement le 22 avril suivant, et aux bannières du Châtelet le 20 juin, il se déclara leur fondateur, à l'exemple de Henri III, et leur accorda la jouissance de tous les privilèges accordés aux maisons religieuses de fondation royale.

Par un brevet du 25 août 1598 [1], enregistré à la Chambre des comptes le 15 septembre, le roi leur rendit une maison située dans l'intérieur du couvent et dont il avait gratifié par inadvertance M. de Pluvinel, écuyer de la Grande Écurie. La bienveillance du roi entraîna celle des grands seigneurs, et les Feuillants reçurent dès lors des dons importants et répétés, ce qui leur permit de songer à l'agrandissement et à la transformation de leur monastère.

Un nouveau prieur, nommé en 1595, Jean de Saint-Malachie, se préoccupa de faire oublier les fautes du P. de Montgaillard. Après avoir obtenu des religieux qu'ils reprissent leur premier habit, il fit installer des cellules et un réfectoire et entreprit la construction d'une église destinée à remplacer la chapelle primitive. Les fondements furent bénits, le 19 août 1600, par l'archevêque d'Auch, et, ce même jour, le Prévôt des marchands, en l'absence du Roi qui se trouvait alors à

[1] «Le deffunct Roy, nostre predecesseur, leur auroit donné tout ce qu'il avoit faict bastir pres les Capucins, avec leurs appartenances et dependances, sans aucune chose en excepter ou reserver, entre lesquelles appartenances est un corps d'hostel ou maison en laquelle ledict deffunct nostre predecesseur se retiroit lorsqu'il vouloit assister au service divin qui se faict au convent desdicts religieux, lequel corps d'hostel est tellement enclavé au dedans dudict convent qu'il n'en peust estre separé que lesdicts religieux n'en receussent une tres grande incommodité, pour les veues dudict corps d'hostel qui regardent dans l'enclos dudict convent, et pour estre impossible qu'autres que ceux qui sont de la profession desdicts religieux habitent en ladicte maison, pour les divertissements et desordres qu'ils en recepvroient, comme ils ont esprouvé depuis quelque temps que le sieur Pluvinel, un de nos escuyer d'escurie, auroit habité en ladicte maison, à l'occasion du don qu'il en pouvoit avoir obtenu de nous par inadvertance et sans que nous ayons esté informez des intentions de nostre dict predecesseur et de l'incommodité que lesdicts religieux recepvroient à l'occasion dudict don, laquelle incommodité a esté recognue si grande et si importante par aulcuns des gens de nos Comptes, mesmes par nostre procureur en ladicte chambre de nosdicts Comptes, qui se seroient transportez sur les lieux avant que proceder à la verification dudict don, qu'ils en auroient faict remonstrance

à plusieurs de nostre Conseil, et, ce pendant, sursis à ladicte verification; à ces causes,... avons de nostre certaine science et plaine puissance, confirmé le don qui leur a esté faict de ladicte maison par ledict deffunct nostre predecesseur, et eu esgard qu'elle faict part de leur convent et monastaire, et d'abondant autant que besoing seroit leur en faisons don par ces presentes, declarant nos vouloir et intention estre que ladicte maison, corps d'hostel et tout ce qui en depend demeure perpetuellement auxdicts religieux pour en jouir comme ils font du reste de leurdict monastere, sans qu'ils puissent estre troublés ou empeschés, tant pour le passé comme pour l'advenir par quelques personnes que ce soit, mesmes par ledict sieur Pluvinel, en façon quelconque, auquel nous avons assigné recompense suffisante dudict don qu'il avoit obtenu de nous de ladicte maison, nonobstant iceluy don et tous autres que nous en pourrions avoir faict à quelques personnes que ce soit, lesquels nous avons revocquez, cassez et annulez...» (Arch. nat., S 4207, fol. 8 v°.)

Le roi avait alloué, à titre de dédommagement, une somme de 2,500 écus, à M. de Pluvinel qui, en 1600, était encore créancier de 625 écus et ne se pressait pas de quitter l'immeuble. Le 12 février, un arrêt du Grand Conseil décida qu'il devait rendre la maison aux Feuillants et être payé de son dû. (Ibid., S 4169.)

Lyon, posa la première pierre du maître-autel; le 1er septembre[1] un marché fut fait pour les travaux qui devaient être exécutés sous la direction d'un religieux feuillant[2]. Mais, durant plusieurs mois, l'entreprise dut être suspendue en raison d'un différend soulevé par les Capucins au sujet de la possession du terrain de la maison leur appartenant qui avait été attribué aux Feuillants par Henri III, en 1587. Ces religieux réclamaient l'exécution des arrêts du Conseil d'État des 7 et 13 juin 1589, qui leur avaient adjugé définitivement la propriété de ce terrain, tout en laissant aux Feuillants la faculté de le conserver pendant trois ans. L'affaire fut portée devant le Conseil d'État qui, par son arrêt du 15 septembre 1601[3], confirma les droits des Capucins, et ordonna d'établir, sur le terrain en litige, entre les deux couvents, une ruelle de séparation, destinée à servir de passage au roi pour se rendre des Tuileries au faubourg Saint-Honoré. Mais, à la suite d'un accord intervenu entre les parties et approuvé par le roi, le 16 juin 1603[4],

[1] Le Registre de l'argent employé pour la fabrique de l'église neuve Saint-Bernard (Arch. nat., LL 1540) constate que «le contract et marché pour la fabricque de ladicte église fut passé avec maistre Remy Collin, masson juré et entrepreneur des bastiments que le Roy faict à Fontainebleau, auquel ont esté promis dix escus par thoise de tout ouvraige qu'il fera selon le devis accordé... (fol. 2).

«Le 20e du mois de décembre [1603], pour parfournir au masson la somme de 24,000 livres à quoi a esté prisée et estimée toute la besoigne par luy faicte, luy avons delivré la somme de 1,900 livres, ... moyennant quoy ledict masson s'est desparti du marché par luy faict et accordé, se tenant pour quitte et content, et consentant que nous facions continuer la fabricque ainsy qu'il nous semblera estre nostre meilleur» (fol. 6).

Jean Crepin et Achille Le Tellier remplacèrent alors Remy Collin, comme conducteurs de la fabrique.

[2] «La divine Providence inspira à un maistre masson de quitter le siecle et prendre l'habit de Feuillant convers, pour veiller à la conduite de l'edifice. Il s'appelait frere Estienne de Saint Ignace. Le Roy prenoit plaisir à le voir travailler, et sa vertu imprimait dans le cœur de ceux qui traitoient avec lui tant de respect que le Roy ne lui parloit jamais qu'il ne se descouvrit, ce que Sa Majesté n'observoit pas à l'endroit de nos superieurs. C'estoit un homme de tres bon sens, d'une pieté achevée et tres sçavant en l'architecture, ce qu'il a depuis faict paroitre dans la structure de six eglises et de plu-

sieurs chasteaux, dans le Bourdelois, Perigord et Limosin...» (Chronique, p. 21.)

[3] «Le Roy en son Conseil ..., a ordonné et ordonne que le mur mettoien qui est à present entre lesdits monasteres, y demeurera et appartiendra cy après audit couvent des Capuchins... Les logis et bastiments esquels resident lesdits Feuillants, qui aboutissent sur ledit mur par ung bout, seront retranchés de fonds en combles dedans six mois, pour tous delais, de la diligence et despens des Feuillans, en prenant par eux les demolitions, et feront dresser ung autre mur, aussy à leurs frais, pour servir de closture tout le long de leur monastere.» (Arch. nat., S 4166.) Berty faict observer que ce passage fut ouvert sous la minorité de Louis XIV et non de Louis XV, comme on le dit partout (Topographie hist., t. I, p. 306). Il y a là une double erreur; ce passage, établi sous le règne de Henri IV, fut, durant plus d'un siècle, exclusivement réservé au service du roi; mais, après la mort de Louis XIV, il fut ouvert au public.

[4] Dans le préambule de ses lettres, le roi déclarait que les deux parties «ayant considéré par l'advis et entremise tant d'expers que de personnes affectionnées au bien de leurs ordres et couvens, en quelle forme il seroit plus expedient de faire leur closture, nous auroient faict entendre, de part et d'autre, en nostredict Conseil, qu'il leur seroit fort commode et util qu'au lieu de ladicte rue qui debvoit separer leurs couvents, lesdicts religieux Feuillans laissassent la largeur et espace de quatorze pieds et demy dans œuvres, depuis la rue S¹ Honoré jusque au troisiesme et dernier corps de

les prescriptions de cet arrêt furent modifiées en ce qui concernait la répartition du terrain et l'établissement de la ruelle.

Lorsque les travaux de l'église furent repris, l'évêque de Paris, à l'occasion du grand jubilé institué en 1600 par Clément VIII, établit chez les Feuillants une station qui fut installée dans une chapelle provisoire en charpente, au milieu même du bâtiment que l'on était en train de construire, ce qui devint pour les religieux une source d'aumônes abondantes[1]. A ce moment, il fut constaté que, d'après le plan primitif[2], les proportions du nouvel édifice seraient insuffisantes et on décida de l'agrandir par une abside circulaire élevée sur l'emplacement d'une propriété voisine[3]. Par suite, la première pierre du maître-autel dut être déplacée et le Roi et la Reine acceptèrent de la poser de nouveau, le 26 mars 1601. Au cours de la construction, les religieux trouvèrent de nouvelles ressources dans la concession de chapelles[4] et dans l'acceptation de diverses fondations. Achevée en 1608,

logis, proche du jardin desdicts religieux Feuillans, sur ladicte longueur et au devant du pignon dudict dernier corps de logis, dix pieds et demy de large, laquelle longueur et espace, contenant en tout trente huict thoises et ung pied de long, demeurera au couvent desdicts religieux Capucins, et que, par delà ladicte espace, lesdicts religieux Feuillans bastiront une muraille au plus tost que faire se pourra et au plus tard dans deux ans, de la haulleur qui est portée par le susdict arrest, et que les fondemens de ladite muraille seroient commencés au premier jour, afin que les choses fussent d'aultant plus asseurées; laquelle muraille passera par dessoubs le grand corps de logis, proche la rue du fauxbourg Sainct Honoré, lequel fut au sieur Pluvinel, à pareille haulteur que le premier plancher dudict corps de logis et pareil alignement que ladicte muraille de quatorze pieds et demy de large, et en attendant que lesdicts religieux Feuillans aient moien et commodité d'abattre le pignon dudict corps de logis, et quand au surplus de ladicte rue en long, depuis ledict dernier corps de logis proche dudict jardin jusques au bout dudict jardin aboutissant sur la lisse à picquer nos chevaux, contenant trente neuf thoises et quatre pieds de long, et sur la largeur, jusques contre la muraille et separation qui est desdicts religieux Capucins avec lesdicts religieux Feuillans, demeurera aussy en propre au couvent desdicts Feuillans, ce qui auroit ainsi esté accordé entre eux, soubs nostre bon plaisir... » (Arch. nat., S 4166.)

[1] La Chronique constate que, dans la même année 1601, le couvent reçut 25,000 livres dont 15,000 provenant des troncs du jubilé et 10,000 de quêtes faites dans les églises de Paris (p. 23).

[2] «La prudence de l'architecte fit ouvrir les yeux à nos peres pour recognoistre par la mesure des lignes tendues que l'eglise seroit trop courte, si l'on s'arrestoit aux mesures qui estoient déjà prises; ce fut pourquoi on achepta une maison et le jardin (sis au lieu où est à present notre chœur) du proprietaire de la somme de mil escus, ce qui donna lieu de la faire plus grande et qui fit qu'on songea à la nouvelle pierre que le Roi et la nouvelle Reine, Marie de Medicis, poserent avec toute la magnificence possible, digne d'un grand monarque; l'evêque de Lesparre la benit et la Reine donna la somme de trois mille escus, cent vingt livres... » (Chronique, p. 20.)

[3] Cette propriété fut achetée à François Belot, le 12 mars 1601, pour mille écus; elle est ainsi désignée dans le contrat : «Une maison, court, estable, servant aussi de fournil, et jardin derriere, contenant sept toises ou environ de largeur entre les deux murs, esquels lieux y a trois pieds, le tout assis esdicts fauxbourgs St Honoré, tenans la totalité, d'une part, auxdicts religieux, d'autre part, audict Belot, vendeur, à cause de l'acquisition par luy faicte d'une autre maison, court et jardin joingnant, où est demourant ung barbier, par decret dudict Chastellet, aboutissant d'ung bout, par derriere, au jardin des Tuileries et, par devant, ladicte rue St Honoré... » (Arch. nat., S 4207, fol. 25.)

[4] Les bienfaiteurs du couvent n'attendirent pas l'achèvement de l'édifice pour solliciter la concession des chapelles.

moins le portail, l'église fut dédiée le 5 août, sous le titre de Saint-Bernard, par le cardinal de Sourdis, archevêque de Bordeaux [1]. Le manque de ressources obligea de différer la construction du portail, qui fut exécutée seulement en 1624, par Boulle, architecte de la reine Marie de Médicis, sous la direction de François Mansart, qui en avait fait le dessin.

En 1627, une tribune fut établie sur la grande porte de l'église pour mettre en communication les deux galeries latérales du premier étage [2].

D'autre part, après la destruction des anciens bâtiments, situés sur le terrain qu'il avait fallu rendre aux Capucins, les religieux avaient commencé, en 1607, la réfection de leur monastère, et, en 1609, ils avaient fait construire une infirmerie pour leurs malades [3], logés jusque-là dans une maison

«A peine furent elles élevées jusqu'à la première plinthe, que M. Poncher, maistre des Comptes, ayant obtenu de mettre ses armes à la première chapelle, en entrant dans l'église, à gauche, dite de Sainte Ursule, donna à la fabrique la somme de quinze cents livres...

«Le 19 mars 1607, le Chapitre resolut de donner acte à six personnes : Mme de Sourdis, Mme d'Angoulesme, Mme Du Tillet, Mme Deslandes, M. Vivien et M. Lambert, et les declara proprietaires d'une chapelle dans l'eglise neuve, parce qu'ils avoient tous contribué pour la structure de la somme de quinze cents livres.» (Chronique, p. 24 et 29.)

A la suite du Registre des dépenses de l'église, on trouve un «Roole de ceux à qui sont deues les chapelles de l'eglise neufve, pour en avoir païé la massonnerie», qui indique les noms de M. de Bellegarde, grand escuyer de France, — M. le duc d'Espernon, — Mme la duchesse d'Angoulesme, — Mme la marquise de Verneuil. — Mlle Sainte Beuve, — M. du Tillet, — Mme de Sourdis, — M. de Roquelaure, — M. Vivian, maistre des Comptes, — M. Des Landes, maistre des Comptes, — M. Lambert, — Mme de Mercœur. Il faut ajouter à cette liste MM. de Bassompierre et de Guitrancourt qui avaient versé, pour la concession de leurs chapelles, une somme de 1,500 livres. (Arch. nat., LL 1539.)

[1] «Depuis l'an 1603, jusqu'à cette année (1610), que l'on a achevé de payer les ouvriers qui ont travaillé à l'église, on a receu en neuf années pour la structure generale 78,651 livres, et par les comptes du monastere il paroit qu'on a depensé (sans compter la depense du portail) la somme de 63,825 livres, y compris le pavé de marbre du presbytère, pavez, carreaux, lambris et chaises du chœur, la couverture, charpente et clocher, sans parler des tableaux et peintures de l'autel et des chapelles, la Royne ayant payé les tableaux de retable, tant celuy du grand autel que du petit autel du chœur, tous deux faits par le nommé Bunel.» (Chronique, p. 57.) Le marché fait en 1624 pour la construction du portail s'éleva à 28,300 livres (Ibid., p. 61.)

[2] «En 1627, la mere d'un religieux, Mme de La Forest, donna la somme de douze cents livres à dessein de construire une tribune sur la grande porte de l'église, et le 19 juillet elle donna encore 1,800 livres, mais avec engagement de dire une messe tous les premiers vendredis du mois, pendant cinquante ans, et l'argent en fut employé à l'ouvrage de la tribune, très utile pour avoir la communication des galeries et entendre la predication.»

[3] C'est en vue de cette construction que les Feuillants avaient acheté, le 10 mai 1608, de Claude Hardy, procureur au Châtelet, mari de Catherine Belot, pour 416 livres 13 sols 6 deniers de rente, «une maison, appentys, court, puis, jardin clos de murs... assis esdicts faulxbourgs St Honoré, près ledict monastère Sainct Bernard, tenans, d'un costé, audict monastère des Feuillans, à cause de l'acquisition par eux faict de honorable homme François Belot, bourgeois de Paris..., d'autre costé à Estienne Rozy, aboutissant, par derrière, à une place dependant des Thuilleries, servant pour picquer les chevaux de l'escurie de Sa Majesté, et d'autre bout, par devant, à la grande rue dudict faulxbourg St Honoré...» (Arch. nat., S 4207, fol. 51.)

en bordure sur la rue. Les divers travaux paraissent s'être prolongés jusqu'en 1620.

Si les Feuillants s'étaient toujours trouvés en état de suffire aux dépenses nécessitées par leurs constructions, grâce aux libéralités de la famille royale, des grands seigneurs et de quelques personnes aussi charitables que pieuses, ils n'en regrettaient pas moins la perte des revenus du Val, et attendaient, non sans impatience, une occasion favorable pour en obtenir la restitution. Henri IV, malgré toute la bienveillance qu'il leur témoignait, n'avait rien pu faire pour eux à cet égard, puisque, dès l'année 1601, il avait donné lui-même l'abbaye en commende à François de Gondi. Après avoir composé avec ses deux prédécesseurs, MM. de Sancy et de Manou, ce nouveau titulaire avait conservé son bénéfice pendant quatre ou cinq ans seulement, et s'en était démis, avec l'agrément du roi, en faveur de son fils naturel, Henri de Gondi, qui avait déjà pris l'habit monacal et qui se trouva par suite pourvu du titre d'abbé régulier. Il ne fallait donc pas songer à le déposséder de son vivant, mais on pouvait du moins s'assurer par avance de la succession. Les Feuillants ne manquèrent pas de le faire lorsque Marie de Médicis, toujours portée à leur être agréable, eut été investie de la Régence. Le 4 juillet 1611, ils obtinrent un brevet royal qui renouvelait la donation précédemment faite en leur faveur par Henri III et ordonnait que l'union des revenus de l'abbaye du Val à leur monastère devrait être accomplie aussitôt après le décès du titulaire[1]. Le pape Paul III approuva cette décision par une bulle du 5 août 1614. L'abbé de Gondi étant mort en 1616, dans les derniers jours de février, cette bulle fut vérifiée et confirmée par des lettres patentes du mois de mars, que le Parlement devait enregistrer le 21 mars 1617, et un arrêt du Conseil autorisa, dès le 24 mars 1616, la prise de possession de la mense abbatiale du Val, ce qui eut lieu effectivement le 8 avril. Le 3 septembre suivant, un accord qui fut homologué au Grand Conseil, le 23 septembre, intervint entre les Feuillants et les moines de l'abbaye, pour fixer le montant de la redevance qui devait être payée tant pour l'entretien et la dépense des moines que pour les frais du service religieux.

Après avoir joui, durant dix ans environ, de la mense abbatiale, les Feuillants firent observer au roi que ce revenu était insuffisant pour entretenir dans leur couvent un grand nombre de religieux et qu'il était nécessaire d'y ajouter celui de la mense conventuelle. Pour leur donner satisfaction, Louis XIII ordonna, par un brevet du 14 décembre 1625, qu'à l'avenir, les moines du Val ne pourraient recevoir ni novices ni profès, et que lorsqu'ils seraient réduits au nombre de neuf, l'abbaye passerait intégralement avec tous ses revenus aux mains des Feuillants,

---

[1] Les divers documents relatifs à l'union de l'abbaye du Val aux Feuillants, qui sont résumés ici, se trouvent aux Archives nationales dans les cartons L 944 et S 4166 et dans les registres S 4207 et LL 1539.

à charge pour eux de payer aux derniers survivants une pension viagère. Les moines du Val, que cette décision n'était pas de nature à satisfaire, portèrent leurs revendications devant le Parlement, et obtinrent, le 24 janvier 1616, un arrêt par défaut contre les Feuillants. Mais le roi, par divers ordres, interdit au Parlement de continuer la procédure, chargea le Grand Conseil d'assurer l'exécution de son brevet et décida qu'en cas de contravention les moines du Val seraient privés de la pension qui leur était servie. Le 23 mai 1638, il dut ordonner le transfert dans un autre couvent de trois religieux qui s'étaient livrés à des actes de violence à l'égard du procureur des Feuillants. Enfin, pour mettre un terme à des contestations sans cesse renouvelées, il décida, par un arrêt du Conseil du 30 janvier 1639, que les moines du Val auraient la faculté soit de rester à l'abbaye, soit de se retirer à Champignoles, près Beauvais, en conservant un revenu global de huit mille livres. Le 19 avril, une transaction intervint entre les deux parties; les moines acceptèrent pour résidence l'ancien logis abbatial de Champignoles et ses dépendances avec une rente viagère de quatre cents livres pour chacun d'eux; le 15 juillet suivant, l'abbaye de Val fut définitivement réunie au monastère de Saint-Bernard.

Durant le premier quart du XVIIᵉ siècle les Feuillants avaient utilisé pour la construction de l'église et de leurs nouveaux bâtiments presque tout le terrain qu'ils occupaient et ils se trouvaient par suite fort gênés dans leurs limites primitives. Grâce aux revenus de l'abbaye du Val, ils furent en état d'acheter successivement les diverses propriétés comprises entre leur fonds et l'hôtel Pussort, devenu plus tard l'hôtel de Noailles, qui formaient depuis le faubourg Saint-Honoré jusqu'au jardin des Tuileries des bandes de terrain parallèles et à peu près égales. Après avoir annexé les jardins à leur enclos, ils firent rebâtir les immeubles en bordure sur la rue, pour les donner en location [1].

---

[1] Ainsi qu'il a été rappelé ci-dessus, pour construire le chœur de l'église et leur infirmerie, les Feuillants avaient été obligés d'acheter la maison de François Belot et celle de son gendre, Claude Hardy.

Le 22 janvier 1620, leur procureur Jean Le Comte, devint adjudicataire, au prix de 4,620 livres, par décret du Châtelet, d'une propriété dépendant de la succession d'Étienne Rozy, «consistant en court, jardin, puits, cellier, salle basse et chambre haute et grenier au dessus, le tout couvert de thuilles..., tenant, d'une part, auxdicts religieux Feuillans, d'autre part, à Estienne Prudhomme et à Jean Boireault, aboutissant d'un bout, par devant, sur la rue desdicts fauxbourgs Sᵗ Honoré et d'autre bout, par derriere, à l'Academie du Roy...» (Arch. nat., S 4207, fol. 120).

Mais la moitié de la maison suivante, qui faisait partie du même héritage, avait été vendue, le 10 décembre 1619, à Anne Cartier, veuve de Guillaume Le Masson, devenue également propriétaire de l'autre moitié, le 12 janvier 1623.

Le 21 janvier 1630, les Feuillants achetèrent aux héritiers Mousset, pour 400 livres de rente et une soulte de 3,100 livres, «une maison scize audict faulxbourg Sᵗ Honoré, en la grande rue, au dessus dudict monastere, consistant en unf corps d'hostel sur rue et un petit sur le derriere, court et puits entre deux et un jardin au dela...., tenant, d'une part, à la maison de l'Image Sᵗᵉ Geneviefve, qui appartient à Jean Richer, d'aultre, à Jehanne Collet, veufve de Eustache du Verger, d'un bout, sur ladicte rue, et d'autre bout, par derriere, au manege» (ibid., p. 132).

De 1633 à 1638, ils acquirent de diverses personnes quatre portions de la maison voisine, qui

Pendant la seconde moitié du xviie siècle, il n'y a plus à signaler, en fait de travaux neufs, que quelques transformations dans l'aménagement des locaux. En 1651, le sanctuaire de l'église, tout à fait insuffisant lorsque le roi et la famille royale assistaient aux offices, dut être agrandi [1]. Il en fut de même, en 1664, pour la sacristie et la chapelle de Saint-Thomas, qui absorbèrent le passage du cloître au jardin avec la première arcade du cloître; l'entrée du chapitre et du jardin furent alors transportés à l'extrémité opposée du cloître, et on remplaça par un escalier de pierre d'une seule rampe l'ancien escalier à double rampe qui donnait accès au clocher. En 1666, par suite de l'annexion des nouveaux terrains, le jardin, complètement transformé et replanté, fut pourvu d'allées ombragées et de bosquets, d'après les dessins de Le Nôtre. Le 14 juillet 1677, les grands voyers de la Généralité de Paris autorisèrent les Feuillants à faire construire sur la rue un portail en avant-corps, dont l'exécution, confiée à l'architecte Jean Richer, s'acheva l'année suivante. En 1680, la porte intérieure du couvent, qui avait conservé jusqu'alors sa simplicité primitive, fut entièrement refaite avec un certain luxe de décoration [2]. Un siècle plus tard, les maisons de location, devenues

avait appartenu à Eustache du Verger, et pour compléter leur acquisition, ils cédèrent la propriété Mousset, le 16 décembre 1639, à Jean Poupart, en échange de la cinquième partie de cette maison, «ou souloit pendre pour enseigne le Fer à Moulin, contenant un corps d'hostel sur le devant, ayant de face huict thoises environ, un autre petit corps de logis a costé et autres ediffices dedans la court de ladicte maison en laquelle il y a un puits et jardin derrière..., tenant, d'une part, à ladicte maison cy-dessus baillée en echange, d'autre part, aux heritiers de feue dame Anne Cartier, aboutissant par derriere au manege de la grande Escurie...» (ibid., fol. 136).

Le 17 août 1645. Charles de Jouy, héritier d'Anne Cartier, leur vendit, pour 1,400 livres, l'immeuble qui les séparait de la maison du Fer à Moulin, et qui consistait en «une court, puits et jardin s'estendant jusques au manege de la grande Escurie de Sa Majesté, un petit passage de trois pieds ou environ entre ledict manege et jardin donné audict monastere par feue dame Anne Cartier, le tout ainsi que ladicte deffuncte en jouissoit, pour faciliter leur entrée par ledict monastere aux autres jardins qu'ils ont joignant iceluy, selon que de ce est faict mention par le testament et ordonnance de derniere volonté d'icelle defuncte.... tenant des deux costés et aboutissant d'un bout audict monastere St Bernard, par devant, sur ladite rue St Honoré». (Arch. nat., S. 4166.)

Le 15 octobre 1676, ils rachetèrent à Jean de Jouy, mari de Marguerite du Verger, la maison Mousset qui formait alors l'un des trois corps de logis de la maison dite de «La Croix de Lorraine»; et enfin, par deux contrats des 29 juin 1679 et 23 mars 1680, ils acquirent de MM. de Malescot et Duval les deux autres tiers de cet immeuble dont le prix total leur revint à 27,000 livres. (Ibid.)

[1] La Chronique nous apprend que : «Les visites frequentes de la Cour firent que la Royne s'aperçut du peu d'espace qu'il y avoit dedans nostre balustre, quand le Roy y venoit, et on vit bien qu'il falloit l'accroistre du costé de la nef, ce qui fut resolu dans nostre Chapitre et mis en estat pour 400 livres, sçavoir est 200 liv. pour l'augmentation des quarreaux de marbre qu'il fallut adjouster, 100 livres pour le menuisier qui augmenta aussi le balustre, les autres 100 livres pour le serrurier et pour le fondeur qui fournirent quelques balustres de cuivre» (p. 117).

[2] L'auteur de la Chronique a pris soin de noter à quelle occasion cette réfection avait été entreprise : «La justice, qui veut qu'on reconnaisse tous les bienfaits, m'engage à remarquer la liberalité de M. Tallemant et de quatre de ses amis qu'il emmenoit souvent en ce monastere, et comme l'entrée ne lui en sembloit pas agreable, ils se resolurent de contribuer chacun pour la faire plus belle, donnant, pour cet effet, la somme de 1,500 livres. On en fit un dessin qu'ils approuvèrent; mais Dieu ayant

presque inhabitables par suite de leur état de vétusté, durent être reconstruites; des lettres du 28 mai 1774, enregistrées au Parlement le 7 septembre suivant, autorisèrent, à cet effet, un emprunt de 50,000 livres [1]. Le couvent des Feuillants était promptement devenu le plus important et le plus riche de tous ceux que la Congrégation possédait en France, et il lui arriva souvent d'assister les autres, soit par des dons et des secours, soit par des prêts d'argent. Les religieux portaient le titre de chapelains du roi pour les jours du jeudi et du vendredi saint seulement, mais, en réalité, par suite du voisinage des Tuileries et de l'existence du passage qui facilitait la communication, ils comptèrent, durant tout le xviiᵉ siècle, les rois et les grands seigneurs parmi leurs paroissiens les plus assidus. Louis XIV se rendait fréquemment dans leur église, en grand apparat, accompagné des princes et des chevaliers du Saint-Esprit revêtus de leur costume, et escorté des Cent-Suisses de sa garde; il y faisait chanter la grand'messe par sa musique. Les nonces du pape, lors de leur arrivée à Paris, s'installèrent chez les Feuillants, où les galeries des Hôtes et leurs dépendances leur étaient réservées [2].

Le couvent occupait un vaste emplacement en forme de trapèze régulier, limité au nord par des maisons en bordure sur la rue Neuve Saint Honoré appartenant aux Feuillants, à l'est par l'hôtel de Noailles, au midi par le jardin des Tuileries et le manège, et à l'ouest par l'enclos des Capucins. Il avait son entrée dans l'axe de la place Vendôme, vis-à-vis la statue équestre de Louis XIV et la façade de l'église des Capucins. Le portail extérieur, d'aspect monumental, était formé de quatre colonnes corinthiennes, accouplées deux par deux, qui soutenaient un

disposé du sʳ Tallemant, ils exécuterent leur projet, ayant choisi un vendredi pour poser la première pierre où on avait gravé ces mots : MM. de Lagny, Coulon, Hubert de Sᵗ Orens et Tallemant ont fait bastir cette porte, le 19 de juillet 1680 » (p. 260).

[1] Les Feuillants avaient souscrit, le 4 juin 1717, à la Compagnie d'assurances contre l'incendie une police de six ans, moyennant une prime annuelle de 945ᵗ. La valeur des bâtiments du couvent avait été évaluée à 600,000ᵗ et celle des maisons de location à 1,290,000ᵗ. (Arch. nat., S 4168.)

Après que l'on eut établi, à proximité de leur entrée, la fontaine publique dite des Capucins, les Feuilllants avaient adressé, le 2 mai 1719, au prévôt des marchands une requête pour lui remontrer «que le voisinage de cette fontaine diminuera considérablement le loyer de leur maison par le bruit continuel que font les porteurs d'eau pendant tout le jour; que sous ce prétexte leurs locataires les ont menacés d'abandonner ladite maison...»

(Arch. nat., S 4210, fol. 264.) Le prévôt leur accorda, à titre de dédommagement, six lignes d'eau de la fontaine.

[2] La propriété donnée aux Feuillants par Henri III, en 1587, ne comprenait que 74 toises de long sur 36 de large; par le fait des acquisitions signalées ci-dessus, l'enclos du couvent avait été porté à 3,871 toises, défalcation faite de la bande de terrain qu'il avait fallu restituer aux Capucins.

D'après la déclaration des biens du 2 mars 1790, le couvent abritait trente religieux, et ses revenus s'élevaient au total de 132,452ᵗ 7 sous 1 denier, dont 51,900ᵗ pour les loyers des maisons, 76,680ᵗ pour les fermes et biens divers, et 3,872ᵗ 7 s. 1 d. pour les rentes sur le roi, le clergé et les particuliers. Les charges représentaient 52,127ᵗ 12 s. 4 d., dont 16,890ᵗ 2 s. 4 d., pour rentes perpétuelles et viagères et 35,247ᵗ 10 s. pour les dépenses casuelles, réparations, etc. Les religieux avaient donc tous les ans un reliquat disponible d'environ 80,000ᵗ. (Arch. nat., S 4166.)

entablement avec fronton surbaissé dont les armes de France et de Navarre décoraient le tympan. Entre l'architrave et l'encadrement de la porte, un bas-relief sculpté par Le Gros, d'après les dessins de Le Brun, représentait Jean de La Barrière, entouré de ses religieux, montrant à Henri III le plan du couvent qui allait être construit sur le terrain donné par lui. Le passage d'entrée donnait accès dans une grande cour où se trouvaient, à gauche, l'église, en face, les bâtiments du couvent et, au fond, à droite, un long passage qui conduisait aux Tuileries, en longeant le mur du couvent des Capucins, et que l'on appelait communément l'Allée du Roi. Les constructions du monastère comprenaient les trois corps de bâtiment du cloître, et le vaisseau de la Bibliothèque, chacun de deux étages, l'infirmerie, avec un étage seulement et des mansardes au-dessus, et diverses dépendances.

La porte intérieure du couvent, en voussures, joignant la loge du portier, était décorée d'un médaillon de saint Bernard. Elle ouvrait sur un vestibule, dénommé le Parloir, auquel faisaient suite deux grandes salles dont l'une était dite la salle du Roi, que décoraient les portraits des souverains, depuis Henri III jusqu'à Louis XV, et ceux des Reines de France et des princes de la famille royale; elles précédaient une salle à manger ornée de tableaux représentant les généraux de la Congrégation, et les galeries de la salle des Hôtes. Le réfectoire des religieux terminait ce corps de logis, dont la dépense, la cuisine et l'office, avec la basse-cour, le lavoir, les logements des domestiques et diverses dépendances formaient le prolongement. Tout au bout, contre le manège des Tuileries, se trouvait un petit bâtiment isolé que Gaston d'Orléans, frère de Louis XIII, avait fait construire en 1621; c'était une grotte rustique de rocailles et de coquillages, avec une cha-pelle au rez-de-chaussée.

A droite de la porte d'entrée, ouvrait un couloir qui longeait l'église et prenait jour par des baies ovales sur les galeries du cloître; il reliait le vestibule à la sa-cristie, au Chapitre et aux deux chapelles intérieures de Saint-Thomas et de Saint-Benoît qui occupaient l'aile opposée.

L'aile transversale, qui formait le côté méridional du cloître, était occupée au rez-de-chaussée par la salle du prédicateur et par l'apothicairerie, dont l'installa-tion artistique et presque luxueuse était citée comme un modèle. Le mur, le cabi-net des drogues annexé au laboratoire, étaient pourvus de tablettes à châssis vitrés et d'armoires que séparaient des cariatides en forme de termes soutenant un large entablement. Sur les volets de chaque armoire, des bas-reliefs, sculptés par Pierre Dionyse et Sarrasin le jeune, représentaient les guérisons miraculeuses rap-portées dans le Nouveau Testament. Aux étages supérieurs des trois corps de bâti-ment qui entouraient le cloître, étaient installés des dortoirs. Les quatre galeries du cloître avaient été décorées par Aubin Vouet de peintures à fresque, représen-tant l'histoire de saint Bernard, et sur les vitraux qui fermaient les arcades, l'on avait reproduit, dans des carreaux encadrés de bordures de fleurs et d'ornements, les principales scènes de la vie de Jean de La Barrière.

Un corps de logis distinct, édifié au milieu même du jardin, était affecté à l'infirmerie, qui comprenait un réfectoire, une cuisine et une chapelle, au rez-de-chaussée, et, au-dessus, des chambres et des cabinets affectés au service des malades et des chambres pour les hôtes du couvent et pour quelques religieux.

Les salles de la Bibliothèque étaient décorées d'une ordonnance de menuiserie à pilastres corinthiens qui encadrait les armoires, au-dessus desquelles avaient été placés les portraits de tous les généraux de la Congrégation. Dans un petit grenier, dénommé l'Enfer, étaient déposés les ouvrages des hérétiques.

Les bâtiments du couvent étaient vastes et commodes, mais, comme ils avaient été construits à des époques différentes, ils ne se trouvaient pas sur le même niveau. Tout l'espace disponible qui les entourait avait été converti en jardins [1].

L'église, qui bordait le cloître du côté du nord, devait être bâtie tout d'abord sur un plan rectangulaire qui fut étendu et modifié par l'addition d'une longue abside terminée en hémicycle, et on lui donna ainsi extérieurement l'aspect d'une croix latine. La partie primitive de la construction comprenait huit travées dont les deux premières formaient une sorte de transept et les six autres la nef; l'abside, affectée au chœur des religieux, était pourvue d'un autel qui se trouvait adossé au maître-autel de l'église, et d'une galerie à mi-hauteur. Le sanctuaire exhaussé de trois marches et fermé par une balustrade de fer avec ornements de cuivre, occupait le milieu du transept, entre deux chapelles; six autres chapelles avaient été installées des deux côtés de la nef [2]. A la hauteur du premier étage, deux galeries latérales, ménagées au-dessus des chapelles, se reliaient à la tribune placée au-dessus de la porte d'entrée, qui formait un second chœur garni de stalles et dans laquelle se trouvait une petite chapelle de la Vierge.

Les deux chapelles du transept étaient dédiées, celle de droite sous le titre de saint Philippe, celle de gauche sous le titre de saint Louis.

---

[1] Sur le plan de Verniquet, on voit marquée une porte de communication entre le jardin des Feuillants et l'hôtel de Noailles, qui avait été établie en 1677. La Chronique constate qu'à cette époque « on accorda à M. Pussort de faire une porte dans le mur qui le separe de nostre jardin, pour venir entendre ceans la sainte messe, à condition que personne n'en auroit la clef que luy seul, qu'elle seroit bouchée s'il changeoit de logis et même après sa mort » (p. 147). Le passage avait subsisté néanmoins après la mort de Pussort.

[2] Nous avons déjà cité les noms des personnes auxquelles ces chapelles avaient été concédées au moment de la construction de l'église; les concessions primitives subirent, par la suite, diverses transformations que nous indiquerons ici seulement pour les chapelles dans lesquelles il n'y avait pas d'épitaphes, et dont nous n'aurons pas, en raison de ce fait, à reparler ultérieurement.

Les douze chapelles de la nef étaient désignées sous les vocables suivants :

A droite :

> La chapelle de Saint-Jérôme;
> — de Notre-Dame ou de la Vierge;
> — de Saint-Bernard;
> — de Sainte-Madeleine;
> — de Saint-Louis et Saint-Joseph [1];
> — de Sainte-Ursule [2].

A gauche:

> La chapelle de Sainte-Anne [3];
> — de Saint-Jean et Saint-Sébastien [1];

[1] En l'année 1610, M. de Bassompierre avoit donné mille écus pour la concession de la chapelle de saint Louis, qui fut dite plus tard de saint Joseph. Il la céda, par contrat du 9 juin 1636, «à messire Michel de Beauclerc, chevalier, seigneur et baron d'Acheres, Esteaux et autres lieux, prevost et maistre des ceremonies des Ordres de Sa Majesté, demeurant à Paris, rue Matignon, parroisse St Germain de l'Auxerrois, à ce present et acceptant, pour luy, ses hoirs et ayans cause, le fonds et proprieté, droicts, noms, raisons et actions appartenant audict seigneur mareschal de Bassompierre, en une chappelle qu'il a en l'eglise et monastere des Feuillans, fondé au Fauxbourg St Honoré, suila concession qui lui en a esté faicte par les religieux, prieur et couvent dudict monastere des Feuillans, qui est la seconde chapelle à main gauche, en entrant en ladite eglise, appelée la Chapelle de St Louis, à laquelle ledit seigneur mareschal a fait faire l'autel, lambris et autres embellissemens qui y sont a present; . . ce delaissement, cession et transport faicts moyennant la somme de 3,300 livres tournois de prix convenu entre lesdites parties.» (Arch. nat., S 4210, fol. 174.)

[2] Cette chapelle paraît être toujours restée la propriété de la famille Bucher.

[3] Par acte capitulaire du 5 août 1610, la chapelle de Ste Anne, «qui est la seconde de l'eglise dudit monastere à compter depuis le grand autel en descendant à la porte de l'eglise, du costé du midy, à main droite, en entrant dans icelle, et attenant et joignant la chapelle de Mme la princesse de Guemenée», avait été concédée à Louise-Marguerite de

Lorraine, princesse de Bourbon-Conti. Marie de Lorraine, duchesse de Guise et de Joyeuse, qui avait hérité des droits de propriété, en fit abandon aux Feuillants pour 3,000 livres, le 29 avril 1676. Elle fut rétrocédée, par contrat du 1er mai suivant, à M. de Beringhen, premier écuyer du Roi et Anne du Blé d'Uxelles, sa femme, pour une somme de 3,300 livres, avec le droit «d'y faire mettre leurs armes et telles autres decorations quand et ainsy qu'ils adviseront, à leurs frais et despens... et pourront poser tels épitaphes, mausolées et inscriptions qu'ils adviseront convenables à la sainteté du lieu en tels endroits de ladite chapelle, mesme sur l'aire d'icelle, qu'ils voudront choisir...» (Arch. nat., S 4208, fol. 21-23.)

Le 30 d'août 1607, Mme de Mercœur, princesse de Luxembourg, avait payé 1,500 livres pour la possession de la chapelle; on y ajouta, en 1617, le droit de sépulture. Ses droits furent cédés plus tard à Mme Louise de Prie, veuve de Philippe de La Mothe-Houdancourt, duc de Cardonne, pair et maréchal de France, puisqu'il est établi, par un contrat du 12 octobre 1705, qu'elle avait fondé une messe basse quotidienne «pour estre celebrée chaque jour de l'année en la chapelle appartenant à la dame mareschalle, dans l'eglise des R. P. Feuillans, pour luy avoir esté concedée par monseigneur le duc de Vendosme, où elle desire estre inhumée.» (Ibid., S 4209, fol. 218 v°.)

[4] M. le duc d'Épernon avait payé, en 1608, quinze cents livres pour la concession de cette chapelle; par un codicille du 19 juillet 1661, le duc d'Épernon léguait mille livres de rente annuelle

La chapelle des Saints-Anges[1];
— de Saint-Charles;
— de Saint-Benoît;
— de Sainte-Marguerite et Sainte-Geneviève.

Derrière la nef, à droite du chœur des religieux se trouvait l'escalier du clocher; tout à côté, l'on avait édifié deux chapelles, l'une dédiée à saint Benoît et l'autre désignée successivement sous les vocables de Sainte-Marguerite et de Saint-Thomas [2]; à la suite, la sacristie, qui avait une issue sur le cloître, complétait les dépendances de l'église.

Un passage couvert, compris entre le mur méridional de l'église et le cloître, que l'on appelait le Couloir des chapelles, permettait, en sortant de la sacristie, d'entrer directement dans la nef par deux portes pratiquées dans les chapelles latérales, et dispensait ainsi de passer par le chœur des religieux et de traverser le sanctuaire. Ce couloir était réservé à la sépulture des personnes de modeste condition. Un escalier installé à l'extrémité, contre la chapelle de Sainte-Marguerite, donnait accès à la tribune et aux galeries latérales.

La façade de l'église comprenait deux ordres d'architecture superposés, l'un ionique, l'autre corinthien. Le premier, de huit colonnes engagées et accouplées

---

aux Feuillants « en l'eglise desquels 'ledit testateur a une chapelle qu'il veut et entend qu'il soit dit à perpetuité une messe basse à son intention » (Arch. nat., S 4208, fol. 236). Le 9 février 1676, le droit de propriété de cette chapelle fut adjugé pour mille écus à M. Pussort, qui fit placer ses armes sur la balustrade, le 9 septembre suivant (Chronique, p. 233 et 241).

[1] A la date du 28 novembre 1697, Marguerite Bossuet, veuve de M. de Fercourt, et Élisabeth Bossuet, veuve de M. Bouthillier de Chavigny, abandonnèrent à Antoine Bossuet, leur frère, « la propriété, possession et jouissance d'une chapelle appelée des Anges, en l'eglise des R. P. Feuillans, laquelle est la quatriesme en entrant dans ladite eglise, du costé de l'epistre, qui appartient auxdictes dames indivis en commun, par droit de famille,... pour par ledit seigneur en jouir, faire et disposer, ainsi que ses hoirs et ayans cause, comme bon leur semblera..., ceste presente cession faicte par lesdites dames par consideration particuliere pour ledit seigneur Bossuet, comme chef des noms et armes de messieurs Bossuet, et pour autres causes, mesmes de ce que ledit seigneur Bossuet y veut bien faire faire quelque decoration et embellissemens, lequel

il fera neanmoins comme il le jugera à propos et sous la condition que lesdites dames auront la liberté d'entrer en ladite chapelle toutes fois et quant qu'elles voudront pendant leur vie, mesme qu'elles pourront ainsy que messieurs leurs enfans du premier degré y ordonner de leur sepulture.... » (Arch. nat., S 4208, fol. 260.)

D'après le témoignage de la Chronique, il paraîtrait que cette chapelle avait déjà été concédée à M. de Bellegarde, en 1654, par M. Bossuet, le père de Mme de Fercourt et de Chavigny.

[2] D'après la Chronique, ce fut en 1619, que « l'on fit la structure de la chapelle Sainte Marguerite, que l'on avoit deja elevée jusqu'à la retombée de la voute et ce tout proche de la chapelle de Saint-Benoît. Elle debvoit être en tout semblable à la sacristie » (p. 48). D'après cette dernière indication, il est bien évident qu'il ne s'agit pas ici de chapelles de l'église, terminées alors depuis plus de dix ans, mais de deux chapelles neuves situées à proximité de la sacristie. Lorsque l'on attribua le vocable de sainte Marguerite à la 6ᵉ chapelle de l'église, du côté droit, celle qui devait cesser de porter ce titre fut dite de saint Thomas.

deux par deux, qui encadraient la grande porte, et deux niches décorées de statue sculptées par Guillain. Le second ordre, de quatre colonnes, avec un grand vitrail au milieu, flanqué de consoles et d'ailerons et terminé aux extrémités par deux pyramides rustiques, soutenait un fronton circulaire portant deux statues de femmes à demi couchées. Au-dessus, un attique, surmonté d'un autre petit fronton accompagné d'acrotères avec des vases fumants, était décoré d'un écusson aux armes du couvent timbré de la couronne royale; une grande croix formait le couronnement de l'édifice.

En 1790, lorsque le monastère eut été fermé, les religieux qui avaient décidé de continuer à suivre leur règle furent autorisés à se transporter au couvent de la Merci, où ils continuèrent le service religieux jusqu'à la fermeture définitive des églises. L'Assemblée nationale, après avoir siégé quelques jours à l'archevêché, vint s'installer, à la fin de cette même année, dans le manège des Tuileries dont on avait fait une salle de séances. Comme les locaux de l'ancien couvent étaient inoccupés, elle en profita pour établir les bureaux de ses comités et le dépôt de ses archives dans l'ancien bâtiment de la Bibliothèque. Le cloître devint peu après un passage public, ce qui provoqua promptement la destruction des vitraux. Le réfectoire et la cuisine de l'infirmerie furent occupés par la milice nationale, et un restaurateur de l'Assemblée s'installa dans l'apothicaireric. La salle du Roi servit aux assemblées du district et plus tard aux réunions du fameux club des Feuillants. On transporta à cette même époque dans l'ancien couvent un important dépôt d'armes trouvé à la Bastille, qui devint plus tard le premier noyau du Musée d'artillerie. Sous le Consulat, l'arrêté du 17 vendémiaire an x, ordonnant le percement des rues de Rivoli et de Castiglione, entraîna la disparition de l'église et du monastère, qui furent complètement démolis en 1804, et dont rien ne rappelle plus aujourd'hui le souvenir, si ce n'est le nom des Feuillants donné à la terrasse installée sur la partie du jardin des Tuileries qui bordait jadis, du côté du midi, l'enclos des religieux.

INDEX ALPHABÉTIQUE.

Église des Feuillants du faubourg Saint-Honoré [1].

ÉPITAPHES DE L'ÉGLISE.

CHAPELLES DU TRANSEPT.

CHAPELLE SAINT-PHILIPPE.

SALOMON PHÉLYPEAUX.

L'épitaphe du fondateur de la chapelle se lisait sur une table de marbre noir fixée contre le mur, à droite de l'autel.

1843. — D. O. M. S. – ‖ HANC DEORSUM ANTE ARAM ‖ OSSA JACENT ET CINERES ‖ SALOMONIS PHELIPPEAUX, QUI ‖ DUM VIXIT CONSILIARIUS REGIS, ‖ RATIONUM REGIA-RUM MAGISTER, ‖ TOTUM HOC SACELLUM CONSTRUI ‖ ET DE SUO DOTARI CURAVIT, QUO ‖ VIVUS AMANS PIETATIS, APUD ‖ PIENTISSIMOS DEPONERETUR MORTUUS. ‖ OBIIT ANNO M DC LV [2]; VIXIT ANNOS XCI.

ARMES. *Écartelé : aux 1 et 4, d'azur semé de quartefeuilles d'or, au franc-quartier d'hermine ; aux 2 et 3, d'argent à trois lézards de sinople.*

Mss A², p. 370 ; — B⁴, p. 675 ; — Guilhermy, t. I, p. 492 [3].

[1] Voir p. 247, note 1.

[2] Salomon Phélypeaux mourut le 2 octobre (Cab. des titres, *Dossiers bleus*, 520).

[3] Guilhermy nous apprend que cette épitaphe, un instant perdue, s'est retrouvée au musée de Versailles.

COUVENT DES FEUILLANTS DE LA RUE St HONORÉ

Reproduction d'un dessin des Collections de Gaignières

RAYMOND PHÉLYPEAUX.

Le monument funéraire que sa femme, Claude Gobelin, et ses enfants avaient élevé en son honneur était placé à droite de l'autel de la chapelle [1]. Sur un large sarcophage de marbre noir, décoré à sa base de godrons, soutenu par un

Monument funéraire de Salomon Phélypeaux [2].

piédestal flanqué de consoles, le défunt était représenté par une statue de grandeur naturelle, en marbre blanc, à genoux et les mains jointes, devant un prie-Dieu portant un livre ouvert et décorée de ses armes.

Son épitaphe, gravée en lettres dorées sur une table de marbre encadrée

[1] Le défunt avait légué au couvent des Feuillants de Paris la somme de huit mille livres tournois pour «la permission d'estre inhumé dans leur eglise et son corps mis dans une voulte qui sera faicte dans la chapelle dudit sieur Deslandes, son frere, et y estre faict et apposée une epitaphe qui servira de monument à la memoire dudict deffunct seigneur d'Herbault, et aussi pour la fondation d'un messe basse perpetuelle des trepassés pour le repos de son ame».

Le 7 juillet 1629, ce legs fut délivré par ses exécuteurs testamentaires aux religieux qui s'engageaient à faire la voûte en question, «pour, après la perfection d'icelle, y faire ensepulturer le corps dudit seigneur d'Herbault et les autres corps que bon leur semblera de la famille desdicts sieurs Phelipeaux. . .» (Arch. nat., S 4208, fol. 205-206.)

[2] Reproduction d'une estampe de Millin (*Les Feuillans*, pl. V, fig. 1 : Brion del.; Chapuis sculp.).

de moulures, était appliquée contre le piédestal, au-dessus d'une tête d'ange
ailée [1] :

1844. — Æternæ memoriæ. — Raymondo Phelipeaux, blesensi, domino d'Herbault, Ludovici XIII, christianissimi Francorum Regis, comiti consistoriano
et a secretis quatuor, viro quem post annos quinquaginta Regum obsequiis
et amplissimis muneribus obeundis non minus sancte quam strenue ac fortiter impensos, opere in ipso mors, in castris ad Segusium, oculis hominum
eripuit atque a terreno comitatu principis ad immortalis adspectum et con-
sortium transtulit, VI° nonas maias M DC XXIX.

Mss A², p. 369; — B⁴, p. 675; — Millin, *Les Feuillans*, p. 38.

Les épitaphes suivantes, gravées sur des tables de marbre, étaient fixées au
mur qui faisait face à l'autel :

PAUL ARDIER ✚ SUZANNE PHÉLYPEAUX.

1845. — D. O. M. S. et memoriæ Pauli Ardier, domini de Beauregard et de
Vineul, in comitatu blesensi, quem corporis pariter et animæ clarissimæ
dotes tribus Regibus, LV annis, nulla fortunæ offensione, carentem ambitu
commendarunt.

Multis ergo gravissimis honoribus perfunctus est, ac sacratiori denique
ærario præfuit quæstor, quo quidem tanto munere qua illud morum integritate ac prudentia strenue gesserat, ut levaretur septennio ante mortem
præfecit.

Obiit magno pietatis ac futuræ vitæ sensu, in agro suo blesensi, quem
tenere semper amaverat, anno salutis M DC XXXVIII. Vir in quo virtus et
natura certarunt utra præstaret, hæc corporis ingeniique elegantia qua
fuit incomparabilis, illa fideli probitate ac generosa vi animi, in qua consilii
quam ævi maturior, fati invidia acerbe eheu! extinctus obiit. Vixit annos
LXXV, menses ..., dies ....

Suzanna Phelippeaux, vidua, conjugi meritissimo et sibi poni curavit, hic

[1] La statue de Raymond Phélypeaux, entrée au
Dépôt des Petits-Augustins, vers la fin de l'année
1792, fut cataloguée, dans la Notice succincte de
1793, sous le n° 34, avec cette note : «mauvaise
sculpture, sans nom d'auteur.» (Alexandre Lenoir,
t. II, p. 240.)

Quant au cénotaphe, il dut être porté au
Dépôt en divers fragments qui se confondirent
avec les autres marbres que Lenoir devait utiliser
plus tard pour la reconstitution des monuments.

Après avoir figuré au Musée sous le n° 172
(t. V, p. 59), la statue fut inscrite dans l'état de
1816 avec la mention suivante : «Le piédestal qui
porte cette figure a été entièrement fait à neuf avec
du marbre du Musée». (*Archives du Musée*, t. III,
p. 479.) Elle fut réclamée en 1818 par la fabrique
de l'église Saint-Roch, mais il ne paraît pas qu'elle
lui ait été attribuée.

UBI UNA CUM FRATRIBUS SUIS CHARISSIMIS IN PACE QUIESCERET. OBIIT ANNO SALU-
TIS [M D C LI[1]], VIXIT ANNOS LXVI[2].

ARMES. *D'azur au chevron d'argent accompagné de trois flammes d'or.*

Mss A², p. 370; — B⁴, p. 676; — Millin, *Les Feuillans,* p. 38 et 39[3].

1846. — CY DESSOUBS REPOSE LE CORPS DE MESSIRE PAUL ARDIER, SEIGNEUR DE
BEAUREGARD ET DE VINEUIL, AU CONTÉ DE BLOIS, VIVANT CONSEILLER DU ROY EN
SES CONSEILS D'ESTAT ET PRIVÉ ET TRESORIER DE SON ESPARGNE. LA NATURE LE
DOUA D'UNE AGREABLE ET NOBLE PRESENCE DE CORPS ET DE BELLES LUMIERES D'ES-
PRIT; AVEC CES QUALITÉS IL FUT DÈS SES JEUNES ANS APPELLÉ À LA COUR; IL
COMMENÇA SES SERVICES SOUBZ LE REGNE DU ROY HENRI III, DANS DES CHARGES
HONNORABLES DE SA MAISON ET LES CONTINUA DANS DES EMPLOYS ET OFFICES PLUS
IMPORTANTS SOUBZ LE REIGNE DES ROYS HENRI IV ET LOUIS XIII. IL CONSOMMA
AU SERVICE ACTUEL DE LEURS MAJESTEZ CINQUANTE CINQ ANNÉES DE SON AAGE,
APRÈS LESQUELLES, SANS AUTRE MOTIF QUE DU DEBVOIR D'UN BON CHRESTIEN ET
HOMME SAGE, SE DESMETTANT ES MAINS DES SIENS DE SON OFFICE DE TRESORIER DE
L'ESPARGNE, IL RESOLUT DE SE RETIRER DES AFFAIRES PUBLICQUES POUR TRAVAILLER
À SON SALUT. EN CETTE RETRAITE SA PRUDENCE NE PARUT PAS MOINS QUE SA PIETÉ.
PENDANT SA VIE, IL FUT AGREÉ DES ROYS ET HONNORÉ DE LEUR BIENVEILLANCE
POUR SA FIDELITÉ ET SES SERVICES, CHERI ET DESIRÉ DES PREMIERS ET DES GRANDS
POUR SA FRANCHISE, COMPLAISANCE ET GENEROSITÉ, AIMÉ ET HONNORÉ DES SIENS
POUR SA VERTU ET POUR SA BONTÉ ET DECEDA EN SA MAISON DE BEAUREGARD, LE
XXVᴱ JOUR DE SEPTEMBRE, L'AN DE GRACE, M D C XXXVIII ET DE SON AAGE LE LXXVᴱ.
GENERALLEMENT PLEURÉ ET REGRETTÉ DE TOUS CEUX QUI L'AVOIENT VEU ET COGNEU.

PASSANT, RENDS A LA MEMOIRE DU MORT CE QUI EST DEUB A UNE VERTU QUI NE
DOIBT POINT MOURIR EN L'ESPRIT DES VIVANTS ET PRIE DIEU POUR SON ÂME.

DAME SUZANNE PHELIPEAUX, SA VEUVE, AYANT FAIT DRESSER CE MONUMENT A
LA MEMOIRE DE SON CHER MARY, A DESTINÉ SA SEPULTURE PRÈS DE SA PERSONNE
ET DE MESSIEURS PHELYPEAUX SES FRERES. ELLE VESCUT .. ANS ET DECEDA LE JOUR
DE MC ...

Bibl. nat., Cabinet des titres, *Dossiers bleus,* vol. 29, doss. 652, fol. 5.

1847. — D. O. M. S. - DEPOSITUM PAULI ARDIER, DYNASTÆ DE BEAUREGARD ET
DE VINEUIL, IN COMITATU BLESENSI, IN QUO ORNANDO CERTARUNT EXIMIÆ VIRTÜTES

---

[1] D'après d'Hozier (Cab. des titres, *Dossiers
bleus,* 520, doss. 13606, fol. 13).

[2] Par contrat du 19 avril 1622, Paul Ardier
chevalier, seigneur de Beauregard, et Suzanne
Phélypeaux, sa femme, donnèrent trois cents livres
tournois de rente pour la fondation d'une messe
quotidienne durant cinquante années et d'un service annuel, après leur décès, «en la chapelle

que Mᵉ maistre Salomon Phelipeaux, sieur des
Landes, frere de ladicte dame Ardier, a en
l'eglise dudict convent....» (Arch. nat., S 4207,
fol. 81.)

[3] Dans le texte publié par Millin, le dernier
paragraphe se trouve rattaché, par suite d'une
transposition erronée, à l'épitaphe de Salomon
Phélypeaux.

ET PRÆCLARÆ ANIMI CORPORISQUE DOTES, LARGA BENIGNAQUE NATURA IPSIS MANIBUS CONCESSÆ, TOT DIGNÆ DIGNITATIBUS QUEIS EUMDEM AUXENDI CONDECORARUNT TRES REGES, PERSPICACES INGENIORUM EXISTIMATORES, QUIBUS UT CETERIS VIRIS PRINCIPIBUS FUIT ACCEPTISSIMUS OB SOLERS JUDICIUM, OPEROSAM SEDULITATEM, INVICTUM CUPIDITATIBUS ANIMUM, MIRAM ET SUPRA SÆCULI FIDEM, INTEGRITATEM, MULTIPLICEM USUM, INGENIUM; RERUM AGENDARUM COMPREHENSIONE POTENS, SENSUM VIVIDUM VEGETUMQUE QUÆ SPARSIM ET SOLITARIA LAUDANTUR IN SINGULIS, IN IPSUM UNIVERSA CONFLUEBANT; EX IPSO ASPECTU INGENITÆ HONESTATIS IMAGO EXISTEBAT, IN OMNIBUS ÆTATES SUÆ PARTIBUS GRATA AC JUCUNDA FORMA ORIS AC TOTIUS CORPORIS DIGNITAS EMINEBAT. IN ILLA SUMMA QUÆSTURA (QUI HONOS VEL INTER PRIMOS HABETUR), TOTUM SE QUANTUS ERAT EXPLICAVIT, MAJORE FAMA QUAM FORTUNÆ PROVENTU, REGIAS OPES TAM DILIGENTER QUAM RES SUAS ADMINISTRAVIT, ÆRARIUM TAM ABSTINENTER QUAM REGALE PROCURAVIT, TAM CASTE ET CAUTE QUAM SANCTUM ET PUBLICUM PERTRACTAVIT; PORRO NE IN VITÆ APPARATU VITA IPSUM DESTITUERET VACATIONEM A REBUS GERENDIS IMPETRAVIT UT TRANQUILLIUS VIVERE ET MORI BEATIUS DISCERET ET DILISCERET IN CHRISTO IN QUO SUNT OMNES THESAURI; QUANTAM DIGNATIONEM MERUIT ILLA SPONTANEA ABDICATIONE DIGNITATIS, QUÆ TOT MAGNIS VIRIS POSTREMA EXUITUR; CHRISTIANUS ILLE ANIMUS SUPRA ERRORES HUMANOS EMINEBAT, PRISTINÆ VITÆ RATIONES DISJUNGEBAT, CUNCTA AD CONSCIENTIAM REFEREBAT, NEGOTIUM SALUTIS PERAGEBAT, ÆTERNITATES CANDIDATUS SE SIBI COMPARABAT, IN SE INQUIREBAT, SE SIBI REDDEBAT, NON CONTENTUS GLORIA LAUDABILITER ANTE ACTÆ VITÆ, ÆTERNÆ SE ADDIXIT, CUI SOLIDUM ANTE MIGRATIONEM SEPTENNIUM IMPENDIT, ADVENTANTI SENIO ET MORTIS (QUAM IMMINENTEM PROVIDEBAT ANIMO) AMPLEXI SE IDONEUM PRÆSTANS, ILLAM NON REPERIT SED INVENIT; NON ÆTATEM MODO FEREBAT INGENIUM ACRE ET GENEROSUM, SED CORPUS ETIAM IPSUM VIRTUTE SUSTENTABAT, IN ILLA CONTENTIONE AGONIS CRISTIANI ET RERUM HUMANARUM CONTEMPTIONE, QUANTAS CHRISTIANÆ ANIMÆ SIGNIFICATIONES DEDIT. SUPREMIS OFFICIIS COMITATI SUNT MORIENTEM CARISSIMI LIBERI, QUIBUS SUSCEPTIS, SAPIENTER EDUCATIS ET HONORIFICE COLLOCATIS, SIBI SUPERSTES QUODAMMODO VIDETUR FELIX, QUOD SUÆ INTERFUERIT POSTERITATI, QUAM NON SOLAM HÆREDEM RELINQUENDAM PUTAVIT; OPUM SUARUM ÆRARIUM ALIENAS ESSE VOLUIT, NEMPE PAUPERUM MANUS ANIMUMQUE SUUM ESSE QUÆSTOREM, ISSORIA CENSE NOSOCOMIUM LOCUPLETANDO, UT MORIENS SEMPER VIVERET, SEMPER VIXIT UT MORITURUS; ITA VIXIT UT OPTIMI MORI CUPIUNT, AD ANNUM SALUTIS MDCXXXVIII, ÆTATIS VERO SUÆ LXXVI, V KALENDAS OCTOBRIS MIGRAVIT AD MELIOREM VITAM AD QUAM DUDUM TOTAM EVOCARAT MENTEM. MEMORIA IN POSTERORUM ANIMIS REPOSITA VIGET VELUT THESAURUS. TUÆ PIETATIS EST VIATOR, ÆTERNITATIS HONORE CONSECRARE, APPRECARI QUITEM ET REPENDERE FAMAM ET DECUS. HOC ARCENDÆ MORTALITATI PRÆSIDIUM ADJUVENTUM EST. ILLE DUM GRATIÆ REGNUM INCOLIT, TAM POTERIT REFERRE GRATIAM QUAM NOVIT.

UXOR, SUSANNA PHELIPPEAUX MŒSTISSIMA MARITO CARISSIMO, BENE DE SE ET OMNIBUS MERITO, PARUM HOC SUI DESIDERII MONUMENTUM PONI CURAVIT, CONTESTATA DE IPSO NIHIL DOLUISSE PRÆTER MORTEM.

Bibl. nat., Cabinet des titres, *Dossiers bleus*, vol. 29, doss. 652, fol. 7.

PAUL ARDIER.

1848. — Ad majorem Dei gloriam et memoriam perpetuam. — Paulus Ardier, eques, vicecomes de Beauregard le Bel, dominus de Conon, Celettes, Vineuil et locorum in comitatu blesensi adjacentium, Regis ab omnibus consiliis, præses in rationum curia parisiensi, post actam meliorem ætatis suæ partem in administratione negotiorum regni gravissimorum, cum mortis vitæque beatæ cogitationibus occuparet animum, ut virum christiane prudentem [1] decet, hoc in loco corpus sepulturæ mandari curavit, cum Paulo Ardier et Susanna Phelipeaux, parentibus suis, et plerisque ejusdem nomini[s] consanguineis, simul expectantibus donec de miserentis Dei gratia resurgant ad immortalem gloriam. Vixit annos LXXVII. Obiit die VII° mensis novembris, anno M DC LXXI.

Millin, *Les Feuillans*, p. 39.

·CHAPELLE DE SAINT-LOUIS.

La duchesse d'Angoulême, qui avait payé, en 1602, quinze cents livres pour la construction de cette chapelle, céda en 1617 [2], avec l'agrément des Feuillants, ses droits de propriété à Louis de Rohan, prince de Guéménée et duc de Montbazon, dont la femme, après l'avoir fait décorer, l'affecta spécialement à la sépulture des personnes de la maison de Rohan qui voudraient y être inhumées [3]. En 1657, cette chapelle fut dédiée sous le titre de Saint-Louis [4].

[1] Le mot : *pudentim*, que Millin avait imprimé ici, ne saurait donner un sens acceptable.

[2] On lit à ce sujet dans la Chronique : «La chapelle de M. d'Angoulesme, qui est près de l'autel, passa entre les mains de M. de Montbazon... Au mois d'août 1617, on lui donna acte pour sa chapelle de Saint-Louis, pour avoir droit d'y prier Dieu, d'y entendre le service et le sermon seulement, quoique depuis on ait permis à M⁽ᵐᵉ⁾ la princesse de Gueymené d'y faire une cave et mettre sa sepulture» (p. 47 et 53).

[3] La duchesse de Montbazon avait formulé à ce sujet ses dernières volontés dans un codicille du 13 mars 1679 :

«Nous, Anne de Rohan, princesse de Guymené, duchesse douairière de Montbazon, ayant choisi pour ma sepulture la chappelle que j'ai fait accommoder dans l'eglise des R. P. Feuillans de la rue S' Honoré de Paris, ma volonté est que ladite chapelle serve de sepulture à toutes les personnes de la maison de Rohan qui desireront y estre mises après leur mort, dans la cave qui est au-dessous

de ladite chapelle, et ceux qui en seront issus, sans que mes heritiers en puissent jamais disposer par vente, echange ou autrement; et au cas qu'il n'y ait plus personne de la maison de Rohan, je veux et ordonne que les Peres Feuillens soient en possession de ladite chapelle, à condition qu'ils n'en pourront jamais disposer en quelque sorte que ce soit, ni faire mettre dans la cave de ladite chapelle autres personnes que les nommez cy dessus et qu'ils n'y changeront rien ni à mon tombeau ni à tout le reste et qu'ils l'entretiendront en l'estat qu'elle est, et qu'après ma mort ils fassent mettre mon corps dans le tombeau de marbre que j'ai fait faire dans ladite chapelle, feront celebrer un annuel l'année apres mon deceds et feront aussy celebrer tous les ans a perpetuité un service à pareil jour que je decedderai pour le repos de mon ame et de celle de mes parents et amis; en consideration de toutes lesquelles choses je leur donne cent livres de rente par chacun an, après ma mort.» (Arch. nat., S 4208, fol. 248 v°.)

[4] La chapelle cédée par M. de Bassompierre à

ANNE DE ROHAN-GUÉMENÉE.

La duchesse douairière de Montbazon avait fait installer, de son vivant, dans sa chapelle, le mausolée de proportions monumentales qui devait recevoir ses restes. Ce tombeau, placé en face de l'autel, dans l'encadrement d'une fausse

Tombeau d'Anne de Rohan-Guéménée [1].

arcade sur lequel il faisait saillie, se composait d'un soubassement de marbre noir et d'un piédestal de marbre jaspé surmontés d'un large sarcophage formé de deux blocs de marbre blanc [2]; l'un, creusé en forme de cuve, était orné d'un

M. d'Achères, qui portait ce même titre, fut alors dédiée sous le vocable de Saint-Joseph.

[1] Reproduction d'une estampe de Millin (*Les Feuillans*, pl. V, fig. 2; Brion del.; Chapuis sculp.).

Ce mausolée fut transporté par fragments au Dépôt des Petits-Augustins et Lenoir trouva tout naturel d'utiliser les morceaux de marbre pour d'autres monuments. La statue du lieutenant civil Le Camus à genoux devant un ange fut installée par lui sur «le cénotaphe de marbre blanc qui supportait aux Feuillans le sarcophage d'un Guéménée». (*Archives du Musée*, t. II, p. 189.) Il rectifia plus tard ce dernier détail dans la Notice succincte, sous le n° 179, en indiquant le «sarcophage de la princesse Guéménée».

[2] L'auteur de la Chronique constate que le sarcophage est «par godrons, à l'antique» (p. 210). La gravure que nous reproduisons d'après Millin n'indique aucune ornementation de ce genre.

écusson aux armes de Rohan, timbré de la couronne et enveloppé du manteau ducal, l'autre, servant de couvercle, portait une urne entre deux lampes funéraires accompagnées de trois guirlandes de cyprès en bronze doré.

L'arcade, revêtue de plaques de marbre jaspé et bordée de moulures, était reliée à une corniche par deux écoinçons de marbre blanc sur lesquels avait été sculpté le chiffre de Rohan, entouré d'une couronne de feuillage que traversait une guirlande de cyprès.

L'épitaphe de la duchesse se lisait sur une table de marbre blanc qui occupait le milieu du cintre :

1849. — Cy gist tres haute et tres illustre princesse, Anne de Rohan[1], princesse de Guemené, espouse de tres haut, tres puissant et tres illustre prince Louis de Rohan, son cousin germain, prince de Guemené, duc de Montbazon, pair et grand veneur de France, aussi grande par ses vertus que par la splendeur de son origine qu'elle tiroit en ligne directe et masculine des premiers souverains de Bretagne. Elle mourut le xiv mars m dc lxxxv. — Priez Dieu pour son ame.

Armes. Rohan : *De gueules à neuf macles accolées et appointées d'or, 3, 3 et 3.*

Millin, *Les Feuillans*, p. 38.

NEF.

GABRIELLE DU CHÂTELET.

Tombe plate de marbre au bas des marches du sanctuaire [2] :

1850. — Cy gist ‖ haulte et puissante dame madame Gabrielle Du ‖ Chastellet, fille d'illustre et puissant seigneur ‖ messire Herard Du Chastellet, chevalier, marquis de Trois ‖ Chasteaux et de Thon, baron de Bonnet et autres ‖ places, mareschal de Lorraine, et veufve de haut et puis‖sant sei-

---

[1] Dans sa description des Feuillants, Piganiol a prétendu, l'on ne sait au juste pour quelle raison, que « ce fut Jeanne Armande de Schomberg, femme de Charles de Rohan, second du nom, morte le 10 juillet 1706, en sa 74ᵉ année, qui de son vivant se fit eriger ce tombeau sur lequel il n'y a ni epitaphe ni inscription » (t. II, p. 455).

On ne s'explique guère que Millin ait reproduit cette erreur, puisqu'il a publié le premier texte de l'épitaphe, dont les indications ne pou-

vaient lui laisser aucun doute sur l'identité de la défunte.

[2] La défunte, par contrat du 1ᵉʳ janvier 1656, avait donné au couvent mille livres pour sa sépulture, « en tel lieu qu'il plaira aux religieux lui assigner », plus trois cents livres pour un annuel de messes et une rente de cinq cents livres. (Arch. nat., S 4208, p. 232.) On voit que les Feuillants surent reconnaitre ses libéralités en lui accordant une place des plus honorables dans leur église.

GNEUR MESSIRE GEORGES DE MONCHY, CHEVALIER, ‖ MARQUIS D'HOCQUINCOURT, GOUVERNEUR DE PERONNE, ‖ MONTDIDIER ET ROYE, DECEDÉE LE XIV SEPTEMBRE M DC LXI.

1851. — PASSANT, CE N'EST POINT L'ORNEMENT
DE CE CELEBRE MONUMENT
OU REPOSE UNE ILLUSTRE CENDRE,
MAIS LE MERITE ET LA PIETÉ
DE CETTE DAME A SURMONTÉ
LA GRANDEUR DES AÏEUX DONT ON LA VIT DESCENDRE.
REQUIESCAT IN PACE. AMEN [1].

ARMES. *Du Châtelet : D'or à la bande de gueules chargée de trois fleurs de lis d'argent.*
— *Monchy : De gueules à trois maillets d'or.*

Ms. E², fol. 206 *bis*; — Millin, *Les Feuillans*, p. 36.

JACQUES PARISET.

Au milieu de la nef, épitaphe gravée sur une tombe plate de marbre noir bordée de marbre blanc :

1852. — HIC JACET JACOBUS PARISET, QUI OBIIT IV° NONAS DECEMBRIS, ANNO INCARNATIONIS M DC LXX, ÆTATIS SUÆ XXVI.

Millin, *Les Feuillans*, p. 35 [2].

Tombes à droite de la nef, près de la chapelle de Saint-Jérôme :

LOUISE DU PRAT.

Tombe de pierre :

1853. — HONNORABLE ET TRES VERTUEUSE DAME DAME LOUISE DU PRAT, VEUFVE DE FEU MESSIRE RENÉ DE CHANDIO, JADIS COMTE DE JOIGNY ET MARQUIS DE NEELE, S'EST FAICT ENTERRER ICY CEANS, PAR DEVOTION, LAQUELLE DECEDA L'AN DE NOSTRE-SEIGNEUR M DC XXVI, LE XXVIII JOUR DU MOIS DE JUING.

[1] En 1678, «Mlles du Châtelet et de Trichateau, nièces de deffunte Mme d'Hocquincourt, ont fait mettre une tombe de marbre dessus son corps, comme la marque eternelle du souvenir de l'amour qu'elles ont toujours eu pour cette chere tante». (Chronique, p. 252.)

[2] Le 2 mai 1675, les Feuillants accordèrent à «Pierre Pariset, sieur du Morantin, à Jean Fran-çois de Lotriche et à Marie Pariset, sa femme, et leurs descendans en ligne directe, le droit de sepulture dans l'eglise du monastère ou est une tombe de marbre noir bordée de blanc, sur l'endroit où est enterré feu Jacques Pariset, frère aisné dudict sieur Pierre», moyennant la somme de 2000 livres. (Archives nationales, S 4208, fol. 237 v°.)

ARMES. *CHANDIO : D'hermine à la fasce de gueules.*

— *DU PRAT : Écartelé : aux 1 et 4, d'or à la fasce de sable accompagnée de trois trèfles de sinople posés 2 et 1 ; aux 2 et 3, d'argent à trois lions de gueules couronnés d'or.*

Mss A², p. 370; — B⁴, p. 680.

CLAUDE DE LANGLÉE ✠ CATHERINE ROSE.

1854. — CY GIST MESSIRE CLAUDE DE LANGLÉE, SEIGNEUR DES ‖ EPICHELIERES ET DE LA GRANGE ET AUTRES LIEUX, CON‖SEILLER ORDINAIRE DU ROY EN SES CONSEILS D'ESTAT ‖ ET PRIVÉ, MARESCHAL GENERAL DES LOGIS DES ‖ CAMPS ET ARMÉES DE SA MAJESTÉ. IL MOURUT ‖ AGÉ DE 63 ANS ET 9 MOIS, LE 15 NOVEMBRE, ‖ L'AN 1667 [1]. DAME CATHERINE ROSE, SA FEMME, ‖ AYANT TOUJOURS EU VENERATION POUR CE LIEU ‖ DEDIÉ A SAINT BERNARD, A ESTÉ MISE EN CE ‖ TOMBEAU APRÈS AVOIR FINI SES JOURS LE ... DE SA VIE, AU MOIS DE ..., L'AN [1680] [1]. ‖ *REQUIESCANT IN PACE.*

ARMES. *LANGLÉE : Burelé d'argent et de sable de dix pièces, à l'orle de quintefeuilles de l'un en l'autre; alias : de sable à trois fasces d'argent, à l'orle de quinze quintefeuilles posées de l'un en l'autre, 7 et 7 en pal et 1 en pointe.*

Ms. E², fol. 208; — Millin, p. 35.

Tombes près de la chapelle de la Vierge :

CATHERINE DE ROCHECHOUART.

1855. — CY GIST CATHERINE DE ROCHECHOUART, FILLE DE MESSIRE FRANÇOIS DE ROCHECHOUART, SEIGNEUR DE SAINT CYR, ET DE DAME ANTHOINETTE DE BEAUCLAIR, QUI DECEDDA LE XIVᵉ JOUR DE JUILLET, L'AN M DC XXVIII, AAGÉE DE XXII MOIS. — PRIEZ DIEU POUR ELLE.

ARMES. *De gueules à trois fasces entées d'argent, à la bordure d'azur chargée de huit besants d'or.*

Mss A², p. 370; — B⁴, p. 681.

---

[1] «Mᵐᵉ de Langlée ayant demandé de faire une cave au lieu ou estoit enterré son mari, on le lui accorda seulement pour elle et pour luy par acte capitulaire... On commença à travailler par son ordre à ce caveau dans l'ouverture duquel on trouva les cercueils de Mᵐᵉ la comtesse de Joigny, la ge-nerale des galeres, avec celui du petit Bar, que l'on transporta pour lors soubs la tombe de pierre qui tient lieu de platte baude, près la chapelle de Sᵗ Hierosme.» (Chronique, p. 180.)

[1] Cette date nous est fournie par d'Hozier. (Cab. des titres, *Dossiers bleus*, 331.)

35.

CHARLES DE BEAUCLERC.

Inscription gravée sur une petite pierre entre un blason et un cœur percé de flèches :

1856. — CAROLI DE BEAUCLERC, ‖ STATUS CONSILIARII ET A SECRETIS ‖ COR, ‖ DE QUO HÆC VERE DICI POSSUNT : ‖ DEUM AMAVIT, REGES SUOS COLUIT, ‖ PATRIAM DILEXIT, DIVITIAS ‖ NEGLEXIT, LUCRUM SPREVIT, ‖ CORRUMPI AB AULA 50 ANNIS, ‖ A MUNDO 70 NON POTUIT : MIRA ‖ HOC SÆCULO. OBIIT 12 OCTOBRIS ANNO 1630.

ARMES. *De gueules au chevron d'or accompagné en chef de deux têtes de loup arrachées d'or et en pointe d'un loup du même; au chef cousu d'azur, chargé d'un croissant d'argent.*

Mss A², p. 370 ; — B⁴, p. 682 (reproduction figurée); — F¹, p. 148.

MICHEL DE BEAUCLERC.

Inscription gravée sur un petit marbre découpé en forme de cœur [1] :

1857. — CY GIST LE CŒUR DE MESSIRE MICHEL DE BEAUCLERC, VIVANT CHEVA-LIER, MARQUIS DES MARQUISATS DE MIREBEAU ET ESTIAUX, BARON D'ACHERES, CONSEILLER DU ROY EN SES CONSEILS, PREVOST, COMMANDEUR ET GRAND MAITRE DES CEREMONIES DE SES ORDRES, QUI DECEDA LE /XVIIᴱ APVRIL M D C XLIII[2], AAGÉ DE XLI ANS [3].

Millin, *Les Feuillans*, p. 36.

BENOIT LE JEUNE DE CONTAY.

1858. — CY GIST MESSIRE BENOIT LE JEUNE DE CONTAY, CHEVALIER, SEIGNEUR DE LESPINOY, MARECHAL DE CAMP DES ARMÉES DU ROY ET L'UN DE SES GENTILS-HOMMES ORDINAIRES, DE LA NOBLE MAISON DES LE JEUNE DE CONTAY, DE LA VILLE D'AMIENS, DECEDÉ LE XXV JANVIER M DC LXXV, QUI A FONDÉ UNE MESSE DE LA SAINTE VIERGE, A PERPETUITÉ, DANS CETTE EGLISE, A PAREIL JOUR DE SON DECES [3].

ARMES. *De gueules semé de fleurs de lis d'or, fretté d'argent.*

Millin, *Les Feuillans*, p. 36.

---

[1] «Le cœur de M. de Beauclerc fut mis d'abord a costé de la chapelle de la Sainte Vierge, et depuis soubs un cœur de marbre, en une traverse de la nef de l'eglise.» (Chronique, p. 71.)

[2] Nous avons rectifié la date donnée par Millin (1645), d'après la mention suivante de la Chro-nique : «Année 1643 ou l'on apporta le cœur de M. le baron d'Acheres, lequel fut mis auprès de celui de feu son pere» (p. 96).

[3] Dès l'année 1666, les Feuillants avaient ac-cordé «au sieur Le Jeune de Contay de mettre ses armes sur une imposte d'une arcade du cloistre qu'il

RENÉ GESTART ✚ RADEGONDE DE MAUROY.

1852. — Cy gisent René Gestart, escuyer, ‖ sieur de Preaux, conseiller secretaire du Roy, maison, ‖ couronne de France et de ses finances, du ‖ College des soixante et dix, decedé le ixe jour d'avril mil ‖ six cent cinquante cinq [1] ‖ agé soixante six ans.

Et dame Radegonde de Mauroy, sa ‖ femme, decedée le xve jour d'avril mil ‖ six cent soixante sept, agé de lxii ‖ ans [2]. ‖ Priez Dieu pour leurs ames.

Armes. *Gestart : D'azur au sautoir d'argent accompagné de quatre flammes d'or.*

Ms. E', fol. 287 (reproduction figurée).

HENRI ✚ ALPHONSE-LOUIS DE LORRAINE.

J.-B. du Bignon, intendant de ces princes, fit élever en leur honneur un somptueux monument, qui fut placé contre le pilier du bas de la nef qui séparait les deux dernières chapelles du côté droit.

Le soubassement de ce mausolée, tout en marbre noir, était formé par un piédestal dont les deux angles antérieurs étaient garnis de consoles amorties par des mufles de lions, qui soutenait une large corniche, surmontée d'une pyramide en bleu turquin, terminée par un globe sur lequel s'appuyait un aigle en bronze doré tenant dans ses serres une banderole. Adossé à la base de la pyramide, le Temps, représenté par une grande statue à demi couchée sur des trophées militaires, tenait devant lui un livre ouvert dont les deux pages présentaient l'inscription suivante : Spes illorum immortalitate plena est ; — Bonum autem nomen

---

fit peindre à ses despens et aussy de mettre dans l'eglise, au bas du pilier qui est à costé de la chapelle de la Vierge, tirant vers la porte de l'eglise, un petit marbre qui montre qu'il y est enterré» (Chronique, p. 177).

[1] La Chronique indique le 19 octobre 1655 (p. 131).

[2] Radegonde de Mauroy, veuve de René Gestart, «ayant une singuliere devotion et affection au service qui se faict en l'eglise dudict monastere, pour le long temps que ledict deffunct et elle ont demeuré proche iceluy en une des maisons independantes, et ayant desir d'y estre enterrée, ainsi

que le deffunct sieur son mary, au mesme endroict où il est enterré et d'y faire mettre une pierre tout d'une piece, sans aucune arme, escriture ni ornement, à la place des trois qui couvrent le corps dudict deffunct,» donna au couvent, par contrat du 17 mars 1657, la somme de six cens livres, à charge d'un annuel et de deux messes basses mensuelles, qui seraient célébrées durant cinquante ans après son décès.

Une note marginale constate que ce contrat devait recevoir son exécution à dater de la mort de la fondatrice. (Archives nationales, S 4207, fol. 229.)

Monument funéraire de Henri et Alphonse-Louis de Lorraine [1].

[1] Reproduction d'une estampe de Millin. (*Les Feuillans*, pl. II, fig. 3, Brion del.; Masquelier sculp.) Un dessin original de ce monument se trouve dans la collection Clairambault (1137, fol. 47 v°), accompagné d'une planche gravée, de propor tions beaucoup plus grandes que l'estampe de

PERMANEBIT IN ÆTERNUM. A ses pieds, un petit génie soutenait un médaillon avec le buste d'Alphonse-Louis de Lorraine. Au-dessus de ce groupe, une figure de femme ailée, personnifiant l'Immortalité, prenait son vol vers les cieux, emportant d'une main le portrait de Henri de Lorraine et de l'autre son épée. Toutes ces sculptures étaient en marbre blanc [1].

La face antérieure du chapiteau portait un bas-relief allégorique en bronze doré, sur lequel on voyait Henri de Lorraine présenté par la Victoire à la Religion, en mémoire de ses succès sur les Infidèles [2]. Au-dessous, des guirlandes de feuillage en bronze doré et un cartouche décoré des armes de Lorraine-Harcourt formaient le couronnement d'une table de marbre noir encadrée de marbre blanc sur laquelle était gravée l'inscription suivante :

1860· — D. O. M. ET ÆTERNÆ MEMORIÆ SERENISSIMORUM PRINCIPUM HENRICI A LOTHARINGIA, COMITIS HARCURIANI, FRANCIÆ PARIS ET SUMMI ARMIGERI, ET ALPHONSI LUDOVICI, HUJUS FILII, EQUITIS, ET MELITENSIUM TRIREMIUM PRÆTORIS, NANCŒI PRIMATIS. OB VINDICATAM A PATRE REGNI GLORIAM REPRESSO AD INSULAS LERINENSES HISPANIÆ FASTU, LIBERATO CASALI, TAURINO EXPUGNATO, FUSIS TERRA MARIQUE HOSTIBUS ET ASSERTAM A FILIO RELIGIONEM, VICTA APUD RHODUM TURCARUM CLASSE, FRACTIS AD CYCLADAS NAVIBUS BYZANTINIS, FUGATIS ALGERIÆ BIZERTÆQUE PRŒDONIBUS. HIC GENTILITIÆ IN DEUM PIETATIS, IN HOSTES FORTITUDINIS, IN SINGULOS HUMANITATIS HÆRES CLARISSIMUS, PATERNÆ MEMORIÆ MONUMENTUM HOC VIVENS PONI MANDAVERAT; SED PRÆCIPITI MORTE PRÆVENTUS, PRÆSTANTISSIMO PARENTI NON INDIGNUS ACCESSIT HONORIS SOCIUS, QUI DIGNISSIMUS EXTITERAT VIRTUTUM ÆMULUS.

Millin dont un second exemplaire est conservé dans la Topographie de Paris. Cette planche porte pour légende : "Tombeau de S. A. monseigneur Henri de Lorraine, grand ecuier de France et de M^er le chevalier d'Harcourt son fils. Érigé par le sieur du Bihnon, son intendant", et d'autre part : "M. Renard Lotharing. invenit et fecit ; Thomassin sculptor regius".

Il semblerait, d'après le dessin original, que la gravure de Millin a représenté le monument en sens inverse, de telle sorte que le côté droit est devenu le côté gauche et inversement.

[1] Le rédacteur de l'inventaire observait que ce monument est "d'un mauvais travail, mais riche par ses accessoires". (Arch. nat., S 4166.)

[2] Ce monument funéraire fut transporté au Dépôt des Petits-Augustins, probablement vers 1792, ainsi que le constate l'état des objets remis à Lenoir à cette époque :

"34. Des Feuillans. Un groupe en marbre blanc élevé à la mémoire de Henri de Lorraine, comte d'Harcourt, et de son fils, sculpté par Nicolas Renard, de Nancy, plus les accessoires en marbre et en bronze doré dudit monument." (Arch. du Musée, t. II, p. 29.)

Dans la Notice succincte de 1793 le même groupe figure sous le n° 36, et la pyramide de bleu turquin, à la base de deux pieds, est inscrite sous le n° 34.

Le monument ne tarda pas à être reconstitué intégralement ainsi que le constate le projet de Catalogue du Dépôt, rédigé par Lenoir en 1794 (ibid., p. 188), et il fut exposé au Musée sous le n° 294 (t. V, p. 122).

Dans l'état des monuments en 1816 (n° 264), il n'est plus question du bas-relief en bronze doré ; une note manuscrite de Lenoir constate qu'il avait été envoyé à la fonte.

En 1818, le monument fut réclamé par la fabrique de Saint-Roch comme provenant d'un ancien couvent compris dans sa circonscription paroissiale, et il fut remis au mois d'octobre à M. Delespine, son architecte, en vertu d'une décision ministérielle. (Ibid., t. III, p. 267 et 302.) Il est aujourd'hui conservé dans cette église.

OBIIT PATER ANNO M DC LXVI, XIII KALENDAS AUGUSTI ÆTATIS LXVI; FILIUS VERO ANNO M DC LXXXIX, VI IDUS JUNII, ÆTATIS XLIV.

I. B. DU BIGNON EREXIT 1695.

ARMES. *D'or à la bande de gueules chargée de trois alérions d'argent, posés dans le sens de la bande, à la bordure de gueules chargée de huit besants d'or.*

Millin, *Les Feuillans*, p. 34.

ANNE DE BEAULIEU.

Tombe plate de marbre noir, contre les chapelles de Saint-Jean et de Sainte-Anne, à l'entrée de la nef sur le côté gauche :

1861. — D. O. M. ‖ S. ‖ ET PIÆ MEMORIÆ ‖ ANNÆ DE BEAULIEU, BURDEGALENSIS, ‖ LECTISSIMÆ ANTIQUIS MORIBUS ‖ MATRONÆ, ‖ QUAM EO IPSO DIE QUO POST DIUTUR-NAM ‖ PEREGRINATIONEM, IN QUA VIRO INDIVIDUA COMES ‖ HÆSERAT, DORMITIONEM PARAT, MORS TAM IPSI ‖ IMMATURA QUAM SUIS IMPORTUNA, POST EXITI‖ALEM DUO-DECIM DIERUM FEBRIM AD ÆTERNAS SEDES ‖ TRANSVEXIT, UNICA FILIA RELICTA ET DUOBUS EX ‖ UNICO FILIO, NUPER ACERBA MORTE PRÆREPTO, NEPOTIBUS.

JOHANNES BRIETUS, SANCTIORIS CONSISTORII COMES ET ‖ SUPREMÆ CURIÆ BURDEGA-LENSIS SENATOR, PIIS MANIBUS ‖ MŒRENS, BENE MERITÆ UXORIS CUM QUA XXXV ANNOS, ‖ MENSES VI, II DIES CONCORDITER VIXIT, HOC AMORIS QUONDAM, NUNC DOLORIS TRISTE SED DEBITUM PONI CURAVIT.

OBIIT LUTETIÆ PARISIORUM, XVI JUNII, ÆTATIS ANNO XLVIII, ‖ X^A MENSE, V^A DIE; SEPULTURA ANNO SALUTIS M DC XXXII.

ARMES. BRIET : *D'azur au chevron d'argent accompagné de trois grillets d'or.*

— BEAULIEU : *D'azur au sautoir échiqueté de deux traits d'argent et d'azur, accompagné de quatre croisettes potencées d'or.*

Mss B⁴, p. 678; — E², fol. 206.

Autres épitaphes dans la nef [1] :

CATHERINE BAUGÉ [2].

1862. — CY GIST HONNORABLE FEMME CATHERINE BAUGÉ, VEUFVE DE FEU HON-NORABLE HOMME JEAN LUCAS, MARCHANT DRAPPIER ET BOURGEOIS DE PARIS, LAQUELLE DECEDDA LE XIVE JOUR D'APVRIL L'AN M DC XL. — PRIEZ DIEU POUR SON AME.

Mss A², p. 370; — B⁴, p. 680.

[1] La place exacte de ces épitaphes n'est indi-quée ni dans les recueils manuscrits, ni dans Millin, et la Chronique ne fournit aucun renseignement à leur sujet.

[2] Dans les manuscrits A et B, elle est appelée Catherine de Lange, sans doute par suite d'une erreur de lecture; mais son vrai nom était Catherine Baugé, ainsi que nous l'apprend le contrat d'une donation faite par elle aux Feuil-lants, en considération de son fils, qui avait pris l'habit religieux. (Archives nationales, S 4208, fol. 250.)

CHARLOTTE MARIE DE DAILLON DU LUDE.

1863. — Cy gist le cœur de haute et puissante dame Charlotte Marie d'Aillon du Lude, epouse de tres haut et tres puissant seigneur messire Gaston, duc de Roquelaure, pair de France, decedée le xv decembre m dc lviii [1].

ARMES. *Roquelaure : Écartelé : aux 1 et 4, d'azur à trois rocs d'argent, qui est de Roquelaure; aux 2 et 3, d'argent à deux vaches passantes de gueules, accornées et clarinées d'argent, au chef d'azur chargé de trois étoiles d'or, qui est de Bezolles; sur le tout, d'argent au lion d'azur, qui est de Bouzet-Roquépine.*

— *Daillon du Lude : D'azur à la croix engrêlée d'argent.*

Millin, *Les Feuillans*, p. 36.

MARC DE BONNAIRE.

1864. — Cy gist Marc de Bonnaire, conseiller, secretaire du Roy, maison et couronne de France et de ses finances, decedé le xxvii aout m dc xciv.

ARMES. *D'azur au chevron d'or accompagné de trois besants du même.*

Millin, *Les Feuillans*, p. 35.

ALEXANDRE LE VASSEUR.

1865. — Cy gist le cœur de defunt messire Alexandre Le Vasseur, ecuyer, sieur de Bois le Comte, gentilhomme servant ordinaire du Roy, lequel a fondé dans cette eglise deux grand messes, a perpetuité, pour le repos de son ame, l'une le vi[e] janvier, jour de son deces, et l'autre le iii mai, par acte passé par devant notaire.

Millin, *Les Feuillans*, p. 36.

---

[1] Vers la fin de l'année 1657, «on mit ceans en depost le corps de Mme de Roquelaure...» (Chronique, p. 141.) Il fut transporté dans l'église des Capucines, quinze mois après, le 20 avril 1659.

Millin avait imprimé ici le millésime erroné de 1658.

CHAPELLES DE LA NEF. — CÔTÉ DROIT.

CHAPELLE DE SAINT-JÉRÔME.

Cette chapelle avait été concédée, le 9 mars 1607, à Louis Lambert, maître des comptes, qui avait payé quinze cents livres pour sa construction [1]. Cependant, en 1624, Michel Vialard, ambassadeur en Suisse, y fut inhumé, et plus tard son fils et sa femme y reçurent également la sépulture. Comme le fondateur était mort sans héritiers et que la présidente de Herse avait légué au couvent, par son testament du 6 octobre 1662 [2], une somme de six mille livres, la propriété de la chapelle paraît avoir été transférée, en 1663, à sa famille, représentée alors par son petit-fils Le Peletier de La Houssaye.

LOUIS LAMBERT ✠ MARGUERITE BACQUET.
FRANÇOIS LAMBERT ✠ HÉLÈNE BACQUET.

1866. — NOBLE HOMME LOUIS LAMBERT, SEIGNEUR DE CAMBRAI, CONSEILLER DU ROY ET MAISTRE ORDINAIRE EN SA CHAMBRE DES COMPTES, ET DAMOISELLE MARGUE-RITE BACQUET, SA FEMME, POUR LA GLOIRE DE DIEU FIRENT FAIRE CETTE CHAPPELLE POUR Y ESTRE INHUMÉ ET ENTERRÉ LEURS PARENS ET AMIS, ET FONDERENT EN L'EGLISE DE CEANS UNE MESSE BASSE POUR LES TRESPASSÉS, POUR ESTRE DITE ET CELLEBRÉE EN LADICTE CHAPPELLE L'ESPACE DE QUATRE VINGTS DIX NEUF ANS, AUX DESPENS DUDICT CONVENT, ET POUR CE DONNÉ AUDICT CONVENT QUATRE CENS LIVRES TOUR-NOIS DE RENTE A PRENDRE A PLUS GRANDE CONSTITUÉE, LE PREMIER DE SEPTEMBRE M DC XXI, SUR LE SEL, AINSY QUE DE CE IL APPERT PAR CONTRACT PASSÉ PAR DEVANT DE BRIOQUET ET DE BEAUVAIS, LE XX DECEMBRE M DC XXIV; ET DEPUIS AYANS LES-DICTS SIEURS PRIEUR, RELLIGIEUX ET CONVENT OBTENU DE NOSTRE SAINCT PERE LE PAPE PERMISSION D'ACCEPTER DES FONDATIONS A PERPETUITÉ EN CEDICT CONVENT, LADICTE DAMOISELLE, LORS VEUFVE DUDICT SIEUR LAMBERT, AUROIT AUGMENTÉ LADICTE FONDATION DE CENT LIVRES DE RENTE, AUSSY A PRENDRE SUR LA MESME NATURE SUSDICTE, FAISANT EN TOUT CINQ CENS LIVRES DE RENTE, POUR EN JOUIR DÜ 1ᴱᴿ JOUR DE JUILLET M DC XXXIII, A LA CHARGE QUE PAR LESDICTS PRIEUR, RELLIGIEUX ET CONVENT FAIRE DIRE ET CELLEBRER LADICTE MESSE PAR CHACUN JOUR, A PERPE-

---

[1] Dans le contrat de fondation, du 20 janvier 1634, rappelé par l'épitaphe, il est dit que «Noble homme Louis Lambert, sieur de Cambray, conseiller du Roy et maistre ordinaire en sa Chambre des Comptes et damoiselle Marguerite Bacquet, sa femme, ... auroient suivant la permission et traicté faict avec les susdicts religieux, ... faict faire une chapelle en leur eglise, qui est la sixiesme du costé, à main gauche, en entrant, que l'on appelle la chapelle de M. saint Hierosme, proche du ballustre du grand autel, pour y faire leurs prieres et oraisons, toutes et quantes fois qu'ils iroient, mesme pour y estre inhumez et enterrés après leur deceds....» (Arch. nat., S 4207, fol. 176.)

[2] Arch. nat., S 4208, fol. 233.

TUITÉ, COMME A ESTÉ DEPUIS LE DECEDS DUDICT SIEUR LAMBERT, ET POUR LE SALUT ET REMEDE DES AMES DESDICTS SIEUR ET DAMOISELLE LAMBERT ET DE DEFFUNCTS FRANCOIS ET FRANCOIS LAMBERT, PERE ET FILS ET FRERE ET NEPVEU DUDICT SIEUR LAMBERT, ET DAMOISELLE HELENE BACQUET, VIVANTE FEMME DUDICT SIEUR FRANCOIS LAMBERT FILS, ET SŒUR DE LADICTE DAMOISELLE LAMBERT[1], COMME APPERT AUSSY PAR AULTRE CONTRACT PASSÉ PAR DEVANT LE CAT ET LE CAMUS, NOTTAIRE AUDICT CHASTELLET, LE XXE JOUR DE JANVIER M DC XXXIV. – PRIEZ DIEU POUR SON AME. – IL MOURUT LE XXIV JANVIER M DC XXXII ET A ESTÉ INHUMÉ DANS LADICTE CHAPPELLE[2].

ARMES. LAMBERT : *D'azur au chevron d'or accompagné en chef de deux étoiles d'argent et en pointe d'un lion d'or.*

— BACQUET : *D'azur au chevron d'or accompagné en chef de deux croisettes ancrées d'argent et en pointe d'une tête de léopard d'or.*

Mss A², p. 378; — B⁴, p. 683.

CHAPELLE DE SAINT-BERNARD.

Mme de Verneuil, après avoir obtenu, en 1608, au prix de quinze cents livres, la concession de cette chapelle, la céda, en 1621, à Guillaume de Montholon, conseiller d'État, qui y fut inhumé l'année suivante[3].

En face de l'autel de la chapelle, contre un pan de mur, revêtu de marbre noir, bordé sur les côtés d'un filet et surmonté d'une corniche de marbre blanc, un large cénotaphe, décoré de godrons à la base et soutenu par deux pieds cannelés, était posé sur un soubassement avec avant-corps en marbre jaspé. La partie supérieure qui, par la disposition des moulures, imitait des degrés, se rattachait à un cadre rectangulaire dont l'intérieur, découpé en ovale et bordé d'un tore avec agrafes, abritait le buste de Guillaume de Montholon posé sur un piédouche, le tout en marbre blanc. Deux statues de grandeur naturelle, également en marbre blanc, personnifiant la Religion et la Vérité, étaient assises sur les degrés et inclinaient légèrement la tête vers le buste[4].

---

[1] Marguerite Bacquet mourut le 13 mars 1645. (Chronique, p. 100.)

[2] Aux termes de ce contrat, les religieux avaient permis « à ladicte demoiselle de faire mettre et poser en la susdite chapelle, en lieu commode, une epitaphe de cuivre ou marbre declarative de la susdite fondation ». (*Ibid.*, p. 176 v°.) — L'inventaire de 1792 constate que l'épitaphe de la famille Lambert existait encore à cette époque dans l'église des Feuillants.

[3] L'auteur de la Chronique a confondu à ce sujet les deux chapelles de Saint-Bernard et de Sainte-Madeleine. Après avoir constaté que la quatrième chapelle de gauche avait été concédée à Mme de Verneuil (p. 31), il ajoute plus loin que la chapelle de Sainte-Madeleine, qui est la troisième à gauche, passa de Mme de Verneuil à M. de Montholon (p. 55).

[4] Dans le *Journal* de Lenoir et les divers documents du Musée des monuments français, il n'est fait aucune mention de ce mausolée, ce qui doit paraître assez surprenant, puisque l'inventaire de

GUILLAUME DE MONTHOLON.

Sur une table de marbre noir, placée entre les pieds du sarcophage, était gravée en lettres dorées cette épitaphe :

1867. — D. O. M. Æternæ memoriæ Guillelmi de Montholon, Regis a secretioribus consiliis, status et sensus, qui gestis Lugdunensi et Pictaviensi

Tombeau de Guillaume de Montholon [1].

PRÆFECTURIS, APUD HELVETIOS RHŒTIOSQUE PRO RESTITUENDA VALLETELLINA LEGATUS EXTRAORDINARIUS MISSUS, LABORE SUO ET CURIS, FELICEM NEGOTIO ORIGINEM

1792 constate d'une façon très précise son existence dans l'église, et qu'il avait dû par suite être transporté aux Petits-Augustins avec les autres sculptures des Feuillants. Faut-il conjecturer de là que peut-être on l'avait brisé en le démontant et que Lenoir avait seulement reçu des débris dont il ne crut pas devoir tenir compte? C'est fort peu vraisemblable. Il serait plus rationnel d'admettre, qu'après avoir négligé de tenir compte de son

entrée au dépôt, il a utilisé, à un moment donné, pour diverses reconstitutions quelconques, les marbres et les statues qu'il avait à sa disposition et dont la provenance lui était inconnue, et que le buste de Guillaume de Montholon a figuré dans les catalogues sous une dénomination erronée.

[1] Reproduction d'une estampe de Millin. (*Les Feuillans*, pl. II, fig. 2; Brion del.; Masquelier sculp.)

ET FELICIA INCREMENTA DEDIT, SIBI MORTEM, SUISQUE INSOLABILEM ATTULIT, ANNO M DC XXII, DIE SECUNDA MENSIS MAII, ÆTATIS LIII [1].

ARMES. *D'azur à trois roses d'or en chef et un mouton d'argent en pointe.*

Mss B⁴, p. 685; — F¹, p. 110; — Millin, *Les Feuillans*, p. 23.

CHAPELLE DE SAINTE-MADELEINE.

Mme de Sainte-Beuve, qui avait donné, en 1610, la somme de mille écus aux Feuillants pour obtenir la concession de cette chapelle [2], céda, deux ans plus tard, ses droits de propriété à M. Dony d'Attichy, beau-frère de Louis de Marillac [3]. Ils passèrent, par héritage, d'abord à sa sœur, Anne Dony d'Attichy, comtesse de Maure [4], et plus tard à René de Marillac, intendant du Poitou et arrière-neveu du maréchal [5].

[1] Millin a cru, sur l'affirmation de Piganiol, que Guillaume de Montholon était mort en 1722, et il a rectifié en conséquence le texte de l'inscription donnant ainsi une date erronée et postérieure d'un siècle à celle qu'indiquent les mss dont l'exactitude est confirmée par Blanchard dans sa généalogie des Montholon. (*Les Presidens au mortier*, p. 181.)

[2] En 1612, Mme de Sainte-Beuve céda, par consentement du chapitre, sa chapelle de Sainte-Madeleine à M. Dony d'Attichy, dont le chapitre délivra acte. (*Ibid.*, p. 40.) «Elle est depuis eschue entre les mains de Mme la comtesse de Maure, laquelle estant morte sans hoirs, il semble que le sieur de Marillac, comme heritier, y ayt quelque pretention, comme aussy à cause de l'acquisition qu'il a fait de la terre d'Attichy.» (Chronique, p. 35.)

[3] Par contrat, du 16 mai 1634, M. d'Almera fonda dans la chapelle de Sainte-Madeleine un service annuel à perpétuité, conformément aux dernières volontés de la maréchale de Marillac, consignées dans son testament du 17 septembre 1631. (Arch. nat., S 4213, p. 93.)

[4] Louis de Rochechouart, comte de Maure, et sa femme, dès qu'ils furent entrés en possession de la chapelle, pour se conformer au vœu suprême du maréchal «oncle maternel de ladite dame, qui auroit toujours eu dessein de faire quelque fondation audit couvent des Feuillans, comme mesme il l'avoit tesmoigné par son testament olographe du 25 juin 1631», y fondèrent, par contrat du 1ᵉʳ mars 1638, plusieurs services, entre autres

une messe à célébrer, chaque année, le 10 mai, «le tout pour le salut et repos des ames tant dudit seigneur mareschal de Marillac et de feue dame Catherine de Medicis, son espouse, que dudict feu messire d'Attichy, frere de ladicte dame, comtesse de Maure, dont le chœur est inhumé dans ladite sepulture et encore pour celles desdits seigneurs comte et comtesse de Maure, quand il plaira à Dieu les rappeler de ce monde.» (Arch. nat., S 4208, p. 172.)

Le 15 août 1656, la comtesse de Maure écrivait dans son testament : «Je veux que mon corps soit enterré aux Feuillans du fauxbourg Sainct-Honoré, en notre chapelle de la Magdeleine, et qu'en l'eglise desdits Feuillans il soit dit un obit tous les ans, à pareil jour que celuy de mon deceds, et pour cet effect, comme aussy pour une messe basse de *Requiem*, tous les samedis de chaque semaine, avec une oraison de la Vierge, qui se dira à perpetuité dans nostredite chapelle, pour le repos de mon âme et de celle de M. le comte de Maure, je donne cent livres de rente et je veux et ordonne que, si je meurs hors de Paris, mon corps soit apporté en ladite chapelle, sans aucune ceremonie que ce qui est absolument necessaire, et, si c'est dans Paris, qu'il soit porté et enterré de la mesme façon et qu'à l'enterrement il assiste cent pauvres à qui il sera donné un ecu chacun. Je laisse pour achever la chapelle des Feuillans trois mil livres.» (*Ibid.*, fol. 240.)

[5] Ce fut Michel de Marillac, héritier de la comtesse de Maure, qui acquitta les deux legs faits par elle aux Feuillants.

LOUIS DE MARILLAC ✛ CATHERINE DE MÉDICIS.

Leur mausolée, placé contre le mur de la chapelle, vis-à-vis de l'autel, était formé d'une grande table de marbre noir, cintrée dans le haut et encadrée de marbre blanc, contre laquelle était appliquée une pyramide de marbre blanc surmontée d'une urne de bronze et décorée sur les deux côtés de deux grandes palmes, de drapeaux, de trophées d'attributs militaires. Une statue en plomb de Minerve tenant un médaillon avec le buste du maréchal s'adossait à la pyramide. Cette composition reposait sur un socle en marbre blanc soutenu par un cartouche portant deux écussons accolés, timbrés de la couronne comtale, entourés des colliers des ordres du Roi et posés sur deux bâtons de maréchal en sautoir, avec des aigles pour support. Sur une table de marbre noir placée au-dessus de l'écusson, on lisait l'épitaphe suivante [1] :

1868. — Hic jacet ‖ Ludovicus de Marillac, Franciæ marescallus et regiorum ordinum eques ordinatus, ‖ splendore generis, fortitudine gestorum ‖ et virtutis nequicquam integræ, ‖ sorte funesta clarus. | Obiit anno reparatæ salutis M DC XXXII, ætatis lix [2].

Jacet una cum amantissima conjuge, ‖ Catharina de Medicis, ejus uxor, ‖ quæ misere ab illo divulsa ‖ et unice pro illo sollicita, ‖ paucis ante viri supremum diem mensibus, vivere desiit [3].

Viator, ‖ forti viro et piæ feminæ ‖ facilem apprecare summum ‖ judicem Deum.

Armes. Marillac : D'argent maçonné de sable, au croissant de gueules en abîme.
— Médicis : D'azur à six tourteaux posés 1, 2, 2 et 1, celui du chef d'azur chargé de trois fleurs de lis d'or, les cinq autres de gueules.

Texte d'après l'inscription originale; — Guilhermy, t. I, p. 724 (reproduction figurée).

[1] Le dépôt des Petits-Augustins ne recueillit qu'un fragment de ce mausolée, ainsi que Lenoir l'a constaté dans son *Journal*.
«27. *Des Feuillans*. — Un bas-relief en plomb représentant Minerve soutenant le portrait en médaillon de François-de Marillac, victime du cardinal de Richelieu, par Vassé (*Alexandre Lenoir*, t. I, in-folio). Cette statue fut exposée, plus tard, au Musée sous le n° 241, et elle se trouve décrite dans le Musée des monuments français. (T. V,

p. 117.) Dans l'état de 1811, Lenoir a cru devoir l'attribuer à Girardon. (*Arch. du Musée*, t. III, p. 186.)
Elle est conservée maintenant au musée de Versailles, ainsi que l'épitaphe du maréchal de Marillac.
[2] Le maréchal de Marillac eut la tête tranchée en place de Grève, le 10 mai 1632.
[3] Catherine de Médicis mourut le 19 septembre 1631. (P. Anselme, *Hist. généal.*, t. VI, p. 556.)

Monument funéraire de Louis de Marillac [1].

[1] Reproduction d'une estampe de Millin. (*Les Feuillans*, pl. IV, fig. 2 ; Brion del. ; Carpentier sculp.)

CHAPELLE DE SAINT-CHARLES.

Le 12 août 1611, Charles, marquis de Rostaing, avait payé quinze cents livres aux Feuillants pour la concession de cette chapelle dont la propriété lui fut attribuée par contrat du 28 janvier 1612. Après l'avoir décorée avec profusion de dorures, de revêtements de marbre, d'ornements variés et surtout d'armoiries destinés à servir de cadre aux bustes et aux statues qu'il y avait fait placer pour perpétuer le souvenir de sa maison, il la dota de fondations importantes[1]. Elle devint ainsi une des curiosités de l'église des Feuillants et fut communément désignée sous le nom de chapelle de Rostaing. Il y fut inhumé en 1660 ainsi que ses deux fils morts sans postérité[2]; sa fille, devenue son unique héritière, transmit la propriété de l'oratoire à la famille de Beaumanoir-Lavardin[3].

Aux angles de la chapelle, quatre colonnes de marbre noir, d'ordre ionique, avec bases et chapiteaux de bronze, portaient des bustes en marbre blanc drapés à l'antique, posés sur des piédouches décorés des armes de la maison de Rostaing. Ces bustes représentaient l'aïeul, le bisaïeul et le trisaïeul du fondateur de la chapelle, Gaston, Antoine et Jean de Rostaing, et sa sœur Charlotte de Rostaing[4].

[1] On trouvera relaté avec une prolixité quelque peu fastidieuse dans les inscriptions de la chapelle le détail de ses diverses fondations qui paraissent avoir été beaucoup moins inspirées au marquis de Rostaing par une piété sincère que par un désir immodéré de perpétuer, par tous les moyens dont il pouvait disposer, l'histoire généalogique de sa famille et de ses alliances, et de donner sur ce point à sa postérité un exemple qu'elle devait suivre.

Dans le préambule du contrat de fondation du 18 mars 1645, il déclarait «qu'ayant de tout temps eu une inclination particulière de servir Dieu en l'eglise des religieux Feuillans et pour la grande devotion et pieté qu'il leur a recognue parmi les religieux, ayant pour cela, longtemps y a, acquis en ladicte eglise le droict d'une chappelle appellée maintenant la chappelle de Rostaing, en laquelle il destinoit sa sepulture, l'ayant à cet effect nagueres falct enrichir et decorer de deux representations à genoux, de marbre blanc, de deffunct hault et puissant seigneur messire Tristan, marquis de Rostaing, son pere, et de luy, avec plusieurs autres figures et autres choses convenables, il desireroit pour recognoistre une partie des obligations qu'il a à ses ayeulz, dont la vertu lui est en tres grande recommandation, fonder en leurs memoires quelques

prieres perpetuelles en ladicte eglise et en joindre d'autres pour le salut de son ame et de deffuncte dame Anne Hurault, son espouse, instruire par son exemple leurs enfans et posterité d'employer à mesme fin les prières et suffrage de l'eglise et les porter à des exercices continuels de devotion et de charité, pour s'acquerir à eux mesmes le repos eternel». (Arch. nat., S 4207, fol. 120 v°.)

[2] Par la mort de Henri-Louis de Rostaing, qui arriva le 11 mai 1666, «la branche du cadet des Rostaing se trouve éteinte, les aisnés s'estant arrestés dans le Forest, y ont leur demeure et leurs biens et les terres de ce dernier se trouvent, aussi bien que la chapelle, dans la maison du seigneur marquis de Lavardin». (Chronique, p. 255.)

[3] Par contrat du 8 juillet 1681, Marguerite-Renée de Rostaing, veuve de Henri de Beaumanoir, marquis de Lavardin, pour se conformer aux volontées exprimées par son frère, dans un codicille du 14 avril 1676, paya comptant aux Feuillants la somme de cinq mille livres pour la fondation d'une messe basse quotidienne et d'un service annuel qui devait être célébré le 18 avril, lendemain du décès du testateur. (Ibid., S 4208, fol. 80.)

[4] Ces bustes n'étaient accompagné d'aucune inscription. Piganiol a prétendu qu'ils représentaient Louis, Jean, Antoine et Gaston de Rostaing,

TRISTAN ✚ CHARLES DE ROSTAING.

Au·fond de la chapelle, une grande arcade en plein cintre, toute revêtue, à l'intérieur comme à l'extérieur, de soffites et de panneaux de marbre, formait

Bustes de Gaston, Antoine, Jean et Charlotte de Rostaing [1].

l'encadrement du vitrail. Elle était décorée extérieurement de deux cariatides représentant des Hercules engainés et armés de leur massue qui, d'un bras replié sur leur tête, soutenaient deux consoles, à la hauteur du plancher établi pour

qui, d'après lui, avaient été «tous inhumés dans cette chapelle». (T. II, p. 157.) Cette dernière affirmation est inexacte, sauf. en ce qui concerne Louis de Rostaing; mais pour celui-ci, par contre, il paraît fort peu vraisemblable que son effigie ou celle de son frère François ait été placée à côté de celle de ses trois ancêtres. Le marquis de Rostaing avait présidé, vers 1650, à la décoration de la chapelle, du vivant de ses deux fils; il n'a pas eu par suite à faire mention d'eux dans les inscriptions, et, dans ces conditions, on ne peut s'expliquer qu'il lui soit venu à l'idée de faire sculpter le portrait de l'un ou de l'autre. D'autre part, si l'on examine avec attention le troisième buste reproduit sur l'estampe de Millin, il n'est pas douteux, en raison de la figure imberbe du personnage, de l'arrangement de la chevelure, du développement de la gorge et du vêtement, que l'on ait voulu représenter une femme, le collier dont il est paré n'étant qu'un simple ornement et non l'insigne d'un ordre du roi. Le blason sculpté sur le piédouche indiquant de toute évidence qu'il s'agit d'une personne de la famille de Rostaing, il est permis de conjecturer que ce buste doit se rapporter à Charlotte de Rostaing, sœur du fondateur de la chapelle, dont il est question dans l'inscription n° 1878. Comme elle ne fut jamais mariée, elle avait conservé intacts

le nom et les armes de sa famille, auxquels la vanité de son frère attachait un si haut prix, et c'est sans doute pour ce motif qu'elle fut appelée à figurer à côté de ses ancêtres. Ainsi que nous le constaterons ci-après, les quatre bustes dont il s'agit furent recueillis au Dépôt des Petits-Augustins, où ils perdirent probablement, avec leur piédouche, le blason qui attestait leur personnalité. Toujours est-il que ceux de Jean et d'Antoine furent seuls exposés au Musée des monuments français. Des autres, il n'est question ni dans les Catalogues, ni dans les papiers de Lenoir, du moins avec leur véritable attribution. Nous avons tout lieu de supposer qu'il crut retrouver dans l'un d'eux le buste de Médéric de Barbezières, qui, contrairement à ce qu'il supposait, n'avait jamais existé dans l'église des Feuillants. Quant à l'autre, celui de Charlotte de Rostaing, il devait faire partie des deux bustes de femme que Lenoir avait inexactement signalés dans son *Journal*, sous le n° 206, comme venant des Célestins, et il reçut évidemment par la suite quelque dénomination arbitraire qui a toujours fait obstacle depuis à la constatation de sa véritable identité.

[1] Reproduction d'une estampe de Millin. (*Les Feuillans*, pl. III, fig. 3, 4, 5 et 6, Brion del.; Demairon sculp.)

séparer l'arcade en deux parties. Ces consoles, dont la frise portait une tête d'ange ailée, se rattachaient en retour d'équerre à l'entablement dont le bord antérieur du plancher était revêtu ; le tout avait reçu une décoration uniforme de moulures et de denticules. Les statues de marbre blanc qui représentaient Tristan et Charles de Rostaing occupaient la partie supérieure de l'arcade. Elles étaient placées l'une derrière l'autre, à genoux sur un coussin, et les mains jointes. Le père était revêtu du grand manteau et du collier de l'ordre du Saint-Esprit ; le fils, du costume militaire. Entre les deux, un cartouche aux armes de la famille, timbré de la couronne de marquis et entouré des colliers des ordres du Roi, avait été sculpté sur le mur de clôture de l'arcade. Les mêmes armoiries étaient reproduites sur le vitrail. A côté des statues, deux petits génies debout sur les consoles tenaient l'un un livre ouvert, l'autre un heaume à lambrequins, etc., s'appuyant sur des cartouches armoriés.

Au-dessous, contre la frise, les inscriptions suivantes, séparées par une tête de mort, étaient gravées sur de petites tables de marbre noir :

1869. — Cy dessus est la representation de haut et puissant seigneur messire Tristan de Rostaing, chevalier des Ordres du Roy, decedé le VII mars M D XCI, aagé de LXXVIII ans.

1870. — Cy dessus est la representation de haut et puissant seigneur Messire Charles de Rostaing, decedé le IV janvier M DC LX.

Armes. *D'azur, à la roue d'or surmontée d'une trangle du même.*

Millin, *Les Feuillans*, p. 16. _____

CHARLES DE ROSTAING + ANNE HURAULT DE CHEVERNY.

Une niche oblongue, pratiquée dans le mur de la chapelle qui faisait face à l'autel, encadrait une colonne de marbre noir, d'ordre ionique, avec base et cha-piteau de bronze, soutenue par un large piédestal et surmontée d'un entablement sur lequel avait été placée une urne funéraire de bronze qui renfermait le cœur d'Anne Hurault de Cheverny. A côté de l'urne, deux Amours étaient assis au bord de l'entablement, accoudés sur une tête de mort et les pieds appuyés sur un car-touche armorié. Deux statues de pierre figuraient des pleureuses, peintes en cou-leur de bronze, debout sur le socle, éteignant leurs flambeaux.

Sur la frise de l'entablement, l'inscription suivante était gravée en lettres d'or :

1871. — 1609 [1]. – Euge viator. Geminum cor meo[?], gemellorum cor unum conjunctissimorum conjugum, Caroli, marchionis Rostingensis, Tristani [filii]

_____

[1] La mention de cette date ne paraît avoir aucune raison d'être, puisque le marquis de Ros-taing avait pris possession de la chapelle de Saint-Charles seulement en 1612.

ET ANNÆ, PHILIPPI HURALTI, COMITIS CHEVERNENSIS, FRANCIÆ CANCELLARII [FILIÆ],
EADEM COLUMNA SUSTINET, EADEM CAPIT URNA ET QUOS MUTUUS AMOR ARCTISSIMO

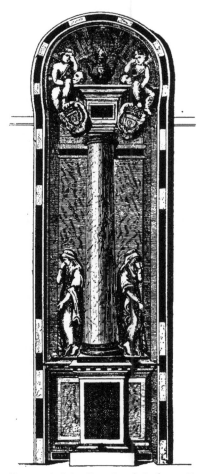

Monument funéraire d'Anne Hurault de Cheverny [1].

SUPRA FIDEM VINCULO IN VITA JUNXIT, MORTE DIVELLI NON PASSUS, HOC UNO IN
CIPPO, POST FATA, ÆTERNO FŒDERE PARIBUS VOTIS VINXIT. VIR OBIIT ANNO SALUTIS

[1] Reproduction d'une estampe de Millin. (*Les Feuillans*, pl. IV, fig. 1; Brion del.; Carpentier sculp.)

Le Dépôt des Petits-Augustins s'enrichit en 1792 des dépouilles de la chapelle de Rostaing, ainsi que le constatent les mentions suivantes du *Journal* de Lenoir :

«22. Trois colonnes en marbre grand antique venant des tombeaux de la famille des Rostaing.

«31. Deux bustes médiocres en marbre blanc

M DC [LX], DIE [IV^] MENSIS. [JANUARII]. UXOR DECESSIT ANNO SALUTIS M DC XXXV, ÆTATIS LVIII, XVI^ DIE APRILIS, QUA DIE ILLIUS COR IN HAC URNA DEPOSITUM FUIT [1].

ARMES. HURAULT : *D'argent à la croix d'azur, cantonnée de quatre soleils de gueules.*

Mss A², p. 369 ; — B⁴, p. 673.

representant des personnages de la famille des Rostaing.

«32. Une statue à genoux et en marbre blanc représentant Tristan de Rostaing en habit de chevalier de l'ordre du Saint-Esprit.

«36. Autre figure en marbre blanc et à genoux représentant Charles de Rostaing. Plus deux enfants venant de ce tombeau.

«53. Deux colonnes de portor avec chapiteaux et bases et plusieurs débris de marbre provenant du tombeau des Rostaing. Plus deux espèces de gaines formant cariatides en pierre de Tonnerre provenant du même tombeau.» (*Alexandre Lenoir,* t. I, p. 3, 4, 6.)

L'indication fournie par le n° 22 se retrouve plus complète sous le n° 27 de la Notice succincte de 1793 : «Trois colonnes de marbre noir antique ornées de chapiteaux et bases de bronze doré, d'ordre corinthien, venant de la chapelle des Rostaing.» Il est permis d'inférer de ces détails que l'origine attribuée à ces colonnes est inexacte, puisque celles de la chapelle étaient d'ordre ionique, et qu'il faut sans doute rechercher les vraies sous les n°⁵ 37 et 31 de la même notice : «Quatre moyennes colonnes de marbre noir, chapiteaux et bases en bronze d'ordre ionique. — Une colonne de marbre rance avec chapiteau et base, d'ordre ionique en cuivre.» (*Ibid.,* t. II, p. 239.)

D'autre part, Lenoir a catalogué sous le n° 38 «quatre bustes en marbre blanc représentant des Rostaing», tandis que précédemment il n'en signalait que deux ; plus tard aussi il en exposa seulement deux au Musée, qui lui servirent avec les statues priantes à reconstituer un monument factice, tandis que la colonne seule en formait un second (n°⁵ 126 et 204).

La planche 183 du *Musée des monuments français* présente le dessin du monument principal. (T. V, p. 82.)

Dans les notes qui complètent l'état des monuments, dressé en 1816, Lenoir a consigné d'utiles indications sur la provenance des diverses pièces qu'il avait utilisées et dont la plupart n'avaient jamais figuré dans la chapelle des Feuillants.

«N° 186. Le bas-relief en pierre de Vernon,

qui forme le sarcophage, vient des démolitions de l'église Saint-Père de Chartres ; le piédestal, qui porte les attributs de ces deux guerriers, a été fait avec des marbres du musée et les beaux émaux qui le décorent ont été achetés au sieur Sellier, marchand, rue de Seine. Les cariatides en pierre et les bustes en marbre viennent des Feuillants, comme les statues, et les deux colonnes en marbre blanc qui portent les bustes achetés au sieur Corbel fils, viennent du château de Gaillon.» (Un simple examen de la planche 183, signalée ci-dessus, permet de constater que, malgré l'affirmation de Lenoir, les deux cariatides utilisées par lui n'avaient rien de commun avec celles du mausolée des Rostaing.)

«204. La colonne en marbre de Flandre, dite *colonne des Rostaing*, qui était aux Feuillants ayant été brisée, j'ai acheté à M. Balleux, par échange, celle en campan rose ainsi que les bronzes dorés qui l'accompagnent pour la remplacer.» (Archives du Musée, t. III, p. 181 et 183.)

Somme toute, en 1816, de toutes les richesses artistiques de la chapelle de Rostaing, il ne connaissait plus au musée que deux statues priantes et deux bustes ; tout le reste avait disparu ou avait peut-être été dénaturé par des attributions inexactes. La fabrique de Saint-Roch réclame, sans succès d'ailleurs, les deux monuments qui étaient censés venir des Feuillants. En vertu d'une décision ministérielle du 14 janvier 1824, Lenoir remit, le 1ᵉʳ février, au marquis de Rostaing «le mausolée de la famille, composé d'une colonne quadrangulaire sur les faces de laquelle sont gravées des inscriptions, de deux statues en marbre à genoux et de deux bustes en marbre». (*Ibid.,* t. III, p. 310.) Ils ont été replacés depuis dans l'ancienne chapelle que le comte de Rostaing possédait à Saint-Germain-l'Auxerrois.

[1] Cette épitaphe, transcrite seulement dans les mss A² et B⁴, avait été placée sur la colonne aussitôt après la mort d'Anne Hurault, mais elle dut être supprimée plus tard, étant donné qu'elle ne répondait pas à la réalité des faits. Ainsi que l'indique l'inscription suivante, le cœur du marquis de Rostaing ne se trouva jamais réuni avec celui de sa femme, puisqu'il fut déposé dans l'église de Thieux.

Une table rectangulaire de marbre noir, fixée contre le dé du piédestal, portait cette autre inscription :

1872. — VOYEZ, PASSANS, QU'IL Y A DANS CESTE CHAPPELLE LE CORPS DE MESSIRE CHARLES, MARQUIS ET COMTE DE ROSTAING, FILS DE MESSIRE TRISTAN, MARQUIS DE ROSTAING, REPRESENTEZ CI DEVANT; ET AU DESSUS DE CESTE COLONNE EST LE CŒUR DE DAME ANNE HURAULT, ESPOUSE DUDICT CHARLES ET FILLE DE MESSIRE PHILIPPE HURAULT, COMTE DE CHEVERNY, CHANCELIER DE FRANCE, DE LAQUELLE LE CORPS EST DANS L'EGLISE DE VAUX AFENIL, PRES DE MELUN, ET LE CŒUR DUDICT SEIGNEUR, SON ESPOUX, EN SON EGLISE DE THIEUX, PRES DAMPMARTIN; LESQUELS, D'UN COMMUN CONSENTEMENT, ONT ESTABLI LEUR SEPULTURE AINSY.

ET LEDICT CHARLES, MARQUIS ET COMTE DE ROSTAING, A FONDÉ UNE MESSE BASSE POUR ESTRE DICTE TOUS LES JOURS, A DIX HEURES DU MATIN, EN CESTE CHAPPELLE, ET QUE LES VIIᵉ DE MARS, XVIᵉ APVRIL, Xᵉ NOVEMBRE ET A PAREIL JOUR QU'IL SERA DECEDDÉ, IL Y SERA DICT EN CHASCUN DESDICTS JOURS TROIS MESSES BASSES DE *REQUIEM,* AVEC LA REPRESENTATION ET CIERGES ALLUMEZ, A DIX HEURES DU MATIN, TOUS LES ANS, A PERPETUITÉ, MOYENNANT LA QUANTITÉ DE DIX HUICT SEPTIERS DE BLED FROMENT, MESURE DE PARIS, ET RENDUS DANS CE CONVENT, A PRENDRE SUR LE REVENU DUDICT THIEUX, SUIVANT LE CONTRACT DE FONDATION ET D'ACCEPTATION FAICTES PAR LESDICTS SIEURS RELLIGIEUX FEUILLANS, PASSÉ PAR DEVANT PIERRE DE BEAUFORT, NOTAIRE AU CHASTELLET DE PARIS, LE XVIIIᵉ MARS M D XLV ET XIIᵉ FEBVRIER M D XLVI, CONTENANT ENCORE LEDICT CONTRACT UNE AULTRE FONDATION DE DEUX MESSES LA SEPMAINE ET DE DEUX SERVICES COMPLETS, TOUS LES ANS, POUR ESTRE CELLEBREZ A PERPETUITÉ, DANS L'EGLISE DUDICT VAUX PAR LES PERES RECOLLETS OU CARMES DUDICT MELUN, MOYENNANT HUICT AUTRES SEPTIERS, DOUBLE MESURE DE MELUN, A PRENDRE SUR LE REVENU DUDICT VAUX.

LADICTE DAME ANNE HURAULT DECEDA A PARIS, LE XVIᵉ APVRIL M DC XXXV, AAGÉE DE LVIII ANS ET LEDICT SEIGNEUR, SON ESPOUX, EST DECEDDÉ LE [IV JANVIER M DC LX, AAGÉ DE LXXXVII ANS].

PRIEZ DIEU POUR EULX.

Millin, *Les Feuillans,* p. 19. — *Recueil mémorial,* p. 76.

Cette inscription et les suivantes ont été publiées, du vivant du marquis de Rostaing, dans un curieux volume qui a pour titre : *Recueil mémorial des fondations que messire Charles, marquis de Rostaing, et Mᵐᵉ Anne Hurault, son épouse, ont faictes.* Paris, Pierre Variquet, 1656. Elles se trouvent transcrites dans le volume 292 du Nouveau d'Hozier. (Bibl. nat., Cab. des titres.)

L'auteur de ces inscriptions, toujours prétentieuses à l'excès et parfois volontairement inexactes, fut l'avocat poitevin Henry Chesneau de la Guische, qui s'était constitué le panégyriste du marquis de Rostaing et de la famille. Il leur a consacré, d'autre part, sous le titre de *Trophées médalliques,* une série de curieuses planches symboliques, qui se trouvent réunies dans le volume 1116 de la Collec-

tion Clairambault (Saint-Esprit). Au bas de celle qui concerne le marquis (fol. 28),
l'écrivain a consigné cette déclaration significative :

> Grand Rostaing, ma muse et moy
> Parlerons toujours de toy.

CHARLES DE ROSTAING.

TRISTAN DE ROSTAING ✛ FRANÇOISE ROBERTET.

Cette autre inscription avait été placée, dans le principe, à côté de la colonne
pour rappeler spécialement le souvenir du père et de la mère du marquis de
Rostaing :

1873. — Ceste chappelle appartient a hault et puissant seigneur messire
Charles, marquis de Rostaing, chevallier, conseiller du Roy en ses conseils d'Estat et privé, capitaine de cent hommes d'armes de ses ordonnances, suivant le contract qui en a esté passé entre ledict sieur et les
relligieux et convent de la maison de ceans et reclus, passé par devant
de Riges et Bontemps, notaires au Chastellet de Paris, le XXVIIIe jour de
janvier M DC XII; icelle chappelle destinée pour servir audict sieur de Rostaing a continuer les prieres pour deffunct hault et puissant seigneur
Tristan, marquis de Rostaing, son pere, en ses premieres années premier
gentilhomme de la chambre de Charles, duc d'Orleans, troisiesme fils du
Roy François Ier, depuis gouverneur des provinces de la Haulte et Basse
Marche, grand mareschal des logis de France, chevallier des deux Ordres
du Roy, conseiller en ses Conseils d'Estat et privé, premier chambellan et
capitaine de cent hommes d'armes de ses ordonnances, capitaine des ville
et chasteau de Melun et lieutenant general pour le Roy de l'Isle de France
et Brie, capitaine de Fontainebleau et de la Bastille, baron de Brou et de
la Guierche, seigneur de Vaulx Apenil, Sainct Leger, Marceau, Thieux,
Villemomble, Noisy le Secq, apres avoir fidellement servi en telles charges
honnorables, soixante ans durant, six Rois, rendit son ame a Dieu au chasteau d'Aunoy, le mercredi VIIe jour de mars, l'an M DCXCI, aagé de LXXVIII ans;
et haulte et puissante dame Francoise Robertet, dame d'honneur de la
Royne Catherine de Medicis, femme du Roy Henri IIe, decedée au chasteau
de Vaux, le Xe jour de novembre M D LXXX; lesquels sieur et dame sont tous
deux enterrés en leur eglise paroissiale de Vaux Apenil, pres Melun[1].

Armes. *Robertet : D'azur à la bande d'or chargée d'un demi-vol de sable et accompagnée de
trois étoiles d'argent.*

Mss A², p. 369 : — B⁴, p. 669.

---

[1] Cette inscription, transcrite dans les mss A²
et B⁴, n'a été reproduite ni par le *Recueil mémorial*
ni par Millin. Il est permis de conjecturer par suite
que le marquis de Rostaing n'avait pas hésité à lui
substituer les inscriptions suivantes beaucoup plus
prolixes et plus propres à flatter sa vanité.

Les inscriptions suivantes, disposées symétriquement sur les deux côtés de la colonne, qui portait le cœur d'Anne Hurault, étaient gravées en lettres dorées sur des tables de marbre noir, encadrées de colonnettes et de frontons, qui recouvraient entièrement le mur de la chapelle [1].

TRISTAN DE ROSTAING.

1874. — D. O. M. Tristando, marchioni de Rostaing, e primaria nobilitate apud Germanos oriundo, utriusque Ordinis equiti torquato, regio sacri Galliarum consistorii consiliario, viro maximo et animi dotibus insigni, cujus fortitudinem et prudentiam in magni momenti negotiis tractandis sex Regis christianissimi experti sunt, legatione hispanica pro Francisco Iº ad firmanda connubii pacta inter illustrissimum principem Carolum, aurelianensem ducem, ejus filium, et Caroli Vⁱ imperatoris filiam gloriosissime functus, in pugna ad San-Quintinum, sub Henrico II, strenue se gessit; Carolus IX, dynastæ Givrii, drocensi pugna interempti, turmam ei tribuit prælio sandionysiano; sub Anna Montmorantio, equitum magistro, fortiter pugnavit, difficillimis Galliæ temporibus, Melodunum a Germanis obsessum, iterumque ac tertio a rebellibus oppugnatum maxima virtute liberavit, ab Henrico III Franciæ marescallus designatus; sub Henrico IV, Melodunum a perduellibus incensum in potestatem suam redegit et præfectura ejus loci donatus est. Tandem cum novos ac majores a principe optimo maximo speraret honores, bene meritam de re publica animam Deo reddidit, anno salutis M D LXXXXIº, ætatis suæ LXXVIIIº, et sepultus in ecclesia Vallis Apenil, prope Melodunum, in majorum sepulchro.

Carolus marchio et comes de Rostaing, regius in sanctiore consistorio consiliarius et castrorum præfectus, patri incomparabili posuit, qui dum resurrectionem expectat, hic etiam condi voluit. Obiit anno salutis M DC LXº. ætatis suæ L XX VIIIº. – *Veni Domine et miserere.*

Recueil mémorial, p. 71.

---

[1] On trouve dans le volume 1116 de la collection Clairambault (Saint-Esprit) une planche intitulée: «Reliquaire de devotions et genealogies» (fol. 15) dont la partie inférieure présente quatre vues très réduites de la chapelle de Rostaing, ce sont : l'autel, la clôture, l'arcade et la colonne avec les six inscriptions qui lui servaient d'encadrement.

Dans le contrat de fondation du 26 mars 1646, il était dit que : «les relligieux consentent et accordent que ledict seigneur marquis de Rostaing fasse mettre en sa chapelle, au lieu le plus commode, tels marbres et inscriptions qu'il lui plaira, faisant mention tant du contenu audit contract de fondation qu'en ces presentes et autres ses fondations faictes ou à faire ailleurs, sans neantmoings parler desdictes quatre hautes messes, attendu le changement d'icelles en huict messes basses; comme aussy de faire mettre à ses despens sur la porte de sadicte chapelle respondante au courroir un autre marbre sur lequel seroient gravées ses armes avec le chiffre de l'année». (Arch. nat., S 4207, fol. 227 vº.)

C'est en vertu de cette clause que le marquis de Rostaing, usant sans discrétion de la permission qui lui avait été accordée, dut faire placer dans sa chapelle les six inscriptions qui suivent.

CHARLES DE ROSTAING.

1875. — D. O. M. — Carolo, marchioni et comiti de Rostaing, equiti torquato, in consistorio Regis consiliario et castrorum præfecto, Tristandi filio, qui bellicas majorum laudes æmulatus, cum ille rerum gestarum magnitudine Galeiam veneratione replevisset, ipse virtutem suam bellis civilibus, Deo, Regibus Henrico II et Henrico III et Henrico IV probavit, regias partes semper sequutus, pro patriis aris et focis strenue decertavit, anno MDLXXXVIII et MDLXXXIX, utrique obsidioni Melodunensi cum summo vitæ discrimine interfuit, obsessa Lutetia, anno MDLXC, ejusdem Tristandi cataphractorum equitum turmam duxit, anno MDLXCII, apud Rhotomagum, equo confosso strenue dimicans, vix periculum evasit, eo anno, illustrissimo principi Carolo Borbonio, Suessionium comiti et magno palatii magistro, ad Henrici IV sororem, Bearniæ principem, itineris comes assiduus adscitus est; in obsidione Laodunensi sub Carolo Gontaldo Bironio, Franciæ marescallo, CC levis armaturæ equitum ductor, nulloque invidente, castrorum præfectus ab Henrico IV creatus, cui munus obeunti alter equus confossus est, et in obsidione Divionensi castrorum præfectus fortem et strenuam operam manu et consilio navavit. In expeditione sabaudica, MDC, Regem sequutus, castrorum præfecturam una cum generosissimis de Biron, de Montespan, Gondrin et de La Force honorifice ac fortiter gessit, illustrissimo principe Carolo Borbonio vices regias tum obeunte; moxque ut testatior foret ejus parentis opera, ab Henrico IV arcani consilii consiliarius creatus atque illustrissimi principis Caroli Borbonii, Suessionum comitis, amicus intimæ admissionis consiliorumque ejus secretiorum particeps factus, anno MDCX, a Ludovico Justo XIII Bruxellas missus, in solemnem illustrissimi Henrici Borbonii, principis Condei, in Galliam adventantis exceptionem et comitatum; atque anno MDCXV Regi apud Burdegalam nuptias celebranti præsto fuit et anno MDCXVI a nobilium ordine delectus ad comitia regni generalia Parisiis habita, quibus interfuit, non sine magna laude; tandem humanæ sortis et fragilitatis memor, vivus hic anniversarium sacrum instituit et monumentum hoc in quo condi mortuus voluit, in se atque parentis gratiam et in perpetuam posterorum memoriam sibi constituit.

Vixit annos LXXVII, menses III, dies II.

Obiit anno salutis MDCLX.

Recueil mémorial, p. 72.

CHARLES DE ROSTAING ✠ ANNE HURAULT DE CHEVERNY.

1876. — Carolus, marchio Rostigensis, Tristandi marchionis Rostigensis et Franciscæ Robertellæ filius, eques auratus, centum cataphractorum regiæ militiæ præfectus, primariæ nobilitatis vir ex antiquo Rostigensium genere e Franconia Germaniæ oriundus, tum multarum summarum actionum laude clarissimus, quorum fama, tam ob res in hoc regno præclare gestas,

CUM OB VARIAS AFFINITATES QUAS IN BEARNENSI PROVINCIA CUM FOXIANA ET IN AQUITANENSI CUM ARMENIACA ET SAN-CAUMONTANA, IN FORESTENSI CUM MIOLANA ET URSINA, CLARISSIMIS FAMILIIS NUPTIARUM SANCTITATE CONTRAXERUNT, ÆTERNAM GLORIAM SIBI PEPERERIT, CONDITIONIS HUMANÆ BENE MEMOR, HOC IN SACELLO, SUIS SUMPTIBUS EXTRUCTO, MONUMENTUM POSUIT SIBI, POSUIT ET CONJUGI CHARISSIMÆ ANNÆ HURALTIÆ, LECTISSIMÆ ET RARÆ VIRTUTIS FEMINÆ, PHILIPPI HURALTI, EQUITIS TORQUATI, COMITIS CHEVERNENSIS, IN CARNOTENSI, BLEZENSI ET LUGDUNENSI PRO-VINCIIS, REGNANTIBUS HENRICO III ET HENRICO IV, PROREGIS ET FRANCIÆ CANCEL-LARII, CASTISSIMÆ FILIÆ, QUÆ UT PROLES FELIX EXTITIT, ITA MARITORUM NOMEN AB OBLIVIONE VINDICAVIT; NAM GILBERTO TRIMULTIANO TORQUATÆ MILITIÆ EQUITI FORTISSIMO, MAGNO PICTONUM SENESCALLO, MARCHIONI ROIANENSI, CUI PRIMO NUP-SERAT, LIBEROS QUINQUE PEPERIT; CAROLO VERO ROSTIGENSI TOTIDEM HUC USQUE EAQUE FECUNDITATE EFFECIT UT TRIMULTIANA DOMUS ET ROSTIGENSIS, ARCTISSIMO FRATERNITATIS VINCULO CONJUNCTÆ, AD IMMORTALES AMICITIAS RETINENDAS SUMMA CONSENSIONE CONSPIRANT. VIXIT CUM UTROQUE VIRO SINE QUERELA; TESTES ILLIUS LACRYMÆ CUM PRIORE SEPULTÆ, CUM POSTERIORE TESTES ET AMICÆ EADEM IN URNA COMMIXTI CINERES CORDIUM, SUB QUIBUS FRIGIDA VEL IN MORTE CONJUGALIS AMORIS IGNES ÆTERNUM HIC SPIRANT, REGNANTE CHRISTIANISSIMO ET INVICTISSIMO GALLIA-RUM ET NAVARRÆ REGE LUDOVICO JUSTO, DECIMO TERTIO. — M DC XIX [1].

Millin, *Les Feuillans*, p. 20.

1877. — ET DEPUIS LADICTE ANNÉE M DC XIX, LADICTE DAME ANNE HURAULT, MARQUISE DE ROSTAING, EST DECEDÉE A PARIS, LE LUNDI XVIE APVRIL M D XXXV ET A LAISSÉ SIX ENFANS, SÇAVOIR : TROIS DE FEU MONSIEUR LE MARQUIS DE ROYAN, SON PREMIER MARY, NOMMEZ PHILIPPES DE LA TREMOUILLE, AUSSI MARQUIS DE ROYAN, CATHERINE DE LA TREMOUILLE, ABBESSE DE SAINCTE CROIX DE POICTIERS, ET MARIE DE LA TREMOUILLE, ABBESSE DE JOUARRE, PRES DE MEAUX, ET LES TROIS AUTRES DUDICT SEIGNEUR CHARLES, MARQUIS ET COMTE DE ROSTAING, SON SECOND MARY, SCAVOIR : LOUIS HENRY, COMTE DE ROSTAING, MARGUERITE RENÉE DE ROS-TAING, MARIÉE DEPUIS LE DECEDS DE SA MERE, AVEC MESSIRE HENRY DE BEAUMA-NOIR, MARQUIS DE LAVARDIN, ET FRANÇOIS DE ROSTAING.

LE CORPS DE LAQUELLE DEFFUNCTE DAME MARQUISE DE ROSTAING A ESTÉ INHUMÉ EN LA SEPULTURE DE MESSIEURS LES ROSTAINGS, EN L'EGLISE DE LEUR TERRE DE VAUX AFENIL, PRES MELUN, EN LAQUELLE EGLISE ET AUSSY EN CESTE CHAPPELLE EN LAQUELLE LEDICT SEIGNEUR MARQUIS DE ROSTAING A ORDONNÉ SON CORPS ESTRE INHUMÉ ET ENCORE EN L'EGLISE DE SA TERRE ET SEIGNEURIE DE THYEUX, OU IL VEUT SON CŒUR ESTRE PORTÉ, IL A FAICT PLUSIEURS FONDATIONS, TANT A L'INTENTION DE SES PREDECESSEURS QU'A L'INTENTION DE LADICTE DAME SON ESPOUSE ET DE SOY MESME, PARTICULIEREMENT MENTIONNÉS EN SES EPITAPHES POSEZ A COSTÉ DE CELLUI CY ET EN L'EPITAPHE QU'IL A FAICT POSER POUR SON CŒUR EN LADICTE EGLISE DE THYEUX.

Millin, *Les Feuillans*, p. 21 ; — *Recueil mémorial*, p. 75.

[1] On ne voit pas ce que peut signifier ici cette date, puisque dans les dernières lignes de l'inscrip-tion il est fait allusion à la mort d'Anne Hurault, qui est arrivée seulement en 1635.

JEAN DE ROSTAING ✛ JEANNE DE LA CHÂTRE
TRISTAN DE ROSTAING ✛ FRANÇOISE ROBERTET
CHARLOTTE DE ROSTAING ✛ ANNE HURAULT.

1878. — En la memoire et commemoration des ames de haut et puissant seigneur messire Jean de Rostaing, marquis de Jurieux le Comtal, de Rivas et de Vauchettes en Forests, chevalier de l'ordre du Roy Louis XII et capitaine de vingt cinq lances des ordonnances de Sa Majesté, gouverneur et lieutenant general pour icelluy seigneur dudit païs et comté de Forests et capitaine particulier du chasteau de Lavieux audict païs [1], du temps de monseigneur Charles, duc de Bourbon, connestable de France, comte dudict Forest, et dame Jehanne de La Chastre, son espouze, enterrez audict Jurieux le Comtal, pere et mere de hault et puissant seigneur messire Tristan, marquis de Rostaing, lequel fut seigneur dudict Jurieux le Comtal, né l'an MDXIII audict Jurieux, fut tenu sur les fontz par monseigneur l'archevesque de Lyon, de la maison d'Espinac, nourry page de la chambre d'Anne, duc de Montmorency, connestable de France, et, au sortir de page, fut premier gentilhomme de la chambre de Charles, duc d'Orléans, troisiesme fils du Roy François Ier, fut gouverneur des provinces de la haulte et basse Marche, chevalier de l'ordre de Sainct Michel, qui estoit l'ordre seul en France, depuis fut premier gentilhomme de la chambre du roy Charles IX, qui le fit aussy capitaine et concierge du chasteau et forest de Fontainebleau, capitaine et gouverneur des ville et chasteau de Melun et lieutenant du Roy au gouvernement de Brie, luy donna la compaignie de cinquante homme d'armes a la bataille de Dreux que commandoit le sieur de Givry, qui y fut tué, le fit conseiller en ses conseils d'Estat et privé et depuis fut faict chevallier de l'ordre du Sainct Esprit par le Roy Henry IIIe, qui l'avoit institué en l'an MDLXXIX, et encores choisy par Sa Majesté pour estre l'un des vingt quatre seigneurs qu'il establit pour son conseil d'Estat, portans chacun manteau long de velours violet, doublé de satin rouge; fut faict chevalier d'honneur de la Royne Catherine de Medicis, regente en France; — et de dame Françoise Robertet, sa femme, qui fut aussy dame d'honneur de ladicte dame Royne Catherine, qui sont enterrez en leur eglise de Vaulx pres Melun, decedez, scavoir : ladicte dame Françoise Robertet, le x novembre MDLXXX, et ledict seigneur Tristan, marquis de Rostaing, son mary, apres avoir eu un brevet de mareschal de France, le VIIe mars MDXCI, au chasteau d'Aunoy, pres Provins; — et de damoiselle Charlotte de Rostaing, leur fille, et fille d'honneur de la Royne Louise de Lorraine, femme du Roy Henri III, decedée cincq ans apres ladicte dame Françoise Robertet, sa mere, au chasteau de Chenonceaux, en l'année MDLXXXV, et enterrée aux Cordeliers d'Amboise.

Pour le repos des ames desquels et en leur honneur et memoire, hault

[1] D'Hozier a mis en note : « Voilà un fatras de qualités dont il n'y en a aucune de vraie. » (Nouveau d'Hozier 292, dossier 6727, fol. 11 v°.)

ET PUISSANT SEIGNEUR MESSIRE CHARLES, MARQUIS DE ROSTAING, NÉ LE XXIIE SEP-
TEMBRE MDLXXIII, CHEVALIER DES ORDRES DU ROY, CONSEILLER EN SES CONSEILS
D'ESTAT ET PRIVÉ, CAPITAINE DE CINQUANTE HOMMES D'ARMES DE SES ORDONNANCES,
MARESCHAL DE CAMP EN SES CAMPS ET ARMÉES, COMTE DE BURY, D'ONZAIN, BLE-
MARS ET MOLINEUF, NOMMEZ LE COMTÉ DE ROSTAING EN BLAISOIS, PETIT FILS DUDICT
SEIGNEUR JEHAN DE ROSTAING ET DE LADICTE DAME DE LA CHASTRE, SES AYEULS
PATERNELS, ET FILS AISNÉ DUDICT SEIGNEUR TRISTAN, MARQUIS DE ROSTAING, ET DE
LADICTE DAME FRANÇOISE ROBERTET, SES PERE ET MERE, AUROIT APRES AVOIR
ESPOUZÉ, LE VIIE JANVIER MDCXII, AU CHASTEAU D'ASPREMONT, EN BAS POITOU,
DAME ANNE HURAULT, VEUFVE DE MESSIRE GILBERT DE LA TREMOÜILLE, MARQUIS
DE ROYAN, ACQUIS CETTE CHAPPELLE DE MESSIEURS LES REVERENDS PERES FEUILLANS,
PAR CONTRACT DU XVIIIE JANVIER MDCXII, PASSÉ PAR DEVANT DE RIGES ET BON-
TEMPS, NOTAIRES AU CHASTELLET, ET FONDÉ POUR CINQUANTE ANS PAR ICELUY
QUATRE MESSES TOUS LES ANS QUI SE DOIBVENT DIRE TOUS LE X^E DE NOVEMBRE,
VIIE MARS, JOUR DES DECEDS DE SESDICTS PERE ET MERE, LE XVIE JOUR D'APVRIL,
JOUR DU DECEDS DE LADICTE DAME ANNE HURAULT, ARRIVÉ A PARIS, LEDICT JOUR
MDCXXXV, ET LE QUATRIESME LE JOUR QUE LEDICT SEIGNEUR ACQUEREUR DECEDERA,
ET EN ATTENDANT SE DOIBT DIRE LE JOUR DE SAINCT CHARLEMAGNE, MOYENNANT
LA SOMME DE QUINZE CENS LIVRES, PAYEZ COMPTANT, ET LA SOMME DE TROIS CENS
LIVRES TOUS LES ANS, PENDANT LESDICTES CINQUANTE ANNÉES.

ET DEPUIS LA SUSDICTE FONDATION, LEDICT SEIGNEUR CHARLES, MARQUIS DE ROS-
TAING, AUROIT ENCORES FONDÉ ET DOTTÉ CINCQ MESSES BASSES PAR SEMAINE POUR
ESTRE DICTES A PERPETUITÉ EN LA CHAPELLE DE SAINCT CHARLES BORROMÉE QU'IL
A EDIFIÉE ET CONSTRUITE AU CHASTEAU DE SA COMTÉ DE BURY, NOMMÉ LE COMTÉ
DE ROSTAING EN BLAISOIS, PAR UN CHAPELLAIN QUI SERA NOMMÉ ET PRESENTÉ TANT
PAR LEDICT SEIGNEUR QUE PAR TOUS SES SUCCESSEURS, SEIGNEURS ET DAMES DUDICT
COMTÉ DE ROSTAING; ET A FAULTE D'Y NOMMER ET PRESENTER PAR LUY OU L'UN
DE SES SUCCESSEURS, INFINIMENT ET A PERPETUITÉ, IL DONNE POUVOIR A MONSIEUR
L'EVESQUE DE CHARTRES D'Y NOMMER, ET A SON DEFAULT DONNE POUVOIR A MONSIEUR
LE PROCUREUR DU ROY, QUI SERA LORS AU PRESIDIAL DE BLOIS, D'Y NOMMER ET PRE-
SENTER; AUQUEL CHAPELLAIN IL DONNE ET ASSIGNE TOUS LES ANS A PERPETUITÉ LA
SOMME DE TROIS CENS LIVRES OU ENVIRON PAYABLE EN BLED, VIN ET ARGENT, A
PRENDRE SUR TOUT LE REVENU DE LADICTE TERRE ET COMTÉ DE ROSTAING ET AUTRES
TERRES JOINTES À ICELLE, SUIVANT LES CONTRACTS DE FONDATION PASSEZ PAR DEVANT
JEAN DE L'ESPINE, NOTAIRE ROYAL A BLOIS, LE XXIE DE SEPTEMBRE ET VI^E OCTOBRE
MDCXLIV, ENREGISTREZ AUDICT MOIS D'OCTOBRE AU GREFFE DU PRESIDIAL DE L'OFFI-
CIALITÉ DE BLOIS, CONFIRMÉES LESDICTES FONDATIONS ET AUGMENTÉES PAR CONTRACT
PASSÉ PAR DEVANT PIERRE DE BEAUFORT, NOTAIRE AU CHASTELLET DE PARIS, LE
XVE JANVIER MDCXLV, ENREGISTRÉ A L'OFFICIALITÉ DE CHARTRES, LE IIIE MARS EN-
SUIVANT, ET ENCORES AU GREFFE DU CHASTELLET DE PARIS, LE XXXE DUDICT MOIS
DE MARS MDCXLV.

Recueil mémorial, p. 77.

MARGUERITE DE ROSTAING ✛ ANNE DE ROSTAING
FLORIMOND ROBERTET ✛ MICHELLE GAILLARD ✛ FRANÇOIS ROBERTET
JACQUELINE HURAULT ✛ TRISTAN ✛ CHARLES DE ROSTAING
ANNE HURAULT ✛ FRANÇOISE ROBERTET.

1879. — LEDICT SIEUR MARQUIS ET COMTE DE ROSTAING, NOMMÉ EN L'EPITAPHE
CI DESSUS, APRES AVOIR FONDÉ ET BASTY UN CONVENT DE RELLIGIEUX PERES RECOL-
LETS EN SON FAUXBOURG SAINCT LIESNES LES MELUN, DES L'ANNÉE M DC XVII, AU-
ROIT DEPUIS FAICT TOUTES LES FONDATIONS ESCRITES EN LADICTE EPITAPHE ET ENCORE
FAICT CONSTRUIRE ET EDIFIER CETTE SEPULTURE AVEC LA REPRESENTATION DE SON
PERE ET LA SIENNE ET FONDÉ A L'INTENTION DE DAME ANNE HURAULT, PLUS A CELLE
DESDITS FEUS SEIGNEURS ET DAMES, SES PERE ET MERE, AYEUL ET AYEULLE, ET
AUTRES PREDECESSEURS PATERNELS DESCENDUS PAR LES ALLIANCES AUSQUELLES ILS
SONT ENTREZ DES MAISONS ET FAMILLES ILLUSTRES DE FOIX, BEARN, D'ALBRET, D'AR-
MAGNAC, DE MILLÉ, CHEVRIÈRES, MIOLAN, DE CAUMONT, D'URFÉ, DE LA CHAMBRE
ET DE CHASTRE, PAREILLEMENT A CELLES DE DEFFUNCTES DAMES MARGUERITE DE
ROSTAING, DAME DE FLAGEAC, ET DAME ANNE DE ROSTAING, DAME DE SOURDIS,
EN PREMIERES NOPCES ET DEPUIS DAME DE MONTAGNAC, SES SŒURS, ET ENCORE A
CELLE DE DEFFUNCTS MESSIRE FLORIMOND ROBERTET, SEUL SECRETAIRE ET MINISTRE
D'ESTAT, SOUBS LES ROYS CHARLES VIII, LOUIS XII ET FRANÇOIS Iᴱᴿ, COMTE DE
BURY ET DE CORNET ET BARON D'ALLUYS, DAME MICHELE GAILLARD, SON ESPOUSE,
DE LA FAMILLE DE LONGJUMEAU DE PICARDIE, MESSIRE FRANÇOIS ROBERTET, LEUR
SECOND FILS, BARON DE BROU, LA GUIERCHE ET VILLEMOMBLE, ENTERRÉ AVEC SES-
DICTS PERE ET MERE EN LA CHAPELLE SAINCT HONNORÉ DE BLOIS ; ET JACQUELINE
HURAULT, DAME DE MINCY ET DE VILLEMENON, SA FEMME, ENTERRÉE A PARIS EN
L'EGLISE SAINCT NICOLAS DES CHAMPS, AYEULS ET BISAYEULS MATERNELS DUDICT
SIEUR FONDATEUR, ET AUSSY A SON INTENTION PARTICULIERE UNE MESSE TOUS LES
JOURS DE L'ANNÉE, A PERPETUITÉ, ENTRE NEUF ET DIX HEURES DU MATIN EN CETTE
CHAPELLE OU IL Y A ORDONNÉ SON CORPS ESTRE INHUMÉ, ET LES VIIᴱ MARS, JOUR
DU DECEDS DUDICT MESSIRE TRISTAN, MARQUIS DE ROSTAING, SON PERE, XVIᴱ AVRIL,
JOUR DU DECEDS DE LADICTE DAME ANNE HURAULT, ESPOUSE DUDICT SEIGNEUR FON-
DATEUR, Xᴱ NOVEMBRE, JOUR DU DECEDS DE LADICTE DAME FRANÇOISE ROBERTET,
MERE DUDICT SEIGNEUR FONDATEUR, ET A PAREIL JOUR QUE CELUY AUQUEL IL DECE-
DERA, DICT EN CHACUN DESDITS QUATRE JOURS, TROIS MESSES BASSES DE *REQUIEM*
DE SUITE EN CETTEDICTE CHAPELLE, COMPRIS LA JOURNALIERE, AVEC REPRESENTATION
SOUBS LE POISLE QUI SERA FOURNY AUXDICTS REVERENDS PERES RELLIGIEUX FEUIL-
LANS, LAQUELLE SERA ENVIRONNÉE DE SIX CIERGES ALLUMEZ D'UNE LIVRE PIECE.
POUR DOTATION DE LAQUELLE FONDATION, LEDICT SEIGNEUR FONDATEUR A DONNÉ ET
CONSTITUÉ A CE COUVENT DIX HUICT SEPTIERS DE BLED FROMENT, Y RENDUS, MESURE
DE PARIS, DE RENTE NON RACHETABLE, A PRENDRE SUR SA TERRE ET SEIGNEURIE DE
THIEUX, AINSY QUE CONTIENT PLUS AU LONG LE CONTRACT DE CE PASSÉ PAR DEVANT
DE BEAUFORT ET SON COMPAGNON, NOTAIRES, LE XVIIIᴱ MARS M DC XLV, INSINUÉ AU
CHASTELLET ET ENREGISTRÉ AU GREFFE DE SECRETARIAT DE L'ARCHEVESCHÉ DE PARIS
LE XXXᵉ MARS ET Xᴱ AOUST ENSUIVANT, ET L'ACTE DE L'ACCEPTATION FAICTE PAR

LESDICTS SIEURS RELLIGIEUX DE LADICTE FONDATION, PASSÉ PAR DEVANT LESDICTS
NOTAIRES, LE XIIe FEBVRIER MDCXLVI; LEQUEL CONTRAT PORTE ENCORE FONDATION
PAR LEDICT SEIGNEUR MARQUIS DE ROSTAING POUR LESDICTS PERES RECOLLETS, QU'IL
A FONDEZ ET BASTIS EN SON FAUXBOURG DE SAINCT LIESNE LEZ MELUN, OU A LEUR
REFUS PAR LES PERES CARMES DUDICT MELUN, DE DEUX MESSES BASSES PAR SEMAINE
ET DE DEUX SERVICES COMPLETS PAR AN QUE LESDICTS PERES RECOLLETS OU, A LEUR
DEFAULT, LESDICTS CARMES SERONT TENUS DE CELEBRER EN L'EGLISE DE SA TERRE
DE VAUX, PRES MELUN, OU LADICTE DAME SON ESPOUSE EST ENTERRÉE, OUTRE LES
DEUX AUTRES SERVICES COMPLETS QU'IL A FONDEZ EN LADICTE EGLISE DES L'ANNÉE
MDCXVII; PLUS LEDICT SEIGNEUR FONDATEUR AYANT ORDONNÉ SON CŒUR ESTRE
PORTÉ EN L'EGLISE DE SA TERRE DE THIEUX, IL Y A FONDÉ UNE CHAPELLENIE DONT
LE CHAPELAIN SERA PERPETUELLEMENT A LA PRESENTATION DES SEIGNEURS DE THIEUX
ET, A LEUR DEFAULT, A CELLE DE MONSEIGNEUR L'EVESQUE DE MEAUX, DIOCESAIN,
OU, A SON DEFFAULT, PAR MONSIEUR LE PROCUREUR DU ROY QUI SERA LORS AU
CHASTELLET DE PARIS, LEQUEL CHAPELAIN, ENSEMBLE LA FABRIQUE DE LADICTE
EGLISE, SONT OBLIGEZ DE DIRE ET FAIRE DIRE DEUX SERVICES COMPLETS L'ANNÉE ET
DE DEUX MESSES BASSES TOUTES LES SEMAINES ET AUTRES PRIERES MENTIONNÉES AU
CONTRACT DE CE PASSÉ ENTRE LEDICT SEIGNEUR FONDATEUR ET LES MARGUILLIERS
DE LADICTE EGLISE, EN LA PRESENCE ET DE L'ADVIS DU SIEUR CURÉ D'ICELLE, PAR
DEVANT LEDICT NOTAIRE, L'ONZIESME JOUR DE JUIN MDXLVI.

ARMES. *Escoubleau de Sourdis : Parti de gueules et d'azur, à la bande d'or brochant sur
le tout.*

— — *Gaillard-Longjumeau : D'argent semé de trèfles de gueules, à deux taus du même
en chef et deux perroquets de sinople en pointe, brochant sur le tout.*

Recueil mémorial, p. 80.

CHAPELLE DE SAINT-SÉBASTIEN.

La propriété de cette chapelle ne paraît pas avoir été aliénée par les Feuillants,
mais, en raison d'une donation importante qui leur avait été faite par Claude
de Laubespine [1], il fut permis à son héritier et exécuteur testamentaire, Thierry
Sevin, président de chambre au Parlement de Paris, d'y faire inhumer sa parente.
Lui-même y fut enterré plus tard, et la famille de Quincy-Sevin paraît s'être au-
torisée de ces précédents pour s'y attribuer un droit de propriété [2].

[1] En 1613, la Chronique signale «une donation testamentaire de feue Mme de Chemerault
[c'est-à-dire Claude de Laubespine], de la somme
de cens livres de rente qu'elle déclare estre ra-
chetables de la somme de seize cens livres; elle ne
voulut point que la maison fût obligée à aucune
charge» (p. 41).

[2] Le même document constate que, dès l'année
1647, «la chapelle de Saint-Sébastien appartient en
propre» à la famille de Quincy-Sevin (p. 104).

CLAUDE DE LAUBESPINE.

La statue de la défunte, en marbre blanc, de grandeur naturelle, à genoux, les mains jointes, devant un prie-Dieu portant un livre ouvert et décoré d'armoiries, était placée sur un sarcophage de marbre noir, en forme de trapèze régulier, que soutenait un large piédestal de marbre blanc, orné d'une tête de mort sur des ossements en sautoir et d'appliques amorties par des têtes d'anges.

Ce mausolée, placé en face de l'autel de la chapelle, se détachait sur un fond de marbre noir encadrée par deux colonnes [1] avec bases et chapiteaux de bronze.

Une table de marbre noir fixée contre le sarcophage portait l'épitaphe suivante gravée en lettres dorées :

1880. — CHRISTO PRIMIGENIO REDIVIVORUM PIISQUE MANIBUS CLARISSIMÆ CLAU-DIÆ LAUBESPINÆ, VETERIS PUDICITIÆ SUO SECULO ILLUSTRIS AC VERE FORTIS MULIERIS, QUÆ NULLA QUIDEM VANITATE SED SOLA SPE RESURRECTIONIS FUTURÆ HOC SUIS OSSIBUS SEPULCHRUM ELEGIT UNDE ET MARITI COR MERITISSIMI DOMINI DOMINI ME-DERICI BARBEZIERII CHEMERAULTII, UTRIUSQUE ORDINIS REGII EQUITIS TORQUATI, MAJORIS MARESCALLI REGIARUM DOMORUM, APUD PICTONES CIVRIACENSIS COMITIS, QUATUOR ANTE ANNOS FUNERATI, PIA QUADAM AMORIS VELUT IMPOTENTIA, RELI-GIOSE SERVATUM, UNA CONDI VOLUIT, UT EIDEM TUMULI QUADAM SOCIETATE COMES INDIVIDUA JUNGERETUR CUI THALAMI SANCTITATE PER XXXIV ANNOS DULCISSIMI CONJUGII UNA UNI SINGULARITER ADHÆSISSET.

THEODORICUS SEVINUS, IN CURIA PARLAMENTI PRÆSES, DEFFUNCTÆ COGNATIONE ET NECESSITUDINE DEVINCTUS, PIETATIS ET HONORIS ERGO MŒRENS POSUIT [1].

[1] Cette ornementation, que l'estampe de Millin n'a pas reproduite, est signalée par l'inventaire de 1792. La statue de Claude de Laubespine, recueillie au Dépôt des Petits-Augustins, figura sous le n° 42 de la Notice succincte de 1793. Elle fut décrite plus tard dans le *Musée des monumens fran-çais.* (T. V, p. 54.)

D'après l'état de 1816, où on la retrouve sous le n° 164, Lenoir l'attribuait à Boudin. (*Archives du Musée*, t. III, p. 176.) Elle est maintenant conservée au Musée du Louvre.

Il convient de remarquer, d'autre part, que Lenoir a signalé le buste en marbre qui portait au Musée le n° 308, comme étant «celui de Médéric Barbe-ricus» époux de Claude de Laubespine et maréchal des logis du roi» (*ibid.*). Il y a là une erreur d'at-tribution évidente, puisque ni les historiens ni l'auteur de l'inventaire n'ont signalé l'existence d'un buste de ce personnage dans l'église des

Feuillants. L'entrée de ce marbre au Dépôt des Petits-Augustins n'avait été constatée ni dans le *Jour-nal* de Lenoir, ni dans la notice succincte de 1793. Lorsque plus tard Lenoir voulut le cataloguer et l'exposer, il dut se trouver quelque peu embar-rassé, puisque tout ce qu'il pouvait savoir sur son compte, c'est qu'il était venu des Feuillants. En raison de cette origine, il supposa que ce buste avait dû faire partie du tombeau de Claude de Laubes-pine qu'il possédait déjà, et que c'était par suite celui de son mari. Mais il nous paraît vraisem-blable qu'il s'agissait en réalité de l'un des bustes de la famille de Rostaing, dont Lenoir avait négligé dans le principe d'établir l'identité.

[2] «Ledict messire Théodoric Sevin, président au Parlement, seigneur de Quincy, est decedé quatre ans après ladite dame comtesse de Chemerault et est inhumé dans la même casve, sans epitaphe». (Note des mss.)

Tu precare, viator, ut quam vitæ quietem ambo amarunt æternum fruantur. Obiit ix kalendas julii, anno salutis m dc xiii, ætatis lxiii.

Tombeau de Claude de Laubespine [1].

ARMES. *Laubespine : Écartelé : aux 1 et 4, de gueules à trois fleurs d'aubifoin d'argent; aux 2 et 3, d'azur au casque d'argent; sur le tout, d'azur au sautoir alésé d'or, accompagné de quatre billettes du même.*

—   *Barbezières : Écartelé : au 1, d'argent à la fasce de trois losanges et deux demies de gueules; au 2, d'azur à la croix fourchée d'argent; au 3, d'hermine au chef de gueules; au 4, d'or à l'aigle éployée de sable.*

—   *Sevin : D'azur à trois gerbes de blé d'or.*

Mss A², p. 371; — B⁴, p. 686; — Millin, *Les Feuillans*, p. 14.

CHAPELLE DE SAINTE-GENEVIÈVE.

Par contrat du 19 janvier 1610, M. de Guitrancourt obtint, moyennant le payement de quinze cents livres, la propriété de cette chapelle, dans laquelle sa femme, Marie Foucault, avait été inhumée un mois avant. Au cours du xviiᵉ siècle,

[1] Reproduction d'une estampe de Millin (*Les Feuillants*, pl. II, fig. 1; Brion del.; Masquelier sculp.).

la famille du président Lelièvre, à laquelle appartenait la défunte, y conserva le droit de sépulture [1].

MARIE FOUCAULT.

1881. — Cy gist damoiselle Marie Foucault, en son vivant femme de Marc de Brion, escuyer, sieur de Guytrancourt, conseiller du Roy et thresorier general en Berry, et fille de noble homme Jehan Foucault, sieur de Rozay, et de dame Marie Le Lievre, sa femme, ayant esté ledict Foucault thresorier general de France audict pays de Berry et auparavant secretaire du Roy Henry III, recevant ses commandemens en l'absence de messieurs les secretaires d'Estat, laquelle damoiselle Marie Foucault, durant le cours de sa vie, a rendu tesmoignage en toutes ses actions de grandes vertus et principalement en sa pieté et devotion, voulant laisser encore une particuliere marque en cette chappelle qu'elle a faict faire et construire en l'honneur de Dieu et de Saincte Geneviefve, en laquelle elle a voulu eslire sa sepulture qui se trouve la premiere faicte en ceste eglise. Elle trespassa le XVe jour de decembre M DC IX, qui estoit le XXIII de son aage.

Ses heritiers ont faict apposer ceste epitaphe a sa memoire. — Priez Dieu pour son ame.

Armes. *Brion* : De sable au lion d'argent, au chef d'or.

—   *Foucault* : D'azur à la fasce d'or accompagnée en chef d'un croissant d'argent entre deux étoiles d'or, et en pointe d'une étoile aussi d'or.

—   *Le Lièvre* : D'azur au chevron d'or accompagné en chef de deux roses d'argent, et en pointe d'une aigle éployée du même.

Mss A², p. 378; — B¹, p. 688; — D, fol. 67; — Millin, *Les Feuillans*, p. 13.

———————

GALERIE SUPÉRIEURE DE L'ÉGLISE.

FRANÇOIS JOULET.

Inscription près de la chapelle de la Vierge :

1882. — I ☒ S. — ✠ maria. — Messire François Joullet, conseiller et aumosnier ordinaire du Roy, a laissé et transporté par donation entre vifs aux convent et relligieux de ceans, cinq cens livres de rente annuelle, a prendre sur les greniers a sel de ce royaulme, a la charge que les superieurs et relligieux de ce monastere ne pourroient vendre, engager ou

———

[1] «C'est par elle que la maison des Lelièvre est entrée en possession de cette chapelle.» (Chronique, p. 33.

HYPOTHECQUER, POUR QUELQU'OCCASION QUI PUISSE ADVENIR, CESTE RENTE, COMME
IL EST PLUS AMPLEMENT DECLARÉ PAR LE CONTRACT RECEU PAR GERMAIN TRONSON,
NOTTAIRE AU CHASTELLET, LE VI^E JOUR DE JUILLET M DC XXIII ET INSINUÉ AU LXXVIIIE
VOLUME DES INSINUATIONS DU CHASTELLET, LE XX DES MOIS ET AN QUE DESSUS[1]. –
PRIEZ DIEU POUR SON AME.

Millin, *Les Feuillans*, p. 39.

CHŒUR DES RELIGIEUX.

JEAN GOULU.

Tombe plate de marbre noir :

1883. — STA, QUISQUIS ES, ET PERLEGE. REVERENDUS PATER JOANNES GOULU,
PARISIIS NATUS, UBIQUE NOTUS, PIETATE, PROBITATE, ERUDITIONE, ELOCUTIONE AD
INVIDIAM USQUE MIRABILIS, VIXIT, HEU! IMO VIVIT; QUIPPE DIGNUM LAUDE VIRUM
FAMA VETAT MORI. A MILITIA FORENSI AD FULIENSEM INGRESSUS, SCRIPTIS SUIS IM-
PUGNATAM FIDEI VERITATEM, IMPETITA MONARCHIÆ JURA, PERICLITANTEM SANCTO-
RUM MEMORIAM MIRUM QUANTUM AB INJURIIS TEMPORUM VINDICAVERIT, SIMULQUE
ADULTERATAM ELOQUENTIÆ PURITATEM REVOCAVERIT, CONSERVAVERIT, ILLUSTRA-
VERIT. TANDEM UNIVERSO ORDINI POSTQUAM BIS PRÆFUIT, EXEMPLOQUE NON MINUS
QUAM IMPERIO PROFUIT, VIX DICAS DIGNITATE FUNCTUS NE PRIUS AN DEFUNCTUS SIT.
MAGNATUM AMICITIAS, UT MERUERIT, UT TENUERIT, VEL HOC MARMOR TESTABITUR,
QUOD ILLUSTRISSIMI PRINCIPES CESAR BORBONICUS ET MARIA LOTHARINGA, CARIS-
SIMI CONJUGES, DUCES VINDOCINENSES, STAMPENSES, BELLOFORTIS, MERCOREI, PEN-
THIEVRÆ ETC., BENE MERENTI POSUERE[2]. OBIIT ANNO M DC XXIX, DIE V JANUARII,
ÆTATIS SUÆ LIV. – ORATE PRO EO.

Millin, *Les Feuillans*, p. 40.

---

[1] Ce contrat imposait aux Feuillants l'obligation de «mettre en l'eglise dudit convent,
incontinent après le deceds dudict feu sieur
donateur, une épitaphe de pierre de marbre et
dans icelle y faire inscrire en substance la présente donation avec les charges et conditions
d'icelle, à ce qu'elle soit inviolablement entretenue
gardée et observée.» (Arch. nat., S 208, fol. 94.)

[2] «Le duc et la duchesse de Vendôme demandèrent qu'on plaçât le P. Goulu dans le chœur, où
il fut inhumé en présence d'une très honnorable
compagnie et leurs altesses ont marqué les senti-
ments qu'ils avoient de sa personne sur sa tombe.»
(Chronique, p. 67.)

CLOÎTRE.

LOUIS TURQUOIS.

1884. — Vixit, eheu! immo æternum vivit reverendus pater dominus Ludovicus a Sancto Bernardo Turquois, quem religionis doctrina sublimis, immortali vita apud Deum et homines dignum reddiderunt. In fano sancti Dyonisii apud Parisios natus, acerrimi ingenii, ad ardua quæque idonei, adolescens in claustri latebris sapienter elegit mala mundi perpeti, quam vitæ hujus favoribus extolli. Huic indefesso labori in vinea Domini deditus, philosophiæ et theologiæ studiis apud nos diu feliciter præfuit. Ad munus evangelicæ doctrinæ disseminandæ vocatus, ea claritate, ea verborum rationumque precisione, quæ virum decet religionis scientissimum, ea eloquentia quæ disertissimo convenit oratori, semper, quod rarum est, ad populum christianum sermonem habuit. Ecclesiæ Christi amantissimus, illius tuendæ puritati vitam ipsam libentissime impendisset. Prioris, provincialis visitatoris muneribus functus, vitæ religiosæ quam ex animo diligebat, evangelicæ prædicationis cui per triginta et amplius annos incubuerat, studii theologici quod nunquam intermisit, laboribus fractus, ab immaculati Agni convivio ad æterni Patris amplexus transivit, kalendis januarii, anno Domini M DC XXIII, ætatis LXVII.

Millin, *Les Feuillans*, p. 64.

CLAUDE GEOFFRIN.

1885. — Conticescit et hic novissime tubæ clangorem expectat reverendus dominus Hieronymus a Sancta Maria, in sæculo Claudius Geoffrin, qui et ipse quasi tubæ vocem piis amicam, impiis et peccatoribus terribilem exaltavit in domo Domini Parisiis, facili ad scientias ingenio natus, supereminentem aliis Christi doctrinam et verbo et opere amplexus est, sinceræ vir pietatis, cui vera fides et castus religionis amor; quando ullum invenient parem? Veritatis amans, impetum irruentis in illam procellæ exul sustinuit, eloquentia percelebris per quinquaginta et amplius annos, populum, proceres, regem ipsum de religione allocutus, nulli non placuit; nullum dimisit sine novo ipsum rursus audiendi desiderio; ecclesiæ veluti dulcissimæ matri addictus, ejus principibus pastoribusque vixit carissimus. Visitator semel, assistens iterum, dignitatibus suis præfuit, profuit exemplo. Tandem octogenario major, XVI calendas apriles, anno Domini M DCC XXI, prior pignerolensis obiit, jamque verbo Dei pascitur æterno, cujus ad ultimum usque spiritum et præco fuit et testis.

Millin, *Les Feuillans*, p. 66.

JEAN-BAPTISTE PRADILLON.

1886. — MORTALITATIS SARCINAM HIC DEPOSUIT REVERENDISSIMUS PATER DOMINUS JOANNES BAPTISTA A SANCTA ANNA, PATRIA LEMOVICUS, VIR IN MULTIS EGREGIUS, QUEM QUATER IN PRÆSULEM ELEGERAT TOTA CONGREGATIO FULIENSIS. HUNC AD MAGNA NATUM MAJORAQUE SPIRANTEM FRONTIS HONOS ET TOTIUS CORPORIS HABITUS ARGUEBANT. DIGNAM TALIS HOSPITIS ANIMAM NON UNA VIRTUS, NON UNA ORNABAT SCIENTIA, MAXIME QUÆ VIRUM DECET ALIORUM MODERAMINI INVIGILANTEM; FIDES RECTA, SINCERA PIETAS, PRUDENS RELIGIONIS ZELUS, TEMPERATA JUSTITIÆ FINIBUS MANSUETUDO, DIVINARUM HUMANARUMQUE LEGUM PERITIA SINGULARIS, ANIMORUM QUAMCUMQUE IN PARTEM VELLET ADDUCENDORUM ARTE PRORSUS STUPENDA POLLEBAT : CUJUS EXERCENDÆ DEXTERITATEM ET INDUSTRIAM PLERIQUE, SUAVITATEM OMNES ADMIRATI SUNT, NULLUS FACILE ASSEQUETUR. OBIIT VII CALENDAS OCTOBRIS, ANNO DOMINI M DCC I, ÆTATIS SUÆ LXI.

Millin, *Les Feuillans,* p. 67.

CHAPITRE.

PIERRE ROGER.

Tombe plate de pierre :

1887. — REVERENDISSIMUS PATER DOMINUS PETRUS A SANCTO FRANCISCO, NOTA APUD LEMOVICOS ROGERIORUM FAMILIA, QUO OCCUMBENTE OCCUBUIT FULIENSIUM CAPUT, QUIPPE QUI PIETATE, RELIGIONIS ZELO AC ERUDITIONE CONSPICUUS, TOTI CONGREGATIONI BIS PRÆFUIT, PLURIESQUE PRÆFUISSET NISI PRIMO COMPLETO TRIENNIO, ALTEROQUE A SEX MENSIBUS INCHOATO, E VIVIS ABIENS, SUI DESIDERIUM OMNIBUS RELIQUISSET. IN UNO VIRO HABETO PLURES, UTPOTE IN QUO MULTORUM INSIGNIORA NATURÆ PRÆMIA ASSENSU SINGULORUM ADUNABANTUR, MENS SCILICET FORTIS ET PRÆCELSA, PIETAS SAPIENTIÆ FERAX, MEMORIA ADEO TENAX UT NULLIUS UNQUAM SCIBILIS OBLITA, A POSTERIS NUNQUAM SIT OBTURANDA. AST HEU! HIC IN TANTIS MAXIMUS DEVIXIT SEXAGENARIO MINOR, ANNO SALUTIS M DC LXXV, DIE XI NOVEMBRIS. – VIATOR ABI ET CONSULE TIBI.

Millin, *Les Feuillans,* p. 66.

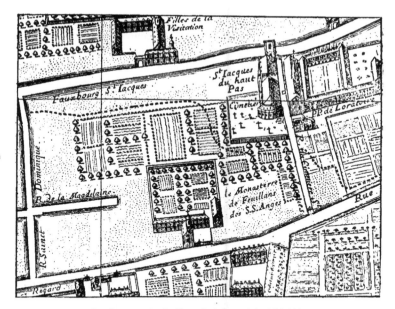

Vue du couvent des Feuillants du faubourg Saint-Michel [1].

COUVENT DES FEUILLANTS

DU

FAUBOURG SAINT-MICHEL.

NOTICE HISTORIQUE.

En 1621, les Feuillants du faubourg Saint-Honoré avaient acheté et aménagé au faubourg Saint-Jacques un immeuble qu'ils voulaient affecter à l'installation de leur noviciat, mais ils le cédèrent, quelques mois après, aux Feuillantines [2]. Ce fut seulement en 1629 qu'ils s'occupèrent de chercher un nouveau local pour la réalisation de leur projet. Dès le 31 octobre, ils obtinrent un brevet qui fut renouvelé le 15 janvier 1629, par lequel Louis XIII leur accordait d'avance l'amortissement d'une propriété située au faubourg Saint-Michel [3], qui devait servir à

[1] D'après le plan de Bullet et Blondel.

[2] Cf. ci-dessus, p. 232.

[3] «Aujourd'hui, dernier jour d'octobre 1628, le Roy estant à Paris, desirant gratifier et favorablement traicter les religieux de la Congregation de Nostre-Dame des Feuillans, ordre de Cisteaux,

l'établissement d'un nouveau couvent et dont le contrat de vente fut signé le
1er mars suivant[1]. Un autre brevet du 31 août leur amortit dans les mêmes
conditions une propriété voisine de la précédente, mise en vente par la fabrique
de Saint-Jacques du Haut-Pas, et qui leur fut adjugée le 5 septembre[2]. Le roi
confirma ces amortissements par des lettres patentes des mois de mars et septembre 1629, enregistrées à la Chambre des Comptes le 24 avril et le 24 septembre
et au Bureau des Finances le 4 mai et le 16 octobre. Les Feuillants n'occupèrent
pas immédiatement ces propriétés, qui avaient besoin d'être appropriées à leur
nouvelle destination spéciale, et ils donnèrent même provisoirement en location

Sa Majesté leur a fait don et remise de l'amortissement qui luy peut appartenir à cause de l'acquisition qu'ils desirent faire d'une maison et jardin
contenant environ six quartiers de terre, sis au
fauxbourg Sainct-Michel, rue d'Enfer, appartenant
à Anthoine Darde, procureur au Parlement de
Paris, et à ses cohéritiers, à quelque prix et somme
que le tout puisse monter et revenir... » (Arch.
nat., S 4165.)

[1] Par contrat du 1er mars 1629, Antoine Darde,
procureur au Parlement, vendit à Louise Pitou,
veuve de Pierre Luillier, pour la somme de dix
mille livres tournois «une maison et jardin assis
es faulxbourgs Sainct-Michel, rue d'Enfer, ladicte
maison contenant un corps d'hostel à esgout sur
ladicte rue et ledict jardin, apliqué à une sallette,
une chambre au premier estage et grenier au-dessus;
item un grand jardin clos de murs, dans lequel il y
a un puis et plusieurs arbres fruictiers, tenant d'une
part à un clos et maison appartenant à M. de Pom-
mereul, maistre des requestes et à M. de Kerre,
conseiller au Parlement; d'aultre au clos et jardin
appartenant à l'œuvre et fabrique de ladicte eglise
Sainct Jacques du Hault Pas; d'un bout au jardin
de la maison des Cinq Croix, size audict faulxbourg
Sainct-Jacques, et d'aultre à ladicte rue d'Enfer.»
(Arch. nat., S 4165.) Le même jour la dame Pitou
déclarait que cette acquisition «avait été par elle
acceptée et stipulée pour au nom et au proffict des
venerables religieux de la Congregation de Nostre-
Dame des Feuillens. » (Ibid.)

[2] Le 11 août 1629, un arrêt de la cour avait
autorisé la fabrique de Saint-Jacques-du-Haut-Pas à
aliéner cet immeuble qui fut vendu le 5 septembre
à la barre du Parlement et adjugé pour 4,000 livres
tournois au procureur Comeau «plus offrant et
dernier enchérisseur», agissant au nom de M. de
pleurre, maitre ordinaire en la Chambre des

Comptes. Il est ainsi décrit dans le procès-verbal
d'adjudication :

«Une petite maison et jardin, sis rue d'Enfer,
appartenans à ladicte œuvre et fabricque, consis-
tante icelle maison en une porte cochère, un mur
de closture pour l'entrée dudict logis, une court
separée d'une treille d'avec ledict jardin, à costé
de laquelle court est ledict corps de logis d'une
travée en comble, partie en esgout sur ladicte rue
d'Enfer, appliquée au rez-de-chaussée en une sallette et une chambre au-dessus, ung pied droit en
ladicte court pour monter en icelle, ung petit
grenier sur ladicte chambre, ung aultre petit logis
joignant à ladicte court, de trois petites travées de
long couvert en comble, appliequé par bas à une
escurie, deux petites chambres au-dessus à costé
l'une de l'aultre et deux aultres dessus en galletas,
une montee bon œuvre, ung puis mettoyen à
l'autre costé de ladicte court d'entre la maison
d'ung nommé Gillet et ung appentif où sont les
aisances et ledict jardin au derrière, et tout ainsy
que lesdits lieux se poursuivent et comportent,
tenant d'une part en partie audict Gillet et aultre
partie au droict du jardin de la dame Cousture,
d'aultre part à maistre Anthoine Darde, aboutissant
par derrière aux maisons deppendans partie de
ladicte eglise Sainct Jacques et Sainct Philippe et
partie aux maisons des Cinq Croix, et par devant
sur ladicte rue d'Enfer, contenant le tout ung arpent
demy quartier, six perches et ilemye ou environ...»
(Arch. nat., S 4164.).

Le 16 septembre suivant, M. de Pleurre déclarait par devant notaire «qu'il ne pretend aucune
chose de ladite petite maison et jardin et ne s'est
rendu adjudicataire qu'à la prière et requête et
pour faire plaisir au R. P. dom Charles de Sainct-
Paul, abbé de Feuillans et superieur general de la
congregation». (Ibid.)

la maison achetée à la fabrique de Saint-Jacques [1]. Le 31 mai 1632, on célébra pour la première fois la messe dans une chapelle nouvellement bâtie et dédiée sous le titre des Saints Anges gardiens et, le 10 juin suivant, le P. Eustache de Saint-Paul, assistant du général, fut installé comme supérieur de la nouvelle communauté. Par contrat du 7 mai 1633 [2], les religieux achetèrent encore une maison et un grand jardin, que le roi leur amortit par des lettres du même mois, enregistrées à la Chambre des Comptes le 19 août et au Bureau des Finances le 22 décembre. La première pierre du couvent fut posée par le garde des sceaux de France, Pierre Séguier [3], et, deux ans après, le 14 novembre 1635, les novices, qui résidaient au monastère du Plessis-Piquet, furent installés dans l'immeuble. Ils ne devaient y rester que cinq ans; en 1640, les bâtiments de l'abbaye du Val, que les moines avaient définitivement abandonnés, furent utilisés par les Feuillants pour leur noviciat. La maison du faubourg Saint-Michel devint dès lors un simple couvent, ne recevant jamais plus de cinq à six religieux qui, après un séjour de quelques années, étaient envoyés dans une autre résidence. Cette petite communauté se trouva dans l'obligation de réparer les vieux bâtiments qui menaçaient ruine [4]; elle agrandit sa propriété par diverses acquisitions que le roi amortit par

[1] Le bail de trois ans consenti, le 2 juillet 1630, par les Feuillants à Hugues Saintin, voiturier, s'appliquait en effet «au corps d'hostel, court, puis moitien et jardin» acquis par M. de Pleurre pour leur compte. (Arch. nat., S 4165.)

[2] «Par ce contrat, Judith Richard, veuve d'Antoine Couture, vendit aux Feuillans, pour 800 livres de rente annuelle, «un grand jardin clos de murs non compris quelques thoises appartenant au sieur Langlois, où sont plantez quelques arbres fruitiers dont la reparation n'est encore faicte et dont lesdits bailleurs ont presentement delivré le thoisé...; item une tour ronde, aultre fois appliecquée à ung moulin à vent, appelée la tour Gaudron, et bastimens et dependances et au pourtour de laquelle sont huict estables, une petite maison dans laquelle loge un tisserant, avec lesdictes allées attenantes, le tout scis esdicts faulxbourgs Sainct Michel, rue Sainct-Michel Sainct-Louis, aultrement dicte d'Enfer...; tenant la totallité desdicts cloz, tous maison et lieux d'une part audict monastère, d'aultre part, d'un bout, à Saint Jacques du Hault Pas et audict sieur Langlois, et d'aultre bout, par devant, tant à ladicte rue d'Enfer qu'audict sieur Langlois...» (Arch. nat., S 4164.)

[3] Piganiol a publié le texte de l'inscription commémorative, gravée sur une lame de cuivre qui fut encastrée dans cette pierre (t. VII, p. 213).

[4] Le mauvais état des bâtiments est signalé à différentes reprises dans les délibérations de la communauté :

«Le 21 juin 1647, le R. P. prieur exposa aux frères vocaux de ce monastère que tout le hault de la Tour dite Gaudron, qui nous appartient, estoit en péril et menaçoit ruine si promptement on n'y donnoit ordre, ainsi que quelques-uns d'eux ont déjà veu.» (Arch. nat., LL 1543, fol. 11 v°.)

Cette tour dut être abattue dix ans après et les matériaux de démolition furent utilisés pour la construction de la nouvelle église. (Ibid., fol. 24 v°.)

A la date du 17 mars 1655, on déclare le couvent inhabitable : «Il paroist de jour à autre des crevasses dans les gros murs du vieil logement que nous habitons et lesdits murs se retiroient notablement en divers endroits ce qui menaçoit d'une ruine prochaine et peril iminent de tomber lorsqu'on y pensera le moins et ensevelir quelqu'un dans ses ruines; ce que les frères ayant cognu trop veritable ont tous conclu de se retirer dans une partie du monastère qui, depuis quelques années, à cause du malheur du temps, est loué et habité par des seculiers et en prendre seulement le costé qui regarde et joint notre dict vieil logement qui est environ le tiers dudit bastiment.» (Ibid., fol. 19.)

un brevet du 21 mai 1656, enregistré à la Chambre des Comptes le 14 octobre
et au Bureau des Finances le 11 décembre 1657 [1]. Elle fit construire aussi une
église, dont les deux pierres fondamentales furent posées, le 18 juillet 1659, par
MM. de Barillon et de Mortemart [2], et qui fut bénite, le 1er octobre suivant, par
le provincial de l'Ordre. Enfin elle prit à bail, par contrat du 3 avril 1671,
pour une rente annuelle de neuf cents livres, trois maisons enclavées dans son
domaine [3]. Mais, pour faire face à ces dépenses, elle avait dû recourir à des
emprunts qui lui imposèrent de lourdes charges et rendirent jusqu'à la fin du
xviie siècle son existence fort précaire [4]. Elle ne réussit à se tirer d'embarras que

Quelques années plus tard c'est l'église elle-même
qui menace ruine :

«Le 3e jour de juillet 1659, le R. P. prieur
a representé aux frères vocaux capitulairement
assemblez qu'il paroist de jour à autre des crevasses
et des fentes dans les gros murs et planchers du
cœur de l'église de ce monastère et que lesdits
murs et planchers se retirent et poussent notablement en divers endroits ainsy que chacun l'a re-
marqué, en sorte qu'il y a peril evident, ce qui
deserte nostre eglise en donnant l'apprehension à
tous ceux qui y viennent, ce que lesdits vocaux
ayant reconnu trop veritable ont résolu de faire
accommoder une nouvelle eglise». (Ibid., fol. 29 v°.)

[1] Le Roi rappelait dans ce brevet que les religieux, «pour parvenir à la perfection du bastiment
et closture du monastère, ils ont esté obligés d'acquerir quelques maisons, places et terres adjacentes
et aboutissantes à iceluy, à sçavoir une place et
masure appartenant à Jean Grignon, menuisier,
par contract du 26 aoust 1642, plus une maison
dont ledit Jean Grignon leur a faict donation aux
conditions portées par autre contrat du 12 janvier
1651, et une autre maison appartenant à Nicole
Clément, veuve de François Godier, vivant maistre
tourneur en bois à Paris, Jean Frere, aussy maistre
tourneur en bois, et Marie Godier, sa femme, et
Pierre Godier, par contract du 30 octobre 1654.»

[2] Dans chacune de ces pierres fut encastrée une
lame de cuivre portant une inscription qui a été
publiée par Piganiol (t. VII, p. 314).

[3] Les immeubles cédés aux religieux par Jean
Plisson, marchand et bourgeois de Paris, sont ainsi
désignées dans le contrat :

«Trois maisons enclavées dans l'estendue de leur
enclos, la première scize susdicte rue Sainct Michel
Sainct Louis, proche et vis à vis le clos des Chartreux..., appliequée par bas à cave, boutique et

sallette, chambre et grenier au-dessus, montée hors
œuvre et cour ensuitte, lieux aysances et appartenances d'icelle, la deuxiesme desdictes maisons
scize susdicte rue, appliequée par bas à une bou-
tieque et salles, chambres, bouges et greniers,
montée hors œuvre et court ensuitte..., et la
troisiesme scize au derrière des susdictes et d'une
place close de murs appartenant auxdicts relligieux,
icelle appliequée par bas à cave, salle ou scellier,
au-dessus chambre et grenier, montée dans œuvre
et autres appartenances et dependances...» (Arch.
nat., S 4164.)

[4] D'après le registre des délibérations, ils se trouvent assez souvent hors d'état d'acquitter leurs dettes
et même de subvenir aux dépenses de leur entretien :

«Le 2 mars 1652, plusieurs ouvriers, tant massons que couvreurs et autres, nous pressoient et
tourmentoient, prêts, à cause du retardement du
payement, à nous mettre en procès pour leur deub,
à raison des ouvrages de leurs mestier par eux
faits tant à nostre grand logis qu'à celuy que deffunt
maistre Jean Grignon nous a donné de son vivant.»
(Arch. nat., LL 1543, fol. 15.).

«Le 6 juillet 1652, le R. P. prieur exposa que
le monastère se trouve chargé pour diverses debtes
de 1,600 livres et plus à divers particuliers, entre
autres de 400 livres d'interest depens à Me Mirault,
lequel a faict une saisie réelle et criée de nostre
maison qu'il poursuit pour la faire vendre, outre
d'autres saississans, et de plus qu'il n'a trouvé
aucune provision de quoi que ce fust en ce monastère quand il y est venu, et que tant à cause des
debtes que provisions necessaires pour subsister,
veu aussi la cherté de toutes choses extraordinaires
il seroit necessaire d'emprunter de l'argent à
rente...» (Ibid., fol. 16 v°.)

«Le 1er may 1694, le R. P. prieur a representé
qu'attendu le besoin du monastère il étoit necessaire

grâce à la location de ses maisons et jardins et de la partie du couvent précédemment affectée au noviciat [1].

Le domaine des Feuillants occupait au faubourg Saint-Michel, vis-à-vis l'Hôtel de Vendôme et le Clos des Chartreux, un emplacement rectangulaire limité au Nord par des propriétés particulières, au Midi par une ruelle conduisant au faubourg Saint-Jacques, à l'Est par l'église Saint-Jacques du Haut-Pas, à l'Ouest par la rue d'Enfer. Le couvent proprement dit avait son entrée sur cette rue et comprenait, au rez-de-chaussée, une petite cour, un vestibule qui donnait accès dans un couloir dont l'église formait le côté gauche, tandis que sur le côté droit se

d'emprunter la somme de 4,000 livres..., laquelle doit être employée à payer les maîtres massons et charpentiers pour les reparations qu'ils ont fait dans les maisons qui sont dependants de ce monastère... » (*Ibid.*, fol. 80.)

« Le 6ᵉ août, le R. P. prieur a representé que sur la necessité où est la maison, on ne peut se dispenser de vendre une partie de l'argenterie de la sacristie pour y subvenir, ce qui ayant esté mis en deliberation par les religieux dudit monastère, ils y ont tous consenti et approuvé ladite vente, ensuite de quoi le P. cellerier a fait porter cette argenterie chez un orfèvre et en a eu 940 livres, un sol, trois deniers. » (*Ibid.*, fol. 80.)

[1] « Le 11ᵉ de septembre 1696, le R. P. prieur a proposé à tous les frères capitulairement assemblés que le dessin dont il avoit souvent conferé avec eux pour l'avancement du monastère, en retranchant leur habitation dans un plus petit espace et alienant à vie le surplus de ce qu'ils habitent aujourd'hui... se trouve à present en estat d'estre conclu. »

Mˡˡᵉ de Chandenier avait proposé de louer cette partie du couvent pour elle et pour son frère, abbé commendataire de Moutier-Saint-Jean en Bourgogne, leur vie durant, moyennant 450 livres de rente annuelle; elle offrait en outre de leur payer comptant, à titre de pur don, au moment de la remise des clefs, une somme de 2,400 livres pour payer leurs dettes, et de leur avancer 4,000 livres pour être employées à la reconstruction du bâtiment qu'elle devait occuper. Dans le bail signé le 27 octobre 1696, les Feuillants rappelaient « qu'ayant peine à subsister, à cause des emprunts qu'ils ont esté obligez de faire pour payer les droits d'amortissement, et leur revenu étant fort modique, ils se seroient assemblez plusieurs fois pour deliberer entre eux des moyens les plus propres pour

leur soulagement et prevenir la ruine de leur maison, et n'en ayant pas trouvé de plus propres ni de plus prompts que de distraire de leur maison regulière la portion qui servoit autrefois pour le noviciat, lequel n'y estant plus, lesdicts lieux leur sont devenus inutiles, et leur en restant d'autres plus que suffisans pour estre commodement logez, ils auroient resolu entre eux, sous le bon plaisir du R. P. general de leur ordre, de se retrancher de ladicte portion de leur maison reguliere, pour en faire une maison seculiere suivant les plans et devis qui ont esté dressez; laquelle resolution ayant esté inserée dans le livre de leurs deliberations, ils l'ont communiquée au R. P. general qui l'auroit agreée et consentie; sur lesquels plans et devis il a esté fait des marchés entre eux et Germain Asseline, maistre masson, et Claude Garnier, maistre charpentier, le 22 du présent mois, pour les constructions, refections et reparations necessaires à l'execution de ce dessein; mais, attendu que lesdits R. P. Feuillans sont hors d'estat de faire la depense qu'il convient faire à ce sujet, et sur la proposition à eux faite par la demoiselle de Chandenier..., iceulx religieux auroient conferé plusieurs fois en leur chapitre sur les offres et propositions de ladite demoiselle, et après y avoir meurement reflechi, les auroient trouvées avantageuses à leurdit monastère... » (Arch. nat., S 4165.)

La déclaration des biens du 21 avril 1790 établit qu'au cours du xviiiᵉ siècle, la communauté se trouvait revenue à une situation très prospère. Les maisons qu'elle donnait en location lui rapportaient 9,900 livres; elle possédait d'autre part 50 livres de rente sur l'Hôtel de Ville; comme ses charges representaient seulement 2,503 livres, 14 sols, 8 deniers, il lui restait un revenu net annuel de 7,346 livres, 5 sols. 4 deniers. (*Ibid.*, S 4164.)

trouvaient le réfectoire, la cuisine et la dépense; la cage de l'escalier, qui occupait
le fond, était surmontée d'un petit clocheton avec deux cloches. Quatre chambres et
une pièce appelée le chauffoir occupaient le premier étage par lequel on accédait
à une tribune installée sur le chœur de l'église; les petites pièces du deuxième

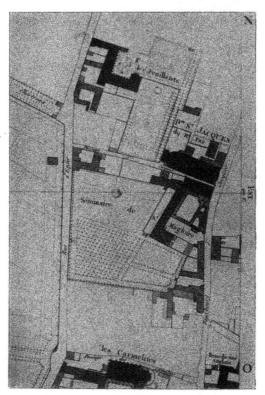

Plan du couvent des Feuillants du faubourg Saint-Michel [1].

étage étaient affectées à la Bibliothèque, aux Archives et à la lingerie. L'église,
bâtie sur un plan rectangulaire et régulièrement orientée, communiquait avec le
couvent par une porte latérale pratiquée sur le côté gauche du chœur; la chapelle
de la Vierge était installée à droite; une autre chapelle fut édifiée, en 1685, au
bout de la nef, près de la rue.

Le couvent et les maisons qui en dépendaient furent vendus durant la Révolution comme propriétés nationales.

Les inhumations dans l'église des Feuillants de la rue d'Enfer paraissent avoir

[1] D'après Verniquet.

été fort peu nombreuses; nous ne possédons que le texte de deux inscriptions gravées sur des plaques de cuivre, fixées à des cercueils :

ALEXANDRE DE ROHAN.

1888. — CY GIST HAULT ET PUISSANT SEIGNEUR, MESSIRE ALEXANDRE DE ROHAN, MARQUIS DE MARIGNY, CHEVALIER DES ORDRES DU ROY ET SON LIEUTENANT GENE-RAL EN LA PROVINCE ET CONTÉ DU MAINE, QUI DÉCÉDA LE XV MARS MDCXXXVIII. REQUIESCAT IN PACE.

Arch. nat., LL 1543, fol. 4[1].

ANTOINE DE MAILLÉ.

1889. — CY GIST LE CORPS DE MESSIRE ANTHOINE DE MAILLÉ, CHEVALIER, SEI-GNEUR CONTE DE LA MARCHE ET AUTRES LIEUX, QUI DECEDA LE XI DE SEPTEMBRE M DCLVII. — REQUIESCAT IN PACE.

Arch. nat., LL 1543, fol. 23 v°[2].

[1] «Cejourd'huy dimanche 16 mars 1638, sur les huit heures du soir, a esté apporté le corps de M. le marquis de Marigny à la porte de nostre église, lequel nous avons receu et inhumé au milieu de la chappelle de Nostre-Dame. Et sur le cercueil de bois est attachée une lame de cuivre où sont gravées ces paroles : [suit le texte de l'épitaphe].» (Arch. nat., LL 1543, fol. 4.)

Le corps fut transféré, après 1659, dans l'église nouvellement construite : «Il est à remarquer que le corps de feu M. le marquis de Marigny, enfermé dans un cercueil de plomb, suivant la disposition présente de la susdite église nouvelle, est enterré au milieu, vis-à-vis la porte de la sacristie qui entre dans l'église.» (*Ibid.*, fol. 209.)

[2] «Suivant la disposition présente de l'église, le corps de feu M. le comte de La Marche est dans la chapelle de la Vierge». (*Ibid.*, fol. 23 v°.)

Le 27 février 1662, «le corps de feu messire Anthoine de Maillyé, conte de La Marche fut transféré de la chapelle de Nostre Dame qui estoit le long de la rue, en une autre petite chappelle faite entre l'église et le couroir par où on vient au monastère». (*Ibid.*, fol. 28 v°.)

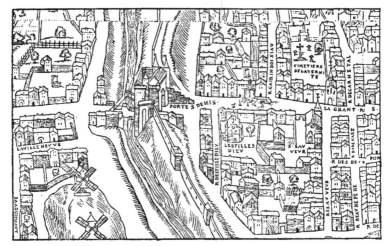

Vue du couvent des Filles-Dieu [1].

COUVENT DES FILLES-DIEU.

NOTICE HISTORIQUE.

Presque tous les historiens ont cru devoir attribuer à saint Louis la fondation du monastère des Filles-Dieu; mais cette opinion ne saurait être admise si on doit l'interpréter dans son véritable sens. Le bon roi qui, suivant l'expression pittoresque de Joinville, « environna de gens de religion la ville de Paris », ne commença à s'intéresser au sort de cet établissement que lorsqu'il comptait déjà près de quarante ans d'existence. En réalité, il fut moins son fondateur que son principal bienfaiteur, puisqu'il lui fournit les ressources nécessaires pour subsister. C'est à Guillaume d'Auvergne, alors qu'il était simple lecteur en théologie [2], que revient le mérite d'avoir songé à recueillir dans un hospice, où elles devaient vivre sous une règle commune, des filles de mauvaise vie que ses pieuses et éloquentes exhortations avaient pu ramener au bien. Au mois d'avril 1226 [3], il obtint, non sans

---

[1] D'après le plan dit de Bâle (1552).

[2] Ce fait est attesté par la Chronique d'Aubry des Trois-Fontaines, qui le place vers la fin de l'année 1225. « Magister Guillelmus Alvernus, theologiam legens Parisius, novam domum Filiarum inchoavit et plures communes mulierculas predi-

catione sua a peccato retraxit. » (Pertz, *Monumenta*, t. XXIII, p. 917.)

[3] « Ego frater B., humilis prior S. Martini de Campis, Parisius, et ejusdem loci conventus omnibus presentes litteras inspecturis, salutem in Domino. Cum inter Parisius et domum S. Lazari,

peine d'ailleurs, du prieur de Saint-Martin-des-Champs et du curé de Saint-Laurent, qui s'étaient tout d'abord déclarés opposés à son dessein, l'autorisation d'établir cet hospice hors Paris, à proximité des religieux de Saint-Lazare, sur un terrain acheté de Guillaume Barbette [1]. Le curé renonça à ses droits paroissiaux sur l'enclos, moyennant une redevance annuelle de vingt sous, et le prieur se réserva le droit de présentation pour les titulaires des chapellenies qui pourraient y être créées.

En 1228, dès qu'il eut été appelé à l'épiscopat de Paris, Guillaume d'Auvergne se préoccupa d'assurer pour l'avenir d'une façon définitive le sort de ses protégées, et il lui fut aisé, grâce à sa nouvelle dignité, de leur venir en aide dans les conditions les plus efficaces. Ce fut assurément grâce à son intervention que le maître de Saint-Lazare, placé sous sa dépendance immédiate, amortit, au

Parisius, construeretur. quoddam hospitale ad opus pauperum mulierum de novo conversarum, ac nos et presbyter S. Laurentii, Parisius, eidem operi opponeremus, tandem, mediantibus bonis viris, nos et presbyter S. Laurentii acquievimus et consensimus ibidem fieri hospitale, ita videlicet quod locus immunis crit ab omni jure parochiali S. Laurentii, infra porprisium suum, quod extendi poterit usque ad tredecim arpennos terre, preterquam de servientibus et pedisseciis conducticiis; ita eciam quod si aliquis vir vel aliqua mulier, probationis causa, moram ibidem fecerit continue per annum, crit de parochia S. Laurentii, nisi extunc sequatur conventum aliarum. Si autem aliqua secularis persona ibidem mansionem extra conventum habuerit, parochianus crit S. Laurentii. Capellanus, sive capellani commorantes ibidem fidelitatem facient presbytero S. Laurentii, super jure parochiali ei ab illis in illo loco conservando. Quantum ad jus parochiale quod debent ei parochiani sui, recompensatio fiet presbytero S. Laurentii xx solidos cum annui redditus, ... Si capellania sive capellanie seculari persone conferende instituantur ibidem, jus patronatus et presentatio ad priorem S. Martini pertinebit, qui personas instituendas parisiensi episcopo presentabit. Domus illa hospitale crit et status ille immutari non poterit quin sit hospitale, nisi de assensu prioris S. Martini et presbyteri S. Laurentii. Cimiterium habebunt et fontes et duas campanas tantum et illarum utramque centenariam et processionem facient quando voluerint et præter hec que superius sunt expressa nec nos nec presbyter S. Laurentii in hospitali predicto vel ejus porprisio aliquid poterimus recla-

mare. In cujus rei memoriam et testimonium presentes litteras sigilli nostri fecimus impressione muniri. Actum anno Domini м ccxxvi, mense aprili. ʺ (Arch. nat., L 1053.)

Dubois, Jaillot et Félibien sont les seuls qui aient rappelé, à juste titre, le rôle prépondérant de Guillaume d'Auvergne dans la fondation des Filles-Dieu. Le dernier biographe de ce prélat, M. Noël Valois, n'a pas manqué de rappeler sur ce point le témoignage formel du chroniqueur des Trois-Fontaines. (*Guillaume d'Auvergne*, p. 200.)

[1] Sauval s'étonnait assez naïvement que les fondateurs de l'hospice «confinèrent ces filles dans un quartier si reculé, au milieu d'une campagne empuantie par des marais, et si éloigné de Paris et de ses murailles... Depuis les portes et les murailles jusqu'aux Filles-Dieu ce n'étoit pour lors qu'un désert infecté de la puanteur des marais voisins, que les jardiniers ne cultivoient point et qu'ils ne vouloient pas ou ne savoient pas desselcber... Je ne sai comment deux cens femmes ont pu subsister tant de temps dans un séjour si puant et si malaisé.» (T. I, p. 474.)

Il est probable que la modicité du prix des terrains, motivée par l'insalubrité du quartier, avait dû influer sur le choix de Guillaume d'Auvergne. D'ailleurs, si, comme le prétend Du Breul, l'emplacement de l'hospice lui avait été donné gratuitement, il ne pouvait avoir aucune hésitation. On peut même admettre qu'il avait éloigné le plus possible de Paris ses pénitentes, nouvelles converties, pour leur enlever définitivement toute occasion de revenir à leur ancien genre de vie.

mois de mai 1282, le terrain sur lequel l'hospice avait été installé et le gratifia en outre de quatre arpents de terre contigus, avec les droits de seigneurie, de justice et de censive, le tout pour une redevance annuelle de douze livres parisis. Dans ce contrat de cession, le nom des Filles-Dieu fut attribué pour la première fois à la nouvelle communauté [1].

Vers cette époque, l'évêque de Paris paraît avoir confié l'administration de la maison à un archidiacre de Notre-Dame, Eudes, qui, de concert avec lui, s'attacha surtout à accroître son domaine territorial. Sur leurs instances, le chapitre de Notre-Dame amortit aux Filles-Dieu, en juin 1232, cinq arpents de terrain qu'elles avaient acquis de Marie de Meulan et trois arpents et demi qu'elles tenaient de Guillaume Escuacol [2]; au mois de juin 1235, le chapitre de Sainte-Opportune leur amortit de même dix arpents de marais, dont huit seulement, qui avaient appartenu à Adam Forre, étaient alors en leur possession [3]. En

[1] Noverint universi quod nos dedimus et concessimus Filiabus Dei Parisius totam terram quam ipse emerunt a Guillelmo Barbete, cive parisiensi, ubi videlicet domus earum fundata est; que terra erat in nostro dominio et censiva; et insuper quandam peciam terre circiter quatuor arpennos et dimidium, sitam juxta maseriam quam libere possidebamus. Quittavimus insuper ipsis Filiabus Dei omne dominium et censivam et justitiam et quicquid in dictis terris habebamus vel habere poteramus, volentes et concedentes quod dicte terre ab ipsis Filiabus Dei in manu mortua perpetuo teneantur; ita tamen quod, in recompensationem istius concessionis et quittationis, prefate Filie nobis duodecim libras parisiensium incrementi census annuatim solvere tenebuntur, quousque ad duodecim libras incrementi census alibi et competenti loco et in manu mortua ab ipsis Filiabus Dei fuerimus assignati..... Quittavimus etiam ipsis Filiabus Dei, pietatis intuitu, totam decimam et jus decime quam habebamus in dictis terris ab ipsis in manu mortua perpetuo possidendis. Quod ut ratum permaneat, presentes litteras sigillorum nostrorum munimine fecimus roborari. Datum anno Domini M CC XXXII°, mense maio.» (Du Breul, p. 659.)

[2] «Guillelmus, permissione divina parisiensis ecclesie minister indignus, omnibus presentes litteras inspecturis salutem in Domino. Notum facimus quod cum inter capitulum parisiense ex una parte et Filias Dei Parisius ex altera contentio esset super eo videlicet quod dictum capitulum easdem filias Dei compellebat ut extra manum suam ponerent

quinque arpenta terre que fuerunt Marie de Meullent, contigua domui dictarum Filiarum Dei, et tria arpenta et dimidium terre que fuerunt nobilis viri Guillelmi Escuacol, tandem, bonorum virorum consilio, amicabilis intercessit inter eos compositio in hunc modum, quod sepefate Filie Dei octo solidos et dimidiam partem census capitalis et viginti et unum solidum et dimidium incrementi census dicto capitulo reddent in perpetuum in octabis beati Dyonisii annuatim, nec de cetero poterit ipsum capitulum easdem Filias Dei compellere ad ponendum extra manum suam prefata quinque arpenta terre, nec in supradicta tria arpenta et dimidium terre, salvis tamen eidem capitulo, in eisdem terris, justitia et omnibus aliis que pertinent ad censivam. In cujus rei testimonium presentes litteras eidem capitulo sigilli nostri munimine concessimus roboratas. Actum anno Domini M CC XXXII°, mense junio.» (Arch. nat., LL 76, p. 823.)

[3]. «Omnibus presentes litteras inspecturis, capitulum Beate Opportune Parisius salutem in Domino. Noverit universitas vestra quod cum nos haberemus in octo arpentis maresii que fuerunt Ade Forre capitalem censum, justiciam et decimam, voluimus et concessimus quod Filie Dei Parisius teneant de cetero et possideant sine coactione distrahendi predicta octo arpenta maresii, pro octo solidis parisiensium annuatim nobis ab eisdem perssolvendis in festo Sancte Opportune, pro capitali censu, et insuper duo arpenta de novo se dictis Filiabus acquirenda in nostra censiva, pro duobus solidis capitalis census solvendis cum acquisita fuerint dicta duo arpenta in eodem festo. Et

mars 1238, les Filles-Dieu acquirent de Jean Lécuyer quatre arpents de terres labourables, en échange de rentes et d'une grange avec ses dépendances qui leur avaient été léguées par Guillaume Pointlasne et Jean son fils [1], et au mois d'août de la même année, elles achetèrent un autre arpent d'un boucher de Paris [2]. L'évêque de son côté leur amortit, au mois d'octobre 1240, sous la réserve du payement d'un double cens, trois arpents de vignes au bas de Montmartre, deux arpents de terre hors les murs et six autres à proximité de leur résidence [3]. Au mois de mars 1243, Geneviève la Sourde, veuve de Guillaume Barbette, leur

[1] dicte Filie Dei dederunt nobis, pro hac concessione, quadraginta sex libras parisiensium ad emendos redditus de quibus nobis est satisfactum. Concessimus etiam dictis Filiabus Dei et quittavimus pietatis intuitu decimam dictorum octo arpentorum et quicquid juris habebamus in illa decima pro quatuor solidis annui redditus, in dicto festo percipiendis, et decimam duorum acquirendorum, pro duodecim denariis solvendis in eodem termino cum fuerint acquisita. Hec autem omnia, prout in singulis articulis superius sunt expressa, tenemur garantizare eisdem Filiabus contra omnes... Datum anno Domini M CC XXXV°, mense junio." (Arch. nat., S 4695.)

[1] "Guillelmus, permissione divina parisiensis ecclesie minister indignus, universis presentes litteras inspecturis salutem in Domino. Notum facimus quod Johannes, dictus Armiger, in nostra presentia constitutus, recognovit se permutasse cum Filiabus Dei Parisius quatuor arpenta terre arabilis que dicebat se et Agnetem uxorem suam habere prope domum Filiarum Dei Parisius, inter maresium Filiarium Dei et domum earumdem, pro sexaginta et decem solidis incrementi census quos defunctus Guillelmus, dictus Pungens asinum, legaverat eisdem Filiabus Dei super quasdam masuras sitas, ut dicitur, extra muros Parisius, in parrochia sancti Eustachii, in censiva nostra, et pro quadam granchia et ejus pertinentiis sita, ut dicitur, similiter extra muros in parrochia sancti Eustachii et censiva nostra, quam granchiam cum suis pertinentiis frater Johannes, de ordine predicatorum, quondam filius dicti Guillelmi, legavit ipsis Filiabus Dei et etiam pro quadringinta solidis parisiensibus annui redditus percipiendis ab ipso Johanne et ejus heredibus in septem libris et dimidia parisiensium quas dicte Filie Dei percipiunt annuatim in redditu tertie septimane telonei Parisius... Fidem dedit in manu fidelis nostri Odonis, ecclesie parisiensis archidiaconi, ad hoc a nobis specialiter destinati, prout idem archi-

diaconus nobis retulit viva voce. In cujus rei testimonium presentes litteras sigillo nostro fecimus signari. Actum anno Domini M CC XXX VIII°, mense marcio." (Arch. nat. S 4695.)

[2] Omnibus presentes litteras inspecturis, officialis curie parisiensis salutem in Domino. Notum facimus quod Petrus carnifex, Alipdis ejus uxor et Guillelmus, nepos ejusdem Petri, in nostra presentia constituti, recognoverunt se vendidisse venerabili viro Odone, ecclesie parisiensis archidiacono, nomine Filiarum Dei Parisius, quoddam arpentum terre arabilis site, ut dicitur, juxta domum Filiarum Dei Parisius pro triginta libris parisiensium, quittum ab omni censu, onere et coustuma... Preterea dictus Petrus, in cujus feodo dicta terra sita est, ut dicitur, quittavit coram nobis dictis Filiabus Dei totum dominium et justitiam quod habebat in dicto arpento terre et in quodam alio contiguo eidem... Actum anno Domini M CC XXXVIII°, mense augusti." (Arch. nat., S 4695.)

[3] Universis presentes litteras inspecturis, Guillelmus, permissione divina parisiensis ecclesie minister indignus, æternam in Domino salutem. Notum facimus quod nos volumus et concedimus dilectis in Deo Filiabus Dei Parisius quod ipse teneant et possideant de cetero et in futurum et in mortua manu tria arpenta vinearum sitarum subtus Montem Martyrum, in censiva nostra, ad duodecim denarios censuales, ita quod census ille duodecim denariorum nobis et successoribus nostris de eisdem duplicetur; item... duo arpenta terre sita extra muros, prope domum magistri Stephani Beroudi, quondam decani Sancti Germani Altissiodorensis, Parisius, que nobis debebant duos solidos censuales, et a quod duplicabitur ille cænsus; item... sex arpenta terre sita retro domum ipsarum que tenebat a nobis dominus Radulfus de Plesseio et quod Andreas aurifaber ab eodem Radulfo tenebat... Datum anno Domini M CC XL°, mense octobri." (Ibid.)

donna deux arpents en aumône, et, au mois de novembre, le chapitre de Notre-Dame leur amortit tout à la fois, pour trente-deux sous de cens annuel, les quatre arpents provenant de l'échange fait avec Jean Lécuyer et quatre arpents de terres labourables, récemment acquis de Pierre Thibaud [1]. En janvier 1250, Marie Barbette leur vendit encore six arpents, auxquels vint s'ajouter, le 15 mars, un demi-arpent cédé par Guillaume de Brou, bénéficier de Notre-Dame, que le chapitre amortit moyennant dix sous parisis de rente [2]. Par un échange avec les chevaliers du Temple des terres qu'elles possédaient à Fontenay, les Filles-Dieu

[1] « Omnibus presentes litteras inspecturis, L. decanus totumque capitulum parisiense in Domino salutem. Notum facimus universis quod, cum venerabilis vir Odo, archidiaconus ecclesie nostre, concanonicus noster, ad opus Filiarum Dei Parisius et nomine earum, emisset, in censiva communi Beate Marie Parisius, quatuor arpenta terre arabilis, que sunt Johannis Scutiferi et Agnetis, uxoris sue, filie quondam Guillelmi defuncti Pungentis asinum, ad quatuor solidos capitalis census, item in eadem censiva circiter alia quatuor arpenta terre similiter arabilis, uno quartario minus, que fuerunt Petri dicti Tybaudi, ad quatuor solidos censuales, tribus denariis minus, quarum terrarum justitia omnis et omne dominium ad ecclesiam nostram pertinet, que quidem terre site sunt prope domum dictarum Filiarum Dei, versus Sanctum Lazarum et eisdem Filiabus Dei necessarie, prout eodem archidiacono referente didicimus, easdem terras sine assensu nostro cedem Filie Dei tenere non possent, tandem nos, ad peticionem bonorum et dicti archidiaconi, ex nunc et in futurum volumus et concedimus ut predicte Filie Dei, predictas terras prout fuerunt nominate expresse, limitate et metate, nichil addito vel diminuto, sine coactione vendendi vel extra manum suam ponendi, possideant in futurum, salvis tamen nobis et ecclesie nostre, pro dicta concessione, triginta duobus solidis parisiensum annui census, tam pro capitali quam pro augmentato censu, singulis annis perpetuo in octabis beati Dionysii ab eisdem Filiabus Dei super dicta terra nobis integraliter Parisius persolvendis et ab eisdem asportandis, et salvis in nobis omni justitia, dominio et aliis juribus que prius habebamus in terris eisdem, preterquam quod eas non poterimus compellere ad vendendum. Si vero, processu temporis, casu aliquo dicte Filie Dei dictas terras venderent vel partem earum seu aliquo modo ponerent extra manum suam, ventas habebimus necnon et omnia alia jura que prius in eisdem terris habebamus, que

jura expresse retinemus, nichilominus totalem censum predictum, ab antiquo et de novo impositos haberemus. Sciendum etiam est quod, si in predicta terra edificia fieri contingeret, quodlibet edificium crit nobis et ecclesie nostre pro dictis triginta duobus solidis, ut dictum est, integriter reddere in solidum obligatum et in eisdem edificiis omnem justiciam et omnia jura que competunt extra justiciam, nichilominus haberemus, prout superius est expressum. Et hec omnia idem archidiaconus voluit necnon et concessit et acceptavit, obligans dictas Filias Dei et etiam nostras dictas terras, quantum in ipso est, de predictis ex nunc in perpetuum tenendis et inviolabiliter observandis. In cujus rei testimonium nos presentibus litteris sigillum nostrum duximus apponendum. Datum anno Domini M CC XLIII°, mense novembris. » (Arch. nat., LL 76, p. 822.)

[2] « Universis presentes litteras inspecturis, L. decanus, totumque capitulum parisiense salutem in Domino. Notum facimus quod, cum Guillelmus, dictus de Brou, presbyter beneficiatus in ecclesia parisiensi, habebat et possidebat nomine beneficiali, in manu mortua, ut asserebat coram nobis, dimidium arpentum terre situm prope domum Filiarum Dei Parisius, juxta calceiam per quam itur ad Sanctum Dionysium... idem Guillelmus, attendens in hoc utilitatem suam, ut decebat, nobis volentibus, consentientibus et auctoritatem super hoc eidem praestantibus, dedit, cessit et quittavit, nomine beneficii sui, predictis Filiabus Dei Parisius, in perpetuum, predictum dimidium arpentum terre pro decem solidis parisiensium annui redditus... Nos autem predicta omnia rata habentes et grata, quia idem Guillelmus dicebat hoc esse ad utilitatem dicti beneficii, presentes litteras concessimus Filiabus Dei et ipsas litteras ad perpetuam rei memoriam, et precationem dicti Guillelmi, sigilli nostri munimine fecimus roborari. Datum anno Domini M CC L°, mense martio. » (Arch. nat., S 4695.)

devinrent propriétaires, au mois de juillet 1252, de cinq arpents attenant à leur maison [1]. Elles obtinrent, au mois de mars 1253, des religieux de Saint-Lazare, moyennant une somme de soixante livres parisis et une rente annuelle de douze deniers par arpent, les terrains qu'elles tenaient de Geneviève la Sourde et de Marie Barbette, avec tous les droits de justice et de seigneurie [2]. Au mois de juillet 1255, elles acquirent des administrateurs de l'Hôtel-Dieu, pour une rente annuelle de vingt sous parisis, trois quartiers de terre amortis par le chapitre de Notre-Dame [3]. Enfin, au mois de juin 1256, Renaud de Montmartre leur céda,

[1] «Omnibus presentes litteras inspecturis, frater Guido de Bassenvilla, domorum milicie Templi in Francia preceptor, salutem in Domino. Notum facimus quod, cum nos et domus nostra haberemus, teneremus et possideremus in manu mortua, absque omni onere census... quinque arpenta, undecim perticis minus, terre arabilis, sitas Parisius, in una pecia juxta domum Filiarum Dei, quam terram dominus Stephanus, presbiter, canonicus Sancti Clodoaldi, provisor domus Filiarum Dei Parisius, a domino episcopo deputatus, propter propinquitatem et vicinitatem domus ipsarum Filiarum Dei, ipsi domui asserebat fore proficuam et plurimum oportunam, et idem Stephanus, tam nomine suo quam nomine domus ipsarum Filiarum Dei, haberet, teneret et possideret in manu mortua..., in territorio Fontaneti, unam peciam terre arabilis continentem tria arpenta et septem perticas et dimidium quarterium..., item quandam aliam peciam terre arabilis continentem duo arpenta, quarto unius perticæ minus..., item quamdam aliam peciam terre arabilis continentem duo arpenta quarterium unum..., idem Stephanus dedit et concessit, tam nomine suo quam nomine dictarum Filiarum Dei et domus earum, nobis et fratribus nostris et domui milicie Templi Parisius in perpetuum, permutationis et escambii nomine, pro dictis quinque arpentis, undecim perticis minus, mensuratis et a dicto Stephano, tam suo quam dictarum Filiarum Dei nomine, acceptatis. Que quinque arpenta, undecim perticis minus, terre arabilis eisdem, permutationis et escambii nomine, dedimus et concessimus pro dictis terris superius nominatis, ab ipsis Stephano et Filiabus Dei Parisius in manu mortua perpetuo, sub libertate predicta, libere et quiete ac pacifice possidendis... Datum anno Domini M CC LII°, mense julio.» (Arch. nat., S 4695.)

[2] «Omnibus presentes litteras inspecturis, magistri et fratres tam sani quam leprosi domus Sancti Lazari Parisius seu totus ejusdem loci con-

ventus, salutem in Domino. Notum facimus universis quod, cum Filie Dei Parisius haberent et possiderent octo arpenta terræ arabilis, sita in una pecia inter muros domus dictarum Filiarum Dei et terram Templi, a parte illa versus Parisius, in censiva nostra, onerate de octo solidis parisiensium capitalis census, nobis debitis annuatim in octabis Sancti Dionysii, quorum octo arpentorum terræ defuncta Genovefa dicta Surda dedit dictis Filiabus Dei duo arpenta in eleemosinam et alia sex arpenta Maria dicta Barbete, filia quondam dicte Genovefe, vendidit Filiabus Dei predictis, ac nos ipsas Filias compelleremus ad vendendum et ponendum extra manum suam octo arpenta terre prædicta, tandem nos, pensata utilitate nostra et domus nostræ, volumus, concedimus et expresse consentimus quod dicte Filie ex nunc et in perpetuum dicta octo arpenta terre arabilis habeant, teneant, possideant pacifice et quiete, in manu mortua, sine coactione vendendi aut extra manum suam ponendi, ita tamen quod pro quolibet arpento dictæ terre predicte Filie nobis et successoribus nostris solvant annuatim duodecim denarios in octabis Sancti Dionysii, salvis tamen nobis et successoribus nostris justicia, jure, dominio et decima in octo arpentis terræ prædictis; pro qua concessione nos recepimus ab ipsis Filiabus Dei sexaginta libras parisiensium..... Datum anno Domini M CC LIII°, mense martio.» (Félibien, t. III, p. 116.)

[3] Omnibus presentes litteras inspecturis, L. decanus et capitulum parisiense, salutem in Domino. Notum facimus quod, cum magister et fratres Domus Dei Parisius haberent et possiderent in manu mortua, ut asserebant coram nobis, tria quarteria terre arabilis vel circiter, sita prope domum Filiarum Dei Parisius, juxta calceiam per quam itur ad Sanctum Dionysium, tandem ipsi magister et fratres, nobis volentibus et consentientibus et auctoritatem super hoc prestantibus, pensata utilitate

au prix de cent livres parisis, deux arpents que le chapitre de Sainte-Opportune
avait amortis par avance en 1235 [1]. Ce fut, à ce qu'il semble, la dernière acquisition faite par les Filles-Dieu.

Ainsi qu'il est facile de le constater par ce rapide exposé, la protection de
Guillaume d'Auvergne avait été singulièrement profitable à la maison, puisque
au moment de sa mort, survenue en 1250, elle possédait un vaste domaine sur
lequel avaient été élevés, au fur et à mesure des besoins, les divers bâtiments
exigés par le développement de la communauté, et il paraît bien difficile d'admettre que saint Louis, qui ne l'avait aidée en aucune façon dans ses acquisitions,
eût fait construire lui-même les bâtiments, comme les Filles-Dieu devaient
le prétendre plus tard. Il est très vraisemblable, au contraire, qu'elles avaient
dû affecter à ce double objet toutes les ressources qu'elles tenaient de la
charité publique, et qu'elles se trouvaient dans un profond dénûment, puisque
le successeur de Guillaume, l'évêque Renaud de Corbeil, dut faire appel au
concours de saint Louis pour assurer leur subsistance. Comme il savait que le
roi n'avait jamais éprouvé de sympathie pour les femmes de mauvaise vie, il
se borna à lui demander ce que l'on ne pouvait décemment refuser à des
pénitentes, le pain et l'eau [2]. Par lettres du mois de septembre 1250, le roi
accorda, en effet, aux Filles-Dieu une rente annuelle de deux muids de blé de

dicte domus Dei, concesserunt et quittaverunt predictis Filiabus Dei in perpetuum predicta tria quarteria terre vel circiter et quidquid habebant vel
habere poterant in eis pro viginti solidis parisiensium annui redditus... et promiserunt quod dictam terram in manu mortua dictis Filiabus Dei et
illi qui causam habebunt ab ipsis garantizabunt.
Datum anno Domini м cc lv, mense julii. » (Félibien,
t. III, p. 116.)

[1] Omnibus presentes litteras inspecturis officialis curie parisiensis, salutem in Domino. Notum
facimus quod in nostra presentia constituti Reginaldus de Monte Martyrum et Maria, ejus uxor,
asseruerunt quod ipsi habebant, tenebant et possi-
debant pacifice duo arpenta maresii, moventia, ut
dicebant, de hereditate dicte Marie, sita, ut dicitur,
versus Sanctum Lazarum parisiensem, contigua ex
una parte prato Filiarum Dei Parisius et prato
Foucheri clerici, ex altera, in censiva Sancte Opor-
tune;... que duo arpenta maresii dicti Reginaldus
et Maria, ejus uxor, coram nobis recognoverunt se
vendidisse et quittavisse Filiabus Dei Parisius, in
perpetuum, et eis qui causam habebunt ab eisdem,
pro centum libris parisiensium jam dictis vendito-
ribus solutis,... preterea dominus Stephanus, presbyter, provisor domus dictarum Filiarum Dei Pari-

sius, coram nobis constitutus, asseruit quod ipse
dicta duo arpenta maresii emerat ad onus dictarum
Filiarum Dei Parisius, in censiva Sancte Opportune
predicte et quod capitulum dicte Sancte Opportune
Parisius eisdem Filiabus Dei dicta duo arpenta maresii concesserat perpetuo manu mortua detinenda.
Datum anno Domini м cc lvi°, mense junii. » (Ibid.)

[2] Ce détail est rapporté avec une rigoureuse
précision par le biographe de saint Louis, Geoffroy
de Beaulieu; mais on pourrait inférer de son récit
que la générosité du roi envers les Filles-Dieu
s'était manifestée d'un seul coup de trois façons différentes, tandis qu'il paraît bien évident qu'il dut
s'écouler un long intervalle, peut-être une vingtaine
d'années, entre la première et la dernière de ses
libéralités :

«Miserandarum mulierum, quæ propter victus
penuriam erant publice expositæ ad peccatum vel
ad exponendum paratæ, quæ tantum panem et
aquam ab ipso petebant ut sic a peccato caverent.
in domo Filiarum Dei Parisiis magnam multitu-
dinem congregavit et eisdem, pro sustentatione,
annuatim quatuor centum libras parisienses assignavit et insuper introeuntibus et manere volentibus de vestibus providebat. » (Historiens de France,
t. XX, p. 11.)

Gonesse [1], et par celles du 25 juin 1256, une concession d'eau prise à la fontaine de Saint-Lazare [2].

Quelques années plus tard, à une date qu'il n'est pas possible de fixer exactement, le pieux monarque paraît s'être intéressé d'une façon plus généreuse à l'entretien de la maison, puisqu'il la dota sur le Trésor royal d'une rente annuelle de quatre cents livres [3]. La libéralité du roi trouve son explication toute naturelle dans ce fait qu'à l'époque de la donation l'ancien hospice avait complètement changé de caractère; par suite de la disparition graduelle de ses premières pensionnaires, que des religieuses avaient remplacées, il était devenu un véritable couvent. Aussi la nouvelle dotation devait-elle s'appliquer à l'entretien de deux cents religieuses dont la désignation était attribuée alternativement au roi et à l'évêque de Paris. Mais l'évêque conservait seul, comme par le passé, la haute direction de la maison et la nomination du maître ou proviseur, chargé de l'administrer et tenu de lui rendre des comptes à toute réquisition [1].

[1] La plus ancienne mention de cette donation que nous ayons pu retrouver est consignée dans un inventaire des Filles-Dieu de 1536, qui constate l'existence d'une «lettre datée de l'an mil n° LX, ou mois de septembre, par laquelle le roy s' Louys a aucthorisé les aulmones de deux muys de blé, donnez auxdictes Filles-Dieu.» (Arch. nat., S 4703.) Plus tard, le payement en nature fut remplacé par une rente annuelle de soixante livres sur le Trésor.

[2] «Ludovicus, Dei gratia Francorum rex, universis presentes litteras inspecturis, salutem. Notum facimus quod nos concessimus Filiabus Dei Parisius quod possint facere ductum aquæ de fonte S. Lazari Parisius, per quem possit adduci aqua de dicto fonte ad domum suam, videlicet per calceiam ex una parte ipsius calceie que est inter dictam domum earum et domum S. Lazari prædicti; ita tamen quod via dicte calceie euntibus per ipsam minime impediatur et quod si dicta calceia in aliquo deterioretur, in faciendo vel reparando aqueductum predictum, volumus quod reficiatur ad sumptus Filiarum Dei predictarum. In cujus rei testimonium presentibus litteris nostrum fecimus apponi sigillum. Actum apud abbatiam B. Marie Regalis, juxta Pontisaram, dominica post festum beatorum Petri et Pauli apostolorum, anno domini M CCL.XV.» (Félibien, t. V, p. 604.)

[3] Sauval prétend que l'attribution de ce revenu avait été ordonnée par saint Louis dans son testament, ce qui ne paraît nullement exact. Comme il n'a subsisté à cet égard aucun document positif, il serait possible que la donation eût été faite verba-

lement. Elle fut toutefois constatée d'une façon précise dans le préambule des lettres patentes du roi Jean, de décembre 1350, ordonnant qu'elle devait toujours à l'avenir être régulièrement acquittée par le Trésor:

«Johannes, Dei gratia Francorum rex, notum facimus universis tam presentibus quam futuris quod, cum nuper ad nostram pervenerit audientiam quod illustris et sancte memorie beatus Ludovicus, noster in Franciæ regno gloriosissimus predecessor,... voluerit ordinaveritque et cum effectu post modum duxerit exequendum, quod quedam mulieres, generaliter Dei Filie nuncupate, simul ad invicem convenerent et in eodem monasterio ultra portam Sancti Dionysii morarentur, vacantes divinis laudibus et a mundo specialiter sequestrate, soli Christo nubentes et ei veraciter adherentes, et peramplius Deo et pro dictis religiosis mulieribus curam gerens, ipsa in domo seu monasterio prefata perpetuo permansuras fore, in numero ducentenario instituit ac etiam ordinavit et ut aliqualiter provideret ipsis prefatis ducentis religiosis quadringentas libras annui redditus dedit seu contulit, amore Dei ac intuitu pietatis, dictasque quadringentas libras super suum thesaurum prefatis mulieribus assignavit...» (Arch. nat., L 1053.)

[1] Les lettres de nomination de Valeran du Bois, datées du 13 janvier 1356, nous font connaître les attributions et les obligations du maître des Filles-Dieu:

«Notum facimus quod nos dilectum nobis in Christo dominum Galteranum de Bosco, presby-

L'organisation du couvent, conséquence de la donation de saint Louis, paraît avoir subsisté plus d'un demi-siècle, sans subir aucun changement. Mais, en 1346, comme, par suite de maladies épidémiques, le nombre des religieuses du monastère avait été considérablement réduit, l'évêque de Paris, Foulques de Chanac, jugea opportun de les limiter pour l'avenir au chiffre de soixante [1]. Les trésoriers du roi, estimant avec juste raison que, du moment où les conditions prescrites par saint Louis n'étaient plus observées, le revenu de quatre cents livres parisis assigné par lui pour deux cents religieuses devait subir une réduction proportionnelle, se refusèrent à payer désormais plus de cent livres. Les protestations

terum, magistrum et provisorem ac gubernatorem domus Filiarum Dei juxta Parisius, nobis subjectæ, fecimus et facimus per præsentes ac etiam ordinamus, nec non personarum et bonorum ad eamdem domum pertinentium cum potestate petendi et exigendi ab omnibus, coram quibuscumque judicibus secularibus et ecclesiasticis, et etiam deffendendi bona et jura ipsius domus (alienatione tamen bonorum immobilium sibi interdicta), ita tamen quod bona dictæ domus in usum ejusdem bene et fideliter distribuet, et prædictis Filiabus Dei ac aliis personis prædictæ domus de dictis bonis administrabit prout est hactenus fieri consuetum et de eis nobis et gentibus nostris super hoc a nobis deputatis certum compotum reddet quando et quotiens super hoc ipse fuerit requisitus.» (Arch. nat., L 1053.)

Il arriva parfois, au cours du xiii° siècle, que l'évêque de Paris confia à un seul et même personnage l'administration des deux maisons des Filles-Dieu et de Saint-Lazare, qui se trouvaient placées sous sa dépendance immédiate. C'est ainsi que le 27 avril 1270, «dominus Stephanus, episcopus parisiensis, vocatis omnibus fratribus et sororibus dicte domus [sancti Lazari], tam sanis quam leprosis, in curia dicti loci, dedit eis magistrum et provisorem dominum Sansonem, magistrum Filiarum Dei Parisius». (Guérard, *Cartulaire de Notre-Dame*, t. I, p. 184.) Mais, en raison de l'importance que prit le couvent des Filles-Dieu, grâce à la donation de saint Louis, ce fait ne paraît pas s'être jamais reproduit dans la suite.

[1] Du Breul ne paraît pas avoir compris la phrase suivante des lettres du roi Jean : «Episcopus parisiensis anno quadragesimo nono, vel eo circa .. ipsas sic antea ordinatas perpetuo fore modo dicto sub numero ducenteno, ad numerum sexagenarium reducere voluit.» Aussi écrit-il :

«Quarante neuf ans ou environ évolus depuis le temps de cette fondation, l'evesque de Paris (qui avoit toute jurisdiction sur lesdictes religieuses...) réduit ce grand nombre à 60 religieuses, sans diminuer la susdicte rente. Ce que les Trésoriers des rois Philippes de Valois et Jean son fils ne voulurent accorder, ains seulement bailler deux cens livres parisis pour cent religieuses qui restoient ; et ont esté en cette perplexité jusques en l'an 1350, que le Roy Jean, meu de leurs pleurs et lamentations, leur a accordé pour cent religieuses ladite somme de 400 livres». (P. 659.)

Sauval, adoptant l'idée de Du Breul, prétend que la réduction du nombre des religieuses fut opérée par Étienne Tempier, c'est-à-dire de 1260 à 1270. (T. I, p. 474.)

En réalité, il ne s'agit nullement ici d'une décision prise par cet évêque quarante-neuf ans après la fondation du monastère, mais d'un décret de Foulques de Chanac, daté du mois de mai 1346, c'est-à-dire antérieur de quatre ans à peine aux lettres du roi Jean par lequelles il fut annulé. Voici d'ailleurs le texte complet de ce curieux document :

«Universis præsentes litteras inspecturis, Fulco, Dei gratia parisiensis episcopus, salutem in Domino sempiternam. Statuunt sanctiones canonicæ et civiles ut in ecclesiis, religiosis domibus et hospitalibus, talis instituatur personarum numerus et non major, quam ad ipsarum sustentationem et expensas ecclesiarum, domorum et hospitalium suppetere valeant facultates, ne propter immoderatas expensas et personarum numerum excessivum ecclesiae, domus et hospitalia hujusmodi in causam necessariorum mutuorum incidant et paulatim ad inopiam vergant. Cum igitur, sicut accepimus, in domo religiosarum Filiarum Dei, juxta Parisius, nostro regimini subjectarum, in qua jugiter diurnum et nocturnum celebratur officium, hactenus per-

réitérées du couvent au sujet de cette réduction, après être restées sans aucun effet durant les trois dernières années du règne de Philippe VI, trouvèrent un accueil favorable auprès de son successeur. Par ses lettres patentes du mois de novembre 1350, le roi Jean, désireux de maintenir en vigueur la fondation de saint Louis, décida que la mesure prise par l'évêque était illégale, que le nombre des religieuses serait désormais fixé à cent, et ne pourrait être diminué ou accru par une autorité quelconque et que l'intégralité du revenu précédemment assigné à la maison continuerait néanmoins à être acquitté par le Trésor royal [1].

sonæ receptæ fuerint in numero excessivo, licet ipsius facultates paucis sufficere possint, nos, sicut nostro convenit officio, ipsi domui, ut nullam in spiritualibus aut temporalibus patiatur de cetero lesionem, retento bene placito domini nostri regis, paterna sollicitudine providere cupientes, et propterea volentes super statum domus predicti scire plenius veritatem necnon et dictarum valorem facultatum, certos commissarios nostros circumspectos, providos et prudentes ad dictam domum duximus destinandos. Qui, sicut ipsorum habet assertio, ibidem personaliter accedentes et super premissis diligencius inquirentes, invenerunt quod facultates eedem, supportatis inevitabilibus dicte domus oneribus, ad sustentationem et expensas sexaginta et non plurium possint sufficere personarum. Quare nos, assertioni predicte fidem et merito fiduciam adhibentes, prehabita deliberacione diligenti ac convocato super hoc plurimorum consilio peritorum, dicto domini nostri regis beneplacito retento, super statu ejusdem domus et personarum ipsius statuendum et ordinandum auctoritate nostra ordinaria duximus in hunc modum : et primo statuimus et ordinamus quod in prefata domo sint de cetero sexaginta mulieres, Filie Dei nuncupate, et ut sine intermissione cultus divinus honorificentius ibi fiet, dictarum sexaginta sint quadraginta que legere sciant et cantare et in capella domus predicte cantare et legere, sicut consuetum est, teneantur et ad hoc sint astricte; alie vero viginti sint bone fame et conversationis honeste, ita ut dictus sexagenarius numerus habeatur de cetero et perpetuo conservetur, et ultra ipsum nulla de cetero persona recipiatur ibidem, majore tamen numero nunc existenti, donec ad dictam sexagenariam pervenerit, remanente sub magistri regimine... Dictarum autem Filiarum institutio ad dominium nostrum regem et nos, sicut ab antiquo pertinuit, pertinebit, videlicet cum primum locum vacare contingerit, dictus dominus noster rex primo

in locum vacantem personam ponendam et, cum locus vacabit secundus, nos vel successor noster qui erit pro tempore parisiensis episcopus, et sic deinceps alternis vicibus... Datum Parisius anno M CCC XLVI°, mense maii. » (Arch. nat., L 1953.)

L'évêque, si l'on s'en rapporte à son affirmation, aurait agi en cette circonstance avec l'assentiment du roi Philippe VI. Mais Jean le Bon paraît admettre au contraire que son père n'avait pas été consulté à ce sujet : « Inclytæ recordationis domino progenitore nostro pro tunc inconsulto vel ejus consilio quoad hoc nullatenus evocato, episcopus præfatus non potuit nec de dictarum mulierum tali numero ordinare... »

[1] « ... Dilecti fideles thesaurarii inclytæ memoriæ charissimi domini et genitoris nostri, et nunc etiam nostri, audientes et attendentes hujusmodi episcopi ordinationem, seu numeri diminutionem, noluerunt præfatis mulieribus reddere seu solvere nisi medietatem dictarum quadringentarum librarum, dicentes quod sexaginta religiosæ remanentes possent de ducentis libris melius et convenientius se juvare et etiam vivere quam ducentæ, primo ibi constitutæ, de illis quadringentis libris. Pro quarum quadringentarum librarum solutionis retardatione seu recusatione (ut superius est expressum), dictæ religiosæ lamentabiliter dolentes remanserunt et ad nos accedentes nobis pluries ac devotissime supplicarunt quatinus eis vellemus providere super præmissis de remedio opportuno. Nos igitur, volentes præfati prædecessoris nostri beati Ludovici statuta et ordinationes facta seu factas quantum possumus in hac parte inviolabiliter observare et extrema minus debita refellere (prout decet), mediumque sectari, dicimus et diffinimus quod reductio ducentarum religiosarum ad numerum sexagenarium fuit nimis exquisita et restricta et minus perinde facta; insuper quod inclytæ recordationis domino genitore nostro pro tunc inconsulto vel ejus consilio quoad hoc nullatenus

Les Filles-Dieu n'avaient réussi à conjurer la diminution de leurs revenus que pour subir, quelques années après, une calamité plus désastreuse encore pour elles, la dépossession de leur maison. Comme, durant la captivité du roi Jean, les Anglais et le roi de Navarre ravageaient les environs de Paris, le prévôt des marchands et les échevins, pour mettre la ville à l'abri d'un coup de main du côté où elle se trouvait presque sans défense, décidèrent, en 1358, de la fortifier depuis la rue Montorgueil jusqu'à la porte Saint-Denis par l'établissement d'un rempart flanqué de fossés et d'arrière-fossés. La nouvelle enceinte traversant de part en part la couture des Filles-Dieu, leur couvent dut être rasé et une partie des matériaux de démolition servit pour construire les ouvrages de défense [1]. Les religieuses expulsées trouvèrent un asile provisoire dans un modeste hospice naguère contigu à leur ancienne résidence [2] et que la nouvelle clôture venait

---

evocato, episcopus præfatus non potuit nec debuit de dictarum mulierum tali numero ordinare, ita quod dictas quadringentas libras solvere teneremur; unde ipsam reductionem seu ordinationem nolumus ulterius observari . . . . . quibus insuper attentis, dicimus et sententia diffinimus ac volumus et ordinamus pro perpetuis temporibus quod de cetero dictæ religiosæ sint in numero centenerie et sic perpetuo perseverent; ita nec ad numerum ducentenarium æqualiter reducantur nec ad minus quam ad centum auctoritate quacumque de cetero redigantur. Et nos volentes nostrum præbere assensum legatis, dono seu eleemosinæ per beatum Ludovicum nunc factis ac etiam ordinatis, volumus et concedimus quod præfatæ religiosæ in nostro præfato thesauro per manum dictorum nostrorum thesaurariorum præfatas quadringenta libras percipiant et habeant de cetero omni anno. . . . . Datum Parisius anno Domini 1350, mense novembris.» (Du Breul, p. 660.)

[1] L'autre partie, ainsi que l'avait déja constaté Sauval, fut vendue pour 400 deniers d'or à l'écu, du coin du roi Jean : «Dominus Galeranus de Bosco, presbyter, magister seu provisor et gubernator domus Filiarum Dei juxta Parisius... et Petrus Bouguetelli, civis parisiensis, in vico de Burgo Abbatis, Parisius, ut dicebat, commorantis, ex altera, recognoverunt et confessi fuerunt se inter se ad invicem fecisse et concordasse pacta que sequuntur : et primo videlicet dictus magister seu provisor, nomine quo supra, asseruit per statum ville et civitatis Parisius dictam domum et alias domos et habitaciones circa villam Parisius, ne inimici regni in eis habitare valerent, adjudi-

catas fuisse et esse ad ruinam seu ad projiciendum ad terram et inhabitabiles faciendas; confessus fuit dictus magister se vendidisse et titulo vendicionis concessisse, xxiv° die mensis novembris ultimi preteriti, dicto Petro, se emisse confitentem omnes merrenos et tegulas domus predicte et ecclesie Filiarum Dei predicte et totius habitationis ejusdem ecclesie et domus, pro et mediantibus quingentis denariis auri ad scutum de cuno Johannis, dicto magistro, nomine quo supra, a dicto Petro ad ipsius magistri voluntatem persolvendis, exceptis tamen et penes dictum magistrum et Filias retentis tegula et merreno granchie dicte domus et parvarum camerarum dictarum Filiarum ac domus vocatæ vetus monasterium, quos tegulam et merrenum dictus magister confessus est jam se apportasse, residuum autem tegule et merrenorum totius habitacionis et domus Filiarum prædictarum juxta Parisius situatæ erit dicti Petri pro summa florenorum auri ad scutum prædictum, ita tamen quod si dictus Petrus non poterit esse satisfactus a villa Parisius seu communitate ejusdem de certa quantitate merreni quod in dicta domo capta fuit pro negociis dicte ville, hoc defalcabitur et diminuetur, pro rata et valore, hoc eciam acto et expresse concordato inter partes prædictas quod de lucro ex dictis merrenis et tegula ultra dictam summam libere et quiete veniente, dictus magister, nomine quo supra, habebit mediam partem et dictus Petrus residuum... Datum et actum anno Domini mccclix° die vi... festum Nativitatis ejusdem.»

[2] Ce voisinage est constaté par les lettres de l'évêque de Paris approuvant les libéralités d'Imbert de Lyon : «...Donatione facta inter vivos, sine

justement d'enfermer dans la ville [1]. Cet hospice avait été établi, en 1316, par Imbert de Lyon, désireux d'exécuter les dernières volontés de ses deux fils qui, par leur testament, avaient affecté un legs spécial pour sa dotation et pour la fondation d'une chapellenie. Imbert avait fait amortir par l'évêque de Paris, le 15 juillet 1316, moyennant le payement de 6 deniers parisis pour fonds de terre et 20 sous parisis de cens annuel, une maison avec un jardin et ses dépendances, de sa censive, dans laquelle devaient être installés l'hôpital et sa chapelle. L'évêque lui permit de les doter de quarante livres de revenus dont il se réservait le cinquième, en s'attribuant, avec le droit de collation de la chapellenie, la juridiction et le contrôle de la maison. Le 15 septembre suivant, Imbert de Lyon affecta tous ses biens à sa fondation, par une donation entre vifs, sous réserve de l'usufruit, tant pour lui-même que pour son frère Pierre, leur vie durant. Il semble qu'après la mort d'Imbert, par suite d'une administration défectueuse, les revenus de la maison furent dissipés et que les pauvres ne bénéficièrent nullement de l'hospitalité qu'il avait voulu instituer pour eux. Ce fut pour remédier à cette situation qu'un des petits-fils d'Imbert accueillit les Filles-Dieu dans la maison et intervint auprès de l'évêque de Paris pour qu'il confirmât les dispositions de son prédécesseur en assurant à l'hospice, avec une organisation régulière, la perception des revenus assignés par le fondateur [2]. Par un décret du 23 juin 1360, Jean de Meulan

spe revocandi, domui Dei seu hospitali quam vel quod idem Imbertus incepit facere construere vel edificare pro defunctis filiis suis Johanne et Johanne, dictis de Lugduno, Parisius, ultra portam Sancti Dionysii, in magno vico, prope domum Filiarum Dei, ad sustentationem seu augmentationem dicte domus Dei.» (Arch. nat., L 1053.)

[1] Dans une déclaration du 4 août 1380, le maître des Filles-Dieu, Jean Boussoy, constatait que l'hôpital leur avait été «donné et octroyé par les fondeurs d'icelluy et par la confirmation et amortissement de monsieur l'evesque des Paris.» (Arch. nat., S 4696.)

Il faut conclure de cette assertion que c'étaient les héritiers du fondateur qui avaient tout d'abord accueilli les religieuses dans leur hospice. L'un d'eux, expressément désigné dans le décret de Jean de Meulan, publié ci-après, portait comme son aïeul le prénom d'Imbert; il nous paraît très vraisemblable que Jean de Lyon, alors vicaire général de l'église de Paris, était aussi un petit-fils d'Imbert (Guérard, Cartulaire de Notre-Dame, t. III, p. 3). Ce fut sans doute grâce à l'intervention de ce dignitaire que l'évêque accéda sans difficulté à la requête d'Imbert.

[2] Le fait est ainsi relaté par l'évêque de Paris,

dans le décret du 23 juin 1360 : «Imbertus de Lugduno, civis parisiensis, nepos et proximus de genere dicti deffuncti Ymberti, ut dicebat, ad nostram propter hoc accedens presentiam, nobis humiliter exponere curavit quod, pro dictis hospitali et capellania et ad opus et fundationem et dotationem eorumdem, erant et fuerant ac sunt quamplures redditus et bona empti et admortizati, quodque hospitale et capellania predicta nunquam fuerunt nec sunt fundata vel dotata, licet per nonnullos qui se dicebant dicti hospitalis administratores et ministros fuerint de facto occupata, qui bona et redditus dictorum hospitalis et capellanie pro sue voluntatis libito receperunt et ad se applicaverunt, ordinatione et conditionibus supra scripta in Christi pauperum et salutem animarum dictorum fundantium detrimentum nullatenus observatis... Eapropter predictus Ymbertus nobis precum supplicavit instantia devotarum, quod pia vota dictorum deffunctorum fundatorum..., necnon ordinationem hospitalis et capellanie predicte favorabiliter approbantes, in hiis omnibus consentire hospitalemque et capellaniam predictam creare, fundare et dotare de bonis et redditibus predictis secundum quod arbitrio nostro videbitur misericorditer dignaremur.» (Arch. nat., L 1053.)

attribua 40 livres de revenu à l'hospice, sur lequel il se réservait, comme par le passé, le droit de juridiction, et il fonda à nouveau, sous le titre de Sainte-Madeleine, une chapellenie dont le titulaire, désigné par lui, devait avoir la jouissance d'une petite maison attenante à la chapelle. Par un décret du 8 octobre suivant, il confirma aux Filles-Dieu la possession définitive de cet hospice [1], en leur imposant, selon le vœu du fondateur, l'obligation d'accueillir chaque soir neuf pauvres femmes, qu'elles devaient nourrir et héberger pour la nuit. Les religieuses transportèrent dans leur nouvelle résidence [2] l'ancienne chapellenie de Saint-Abraham, à laquelle venait justement d'être attribué par Jean Barrier, secrétaire du Roi, un legs de cent livres de revenu que le régent Charles avait amorties le 5 juin 1359 [3].

[1] «...Monasterium et cetera certa edificia domus dictarum Filiarum nostrarum videlicet Filiarum Dei, Parisius, sita secus viam per quam itur de Parisius ad Sanctum Dionysium in Francia, juxta seu prope et extra muros et fossata et bastillam vocatam et nominatam bastillam Sancti Dionysii quam et que prepositus et cives, nomine suo et ville Parisius, construi et edificari fecerant de novo, que... Deo dicata, edificata, fabricata et constructa, magnis laboribus et expensis, brevi tempore sunt destructa, devastata et dirupta funditus et eversa, ipsis Filiabus Dei et nostris exclusis et inde expulsis, imo absque habitatione aliqua dimissis, dispersis et divisis; quapropter predicte in Christo filie nobis humiliter supplicarunt quatinus eisdem super hoc paterno affectu providere diguaremur et vellemus. Unde nos... ad serviendum Deo congregare volentes, de voluntate providi et honesti viri Ymberti de Lugduno... in domo predicta, ex nunc hospitale Dei et hospitalitatem fundamus et creamus, ac etiam dotamus de bonis..., ita tamen quod ipse Dei et nostre Filie in eadem remanebunt... et redditus residuos tenebunt, possidebunt, percipient et levabunt terminis consuetis, et in hiis et de eisdem hospitale facient et pauperes ad dictum hospitale confluentes benigne recipient, et eisdem et cuilibet corum nocte qualibet denariatam panis et de potagio videlicet fabarum, pirorum, vel olerum, secundum suam diem paratam, absque tamen carnibus vel piscibus, caritatem ministrabunt, et duodecim lectos furnitos culcitris, culcitrinis, lintheaminibus et cooperturis bene et honeste habebunt et tenebunt in domo eadem sive hospitali, in quibus pauperes Dei pernoctabunt et nocte preterita a dicto domo recedant et recedere debebunt, ita quod qualibet nocte

nonos recipere habeant pauperes Dei, transeuntes et ad ipsum hospitale affluentes, retenta nobis et successoribus omnimodo jurisdictione in domo predicta... Datum Parisius, in domo nostra episcopale, die octava mensis octobris, anno Domini MCCCLX°.» (Arch. nat., L 1053.)

[2] «Les pauvres bannies, dit Sauval, prirent possession de ce petit hospital et y continuèrent avec bien du zèle et de l'ardeur l'hospitalité dont elles faisoient profession et qu'elles exerçoient auparavant dans le grand hospital dont on les avoit chassées.» (T. I, p. 479.) On ne comprend guère que Sauval, si bien documenté en ce qui concerne les Filles-Dieu, ait affirmé un fait aussi manifestement inexact. L'ancien couvent des religieuses n'avait jamais eu, sauf durant les premières années de sa fondation, le caractère d'un hospice.

[3] «Charles, aisné fils du roy de France, regent le royaulme, duc de Normandie et dalphin de Viennois, savoir faisons à tous presens et à venir que comme feu maistre Pierre Barrier jadis clerc secretaire de très noble recordation le roy Philippe le Lonc, le roy Charles, nos tres chiers seigneurs et cousins et de nostre tres chier seigneur et ayeul le roy Philippe, dont Dieux ait les ames, cust voulu et ordonné en son testament ou derreniere voulonté que des biens de son execution fussent achetés cent sols parisis de annuelle et perpetuelle rente, pour l'accroissement d'une chapellenie jadis fondée en l'eglise des Filles Dieu lez Paris, appellée la Chapelle Saint Abraham, laquelle tient à present maistre Pierre Compaing, lesquiex cent sols parisis de rente annuelle et perpetuelle les executeurs du testament dudit feu maistre Pierre Barrier ont ja acquis, pour l'accroissement d'icelle chapellenie, sur deux maisons assises à Paris en la censive de nostre

Le bâtiment de l'hospice se trouvant insuffisant pour une communauté, les religieuses édifièrent pour elles des lieux réguliers; elles firent réparer l'ancienne maison et agrandir la chapelle [1]; mais, pour n'être pas troublées dans leurs devoirs religieux par les soucis de leur mission hospitalière, elles laissèrent à des sœurs converses le soin de recevoir et d'héberger dans les anciens bâtiments les pauvres femmes sans asile. A la fin de l'année 1386, le prévôt de Paris leur restitua, sur les instances de Charles VI, la concession d'eau de la Fontaine Saint-Lazare, dont elles avaient été dépossédées lors de la démolition de leur couvent primitif. Comme elles partageaient avec le chapelain les revenus de l'hospice [2] et que, par

seigneur et nostre..., et iceulx executeurs nous aient humblement supplié que, en recompensation des bons et agreables services que ledit feu maistre Pierre Barrier fist longuement et loyaument, pour le temps qu'il vesquit, aux dits roys, nous les cent sols parisis dessus dits de rente annuelle et perpetuelle leur voulsissions admortir pour les convertir audit usage, Nous, en regart de pitié..., leur avons octroyé et octroyons... que ledit chapelain qui de present est et ceulx qui seront pour le temps à venir chapelains de ladite chapelle puissent tenir et tiengnent paisiblement à tous jours iceulx cent sols parisis sans ce qu'ils soient ou puissent être contraints à les vendre ou mettre hors de leurs mains et sans en paier pour ce aucune finance ores ne autres fois pour le temps à venir... Donné au Louvre lez Paris, le 5ᵉ jour du mois de juing, l'an de grace M CCC LIX. » (Arch. nat., L 1053.)

[1] « Charles, par la grace de Dieu roy de France, au prevost de Paris ou à son lieutenant, salut. Oye l'humble supplication des religieuses dictes Filles Dieu, fondées par monseigneur sainct Louys, contenant que, comme pour le temps de leur fondation leur hostel et habitation eust esté ordonnée au dehors de la ville de Paris..., et avec ce eussent une fontaine descendant de la fontaine S. Ladre, pour servir à leur hostel..., pour ce que l'hostel de leur premiere fondation a esté gasté et dissipé, elles ont semblablement perdu le tuyau de leur fontaine, laquelle a esté et est attribuée au Ponceau Sainct Denis, si comme elles dient, qu'il nous plaise sur ce leur pourvoir et estendre nostre grace. Nous inclinans à leur supplication, consideré ce que dit est, vous mandons et enjoignons expressement que s'il vous appert deuement qu'au temps de la demolition de leur hostel la fontaine courut par iceluy, vous à icelles pourvoyez par certaine portion de l'eau d'icelle fontaine, en les laissant et

faisant jouyr de vostre dite provision, si comme il vous semblera à faire de raison, car ainsi le voulons estre faict... Donné à S.-Légier à Yvelines, le 27 de juillet, l'an de grace 1386 et le 6ᵉ de nostre regne. » (Du Breul, p. 661.)

Sauval rappelle à ce sujet que, « Par une déclaration que Françoise de Contes, prieure de ce couvent, présenta en 1517 aux juges commis pour reformer les hôpitaux de ce royaume, il paroit que ses devanciers avoient dépensé onze cens livres à rebatir cet hôpital et cette chapelle». Il ajoute : «Par le rapport de ceux qui les ont vu sur pied, j'apprends qu'ils consistoient en une petite chapelle couverte d'un plancher et en une salle de même manière pleine de lits; l'un et l'autre étoient contigus et au rés de chaussée de la rue de Sᵗ Denys; il y avoit deux entrées, l'une en cette rue, l'autre en une cour de derriere qui faisoit partie du jardin qu'Imbert de Lyons y avoit fait planter.» (T. 1, p. 470.)

[2] L'insuffisance des revenus de la maison est signalée, dès l'année 1380, dans la déclaration des biens faite par Jean Boussoy : «ouquel hostel et hospital fut ordonné par les fondeurs une chappelle perpetuelle et fu douée de la moitié de toutes les rentes et revenus dudict hospital par condition que le chappellain de ladicte chappelle est tenu de celebrer ou faire celebrer, chascun jour, en ladicte chappelle une messe pour l'ame des fondeurs ou bienfaiteurs dudict hostel ou hospital, et l'autre moitié desdictes rentes est et appartient auxdictes Filles Dieu pour soustenir ledict hostel et hospital; et pour ce que les rentes qui appartenoient aux dictes Fille Dieu estoient decheues plus que celles dudict chappellain, se mut plait entre les parties et, pour oster la matiere d'icellui, a esté traitié et accordé entre lesdictes parties que lesdictes Filles Dieu auroient et tiendroient la moitié d'une mai-

suite des guerres, leurs rentes étaient payées très irrégulièrement, elles imaginèrent d'installer un clocher dans leur chapelle pour y appeler les fidèles et bénéficier de leurs offrandes. Mais le chapitre de Saint-Germain-l'Auxerrois, curé primitif de l'église Saint-Sauveur, jugea que, ce faisant, elles portaient atteinte à ses droits, et il n'hésita pas à les assigner au Parlement. Pour éviter les suites d'un procès, les religieuses durent abattre leur clocher et replacer la cloche à l'intérieur de la chapelle [1]. Dix ans après, leur situation ayant encore empiré, elles exposèrent au roi qu'en raison de leur dénûment, elles étaient hors d'état de réparer leurs bâtiments qui tombaient en ruines et de rembourser les sommes qu'elles avaient été obligées d'emprunter pour subsister. Par ses lettres du 6 mars 1437, le roi enjoignit au prévôt de Paris de vérifier l'état exact du revenu des religieuses et d'en faire trois parts pour les réparations de la maison, l'entretien de la communauté et le payement de ses dettes. Par une ordonnance du 12 décembre 1441, le prévôt imposa aux créanciers, qui se montraient sans doute trop pressants, l'obligation de s'abstenir durant trois ans de toute contrainte pour obtenir leur remboursement.

Les difficultés qu'éprouvaient les Filles-Dieu pour assurer l'entretien de leur communauté n'étaient guère de nature à favoriser son recrutement; les religieuses qui mouraient n'étant plus remplacées, le couvent se dépeupla graduellement, et, durant la seconde moitié du xve siècle, il ne fut plus guère occupé que par des femmes de mauvaise vie qui avaient, de leur propre autorité, transformé en une résidence fixe l'hospitalité passagère dont elles bénéficiaient antérieurement; sous ce rapport, pour éviter ainsi le vagabondage et la mendicité, les intentions charitables d'Imbert de Lyon recevaient encore leur exécution dans une certaine mesure; mais la célébration des offices se trouvait complètement

son scant sur la grant rue Sainct Denis, joingnant à l'hostel desdictes Filles Dieu, aboutissant par derriere à l'hospital dudict hostel...

«Depuis le don ainsi faict, comme dict est, lesdictes filles se sont accrues de plusieurs choses cy-après declarées, c'est assavoir d'une petite maison et jardin derriere contenant une toise et trois quars de large ou environ, aboutant aux fossés de Paris par derriere et par devant sur la grant rue Saint Denis, laquelle maison a esté dediée en l'accroissement de la chappelle dudict hospital...» (Arch. nat., S 4696.)

[1] Le contrat intervenu entre les parties et soumis à l'homologation du Parlement constate que: «Pour bien de paix et pour tousjours norrir paix et dilection, icelles parties sont d'accord ensemble, s'il plaist à la court, en la mode qui s'ensuit : c'est assavoir que lesdictes Filles Dieu et leur

dict maistre abatront et demoliront de tout le dict clochier de bois et restabliront la maçonnerie et couverture qu'ils avoient despeciée et demolie pour eriger et drecler ledict clochier, et pourront rependre leur dicte cloche en leur dicte chapelle en la place ou elle estoit avant ladicte demolition, soubs la couverture de ladicte chapelle, si bon leur semble. sans prejudice des drois paroissiaux de ladicte cure et sans ce que, ou temps à venir, y puissent faire aucune fenestres ou ouvertures en leur dicte chapelle, autres que celles qui y sont de present, par quoy le son de leurdicte cloche puisse estre aucunement oy par les paroissiens de ladicte eglise, autrement qu'ils ont accoustumé ou temps passé et, parmy ce, lesdictes parties se departiront dudict procès, sans despens l'une envers l'autre... Donné à Paris, le iiie jour de septembre, l'an 1427.» (Arch. nat., L 564.)

supprimée et de la pieuse fondation de saint Louis il ne subsistait plus qu'un lointain souvenir.

Charles VIII, lorsqu'il connut cette lamentable situation, estima que la dotation de ce prince ne pouvait décemment être appliquée à l'entretien de pécheresses plus endurcies et moins dignes d'intérêt que celles recueillies jadis par Guillaume d'Auvergne, et comme il ne jugeait pas possible de reconstituer l'ordre des Filles-Dieu, il décida, par ses lettres du 27 décembre 1483 [1], que les religieuses de l'ordre de Fontevrault seraient mises en possession du couvent et de ses rentes, revenus et propriétés, pour y vivre et en user suivant les statuts et privilèges du prieuré de la Madeleine, près d'Orléans. Cette mesure ne put être exécutée, durant onze ans, en raison de l'opposition qu'elle provoquait de la part de l'évêque de Paris, Louis de Beaumont, qui se refusa obstinément à l'accepter, pour ne pas faire abandon de ses droits sur l'hôpital. En 1492, son successeur Gérard Gobaille se montra plus accommodant; mais comme il occupa le siège épiscopal durant quelques mois seulement, la réforme ne put être mise à exécution. Le 17 mai 1493, Charles VIII renouvela sa donation antérieure par des lettres dont l'entérinement eut lieu à la Chambre des Comptes le 26 juillet suivant. Grâce à un concordat intervenu, le 13 avril 1495, entre Jean Simon et l'abbesse de Fontevrault, les religieuses furent enfin admises à bénéficier de la libéralité royale [2]. En compensa-

---

[1] L'état du couvent des Filles-Dieu tel qu'il est exposé dans ces lettres justifiait amplement la décision prise par Charles VIII : « ...A l'occasion des guerres et divisions qui depuis par long temps ont eu cours en nostre royaume, les revenus dudit monastere desdites Filles Dieu sont fort diminuez et leurs edifices tournez en grande ruine. Par quoy de long temps a esté et encore est ledit monastere tout depopulé desdites Filles Dieu que sainct Louys avoit fondé pour chanter les heures canoniales. Et par faute de bien voir et considerer la fondation ou statut baillé par ledit feu sainct Louys, est venue la chose en telle erreur et ladite fondation tellement pervertie que ledit lieu, par aucun temps, a esté et encore est appliqué à pecheresses, qui toute leur vie avoient abusé de leur corps et à la fin estoient en mendicité, en pervertissant tout ledit ordre des Filles Dieu et contre l'intention du fondateur. Et de present et de longtemps n'y a plus nulles religieuses chantantes, ne qui sceussent chanter les heures canoniales. Et est la chapelle ordonnée pour ledit service et les lieux establis ou habitoient lesdites religieuses chantantes et faisans le service divin vacans et inhabitez. Et n'y a plus que quatre ou

cinq anciennes converses qui devroient faire les liets de l'Hospital, dont elles ne font rien... Par quoy nous, deuement acerteuez de ce que dit est, ne voulons la fondation d'un si gratieux ami de Dieu qu'est nostre dit predecesseur sainct Louys totalement deperir, ne son intention estre ainsi notoirement pervertie qu'en lieu de bonnes filles bien renommées qu'il ordonna estre mises audit lieu par cy devant nommé et declaré, par erreur et sinistre imagination ont esté recueillies audit lieu pecheresses publiques, qui, à la fin de leurs jours, ne sçavoient de quoy vivre. Considerans qu'impossible chose seroit de repeupler ledit lieu et remettre à ce mesme ordre des Filles Dieu, comme elles estoient anciennement, nous, par l'advis de nostre Conseil, avons ordonné et ordonnons que ledit lieu, en retenant ses rentes, revenus et appartenance quelconques, sera habité perpetuellement par les religieuses reformées de l'ordre de Fontevrault... Donné à Amboise, le 27° jour de decembre, l'an de grace 1483 et de nostre regne le premier.» (Du Breul, p. 662.)

[2] L'évêque, tout en renonçant par cet acte à son droit de patronage et de juridiction qu'il ne lui était pas possible de retenir, puisque les reli-

tion des privilèges auxquels il renonçait, l'évêque Jean se borna à leur imposer la célébration d'un service solennel en mémoire de saint Louis et de Charles VIII, après son trépas, en qualité de fondateurs de la maison et pour lui-même, à titre de bienfaiteur, la célébration de l'anniversaire de son décès.

Le 15 juin 1495, huit religieuses et sept religieux de l'ordre de Fontevrault furent introduits par Jean Robert, archevêque de Tours, que le pape avait chargé de cette mission, assisté de Nicolas de Hacqueville, président aux enquêtes, de Pierre Henri, sous-chantre, et de Jean Quentin, pénitencier et chanoine de Notre-Dame, délégués de l'évêque, dans le couvent de la rue Saint-Denis qui conserva son ancien titre. Le 17 juillet suivant, l'évêque s'y transporta en personne pour écouter les plaintes des anciennes religieuses qui refusaient d'accepter la réforme. Il régla leur sort en décidant qu'elles seraient mises hors de la clôture, et que, leur vie durant, il serait pourvu à leurs besoins[1], mais qu'elles ne devraient quitter la maison en aucun cas.

Cependant les religieuses de Fontevrault ne pouvaient encore se considérer comme définitivement propriétaires du couvent et de ses biens, puisque l'ancien maître des Filles-Dieu, Nicole Lemire, leur contestait le droit d'occuper l'immeuble et de jouir des revenus dont il gardait toujours l'administration, en dépit de la donation royale[2]. D'accord avec l'évêque de Paris, elles portèrent

gieuses de Fontevrault, d'après leur constitution, ne devaient dépendre que de leur abbesse, entendait néanmoins conserver ses prérogatives en ce qui concernait la visite du couvent et le contrôle de l'administration temporelle : «Nous reservons toutefois, disait-il, à nostre soing pastoral que, tout et chascun au, nous et nos successeurs, les evesques de Paris, pourrons aller à ladite maison pour nous enquerir si la closture et reformation sont observées; que si les seurs demeurantes audict lieu sont manifestement deschargées desdites regles et statuts, nous pourrons reprendre et exercer sur elles toute juridiction ordinaire...; de plus nous reservons à nous et à nos successeurs la pleiniere collation des benefices jà fondez en ce lieu et à fonder et que chaque année le procureur de ladite maison sera tenu rendre compte devant nous ou autres par nous commis, comme estoit tenu cy devant le maistre de ladite maison...» (Arch. nat., L 1053.)

[1] «Die 17 julii 1494, hora vesperarum, dominus accessit ad domum Filiarum Dei Parisiis, in qua nuper nonnullas religiosas, sub regula reformata Fontis Ebraudi viventes, recluserat, ut provideret super facta duarum antiquarum sororum in dicta domo ante reformationem hujusmodi residentium quæ dicebant se ferre non posse onera hujusmodi religionis reformatæ nec sub eadem remanere velle, licet pluries ante hujusmodi reformationem id fieri postulassent; quibus per præfatum dominum auditis, ordinavit quod dictæ sorores antiquæ ponerentur extra clausuram et provideretur eis de hospicio, juxta capacitatem loci, inhibendo eisdem sororibus ne a dicta domo exire præsumant, sub pœnis in eadem regula contentis.» (Sauval, t. III, Preuves, p. 218.)

[2] «Comme procez et debats seroient meus et pendans en la court du Parlement entre maistre Nicolle Le Mire, prebstre, soi disant maistre et administrateur de l'ostel, eglise et hospital des Filles de Dieu de Paris, demandeur et complaingnant, d'une part, et reverend pere en Dieu monsieur l'evesque de Paris, les religieux et religieuses de l'ordre reformé de Fontevraud, estant de present audit lieu des Filles-Dieu pour ledit ordre, defendeurs et opposans, d'autre part, pour raison et sur ce que ledit Lemire requeroit estre maintenu et gardé en ses possessions et saisines plus amplement delimités audit procès et qu'il vouloit empescher que iceulx religieux et religieuses ne autres dudit ordre de Fontevraud ne feissent leur demourance audit hostel, hospital et lieu des Filles Dieu, pour plusieurs causes moyens et raisons, mesniement

l'affaire au Parlement; mais, le 7 avril 1496, intervint un accord qui fut homologué deux jours après par la cour. A dater du lundi de Pâques précédent, Lemire ne conservait, pour sa part sur les biens de l'hôpital, qu'une rente de 25 livres tournois et il abandonnait tout le reste au couvent. On le tenait quitte de tous les revenus qu'il avait perçus antérieurement à cette date, sans qu'il eût à en rendre aucun compte; mais il restait néanmoins tenu d'acquitter les charges afférentes à cette période de son administration. D'autre part, il cédait aux religieuses, avec réserve d'usufruit, sa vie durant, un muid de vin et un demi-muid de blé méteil qu'il avait acquis à Argenteuil en échange de divers revenus qui lui étaient assignés, à titre viager, sur les biens de la maison, et dont le total s'élevait à peu près à vingt-cinq livres[1].

Par ses lettres patentes du mois de mai 1496, Charles VIII confirma les privilèges et franchises du nouveau monastère, qui fut dès lors régi par une prieure triennale dont l'élection avait lieu le 10 août, fête de saint Laurent, et dont les fonctions pouvaient être deux fois renouvelées durant dix ans. Il appartenait à l'abbesse de Fontevrault de ratifier son élection, de déléguer le vicaire chargé de la visite du couvent et de choisir les religieux qui devaient avoir la direction spirituelle.

Les nouvelles Filles-Dieu s'occupèrent immédiatement de réparer les bâtiments en mauvais état et de les agrandir. Sous prétexte que l'ancienne chapelle de l'hôpital était en bordure sur la rue Saint-Denis et que les bruits du dehors troublaient les offices, elles demandèrent à en faire construire une nouvelle dans leur jardin [2]. En 1495, Charles VIII posa la première pierre de cet édifice sur

qu'il disoit que leur demourance pourroit estre cause au temps à venir de la diminution et totale destruction et adnullacion de l'hospitalité et fondation dudit lieu et contre l'intention des fondeurs d'icellui et plusieurs autres causes et raisons; lesdits evesques, religieux et religieuses disans au contraire que iceux avoient esté mis audit lieu par les lettres et autorité du roy et dudit evesque de Paris, au lieu des Filles Dieu fondées par le roy sainct Loys, à la charge d'entretenir l'hospitalité, le service divin et ancienne fondacion et que lesdits religieux et religieuses de Fontevraud estoient deliberez faire et entretenir de mieulx en mieulx. » (Arch. nat., L 422.)

[1] Il n'y a pas lieu d'être surpris, dans ces conditions, si, à la fin du XVIe siècle, les religieuses déclaraient qu'elles n'avaient jamais été mises en possession des biens composant la dotation de l'hôpital: «Faut noter qu'à cet hospital, ainsy fondé par feu Ymbert de Lyons, fut donné pour l'entretenement d'iceluy la somme de quarante livres dont ne reçoivent lesdictes religieuses de present aucune

chose, ne sçavent que c'est, et passé a IIIIxx ans ou plus, n'est trouvé en avoir aucune chose, combien que toujours en charité entretiennent ledict hospital et chapelle de reparations d'ustensiles, choses necessaires, reservé toutes fois que, à cause dudict hospital, ont droit de prendre, chascun an, dix sols parisis de rente sur deux maisons entretenans, assis à Paris, en la rue du Coq... » (Arch. nat., S 4696.)

[2] «A nosseigneurs doyen et chapitre de Sainct Germain, supplient humblement les pauvres religieuses, la prieure et seurs de l'ordre de Fontevrault, translatées nagueres de Fontaines près de Meaulx à Paris, aux Filles Dieu, en la parroisse de Sainct Saulveur par l'ordonnance du roy nostre sire et consentement de noustre reverend pere en Dieu l'evesque de Paris, pour y celebrer l'office divin jour et nuit et y garder observance reguliere sous cloture perpetuelle, qu'il vous plaise vous consentir et nous donner aide et faveur, en tant qu'il est en vous, à edifier une eglise en noustre jardin, hors du bruit de la grande rue Saint Denis, la où est

laquelle était gravé son nom avec les armes de France[1], et, en 1498, Louis XII leur fit don de tout le bois nécessaire à la construction; la dédicace fut célébrée, en 1508, par l'évêque de Paris, Étienne de Poncher. L'ancienne chapelle subsista; elle devait néanmoins être desservie par le titulaire de la chapellenie de la Madeleine. Les sœurs étant astreintes à la clôture, et ne pouvant s'occuper du service hospitalier, qui devint par suite tout à fait indépendant du couvent, le soin d'héberger les pauvres et de faire leurs lits fut confié à deux veuves.

Les religieuses de Fontevrault avaient jugé que le chapitre de Saint-Germain l'Auxerrois, par considération pour leur ordre, se désisterait bénévolement des droits auxquels il pouvait prétendre sur leur église, en sa qualité de curé primitif de la paroisse de Saint-Sauveur. Mais le chapitre, toujours désireux de sauvegarder ses droits, exigeait qu'ils fussent formellement reconnus par le payement d'une redevance annuelle, et comme les Filles-Dieu ne paraissaient pas disposées à céder, il les menaça d'un procès dont l'issue n'était pas douteuse. Un accord intervint entre les parties[2], le 7 juin 1512, par lequel la communauté

moult grand empechement de present, pour ce que les aultrez sont joingnans de ladicte rue, et outre, de grace speciale, plaise vous nous donner le droict que avez de prendre les offrandes de ladicte maison, pour l'amour de Nostre Seigneur, ou faire avec nous telle gracieuse composition que procès et noises jamais ne nous puissent empescher de servir à Dieu paisiblement, et vous nous obligerez perpetuellement à prier Nostre Seigneur pour vous. Nous vous avons envoyé ceste presente supplication par nostre bon pere et frere Cancien et, en ce tesmoignant, nous avons seellé ces presentes de nostre seel accoustumé, le XIXᵉ jour de fevrier 1495.» (Arch. nat., L 564.)

[1] «Ledict feu roy Charles a voulu estre nommé le fondateur après mondict seigneur sainct Loys, et faict mettre en l'eglise de nouvel edifiée la première pierre du fondement insculpée des armes de France.» (Arch. nat., S 4096.)

[2] «...Que quidem partes, medio nonnullorum proborum vivorum, ad pacem et concordiam inter eos interveniendam et ad obviandum discordiis et litibus occasione jurium parrochialium per dominos decanum et capitulum dicte ecclesie Sancti Germani, ratione sue parrochialis ecclesie Sancti Salvatoris aut alias, in ecclesia et conventu ac intra septa monasterii dictarum Filiarum Dei pretensorum, jam motis et qui moveri possent seu oriri in futurum, transegerunt et concordaverunt in hunc modum: videlicet quod, pro dictis juribus parrochialibus, usibus, proventibus et obventibus quibus-

cumque per ipsos dominos decanum et capitulum Sancti Germani, tanquam curatus prefate parrochialis ecclesie Sancti Salvatoris aut alias in dictis ecclesiis... pretensis, et eciam pro recognicione campanarum dicti conventus, prefate priorissa et conventus Filiarum Dei et eis succedentes seu successure priorissa et conventus tenebuntur in posterum, anno quolibet in perpetuum, quatuor terminis equalibus Parisius consuetis, eisdem domino decano et capitulo Sancti Germani suisque successoribus seu corum procuratori et receptori aut corum vicario seu firmario in dicta eorum ecclesia Sancti Salvatoris ab eis commisso seu committendo, solvere summam centum solidorum turonensium... Et sic faciendo, dicti domini Sancti Germani renunciaverunt processibus jam motis in Castelleto... Et poterunt dicti domini decanus et capitulum vel eorum firmarius seu vicarius dicte ecclesie Sancti Salvatoris suique successores, quocienscumque eis placuerit, ad dictum monasterium Filiarum Dei cum suis capellanis, clericis et populo seu parrochianis processionaliter accedere, tenebunturque dicta priorissa et conventus eos honorifice admittere seu admitti et recipi facere et sibi aperire suam ecclesiam silentiumque facere donec et quousque orationes seu antiphone quarum processionum finite fuerunt, proviso tamen quod, die precedenti, dicti domini decanus et capitulum seu eorum firmarius adventum dicte processionis dictis priorisse et conventui significare ac prenuntiare tenebuntur. Insuper dictum et accordatum extitit

acceptait de payer au chapitre cent livres tournois par an, au chapitre ou à ses
ayants droit, de recevoir dans l'église, avec toute la décence convenable, les pro-
cessions de la paroisse Saint-Sauveur, et d'interdire à ses religieux, dans l'exercice
de leur ministère, tout acte qui serait de nature à porter préjudice aux droits et
privilèges du curé.

Pour accroître les ressources de la maison, Louis XII, par ses lettres de juillet
1503, lui fit don des biens et revenus du couvent royal de La Saussaye, près
Villejuif, qui ne comptait presque plus de religieuses et où la célébration des
offices était supprimée [1]. Au mois de janvier 1506, il confirma de nouveau ses
privilèges et franchises, et au mois de novembre 1511, il l'autorisa à acquérir
trois cents livres de rente, sans avoir à payer aucun droit; cette faveur, ainsi qu'il
le précisa par d'autres lettres du mois d'août 1513, devant s'appliquer à des acquisitions nouvelles et absolument distinctes des biens amortis antérieurement.

Il semble que, vers le milieu du xvie siècle, la communauté fut troublée par de
graves discordes intestines, puisque le Parlement jugeant, sur le rapport des conseillers qu'il avait délégués pour se rendre compte de l'état du couvent, qu'une
réforme était devenue nécessaire, enjoignit à l'abbesse de Fontevrault, par son
arrêt du 17 octobre 1543, de désigner à cet effet deux religieux de l'ordre qui
seraient assistés dans leur mission par le prieur des Célestins et le vicaire de
Saint-Germain-des-Prés [2].

[1] "Près de nostre ville de Paris y a ung lieu et
manoir nommé La Saulsoye lez Villejuifve, qui est
de la fondacion de nos predecesseurs rois de France,
auquel a une petite chappelle et quelque logis ou
sont de present quatre ou cinq pauvres religieuses,
vivant de l'esmoluement de certaines terres labourables des appartenances de ceans, lesquelles la
pluspart du temps sont oisives sans celebrer aucun
service sinon qu'elles disent seulement quelque
nombre de patenostre, employant leur temps à leurs
negociations temporelles, allant et venant tout le
long du jour vaccabonder après le bestail avecque les
pasteurs et gens champetres." (Arch. nat., S 4699.)

inter dictas partes quod religiosi dictarum priorisse
et conventus nec aliqui alii pro eis sacramenta
ecclesiastica ministrare non poterunt parrochianis
dicte ecclesie Sancti Salvatoris, intra septa dicti
monasterii, nisi religiosis utriusque sexus et servito-
ribus, donalis ac domesticis dicti monasterii pro
mercede non conductis...; nec poterunt levare
cadaver seu cadavera personarum decedentium extra
earum monasterium... Anno Domini mdxii°, indictione xve, mensis vero julii die vii°." (Arch. nat.,
L 565.)

[2] "La Court, après avoir oy le rapport des conseillers d'icelle par elle commis et deputés pour eux
transporter au convent et monastere des Filles Dieu
en cette ville de Paris, pour faire illec information
sur aucuns faicts et articles, à la requeste du
procureur general du roy, des rebellions et des-
obeissances par elles faictes et par aucunes religieuses dudict monastere, a ordonné et ordonne
que l'abbesse de Fontevrault, superieure dudict
monastère, et à laquelle appartient la correction et
refformation d'icelluy, baillera vicariat à deux bons
et notables relligieux refformés de l'Ordre de
Fontevrault, autres que ceux qui sont et ont esté
envoyés audict monastere, trois jours après la signification du present arrest, pour, appelez avec eulx
les prieurs des Celestins, à Paris, et vicaire de
l'abbaye de Saint Germain des Prez, eulx transporter audict convent et monastere des Filles Dieu,
icelluy visiter, enquerir des faultes, malversations
et transgressions de l'observance reguliere, si
aucune y en a, et reformer ledict couvent, tam in
capite quam membris, selon la regle et ordre de
Fontevrault et statuts de la refformation introduicte
audict monastere des Filles Dieu, et à ce faire

D'autre part, les religieuses ne vécurent pas toujours en parfaite intelligence avec l'évêque de Paris. Au mépris des stipulations du concordat qu'elles avaient accepté, elles lui refusèrent, dès le début, le droit de visite, et elles protestèrent fréquemment contre la collation faite par lui du titulaire de la chapellenie de leur hospice. Le titulaire, il est vrai, se bornait à percevoir les revenus de sa prébende, sans s'acquitter aucunement de ses obligations, et le service de la chapelle restait à la charge des religieux du couvent. Pour mettre un terme à ce différend, Pierre de Gondy, après avoir obtenu, le 20 janvier 1582, le désistement amiable du chapelain qu'il avait précédemment nommé, attribua définitivement aux religieux, par son décret du 2 février, la chapellenie de la Madeleine[1].

L'hospitalisation quotidienne des pauvres paraît avoir été supprimée durant la première moitié du xviie siècle et remplacée, dès lors, par des aumônes, des distributions de pain et de soupe qui avaient lieu deux fois par jour, et par la nourriture assurée à quelques indigents du quartier.

Les Filles-Dieu avaient été portées à modifier ainsi leurs obligations primitives pour disposer à leur gré de l'ancien hospice, de ses dépendances et de sa chapelle désormais inutiles[2]. Ces vieilles constructions furent démolies et l'on bâtit sur leur emplacement des maisons de rapport; une petite maison dans la cour extérieure fut affectée au logement des religieux. Le couvent lui-même fut agrandi à plusieurs reprises, ce qui permit d'y établir au xviiie siècle une maison d'éducation dans laquelle une trentaine de jeunes filles étaient reçues comme pensionnaires[3].

---

ladicte abbesse contrainte par toutes voyes deues et raisonnables, mesmes par saisissement du temporel de ladicte abbaye, en cas de reffus...» (Felibien, t. IV, p. 705.)

[1] «L'an 1582, le 3e jour de mars, environ deux heures après midy..., venerable et discrette personne maistre Jehan Hatton, chanoine et soubs chantre de l'eglise de Paris, secretaire de l'evesché et visiteur general des hospitaux et malladreries et aultres lieux et maisons pitoiables de la ville et fauxbourgs de Paris, ad ce commis et deputé par reverend pere en Dieu, messire Pierre de Gondy, evesque de Paris, s'est transporté au monastère et convent des Filles Dieu..., auxquelles religieuses ledict sieur Hatton a presenté et exhibé unes lettres en parchemin, en datte du 3e jour de febvrier dernier, par lesquelles appert ledict sieur evesque avoir à perpetuité conferé et uny audict convent la chapelle de la Magdeleine qui anciennement fut fondée audict lieu des Filles Dieu..., icelles religieuses auroient icelle perpetuelle collation et union accepté, et au surplus auroient rendu graces à Dieu et à mondict seigneur de Paris leur pasteur

et pere spirituel, pour le bien et repos qu'il a fait et mis en leur maison et service de Dieu et de ladicte chapelle, laquelle de longtemps avoit esté et estoit delaissée par la negligence de ceux qui s'en sont dicts chapellains, sans y avoir esté faict aulcun service, synon par lesdits religieux dudict monastere, et ont promis faire faire et accomplir à l'advenir ledict service à leur pouvoir et deschargé de leur conscience et selon l'intention du fondateur de ladicte chapelle...» (Arch. nat., L 1053.)

[2] Il est dit à ce sujet par Piganiol : «On assure que ce fut en 1620 que ces religieuses supprimèrent l'hospitalité et que, pour en éteindre absolument le souvenir, elles firent alors détruire l'hôpital et la chapelle, et firent élever en leurs places des maisons le long de la rue Saint-Denis qu'elles louent à des particuliers et, sur le derrière, des appartemens accompagnés d'un jardin qui sont occupés par les religieux de leur ordre qui ont la direction du spirituel et du temporel de ce monastère». (T. III, p. 398.)

[3] La déclaration des biens du 23 février 1790 constate que le couvent avait 73,215 l. 16 s. 1 d.

On y donnait, en outre, l'hospitalité à toutes les personnes de l'ordre de Fontevrault qui, pour un motif quelconque, se trouvaient de passage à Paris.

Nous ne possédons aucun renseignement précis sur la topographie des bâtiments
de l'immeuble primitif des Filles-Dieu détruit en 1360. Il paraîtrait toutefois,
d'après le témoignage de Sauval, que l'église occupait, en bordure sur la rue
Saint-Denis, un terrain sur lequel fut bâtie plus tard l'hôtellerie dite de l'Échiquier [1].

Le second couvent couvrait un vaste espace de forme presque rectangulaire
au début, auquel l'on ajouta plus tard un îlot triangulaire qui servit à accroître les
jardins [2]. Il était borné par la rue des Filles-Dieu, la rue Saint-Denis, la propriété
des dames de Sainte-Catherine et des maisons particulières. Dans le principe, ainsi
que nous l'avons déjà constaté, le couvent comprenait deux parties distinctes et
absolument indépendantes : l'ancien hospice et sa chapelle, disparus au xviie siècle,
d'une part, sur la rue Saint-Denis, et, d'autre part, le couvent proprement dit,
sur la rue des Filles-Dieu.

Les bâtiments du couvent constituaient trois grands corps de logis dont l'un

de revenus et 27,685 l. 7 s. 1 d. de charges
annuelles dont 6,000 environ pour les aumônes
distribuées en argent et 10,800 pour les réparations des bâtiments.

Il comprenait trente-quatre religieuses professes,
trois postulantes, quatre prêtres pour la confession
et l'acquit des fondations, neuf domestiques et
trois pensionnaires pauvres entièrement à la charge
de la communauté.

Outre ces cinquante-trois personnes, qui sont
nourries journellement dans le couvent et qui y sont
éclairées, chauffées, blanchies et entretenues, tant
en santé qu'en maladie, on distribue, tous les
matins, du pain et, à midi, de la soupe à 40 ou
50 pauvres, et l'on fournit la nourriture presque
entière à une douzaine de personnes indigentes du
quartier.

De plus, le couvent des Filles-Dieu étant le seul
à Paris dépendant de l'Ordre de Fontevrault, qui
est composé de trente-deux maisons, l'on y reçoit
fréquemment et l'on y héberge gratuitement tant
les religieuses qui viennent à Paris pour consulter
les médecins sur des genres de maladies extraordinaires, que les religieux de l'ordre qui passent
par Paris pour se rendre à leurs obédiences ou qui
y séjournent pour affaires de leurs maisons.

Nota. Les Filles-Dieu ont habituellement dans
leur couvent 25 ou 30 jeunes demoiselles, aux-

quelles elles donnent la meilleure éducation qui
leur est possible; mais comme les pensions que ces
demoiselles payent fournissent à peu près aux dépenses particulières qu'elles occasionnent, on n'en
a fait aucune mention ni dans les revenus ni dans
les charges. (Ibid.)

[1] «On ne sait point la grandeur ni la figure de
cette église et de ses chapelles. Nous ne saurions
pas même en quel endroit on les avoit bâties sans
un morceau de leurs piliers qu'on m'a montré dans
l'écurie d'une grande hostellerie qui a pour enseigne l'Échiquier, et qui est située le long de la
grande rue du fauxbourg St Denys, entre saint
Lazare et la porte saint Denys. Mais nous ne dou-
tons point du lieu ou étoit placé le cimetière de
ces hospitalières; les jardiniers de ce quartier-
là déterrent assez souvent dans leur marais des
tombes et des coffres de pierre où on avoit enterré des Filles Dieu et des personnes séculieres
avant qu'on eut ruiné ce monastère.» (Sauval, t. I,
p. 567.)

[2] Cet îlot, qui avait fait antérieurement partie
des anciens remparts et fossés, comme tout l'emplacement de la Villeneuve-sur-Gravois, se trouvait
sensiblement au-dessus des terrains du couvent et
l'on y accédait par des marches qui sont très nettement indiquées sur le plan de Verniquet dont nous
donnons ci-après la reproduction.

se rattachait à l'église, au bout de la nef, et les deux autres, qui s'adossaient au mur méridional, encadraient le cloître et une grande cour; le tout étant bordé par les jardins.

L'église avait été construite parallèlement à la rue Saint-Denis dont elle était séparée par une rangée de maisons et un étroit passage sur lequel ouvrait la porte d'entrée. De forme rectangulaire allongée, avec une abside en pointe et régulièrement orientée, elle comprenait trois parties : le sanctuaire, la nef accessible au public et, au fond, le chœur des religieuses, fermé par une grille de fer. Derrière le maître autel, se trouvait une chapelle dite de Saint-Louis, et au bas des marches, du côté gauche, une autre chapelle dénommée de la Visitation de la Sainte-Vierge; tout à côté, la sacristie avait été installée dans une ancienne chapelle. Quatre petits oratoires, installés sur les côtés de la nef, au-dessous des vitraux, en formaient à peu près la seule décoration; ils paraissent avoir été désignés sous les vocables de Notre-Dame de Compassion et de Liesse, de Sainte-Madeleine et de Saint-Roch.

Contre le chevet de l'église, dans la cour extérieure du couvent, l'on avait dressé un grand crucifix de bois, auquel se rattachait une singulière coutume dont l'origine n'a jamais pu être établie avec certitude. Les condamnés que l'on conduisait à Montfaucon venaient faire une halte dans la cour pour embrasser ce crucifix et on leur donnait alors du pain et un verre de vin, ce que le populaire avait appelé « le dernier morceau » du patient.

Les religieuses possédaient, en bordure de leur couvent et dans le voisinage, vingt-cinq maisons dont la location leur assurait d'importants revenus [1]. Des vastes terrains qui avaient appartenu aux anciennes Filles-Dieu [2], il ne leur restait plus, au cours du xvie siècle, qu'une portion très restreinte qui fut encore sensiblement réduite par la suite. En 1568, le roi leur prit trois arpents pour

[1] La nomenclature de ces maisons accompagnée du plan topographique figure dans le Terrier du Roi. (Arch. nat., Q 1.)

[2] « Lesdictes Filles Dieu prétendent que leurs appartenances s'estendent à commencer aux premières maisons de la rue Montorgueil, appelée les Petits Carreaux, qui est sur le rempart, tirant le long dudit rempart, à la porte Sainct Denis, traversant le nouvel enclos desdictes Filles Dieu, et de la porte Sainct Denys, le long du fauxbourg jusques aux esgouts, et des esgouts au chemin des Poissonniers et suivant ledict chemin des Poissonniers, traversant le Fossé, jusques auxdicts Petits Carreaux.

La superficie, à prendre en longueur, depuis la rue Montorgueil jusques à la porte Sainct Denys, et en largeur, depuis la closture des religieuses jusques au mur de closture des marais, au delà le fossé contenant vingt un arpens;

Mais, à ne prendre que depuis la rue qui est au devant des chantiez et place desdictes dames jusques auxdictes clostures des marais, contient treize arpents;

Et la superficie desdicts marais jusque à l'esgout contient trente huit arpens;

Et tout le résidu, au delà lesdicts esgouts, contient en superficie treize arpens et demy;

Montant le tout ensemble à quatre vingt cinq arpens. » (Arch. nat., S 4695.)

43.

l'établissement de nouveaux fossés [1]. Peu après, lorsque l'on eut démoli les anciens remparts de 1360, de nombreuses constructions occupèrent leur emplacement; mais elles furent toutes détruites à l'époque des troubles de la Ligue. Ce fut seulement en 1621 que l'on recommença à bâtir d'une façon suivie, et que les religieuses aliénèrent les terrains du nouveau quartier [2] qui reçut le nom de la Villeneuve-sur-Gravois [3]. En 1741, elles cédèrent au curé de la paroisse, pour cinq mille livres, une place destinée à la création d'un cimetière. Enfin, en 1772, pour se procurer les ressources nécessaires à la réfection de leurs vieilles maisons et à la construction de nouvelles, elles vendirent douze arpents des terrains maraîchers qu'elles possédaient encore au faubourg Poissonnière [4].

Par contre, en 1668, le couvent reprit ses droits de propriété sur le terrain des anciens remparts et fossés supprimés dans la seconde moitié du XVIe siècle. L'entrepreneur de la nouvelle clôture, Lebarbier, prétendait à la possession de cet emplacement en vertu de son traité avec le roi; les religieuses lui intentèrent un

[1] «Trois arpens ont esté pris en l'année 1563 pour faire nouveaux fossés qu'on appelle à present Fossés Jaulnes, et, pour recompense, le roy constitua auxdictes relligieuses trois cens livres de rentes de quoi elles ne sont payées depuis trente cinq ans, qui faict qu'elles perdent tant la terre que la rente.» (Arch. nat., S 4696).

[2] Une déclaration de 1640 constate que «les religieuses ne sont plus à present possesseuses desdictes terres sinon que de seize arpens, un quartier, dix-huit perches, de quoi elles retirent chascun an de ferme la somme de 24 livres pour chascun arpent, qui est en tout 390». (Ibid.)

[3] Aussitôt après la construction de l'enceinte de 1360, le chemin des remparts avait été transformé en une véritable voirie. Les Filles-Dieu, incommodées, dès leur installation dans leur nouvelle résidence, par ce voisinage, se plaignirent au roi qui, par des lettres du mois d'avril 1374, enjoignait au prévôt de Paris de faire enlever les immondices qui se trouvaient déjà dans cet endroit et d'interdire qu'il en fût apporté à l'avenir; mais il ne semble pas que l'on ait tenu grand compte de ces prescriptions, puisque, trois siècles plus tard, le dépôt que l'on avait reformé atteignait sur certains points une hauteur de dix mètres. La surélévation de ce quartier provient de l'exhaussement factice du sol, qui motiva sa dénomination.

[4] Cette aliénation, décidée par une délibération capitulaire du 23 novembre 1772, ne put être réalisée que grâce à l'autorisation donnée par le roi, dans ses lettres-patentes de la fin du même

mois, dont nous reproduisons les considérants : «Nos chères et bien amées les dames prieure et religieuses du couvent royal des Filles-Dieu, ordre de Fontevrault, établi en notre bonne ville de Paris, rue Saint-Denis, nous ont fait exposer que vingt-cinq maisons qui leur appartiennent dans ladite ville, dont partie voisine de leur monastère, sont dans un tel état de deperissement et de vétusté, qu'il est indispensable d'en reconstruire la plus grande partie et de faire aux autres des réparations considérables; que la communauté ne pouvant rien prendre sur ses revenus, elle n'a de ressource que dans la vente d'un terrain en marais étant dans leur censive de la Couture, situé entre les rues du fauxbourg Saint-Denis et Poisonnière, l'égout et les boulevards de notre ville, contenant douze arpens environ, suivant le plan qu'elles en ont fait dresser par le sieur Payen, architecte; que le prix de ce terrain, affermé à une somme modique en comparaison de sa valeur en fond, les mettroit en état non seulement de subvenir à ces dépenses, mais encore d'améliorer les revenus de la communauté et même de contribuer à l'embellissement de notre ville, en faisant construire des maisons spacieuses et commodes sur un emplacement qui lui appartient rue de Bourbon-Villeneuve, actuellement occupé par des échopes....» (Ibid., S 4713.) De la déclaration des biens du 23 février 1790, il résulte qu'après cette vente, les religieuses n'avaient plus «la propriété que d'environ sept arpens qui sont loués avec une petite maison joignante dans le cul de sacq Saint-Laurent.» (Arch. nat., S 4196.)

procès qui était encore en instance au moment où il mourut et qui, après. avoir duré. près d'un siècle, se termina, le 24 octobre 1668; par une transaction avec les ayants droit du défunt [1].

Le couvent des Filles-Dieu était contigu par l'une de ses extrémités à la fameuse cour des Miracles, située entre leur clôture et la rue Saint-Sauveur, et qui était le rendez-vous des gueux de profession [2] et des gens sans aveu. Les religieuses protestèrent fréquemment contre ce dangereux voisinage, mais les ordonnances de police, provoquées par leurs réclamations, ne purent réussir à éloigner totalement de ce lieu sa population de malandrins. Elles eurent fréquemment à souffrir de ce dangereux voisinage qui ne disparut d'une façon complète et définitive que lorsque Louis XVI, par ses lettres du 21 août 1784, eut ordonné la construction. sur cet emplacement d'une nouvelle halle, destinée à remplacer,. pour la vente en gros du poisson de mer frais et salé et du poisson d'eau douce, les

[1] «Quant à la terre ci-devant occupée par les anciens fossés ou remparts faits en 1358, depuis la porte Saint-Denis jusqu'à la rue de Montorgueil, et qui ont esté comblés auparavant l'année 1634, la propriété en a toujours esté prettendue par lesdittes religieuses, comme ledit espace ayant esté pris sur le domaine lors de la construction desdits fossés, ensuite de la démolition de leur ancien couvent, pour raison de quoy elles ont soutenu un grand procès pendant plusieurs années contre les sieurs créanciers du deffunt M. Louis Le Barbier, lequel avoit traité avec le feu roy pour faire une nouvelle closture à Paris, moyennant l'abandonnement à lui fait desdites places, lesquels sieurs créanciers et lesdites religieuses, pour terminer tous les differends et nourrir paix entre eux, ont fait accommodement et par iceluy les terres où estoient lesdits fossez et remparts, pour lors vagues et sans aucune closture, sont demeurés chargés envers lesdites religieuses des trois sols de rente foncière et perpetuelle non rachetable pour chacune toise de superficie, payable par chacun an audit couvent comme le contient plus au long la transaction qui a esté faicte entre les parties, passée par devant Sainfroy et Bourcier, notaires au Chatelet de Paris, le 24 octobre 1668, le tout sans prejudice du droit de directe seigneurie sur lesdits lieux appartenant auxdites religieuses, et, quant au surplus de leurs prétentions sur les autres places où estoient lesdicts anciens fossés et remparts, entre les rues de Bourbon et de Sainte-Foye, au pourtour de la Boucherie, et depuis ladite rue de Bourbon jusque à la Cour des Miracles, à la maison de la Belle Estoille, elles s'en sont volontai-

rement desisté, tant au sujet que lesdits lieux sont remplis de bastiments que pour eviter le trouble qui seroit arrivé dans plusieurs familles, à cause des diverses mutations par le moyen des sommations en garantie; s'estant seulement lesdictes religieuses réservé pareillement la directe seigneurie sur lesdicts lieux, comme faisant partie de leur ancien domaine et premiere fondation.» (Arch. nat., L 1053.)

[2] En 1678, dans une requête adressée au lieutenant général de police La Reynie, les religieuses constataient que : «ladite place servoit de retraite à plusieurs vagabonds, gens sans adveu, qui s'y assembloient journellement et surtout les dimanches et festes, durant le service, pour jouer, y faisoient des ordures qui infectent les voisins, parce que les tombereaux du quartier n'y vont pas, se battent avec juremens, et jettent des pierres dans nostre closture qui ont blessé celles d'entre nous qui vont dans le jardin, sans que les plaintes qui en ont esté rendues aux commissaires du quartier aient pu les arreter; au contraire ces vagabonds se sont advisez, dans les derniers temps, d'atacher des cartons à l'ancienne porte qui sert d'entrée à notre jardin par cet endroit, pour tirer au blanc, et l'ont percée de plusieurs bales et nous mettent en danger...» (Arch. nat., S 4703.)

Le 28 mai 1678, le commissaire de police Bruneau, chargé d'une enquête sur les lieux, constatait dans son procès-verbal le bien-fondé des plaintes des religieuses, et le 8 avril 1670 une ordonnance de La Reynie interdit sous peine de châtiments corporels et de 50 livres d'amende tout attroupement dans la cour des Miracles.

anciennes halles de la marée et de la saline qui furent démolies l'année suivante. Par une convention du 20 mai 1787, que signa le lieutenant général de police, Thiroux de Crosne, les religieuses abandonnèrent au roi, pour l'achèvement des travaux, les droits qu'elles possédaient en commun avec les Catherinettes sur la partie du passage qui servait antérieurement de communication entre leurs jardins et la cour des Miracles.

Fermé en 1790, le couvent fut vendu comme propriété nationale le 14 vendémiaire an vi (9 septembre 1796) et l'église servit de salle de réunion à la société appelée «les Hommes révolutionnaires du 10 août». Les bâtiments furent démolis, et comme le lotissement des terrains et la construction des nouvelles maisons eurent lieu au moment de l'expédition d'Égypte, la nouvelle rue et le passage vitré que l'on établit sur l'emplacement du couvent reçurent le nom du Caire. La rue qui portait jusqu'à ces derniers temps le nom des Filles-Dieu en a été dépouillée, et rien ne rappelle plus aujourd'hui dans ce quartier le souvenir de l'ancien couvent [1].

---

[1] Le même fait s'était déjà produit vers le milieu du xix° siècle, pour une autre rue ouverte sur l'emplacement du couvent primitif des Filles-Dieu.

INDEX ALPHABÉTIQUE.

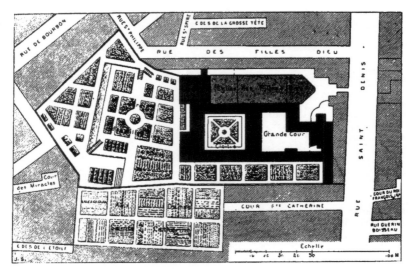

Plan du couvent des Filles-Dieu [1].

ÉPITAPHES DE L'ÉGLISE.

Tombes plates devant le maître-autel :

FRANÇOIS COUSIN.

1890. — CY GIST VENERABLE PERE ET FRERE FRANÇOIS COUSIN, PREBSTRE RELLI-
GIEUX PROFEZ DU CONVENT DE CEANS, LEQUEL A EXERCÉ L'OFFICE DE PERE CONFESSEUR
L'ESPACE DE XXII ANS, PUIS RENDIT SON AME A DIEU LE XIXE JOUR DE MARS M D LXVI [2],
AAGÉ DE LVII ANS. – PRIEZ DIEU POUR LUY.

Ms. B², p. 750.

LAMBERT PAUMART.

1891. — CY GIST VENERABLE ET DEVOST RELLIGIEUX NOSTRE BON PERE FRERE
LAMBERT PAUMART, RELLIGIEUX PROFFEZ DE CE MONASTERE, LEQUEL, AAGÉ DE LX ET
XII ANS, DONT IL EN A EMPLOYÉ LI BIEN VERTUEUSEMENT AU SAINCT ESTAT DE
RELLIGION, OU IL A EXERCÉ L'OFFICE DE PERE CONFESSEUR L'ESPACE DE XLI ANS ET A
ESTÉ BEAT PERE XXVI ANS [3]. IL EST DECEDDÉ LE XVIIIE JOUR D'OCTOBRE M DC XI. –
ANIMA EJUS REQUIESCAT IN PACE.

Ms. B², p. 746.

[1] D'après le plan de Verniquet. — [2] Le 29 mars, d'après le nécrologe des religieuses et religieux de
l'ordre de Fontevrault. (Arch. nat., LL 1657, fol. 67.) — [3] Ou 32 ans, d'après le nécrologe. (Fol. 68.)

FLORENT DE SAINT-JEAN + JEANNE DE MOLINS.

1892. — Cy gist noble homme et saige, maistre Florent de Sainct Jehan, en son vivant advocat ou Chastellet de Paris, seigneur du Rousseau, qui trespassa le XIIIe janvier m d xlix.

Cy gist damoiselle Jehanne de Molins, femme dudict sieur de Sainct Jehan, laquelle trespassa le XVIIIe jour de septembre m d lxxvii. — Priez Dieu pour eulx.

Armes. *Saint-Jean* : De... à deux haches adossées de...

— *Molins* : Écartelé : aux 1 et 4, de... au chevron de... accompagné de trois molettes de...; aux 2 et 3, de... au lion de...

Ms. B², p. 746.

CHARLES DE LORRAINE.

Inscription gravée sur une petite table de marbre noir, surmontée d'un cœur entouré de larmes :

1893. — Cy gist le cueur de Charles de Lorraine, cinquiesme fils de monseigneur Claude de Lorraine, duc d'Aumalle, pair de France, et de madame Louise de Brezé, qui mourut a l'hostel d'Aumalle, a Paris, le septiesme may m d lxviii, aagé de XVI mois, XIII jours.

Armes. *Lorraine* : *Parti de trois traits et coupé d'un, qui font huit quartiers : au 1, fascé d'argent et de gueules de 8 pièces, qui est de* Hongrie; *au 2, semé de France, au lambel de trois pendants de gueules, qui est d'*Anjou-Sicile; *au 3, d'argent à la croix potencée d'or, cantonnée de quatre croisettes du même, qui est de* Jérusalem; *au 4, d'or à quatre pals de gueules, qui est d'*Aragon; *au 5, semé de France à la bordure des gueules, qui est d'*Anjou; *au 6, d'azur au lion contourné d'or, couronné, armé et lampassé de gueules, qui est de* Gueldres; *au 7, d'or au lion de sable, armé, lampassé et couronné des gueules, qui est de* Flandre; *au 8, d'azur semé de croix recroisetées au pied fiché d'or, à deux bars adossés du même, qui est de* Bar; *sur le tout, d'or à la bande de gueules chargée de trois alérions d'argent, qui est de* Lorraine; *au lambel de trois pendants de gueules brochant sur le tout en chef.*

— *Brezé* : *D'azur à l'écusson d'or orlé d'azur et rempli d'argent, accompagné de huit croisettes d'or.*

Ms. B², p. 745; — Du Breul, p. 669; — Piganiol. t. III, p. 404.

44

Tombes plates à droite du maître-autel :

ROBERT BOUETTE.

1894. — Cy gist noble homme Robert Bouettes, vivant conseiller du Roy et general en sa cour des Aydes a Paris, qui deceda le XXIIIe decembre M DC IX. – Priez Dieu pour luy.

ARMES. *D'azur à la fasce d'argent chargée des trois croissants de gueules et surmontée d'une étoile d'or.*

Ms. B², p. 748.

ANNE BOUETTE.

1895. — Cy gist dame Anne Bouettes, en son vivant femme de monsieur maistre Nicolas Chevalier, seigneur de Montyon, conseiller du Roy en sa cour de Parlement, laquelle deceda le IIe de decembre M DC XXVIII, aagée de XXVII ans. – Priez Dieu pour son ame.

Ms. B², p. 750.

JEANNE DE MOLINS.

1896. — Cy devant gist noble damoiselle Jehanne de Molins, elle vivant eemme de noble homme maistre Jenart de Mesloir, luy vivant seigneur de Panet, advocat en la cour de Parlement de Paris et auparavant vefve de feu noble homme maistre Florent de Sainct Jehan, en son vivant seigneur des Rousseaux, laquelle par son testament a donné et laissé aux relligieuses du convent de ceans vingt cinq livres tournois racheptables de [cinq] cent livres tournois, a la charge que lesdictes relligieuses diront et feront dire tous les ans, a perpetuité, a pareil jour que est decedée ladicte damoiselle, qui est le XVIIIe jour de septembre M D LXXVII, un *obiit* tel qu'elles disent pour ledict deffunct seigneur de Sainct Jehan, premier mary de ladicte damoiselle.

Ms. B², p. 747.

ROBERT DE MONTMORILLON.

1897. — Priez Dieu pour nostre bienfaicteur, maistre Robert de Montmorillon, chirurgien du Roy Louis XIIe, lequel trespassa le XXVIe jour de septembre M D XI.

ARMES. *De . . . à la grappe de raisin de . . .*

Ms. B², p. 750.

Inscriptions gravées sur des lames de cuivre fixées contre le mur du chœur, au-dessus des tombes précédentes :

ROBERT BOUETTE.

1898. — CY GIST NOBLE HOMME ROBERT BOUETTES, VIVANT CONSEILLER DU ROY ET GENERAL EN SA COUR DES AYDES, A PARIS, LEQUEL A LAISSÉ DE SES BIENS EN CESTE EGLISE POUR ESTRE PARTICIPANT AUX PRIERES D'ICELLE, QUI DECEDDA LE XXIII' DECEMBRE M DC IX, AAGÉ DE LXXXIII ANS.

Ms. B², p. 748.

MICHEL BOUETTE.

1899. — CY GIST NOBLE HOMME MICHEL BOUETTES, VIVANT CONSEILLER DU ROY ET AUDITEUR EN SA CHAMBRE DES COMPTES, A PARIS, FILS DE DEFFUNCT NOBLE HOMME ROBERT BOUETTE, VIVANT CONSEILLER DU ROY ET GENERAL EN SA COUR DES AYDES, A PARIS, LEQUEL A LAISSÉ DE SES BIENS A CESTE EGLISE, POUR ESTRE PARTICIPANT AUX PRIERES D'ICELLE, QUI DECEDDA LE XXVIIIᴱ JOUR DE SEPTEMBRE M D C XXV, AAGÉ DE XLVI ANS. – DIEU EN AIT L'AME.

Ms. B², p. 748.

NICOLAS BOUETTE ✚ ANNE RANCHER ✚ ANNE BOUETTE.

1900. — CY GISSENT NOBLES PERSONNES MAISTRE NICOLAS BOUETTE, CONSEILLER DU ROY ET GENERAL EN SA COUR DES AYDES, LEQUEL DECEDA LE XVᵉ DECEMBRE M DC XXX, AAGÉ DE LVII ANS;

ET DAMOISELLE ANNE RANCHER, SA FEMME, LAQUELLE DECEDA LE IXᴱ JOUR DE JANVIER M DC XXXVI, AAGÉE DE LXI ANS, ET DEUX DE LEURS ENFANS, DECEDDÉS EN BAS AAGE.

ET AUSSY GIST DAMOISELLE ANNE BOUETTE, LEUR FILLE, EN SON VIVANT FEMME DE NOBLE HOMME MAISTRE NICOLAS CHEVALIER, SEIGNEUR DE MONTYON, CONSEILLER DU ROY EN SA COUR DE PARLEMENT, LAQUELLE DECEDA LE IIᴱ JOUR DE DECEMBRE M DC XXVIII, AAGÉE DE XXVII ANS, AVEC DEUX DE SES ENFANS DECEDÉS EN BAS AAGE.

ARMES. *RANCHER : De gueules au sautoir d'or chargé en cœur d'une rose de gueules et accompagné de quatre annelets d'or.*

— *CHEVALIER : D'azur à la tête de licorne arrachée d'argent; au chef d'or chargé de trois demi-vols de sable.*

Ms. B², p. 749.

FRANÇOIS-MARTIN-PAUL VANGLENNE.

Tombe à gauche du maître-autel, devant la sacristie :

1901. — Hic jacet ‖ reverendus pater frater Franciscus Martinus ‖ Paul Vanglenne, Parisiis natus, ‖ religiosus fontebraldensis, ‖ quem ‖ tum pietate, tum doctrina ‖ insignem, pluries expetitum ‖ ac demum nostris votis con‖cessum, iisque adimplendis ‖ jam maturum, mors præma‖tura, sed non improvisa eri‖puit, sexta ab ejus huc ‖ adventus, die xxiiᴬ junii, æta‖tis suæ anno ferme xlviᵒ, ‖ professionis xxvi, repa‖ratæ salutis m dcc lxxiᵒ. ‖ Requiescat in pace.

Arch. nat., LL 1656, fol. 16 [1].

NEF.

ISABEAU BARTHÉLEMY.

Épitaphe peinte sur un vitrail, au-dessous de l'effigie d'une religieuse.

1902. — Cy gist sœur Ysabeau Berthelemy, laquelle trespassa le viiᵉ jour de juillet m dc [2]... — Dieu en ait l'ame.

Armes. *D'azur, à trois têtes de lion arrachées d'or, à l'étoile en abime du même.*

Ms. B², p. 751.

ADAM LE BEAU.

Tombe plate au milieu de la nef :

1903. — Cil qui trente ans a vescu solitaire
Religieux, pour a Dieu seul complaire;
Qui fut de mœurs, d'esprit et de nom beau.
Cy gist enfouiz soubs le pale tombeau.
Des de decembre le septiesme sommeille
Jusques a l'heure que Dieu vitement le reveille.

---

[1] Ce ms. porte en note : «Dans l'église du dehors, 1771». On pourrait supposer que par cette indication l'on a voulu désigner l'ancienne chapelle de l'hospice, hypothèse qui serait inadmissible, puisque cet édifice avait disparu depuis près d'un siècle. On a voulu évidemment désigner par ces mots la partie de l'église des Filles-Dieu qui était accessible au public.

[2] Le nécrologe signale son décès à l'année 1520. (Fol. 63.)

MORIBUS, INGENIO VITAQUE ET NOMINE PULCHER,
EN JACET, EN ILLE EST QUEM BREVIS URNA TEGIT.
ET .... QUOD ET FUIT ANTE [1].....
IN CŒLO TUMULO UT MOLLITER OSSA CUBANT.
IN CARNE MEA VIDERO SALVATOREM MEUM.

Ms. B², p. 755.

EDMOND LE SUEUR.

Tombe au bas de la nef, devant la grille du chœur des religieuses.

1904. — CY GIST VENERABLE ET BON PERE FRERE EDMOND, EN CE SACRÉ MONAS-TERE DES FILLES DIEU DE PARIS, PORTANT PAR SON DROICT NOM LE SUEUR, DIGNE DE MEMOIRE DU MONDE, DE LA CHAIR, DU DIABLE EN VICTOIRE, DE LOUABLE VIE, DE CELESTE CONVERSATION; RELLIGIEUX ESTOIT DE L'ORDRE DE FONTEVRAULT, AUQUEL, PAR L'ESPACE DE TRENTE ET UN ANS OU ENVIRON, [EN BONTÉ,] DISCIPLINE, SCIENCE ET PREDICATION MOULT PARFAITE, A LUY ET AUX AUTRES EXEMPLAIRE DE TOUTE VERTU ET EQUITÉ, A EXERCÉ L'OFFICE DE PERE CONFESSEUR, PAR L'ESPACE DE VINGT DEUX ANS BIEN HONNORABLEMENT ET, PAR UN TRIENNAL, L'OFFICE DE VISITEUR DUDICT ORDRE, LEQUEL, APRES PLUSIEURS INFIRMITES ET LONGUES PASSIONS [DONT IL] A SOUF-FERT ET VERTUEUSEMENT ET CHRESTIENNEMENT, DECEDDA LE JOUR ET FESTE SAINCT PIERRE SAINCT PAUL M D XL [2], AAGÉ DE L ANS OU ENVIRON. — PRIEZ DIEU POUR LUY

Ms. B², p. 754.

Tombes plates :

HENRY DE MARLE.

1905. — CY GIST NOBLE HOMME HENRY DE MARLE, CHEVALLIER, EN SON VIVANT CONSEILLER DU ROY ET PREMIER PRESIDENT EN SON PARLEMENT DE THOULOUZE, LE-QUEL TRESPASSA L'AN M CCCC XCV.

ARMES. *D'argent à la bande de sable chargée de trois molettes d'argent.*

Blanchard, *Catalogue*, p. 23.

LAURENCE VAILLANT.

1906. — CY GIST HONNORABLE FEMME LAURENCE VAILLANT, EN SON VIVANT FEMME DE HONNORABLE HOMME JEHAN DUE, LAQUELLE S'EST DONNÉE ET SES BIENS AU CONVENT DE CEANS POUR ESTRE [PARTICIPANTE] AUX PRIERES DUDICT CONVENT LAQUELLE TRESPASSA LE XXIIe JOUR DE JANVIER M D LII. — PRIEZ DIEU POUR ELLE.

Ms. B², p. 753.

[1] Ce vers, que le copiste n'a pas pu lire en entier, est complété dans le manuscrit par des mots barbares et totalement dépourvus de sens. — Le nécrologe donne comme date de sa mort le 7 décembre 1654. (Fol. 66 v°.)

[2] D'après le nécrologe, la mort de ce person-nage arriva «le penultiesme de juing 1538». (Fol. 64.)

JEAN DUE.

1907. — Cy gist honnorable homme Jehan Due, en son vivant marchant et bourgeois de Paris, lequel s'est donné luy et ses biens au convent de ceans pour estre [participant] aux prieres dudict convent; lequel trespassa le XIIe. jour d'octobre M D LIII. — Priez Dieu pour son ame.

Ms. B², p. 752.

MARIE CHARTIER.

1908. — Cy dessoubs gist le corps de noble damoiselle Marie Chartier, lors de son deceds veufve de feu noble homme maistre Nicolas Martineau, en son vivant conseiller du Roy en sa cour de Parlement de Paris, laquelle decedda le XXXe jour d'octobre M DC LXVI. — Dieu face pardon a leurs ames.

ARMES. *Chartier : De... à trois pals de..., à la ²fasce brochant sur le tout de... chargée*
de trois roses de...
Martineau : D'argent à deux oiseaux perchés sur un écot, le tout au naturel, et, en
pointe, trois roseaux de sinople, mouvant d'une rivière d'azur.

Ms. B², p. 752.

LOUIS DE MENISSON.

Épitaphe gravée sur une table de pierre :

1909. — Cy gist noble gentilhomme Loys de Menisson, en son vivant seigneur de Repantis pres Saclé, lequel a ordonné par son testament signé de sa main, au convent des Filles Dieu la somme de cent escus, pour une fois payée, pour estre inhumé en l'eglise de ceans dudict convent, aussi pour estre [participant] aux prieres qui se font et feront, jour et nuict, en leur dicte eglise, lequel trespassa le XXVe de mars M DC LXXXVII.

ARMES. *D'argent à la croix ancrée de sable.*

Ms. B², p. 753.

CHŒUR DES RELIGIEUSES.

MADELEINE PELLERIN.

Près de la grille, tombe plate de pierre avec l'effigie de la défunte et l'épitaphe suivante gravée sur la bordure :

1910. — Cy gist devoste mere sœur Magdelaine Pellerin, religieuse des Filles Dieu, laquelle fut mise ceans l'an m cccc xcv et fut l'espace de lvi ans entreprise de tous ses membres, fors la main gauche, de quoi elle s'aidoit et escrivoit; laquelle trespassa le xxi de janvier mil cinq cens soixante et cinq [1].

Ms. B², p. 744 : — Du Breul, p. 665.

CATHERINE DE LORRAINE.

Tombe plate de marbre noir au milieu du chœur des religieuses.

1911. — Cy gist le cueur [2] de tres haulte et tres illustre princesse Madame Katherine de Lorraine, femme et espouse de tres hault et puissant prince monseigneur Louis de Bourbon, pair de France, duc de Montpensier, souverain de Dombes, laquelle decedda le vi^e may, l'an m d xcvi. — Priez Dieu pour son ame.

Armes. *Écartelé: aux 1 et 4, de Lorraine; aux 2 et 3, de France au bâton de gueules, chargé d'un croissant d'argent en chef.*

Ms. B², p. 744 ; — Du Breul, p. 665 ; — Piganiol, t. III, p. 404.

---

[1] «L'an 1564, trespassa sœur Magdelene Pellerin, le 21 de janvier, premiere religieuse de ceans depuis la reforme. Elle venoit d'estre professe et n'avoit que quinze ans lorsque l'on dedia l'eglise de ceans, où elle travailla tant à porter sable, cendre, eaux et autres choses requises à la ceremonie de la dedicace qu'elle en demeura paralytique de tot son corps, ne ly restant de libre que les deux premiers doigts de la main droitte, les yeux et partie de la langue; elle fut cinquante huit ans ainsy, couchée sur un seul costé, elle disoit son office exactement et peignoit des images de ses deux doits libres ; elle estoit parfaitement accomplie de corps, d'esprit et de vertu, surtout de patience.» (Nécrologe, fol. 66, v°.)

[2] Le corps de Catherine de Lorraine fut inhumé dans le chœur de l'abbaye de Saint-Pierre de Reims. (P. Anselme, t. I, p. 356.)

SACRISTIE[1].

CANTIEN HUE.

Son épitaphe était gravée sur une tombe plate de pierre :

1912. — Conditur oppositi rigida sub mole sacelli
Cantianus Hue, religionis apex,
Inter opes qui vixit inops carnemque subegit
Vilibus in fannis simplicibusque cibis.
Fluctivagum cupiens mundi tranare per æquor,
Supposuit suavi mitia colla jugo
Atque sacrata Deo persolvit vota gregisque
Virginei custos [fidus] et argus erat.
Undique divini sparsit bona semina verbi
Ne mala frugifero spina noceret humo.
Hinc ad cœlicolas lutea de sede vocatus,
Funera prædixit non procul esse sua.
Respice quam scabro magnus sub marmore pastor,
Claraque quam vili gemma quiescit humo !
Qui licet hic jaceat sterili contentus arena,
In paradisiaco clarior oree nitet.

Piganiol, t. III, p. 402.

Contre le mur, sur une table de bois on lisait cette autre inscription :

1913. — Cy gist Cantian Hue[2], digne de memoire,
Du monde, de la chair, du diable ayant victoire,
De louable vie et celeste conversation,
Qui en ceste université vingt quatre ans environ
En bonté, discipline et science a moult profité,
A soy et autres exemplaire de toute equité,
En aage, doctrine, parfaict conseil, Dieu memorant,
En Navarre, bel et riche office et grans biens laissant;
Prend l'estat de relligion, Fontevrault reformation,
Dont nostre convent a reformé par conduite et discretion,
Lequel a mil cinq cens et deux, sainct Ambroise le jour et feste,
Sexagenaire et vertueux rend l'esprit, cline la teste.

Sauval, t. I, p. 483.

[1] Piganiol nous apprend que la sacristie était une ancienne chapelle transformée.

[2] «L'an 1502, le iv° jour d'avril avant Pasques, trespassa nostre R. P. frere Cantian Hue, licencié en theologie, maistre des grammairiens de Navarre, confesseur de ceans.» (Nécrologe, fol. 62.)

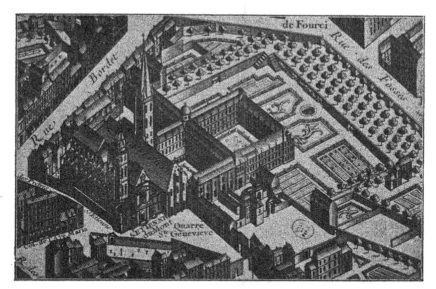

Vue de l'abbaye royale de Sainte-Geneviève-du-Mont [1].

ABBAYE ROYALE

DE

SAINTE-GENEVIÈVE-DU-MONT.

NOTICE HISTORIQUE.

Après avoir reçu de l'empereur Anastase, en 507, des lettres de patrice et de consul, Clovis décida de faire de Paris la capitale de son royaume; il choisit pour sa résidence l'ancien palais des Thermes, habité jadis par les Césars romains. Ce fut alors que, cédant aux prières de la reine Clotilde et aux conseils de sainte

[1] D'après le plan de Turgot. — La vue intérieure de l'abbaye est une réduction de l'estampe publiée par Millin (*Abbaye de Sainte-Geneviève*, pl. VI, Michel direx'). — Les plans de l'abbaye ont été gravés par M. Sulpis d'après A. Lenoir.

Bien que l'église de Sainte-Geneviève fût jadis l'une des plus fréquentées de Paris, elle n'a pas été jusqu'ici l'objet d'une monographie précise et complète et l'histoire de l'abbaye n'a pas encore été écrite d'une façon définitive. Le genovéfain Du Molinet avait rédigé, au XVII° siècle, un travail d'ensemble, resté manuscrit, qui ne manque pas d'intérêt, quoique dépourvu de méthode et de critique, mais dans lequel les renseignements archéologiques font absolument défaut. Millin, dans sa notice, s'est borné à résumer ce volumineux ouvrage et

Geneviève [1], il résolut de faire bâtir une église en l'honneur des saints Apôtres, désireux sans doute de donner ainsi un témoignage éclatant de son attachement à la foi catholique. L'emplacement qu'il choisit, peu éloigné de son palais, occu-

à emprunter aux anciennes descriptions de Paris quelques renseignements complémentaires. M. l'abbé Paul Féret a procédé à peu près de même pour composer son histoire de l'*Abbaye de Sainte-Geneviève*; la seconde partie de cet ouvrage, consacrée à la Congrégation de France, peut être considérée comme vraiment originale et puisée aux meilleures sources. En dehors de la *Gallia christiana* et des observations de l'abbé Lebeuf, complétées de nos jours par Cocheris et Bournon, il n'y a guère à signaler comme vraiment digne d'intérêt que l'étude sur l'histoire de l'abbaye de Sainte-Geneviève, publiée par M. Giard dans les *Mémoires de la Société de l'Histoire de Paris* (t. XXX, p. 41-126). Ce travail s'arrête au XIIIᵉ siècle.

Nous avons fréquemment cité, au cours de notre notice, deux des manuscrits conservés à la Bibliothèque Sainte-Geneviève : le Cartulaire de l'abbaye (n° 356) et l'ouvrage de Du Molinet (n° 610). Le dernier manuscrit auquel se réfèrent nos citations n'est qu'une copie, mais plus complète que l'original (n° 609), puisque le chapitre consacré à l'ancienne bibliothèque ne se trouve que là.

[1] L'auteur anonyme de la Vie de sainte Geneviève, écrit à ce sujet : «gloriose memorie Clodoveus rex..... pro dilectione sancte virginis in ergastulum retrusis indulgentiam tribuit et pro criminum animadversione sepe etiam culpabiles immunes a suppliciis, Genovefa supplicante, dimisit. Quin etiam, honoris ejus gratia basilicam edificare ceperat....»

M. Kohler a conclu de ce texte que «le roi Clovis avait fait construire en l'honneur de la sainte, une église où ses restes devaient être déposés» (*Étude critique sur le texte de la vie latine de sainte Geneviève*, p. VIII). M. Giard a admis cette opinion comme la seule vraisemblable (*op. cit.*, p. 44), tandis que Mᵍʳ Duchesne l'a justement critiquée. «Je ne vois pas, observe-t-il, pourquoi on traduit *honoris ejus gratia* pour *en son honneur*. A ce dernier sens correspond exactement l'expression *in honorem ejus*, et notre auteur l'emploie à deux reprises à propos de la basilique de Saint-Denis. *Honoris ejus gratia* me semble signifier, par déférence pour elle, pour faire honneur à sa demande, et c'est bien ainsi que l'un des interprétateurs a

compris, car il ajoute à *honoris ejus gratia* les mots *et exhortatione sæpissimas* (*Bibl. de l'École des Chartes*, 1893, p. 214).

Avec M. l'abbé Féret, nous ne pouvons que nous rallier à ces observations. L'interprétation de M. Kohler est, en effet, doublement inexacte, tant par le sens qu'elle attribue au texte latin, que par le commentaire qu'elle y ajoute. L'hagiographe s'est borné, en effet, à rappeler que Clovis fit construire une basilique pour honorer sainte Geneviève. Or il est toujours possible d'honorer quelqu'un, c'est-à-dire lui rendre hommage, par la déférence qu'on lui témoigne ou par l'empressement que l'on met à suivre ses conseils, ce qui est précisément le cas ici. Quant à la destination spéciale attribuée à la basilique, il n'en est nullement question dans son récit.

D'une façon générale, d'ailleurs, la thèse de M. Kohler semble contredite par les faits. Elle suppose tout d'abord que sainte Geneviève ne survécut pas à Clovis; sur ce point, nous n'avons aucune certitude. M. Kohler suppose qu'elle mourut *probablement* avant lui, c'est-à-dire entre 498 et 507, tandis que la plupart des historiens fixent la date de son décès au 3 janvier 512. Cette opinion paraît confirmée par le texte précité. Les deux premiers incidents qu'il relate ayant eu lieu du vivant de sainte Geneviève, il paraît peu probable que le troisième se soit produit lorsqu'elle n'existait plus. De plus, si sainte Geneviève était morte avant que la construction de l'église fût commencée, il aurait fallu lui donner ailleurs une sépulture provisoire et procéder plus tard à la translation de ses restes. Mais les choses n'ont pu se passer ainsi, puisque tous les biographes constatent qu'elle fut inhumée dans la crypte de la basilique.

D'autre part, M. Kohler constate lui-même que son interprétation soulève une grave difficulté. «Selon notre hagiographe, écrit-il, l'édifice aurait été bâti en l'honneur de sainte Geneviève. Les plus anciens témoignages que nous possédions sur cette basilique après la Vie de sainte Geneviève ne confirment pas ce renseignement. Comment expliquer que la Vie de sainte Geneviève soit en contradiction aussi manifeste avec tous les textes connus qui ont parlé de la construction entreprise par Clovis et

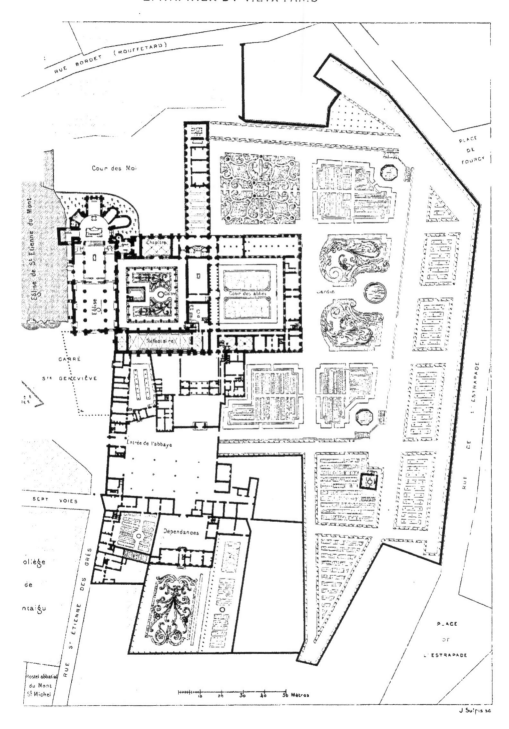

Cour des Moi

Église de St Étienne du Mont

Chapitre

Cloître

Cour des abbés

Jardin

Église

Réfectoire

CARRÉ
Sᵗᵉ GENEVIÈVE

Entrée de l'abbaye

SEPT VOIES

Dépendances

oliège
de
ntaigu

RUE BORDET (MOUFFETARD)

PLACE
DE
FOURCY

RUE DE L'ESTRAPADE

RUE Sᵗ ÉTIENNE DES GRÈS

PLACE
DE
L'ESTRAPADE

Hostel abbatial
du Mont
Sᵗ Michel

10   20   30   40   50 Mètres

J. Sulpis sc

paî le se
après av

Clotilde ? » j
vient uniqu
admet que
l'honneur d
rien ne s'o
titre des S
concorde p
historiens :
cette expli
des conject
« Comme
velle basili
il've peut le
xn° siècle, l
socié le nom
Enfin, à i
mière où él
il n'y auroit
chani avant
artiste dani
annulraire
coi par si
adopter un
et plus fav
service de
p. xxv.)
Et il que
basilique d
la plus fréq
jusqu'à élé
ait été de d
portait ver
croire qu'i
ble, d'attri
moins égal
faire à la h
d'éclipser o
ficial jusqu
que de be
(Op. cit., |
Pour éc
remarquer
lique n'a ét
des Sainte-
écrit la lég
pu avoir la
fan remble

pait le sommet du mont Leucoticis et dominait toute la rive gauche de la Seine; après avoir servi de cimetière aux payens, il avait conservé pour les Gallo-Romains

Clotilde?» (P. xc et xciii.) Cette contradiction provient uniquement de sa traduction erronée; si l'on admet que la basilique fut édifiée, non pas en l'honneur de sainte Geneviève, mais sur ses conseils, rien ne s'oppose à ce qu'elle ait été dédiée sous le titre des Saints-Apôtres, et le récit du biographe concorde parfaitement avec les témoignages des historiens postérieurs. M. Kohler n'a pas admis cette explication et il s'est rejeté par suite sur des conjectures hasardées.

«Comme il paraît certain, écrit-il, que la nouvelle basilique ne possédait pas d'autres reliques, il se peut fort bien que déjà, au commencement du viie siècle, les fidèles, pour la désigner, aient associé le nom de Geneviève à celui des Saints-Apôtres. Enfin, à supposer même que l'appellation première ait été usitée au temps où vivait le biographe, il n'y aurait rien d'étrange à ce que celui-ci, cherchant avant tout à rendre illustre le nom de la sainte dont il écrivait la vie, ait prétendu que le sanctuaire avait été bâti en son honneur et cela, soit par simple gloriole, soit qu'il espérât faire adopter une dénomination à la fois plus naturelle et plus favorable à la prospérité de l'église, au service de laquelle il était attaché.» (Op. cit., p. xciv.)

Et il ajoute ailleurs : «Dès la fin du ve siècle, la basilique de Saint-Martin fut le lieu de pèlerinage le plus fréquenté de la Gaule... Aussi, sans aller jusqu'à dire que le but unique de l'hagiographe ait été de détourner vers Paris le courant qui se portait vers la Loire, sommes-nous autorisés à croire qu'en affectant, d'une façon si peu dissimulée, d'attribuer à sainte Geneviève une puissance au moins égale à celle de saint Martin, il songeait à faire à la basilique de Paris une renommée capable d'éclipser celle dont l'église de Tours avait bénéficié jusqu'alors... On ne voit pas cependant... que de longtemps ce résultat ait été atteint.» (Op. cit., p. lxviii.)

Pour écarter ces diverses hypothèses, il suffit de remarquer que jamais, du vie au xe siècle, la basilique n'a été désignée sous un autre titre que celui des Saints-Apôtres et que le modeste clerc qui a écrit la biographie de sainte Geneviève n'a jamais pu avoir la prétention de provoquer le changement du vocable qui lui avait été attribué par son fon-

dateur, non plus que de lui assurer une renommée capable de rivaliser avec celle de l'église Saint-Martin de Tours. Si ces résultats ont été atteints postérieurement, l'hagiographe n'y est pour rien, et l'on est fondé à croire qu'à son époque, il ne pouvait même pas le prévoir. Dans le principe, en effet, le culte de sainte Geneviève resta localisé à Paris, et le pèlerinage de son tombeau ne fut guère fréquenté que par les habitants de la cité. Ses miracles, d'ailleurs, n'avaient rien qui pût spécialement appeler l'attention, d'après le témoignage formel de Grégoire de Tours : «Ad cujus tumulum sæpius petitiones datæ suffragium obtinent; sed et frigoriticorum febres ejus virtute sæpissime restinguntur.» (De gloria confessorum, édit. Krusch, p. 805). L'opinion de M. Kohler ne laisse subsister aucun doute à cet égard :

«On peut affirmer, écrit-il, que la réputation de sainte Geneviève est de celles que le temps a grandies au lieu de les affaiblir. A mesure qu'on avance dans le moyen âge, la légende s'amplifie et le culte acquiert plus d'importance. Mais il est à croire que, pendant la première moitié du vie siècle, ce nom, loin d'être l'un des plus illustres parmi ceux qu'honorait l'Église, était peu connu en dehors de Paris: qu'avant sa mort, et surtout que sa vie eût été écrite, sa réputation fut toute locale.» (Op. cit., p. lxxvi.)

Dans ces conditions, l'on ne saurait prétendre que Clovis ait voulu faire construire une basilique en l'honneur de sainte Geneviève.

M. Kohler, d'ailleurs, s'est montré beaucoup moins affirmatif sur ce point, lorsqu'il a discuté les théories du dernier éditeur de la Vie de sainte Geneviève, l'érudit allemand Krusch, dans un article postérieur de dix-huit ans à son étude critique. Il a admis, en effet, que les mots honoris ejus causa peuvent bien signifier «par déférence pour sainte Geneviève» tout en ajoutant qu'ils peuvent aussi vouloir dire «pour faire honneur à sa dépouille mortelle». (Revue historique, 1898, p. 317.) A l'appui de cette interprétation, il produit alors pour la première fois un passage de l'hagiographe d'après lequel «un modeste oratoire de bois avait été tout d'abord construit sur le tombeau de la sainte».

«...Virgo itaque Domini Genevefa, decurso ævi spatio vitam in pace laudabili consummatione fini-

45.

convertis la même destination et, selon toute vraisemblance, d'anciennes ruines y rappelaient encore l'existence d'un monument romain [1].

En 508, au retour de sa campagne contre les Wisigoths, le roi franc fit entreprendre la construction de la basilique des Saints-Apôtres qui paraît avoir été édifiée avec toute la magnificence possible.

Lorsqu'il mourut, en 511, avant que l'édifice fut complètement achevé, il reçut la sépulture, à titre de fondateur, dans le sanctuaire, et sainte Geneviève, qui lui survécut quelques mois, fut inhumée dans la crypte de l'église. Clotilde poursuivit l'œuvre de Clovis; la basilique paraît avoir été terminée vers l'an 520, et l'évêque de Reims, saint Remi, en célébra la dédicace, le 24 décembre,

vit, humataque est iii nonas januarias, quæ denos octies annos peregrina mundo, venerabilis populo, devota Christo, vixit in sæculo. Circa hujus ergo tumulum humilis primitus ligni super impositione contectum, gloriosæ memoriæ Hlodoveus rex basilicam mirabili dispositione fundavit.» (Bollandistes, *Acta Sanctorum*, janvier, t. I, p. 147.)

Mais ce passage n'existe pas dans les deux textes que M. Kohler a cru devoir publier intégralement, l'un comme représentant le manuscrit original, l'autre comme la copie qui s'en éloigne le plus; il figure seulement dans le texte édité par les Bollandistes et constitue une interpolation qui ne saurait être antérieure au xiie siècle et dépourvue par suite de valeur documentaire. Elle émane simplement d'un copiste qui a voulu justifier par un argument décisif le culte dont la sainte était l'objet de son temps et qui a trouvé tout simple d'assimiler son héroïne aux anciens martyrs sur les tombeaux desquels les églises primitives furent édifiées. L'excès de son zèle aurait dû mettre en défiance la critique de M. Kohler.

En parlant de l'inhumation de sainte Geneviève dans la basilique des Saints-Apôtres, cet érudit observe que «pour qu'une simple particulière, sans lien de parenté avec la famille royale, ait reçu un pareil honneur, il faut bien que sa mémoire ait été pour quelque chose dans l'histoire de l'Église» (*ibid.*, p. 316). C'est précisément ce que nous sommes les premiers à reconnaître en admettant que les instances de sainte Geneviève auprès de Clovis ont motivé la construction de la basilique.

[1] Contrairement à l'opinion commune, il nous paraît peu probable que l'existence d'un cimetière ait motivé la décision de Clovis. Ce prince s'est borné simplement à suivre l'ancien usage d'après lequel les églises chrétiennes prenaient presque

toujours la place des temples païens, et ce qui s'était déjà produit dans la Cité pour la cathédrale de Paris et à Montmartre pour l'oratoire de Saint-Denis se renouvela certainement pour la basilique des Saints-Apôtres. L'on ne saurait oublier que, durant la période heureuse de la domination romaine, la rive gauche de la Seine avait été occupée par une grande ville détruite vers le milieu du iiie siècle, au cours des premières invasions des Barbares germains, et remplacée peu après par le *castrum stativum* dont parle Ammien Marcellin. Les restes des établissements publics dont cette ville était dotée et que les fouilles ont mis au jour: thermes publics, arènes, théâtre, aqueduc et champ de Mars, attestent son importance, et il est hors de doute, dans ces conditions, qu'elle devait posséder plusieurs temples. Du moment où l'on admet que certains édifices ont pu être consacrés à Mercure, à Bacchus et à Isis, là où s'élevèrent plus tard les églises de Notre-Dame-des-Champs, de Saint-Benoît et de Saint-Vincent, il n'est pas téméraire de supposer que l'emplacement de la basilique des Saints-Apôtres avait été primitivement occupé par un temple de Diane. Le 21 mars 1860, J. Quicherat donna lecture à la Société des antiquaires de France d'un passage tiré d'un ouvrage peu connu et qui confirme la découverte déjà signalée par l'abbé Lebeuf, d'après Bergier, d'un autel de Diane, découverte qui eut lieu dans l'église de Sainte-Geneviève, au commencement du xviie siècle. Ce renseignement se trouve dans un discours académique prononcé au collège de Boncour, pour la rentrée des classes, en 1620. L'orateur est Pierre Bertius, réfugié hollandais, que Louis XIII fit son cosmographe, mais qui, avant d'être appelé à cette fonction, régenta dans plusieurs collèges de l'Université. Rappelant les souvenirs glorieux qui s'atta-

sous le titre des Saints Apôtres Pierre et Paul. La reine y fit déposer peu après les restes des enfants de Clodomir, Théodebald et Gontran, ses deux petits-fils, assassinés par leurs oncles, et ceux de sa fille, veuve du roi des Goths, Amalaric. Après sa mort, survenue à Tours le 3 juin 545, son corps fut transporté solennellement à Paris et inhumé, suivant sa volonté, auprès de la tombe de sainte Geneviève.

On a prétendu que Clotilde avait formé le dessin de confier à des moines la garde et le service religieux de la basilique; mais il ne semble pas qu'elle ait donné suite à ce projet, et le clergé primitif dut être constitué, sans doute, par des chanoines que saint Remi avait amenés de sa cathédrale [1].

chaient à la montagne Sainte-Geneviève, il met au nombre l'existence d'un ancien temple de Diane, démontrée, dit-il, par un monument de marbre qui avait été récemment déterré». (*Bulletin de la Société*, 1860, p. 50.)

M. Ch. Magne, qui s'est spécialement occupé des voies romaines de l'ancienne Lutèce, estime de son côté «que les Romains ont importé chez les Parisiens leurs coutumes et leurs traditions en disposant leurs temples et leurs sépultures le long des grandes voies de communication». (*Bulletin de la Montagne Sainte-Geneviève*, t. II, p. 115.)

Dans ces conditions, il est très vraisemblable qu'un temple de Diane avait été précisément construit en bordure de la grande voie qui conduisait à Sens et à Lyon. Bien qu'il eût été détruit au cours du IIIe siècle, avec la ville romaine dont il faisait partie, ses ruines pouvaient encore subsister deux cents ans plus tard, et il est vraisemblable que Clovis trouva tout naturel d'utiliser les fondements pour la construction de la basilique des Saints-Apôtres. Dans cet ordre d'idées, nous devons rappeler que lorsqu'on a détruit, en 1856, les bâtiments de Saint-Jean-de-Latran, on a retrouvé les substructions romaines sur lesquelles ils avaient été édifiés et qui, par suite de leur situation sur le flanc de la montagne, devaient se trouver, à l'origine, enfouies beaucoup plus profondément que les vestiges de l'ancien temple de Diane.

[1] «Les sçavans, observait à ce sujet l'abbé Lebeuf, ont hésité longtemps sur la qualification de ceux qui desservoient cette église, savoir si c'étoit une partie du clergé séculier de Paris ou une communauté monastique. Ils conviennent assez maintenant que ce fut originairement une maison de moines, de même qu'il y avoit déjà proche d'autres villes, mais non pas sur ce que Grégoire de Tours

l'a qualifié du nom de *Basilica*, puisque, si cela suffisoit, il faudroit reconnaître des moines partout. Ce n'est pas non plus parce que l'on trouve quelques abbés qui ont vécu avant le temps des Normans, puisqu'il est prouvé que, dans les églises de prêtres séculiers, on donnoit le nom d'abbé à celui qui en étoit le premier, mais parce que l'auteur de la Vie de la Reine sainte Bathilde, qui vivoit comme elle au VIIe siècle, cent cinquante ans après Clovis I, assure que la Reine Clotilde bâtit la basilique de Saint-Pierre, pour y faire observer la religion monastique.» (T. II, p. 368.)

Cocheris estimait, avec juste raison, que cette thèse «n'est basée sur aucun document positif, tandis que l'opinion contraire qui considère la basilique de Saint-Pierre comme desservie de toute ancienneté par les chanoines séculiers est de beaucoup plus probable. En l'admettant, on n'est plus dans la nécessité de dire qu'ils ont remplacé des religieux relâchés de leur règle, supposition tout à fait gratuite et qui a été mise en avant sans aucune espèce de preuves à fournir. D'ailleurs, l'auteur de la Vie de sainte Bathilde ne parle que du dessein qu'aurait eu la reine Clotilde de faire observer la religion de l'ordre monastique dans la basilique de Saint-Pierre et ne dit pas si le dessein a été mis à exécution.» (Additions, t. II, p. 616.)

Nous avons aujourd'hui une raison décisive de rejeter l'hypothèse de l'abbé Lebeuf, c'est que le témoignage sur lequel elle était fondée n'a nullement la valeur qu'il lui avoit attribuée. En effet, le passage auquel elle se référait : «Ecclesiam quoque Sancti Petri, ubi religio monastici ordinis vigeret, Parisius fecit», ne figure pas, ainsi que l'a signalé M. Kohler, dans la seule Vie de sainte Bathilde qui soit due à un contemporain; il constitue une simple

Ces clercs résidèrent dans le voisinage immédiat de l'église[1] et eurent pour subsides le revenu des terres adjacentes et des domaines situés aux environs de Paris dont la propriété lui avait été attribuée par Clovis[2]. L'illustration que la basilique tenait de son fondateur, des tombes royales qu'elle abritait et de la possession des restes de sainte Geneviève, s'accrut encore par la tenue de trois conciles qui s'y réunirent en 573, 577 et 614.

Cependant les rois mérovingiens, successeurs de Clovis, ne paraissent pas s'être préoccupés du sort de son clergé; ils réservèrent leur faveur et leurs dons aux deux basiliques de Saint-Vincent et de Saint-Denis, fondées par Childebert et Dagobert; les Carolingiens agirent de même. Grâce à cette indifférence de la

interpolation due à quelque hagiographe de la période carolingienne, qui n'a pu être exactement informé des intentions de la reine Clotilde.

Il semble, d'ailleurs, que l'on aurait tort de vouloir appliquer uniquement à des moines l'expression «monastici ordinis», qui paraît avoir été employée, au moyen âge, pour désigner toute sorte de religieux. Ainsi que le remarquait J. Quicherat, il ne faut pas demander au latin d'une époque barbare la précision des termes. En 1222, le pape Honorius III se servait de ce terme en désignant les chanoines de Saint-Victor qui, depuis près d'un siècle, avaient été introduits à Sainte-Geneviève, et, en 1250, l'abbé Jean Bouvier était qualifié dans son épitaphe de «monastichæ vitæ zelator».

De même, il ne nous paraît pas possible d'admettre avec Mabillon que, dans le principe, le mot «basilica» ait servi à désigner les seules églises desservies par les moines.

[1] Du Breul prétend que Clovis, après avoir fait construire la basililique, «y renta quelques chanoines séculiers et se fit bastir un palais royal en l'enclos d'icelle que l'on dit avoir été eslevé sur le fond de terre même où est eslevé maintenant le logis de l'abbé de Saincte-Geneviefve. Il logeoit ordinairement en ce palais». (P. 268.) Du Molinet s'est empressé d'accueillir cette tradition pour en déduire que la basilique de Clovis devait porter «à bon droit le nom de la première Sainte Chapelle, qui avoit été bâtie par nos rois dans leur palais». (P. 220.)

Mais, outre qu'il n'est guère possible d'admettre l'existence d'un palais dont aucun document n'a jamais fait mention, il paraît peu vraisemblable que Clovis, qui durant les dernières années de son règne n'acheva même pas l'église commencée par lui, se soit préoccupé de faire bâtir un palais pour sa résidence.

M. l'abbé Féret affirme que cet édifice fut habité par le roi Chilpéric, durant le ve concile de Paris. D'après le récit de Grégoire de Tours, ce prince, qui assistait aux délibérations de l'assemblée, était rentré chez lui, à l'issue d'une séance, tandis que les évêques se retiraient dans la sacristie de l'église : «Recedente vero rege ad metatum suum, nos, collecti in unum, sedebamus in secretario basilicæ sancti Petri.» Peu après, Chilpéric, désireux de s'entretenir avec Grégoire, l'envoya chercher par un de ses courtisans. «Illico unus ex aulicis, cursu rapido, ad me representandum dirigitur, cumque venissem, stabat rex justa tabernaculum ex ramis factum.» (Hist., liv. V, § xix.)

Ce témoignage nous paraît en contradiction absolue avec l'assertion de M. l'abbé Féret. Si Chilpéric eût habité un palais sis à proximité de la basilique, son envoyé n'aurait pas eu à courir pour aller chercher Grégoire. L'expression «cursu rapido» ne peut se justifier que parce qu'il y avait une certaine distance entre l'église et la résidence du roi, et l'on doit inférer de là que Chilpéric devait être installé dans le palais des Thermes.

M. l'abbé Féret a d'ailleurs constaté lui-même que «Clovis a demeuré aussi bien que Childebert et Ultrogothe, sa femme, dans ce palais, qui était accompagné d'un jardin où Childebert lui-même prenait tant de plaisir qu'il a planté et greffé des fruits de sa propre main». (Op. cit., t. I, p. 66.) Voilà certes une raison plausible pour admettre que le berceau de feuillage dont parle Grégoire de Tours se trouvait précisément dans le jardin des Thermes.

[2] L'abbé Lebeuf estime que Clovis avait doté la basilique «des biens qui avaient appartenu aux anciens prêtres du paganisme». (T. II, p. 336.) Mais le diplôme de Hugues Capet, de l'an 987, sur

royauté, les clercs vécurent dans une indépendance à peu près complète, ce qui leur permit d'administrer leurs biens et d'assurer le recrutement de la communauté comme ils l'entendaient. D'autre part, ils s'étaient d'eux-mêmes soustraits, en vertu de leur fondation royale, à la juridiction spirituelle de l'évêque de Paris.

Par suite de son éloignement de la Cité et de son isolement dans un faubourg qui était encore presque complètement inhabité, la basilique et ses dépendances se trouvèrent naturellement sans défense contre les attaques des Normands, qui se produisirent au cours du ixe siècle. A deux reprises, en 857 et 861, les religieux furent contraints de fuir devant l'invasion et de chercher un asile dans leurs domaines voisins, emportant avec eux les précieuses reliques de sainte Geneviève, qui furent ainsi mises en sûreté à Athis et à Draveil et enfin à Marizy-sur-Ourcq. Lors de leur première incursion, les Normands brûlèrent en partie la basilique et les constructions adjacentes, et les religieux ne purent s'établir de nouveau à Paris que vers 863, après avoir réparé hâtivement les dommages causés par l'incendie. Au cours de leurs pérégrinations, les reliques de sainte Geneviève avaient partout signalé leur passage par de nombreux miracles, qui avaient singulièrement grandi et fortifié la renommée dont la sainte jouissait déjà. Aussi lorsque l'approche des Normands fut de nouveau signalée, au milieu de l'année 885, les Parisiens, désireux de s'assurer sa protection surnaturelle contre les redoutables envahisseurs, proposèrent aux religieux de se réfugier dans la Cité en apportant sa châsse, tout comme ils en usèrent avec les moines de Saint-Vincent pour les restes de saint Germain. La déroute des Normands, que l'on n'hésita pas à attribuer à l'intervention toute-puissante de ces deux saints, consacra définitivement leur popularité.

Durant le siège, les reliques de sainte Geneviève restèrent déposées dans un modeste oratoire de la Cité, dépendant de la cathédrale et desservi jusqu'alors par un de ses chanoines. L'évêque, pour témoigner sa reconnaissance aux religieux, leur en abandonna la propriété, ce qui valut, par la suite, à leur communauté la prébende de Notre-Dame, dont le desservant de l'oratoire était investi.

---

lequel il fonde cette assertion est apocryphe, tout comme celui par lequel Dagobert aurait concédé à la communauté des clercs la villa de Draveil. (R. de Lasteyrie, *op. cit.*, t. I, p. 11.) Toutefois, ces documents n'avaient pu être fabriqués à l'aventure; ils se référaient à des faits dont l'authenticité était affirmée par d'anciennes traditions.

Les libéralités de Clovis ont été constatées, en effet, par un témoignage contemporain. Voici ce qui est dit dans le ve canon du concile d'Orléans, tenu en 511 : «De oblationibus vel agris quos dominus noster rex ecclesiis suo munere conferre dignatus est, vel adhuc non habentibus, Deo inspirante,

contulerit, ipsorum vel immunitate clericorum concessa, id esse justissimum difinimus ut in reparationibus ecclesiarum, alimoniis sacerdotum et pauperum, vel redemptionibus captivorum, quidquid Deus in fructibus dare dignatus fuerit expendatur et clerici in adjutorium ecclesiastici operis constrigantur.» (Mansi, *Sacr. Concil.*, t. VIII, col. 352.) La Chronique de Roricon, écrite vers 850, s'est peut-être inspirée de ce texte, lorsqu'elle déclare, à propos de la basilique des Saints-Apôtres, que Clovis «construere fecit ecclesiam et constructam ornamentis atque redditibus sufficienter ampliavit».

Sainte Geneviève commença dès lors à être considérée comme la patronne de Paris, et, pour l'honorer comme elle le méritait, son nom fut ajouté à celui des Saints-Apôtres pour désigner l'église qui conservait sa châsse. Les deux vocables furent employés simultanément jusque vers le milieu du xiie siècle; mais, durant la seconde moitié, le titre des Saints-Apôtres disparut graduellement, et, à dater du xiiie siècle, il ne subsiste plus que celui de Sainte-Geneviève [1].

[1] L'abbé Lebeuf a voulu faire remonter beaucoup plus haut le changement de vocable de l'église des Saints-Apôtres. «Dès l'an 811, écrit-il, on la trouve appelée du nom de Sainte-Geneviève dans l'acte d'une donation faite à la cathédrale de Paris. S. Ansegise, abbé de Fontenelle, décédé en 831, spécifie dans son testament qu'il lègue *ad S. Genovefam Parisius, libras duas.* En 856, l'élection d'Enée pour évêque de Paris est déclarée faite par le clergé de la mère église de Paris, qui était la cathédrale, par les abbayes séculières attachées à son corps et par ceux qu'on appelait alors *Fratres cœnobii S. Dionysii et S. Germani et beatæ Genovefæ ac Fossatensis.* Néanmoins, le nom de S. Pierre ne fut pas pour cela mis en oubli. Prudence, évêque de Troyes, rapportant à l'an 857 les incendies commis par les Normans à Paris, et y comprenant l'église de Sainte-Geneviève, s'exprime ainsi : *Basilicam beati Petri et S. Genovefæ incendunt.*» (T. II, p. 369.) Au premier abord, les constatations de l'abbé Lebeuf, que tous les historiens ont admises sans contrôle, paraissent indiscutables; mais si l'on se réfère aux documents cités par lui, l'on est obligé de reconnaître que, dans cette question, sa critique est complètement en défaut et qu'il a inexactement interprété les textes en attribuant à la basilique du Mont des mentions qui ne peuvent se rapporter qu'à l'église Sainte-Geneviève-la-Petite. Nous observerons tout d'abord que l'acte de la donation faite par le comte Étienne à l'évêque de Paris Inchad est apocryphe. Ainsi que l'a établi M. de Lasteyrie, cette charte, dont le fond repose sur des données authentiques, paraît avoir été fabriquée au xie siècle, et par suite l'appellation de Sainte-Geneviève ne pourrait être valable que pour cette époque, si toutefois elle se rapportait réellement à la basilique du Mont. Mais il n'en est pas ainsi; la donation était faite exclusivement à l'évêque et aux prêtres de la cathédrale; par suite, les chanoines de Sainte-Geneviève, auxquels le donateur demande sa commémoration, ne peuvent être que ceux qui desservaient l'oratoire de la Cité.

Il en est de même du testament d'Ansegise. En dehors du texte cité par Lebeuf, ce document renferme les deux mentions suivantes : «Ad. S. Germanum Parisius, libras tres; in eadem urbe illis canonicis libram unam.» (Luc d'Achery, *Spicil.,* t. II, p. 282.) L'on ne saurait douter que le testateur ait voulu désigner par là les deux églises de Sainte-Geneviève et de Saint-Germain-le-Vieil, qui existaient dans la Cité (*in urbe*), et les chanoines de la cathédrale.

L'erreur de l'abbé Lebeuf est encore plus manifeste en ce qui concerne les lettres adressées par le clergé de Paris à l'archevêque de Sens en 856, pour lui notifier l'élection de l'évêque Enée. Ces lettres émanent du «clerus matris ecclesiæ Parisiorum et fratres cœnobii Sancti Dionysii et Sancti Germani et Beati Genovephe et Fossatensis». Quant à la réponse de l'archevêque, elle est adressée au «clero matris ecclesie et cunctis in diversis cœnobiis sub ea militantibus». Dans ces conditions, il s'agit exclusivement ici du clergé de la cathédrale, qui, dans les temps anciens, ainsi que l'a très justement observé J. Quicherat, consistait «non point en une seule église, mais en plusieurs églises, séparées souvent par de grandes distances». La cathédrale de Paris comprenait précisément alors, avec les deux églises mères de Notre-Dame et de Saint-Étienne, celles de Saint-Denis-du-Pas, de Saint-Germain-le-Vieil, de Sainte-Geneviève et de Saint-Pierre-des-Fossés. C'est donc à l'église de la Cité et non à la basilique du Mont que se réfèrent les lettres précitées, et il ne saurait en être autrement, puisque les chanoines de l'église des Saints-Apôtres, qui avaient été de tout temps exempts de la juridiction de l'évêque de Paris, n'eurent jamais à s'immiscer dans son élection.

Si Dom Bouillart a affirmé, d'après ce document, que «les religieux de Saint-Germain-des-Prés et de Saint-Denis, quoique dès lors exempts de la juridiction de l'ordinaire, ne laissoient pas d'être compris dans le clergé de Paris et qu'ils avoient part aux élections», c'est précisément parce qu'il a cru à

Le développement du culte de sainte Geneviève, qui fut, dès cette époque, le résultat de ses récents miracles, paraît avoir eu pour conséquence une réforme

tort qu'il était question de son abbaye. (*Hist. de Saint-Germain-des-Prés*, p. 36.)

En ce qui concerne le témoignage des divers historiens, dont M. Kohler s'est autorisé pour faire remonter au milieu du ix* siècle le changement de titre de la basilique, il nous paraît dénué de toute valeur sur ce point spécial. Si l'on rencontre, en effet, dans les Annales de Saint-Bertin et de Prudence et dans la Chronique d'Adon, le nom de sainte Geneviève, cela doit tenir uniquement à une interpolation des copistes du xii* et du xiii* siècle, qui ont jugé utile, pour renseigner leurs lecteurs, de substituer ou d'ajouter au vocable primitif, tombé en désuétude, celui qui pouvait seul être compris de leur temps.

Quant au diplôme de Hugues Capet, de l'an 987, cité à ce sujet par M. Kohler, il n'y a pas à en tenir compte, puisqu'il est manifestement faux. Il convient d'observer de plus que la mention *hoc est Sancte Genovefe* n'a jamais figuré dans le texte apocryphe; c'est une simple annotation consignée en marge par l'éditeur (D. Bouquet, t. X, p. 549).

A notre avis, le plus ancien document qui désigne d'une façon indiscutable l'église des Saints-Apôtres sous le titre de Sainte-Geneviève est la donation faite, le 20 mars 995, par l'évêque de Paris, Renaud, à l'abbaye de Marmoutier, qui concerne «quamdam terram, de altare Sancti Stephani parisiacensis, haud longe ab urbe, juxta ecclesiam Sancte Genovefe». (R. de Lasteyrie, *Cartulaire*, t. I*, p. 96.) Ici, il n'y a pas de doute possible; la terre dont il s'agit est indiquée avec une rigoureuse précision; elle est peu éloignée de la ville, et elle confine à l'église Sainte-Geneviève. Par cet acte, le nouveau miracle reçut en quelque sorte une consécration officielle; mais il se borna à compléter l'ancien, durant tout le xi* siècle et le premier tiers du xii*. Ce fut seulement à la suite du fameux Miracle des Ardents, obtenu par la descente de la châsse de sainte Geneviève, que la reconnaissance populaire paraît avoir attribué définitivement le nom seul de la sainte à la basilique de Clovis, et encore fallut-il près d'un siècle pour qu'il prît définitivement la place de celui des Saints-Apôtres, ainsi que l'a constaté Rigord, vers la fin du xii* siècle : «Ecclesia beati Petri, Parisius, quae

modo, mutato nomine, sanctæ Genovefæ dicitur.» (Dom Bouquet, t. XVII, p. 15.)

L'on pourrait croire, au premier abord, — et telle est, comme on l'a déjà vu, l'opinion de M. Kohler, — que les chanoines avaient dû souhaiter de tout temps le changement du vocable et qu'ils s'étaient employés de leur mieux à le provoquer. Mais, si l'on va au fond des choses, c'est le contraire qui paraît de beaucoup le plus vraisemblable. Le titre des Saints-Apôtres, choisi par Clovis lui-même, et qui rappelait les origines royales de la basilique, suppléait à cet égard à l'absence d'un titre authentique pour justifier les immunités et les privilèges que son clergé s'était attribués. D'autre part, comme l'église possédait les restes de sainte Geneviève, ce même clergé avait tout intérêt à ce qu'elle ne pût être confondue avec l'oratoire de la Cité, qui lui était simplement dédié. La dénomination adoptée dès le principe : «Basilica SS. Apostolorum Petri et Pauli, ubi beata Genovefa in corpore requiescit», constituait à la fois une sauvegarde pour leur communauté et une recommandation pour leur église, et de leur part il eût été imprudent de sacrifier l'une au profit de l'autre. Il est facile de comprendre que l'évêque de Paris se trouvait dans des dispositions absolument contraires : il aurait voulu replacer la communauté sous sa juridiction et maintenir à proximité de la cathédrale le culte de sainte Geneviève. Pour atteindre ce double but, le moyen le plus expéditif et le plus sûr consistait à changer le vocable de la basilique, et l'on s'explique dès lors que l'évêque Renaud ait fait dans ce sens une tentative qui n'eut pas d'ailleurs de suites immédiates. Lorsque, plus d'un siècle après, le miracle des Ardents porta le peuple de Paris à attribuer d'un commun accord le vocable de Sainte-Geneviève à la vieille basilique, la situation se trouvait changée du tout au tout; les chanoines avaient obtenu du pouvoir royal et de la papauté la reconnaissance formelle de leur immunité et pouvaient, sans danger, renoncer au vocable primitif des Saints-Apôtres, à ce qui rappelait le souvenir de Clovis et accepter avec empressement le vocable imposé par la voix publique, parce qu'il donnait un nouveau lustre à leur église, vouée désormais au culte exclusif de la patronne de Paris.

volontaire des religieux attachés au service de la basilique [1]. Pour apporter une
régularité plus grande dans leur vie et dans la célébration des offices, ils adoptè-
rent la règle instituée par l'évêque de Metz, Chrodegand, qui était en grande
faveur à l'époque carolingienne; ils nommèrent un abbé et ils édifièrent pour
leur usage une maison commune avec un cloître et un réfectoire [2]. Ils partagèrent en prébendes leurs revenus, que la libéralité des fidèles avait sensiblement
accrus, et pour surveiller et faire fructifier leurs domaines extérieurs, ils en
constituèrent des préfectures dont l'administration fut confiée à des membres de
leur communauté.

A la faveur des invasions normandes et des troubles politiques du royaume, les
seigneurs ne s'étaient fait aucun scrupule de piller les biens des églises, et ces
usurpations n'avaient été ni empêchées ni réprimées par les Carolingiens. Les
chanoines, pour se mettre à l'abri de ces déprédations, sentirent la nécessité de

[1] D'après l'abbé Lebeuf, «l'église et le monastère ayant été presque réduits en cendres et plusieurs religieux étant décédés dans le temps des
différentes transmigrations, la régularité se trouva
entièrement affaiblie, de sorte que l'on jugea à
propos d'y établir des chanoines séculiers, ainsi
qu'il y en avait eu autrefois en d'autres églises
soumises à la cathédrale. Ce changement ne dut
pas tarder de beaucoup après la fin des guerres
des Normans». (T. II, p. 370.)

Il semble que cet érudit aurait dû être le premier à constater que son assertion sur ce point
soulevait contre sa thèse un argument décisif. Il
est hors de doute, en effet, que des moines qui,
durant trois siècles, auraient desservi la basilique
ne pouvaient guère songer à l'abandonner sponta-
nément à des chanoines, juste au moment où elle
acquérait une importance et une renommée in-
connues jusqu'alors. L'on ne saurait prétendre,
d'autre part, que cette cession leur aurait été imposée de force, puisque les princes carolingiens se
désintéressaient de la basilique et que l'évêque de
Paris n'avait sur elle aucune autorité. Dans ce cas,
d'ailleurs, la dépossession aurait provoqué de
graves incidents dont les historiens auraient conservé le souvenir, puisque les premiers occupants
se seraient opposés énergiquement, tout comme
leurs successeurs le firent à deux reprises, à ce
qu'on les frustrât de ce qu'ils considéraient comme
leur propriété. Les chanoines séculiers sont donc
restés auprès de la basilique depuis son origine
jusqu'à la réforme de 1148, et si quelque changement a été introduit dans leur communauté, après

les invasions normandes, c'est uniquement au point
de vue de la discipline et de l'ordre intérieur.

[2] M. Kohler a jugé que l'appellation de Sainte-
Geneviève, donnée à la basilique du Mont, en 811,
dans le testament d'Ansegise, était assez singulière à une époque où le titre des Saints-Apôtres
était seul en vigueur, et il a cru pouvoir expliquer
cette anomalie par une hypothèse. «Ansegise, écrit-
il, marquait ainsi, semble-t-il, que son legs était
attribué à un établissement distinct de l'église
même, très vraisemblablement à la communauté
des clercs desservants. Le nom de Sainte-Geneviève
accompagne presque toujours, depuis la seconde
moitié du IXe siècle, celui des Saints-Apôtres pour
désigner la basilique ou l'ensemble des constructions dont celle-ci était le centre.» (Catalogue des
manuscrits de Sainte-Geneviève, t. Ier, p. x et xi.)
Et M. Giard, de son côté, est d'avis que «M. Kohler
a fort bien fait remarquer qu'il faut établir à cette
époque une différence assez nette entre l'église et le
cœnobium». (Op. cit., p. 47.) C'étaient là évidemment deux bâtiments distincts, nul n'y contredira:
mais ils n'ont jamais dû être l'objet d'appellations
différentes, et il serait fort difficile, croyons-nous,
de citer un exemple de communauté religieuse qui
ait été connue sous un autre titre que celui de
l'église à laquelle elle était attachée.

Ainsi que nous l'avons établi ci-dessus, il n'y a
d'ailleurs à tenir aucun compte, en ce qui concerne
la basilique du Mont, du vocable employé dans le
testament d'Ansegise, puisque ce vocable s'ap-
plique exactement à l'église Sainte-Geneviève de la
Cité.

se replacer sous la sauvegarde directe du pouvoir royal, et ils trouvèrent les Capétiens très favorablement disposés à leur égard. Vers l'an 1010, ils obtinrent de Robert le Pieux la confirmation de leurs possessions, ainsi que le droit de disposer à leur gré des prébendes et des préfectures et de choisir parmi eux un doyen qui aurait pour mission de veiller à l'observation de la règle canonique [1]. Le roi les prit, en outre, sous sa protection spéciale et défendit à quiconque de leur imposer son autorité ou de les empêcher de vaquer à leurs devoirs religieux, qui consistaient à prier pour lui-même, pour la tranquillité du royaume et pour le salut des âmes de leurs bienfaiteurs passés et à venir [2]. En l'année 1035, Henri Ier les plaça, en raison de leur origine royale, sous sa protection et celle des princes ses successeurs qui résideraient à Paris [3]; il interdit à ceux-ci de disposer en aucun cas de leurs biens, à titre de bénéfice, ou de les aliéner, par voie d'échange, du patrimoine royal. Il prit soin également de notifier au Souverain Pontife les privilèges accordés par son père et par lui-même aux chanoines, afin d'obtenir pour eux le patronage du Saint-Siège.

[1] «... Volumus itaque ut omnium fidelium nostrorum in hoc concordet assensus ut eundem locum clericalis ordo, sub cujus regimine a primordio fuerat traditus, obtineat per omne presentis vitæ tempus, secundum regulam canonicalem, semperque decanum habeat ex propria congregatione, qui ipsam ecclesiam et famulos Christi ibidem degentes, canonicali religione custodiat. Decrevimus eciam, per nostri auctoritatem precepti, ut nemo super ipsos canonicos injustam potestatem exerceat aut quempiam eis temere, contra voluntatem ipsorum, eis imponere temptet, sed in eorum justa ordinatione et electione omnia ibidem pertinentia consistant, quatinus ipsi qui inibi Deo famulantur, orantes pro nobis et stabilitate totius regni, a Deo nobis commissi, proque remedio eorum qui, pro amore Christi et sanctorum, illic sua tradidere donaria, eorum quoque qui futuris temporibus quippiam facultatum suarum daturi sunt, sine aliqua injuria, ecclesiastica officia adimplere valeant.» (Cartulaire ms., p. 66; Lasteyrie, op. cit., p. 109.)

[2] Comme l'abbé Lebeuf, M. Giard estime que «s'il faut en croire une bulle du pape Pascal II, du 13 mai 1107, Robert créa plusieurs prébendes à Sainte-Geneviève». (Op. cit., p. 49.) Mais la réalité de ce fait ne résulte nullement du document dont il invoque le témoignage. Par les mots «prebendas seu prefecturas ecclesie vestre traditas», il faut entendre simplement les prébendes et prévôtés dont le roi avait concédé aux chanoines la libre disposition. Cette interprétation résulte de la mention suivante, inscrite à l'Obituaire : «Obiit Robertus rex, qui claustrum huic ecclesie dedit et prebendas ejusdem ecclesie arbitrio canonicorum dandas, eis in perpetuum dimisit.» (Obituaire de Sainte-Geneviève, Bibl. Sainte-Geneviève, ms. 566, fol. 220.) On peut tout au plus admettre, d'après ce texte, que le roi avait fourni aux chanoines des subsides pour édifier ou pour restaurer leur cloître.

[3] «... Venerabilis congregatio beatorum apostolorum Petri et Pauli et sancte Genovefe virginis, ibidem quiescentis, que olim a quodam antecessore nostro, Francorum rege Chlodoveo, ortatu et persuasione beati Remigii, Remorum archiepiscopi, est fundata, et prædiorum multitudine ditata, canonice religioni est mancipata, nostre serenitatis adierit presentiam, rogans et obnixe postulans quatinus sibi et posteris suis liceret, sub dominatione et patrocinio regum vel principis Parisiasencem urbem tenentis, degere, ut cum tranquilla prosperitate posset perpetualiter divine majestati deservire.

Hujus autem peticionis causa et occasio eam ad hoc postulandum incitaverat quod quorumdam locorum et cenobiorum multimoda desolatio hinc orta fuerat quod a potestate et patrocinio regum, vel propter paganorum metum, vel aliarum necessitatum vel cupiditatum incursionem distracta, in malorum hominum possessionem vel potius infestationem transierant, assiduis afficiebantur injuriis...» (Cartulaire ms., p. 65; Histor. de France, t. XI, p. 571.)

Mais la papauté attendit près d'un siècle avant de prendre une décision. Ce fut seulement en 1107, sur les instances de Philippe Ier, qu'une bulle de Pascal II confirma textuellement les décisions de Robert et de Henri Ier, assurant ainsi aux clercs de la communauté la protection pontificale [1]. Cette même année, l'évêque de Paris, Galon, pour leur témoigner sa bienveillance, exempta de sa juridiction les serviteurs que chacun d'eux pouvait avoir dans sa maison, exception faite pour les femmes et le cellerier de la communauté [2]. Louis VI admit, en 1109, leurs serfs à témoigner en justice et à prendre part aux combats judiciaires contre les hommes libres, ainsi qu'il l'avait fait naguère pour les serfs du chapitre de Notre-Dame [3]. En 1111, il dispensa le préchantre et les chanoines de comparaître à la cour du roi pour répondre aux actions intentées contre eux, en leur accordant le droit de s'expliquer devant le chapitre, qui avait seul qualité pour les juger; le doyen bénéficiait de la même faveur pour les affaires qui intéressaient la communauté, mais il restait tenu de comparaître à la cour pour les faits qui lui étaient personnels [4]. Il permit enfin, en 1118, aux chanoines qui résidaient à Paris de prendre toutes les mesures qu'ils jugeraient utiles pour le bien de leur église, sans avoir à consulter les chanoines qui administraient les préfectures [5].

Le Saint-Siège, de son côté, n'hésita pas, dans une affaire dont les détails ne nous sont pas exactement connus, à prendre le parti des chanoines contre l'autorité épiscopale et à témoigner ainsi qu'il ne permettait pas que l'on méconnût la protection spéciale dont il les honorait.

Vers 1130, l'évêque de Paris, à la suite d'un différend provoqué par les étudiants qui commençaient à peupler la rive gauche de la Seine, avait frappé

---

[1] «Prebendas enim seu prefecturas ab egregie memorie Roberto, Francorum rege, vestre ecclesie traditas et cetera que in hac presenti quinta decima indictione legitime possidetis vobis vestrisque successoribus apud supradictam beate Genovefe virginis ecclesiam in canonico ordine Domino servientibus, sine quorumlibet inquietudine perpetuo possidenda firmamus. Concedimus etiam ut de vestra semper congregatione decanum eligere debeatis qui ecclesiam ipsam et fratres illic Domino servientes canonicali religione custodiat. Nec aliquis super eos injustam potestatem exerceat, aut quemcumque eis temere contra ipsorum rectam voluntatem imponat. Nec alicui Francorum regi seu principi parisiacensem urbem tenenti, liceat eandem ecclesiam cuiquam in beneficium tradere vel aliquo commutationis genere a regio patrocinio alienare, ut semper in canonicali religione per Dei gratiam persistentes, ejusdem ecclesie clerici, cum patrocinio regio, etiam sedis apostolice tuitione congaudeant... Datum Meldis,... iii idus maii, indic-

tione xv, Incarnationis dominice anno MCVIII°, pontificatus autem domini Paschalis secundi pape, anno viii°.» (Cartulaire, p. 1.)

[2] Cartulaire, ms., p. 97; Lasteyrie, op. cit., p. 165.

[3] Ibid., p. 68; Lasteyrie, p. 174.

[4] Ibid., p. 71; Lasteyrie, p. 181.

[5] «... Donnus Stephanus, Sancte Genovefe decanus, et canonici a nostra serenitate venerabiliter sunt adepti quatinus omni tempore decanus et illi tantummodo canonici qui in predicte ecclesie villa ad cotidianum servitium stabiles sunt et assidui, potestatem habeant et licentiam nostra auctoritate confirmatam in omnibus ecclesie actionibus operandi et inrefragabiliter diffiniendi, inconsultis vel invitis omnibus extra manentibus canonicis. Dignum est enim ut illi qui seduli sunt ad Dei servitutem, potioris obtineant dignitatis virtutem quam illi qui sine servitio possident ecclesiastici beneficii portionem...» (Cartulaire ms., p. 70; Tardif, Cartons des rois, p. 211.)

d'interdit les églises qui dépendaient de Sainte-Geneviève[1]. Le pape Innocent l'invita tout d'abord à rapporter cette décision, et lorsqu'il eut constaté qu'il ne se pressait pas de suivre ses avis, il lui adressa à ce sujet une injonction catégorique, en lui laissant d'ailleurs toute latitude pour faire valoir ultérieurement ses droits, s'il en avait, devant les juges compétents[2]. Cette même année, les Parisiens justement inquiets des ravages causés dans leur ville par le mal dit *des Ardents*, que personne ne réussissait à guérir, se décidèrent à invoquer le secours de sainte Geneviève et demandèrent au doyen d'autoriser le transport de sa châsse à l'église cathédrale. L'attente de la population ne fut pas déçue; le 3 novembre, jour ordonné pour la procession solennelle, une centaine de malades qui s'étaient réunis sur le parvis de Notre-Dame furent instantanément délivrés de leur mal, à l'exception de trois, dès l'arrivée de la châsse. Le pape Innocent ordonna, l'année suivante, que l'on commémorât par une fête annuelle le souvenir de ce miracle qui eut un grand retentissement, et il fut ainsi acquis que Paris pouvait compter en toute confiance, pour remédier aux calamités publiques, sur la protection surnaturelle de sainte Geneviève. L'église qui conservait ses précieuses reliques devint l'objet d'une dévotion exceptionnelle et les chanoines qui en avaient la garde prirent en quelque sorte le premier rang dans le clergé parisien. Ils crurent dès lors que tout leur était permis et qu'ils n'avaient rien à redouter, ni du pouvoir royal, ni de l'autorité ecclésiastique[3]. Un incident scandaleux, survenu en 1148,

---

[1] Certains historiens ont prétendu que le recteur Galon et l'Université étaient entrés en lutte avec le chancelier de Notre-Dame, au sujet des droits exigés par lui pour l'obtention de la licence, et que l'évêque, à cette occasion, avait pris fait naturellement pour son délégué.

Si l'on doit mettre hors de cause l'Université, le recteur et le chancelier, qui n'existaient pas encore au commencement du xiiᵉ siècle, il est permis d'admettre, par contre, que comme le nouvel enseignement qui venait de s'installer sur la montagne Sainte-Geneviève portait un grave préjudice aux écoles de Notre-Dame, en détournant à son profit une partie de leur clientèle, l'écolâtre de Notre-Dame, pour maintenir les transfuges sous la juridiction du chapitre, voulut les obliger à recevoir de lui la licence d'enseigner en acquittant les droits d'usage, licence que seul il avait le droit de conférer dans l'étendue du diocèse.

En présence des protestations soulevées par cette exigence, l'évêque n'avait pu, pour défendre les privilèges de son église, sévir contre les opposants.

[2] «Olim fraternitati tuæ scripsisse meminimus quatenus ecclesias S. Genovefe ab interdicto quo eas alligasti, salva justitia ecclesiæ Parisiensis, ab-

solveres, quod profecto nondum esse impletum tanto amplius miramur, quanto præfata ecclesia sub beati Petri tutela et protectione consistit. Cujus rei gratia, dilectioni tuæ per iterata scripta mandamus ut ecclesias ipsas ab omni interdicto absolvas; postmodum vero, si quam te justitiam habere confidis, congruo loco et tempore quod justum fuerit consequeris...» (*Historiens de France*, t. XV, p. 266.)

[3] «La superfluité des richesses qui leur furent aumosnées, les immunitez et franchises dont ils jouyrent par laps de temps et la singulière exemption de ne reconnoistre autre supérieur que le pape, les fit voluptueusement énourchalir parmi les délices, contre les règles de leur ordre, et irritant le maistre de la vigne, causèrent que ces mauvais vignerons furent chassés à juste cause et la vigne baillée à façonner à d'autres.» (Du Breul, p. 202.)

D'après deux documents des années 1110 et 1140, la communauté de Sainte-Geneviève comprenait, durant la première moitié du xiiᵉ siècle, un doyen, un préchantre, un trésorier, un cellerier, un chambrier, des chanoines prêtres, diacres et sous-diacres et quatre chapelains chargés du service paroissial célébré dans la crypte de la basilique. (R. de Lasteyrie, *op. cit.*, p. 175 et 273.)

durant le séjour à Paris du pape Eugène III, provoqua le juste châtiment de leur orgueil.

Le pape s'était rendu à Sainte-Geneviève pour célébrer la messe, en présence du roi Louis VII, et une porte spéciale avait été pratiquée en son honneur dans le mur d'enceinte. Il fut accueilli avec grande déférence et l'on installa pour lui, dans le chœur de la basilique, un prie-Dieu recouvert d'un riche tapis de soie sur lequel il s'agenouilla avant et après l'office. Dès qu'il eut quitté l'église, une violente discussion surgit entre ses serviteurs et ceux des chanoines, qui prétendaient les uns et les autres s'approprier le tapis. Au bruit de leur querelle, le roi revint sur ses pas pour se rendre compte de ce qui se passait et mal lui en prit, car il reçut quelques coups dans la bagarre. Ce méfait ne pouvait rester impuni; les gens de l'église, après avoir eu leurs maisons brûlées, durent être expulsés sans retard. Mais le pape Eugène III jugea que ce châtiment des serviteurs coupables était insuffisant, que la communauté tout entière dans laquelle se produisaient de tels désordres devait en porter la responsabilité, et qu'il était indispensable de la réformer par l'introduction de nouveaux religieux : Louis VII donna son assentiment à cette décision[1].

Peu après avoir quitté Paris, le pape écrivit de Langres, le 29 avril 1148, à l'abbé Suger pour lui annoncer que, d'accord avec le roi, il avait décidé d'établir des moines à Sainte-Geneviève, et que, comme le temps lui avait manqué pour réaliser ce projet, il le chargeait d'introduire dans la communauté huit religieux de Saint-Martin-des-Champs avec le prieur d'Abbeville comme abbé.

Il comptait que l'exemple des moines suffirait à réformer les chanoines, auxquels il entendait d'ailleurs conserver leurs prébendes et, pour assurer la subsistance des nouveaux venus, il leur attribuait, avec le revenu du décanat qui était alors vacant, celui des trois prébendes dont l'évêque de Senlis, le trésorier d'Auxerre et le cardinal Grégoire étaient titulaires, et des bénéfices qui deviendraient disponibles par la mort des chanoines. Le même jour, il avisait de sa décision le prieur de Saint-Martin ainsi que les chanoines de Sainte-Geneviève, auxquels il ordonnait de recevoir avec déférence les moines qu'il leur envoyait[2]. En sa double qualité d'abbé de Saint-Denis et de régent du royaume, Suger disposait tout à la fois de l'autorité morale et du pouvoir temporel nécessaires pour s'acquitter avec succès de la mission difficile qui lui était confiée.

[1] La plupart des documents relatifs à la réforme de Sainte-Geneviève ont été publiés par M. de Lasteyrie (op. cit., p. 100-125) et par Dubois (Hist. ecclés. franç., t. II, p. 90-98). On les retrouve également dans les Historiens de France (t. XV, passim).

[2] Pour rassurer les chanoines, le pape leur promettait qu'ils conserveraient leurs prébendes et que, par suite, la mesure annoncée ne devait leur causer aucun préjudice.

«Universitati vestræ per præsentia scripta mandamus quatinus eos [fratres S. Martini de Campis] honeste recipiatis et, salvis præbendis vestris, nullam eis molestiam aut injuriam inferatis...» (Historiens de France, t. XV, p. 450.)

Les chanoines, désireux d'atténuer la rigueur de la réforme qui leur était imposée, députèrent auprès du pape certains d'entre eux pour le supplier de substituer aux moines des chanoines réguliers; Eugène III, acquiesçant à leur désir, invita Suger, par sa lettre du 16 juin, à modifier dans ce sens les instructions qu'il lui avait précédemment adressées, en ajoutant que s'il rencontrait quelque opposition sur ce point, il devrait s'en tenir à l'introduction des moines. Le régent se rendit à Sainte-Geneviève, accompagné d'abbés de divers monastères; il fit assembler le chapitre et lui demanda de faire connaître son avis sur le parti à prendre. Comme la plupart des assistants ne voulaient ni des moines ni des chanoines, il leur reprocha durement de repousser la solution qu'ils avaient eux-mêmes sollicitée; les plus sages d'entre les religieux promirent alors d'accueillir sans difficulté des chanoines réguliers que l'on ferait venir de Saint-Victor. Suger, tout heureux de ce résultat, se rendit aussitôt à l'abbaye pour obtenir de l'abbé Gilduin qu'il envoyât à Sainte-Geneviève une douzaine de religieux avec le prieur Eudes, qui serait leur chef. Mais le vénérable vieillard, prétextant de son grand âge, refusait de se séparer de son prieur, dont le concours lui était indispensable pour l'administration de son abbaye. Des instances réitérées et le rappel opportun de la décision papale vinrent à bout de ses hésitations et il consentit au départ du prieur et de douze religieux. Le 24 août, les Victorins furent solennellement introduits à Sainte-Geneviève par Suger, accompagné de l'évêque de Meaux, Manassès; le nouvel abbé reçut la bénédiction dans l'église, où il célébra la messe, et après l'office, on le mit en possession du cloître, du chapitre et du réfectoire. Le lendemain, l'investiture des biens fut accordée aux Victorins, et les sujets des chanoines leur prêtèrent le serment de fidélité. Bien que satisfait de ce premier succès, Suger ne se dissimulait pas qu'il y avait à redouter pour l'avenir de sérieuses difficultés. Aussi, dans la lettre où il rendait compte de sa mission, demandait-il au pape de protéger tout spécialement la nouvelle communauté, et de menacer du glaive apostolique ceux qui pourraient être tentés de lui causer quelque dommage. Il exprimait l'avis que, pour assurer le bon ordre, il convenait de prescrire à tous les chanoines sans exception la célébration des offices suivant la règle de saint Victor et de confier aux Victorins l'administration des préfectures, dont les biens risquaient d'être dilapidés par les anciens chanoines, si on les laissait plus longtemps entre leurs mains. Tel était, d'après lui, le seul moyen d'assurer le succès de la réforme qui, dans le cas contraire, risquait d'être radicalement compromis du moment où les nouveaux chanoines ne disposeraient pas des ressources nécessaires pour leur entretien.

Tout en remerciant le régent du zèle dont il avait fait preuve, Eugène III ne paraît pas avoir pris de décision immédiate sur ces divers points. Cependant, les anciens chanoines persistaient toujours dans leur opposition; tandis que les uns s'étaient rendus à Rome, pour essayer par leurs intrigues d'abuser la curie et

d'obtenir l'annulation de la réforme, les autres ne cessaient dé menacer les nouveaux venus et de leur rendre intolérable le séjour de l'abbaye. Ils faisaient briser,
la nuit, par leurs serviteurs, les portes de l'église, pour y pénétrer et faire un
vacarme tel que la célébration de l'office devait être interrompue. Suger, avisé
de ces faits, menaça les récalcitrants de leur faire arracher les yeux et rompre les
os s'ils recommençaient, et la crainte des supplices calma l'irritation des opposants. Comme ils s'obstinaient à conserver par devers eux le trésor de la communauté et les ornements sacrés, le pape ordonna qu'ils fussent remis entre les
mains des Victorins. Suger leur signifia la décision papale en présence de l'archevêque de Reims, de l'évêque de Soissons et de nombreux dignitaires du clergé,
mais il ne put obtenir complète satisfaction, les anciens se refusèrent, en effet,
à restituer les diverses pièces du trésor qu'ils avaient dérobées et mises en gage.

En signalant ce fait au pape, Suger n'hésita pas à lui rappeler les observations qu'il avait précédemment formulées sur la nécessité d'enlever aux séculiers
l'administration des domaines extérieurs de l'abbaye[1]. Eugène III lui ordonna,
par ses lettres du 28 avril 1150, de procéder à une enquête et d'obliger les
coupables à racheter à leur frais tout ce dont ils avaient arbitrairement disposé,
et, pour cette mission délicate, sur l'issue de laquelle nous n'avons aucun renseignement précis, il jugea prudent de lui assurer le concours de l'évêque
d'Auxerre[2]. D'autre part, pour mettre désormais à l'abri de toute atteinte les
biens des paroisses rurales, il enjoignit aux évêques de Paris, de Soissons, de
Meaux et de Senlis, de ne placer et de ne maintenir en fonctions que les chanoines qui auraient été présentés à leur choix par l'abbé[3].

Suger ne s'était jamais fait d'illusions sur le compte des anciens chanoines[4];

[1] « ... De redditibus etiam exterioribus et
terrarum custodia cavendum erit ne in manibus
eorum qui eam religiosorum odio destruerent,
dimittatis.» (R. de Lasteyrie, Cartulaire, t. I",
p. 316.)

[2] Le pape lui fait connaître le motif de ce choix :
«Notum sit discretioni tuæ quod non ideo venerabilem fratrem nostrum Hugonem, Autissiodorensem
episcopum, tibi in denunciacione sententiæ nostræ
adjunximus, ut de te aliquatenus diffidere debeamus, cum præterita et fortia facta futuræ constantiæ
exhibeant argumenta, sed ut S. Genovefæ sæculares
canonici in te specialiter invidiæ causas non habeant exercere. » (Historiens de France, t. XV,
p. 457.)

[3] «Eugenius episcopus, servus servorum Dei,
venerabilibus fratribus G. Parisiensi, J. Suessio-
nensi, M. Meldensi, P. Silvanectensi episcopis,
salutem et apostolicam benedictionem. Ecclesia

Sancte Genovefe Parisiensis, sicut accepimus, quasdam capellas in vestris episcopatibus habet, in
quibus presbyteros juxta canonum sanctiones eligere debent. Ideoque per presentia vobis scripta
mandamus quatinus fratribus eorum quos ipsi
vobis presentaverunt in eisdem ecclesiis statuendos,
nisi aliquid obviet quod sacris canonibus contra-
dicat, curam animarum absque difficultati commit-
tatis, eosque pro beati Petri et nostra reverentia
manutenere curetis. Datum Viterbii, v kalendas
marcii.» (Cartulaire ms., p. 20.)

[4] Dans une de ses lettres au pape, Suger qualifiait leurs méfaits avec une extrême rigueur :
«Miserrimi illi sæculares, non tam canonici quam
sanctæ Genovefe persecutores..., viri offensores
Dei..., qui iniquitate involuti, nequitia excæcati,
nec thesauros furtim sublatos, videlicet quatuor-
decim marcas auri, ut aiunt, de feretro sanctæ Genovefæ, nec reliquias ejusdem, videlicet casulam

il était bien persuadé que c'était seulement par la force et avec l'aïde de la miséricorde divine que l'on pourrait les tenir en respect; mais l'abbé Eudes n'était guère capable de triompher de leur résistance [1]. Aussi eut-il à souffrir de leur part les pires vexations et tous ses efforts furent-ils impuissants à rétablir le bon ordre dans la communauté et à imposer l'observance régulière. Il est probable que ce fut seulement lorsque les prébendes dont les séculiers étaient pourvus eurent été attribuées à des réguliers, par suite de la disparition graduelle des titulaires primitifs [2], que la paix et la concorde refleurirent à Sainte-Gene-

sancti Petri, pro quo eos, regia potestate, nisi eis pro reverentia vestræ celsitudinis parceremus, tanquam fures aut raptores tenuissemus, nullo modo reddere voluerunt...» (R. de Lasteyrie, *op. cit.*, p. 315-316.)

L'évêque de Saint-Malo, Jean de Châtillou, dans une lettre adressée à Eugène III, les traitait non moins durement : «viros mendaces, viros effroutes et perditos, qui... opus laudabile manuum vestrarum, inter magnificos actus Sanctitatis vestræ non modice præclarum, scilicet ecclesiæ Sanctæ Genovefæ Parisiensis, a Deo per vos tanquam per complacitum sibi vicarium factam mutationem, filii hominum quorum dentes arma et sagittæ, quorum lingua gladius acutus, non sunt veriti insimulare concionem sanctam : abbatem prædicti loci loquor et fratres. Sed (Deo gratias!) detecta est malignantium factio...» (*Historiens de France*, t. XV, p. 458.)

[1] Saint Bernard, dans une de ses lettres à Suger, nous fournit sur ce point un témoignage précis : «Dignemini consolari abbatem illius loci, quia pusillanimis est.» (*Ibid.*, p. 611.)

[2] M. Giard admet au contraire que ces prébendes avaient été restituées, fort tardivement d'ailleurs, aux Victorins, et il rappelle à ce sujet un fait déjà cité par les auteurs de la *Gallia christiana:*
«En 1182-1183, dit-il, un ancien chanoine séculier de Sainte-Geneviève, Simon de Saint-Denis, donna à l'abbaye sa prébende, c'est-à-dire tout ce qu'il possédait à Auteuil. Un diplôme de Philippe Auguste atteste le fait, ainsi que l'engagement pris par le neveu du chanoine de ne pas s'opposer à la donation.» (*Op. cit.*, p. 86.)

Le document que M. Giard a cru pouvoir invoquer à l'appui de son assertion nous paraît, au contraire, l'infirmer.

«Symon de Sancto Dionysio, qui præbendam Sancte Genovefe, cujus canonicus erat, apud Autolium habebat, quidquid in eadem villa, sive in

terris ejusdem ecclesie, sive in aliis quomodolibet acquisierat, predicte ecclesie Sancte Genovefe in eleemosinam donavit. Theobaldus autem nepos ejusdem Symonis omnia a præfato Simone, avunculo suo, in eadem villa acquisita sibi ab eodem prius fuisse donata asserens, auctoritate nostra bona illa occupavit. Tandem, resipiscens et ante nos veniens, omnia illa... ecclesiæ Sancte Genovefæ in manu abbatis Stephani benevole et libere dimisit et in perpetuum quieta clamavit. Symon autem, avunculus ejus, molendinum de Scuta et prata sita que habebat in marisco Sancte Opportune predicto Theobaldo, nepoti suo, propter hoc dedit. Stephanus, abbas sancte Genovefe, eidem Theobaldo, pro hac eadem causa, centum libras parisienses donavit. Nos autem... predictam eleemosinam ecclesie Sancte Genovefe a predicto Symone collatam et quitationem a Theobaldo factam benigne concessimus et auctoritate regia confirmamus.» (*Gallia christ.*, t. VII, *Instrum.*, col. 222.)

D'après ce texte, il s'agit ici non de la prébende dont Simon de Saint-Denis était titulaire, mais des acquisitions faites par lui à Auteuil, et les cent livres dont l'abbé de Sainte-Geneviève gratifiait son neveu, Thibaut, contre la remise de ces biens, indiquent manifestement une donation à titre onéreux.

La bulle du 25 janvier 1181-1185, par laquelle le pape Luce III approuva cette donation, n'est pas moins explicite; en la qualifiant d'«aumône» elle exclut toute idée de restitution de prébende. «... eleemosinam quam dilectus filius noster Symon de Sancto Dionysio, parisiensis canonicus, ecclesie vestre in terris, vineis, pratis vel redditibus aliis apud Autolium legitime contulit, sicut in presentiarum rationabiliter possidetis, vobis et ecclesie vestre auctoritate apostolica confirmamus.» (Cartulaire ms. p. 21.) C'est d'ailleurs sous la rubrique d'aumône que cet acte a été transcrit dans le Cartulaire.

viève, où l'administration ferme et prudente de l'abbé Étienne de Tournai devait inaugurer, durant les vingt dernières années du xiie siècle, une ère de prospérité qui lui survécut longtemps encore.

Néanmoins, du jour où la direction de l'administration de l'abbaye eut été transférée aux Victorins, on considéra la réforme comme terminée. Par sa bulle du 17 décembre 1150, le pape Eugène III la proclama d'une façon solennelle en décidant que les chanoines réguliers de Saint-Augustin, établis par lui à Sainte-Geneviève, devaient y être maintenus à perpétuité[1].

Il leur confirma la propriété de tous les biens présents et à venir de l'abbaye, ainsi que les libertés et privilèges dont elle avait été précédemment dotée tant par le Saint-Siège que par les rois de France, en décidant qu'elle ne dépendrait désormais d'aucun archevêque ou évêque. Il laissait à l'abbé toute latitude pour le choix de l'évêque appelé à lui fournir les huiles saintes, à bénir les autels et chapelles, à conférer l'ordination aux clercs, pourvu toutefois qu'il appartînt à la communion catholique et apostolique. Mais il exigeait que lors de la vacance du siège abbatial, le nouveau dignitaire élu par le chapitre fût tenu de se rendre à Rome pour y recevoir la bénédiction du souverain pontife. Le roi Louis VII, à son retour de la croisade, avait approuvé les mesures prises durant son absence, avec son assentiment préalable, en confirmant également aux chanoines réguliers

[1] «Eugenius episcopus, servus servorum Dei, dilecto filio Odoni, abbati ecclesie Sancte Genovefe, que secus Parisius sita est, ejusque successoribus canonice substituendis in perpetuum... Predictam ecclesiam cui, Deo auctore, preesse dinosceris, et in qua usque modo clerici seculares euormiter et minus honeste conversati sunt, ad reformandum in ea statum honestatis et religionis tibi auctoritate apostolica regendam disponendamque committimus et presentis scripti privilegio communimus. In primis siquidem statuentes ut ordo canonicus qui, secundum Deum et beati Augustini regulam, in codem loco per nos et favorem atque studium reverendissimi filii nostri Ludovici, Francorum regis, noscitur institutus, perpetuis ibidem temporibus inviolabiter observetur. Preterea quascumque possessiones, quecumque bona eadem ecclesia in presenti juste et canonice possidet, aut in futurum concessione pontificum, largitione regum vel principum, oblatione fidelium seu aliis justis modis, Domino propicio, poterit adipisci, firma tibi tuisque successoribus in perpetuum illibata permaneant. Libertatem quoque sive auctoritatem a predecessoribus nostris, romanis pontificibus, eidem ecclesie indultam atque immunitatem a Francorum regibus loco ipsi concessam et eorum scriptis firmatam, vobis auctoritate apostolica pariter confirmamus. Constituimus quoque ut nulli archiepiscopo vel episcopo nisi tantum romano pontifici ecclesia ipsa subjaceat. Chrisma, oleum sanctum, consecrationes altarium seu basilicarum, ordinationes clericorum qui ad sacros ordines fuerint promovendi a quocumque malueritis suscipietis episcopo, si quidem catholicus fuerit et gratiam atque communionem apostolice sedis habuerit. Obeunte vero te, nunc ejusdem loci abbate, vel tuorum quolibet successore, nullus ibi qualibet surreptionis astucia seu violentia proponatur, nisi quem fratres communi consensu vel sacra pars consilii sanioris, secundum Dei timorem et beati Augustini regulam, providerint eligendum. Lectus autem ad romanum pontificem benedictionis gratiam consecuturus accedat. Dererminimus ergo ut nulli omnino hominum liceat prefatam ecclesiam temere perturbare aut ejus possessiones auferre, vel ablatas retinere, minuere seu aliquibus vexationibus fatigare, sed omnia integre conserventur pro quorum gubernatione ac sustentatione concessa sunt usibus omnimodis profutura, salva sedis apostolice auctoritate... Datum Ferentini... xvi kalendas januarias indictione xiv, Incarnationis dominice anno MCL°, pontificatus vero domini Eugenii pape tertii anno vi°.» (Cartulaire ms.. p. 1.)

la propriété perpétuelle de l'abbaye et de ses biens et la jouissance de ses immunités [1].

La Papauté qui avait eu l'honneur d'opérer la réforme de Sainte-Geneviève, considérée par les contemporains comme une œuvre «magnifique et vraiment divine», s'attacha durant près de deux siècles, avec une constante sollicitude, à favoriser le développement de l'abbaye réorganisée par elle, et à lui assurer le concours de son autorité pour la défense de ses intérêts spirituels et temporels. Le pape Adrien IV se borna, il est vrai, à la déposséder en faveur du chanoine Mainier de la prébende dont elle jouissait à Notre-Dame. Mais, par contre, Alexandre III fut le protecteur le plus bienveillant et le plus zélé de la nouvelle abbaye, dans la période difficile des débuts où elle eut à lutter contre l'hostilité mal dissimulée de plusieurs prélats. Il invita le roi Louis VII à mettre un terme aux exigences du bouteiller Guy, qui prétendait lui imposer des redevances illégales [2]. Par un bref du 25 mars 1163, il accorda à l'abbé, pour lui et ses successeurs, le droit d'user de la mitre, de l'anneau et des ornements pontificaux [3]. Le 24 avril suivant, il promulgua une bulle-pancarte par laquelle il confirmait les privilèges et immunités de l'abbaye et la maintenait sous la dépendance immédiate du Saint-Siège; il lui confirmait en outre la propriété de tous ses biens nominativement désignés, et il dispensait l'abbé de se rendre à Rome, aussitôt après son élection, en lui laissant la faculté de se faire bénir par tel évêque catholique qu'il lui plairait [4]. Quelques années après (9 novembre 1167-1169), il renouvela les prescriptions relatives à l'organisation des prieurés-cures dont les chanoines nommés par l'abbé pouvaient toujours être rappelés et remplacés par lui, la nomination des curés devant toujours être faite, sur sa présentation, par les évêques diocésains [5]. Il décida que l'abbaye reprendrait possession de la prébende qu'elle avait à Notre-Dame, après le décès du titulaire

---

[1] R. de Lasteyrie, *op. cit.*, t. I, p. 320. Cet acte, qui n'est pas daté, doit, d'après les observations de l'éditeur, se placer entre l'année 1149 et le 15 avril 1150. Il était donc antérieur de quelques mois à la bulle précitée.

[2] *Historiens de France*, t. XV, p. 811.

[3] «Ut igitur eo majoris sinceritatis erga sedem apostolicam proficiat meritis quo per eam honore proditum fuerit ampliori, tuis devotis supplicationibus inclinati, tibi tuisque successoribus usum mitre et anuli et aliorum pontificalium auctoritate presentium duximus concedendum... Datum Laterani, VI kalendas aprilis, pontificatus nostri anno 3°.» (Cartulaire ms., p. XVI.). — Bien que cette autorisation eût été donnée d'une façon générale, elle fut plusieurs fois renouvelée, par la suite, à divers abbés, à titre particulier.

[4] «Quod volumus laboribus et expensis ecclesie vestre prompta benignitate succurrere, consulere, constituimus ut electus vester ad quemcunque catholicum episcopum voluerit benedictionis gratiam consecuturus accedat». (Cartulaire ms., p. 16.)

[5] «...Statuentes ut liceat vobis in eisdem ecclesiis quatuor aut tres ad minus ex fratribus vestris instituere ita quod unus eorum a te, fili abbas, dyocesano episcopo representetur, qui de manu ejus curam recipiat animarum. Cum autem res exegerit et fuerit oportunum, liberum vobis eos revocare ad claustrum et alios in eis loco eorum quemadmodum diximus sustituere, dummodo qui preesse debuerit a dyocesano episcopo spiritualium curam recipiat...» (Cartulaire ms., p. 23; *Gallia christiana*. t. VI., c. 717.)

auquel Adrien IV l'avait attribuée [1]. Il enjoignit aux moines de Saint-Martin-des-Champs de s'acquitter avec régularité du service auquel ils étaient tenus, du fait de la prébende dont ils jouissaient dans l'église du Mont, sous peine d'en être dépossédés [2]. Enfin, par la bulle «Licet ex suscepto» [3], du 10 juillet 1178, qui complétait celle du 24 avril 1168 et devait former en quelque sorte avec elle la charte constitutive de Sainte-Geneviève, il stipula qu'aucun archevêque ou évêque ne pourrait à l'avenir imposer sa juridiction à l'abbaye, ni frapper d'excommunication ou d'interdit l'église et le bourg, qu'il n'était permis à personne de lui imposer des tailles et redevances indues et contraires aux anciennes coutumes; que les terres défrichées et cultivées par eux ne sauraient être assujetties à la dîme; que leur consentement et celui de l'évêque diocésain serait nécessaire pour établir dans les paroisses de leurs domaines des églises ou des chapelles; que ces paroisses et leurs curés continueraient à bénéficier de leurs anciennes immunités et que dans le cas d'interdit général, il serait loisible à trois ou quatre chanoines résidant ensemble de célébrer les offices sous certaines réserves; qu'aucun chanoine ne pourrait quitter la communauté et être admis ailleurs sans une autorisation spéciale de l'abbé; que personne ne devrait porter atteinte aux droits de propriété de l'abbaye ou lui causer un préjudice quelconque. Ces diverses dispositions furent textuellement renouvelées et confirmées par Luce III

---

[1] Alexander episcopus, servus servorum Dei, dilectis filiis abbati et fratribus Sancte Genovefe, salutem et apostolicam benedictionem... Dilecti in Domino filii, vestris justis postulationibus grato concurrentes assensu, prebendam quam in Parisiensi habuistis ecclesia, a bone memorie Adriano papa, predecessore nostro, dilecto filio nostro magistro Mainerio in vita sua concessam, vobis et per vos ecclesie vestre auctoritate apostolica confirmamus, ita quidem quod jamdicto Mainerio decedente, sicut eam tempore quo eidem concessa fuerat habuistis ad ecclesiam vestram libera debeat et sine alicujus contradictione redire... Datum apud Montempessulanum, II nonas augusti.» (Cartulaire ms., p. 21.)

[2] «... Significantibus nobis dilectis filiis nostris Hugone, abbate, et fratribus Sancte Genovefe, accepimus quod, cum in ecclesia eorum prebendam habeatis de qua fructus dicimini percipere annuatim, vos exinde predicte ecclesie denegatis debitum et consuetum servitium exhibere unde quod, cum predicta ecclesia ad nos nullo modo mediante pertineat, ipsius jura quadam specialitatis prerogativa tenemur propensius conservare, discretioni vestre per apostolica scripta precipiendo mandamus quatinus pro prefata prebenda debitum et consultum

servicium impendatis, scituri quod, si ad mandatum nostrum non feceritis, nos equanimiter sustinebimus, si predicti abbas et fratres prebendam ipsam et fructus vobis duxerint subtrahendos....» (Ibid., p. 25.)

[3] Alexander episcopus, servus servorum Dei, dilectis filiis Stephano, abbati ecclesie Sancte Genovefe, ejusque fratribus, tam presentibus quam futuris, regularem vitam professis imperpetuum. Licet ex suscepto ministerio servitutis singularum ecclesiarum utilitatibus paterna debeamus provisione consulere, eas tamen speciali nos convenit caritate diligere et ab injuriis malignantium apostolice tuitionis patrocinio confovere que nobis et ecclesie romane nullo sunt mediante subjecte. Hac itaque ratione inducti, dilecti in Domino filii, vestris petitionibus clementer annuimus, etc... Statuimus eciam ut nullus archiepiscopus vel episcopus in eandem ecclesiam vel ejus canonicos in eadem ecclesia consistentes aliquid juridictionis exerceat, nec alicujus legationi qui a latere romani pontificis non fuerit destinatus subjaceat. Nulli eciam qui a latere nostro vel successoris nostri specialiter directus non fuerit liceat, sue legationis obtentu, vos vel successores vestros, ecclesiam aut burgum vestrum ulla interdicti vel excommunicationis sen-

(25 octobre 1184), par Clément IV (16 juillet 1190), par Célestin III (22 mars
1195), et par Innocent III (10 juillet 1199).

Par un bref du 20 avril 1220, le pape Honorius III leur permit d'installer des
cloches dans la chapelle de Saint-Symphorien, où l'on avait depuis longtemps
cessé de célébrer les offices, en lui assignant un revenu de dix livres parisis [1].
Le 3 janvier 1224, il étendit leur droit de percevoir des dîmes dans leurs
domaines aux terres nouvellement défrichées, et le 30 janvier il enjoignit aux
évêques de respecter leurs privilèges, en refusant la sépulture aux sergents du
roi, décédés à Paris, qui avaient manifesté leur volonté d'être inhumés à Sainte-
Geneviève. Le 23 mai suivant, il confirma toutes leurs immunités. Cette même
confirmation fut accordée, le 17 novembre 1227, par Grégoire IX, qui, le
8 décembre, enjoignit aux archevêques de Sens, de Reims et de Rouen de sévir
contre ceux qui, au mépris des privilèges apostoliques, s'emparaient des biens de
l'abbaye, lui réclamaient des dîmes injustifiées ou la dépossédaient des legs qui
lui étaient destinés; ces usurpateurs, s'ils étaient laïques, devaient être frappés
d'excommunication ou d'interdit, et, s'ils étaient clercs, devaient être privés de
leurs bénéfices aussi longtemps qu'ils n'auraient pas réparé les méfaits dont ils
s'étaient rendus coupables [2]. Le 13 décembre, il autorisa l'abbé de Sainte-

tentia pregravare. Nulli eciam fas sit, præter romanum pontificem vel legatum ab ejus latere
missum, absque speciali mandato nostro, canonicos vestros excommunicationis vel interdicti vinculo innodare. Nulli vero episcoporum nec alicui
persone ecclesiis vestris liceat indebitas et novas
exactiones imponere vel in eis procurationes aut
tallias sive demandas contra antiquam et racio-
nabilem consuetudinem exercere. Preterea decimas
ad ecclesias vestras spectantes de manibus laicorum
redimendi et quibuscumque racionalibus modis
poteritis acquirendi vobis licenciam indulgemus;
prohibentes ut nullus easdem decimas, absque
consensu vestro, de laica manu recipiat. Statuimus
insuper ut intra fines parrochiarum vestrarum ecclesiam vel capellam, sine assensu diocesani episcopi
et vestro, nullus edificet, saivis tamen privilegiis
romanorum pontificum. Sane novalium vestrorum
que propriis manibus aut sumptibus colitis, sive
de nutrimentis animalium vestrorum decimas a
vobis nullus presumat exigere. Preterea nulli fratrum vestrorum liceat, post factam in eodem loco
professionem, nisi obtenta religionis arctioris aliqua
levitate, sine abbatis sui licencia, de claustro disce-
dere; discedentem vero absque communium litterarum cautione nullus audeat retinere. Liceat
autem abbati, qui pro tempore fuerit, in cum

qui, vobis ignorantibus aut invitis, a religione
discesserit et, secundo terciove commonitus, redire
contempserit, canonicam sentenciam promulgare.
Capelle vestre, videlicet capella de Monte, Sancti
Medardi, et Sancte Genovefe de Civitate eorumque
capellani in eadem libertate permaneant quam
tempore clericorum habuerunt et deinc habere
noscuntur. Cum autem generale interdictum terre
fuerit, liceat fratribus vestris in ecclesiis suis in
quibus tres ad minus fratres fuerunt constituti, ja-
nuis clausis, excommunicatis et interdictis exclusis,
non pulsatis campanis, submissa voce, divina officia celebrare..... Datum Laterani... vi idus
julii, indictione xi*, Incarnationis dominice anno
mclxxviii°, pontificatus vero domini Alexandri,
pape III, anno xviii°.» (Cartulaire ms., p. 17-19.)

[1] «... Capella que per defectum reddituum
longo tempore permanserat desolata...» (Ibid.,
p. 36.)

[2] «..... Universitati vestre per apostolica
scripta mandamus quatinus illos qui possessiones
vel domos seu res predictorum fratrum vel hominum suorum irreverenter invaserunt aut ea injuste
detinuerunt, que predictis fratribus ex testamento
decedentium relinquuntur, seu in ipsos fratres
contra apostolice sedis indulta, sentencia excommunicationis aut interdicti presumpserunt promul-

Geneviève à bénir les nappes et les ornements sacerdotaux et, le 21, il enleva aux prélats qui s'arrogeaient le droit de visiter, sans motif valable, les chapelles et les fermes de l'abbaye, situées dans les territoires soumis à sa juridiction, la faculté de réclamer un droit de gîte. L'autorisation de percevoir les dîmes sur les terres nouvellement défrichées fut renouvelée par lui le 15 septembre 1228, et, le 13 décembre suivant, pour mettre un terme aux vexations dont l'abbaye était indirectement l'objet dans la personne de ses gens, il défendit aux évêques et abbés de refuser à ceux-ci l'usage du four ou du moulin banal et de frapper d'interdit ceux qui avaient des relations d'affaires avec eux. Le pape Clément IV ne montra pas moins de zèle à protéger les chanoines de Sainte-Geneviève. Le 27 septembre 1266, il décida qu'ils ne pourraient être cités hors du diocèse de Paris, à raison des biens qu'ils possédaient dans cette ville et, le 29, il enjoignit aux évêques de les protéger et de leur rendre justice contre quiconque voudrait usurper leurs biens. Le 1er octobre, il accorda à l'abbé le droit de conférer aux chanoines les ordres mineurs, en ajoutant, quelques jours après, celui de les conférer également aux serfs qui, de ce fait, recevaient la liberté. Le 2 octobre, il renouvela les prescriptions relatives à la nomination des prieurs-curés, qui ne devaient dépendre des évêques qu'au point de vue temporel [1], et il interdit à l'évêque et aux membres du chapitre de Paris de siéger comme juges dans les procès intentés à l'abbaye. Enfin, le 14 octobre, il décida que désormais les chanoines ne seraient plus tenus de produire en justice, hors de Paris, les titres justificatifs de leurs droits et privilèges, à moins d'une décision spéciale du Saint-Siège. Les immunités de Sainte-Geneviève furent encore confirmées, d'une façon générale, par une bulle de Nicolas III, le 22 septembre 1279.

L'évêque de Paris avait constaté, dès le principe, non sans une certaine inquiétude, que la protection dont le Saint-Siège honorait l'abbaye réformée avait eu pour premier effet de la soustraire définitivement à sa juridiction. Afin que ses droits ne fussent pas autrement lésés, il voulut s'attribuer la nomination du prêtre appelé à desservir la petite chapelle de Saint-Jean installée dans la crypte de la basilique et qui servait de paroisse aux serviteurs des chanoines et

---

gare, vel decimas laborum de possessionibus habitis ante concilium generale quas propriis manibus aut sumptibus excolunt seu nutrimentis ipsorum, spretis apostolice sedis privilegiis, extorquere, monitione premissa, si laici fuerint, publice, candelis accensis, excommunicationis sententia procellatis. Si vero clerici vel canonici regulares seu monachi fuerint, eos, appellatione remota, ab officio et beneficio suspendatis, neutram relaxaturi sententiam donec predictis fratribus plenarie satisfaciant et tam laici quam clerici seculares qui per violenta manuum injectione anathematis vinculo fuerint innodati, cum dyocesani episcopi litteris ad sedem apostolicam venientes ab eodem vinculo mereantur absolvi. Villas autem in quibus bona predictorum fratrum vel hominum suorum per violentiam detenta fuerint, quamdiu ibi sunt, interdicti sententie supponatis. . . » (Cartulaire ms., p. 25.)

[1] « . . . Illi quibus hujus cura commissa fuerit vobis de spiritualibus, ac memorati abbati et conventis de temporalibus debeant respondere. . . » (Ibid., p. 342.)

aux rares habitants fixés sur leur territoire. En vertu de l'immunité que leur avait concédée, en 1107, l'évêque Galon, dont ils exagéraient volontairement la portée, les religieux s'opposaient à cette prétention. Le différend fut porté devant le pape Eugène III qui, par sa bulle du 8 janvier 1150, donna gain de cause à l'évêque. Le 11 septembre 1154, une bulle d'Adrien IV confirma cette décision et l'étendit, d'une façon générale, aux autres églises qui dépendaient de Sainte-Geneviève. Les chanoines, néanmoins, refusèrent de se soumettre, durant toute la seconde moitié du XIIᵉ siècle, et les termes mêmes de la bulle «Licet ex suscepto» obtenue par eux, en 1178, du pape Alexandre III, paraissaient justifier leur résistance à cet égard. La discorde s'accrut à tel point que l'évêque se déclara prêt à frapper d'interdit la paroisse de l'abbaye, tandis que l'abbé, fort des immunités de Sainte-Geneviève, lui contestait le droit de prendre une mesure de ce genre. Finalement, les deux parties en appelèrent de nouveau au Saint-Siège. L'abbé Jean de Toucy, qui avait connu Innocent III dans sa jeunesse et qui avait déjà reçu divers témoignages de sa bienveillance, se rendit auprès de lui pour soutenir sa cause, tandis que l'évêque, pour contrecarrer son influence, chargea de défendre ses intérêts Pierre de Corbeil, chanoine de Notre-Dame, qui avait été l'un des maîtres du pape. Pour éviter tout soupçon de partialité, Innocent III, après avoir confié l'examen de l'affaire à trois arbitres, évita de donner complètement raison à l'un ou à l'autre des deux adversaires et, par sa sentence du 24 décembre 1201, il admit partiellement la validité de leurs réclamations. Si cette solution ne devait satisfaire personne, elle eut du moins l'avantage d'amener l'évêque et l'abbé à des concessions réciproques et de provoquer de leur part un accord amiable qui termina le différend. Au mois de juin 1202, l'abbé céda à l'évêque le droit de nomination du curé de la paroisse du Mont en échange de divers avantages, et cette transaction fut approuvée par deux bulles d'Innocent III, le 9 novembre 1202 et le 26 mars 1203 [1].

L'abbaye, d'ailleurs, n'eut par à regretter d'avoir accepté les propositions de l'évêque, puisqu'elle obtint de lui, peu après, qu'il s'obligerait par serment à respecter ses privilèges et immunités. Cette marque de déférence devint par la suite une formalité obligatoire pour les successeurs du prélat, et ils furent tenus de s'en acquitter avant même la prise de possession solennelle de leur siège. D'autre part, l'abbaye compléta son acquisition du clos Bruneau en reprenant l'usufruit du clos Mauvoisin qu'elle avait précédemment cédé à Mathieu de Montmorency [2], dans la pensée d'affecter ces deux terrains à la construction de maisons

---

[1] Nous avons déjà eu à nous occuper de ce différend, en citant le texte des documents qui s'y rapportent, dans notre article sur Saint-Étienne-du-Mont. (T. III, p. 609.) Il sera nécessaire d'en reparler encore dans la notice historique de l'église Sainte-Geneviève la Petite, dont l'évêque convoitait la possession, et qui se trouva comprise dans la transaction finale. (Voir ci-après p. 472.)

[2] Contrairement à l'opinion de M. Giard, la propriété du fonds de terre appartenait à l'abbaye,

qui devaient faciliter le développement de la population sur son territoire resté jusqu'alors presque inhabité.

L'établissement d'un mur d'enceinte sur la rive gauche de la Seine, entrepris, vers 1210, par les ordres de Philippe Auguste, provoqua fort à propos la création d'une nouvelle ville et favorisa ainsi la réalisation du projet formé par les chanoines, beaucoup plus rapidemement qu'il ne leur était permis de le supposer. Depuis près d'un siècle, en effet, une multitude d'écoliers attirés par la renommée sans cesse grandissante de l'université, alors en voie de formation, étaient venus, tant des diverses provinces de France que des pays étrangers, se fixer à Paris, et ils ne pouvaient plus trouver une hospitalité convenable dans les limites restreintes de la Cité où les logements devenaient totalement insuffisants [1]. Ces étudiants, que des raisons spéciales incitaient d'ailleurs à quitter la Cité, furent ainsi amenés, par la construction de maisons sur la rive gauche, à se transporter graduellement sur le territoire de Sainte-Geneviève qui devint le siège de l'Université. L'abbé de Sainte-Geneviève se trouva, par ce fait même, appelé à exercer dans le domaine des études une autorité qui était restée jusqu'alors le privilège exclusif des évêques de Paris. Il n'est donc nullement téméraire d'affirmer que la transaction de 1202, qui pouvait paraître en principe quelque peu préjudiciable à l'abbaye, contribua, tout au contraire, à accroître dans de notables proportions son prestige, son influence et sa prospérité.

A la suite de la renaissance des études qui avait marqué le règne de Charlemagne, la culture intellectuelle s'était en quelque sorte concentrée dans les chapitres des cathédrales et dans les monastères. La grammaire et la logique furent

---

ainsi qu'il est rappelé dans le contrat de cession de 1202 : «Ego Matheus de Montemorenciaco, dominus Marliaci, et Mathildis uxor mea, notum facimus tam futuris quam præsentibus quod vineam nostram, quæ dicebatur clausus Malivicini, quem tenemus ab ecclesia S. Genovefæ, sub annuo censu trium solidorum et octo denariorum, dedimus hospitibus ad hostisias faciendas, de assensu et voluntate abbatis et canonicorum Sanctæ Genovefæ, quorum erant fundus terræ illius et decima et omnis justitia. Statutum est autem quod ille census capitalis semper erit canonicorum S. Genovefæ, et hospites qui ibi erunt mansionarii sui erunt parochiani, et omnes decimas tam magnas quam minutas cappellano de Monte persolvent et cetera jura parochialia secundum consuetudinem parochiæ suæ. Nobis autem abbas et conventus concesserunt totum augmentum census hostisiarum quæ ibi lient, quod vulgo dicitur croissens, et medietatem venditionum, etc....» (Cartulaire

ms., p.190; Gallia christ., t. VII, Instrum., col. 225.)

[1] «In diebus illis studium litterarum florebat Parisius, nec legimus tantam aliquando fuisse scholarium frequentiam Athenis vel Egypti vel in qualibet parte mundi, quanta locum prædictum studendi gratia incolebat. Quod non solum fiebat propter loci illius admirabilem amœnitatem et bonorum omnium superabundantem affluentiam sed etiam propter libertatem et specialem prærogativam deffensionis quam Philippus rex et pater ejus, ante ipsum, ipsis scholaribus inpendebant. Cum itaque in eadem nobilissima civitate non modo de trivio et quadrivio, verum de questionibus juris canonici et civilis et de ea facultate quæ de sanandis corporibus et sanitatibus conservandis scripta est, plena et perfecta inveniretur doctrina; ferventiori tamen desiderio sacram paginam et questiones theologicæ docebantur.» (Guillaume le Breton, Gesta Philippi Augusti, édit. Delaborde, § 152.)

enseignées dans des écoles publiques accessibles à tous et l'on institua, pour les clercs qui se destinaient au service des églises, d'autres écoles plus spécialement réservées à l'enseignement de la théologie et du droit canon. A la tête des écoles épiscopales se trouvait placé un écolâtre chargé de l'organisation et de la surveillance des études, et qui avait seul qualité pour accorder aux maîtres pourvus d'une instruction jugée suffisante par lui l'autorisation d'enseigner soit dans l'école épiscopale, soit dans toutes celles du diocèse. Pour les écoles monastiques, ce pouvoir était tout naturellement dévolu aux abbés. Lorsque, au début du XIIe siècle, Abélard, après avoir professé la théologie à l'école de Notre-Dame, voulut enseigner en public la dialectique, il inaugura ses leçons sur la Montagne Sainte-Geneviève, et ce fut beaucoup plus pour se soustraire à la juridiction de l'écolâtre [1] que pour entrer directement en lutte avec son ancien maître, devenu son rival, Guillaume de Champeaux, archidiacre de Paris, qui s'était retiré à l'abbaye de Saint-Victor et y avait, lui aussi, ouvert une école. La renommée d'Abélard et la nouveauté de son enseignement attirèrent promptement une multitude incroyable d'écoliers, parmi lesquels l'élément laïque dominait. Lorsque le maître se vit contraint de suspendre son enseignement et de quitter Paris, quelques-uns de ses disciples, devenant maîtres à leur tour, continuèrent son œuvre; grâce à eux, l'étude et les exercices de la logique, considérés dès lors comme l'art par excellence, prirent un développement extraordinaire et l'affluence des étudiants s'accrut dans des proportions inusitées. Comme ceux-ci ne pouvaient se loger sur la Montagne Sainte-Geneviève, que la rareté des maisons rendait encore presque inhabitable, un certain nombre de maîtres, jugeant qu'ils avaient tout intérêt à se rapprocher de la résidence de leurs élèves, transportèrent leurs écoles à proximité du Petit Pont [2], sans se douter qu'ils risquaient de compromettre à bref délai l'indépendance de leur enseignement.

[1] Ce qu'il importe de considérer dans la tentative d'Abélard, c'est moins l'objet même de ses leçons, qui provoqua seul l'attention des contemporains, que les conditions dans lesquelles elles furent données. La tentative de ce novateur, qui aurait abouti à la constitution d'un enseignement véritablement libre et indépendant de toute autorité ecclésiastique ou civile, était beaucoup trop hardie pour être comprise ou admise de son temps, et il en fut lui-même la première victime. «Duo precipue, écrivait-il, absenti mihi semper objiciebant quod sine magisterio ad magisterium divine lectionis accedere presumpsissem.» (*Historia calam.*, cap. 8.) Cependant moins d'un demi-siècle après, le Concile de Latran devait. sur la question de principe, se rallier à ses vues, en reconnaissant implicitement à tout le monde le droit d'enseigner.

[2] Tandis que les anciens historiens, et Thurot à leur suite, admettent que l'enseignement des arts se donnait sur le territoire de Sainte-Geneviève, le P. Denifle estime, au contraire, qu'il fut localisé dans la Cité, et il fonde son opinion sur les constatations d'une curieuse lettre de Guy de Bazoches : «Pons autem parvus aut pretereuntibus aut spatiantibus aut disputantibus logicis didicatus est... In hac insula regule sibi solium ab antiquo filosofia collocavit..., perpetuam sibi mansionem septem pepigere sorores, artes videlicet liberales...» (*Ibid.*, t. I, p. 56.)

Mais il résulte très nettement de la lettre d'Étienne de Tournai, citée ci-après, qu'il y avait des écoles séculières tout à la fois sur le Mont et dans la Cité («vel in Monte, vel ad Parisienses»), et la tradition d'après laquelle l'enseignement des

L'évêque de Paris qui n'avait pas vu sans inquiétude le préjudice causé aux écoles de Notre-Dame par la rivalité des nouvelles études, avait dû se préoccuper aussi du danger qu'elles pouvaient présenter pour les dogmes de la foi, aussi longtemps qu'elles échapperaient au contrôle de l'autorité ecclésiastique [1]. L'installation des maîtres sur son territoire vint fort à propos lui fournir, au cours du XII° siècle, le moyen de remettre en vigueur ses anciens droits et d'imposer sa juridiction à toute la population scolaire. Mais l'écolâtre auquel il avait jusqu'alors délégué ses pouvoirs en matière d'enseignement, ne lui parut plus suffisamment qualifié pour continuer à remplir un office dont les circonstances venaient d'accroître sensiblement l'importance et les difficultés. Désormais il avait besoin d'un mandataire capable, par sa situation personnelle, d'imposer le prestige de sa fonction et d'en assurer le respect. Il choisit donc à cet effet le chancelier du chapitre de Notre-Dame, personnage influent, instruit et expert en affaires, qui avait pour mission de dresser les actes, de les vérifier et de les sceller, et il le chargea de présider à l'organisation des études et de conférer la licence d'enseigner aux étudiants qui aspiraient à devenir maîtres. Le nouveau dignitaire paraît avoir considéré sa charge surtout comme une prébende avantageuse dont il lui appartenait de constituer les revenus par l'imposition de droits plus ou moins exorbitants sur tous les candidats à la maîtrise. Mais la clientèle de l'enseignement des arts, en majeure partie laïque, n'avait pas les mêmes raisons que les théologiens et les décrétistes de se plier aux volontés du chancelier et de tolérer des

arts fut institué sur la Montagne Sainte-Geneviève et s'y maintint durant de longues années conserve toute son autorité.

Quant aux écoliers, faute de pouvoir trouver l'hospitalité sur la rive gauche de la Seine, ils furent obligés de résider dans la Cité jusqu'en 1220, et la rareté des logements ne leur permettait pas de se montrer difficiles sur le choix de leur voisinage, ainsi que l'atteste Jacques de Vitry : «In una et eadem domo scholæ erant superius, prostibula inferius. In parte superiori magistri legebant, in inferiori meretrices officia turpitudinis exercebant.» (Historia occidentalis, texte cité dans l'Histoire littéraire de la France, t. XVIII, p. 234.)

[1] Cette même préoccupation, qui paraît avoir été commune à beaucoup de bons esprits, est attestée par une lettre qu'Étienne, évêque de Tournai, écrivait au pape :

«Lapsa sunt apud nos in confusionis officinam sacrarum studia litterarum, dum et discipuli solis novitatibus applaudunt et magistri glorie potius invigilant quam doctrine, novas recentesque summulas et commentaria firmantia super theologia passim conscribunt, quibus auditores suos demulceant, detineant, decipiant... Facultates quas liberales appellant, amissa libertate pristina, in tantam servitutem devocantur ut comatuli adolescentes earum magisteria impudentes usurpent et in cathedra seniorum sedeant imberbes et qui nondum norunt esse discipuli laborant ut nominentur magistri...» (Denifle, Chartularium Universitatis par., t. I, p. 47.) D'ailleurs, ce même Étienne, alors qu'il était abbé de Sainte-Geneviève, n'avait qu'une médiocre estime pour les maîtres des écoles publiques, puisqu'il ne pouvait admettre que l'évêque de Lund voulût obtenir que son neveu, alors chanoine de Sainte-Geneviève, fût autorisé à suivre leurs leçons : «Quod autem de ipso nobis per litteras vestras intimastis, vel in Monte vel ad Parisienses secularium scholas et venditores verborum mittendo, salva gratia vestra, non admittimus, quoniam institutioni nostre repugnat et consuetudini, nec per ipsum presentibus fratribus novum proponatur spectaculum quod futuris perniciosum trahatur in exemplum.» (Ibid., t. I, p. 43.)

exigences pécuniaires auxquelles elle n'avait jamais été astreinte par le passé. Elle refusa énergiquement de les subir, et lorsque le pape Alexandre III, au cours de l'année 1170, fut informé de cette résistance qui lui parut pleinement justifiée, il enjoignit aux évêques d'interdire le payement d'un droit quelconque pour l'obtention de la licence et de priver de leurs offices ou dignités ceux qui enfreindraient cette prescription. L'évêque de Paris ayant pris la défense de son mandataire dont cette mesure lésait gravement les intérêts, le pape, se rendant à ses observations, par sa bulle du 29 octobre 1174, recommanda à son légat de tenir compte, en organisant à Paris le régime des études, de la situation spéciale du chancelier, mais sans permettre toutefois que ceux qui dirigeaient des écoles fussent assujettis par lui a de trop lourdes taxes. En 1179, le canon du concile de Latran qui établit la gratuité absolue de la licence et reconnut implicitement le droit d'enseigner pour tout le monde [1] ne pouvait que fortifier les étudiants parisiens dans leur opposition au chancelier. Pour assurer la défense de leurs intérêts communs, ils imaginèrent de constituer, à l'exemple des gens de métier, une corporation universitaire. En l'an 1200, à la suite des rigueurs dont le prévôt de Paris avait usé à leur égard, Philippe Auguste, désireux de les protéger à l'avenir d'une manière absolue et définitive, reconnut officiellement l'existence de leur communauté par l'octroi d'un privilège en vertu duquel ils n'avaient à répondre de leurs actes que devant l'autorité ecclésiastique, seule qualifiée pour apprécier si elle devait les retenir par devers elle ou les renvoyer devant le roi, décida que le prévôt de Paris devrait s'engager par serment, lors de son entrée en charge, à respecter fidèlement ce privilège, et obligea les bourgeois de Paris à assurer personnellement la sécurité des étudiants. Mais le chancelier, sous la juridiction duquel la communauté était dès lors placée, au double point de vue des études et de la vie civile, se trouva tout à la fois juge et partie dans ses différends avec les maîtres ou les écoliers et il usa sans ménagement de ses pouvoirs pour châtier ceux qui se refusaient à acquitter les taxes scolaires. Les vexations de ce dignitaire aussi partial qu'intéressé décidèrent l'Université à solliciter de la papauté, en 1208, l'autorisation de mettre à sa tête un procureur, chargé de la représenter et de prendre la défense de ses droits perpétuellement lésés ou méconnus par le chancelier.

Au mois de janvier 1212, le pape, dûment informé des agissements du chancelier, qui lui parurent intolérables, étant donné que, du temps où lui-même étudiait à Paris, il n'avait jamais vu traiter les écoliers avec pareille rigueur, enjoignit à l'évêque, au doyen et à l'archidiacre de Troyes de réprimer ses abus,

[1] «Pro licencia vero docendi, nullus omnino pretium exigat vel sub obtentu alicujus consuetudinis ab eis qui docent aliquid querat, nec docere quemquem qui sit idoneus, petita licentia, interdicat, qui autem contra hoc venire presumpserit, ab ecclesiastico fiat beneficio alienus... » (Mansi, Ampl. coll. Conciliorum, t. XXII, p. 227.)

et, s'il ne s'amendait pas, de le frapper des censures ecclésiastiques. L'évêque de
Paris intervint pour pacifier les esprits, et ses lettres de l'année 1212 constatent
que le chancelier et l'Université avaient conclu un accord, en vue de donner satisfaction au Saint-Siège. Par cet acte, qui doit être considéré comme la Charte
constitutive de l'Université de Paris, le chancelier obtenait le droit de conférer la
licence aux artiens, dans des conditions déterminées, mais il lui était interdit
d'exiger à cette occasion une rémunération quelconque, ou d'imposer un serment
de fidélité ou d'obéissance, et, en cas de refus, d'infliger la peine de l'emprison-
nement[1]. Deux ans plus tard, le légat du pape, Robert de Courson, confirma ce
statut, en organisant d'une façon générale le régime des études et en autorisant
maîtres et écoliers à s'unir sous la foi du serment pour la défense de leurs privilèges et de leurs coutumes.

Lorsque l'Université voulut user du droit d'association qui lui avait été ainsi
attribué, elle se trouva de nouveau en butte aux vexations du chancelier qui
n'hésita pas à la frapper d'interdit, à suspendre les leçons des maîtres et à emprisonner les écoliers. Les uns et les autres résolurent d'en appeler au pape et de
faire une collecte pour couvrir les frais que l'appel devait entraîner. Honorius III,
dès qu'il eut été mis au courant de la situation, ordonna, le 30 mars 1219, que
l'excommunication portée contre les membres de l'Université fût révoquée, et, le
11 mai suivant, il décida que l'on devait considérer comme non avenues les mesures prises par le chancelier auquel il imposait l'obligation de se rendre à Rome
pour s'excuser de ses excès ou pour en recevoir le châtiment ; il invitait en même
temps l'Université à lui envoyer un représentant chargé de défendre sa cause.
Mais elle s'abstint de poursuivre son adversaire jusqu'au bout et, le 30 novembre
suivant, le pape dut renvoyer le chancelier, personne ne s'étant présenté en cour
de Rome pour l'incriminer.

Si l'Université avait brusquement changé d'attitude et s'était complètement
désintéressée de la solution d'un procès qu'elle avait engagé, c'est parce qu'elle
croyait avoir pris un moyen sûr pour se soustraire définitivement à la tyrannie du
chancelier. Les maîtres et écoliers de la Faculté des arts, persuadés qu'aucun
accord durable ne pourrait être conclu avec un dignitaire aussi peu scrupuleux,
avaient décidé que le seul moyen pour eux d'obtenir la tranquillité et de reprendre
leur indépendance consistait à abandonner la Cité et à se transporter sur la Mon-

[1] «... Cancellarius sacramenta fidelitatis vel
obedientiæ vel aliam obligationem aliquam pro
licentia legendi dauda non exiget ab aliquo lecturo
Parisius, et etiam relaxabuntur prestita juramenta.
Item pecuniam non exiget cancellarius nec aliquam
aliam rem loco pecunie, aliquo modo, pro licentia
danda...

De magistris quoque artium sex eliguntur, tres

ab ipsis magistris et tres a cancellario ; et ille cui
isti sex vel major pars perhibebunt testimonium,
lide corporaliter prestita, quod idoneus sit, non
poterit ei denegare licentiam. Quod si forte dene-
gaverit cancellarius, ex tunc quandocumque, auctoritate nostra habeat regendi licentiam ; aliis tamen
quibus voluerit dare poterit licentiam sine testi-
monio illorum.... » (Denifle, op. cit., t. I, p. 76.)

tagne Sainte-Geneviève qui avait été jadis le berceau de leur enseignement. La construction de nombreuses maisons facilita graduellement la réalisation de leurs projets, et, lorsque les écoliers eurent presque tous quitté la Cité, les maîtres, à leur tour, vinrent ouvrir de nouvelles écoles aux abords de la rue du Fouarre. Après s'être placée sous la juridiction de l'abbaye de Sainte-Geneviève, en se fixant sur son territoire, l'Université estima qu'elle pouvait, sans aucun scrupule, s'adresser à l'abbé pour l'obtention du droit d'enseigner, et celui-ci saisit avec empressement l'occasion qui lui était offerte de prendre une place prépondérante dans la nouvelle organisation des études. Non seulement, il considéra comme un honneur de présider en personne aux examens, mais il conféra la licence à titre encore absolument gratuit, et de plus, en vertu des privilèges apostoliques attribués à son abbaye, il étendit de plein droit au monde entier la validité de cette licence [1]. Par son changement de résidence, l'Université obtenait d'emblée des

[1] La thèse contraire a été soutenue par Thurot, à l'aide d'arguments qui sont en opposition formelle avec la réalité des faits.

«Le chancelier de Notre-Dame, écrit-il, ne conférait pas la licence au nom de l'évêque, mais au nom du pape dont il était considéré comme le délégué et le commissaire. La même observation est applicable au chancelier de Sainte-Geneviève. Cette permission d'enseigner n'était pas bornée au diocèse de Paris, mais s'étendait au monde entier.» (*Op. cit.*, p. 50.)

L'on ne saurait admettre que le chancelier de Notre-Dame ait été, à un titre quelconque, le mandataire du pape; dans le principe, il était simplement le délégué de l'évêque, et s'il devint, dans les affaires de l'Université, justiciable de la curie romaine, ce fut pour avoir enfreint ou méconnu des droits et privilèges concédés par le Saint-Siège. L'abbé de Sainte-Geneviève au contraire dépendait immédiatement du souverain pontife, en vertu des immunités conférées à son abbaye; lui seul pouvait se donner comme le représentant de la papauté et parler en son nom.

Ce fut seulement à la fin du XIIIᵉ siècle que le chancelier de Notre-Dame fut placé, à ce point de vue, sur un pied d'égalité avec celui de Sainte-Geneviève. Du Chesne et après lui Du Molinet ont prétendu que cette mesure avait été prescrite par le pape qui avait donné aux deux chanceliers «facultatem parem». Mais la bulle à laquelle ces auteurs font allusion n'a aucun rapport, ainsi qu'il sera expliqué plus loin, avec la question qui nous occupe. Il nous paraît qu'elle fut réglée par une bulle du

pape Nicolas III, dont Crevier ne paraît pas avoir exactement apprécié la portée.

«En 1280, écrivait-il, le pape Nicolas III, par une bulle adressée à l'Université de Paris, donna à tous les maîtres qui la composaient, le pouvoir d'enseigner en quelque lieu que ce pût être, sans qu'il fût besoin pour eux de nouvel examen ni de nouvelle institution. Ce droit est beau; mais je ne sais si l'on doit en fixer l'époque à la bulle dont il s'agit ici... Je crois même trouver une induction au contraire dans la bulle d'érection de l'Université de Toulouse, en 1233, par le pape Grégoire IX. Le souverain pontife y déclare que son intention est que les maîtres de Toulouse jouissent des mêmes privilèges que ceux de Paris, et énonçant ensuite en détail ces privilèges, il y comprend celui d'enseigner partout sans nouvelle épreuve ni examen. Qui peut douter que l'Université de Paris n'ait joui d'un droit dont on gratifiait une école instituée sur son modèle? Il faut bien pourtant qu'il se fût élevé quelque nuage, quelque obscurcissement sur l'exercice de ce droit, puisque le pape Nicolas III, ainsi qu'on vient de le voir, l'accorda par forme de privilège à l'Université de Paris; et il l'accorda non comme un droit renouvelé, mais comme une faveur qu'il ne dit point être appuyée d'aucun usage précédent.» (*Hist. de l'Université*, t. II, p. 88.)

La bulle dont parle ici Crévier, porte la date du 23 mars 1290 et elle émanait du pape Nicolas IV. (Denifle, *op. cit.*, t. II, p. 55.) Son objet se comprend aisément si l'on admet que le pape a voulu confirmer, en l'étendant au chancelier de Paris, un

avantages encore plus sérieux que ceux dont elle avait escompté la réalisation immédiate.

Mais cet abandon imprévu de la Cité ne pouvait être accepté bénévolement ni par l'évêque de Paris, ni par le chancelier de Notre-Dame qui le considéraient avec raison comme un affront et un dommage, et qui ne tardèrent pas à manifester leur irritation. Au commencement de l'année 1221, l'évêque se plaignit au pape du grave préjudice que lui causait la conduite des écoliers auxquels il reprochait d'organiser des complots, sous la foi du serment, de se servir d'un sceau pour leur communauté, d'établir sur les logements des taxes illégales et de choisir à leur gré ceux qui devaient juger leurs propres causes. Aussi, le 2 avril, Honorius III crut-il devoir charger l'archevêque de Cantorbéry et les évêques de Troyes et de Lisieux de régler le différend en vue de ramener le calme dans les études en assurant le respect des droits de l'église, et il interdit par provision les complots des écoliers et l'usage de leur sceau. Mais, lorsque l'Université eut présenté ses explications sur le caractère et la portée des réclamations de l'évêque, l'opinion du pape subit un prompt revirement, et le 31 mai, tout en confiant à de nouveaux commissaires le règlement de l'affaire, il décida que les écoliers devaient être maintenus en possession de leurs privilèges, que l'on ne pouvait leur imposer aucun serment, ni prononcer contre eux aucune excommunication et encore moins exiger le rachat à prix d'argent de celles dont ils avaient pu être frappés, et de plus il enjoignit à l'évêque et au chancelier de ne plus inquiéter dans leur enseignement les maîtres qui avaient obtenu la licence de l'abbé de Sainte-Geneviève [1]. Toutefois, il interdit aux écoliers d'user de leur sceau, sauf en ce qui

privilège dont l'abbé et après lui le chancelier de Sainte-Geneviève avaient bénéficié de tout temps.

[1] Il est dit, en effet, dans cette bulle :

« ...Nec episcopus et officialis ac cancellarius memorati, licentiatos ab abbate Sancte Genovefe, quin ubi consueverint libere incipere valeant, interim molestabunt... » (Denifle, op. cit., p. 103.)

Thurot, qui n'a pas connu ce texte, supposait que l'abbaye de Sainte-Geneviève avait obtenu le droit de conférer la licence vers l'année 1254, étant donné que ce fut seulement à cette époque qu'elle paraît avoir eu un chancelier. Il s'est vu par suite dans l'obligation de prétendre que la licence dont il est question dans la bulle de 1227 ne pouvait être assimilée à celle qu'accordait le chancelier de Notre-Dame, et les explications qu'il fournit sur ce point, bien qu'elles ne manquent pas de subtilité, ne sauraient être acceptées comme vraiment décisives.

« L'enseignement des arts, écrivait-il, se donnait, en dehors de la Cité, sur le territoire de la puissante

abbaye de Sainte-Geneviève qui prétendait relever immédiatement du Saint-Siège et dont la rivalité devait être un obstacle au chancelier de Notre-Dame. L'abbé de Sainte-Geneviève paraît même avoir obtenu du Saint-Siège, entre 1231 et 1254, le pouvoir de conférer la licence pour la Faculté des arts... Le plus ancien acte authentique produit en faveur de ce privilège est la bulle de Grégoire IX, 1227. Mais dans cette bulle il n'est nullement question d'un chancelier, mais seulement de l'*abbé* et du *couvent*. De licencia ipsorum se rapporte à l'abbé et au couvent et évidemment ne signifie pas ici la *licence* ou permission d'enseigner. A quelle occasion, si ce n'est en leur conférant la licence, le chancelier de Notre-Dame aurait-il pu forcer les maîtres en théologie et en décret à jurer qu'ils enseigneraient dans la Cité? S'ils avaient reçu la licence du chancelier de Sainte-Geneviève, ils eussent été complètement indépendants du chancelier de Notre-Dame. Il est probable que pour exercer sur le territoire de Sainte-Geneviève

regardait les affaires de l'Université, de porter des armes et de s'attribuer le droit de venger les injures faites à leurs nations. Un accord fut conclu sur les bases posées par le pape, vraisemblablement en 1225, par les soins du légat, et Grégoire IX en ordonna l'exécution, le 3 juin 1228.

Mais, dès le 31 mai 1219, la reconnaissance formelle par la papauté de la validité de la licence conférée par l'abbé de Sainte-Geneviève [1] avait définitivement

le droit général d'enseigner ou la licence que *conférait* le chancelier de Notre-Dame, il fallait en demander l'autorisation (*de licencia ipsorum*) au couvent et à l'abbé de Sainte-Geneviève, comme un prêtre qui aurait le droit de prêcher dans tous les diocèses demande l'autorisation de l'évêque de prêcher dans tel ou tel diocèse. Je ne vois pas de mention authentique du chancelier de Sainte-Geneviève, avant la bulle que lui adressa Alexandre IV en 1255. A quelle époque l'abbé de Sainte-Geneviève a-t-il reçu le privilège de faire conférer la licence aux artistes, en vertu de l'autorité pontificale? On l'ignore. » (*L'organisation des études dans l'Université de Paris*, p. 16.)

[1] L'abbé de Sainte-Geneviève n'avait pas eu à recevoir du Saint-Siège le droit de conférer la licence, droit qui lui appartenait en propre comme un attribut de sa juridiction temporelle; il trouva tout naturel de l'exercer, dès 1220, lorsque les artiens installés sur son territoire l'incitèrent d'eux-mêmes à user d'une prérogative que l'évêque de Paris ne pouvait lui contester légalement. Quant à la prétendue distinction établie par M. Thurot entre la licence générale d'enseigner et la licence spéciale de l'abbé, c'est une pure fantaisie : il n'y a jamais eu qu'une seule et même «licencia docendi», dont l'abbé s'attribua personnellement dans le principe la collation, pour la déléguer plus tard à un mandataire, lorsque l'exercice de ses droits en cette matière, ayant été validé par la papauté, ne pouvait plus soulever de contestation.

Les auteurs de la *Gallia christiana* avaient déjà commis, sur cette question, une erreur analogue en prétendant que ce fut l'abbé Herbert qui obtint à ce sujet du pape Grégoire IX l'extension du privilège dont il était déjà investi :

«[Anno 1228,] rogavit abbas eumdem papam ut vel sibi vel Sanctæ Genovofæ cancellario assereret possessionem dandi alumnis Universitatis, qui ipsos adirent ac idonei viderentur, licentiam docendi theologiam, decreta et artes liberales, intra parochiæ et territorii S. Genovefæ limites, pro jure quo po-

tiebatur ut doctores theologiæ et decretorum ac liberalium artium de ipsorum licentia libere regere valerent in parochia et terra eorum infra parisiensium murorum ambitum constitutis. Annuisse Gregorius plus nimio probat imperturbata cancellarii S. Genovefæ possessio. » (*Gallia christ.*, t. VII, col. 735.)

D'un autre côté, il ne nous paraît pas possible d'admettre comme justifiée par les faits la thèse de quelques anciens historiens, d'après laquelle le chancelier de Sainte-Geneviève aurait été, de toute antiquité, le seul chargé de conférer la licence. Du Breul, qui avait accepté cette opinion sans contrôle, écrivait :

«Le chancelier de Sainte-Genevefve a esté seul jadis en ceste charge, car nous trouvons que les premiers collèges et plus habitez furent fondez en ceste montaigne, esquels il semble que les chanoines de Saincte-Genevefve mettoient des regents et precepteurs… De ce que le chancelier de l'Université avoit esté près de ceste maison plustost que d'aucune autre, car ce ne fut qu'en l'an 1304, que le pape Benoit XI créa et donna la mesme puissance et faculté au chancelier de Nostre-Dame, par conséquent le chancelier de Sainte-Genevefve estoit donc seul en ceste charge, puisqu'il appert qu'avant ce temps il y avoit des théologiens et des estudes en nostre ville, lesquels recevoient indubitablement les licences de la main de quelque ecclésiastic, qui ne pouvoit estre autre que ce chancelier de Saincte-Genevefve, veu son ancien establissement. » (P. 211.)

Ces affirmations ne mériteraient même pas d'être signalées, si elles n'avaient été reproduites, par la suite, dans des ouvrages qui ne manquent cependant ni d'intérêt ni de valeur.

Du Molinet a naturellement enchéri sur ses prédécesseurs, et, à l'entendre, l'abbé de Sainte-Geneviève, outre son rôle de chancelier, aurait encore rempli, dans le principe, les fonctions de recteur et celles de conservateur des privilèges de l'Université. Ces exagérations ne méritent aucune créance et ne sauraient être excusées que par le trop vif désir qu'avait cet auteur d'attribuer à son abbaye un rôle absolument prépondérant dans l'Université primitive.

soustrait la Faculté des arts à la juridiction du chancelier de Notre-Dame. Cette Faculté, formée des quatre nations dans lesquelles les maîtres et les écoliers s'étaient groupés d'après leur lieu d'origine, et qui constituait à proprement parler l'Université, n'hésita pas dès lors à affirmer sa personnalité, sa juridiction et son droit de patronage [1]. Le quartier où elle s'était fixée commença à être désigné par son nom, et cette appellation devait s'étendre à toute la partie de la rive gauche comprise dans l'enceinte des murs, lorsque les trois autres Facultés furent venues à leur tour y établir leur résidence.

Du jour où les artiens eurent abandonné la Cité, il était à prévoir que leur exemple serait suivi par les médecins, les décrétistes et les théologiens et que les Écoles de Notre-Dame devraient alors cesser leur enseignement. Pour prévenir ce danger, le chancelier imagina d'obliger tous les maîtres auxquels il conférait la licence en théologie ou en décret à prendre l'engagement formel de ne pas enseigner au delà des Ponts. L'abbé de Sainte-Geneviève, justement irrité de ce que cette mesure arbitraire allait entraver le développement des études sur son territoire, se plaignit au pape. Grégoire IX, par sa bulle du 22 novembre 1227 [2], enjoignit au chancelier de ne pas persister dans son interdiction et, le 3 novembre suivant, il chargea deux commissaires d'examiner les prétentions réciproques des parties. Il est probable que l'affaire fut perdue de vue, sans avoir abouti à une solution, à cause des troubles qui survinrent peu après. Au cours de l'année 1229, à la suite des excès commis au faubourg Saint-Marcel et des rigueurs dont le prévôt de Paris avait usé envers ses membres, l'Université, forte de son privilège, insista auprès de la régente, mère de saint Louis, auprès du légat du pape et de l'évêque pour obtenir justice.

[1] Cette déclaration apparaît pour la première fois, en 1220, dans l'acte de cession d'une maison aux Jacobins : «... quod locum ipsum teneant a nostra Universitate, tanquam domina et patrona.» (Denifle, *Chartularium Universitatis parisiensis*, t. I, p. 99.)

[2] «Gregorius episcopus, servus servorum Dei, dilecto filio cancellario parisiensi, salutem et apostolicam benedictionem. Dilecti filii abbas et conventus Sancte Genovefe parisiensis nobis insinuare curarunt quod, cum ad jus eorum pertineat ut doctores theologie et decretorum ac liberalium artium de ipsorum licentia regere valeant in parrochia et terra eorum, infra parisiensium murorum ambitum constituta, tu theologie decretorumque doctores ad regendum inter duos pontes astringis vinculo juramenti : propter quod, etsi doctores artium de licentia ipsorum regant in predicta parrochia, theologie tamen et decretorum doctores non audent regere in eadem; unde non solum honori sed utilitati monasterii sui plurimum derogatur. Volentes igitur ejusdem monasterii honores et jura illibata servari, discretioni tue per apostolica scripta mandamus quatinus, si premissis veritas suffragatur, illos qui predictas sciencias in parrochia et terra ipsa docere voluerint et ipsi ad id reputaverint esse idoneos, id facere sine contradictione permittas. Alioquin, dilectis filiis abbati et priori sancti Johannis in Vincis et R. de Coduno, archidiacono, suessionensibus, nostris damus litteris in mandatis ut, partibus convocatis, audiant hinc inde proposita et causam hujusmodi, si partes consenserint, debito fine decidant, facientes quod decreverint per censuram ecclesiasticam firmiter observari... Datum Laterani, x kalendas decembris, pontificatus nostri anno primo.» (Bibl. Sainte-Geneviève, ms. 3056, fol. 14 v°; — Denifle, *op. cit.*, t. I, p. 111.)

Comme on lui refusait satisfaction, elle décida à l'unanimité de suspendre ses leçons, de quitter Paris et d'aller se fixer à Orléans et à Angers. Henri III aurait bien voulu profiter de cette occasion pour l'attirer en Angleterre; mais le pape Grégoire IX, qui avait pour elle une grande estime et tenait à ce que Paris continuât à rester le foyer des études, s'entremit très activement en vue de calmer l'irritation des maîtres et des étudiants, et de les reconcilier avec la royauté. A diverses reprises, il invita saint Louis et sa mère à user de bienveillance envers l'Université, à confirmer ses privilèges et à provoquer son retour en lui accordant les satisfactions auxquelles elle avait droit. Lui-même promulgua, le 13 avril 1231, de sages mesures pour la réorganisation des études et régla les droits du chancelier [1] en permettant à la communauté d'établir elle-même sa discipline intérieure, et le 24 avril, il recommanda de nouveau à la bienveillance de la royauté les écoliers qui, disait-il, devaient être plus considérés que les bourgeois de Paris. Le 5 mai suivant, il décida que les licences obtenues par eux à Orléans ou à Angers pour les arts et la médecine seraient valables sans nouvel examen, et le lendemain il écrivit encore à la reine mère pour lui demander d'accueillir favorablement l'Université à son retour et de ne plus ajouter foi aux insinuations de ses détracteurs. Enfin, le 10 mai, il interdit d'excommunier durant sept ans aucun membre de l'Université, en ce qui touchait aux questions intéressant spécialement la collectivité. Cette marque de bienveillance, fréquemment renouvelée dans la suite, ne tarda pas à être considérée comme l'un des privilèges essentiels dont la papauté avait gratifié à titre définitif les maîtres et les écoliers. La bulle du 10 mai 1231 nous apprend que la constitution primitive de l'Université venait de subir, à cette époque, une transformation importante. Au lieu d'un procureur unique chargé précédemment de la défense de leurs intérêts, les quatre Nations avaient établi chacune un procureur spécial et, au-dessus d'eux, elles avaient institué, comme chef de l'Université tout entière, un recteur électif, dont les fonctions furent d'abord annuelles, puis trimestrielles, et qui fut toujours pris parmi les maitres de la Faculté des arts et nommé par elle [2].

[1] "...Quilibet cancellarius parisiensis deinceps creandus, coram episcopo vel de ipsius mandato in capitulo parisiensi vocatis ad hoc, et presentibus pro Universitate scolarium duobus magistris, in sua institutione jurabit quod ad regimen theologie ac decretorum, bona fide, secundum conscientiam suam, loco et tempore secundum statum civitatis et honorem ac honestatem facultatum ipsarum, nonnisi dignis licentiam largietur, nec admittet indignos, personarum et nationum acceptione summota... De phisicis autem et artistis ac aliis cancellarius bona fide promittet examinare magistros et, nonnisi dignos admittens, repellet indignos...

Nec episcopus vel officialis ejus seu cancellarius penam pecuniariam pro excommunicationis emenda vel alia qualibet censura requiret, nec cancellarius a licentiandis magistris juramentum vel obedientiam seu aliam exiget cautionem, nec aliquod emolumentum seu promissionem recipiet pro licentia concedenda..." (Denifle, op. cit., t. I, p. 137.)

[2] "Chacun sçait, observait Du Breul, que l'Université de Paris, au commencement, n'estoit que pour les arts et que les autres sciences y sont survenues comme accessoires. D'où est avenu que du seul corps des arts on choisit le recteur et procureur des Nations." (P. 275.) — Thurot a rap-

La tranquillité qui avait suivi la reprise des études fut momentanément troublée, en 1237, par l'évêque de Paris, qui avait voulu profiter d'une vacance de la chancellerie, pour conférer la licence de sa propre autorité, sans aucun examen. Le 7 septembre, sur les réclamations des intéressés, Grégoire IX confirma de nouveau le règlement établi par lui, en 1231, pour la collation de la licence et interdit formellement qu'il pût être enfreint à l'avenir. Tandis que l'évêque voyait diminuer graduellement son influence dans le domaine des études l'abbé de Sainte-Geneviève, au contraire, arrivait à y prendre une place prépondérante, et au mois de décembre 1244, il eut l'honneur d'être désigné pour prendre rang parmi les trois délégués qui devaient présenter à Innocent IV le recueil des chartes constitutives de l'Université. Le 26 juin 1246, le pape le chargea de veiller à la sécurité des écoliers, au même titre que le prévôt de Paris, et d'assurer leur tranquillité. En 1252, il fut constitué gardien du sceau dont le pape venait d'autoriser l'usage, et, lorsque, le 7 mai 1284, Martin IV eut imposé une contribution annuelle destinée à subvenir aux dépenses communes, il reçut mission de percevoir la taxe et d'en remettre le produit au recteur.

Dans ces conditions, il estima que, du moment où il était considéré comme l'égal de l'évêque, il devait comme lui se décharger des fonctions universitaires qu'il avait jusqu'alors exercées en personne et déléguer à un chanoine de l'abbaye les attributions de la chancellerie. Ce fut ainsi qu'il constitua un office de chancelier de Sainte-Geneviève dont le titulaire, nommé par lui et toujours révocable, n'était dans le principe qu'un simple mandataire. Le nouveau chancelier n'apparaît dans les actes qu'à la fin de l'année 1255, c'est-à-dire au moment même où surgit la fameuse querelle des ordres mendiants qui faillit entraîner la ruine de l'Université; il est donc permis de conjecturer que si l'abbé renonça à sa charge, ce fut surtout pour éviter de prendre part à ce différend dans lequel son intervention personnelle risquait de lui aliéner à jamais les sympathies de la population scolaire.

En 1229, lorsque maîtres et écoliers eurent décidé d'abandonner Paris, l'enseignement de la théologie s'était trouvé momentanément suspendu; pour qu'il ne disparût pas complètement, les Dominicains et les Franciscains avaient ouvert dans leurs couvents des écoles publiques; les uns s'étaient attribués deux chaires, tandis que les autres se contentaient d'une seule, et tout naturellement ils les avaient conservées après le retour de l'Université. Mais comme le nombre des chaires de théologie était rigoureusement limité à douze, il devint évident que les prétentions des religieux aboutiraient promptement à rendre cet ordre d'en-

---

pelé de même que «le recteur, nommé exclusivement par la Faculté des arts, parmi les maîtres qui faisaient partie de cette Faculté, était pourtant considéré comme le chef de l'Université tout entière.

Ce fait tient vraisemblablement au grand nombre de suppôts de la Faculté des arts, et à ce que cette Faculté s'émancipa de l'autorité du chancelier avant les autres.» (*Op. cit.*, p. 24.)

seignement inaccessible aux séculiers, d'autant que, par sa bulle du 3o mai 125o, le pape Innocent IV avait prescrit d'admettre les religieux mendiants aux honneurs académiques, et de conférer la licence à ceux d'entre eux qui en paraîtraient dignes, alors même qu'il ne l'auraient pas sollicitée. La Faculté de théologie répondit à cette mesure en ordonnant, par son décret du 14 février 1252, que chaque couvent ne pourrait désormais jouir que d'une seule chaire magistrale. Peu après, l'Université ayant décidé que tous ses membres devaient s'engager par serment à poursuivre la réparation des violences dont certains écoliers venaient d'être victimes, les Mendiants refusèrent de faire cause commune avec elle. En présence de cette défection, il fut décrété, le 2 avril 1253, que personne ne pouvait prendre rang parmi les maîtres s'il ne jurait d'observer et de maintenir les privilèges universitaires, et l'on décida par suite que les Mendiants seraient retranchés du corps académique et leurs maîtres privés des chaires qu'ils occupaient. Ce fut en vain que, le 1ᵉʳ juillet suivant, le pape ordonna leur réintégration : l'Université fit la sourde oreille. Comme les rapides progrès de l'influence des religieux avaient provoqué un mécontentement général tant parmi les laïques que parmi les clercs, Innocent IV crut devoir donner dans une certaine mesure satisfaction à leurs adversaires, en supprimant certains privilèges qu'ils avaient précédemment obtenus pour les prédications et pour les sépultures dans leurs églises. Mais cette décision ne devait produire aucun effet.

Alexandre IV, qui fut, un mois après, appelé à la papauté, était particulièrement favorable aux ordres mendiants. Il prit énergiquement leur défense contre l'Université, et réussit à faire triompher leur cause par une succession de mesures de rigueur qui, poursuivies résolument durant trois années, domptèrent les résistances les plus opiniâtres. Dès le 22 décembre 1254, il révoqua la décision par laquelle son prédécesseur avait porté atteinte aux privilèges des réguliers. Le 14 août 1255, par la fameuse bulle *Quasi lignum vitæ*, il réorganisa le régime des études, régla les droits du chancelier, annula toutes les mesures prises contre les religieux, en ordonnant qu'ils fussent réintégrés dans l'Université, et enjoignit aux maîtres en théologie de les recevoir dans leur communauté avant l'expiration de la quinzaine. La réponse que l'Université crut devoir faire à ces injonctions ne manquait pas d'habileté; le 6 octobre, elle déclara au pape qu'elle avait renoncé à tous ses privilèges, que sa communauté était dissoute et qu'elle ne pouvait plus, par suite, y admettre les religieux, et que, d'autre part, si on voulait lui imposer l'obligation de s'unir à eux, elle préférerait quitter Paris. Il n'en fut tenu aucun compte; dès le 7 décembre, Alexandre IV faisait observer aux deux chanceliers de Paris et de Sainte-Geneviève que ses ordres n'étaient pas encore exécutés; il leur interdisait d'accorder désormais la licence à quiconque n'observerait pas ses prescriptions et il recommandait en même temps aux évêques d'Orléans et d'Auxerre d'excommunier nominativement les opposants. Le 3 mars et le 17 juin

1256, il ordonna à l'évêque de Paris de frapper également d'excommunication les maîtres qui empêcheraient les religieux et leurs écoliers d'assister à leurs leçons ou à leurs exercices, et ceux qui se refuseraient à admettre dans leur société les maîtres appartenant aux ordres mendiants. Dix jours après, le 27 juin, dans la crainte que l'Université ne recourût à des mesures extrêmes, il lui recommanda de veiller à ce que l'enseignement ne fût pas transféré hors de Paris, et, le 19 octobre, il n'hésita pas à solliciter du roi saint Louis l'appui du bras séculier pour assurer la mise en vigueur de ses décisions. En 1257, après avoir renouvelé à plusieurs reprises aux deux chanceliers son interdiction de conférer la licence, il enjoignit, le 5 avril, à l'évêque de Paris de convoquer tous les maîtres et écoliers pour leur donner publiquement lecture de ses décisions et les avertir que ceux qui s'obstineraient à maintenir le trouble dans les études encourraient une excommunication dont ils ne pourraient être relevés qu'à la suite d'une comparution personnelle en cour de Rome. Il déclara, le 12 mai, que tous les appels formés par l'Université seraient vains, qu'elle devait se soumettre inviolablement à la bulle et admettre dans sa communauté tous les religieux sans exception. Le 13 juin, il requit de nouveau le concours de la royauté pour réprimer les perturbateurs et rétablir le bon ordre, et le 28 juin, mettant directement en cause, non plus les théologiens seuls, mais le recteur et les artiens, il leur enjoignit de recevoir les Mendiants dans leur société. L'Université comprit enfin qu'en prolongeant sa résistance elle n'obtiendrait d'autre résultat que de compromettre son prestige et son influence, et elle s'inclina devant la ferme volonté d'Alexandre IV. Les ordres mendiants eurent d'ailleurs le bon esprit de rester modestes dans leur triomphe et d'écarter toute nouvelle cause de dissentiment.

Le chancelier de Sainte-Geneviève, qui avait pris possession de son office au plus fort de la lutte contre les religieux, avait pu supposer que l'exemple donné par le souverain pontife lui-même l'autorisait à ne tenir aucun compte des privilèges et règlements de l'Université. Du jour où il fut appelé à conférer la licence, il se permit de choisir arbitrairement des candidats qui n'avaient pas subi l'examen ou qui avaient été examinés par certains maîtres dont les Nations n'avaient pas approuvé le choix, et d'écarter au contraire ceux qui remplissaient toutes les conditions requises. La Faculté des arts, justement indignée de ce qu'il affectait de ne tenir compte d'aucun de ses droits, décréta, le 5 mai 1259, un nouveau statut pour l'examen de la licence, et se plaignit au pape des abus du chancelier [1]. Alexandre IV, désireux sans doute d'atténuer le fâcheux effet de ses récentes

[1] «... Cum cancellarius, in examinatione B. Genovefæ super libertatibus dictæ examinationis, nobis injuriari multipliciter non formidet, præsertim cum ipse examinatos per non deputatos a nobis, seu non examinatos, in nostrum præjudicium et gravamen, licentiare præsumat, unde etiam frequenter a deputatis rite examinatos et expeditos, pro suæ voluntatis arbitrio, repellere nullatenus erubescit acsi nullum jus in examinatione dicta nos habere recognoscat....» (Denifle, op. cit., t. I, p. 396.)

rigueurs et de regagner les sympathies de l'Université, adressa, le 2 août, une verte réprimande au dignitaire incriminé, en le rappelant à la stricte observation des règlements [1].

Bien que, dans le principe, la question de l'admission des ordres religieux aux grades universitaires eût été soulevée par la seule Faculté de théologie et dans son intérêt exclusif, les trois autres Facultés s'étaient trouvées naturellement amenées, par esprit de solidarité, à prendre fait et cause pour elle et à soutenir ses prétentions jusqu'au bout. L'échec auquel elles aboutirent infligea par suite une profonde humiliation à l'Université tout entière et lui inspira, à ce qu'il semble, plus de circonspection pour l'avenir. En vue de n'avoir à porter désormais la responsabilité que des décisions concernant leurs affaires personnelles, les quatre Facultés prirent dès lors l'habitude de délibérer chacune à part; la Faculté des arts tint ses assemblées sous la présidence du recteur, les trois autres furent présidées par leurs doyens respectifs. Pour les questions d'intérêt général, elles continuèrent néanmoins à délibérer en commun; mais dans ce cas leurs décisions furent expressément prises « du consentement des quatre Facultés ». Les artiens, à ce qu'il semble, avaient dû prendre l'initiative de la scission, et c'est ainsi qu'en 1272, désireux d'éviter le retour des fâcheux incidents qui avaient marqué la querelle des ordres mendiants et attiré sur eux les rigueurs de la papauté, ils décidèrent qu'aucun d'eux, soit maître ou bachelier, ne pourrait traiter dans son enseignement des questions de théologie pure, et que toute infraction à cette règle, qui n'aurait pas été publiquement révoquée par son auteur, entraînerait son exclusion définitive de la Faculté [2]. Mais le nouveau mode de délibération devait

[1] «Alexander episcopus, servus servorum Dei, dilecto filio cancellario Sancte Genovefe, Parisius, salutem et apostolicam benedictionem. Ex parte dilectorum filiorum Universitatis magistrorum et scolarium parisiensium fuit propositum coram nobis quod, licet de antiqua, approbata et hactenus pacifice observata consuetudine Parisius, sit obtentum ut per te nulli de scolaribus ipsis studentibus in artium Facultate, regendi in eadem Facultate licencia concedatur, nisi per quatuor magistros examinationi talium ab Universitate magistrorum Facultatis pro tempore deputatos examinati fuerint et ydonei vel sufficientes inventi, tu tamen, propter hiis indebitam tibi jurisdictionem usurpans, nonnullis ex scolaribus supradictis, spreta examinatione hujusmodi, licenciam temeritate propria concessisti et passim concedere non vereris, examinacioni talium certos examinatores motu proprio deputando, unde fit quod predicta licencia per te sepius insufficientibus conceditur et indignis ac per hoc memorate Facultatis studium non modicum

vilipenditur et penitus enervatur, quia igitur, in hiis sit vera sint, non minus honestati tue quam predicte detrahatur Facultati, discretioni tue per apostolica scripta mandamus quatinus aliquibus scolaribus supradictam licentiam hujusmodi non concedas, nisi per dictos examinatores Universitatis, ut fieri solet, examinati fuerint et ydonei vel sufficientes inventi. Certum est quod si mandatum nostrum super hoc neglexeris adimplere, te ad id compelli, mediante justicia, faciemus. Datum Anagnie, IVᵒ nonas augusti, pontificatus nostri anno Vᵒ.» (Bibl. Sainte-Geneviève, ms. 356, fol. 31 vᵒ; — Denifle, op. cit., t. I, p. 397.)

[2] «Statuimus et ordinamus quod nullus magister vel bachellarius nostre Facultatis aliquam questionem pure theologicam, utpote de Trinitate et Incarnatione, sicque de consimilibus omnibus, determinare seu etiam disputare presumat, tanquam sibi determinatos limites transgrediens... Quod si presumpserit, nisi infra tres dies postquam a nobis monitus vel requisitus fuerit, suam pre-

provoquer des commentaires équivoques et l'on ne manqua pas de prétendre
qu'il n'y avait plus d'accord entre les Facultés et que leurs décisions ne pouvaient
engager qu'elles-mêmes. Pour couper court à ces insinuations malveillantes,
l'Université décida, le 2 juillet 1281, à la suite d'une délibération commune, que
les actes de chaque Faculté engageaient l'Université tout entière, qui avait ainsi
qualité pour les appuyer et en assurer l'exécution. Le 23 juillet suivant, on invita quiconque aurait en mains des titres intéressant l'Université à les remettre
lors de la prochaine assemblée, et quiconque en connaîtrait, à les signaler en
révélant les noms des détenteurs. L'Université manifestait ainsi son désir de se
renseigner avec précision sur la nature et l'étendue de ses droits; elle eut dès
lors la constante préoccupation de les défendre contre ceux qui étaient naturellement portés à les enfreindre, comme les deux chanceliers, en attendant qu'elle
prît à son tour l'offensive contre eux et qu'elle cherchât à les dépouiller des prérogatives dont ils étaient légalement investis [1].

Le chancelier de Paris fut le premier à soulever ces protestations. Comme il
avait manifesté, à la fin de 1281, son intention d'accorder la licence, sans examen
préalable, au frère du roi d'Aragon, le recteur n'hésita pas à en référer au pape
Martin IV, qui invita les deux parties à lui fournir des explications précises. Pour
tenir tête à ses adversaires, le chancelier formulait de très sérieux griefs. Il se
plaignait notamment de la décadence de la Faculté des arts, de l'irrégularité des
examens de Sainte-Geneviève, de l'impudence du recteur qui s'était permis de
conférer la licence à des médecins et à des décrétistes et d'évoquer par devers lui
des causes dont il n'avait pas à connaître, et surtout du manque de respect que
l'Université affectait à son égard, en lui signifiant, par l'entremise d'un simple
bedeau, l'avis d'avoir à assister aux assemblées, sous peine de voir ses leçons sus-
pendues et d'être retranché du corps académique. Martin IV, presque à la veille
de sa mort, s'était prononcé en faveur du chancelier. Après un complément
d'information, Honorius IX confirma, le 1er février 1286, la sentence de
son prédécesseur. Il décida que les droits du chancelier et de l'Église de Paris
devaient être respectés; il annula le procès en cours avec interdiction d'en
engager de nouveaux, révoqua les licences accordées par le recteur et ordonna
que le chancelier fût désormais convoqué aux assemblées avec tous les égards
dus à son rang. L'Université n'avait pas lieu d'être satisfaite, et comme un
nouveau chancelier, qui avait été pourvu de son office le 31 décembre 1288,
continuait les errements de ses deux prédécesseurs, en accordant la licence
à des candidats qui se trouvaient dans des conditions irrégulières, tandis qu'il
la refusait à d'autres qui avaient subi l'examen réglementaire, elle n'hésita pas

sumptionem in scolis vel in disputationibus publicis ubi prius dictam questionem disputaverit,
revocare publice voluerit, ex tunc a nostra societate

perpetuo sit privatus.... » (Denifle, *Chart. univ.*,
t. I, p. 498.)

[1] *Ibid.*, p. 591.

à recommencer la lutte. Le 6 août 1290, au cours d'une procession à Saint-Jacques-de-la-Boucherie, le recteur monta en chaire pour signaler publiquement les abus reprochés au chancelier et pour déclarer qu'il en appelait au Saint-Siège, et son appel fut effectivement signifié le même jour. Le pape Nicolas IV prescrivit, le 15 mars 1292, de procéder à une enquête sur cette affaire que la mort devait l'empêcher d'examiner; mais, le 7 mai suivant, la Faculté des arts interdit à ses bacheliers de se présenter devant le chancelier de Paris pour obtenir la licence, tant que le différend n'aurait pas été réglé. Le pape Boniface VIII, pour éviter de se prononcer, attribua, le 16 novembre 1295, au chancelier incriminé un canonicat, une prébende et un archidiaconé dans l'église de Langres, en lui imposant la démission de son office dont il se réservait la collation et qu'il attribua à un nouveau titulaire, le 17 juin 1296. Avec le changement du chancelier, le procès n'avait plus de raison d'être et ne pouvait avoir de suite.

Il semble que l'Université ne dut pas être précisément satisfaite de cet expédient, et lorsque survinrent les démêlés de Boniface VIII avec Philippe le Bel, elle ne devait pas hésiter à prendre parti pour le roi. Le pape, qui prétendait avoir à se plaindre surtout des théologiens et des décrétistes, manifesta son mécontentement en enlevant provisoirement aux Universités de France, par sa bulle du 15 août 1303, la faculté de conférer la licence pour la théologie et le droit canon. Mais cette interdiction fut rapportée, le 12 avril 1304, par Benoit XI [1].

Ce fut à la sollicitation de l'Université que, le 1er juillet 1318, l'abbé de Sainte-Geneviève fut chargé d'interdire, sous peine de censures ecclésiastiques, que ses assemblées fussent troublées par des personnes qui lui étaient étrangères et dont la présence n'avait été ni requise ni approuvée par elle. Le 3 novembre suivant, elle s'autorisa de cette décision pour renouveler le fameux statut qui, soixante et dix ans auparavant, avait provoqué la désastreuse affaire des Mendiants [2]. Mais, cette fois, il n'y eut aucune opposition, et le 13 novembre, les quatre maîtres en théologie des ordres religieux prêtèrent sans difficulté le serment que l'on exigeait d'eux.

---

[1] Il est difficile de comprendre comment cette bulle, dont les dispositions ne sauraient soulever aucune équivoque, a pu être inexactement et abusivement interprétée par Duchesne et par Du Breul. Ces auteurs ont prétendu qu'elle avait pour objet d'accorder au chancelier de Notre-Dame le droit de conférer la licence, qui jusqu'alors aurait été dévolu au seul chancelier de Sainte-Geneviève. Benoit XI ne pouvait avoir en vue une concession de ce genre, qui eût été la négation évidente de la réalité des faits. Il n'y a pas dans la bulle un seul mot qui ait pu provoquer cette hypothèse.

[2] «... In primis siquidem, juxta litterarum apostolicarum tenorem nobis super hoc concessarum, statuimus ut nullus magister ex nunc in antea nostre congregationes Universitatis intret, vel ad eas accedere quomodolibet presumat, nisi primitus juramentum prestiterit de servandis privilegiis, statutis, juribus, libertatibus et consuetudinibus laudabilibus hactenus approbatis in eadem et imposterum approbandis, et Universitatis nostre decretis recelandis. Item quod... cancellarius parisiensis, qui pro tempore fuerit, nullum ad licentiam in aliqua facultate admittere presumat, nisi prius solempne juramentum prestiterit...» (Denifle, op. cit., t. II, p. 226.)

Si l'Université avait soutenu énergiquement ses droits contre le chancelier de Paris, ce n'était pas pour tolérer sans protestation les exactions du chancelier de Sainte-Geneviève. Le 16 mai 1338, les régents de la Faculté des arts renouvelèrent, à son adresse, par des conclusions générales et solennelles [1], l'obligation de la gratuité absolue pour tous ceux qui participaient, à un titre quelconque, aux examens de licence; le chancelier, le vice-chancelier et les examinateurs ne devaient recevoir ni directement ni par intermédiaires une rémunération de quelque nature qu'elle fût, et les candidats n'avaient à payer aucun droit; tout délinquant qui serait signalé au recteur devait être exclu de l'Université. Le chancelier fut encore plus directement atteint par les prescriptions du règlement promulgué, le 5 juin 1366, par les cardinaux Jean de Saint-Marc et Gilles de Saint-Martin auxquels le pape Urbain VI avait confié la mission de réformer les abus qui s'étaient produits dans l'Université. L'abbé de Sainte-Geneviève, qui avait eu jusqu'alors la faculté de choisir pour chancelier un de ses chanoines, qu'il fût ou non gradué de l'Université, fut désormais astreint à désigner un maitre ès arts, s'il en existait dans son abbaye; à défaut de ce titre, le chancelier désigné ne pouvait remplir sa fonction qu'à la condition de s'adjoindre un sous-chancelier qui fût docteur en théologie. Les réformateurs renouvelèrent, en outre, l'obligation pour lui de procéder aux examens de licence avec l'assistance de quatre examinateurs, pris parmi les quatre Nations et tenus de prêter serment devant la Faculté des arts, ainsi que la défense absolue pour les candidats d'acquitter une redevance quelconque [2].

[1] La Faculté des arts avait spécifié dans sa délibération les motifs de la décision qu'elle se voyait obligée de prendre à ce sujet :

« Cum igitur clamor frequens et assiduus ad nos pervenerit quod quamplurimi excessus et abusus variis modis committi solent circa nostrum examen S. Genovefe, per quos tam examinis predicti quam nostre facultatis apud plures fama non modicum denigratur; hinc est quod nos dictorum examinis ac etiam facultatis, quibus ex debito famam illesam conservare tenemur, necnon indempnitatibus ibidem licentiandorum succurrere cupientes, ad reprimendum hujusmodi tam pestiferos consuetos abusus, circa predictum nostrum examen statuenda duximus infrascripta... » (Denifle, op. cit., t. II, p. 474.)

[2] « Statuimus quod cancellarius Sancte Genovefe sit et esse debeat canonicus ejusdem monasterii, magister in artibus, si ibi sit, et coram Facultate jurare debeat quod, secundum merita personarum et depositionem magistrorum examinatorum, licentiam largietur. Si vero talis, scilicet magister, non

sit in monasterio canonicus, quod tunc cancellarius, qui semper debeat esse de monasterio predicto, teneatur eligere unum magistrum in theologia, qui juret in manibus suis et in presentia facultatis licentias modo elargiri proxime dicto... Quod in temptationibus examinis Sanctæ Genovefæ quatuor magistri quatuor nationum intersint cum cancellario vel subcancellario, jurati in presentia Facultatis [artium] sepedictæ quod fideliter temptabunt, dignos admittendo et indignos repellendo, sicut sunt quatuor magistri per cancellarium Beatæ Mariæ ad temptandum jurati et electi... Item, ad tollendum excessus et ut justitia magis servetur et paupertati scolarium succurratur, auctoritate predicta statuimus quod licentiandi in artibus nichil dent, vel se daturos promittant per se vel alium, directe vel indirecte, cancellario vel subcancellario, in cujus examine licentiari voluerint, nec magistris examinatoribus seu magistro sub quo licentiabuntur, nec alicui de familia eorum vel alicujus predictorum, causa laboris lectionis assignanda sed quacumque causa vel occasione examen tan-

Le grand schisme d'Occident ne manqua pas de provoquer un certain trouble dans l'Université qui, après quelque hésitation, avait cru tout d'abord devoir reconnaître comme pape Urbain VI, pour se rallier, en fin de compte, sur les sommations du roi de France, à la cause de Clément VII. Tandis que l'abbé de Sainte-Geneviève embrassait le parti de ce dernier, le chancelier restait fidèle à son adversaire; en 1381, les commissaires de Clément VII prononcèrent sa destitution et l'abbé pourvut à son remplacement et à celui du vice-chancelier. Mais un certain Jourdain de Clèves, anglais de nation et maître ès arts, qui se qualifiait de vice-chancelier et qui était soutenu par trois Nations, émit la prétention de procéder à l'examen de licence, avec le concours de maîtres qu'il avait choisis lui-même, et il invita les candidats à venir y prendre part. Le procureur de la Nation de France et l'abbé de Sainte-Geneviève résolurent de s'y opposer et portèrent l'affaire au Châtelet, en se fondant sur ce que le chancelier et le vice-chancelier ayant été révoqués, les examinateurs choisis par eux ne pouvaient avoir qualité pour prendre part à l'examen. La sentence du Châtelet, qui leur donna gain de cause, fut confirmée, sur appel au Parlement, par un arrêt du 13 juillet 1382 [1].

gente, quodque eis non faciant prandium, omni fraude et interpretatione semotis. Et quod dicti licentiandi hoc jurare in ingressu sui examinis teneantur.» (Denifle, *op. cit.*, t. III, p. 146.)

[1] D'après Crévier «le vu de l'arrêt qui, suivant l'usage du temps, contient un exposé des principaux moyens des parties, présente plusieurs choses curieuses touchant les droits du chancelier de Sainte-Geneviève.» (*Hist. de l'Université*, t. III, p. 40.)

Ce procès fournit, en effet, à l'abbaye l'occasion de revendiquer d'un seul coup l'ensemble des droits qu'elle exerçait depuis plus d'un siècle dans l'Université et dont la validité, constatée par l'arrêt de 1382, se trouva ainsi définitivement établie pour l'avenir.

«...Religiosi abbas et conventus dicti monasterii beate Genovefe fuissent et essent in possessione et saisina, soli et in solidum, ponendi, instituendi et habendi auctoritate apostolica in ecclesia seu monasterio predictis unum cancellarium, dicti monasterii religiosum, deponendique et destituendi dictum cancellarium dum et quociens dicto abbati placebat, ac alterum cancellarium, presertim quando causa racionabilis subest, ponendi et instituendi; in possessioneque et salsina quod dictus abbas aut cancellarius possunt habere temptamen pro temptandis scolaribus in artibus ut licentiam valeant obtinere, eligendique quatuor temptatores in artium facultate, qui sint magistri in artibus,

de qualibet nacione dicte Universitatis Parisiensis unum, pro dictis licenciandis temptandis; in possessioneque et saisina quod dicti temptatores sic electi predictos scolares, in certo loco dicti monasterii per dictos abbates et conventum aut per dictum monasterii cancellarium eisdem temptatoribus assignando, temptare possunt ad videndum et sciendum an dicti scolares sint ydonei et sufficientes ad dictam licenciam in predicta artium Facultati obtinendam; in possessione eciam et saisina quod nullus alius præterquam dictus abbas et cancellarius dictum temptamen apperire possunt, nec ponere seu eligere temptatores predictos, quodque nulli alii, dictis temptatoribus electis per dictos abbatem et conventum seu cancellarium modo et forma predictis exceptis, aliquos scolares recipere seu admittere vel temptare seu ad temptamen dictorum scolarium vel ad quicquid aliud ad dictum temptamen spectans procedere non poterant, et si quid in contrarium factum fuerat, nullum erat; insuper quod dicti abbas et cancellarius fuissent et essent in possessione et saisina, soli et in solidum, ponendi et pro dicto temptamine necnon examine et licencia scolarium predictorum eligendi vicecancellarium, qui debet esse magister in theologia, quando predicti monasterii cancellarius magister in artibus non exstabat et quod nullus alius vice-cancellarium ponere aut instituere poterat...» (Bibl. Sainte-Geneviève, ms. 3056, fol. 17; — Denifle, t. III, p. 305.)

Quant au chancelier de Paris, il avait estimé, dès 1380, que l'antagonisme des deux papes lui offrait une occasion propice pour abuser de ses pouvoirs et pour marchander avec les bacheliers le prix de la licence qu'il mettait à un taux exorbitant. L'Université, pour le rappeler au respect de ses obligations, décida que désormais, chaque année, il serait donné lecture, tant dans ses assemblées que dans les écoles, du règlement interdisant la perception d'un droit quelconque pour la collation de la licence. Comme le chancelier ne tenait aucun compte de cet avertissement, il lui fut signifié, le 7 juillet 1385, que s'il persistait dans ses agissements, il serait retranché de son corps et que l'on demanderait sa destitution; peu après, en effet, une double plainte fut portée dans ce but devant le Saint-Siège et le Parlement, mais elle n'eut pas de suites parce que le chancelier fut remplacé en 1387.

Durant la seconde moitié du xiiiᵉ siècle, l'organisation de la Faculté des arts avait commencé à subir une notable transformation qui devait se poursuivre activement au cours du xivᵉ siècle. On sait que, dès le début même de l'Université, quelques bienfaiteurs, désireux d'assurer à des jeunes gens de leur famille ou de leur pays, dépourvus de ressources, les moyens de venir s'instruire à Paris, avaient établi pour eux des maisons communes, qui furent appelées collèges, où ils devaient recevoir l'hospitalité, et les avaient dotés de bourses permettant de subvenir, le plus souvent d'ailleurs dans des conditions très modestes, aux dépenses de leur entretien. Les premiers essais de ce genre d'institution trouvèrent promptement des imitateurs en raison de leur double utilité, parce qu'ils supprimaient pour les écoliers la difficulté sans cesse croissante de trouver des logements et qu'ils avaient pour résultat d'astreindre à la pratique d'une vie régulière et disciplinée des jeunes gens qui, livrés à eux-mêmes, auraient été tout naturellement portés, en raison de leur âge et de leur inexpérience, à abuser de leur liberté. En raison du rapide accroissement de leur nombre, ces collèges abritèrent bientôt la majeure partie des étudiants de la Faculté des arts, et même un grand nombre de ceux de la Faculté de théologie, qui, les uns comme les autres, devaient passer hors de la maison tout le temps nécessaire pour suivre les leçons des maîtres. Cette liberté relative, exempte d'inconvénients pour les théologiens, qui étaient pour la plupart des clercs ayant dépassé la trentaine, présentait au contraire de sérieux dangers pour les jeunes artiens, fort turbulents de leur nature et toujours prêts à susciter ces querelles et ces désordres qui leur avaient valu de tout temps une fâcheuse réputation. Pour couper court à leurs sorties quotidiennes et leur imposer une claustration plus rigoureuse, on fut amené à leur donner l'enseignement à l'intérieur; et les maîtres, qui avaient jusqu'alors professé dans les chaires de l'Université, s'installaient graduellement dans celles des collèges, et finalement les Écoles de la rue du Fouarre, devenues désertes, ne furent plus utilisées que pour des exercices publics. Les collèges, dès lors, ne se bornèrent plus à recevoir les boursiers qui leur étaient imposés par fondation, ils admirent aussi des pensionnaires payants et même de simples externes, et tandis que la plupart d'entre eux étaient seulement pourvus de quelques classes de grammaire, les plus importants donnaient l'enseignement complet des arts et étaient dits *de plein exercice*. Cette innovation devait être par la suite plus profitable encore aux études elles-mêmes qu'aux étudiants; elle eut pour résultat essentiel de soustraire l'enseignement de l'Université aux influences extérieures et d'assurer la continuité de ses leçons que les discordes civiles et les malheurs de la guerre de Cent Ans eussent fréquemment interrompue et qui n'aurait certainement pas survécu aux troubles de la Ligue. Quant aux écoliers, il ne semble pas qu'ils aient longtemps joui dans l'intérieur des collèges de la tranquillité et de la régularité que l'on s'était flatté de leur assurer. La promiscuité de théologiens et artiens, des boursiers et des élèves payants, auxquels il était presque impossible d'imposer une direction uniforme, devint pour les collèges une source constante des désordres, trop souvent aggravés par l'inobservation des règlements, autant que par la négligence, l'incurie et même la cupidité de ceux qui étaient chargés de les administrer. La multiplicité des abus finit par appeler l'attention de la royauté, et vers le milieu du xvᵉ siècle, Charles VII avait invité l'Université à procéder elle-même aux réformes les plus urgentes. Mais, à cette époque encore, l'autorité ecclésiastique était seule capable d'imposer aux communautés scolaires, qui, pour conserver leur indépendance, se prévalaient des statuts émanant de leurs fondateurs, les mesures propres à rétablir partout le bon ordre et la régularité des études.

En 1450, le cardinal d'Estouteville, que le Saint-Siège avait chargé de visiter, en qualité de légat, les collèges, les chapitres et l'Université de France, s'était promptement rendu compte qu'une réforme générale ne pouvait être différée plus longtemps et il en prit hardiment l'initiative. Charles VII n'hésita pas à profiter de cette circonstance pour s'ingérer dans les affaires de l'Université, sous le couvert du représentant de la papauté, et il lui adjoignit des commissaires royaux chargés de collaborer à l'établissement du nouveau statut de l'Université qui fut promulgué le 1ᵉʳ juin 1452. Le cardinal, qui considérait avec juste raison la Faculté des arts comme la pépinière des trois Facultés supérieures[1], s'était attaché à transformer promptement la fâcheuse situation des collèges en prescrivant une innovation dont l'application régulière n'aurait pas manqué de provoquer des améliorations

[1] « ...Exactis, auctore Deo, que circa studia graviora atque majora instauranda videbantur, consequens est ut artium facultatem, arduam illam quidem ac pernecessariam, in qua superiorum studiorum quasi moles quedam basisque consistit, super quam majoris edificii altitudo consurgit, aggrediamur. In qua tanto etiam utilior reformatio necessariorque videtur, quanto illius facultatis studentium etas infirma majori disciplina strictioribusque preceptis est conformanda... » (Denifle, *Chart. univ.*, t. IV, p. 724).

très appréciables. En vertu de son règlement, l'Université devait nommer chaque année quatre maîtres qui auraient pour mission d'inspecter les collèges où l'on recevait des artiens, de se rendre compte de leur organisation intérieure, de leur discipline, et de réformer ou de restaurer tout ce qui leur paraîtrait défectueux, en se conformant toutefois aux statuts de la fondation [1]. S'il ne crut pas utile d'imposer à tous les collèges une taxe scolaire uniforme, il recommanda du moins aux principaux de se contenter d'un juste salaire qui devait toujours être en rapport avec la dépense à laquelle les écoliers entendaient se limiter [2]. Pour les examinateurs, le cardinal avait été dûment averti des inconvénients qu'il y avait à les perpétuer dans leurs fonctions parce qu'ils étaient toujours portés à favoriser les candidats qu'ils avaient en pension chez eux et à se montrer trop rigoureux pour ceux avec lesquels ils n'avaient aucune relation d'intérêt. Aussi imposa-t-il aux deux chanceliers l'obligation d'appeler tous les ans aux examens des maîtres nouveaux, gradués depuis six ans au moins et qui n'instruiraient pas de bacheliers chez eux, et il leur interdit d'exiger ou d'accepter de ceux qu'ils avaient choisis une rémunération quelconque [3]. Par contre, il lui parut vain de vouloir supprimer les droits perçus pour l'obtention de la licence, qui, malgré les protestations incessantes de l'Université, étaient définitivement entrés dans les mœurs scolaires.

Si la judicieuse réforme du cardinal d'Estouteville contribua dans une large mesure sinon à rendre à l'Université son influence et son prestige d'autrefois, du moins à arrêter pour un temps sa décadence, ce fut grâce à une circonstance toute exceptionnelle et que, dans le principe, elle avait considéré comme fort

---

[1] « ... Singulis annis... a dicta facultate quator viri ex singulis nationibus, magistri in artibus graduati in alia superiorum facultatum, homines boni testimonii, Deum timentes et solertes in rebus agendis, eligantur ut singula collegia ac pedagogia, in quibus commorantur artiste, visitent, ibique sedulo ac diligenter inquirant que sit vite et conversationis honestas, que communitas victus, que docendi solertia, que regendi modestia, que denique scolastica disciplina servetur, ut quicquid viderint aut perceperint reformandum, secundum Deum ac justitiam et statutorum observantiam, nostra et apostolica auctoritate freti, reforment atque restaurent. » (Denifle, *Chart. univ.*, t. IV, p. 725.)

[2] « Item, circa predictos pedagogos et domorum principales magistros, statuimus et ordinamus ne tanquam ambitiosi aut questui turpiter inherentes per manciones et loca concurrant aut tabernas et hospitia circumeant per se vel per alios, ad regandos vel exquirendos sibi scolares, quodque justum et moderatum pretium pro victu, secundum

rerum et temporum qualitatem, a scolaribus exigant; victualia munda, sana atque salubria scolaribus subministrent et ex illis, honesta frugalitate servata, prestent cuique congruam portionem.

Item inhibemus... ne presentes pedagogi aut etiam futuri faciant inter se collusionés, conventicula aut monopolia super determinatione aut prefixa quota pencionis solvende a scolaribus, sed unusquisque quod justum et honestum fuerit plus minusve recipiat, secundum portionem ad quam scolaris voluerit expensas facere... » (*Ibid.*, t. IV, p. 726.)

[3] « ... Inhibemus autem utrique cancellario tam Beate Marie quam Sancte Genovefe, sub pena excommunicationis quam incurrunt ipso facto, ne a magistro examinatore... aliquid exigat ad causam electionis predicti facte vel faciende; nec ad hoc ut eligatur etiam sponte oblatum ab eo recipiat, sed absque prece vel precio libere habeat uterque cancellarius in suo temptamine predictos magistros eligere... » (*Ibid.*, t. V, p. 731.)

préjudiciable à ses intérêts. Quelques années auparavant, un conflit s'était produit entre l'Université et l'évêque de Paris, au sujet de la revendication de certains écoliers emprisonnés par le prévôt de Paris qui, pour s'abstenir de régler le différend, l'avait renvoyé au Parlement. Mais l'Université déclina non sans irrévérence la juridiction de la Cour, sous prétexte qu'elle ne pouvait être jugée que par le roi en personne, et elle décida de cesser la prédication et les sermons, s'il était porté atteinte à ses privilèges. Mais, contrairement à son attente, Charles VII, sur les réquisitions du procureur général [1], décida, par une ordonnance du 26 mars 1446, que désormais le Parlement devrait connaître, tout comme si le roi lui-même était présent en personne, «des causes, querelles et négoces de l'Université». De par la volonté royale, une cour souveraine se trouvait ainsi appelée à exercer dans le monde universitaire un droit de contrôle et de direction d'autant plus absolu qu'elle agissait comme représentant le roi et qu'il n'était pas possible de passer outre à ses décisions, puisque le concours du bras séculier permettait d'en assurer la stricte exécution. Il est juste, d'ailleurs, de reconnaître que le Parlement s'acquitta avec un zèle louable de la nouvelle mission dont il était investi, en surveillant avec une attention constante aussi bien les procès de l'Université que les questions d'enseignement, les exercices scolaires, la discipline et le régime des écoliers; il opéra graduellement et sûrement la substitution des pouvoirs civils à l'autorité ecclésiastique, qui se trouva définitivement accomplie à la fin du xvie siècle.

L'Université fut encore durement atteinte par la décision de Louis XII qui réglementait l'usage du *Committimus* dont les étudiants abusaient pour se soustraire indéfiniment à leurs juges ordinaires. Par son ordonnance du 31 août 1498, confirmée le 12 mai suivant, le roi décida que le bénéfice de ce privilège serait désormais limité au temps nécessaire pour l'acquisition des grades, soit à quatre ans pour les artiens, à sept pour les décretistes, à huit pour les médecins et à quatorze pour les théologiens. Un mois après, l'Université décida, par une délibération générale, qu'il fallait s'opposer énergiquement à cette mesure et suspendre les leçons et les prédications. Mais la façon dont furent accueillis par le roi les délégués qu'elle avait chargés de lui transmettre ses protestations, coupa court à toute velléité de résistance et elle fut obligée de reconnaître que les privilèges pour la défense desquels elle avait autrefois si obstinément lutté, ne pourraient avoir désormais aucune valeur sans l'agrément de la volonté royale.

Par le fait de ses attributions universitaires, le Parlement fut appelé fré-

[1] «...Disoit nostredit procureur que perilleuse et somptueuse chose seroit si, pour chascuue cause de ladite Université, il convenoit venir devers nous, mesmement que, pour les grans affaires de nostre dite seigneurie et de la chose publique de nostre dit royaume, nous fault transporter eu plusieurs parties de nostre royaume, loingtains de nostre dite ville de Paris.» (Deuifle, *Chart. univ.*, t. IV, p. 670.)

quemment à intervenir dans les démêlés qui surgissaient sous des prétextes variés entre la Faculté des Arts et les deux chanceliers.

Au mois de juin 1445, l'abbé de Sainte-Geneviève avait confié cet office à un chanoine de son abbaye qui n'était pas maître ès arts. Un autre chanoine pourvu de ce grade, Philippe Langlois, réclama la fonction comme lui revenant de droit et, avec l'appui de l'Université, il obtint gain de cause auprès du Saint-Siège et fut installé le 27 septembre 1446. Mais l'Université n'eut pas à se louer, paraît-il, d'avoir soutenu ses prétentions. Le 7 novembre 1450, elle n'hésita pas, d'accord avec l'abbé, à demander au Parlement de le suspendre de ses fonctions en raison de ses exactions [1] et obtint un arrêt conforme. Il fut décidé que, sans préjudicier au droit des parties, l'examen de licence aurait lieu, pour l'année 1451, avec un chancelier et un sous-chancelier provisoires. Langlois, qui, par la suite, avait été de nouveau suspendu de ses fonctions, obtint, le 4 février 1479, par décision royale, d'être remis en possession de son office qu'il conserva jusqu'à son élection comme abbé de Sainte-Geneviève, en 1479. Mais au début de l'année suivante, n'ayant pas encore fait choix de son successeur, il émit la prétention d'ouvrir lui-même l'examen de licence. Le Parlement, auquel la Faculté avait soumis le différend, autorisa Langlois, pour cette année seulement, à présider l'examen, mais simplement en qualité d'abbé. En 1521, à l'occasion de la réception d'un nouveau chancelier de Sainte-Geneviève, l'Université déclara que la collation de cet office lui appartenait, tandis que l'abbé devait se borner à la présentation du titulaire, et elle réclama de lui la production des bulles papales susceptibles de justifier le droit de nomination qu'il s'attribuait. L'abbé eût été fort empêché de produire un document qui n'avait jamais existé, mais il avait pour lui une possession d'état dûment confirmée par l'arrêt de 1382, et dont le Parlement n'aurait pas hésité, le cas échéant, à consacrer la validité. En 1451, l'Université

---

[1] Piédefer, avocat des demandeurs, résumait ainsi qu'il suit les griefs reprochés à Philippe Langlois : «Touchant les ars il y a chancellier, lequel office est à la collation de l'abbé, par privilège papal. Après fait le serment en l'Université, selon les privilèges papaux, par lesquels pour quelque chose il ne doit riens prendre que deux sols de chascun, pour celui qui eu la chambre du *temptamen* met le feurre, et s'il prend autre chose *ipso facto incurrit sentenciam excommunicationis* dont l'absolution appartient et est reservée au pape. L'appelant a eu ledit office et est maistre es ars, ainsi *duplo vinculo* doit sortir *jurisdictionem in universitate et juravit eu tenere*, or il a fait le contraire, ainsi a encouru les peines contenues es bulles, la cour les verra. L'Université a voulu reformer les abuz et fut advisié que faloit pourveoir aux abus

commis par ledit [chancelier] dont estoit grant renommée et esclande de prendre profiz indeus et pour les profiz preferer les ignorans aux bons pouvres clercs, si fut mandé eu l'Université... Or on dit qu'il prend proufit avecques aucuns pedagogiens sur leurs escoliers, afin de les preferer... Il y en a trop et de trop grandes sommes qu'il a exigées sous umbre de son office. L'office n'est de grant profit et toutes voies, depuis qu'il est chancellier, il a viij ou x serviteurs fourrés de fines martres, cent queues de vin en son sellier, servy comme un seigneur et fait à Saint Marcel un jardin comme pour uu prince. Il n'est plus pouvre religieux comme il souloit, bien est garny et en grand quantité de belle vaisselle d'argent... Il doit estre réputé pour excommunié... » (Denifle, *Chart. univ.*, t. IV, p. 697.)

manifesta des exigences beaucoup plus fondées, en admettant comme chancelier un chanoine de Sainte-Geneviève qui n'était pas gradué, mais avec l'obligation pour l'abbé de lui donner comme sous-chancelier un docteur en théologie ou un maître ès arts, conformément au statut de 1366. Enfin, en 1575, le droit qu'avait l'abbé de choisir les examinateurs fut mis en cause par le procureur de la Nation de Picardie dans les assemblées de la Faculté des arts. Il prétendit que l'abbé pouvait bien les présenter mais non les nommer, puisque les Nations avaient qualité pour les rejeter s'ils n'étaient pas dans les conditions requises, et qu'elles devaient en conséquence désigner chacun le sien, sans attendre les propositions de l'abbé. Le 8 janvier 1577, la Faculté des arts, sur les instances de ce même procureur, décida que l'abbé n'aurait plus désormais aucun droit de présentation puisqu'il n'était pas en situation de connaître les capacités des maîtres et que les Nations feraient leur choix elles-mêmes. Mais, comme l'abbé se montra résolu à porter l'affaire au Parlement, où il était assuré d'obtenir le maintien de ses pré-rogatives, l'Université jugea, en fin de compte, qu'il était plus prudent de ne pas insister.

A cette époque, d'ailleurs, l'opposition faite aux droits des chanceliers n'avait plus qu'une importance tout à fait secondaire, en raison de la décadence des études provoquée par les guerres de religion. Le nombre des étudiants avait décru dans de très fortes proportions, en réduisant, par voie de conséquence, celui des aspirants à la maîtrise, et les deux chanceliers ne trouvaient plus que de rares occasions d'exercer leur prérogatives. En présence de cette situation qui rendait presque inutile la dualité de la charge, le Parlement crut devoir décider, par un arrêt du 30 août 1565, fréquemment renouvelé dans la suite, que les chanceliers auraient, en fait, des fonctions alternatives, et que chacun d'eux les remplirait à tour de rôle pendant un an, et resterait un an sans exercice.

L'examen de licence n'était accessible, dans le principe, qu'à une seule et même époque de l'année; il commençait le 3 février, le lendemain de la Purification, pour se terminer parfois dans le courant du mois de mars. A Sainte-Geneviève, il avait lieu dans les anciennes écoles de l'abbaye, situées à proximité du portail; le chancelier assisté de son sous-chancelier présidait à l'ouverture des épreuves par l'installation des quatre examinateurs qu'il avait fait choisir et dont la Faculté des arts avait reçu le serment requis; les candidats, pour être admis, devaient obtenir trois suffrages sur quatre. La collation de la licence était marquée par une cérémonie solennelle. Au jour fixé, tous les bacheliers des quatre Nations se réunissaient dans la nef de l'église abbatiale; le chancelier, après avoir donné lecture du rôle des admis, les faisait appeler par un bedeau, et quatre d'entre eux, pris chacun dans une Nation, étaient invités à exposer une leçon, ou à soutenir un argument, après quoi le chancelier prononçait la formule sacramentelle et recevait les remerciements des élus. Par la suite, les examens eurent lieu tous les samedis, dans la chapelle du cloître, et l'admission fut prononcée aussitôt après la clôture des épreuves. Vers le xve siècle, lorsque les maîtres eurent pris l'habitude de porter le bonnet carré, comme marque distinctive de leur dignité, la collation de la licence fut remplacée par la remise du bonnet que les licenciés recevaient des mains du chancelier, en présence des autres maîtres de leur Nation. En 1579, l'ordonnance de Blois exigea la publicité des examens en imposant aux maîtres et régents de la Faculté l'obligation d'y assister. La royauté comptait arriver par ce moyen à ce que l'on admît seulement à la maîtrise les bacheliers qui avaient donné, en présence de leurs futurs collègues, des preuves indiscutables de leur savoir.

Mais cette réforme de détail ne pouvait produire aucun résultat appréciable dans un temps où les troubles de la Ligue bouleversaient l'Université jusque dans ses fondements, et inspiraient pour son avenir de légitimes appréhensions; tandis que l'opinion commune la jugeait incapable de résister au désastre qui l'accablait, le Parlement, confiant dans sa vitalité, estima qu'il suffirait pour la régénérer de porter remède à ses maux et il se mit aussitôt à rechercher les mesures propres à réaliser ses vues. Mais Henri IV, qui, dès son avènement au trône, s'était nettement rendu compte que la restauration des bonnes études était une nécessité d'ordre public qui s'imposait à l'attention de la royauté, n'hésita pas à charger des commissaires spéciaux, investis par lui d'une autorité absolue, de la réorganisation de l'Université. Les nouveaux règlements, établis conformément à ses vues, devaient assurer, durant deux siècles encore, la perpétuité du corps académique, mais sans lui rendre sa prépondérance passée. Ils étaient fondés sur une adaptation sage et prévoyante des anciens statuts aux nécessités des temps modernes, et ils fixaient, dans les conditions les plus rationnelles, les attributions du recteur, les obligations des proviseurs et principaux, les devoirs des régents, les divers plans d'études, la discipline scolaire et l'administration financière des collèges. Bien que ces règlements eussent été enregistrés au Parlement, le 3 septembre 1598, leur publication dut être ajournée dès qu'on eut reconnu la nécessité de les soumettre à une revision définitive. Ils furent enfin promulgués, le 18 septembre 1601, dans une séance solennelle de l'Université, tenue aux Mathurins, avec défense expresse d'y porter aucune modification sans l'autorisation du Parlement et du roi. Mais bien que, le 15 septembre 1501, quatre commissaires royaux eussent été chargés d'assurer leur exécution, les innovations scolaires rencontrèrent une vive opposition et suscitèrent même de très graves désordres; si le calme et l'union se rétablirent plus tôt qu'il n'était permis de l'espérer, ce fut surtout en considération de la rivalité menaçante des Jésuites qui mettaient tout en œuvre pour conquérir définitivement leur place dans l'enseignement public.

La réforme de Henri IV inaugurait un régime absolument nouveau, en ce sens que, de propos délibéré, elle avait été conçue en dehors de l'Église, et qu'elle eut pour résultat immédiat d'exclure désormais toute immixtion de la papauté dans le domaine des études et de lui enlever définitivement la suprématie, d'ailleurs plus apparente que réelle, dont elle pouvait se croire encore investie. L'Université se trouva privée, du même coup, du peu d'indépendance qu'elle avait conservée; elle perdit désormais son caractère de corporation autonome pour devenir un simple auxiliaire de la royauté, placé par elle, en cette qualité, sous sa dépendance immédiate et sous le contrôle effectif du Parlement, à la tête de l'enseignement, considéré dès lors comme un service public. Cette transformation radicale atteignit d'une façon indirecte les deux chanceliers qui, tout en conservant leur charge, se trouvèrent néanmoins dépossédés de leur caractère de représentants du Saint-Siège auquel ils avaient été redevables jadis de leur importance et ne furent plus que de simples officiers de l'Université qui rémunérait leurs services par une prébende dont les droits seuls d'examen assuraient le modeste revenu. Ce fut surtout grâce à la tradition et au souvenir de leur influence passée qu'ils durent d'être maintenus; mais le respect qu'ils avaient inspiré jusque-là s'oblitéra promptement et le corps académique ne s'abstint pas à l'occasion de leur faire comprendre qu'il les considérait comme des étrangers. En 1648, lorsqu'il fallut procéder à l'installation d'un nouveau chancelier de Sainte-Geneviève, la Faculté des arts, qui reprochait aux Genovéfains d'empiéter sur ses attributions en ouvrant des séminaires, témoigna à l'élu une certaine hostilité et le recteur n'hésita pas à lui déclarer qu'il ne devait y avoir en réalité qu'un seul chancelier, celui de Notre-Dame, ce qui lui attira d'ailleurs une riposte vigoureuse et dûment justifiée. Grâce à l'intervention de Mathieu Molé, il fut décidé que ce fâcheux incident n'aurait pas de suite et le nouveau dignitaire fut admis à prêter serment. Au début du xviiie siècle, le recteur crut devoir revendiquer, à plusieurs reprises, comme l'une des attributions de sa charge, la remise du bonnet, que les chanceliers exerçaient encore, et ses prétentions furent accueillies par les gens du roi.

Le changement survenu dans la condition des chanceliers les incita à introduire dès lors plus d'ordre et de régularité dans l'exercice des fonctions universitaires qui constituaient désormais leur unique raison d'être. En se fondant sur l'ancien règlement que le Parlement leur avait imposé, ils conclurent, le 29 janvier 1687, une transaction, approuvée par l'archevêque de Paris, qui délimita nettement les droits et obligations attachés à leurs offices respectifs. Il fut convenu que l'on formerait deux lots de tous les collèges et que les chanceliers seraient tenus, de deux en deux ans, de présider à tour de rôle aux examens, à la collation de la licence et à la remise du bonnet pour les candidats de l'un ou de l'autre de ces lots. Le premier comprenait, avec les collèges de Navarre, d'Harcourt, des Grassins, du Cardinal Lemoine et de Bourgogne, tous ceux où l'on enseignait la philosophie qui étaient situés dans l'Université, sur le côté gauche de la rue Saint-Jacques, et

dans la ville, à l'orient de la rue Saint-Martin; au second lot étaient affectés les
collèges de Plessis-Sorbonne, de la Marche, de Beauvais, de Montaigu et de
Lisieux, avec ceux du côté droit de la rue Saint-Jacques et ceux qui étaient installés sur le côté occidental de la rue Saint-Martin. Les droits d'examen devaient
former une bourse commune pour être répartis également entre les deux chanceliers et leurs examinateurs. Les effets de cette réglementation subsistèrent jusqu'à la suppression de l'Université[1].

La royauté ne paraît s'être occupée en aucune façon de l'office des deux chanceliers tel qu'il avait subsisté dans la nouvelle organisation de l'enseignement. Si
elle ne fit rien pour amoindrir leurs fonctions qu'elle jugeait, sans doute, tout à
fait secondaires, par contre elle s'abstint prudemment de leur conférer aucune
attribution nouvelle. C'est ainsi qu'il ne fut nullement question d'eux ni dans les
lettres patentes du 8 mai 1766, qui instituaient dans la Faculté des arts soixante
places de docteurs agrégés devant être données au concours, ni dans le règlement
de ce concours, arrêté le 10 août suivant en Conseil du roi. Les grades universitaires dont ils étaient pourvus et leur notoriété comme savants furent toujours
impuissants à assurer aux chanceliers genovéfains le prestige et l'influence dont
leurs prédécesseurs, chanoines parfois fort peu lettrés, étaient redevables aux
pouvoirs qu'ils exerçaient par délégation de l'autorité apostolique.

Au xviiiᵉ siècle, d'ailleurs, l'Université n'était plus en état de bénéficier
utilement des usurpations commises au préjudice du chancelier; placée sous
l'étroite dépendance du pouvoir royal et du Parlement, elle n'était plus rien et
ne pouvait rien par elle-même, et, si l'extension de ses prérogatives pouvait
encore satisfaire sa vanité, elle était impuissante à raviver son prestige et à lui
restituer sa prépondérance disparue. Somme toute, en méconnaissant ses propres
origines par les empiétements sur le rôle et l'autorité de ses dignitaires, elle
n'aboutit simplement qu'à donner un fâcheux exemple qui devait bientôt tourner
à son détriment; par le manque d'égards et de considération dont elle avait fait
preuve envers ses plus illustres représentants, elle justifia chez les novateurs du
temps l'oubli de ses titres glorieux et de ses longs services et prépara sa propre
ruine. Ce fut en vain que, pour lutter à armes égales contre la concurrence des

[1] C'est à peu près ce que constate Crevier, qui
ne paraît pas avoir connu le texte exact de l'accord
précité dont une expédition est conservée à la Bibliothèque Sainte-Geneviève. (Ms. 3241, p. 160.)
«Le chancelier de Notre Dame, écrit-il, seul donne
la licence ou permission d'enseigner à ceux qui
doivent professer la théologie et la médecine. Il
jouissait anciennement de la même autorité dans
la Faculté de droit qui s'en est affranchie depuis
quatre-vingts ans, mais non de la redevance pécu-
niaire qu'il reçoit de la part de chaque licencié. Il
donne encore la licence à la moitié de ceux qui
chaque année se présentent pour acquérir le grade
de maître ès arts. Le chancelier de Sainte-Geneviève
n'a dans son partage que l'autre moitié de la
Faculté des arts. Mais le partage de ces deux
moitiés n'est pas fixe pour chacun des deux chanceliers. Elles roulent alternativement entre l'un et
l'autre.» (Crevier, *Histoire de l'Université*, t. VII,
p. 136.)

Jésuites dont les classes étaient ouvertes à tous les écoliers, sans que l'on exigeât d'eux aucune rétribution pour les frais d'études, elle obtint du régent, par lettres patentes du 14 avril 1712, un notable accroissement de ses revenus qui lui permit d'instituer, dans les collèges de plein exercice, l'instruction gratuite de la jeunesse. Si cette réforme capitale ne passa pas tout à fait inaperçue, elle n'exerça du moins aucune influence sur ses prochaines destinées. Par contre, son immixtion déplacée dans les querelles du Jansénisme, ses discussions intestines et son attachement outré pour des traditions et des prérogatives surannées contribuèrent à lui aliéner l'opinion. Aussi, lorsque l'expulsion des Jésuites l'eut délivrée des redoutables ennemis qui, à diverses reprises, avaient gravement menacé son existence, elle eut la présomption de croire qu'un avenir nouveau allait s'ouvrir pour elle et que de judicieuses réformes suffiraient à la régénérer : elle était précisément à la veille de sa ruine. Dès le début de la Révolution, le discrédit qui s'attachait à toutes les institutions du moyen âge lui fit perdre tour à tour ses usages, ses privilèges et ses lois. Le mépris des anciennes fondations religieuses lui porta un coup plus fatal encore ; par le décret de mars 1793, qui ordonnait la vente de tous les biens constituant la dotation des collèges, la Convention lui enleva, avec ses anciens revenus, ses principaux moyens d'existence. L'Université n'était plus qu'une épave inutile lorsque la loi du 15 septembre 1793 provoqua sa suppression absolue et définitive, en organisant pour la France entière un nouveau régime d'instruction publique.

Tandis que, durant plusieurs siècles, l'influence du chancelier de Sainte-Geneviève n'avait cessé de décroître, par suite des atteintes portées à ses prérogatives, l'abbaye acquérait une situation prépondérante dans le clergé, par le fait des attributions judiciaires dont la papauté l'avait investie. Dès le XIIIe siècle, l'abbé avait reçu mission de veiller à la sauvegarde de certains ordres religieux, et lorsque survint le grand schisme d'occident, il fut désigné par le concile national, tenu en 1404, comme l'un des quatre juges conservateurs des privilèges apostoliques; il devait être par la suite maintenu seul dans cette fonction, aussi bien par les décisions du Saint-Siège que par les arrêts des cours souveraines. L'importance de son rôle ne cessa de s'accroître jusqu'au XVIIe siècle, en raison de la multiplication du nombre des privilégiés dont les causes devaient être portées à son tribunal.

En sa qualité de juge apostolique, l'abbé de Sainte-Geneviève étendait sa juridiction sur la France entière et était appelé à régler des questions d'une diversité extrême, tant ecclésiastiques que civiles, et qui se référaient principalement aux dettes du clergé, aux portions canoniques, aux bénéfices et aux pensions constituées par la papauté sur les revenus des évêchés, des abbayes, des prieurés et des cures. Il devait veiller à ce que les religieux et les clercs ne fussent pas exposés

51.

aux vexations de l'autorité épiscopale, à ce qu'ils ne fussent ni dépossédés de leurs biens ni assujettis à des taxes indues, et à prescrire la restitution de tout ce qui avait pu être illégalement exigé d'eux. Il avait mission de défendre et de maintenir les immunités des églises et des corps privilégiés, et de régler les conflits survenus entre des religieux d'un même ordre ou d'un même monastère. En un mot, quiconque se trouvait soustrait, soit par sa situation personnelle, soit par le bénéfice d'un privilège spécial, à l'autorité du clergé séculier ou à la justice civile, était tenu de s'adresser à lui pour la conservation de ses droits et la défense de ses biens. Il nous suffira de citer parmi les plus marquants de ses justiciables, les officiers du roi et des enfants de France, leurs aumôniers, secrétaires, conseillers et clercs de chapelle, le Parlement, la Chambre des comptes, les généraux des finances et le Grand Conseil, les doyens et chanoines de la cathédrale de Paris et des églises dépendantes, les chanoines des Saintes-Chapelles, le chapitre et les dignitaires de la cathédrale de Meaux, les religieux de Saint-Denis, de Saint-Germain-des-Prés, de Sainte-Croix-de-la-Bretonnerie, de Saint-Martin-des-Champs, des Blancs-Manteaux et des Billettes, de Cluny, de Citeaux, de Prémontré et les boursiers de divers collèges. L'abbé avait, dans toutes les affaires, la faculté de décerner des monitoires assimilés à ceux qui émanaient de l'autorité apostolique et qui, à ce titre, devaient être publiés et exécutés dans tous les diocèses de France. Il constituait, pour remplir sa fonction, un official ou vice-gérant, docteur en théologie ou licencié en droit canon, chargé d'examiner et de juger les causes en son lieu et place, et un greffier qui avait seul qualité pour faire tous les actes de procédure. Les parties qui voulaient appeler des sentences du vice-gérant, ne devaient s'adresser ni aux archevêques ni aux primats, mais à l'abbé lui-même, qui désignait un nouveau juge pour la revision de l'affaire. Dans le cas de suspicion légitime, il était loisible de former un appel contre l'abbé devant le Parlement, qui se bornait d'ailleurs à renvoyer le procès à l'abbé en le chargeant de prescrire une nouvelle instruction. Par une singularité dont on ne trouverait pas d'exemple dans la justice séculière, les appels pouvaient être renouvelés par l'une ou l'autre des parties et l'abbé devait commettre de nouveaux juges tant qu'il n'avait pas rendu trois sentences définitives conformes ou deux sentences interlocutoires également conformes; dans ces deux cas seulement, toute procédure ultérieure devenait impossible. Ce système compliqué avait pour résultat de retarder outre mesure la solution des différends. Aussi, lorsque Henri III eut institué une seconde Chambre des requêtes, bon nombre de plaideurs rebutés par les lenteurs de la Chambre apostolique, s'empressèrent de porter leurs causes devant elle et ce fut ainsi que la plupart des procès ecclésiastiques rentrèrent dans les attributions du Parlement et plus tard du Grand Conseil.

La substitution des religieux de Saint-Victor aux chanoines séculiers ne fut pas, contrairement à ce que les réformateurs avaient espéré, le principe d'une trans-

Vue intérieure de l'abbaye royale de Sainte-Geneviève.

formation aussi radicale que salutaire. En assurant aux anciens le droit de résider
dans l'abbaye durant leur vie, et de conserver leurs bénéfices, le pape Eugène III
avait commis une imprudence qui devait produire les plus fâcheux résultats. Ces
clercs, qui n'obéissaient à aucune règle, devinrent tout de suite un élément de
discorde et leur indiscipline exerça sur les Victorins une influence pernicieuse.
Les premiers abbés réguliers eurent constamment à lutter contre leurs perpétuelles ambitions, et, à ses débuts, Étienne de Tournai lui-même ne put que
difficilement maîtriser leurs excès. Par la suite, leur disparition graduelle facilita
sa tâche et lui permit d'assurer à l'abbaye, par une administration ferme et prudente, une longue période de calme et de prospérité. Mais ces révoltés laissaient
après eux un ferment de discorde qui se raviva dès les premières années du
xiiie siècle [1]. Le 18 janvier 1205, le pape Innocent dut intervenir en autorisant
Jean de Toucy à réprimer sévèrement, de concert avec les abbés de Saint-Denis
et de Saint-Germain-des-Prés, l'indiscipline de ses chanoines [2]. Le bon ordre,
d'ailleurs, ne put être rétabli que temporairement; après un quart de siècle, les
chanoines recommencèrent à méconnaître toute autorité, à se battre entre eux et
à s'approprier le bien d'autrui. Comme la plupart avaient encouru, par ces agissements, l'excommunication majeure, les papes Grégoire VIII et Innocent IV
permirent à l'abbé, en 1234 et 1244, de les absoudre de leurs méfaits, et de
les relever de l'obligation d'aller solliciter en personne la clémence du Saint-
Siège [3]. Non contents de se quereller entre eux, les divers membres de la
communauté s'attaquaient parfois aux étrangers. En 1369, quelques docteurs de
Sorbonne, qui s'étaient assemblés chez l'abbé Jean de Viry, eurent des démêlés
avec ses officiers et furent assez durement malmenés. L'abbé porta naturellement
la responsabilité de cette avanie et l'Université, pour le punir, le priva de tous les
droits et honneurs dont il jouissait dans son corps, ainsi que de la garde des
sceaux académiques qui furent aussitôt transférés au collège de Navarre. Bien

[1] Dans une de ses lettres, Étienne de Tournai
déplorait ce retour des désordres qui survint
après son départ : « Ecce reviviscunt cineres incen-
diorum sub abbatibus Odone et Alberto sevientium
et in flammas voraces miserabiliter excrescunt ut
omnia in nobis virtutum eradicent genimina. »
(Ed. Desilve, p. 341.)

[2] « . . . . . Tuis justis petitionibus, grato concurrentes assensu, ut, secundum Deum et beati
Augustini regulam, cum consilio dilectorum fillo-
rum Sancti Germani de Pratis et Sancti Dyonisii ab-
batum, parisiensis dyocesis, auctoritate nostra pos-
sis corrigere que circa subditos tuos et domum
tibi commissam fuerint corrigenda, tam in capite
quam in membris, tibi concedimus facultatem. »
(Cartulaire, p. 27.)

[3] « . . . . . Petitio tua nobis exhibita continebat quod nonnulli monasterii tui canonici et con-
versi, pro violenta manuum injectione in se ipsos
et quidam pro detentione proprii alii, eciam pro
denegata tibi et predecessoribus tuis obedientia,
seu conspirationis offensa, in excommunicationis
laqueum inciderunt et quidam ingressum habuerunt in monasterium ipsum per vicium symonie;
quorum canonicorum quidam divina celebrarunt
officia et receperunt ordines sic ligati : discretioni
tue presentium auctoritate concedimus ut eosdem
excommunicatos hac vice absolvas et hujusmodi
excommunicationis sententiis, juxta formam ecclesie,
vice nostra, proviso ut injectores manuum quorum
fuerit gravis et enormis excessus mittas ad sedem
apostolicam absolvendos. » (Cartulaire, p. 52.)

qu'il n'existe pas de témoignages précis sur ce point, il est permis de supposer que le désordre intérieur de l'abbaye se prolongea durant tout le xvᵉ siècle, et l'on n'est pas surpris de constater qu'au mois d'avril 1539 le Parlement, sur la requête de l'avocat général Remond, commit un de ses conseillers pour ouvrir une enquête sur les scandales et malversations dont l'abbaye était le théâtre et pour proposer telles mesures qu'il jugerait nécessaires. En 1563, l'abbé Foulon ne pouvait s'entendre avec ses chanoines, qui refusaient de lui obéir et lui reprochaient non seulement de les traiter sans aucun égard, mais encore de ne pas subvenir à leurs besoins. Sur la plainte réciproque des parties, le Parlement n'hésita pas à intervenir, et après vérification des faits, un arrêt ordonna que le prieur et l'aumônier quitteraient l'abbaye pour se rendre jusqu'à nouvel ordre dans leurs bénéfices, et que les chanoines devraient rendre à l'abbé l'honneur et le respect qui lui étaient dus; quant à l'abbé il fut invité à traiter convenablement ses religieux et à leur fournir le vestiaire et l'entretien. Foulon ne paraît pas avoir promptement oublié cette admonestation, puisqu'il se rendit coupable par la suite d'un manquement grave au respect qu'il devait au Parlement. Les avocats généraux Christophe de Thou et Barnabé Brisson se fondèrent alors sur cette insurrection pour réclamer la réforme «tam in capite quam membris». Mais avant que la cour eût pris une décision, l'abbé s'empressa de s'excuser et de faire intervenir ses amis pour qu'aucune suite ne fût donnée à cette proposition dont il redoutait à bon droit les conséquences.

Il est aisé de se rendre compte du défaut d'entente qui régnait dans l'abbaye par les difficultés constamment renouvelées auxquelles donnait lieu l'élection d'un nouvel abbé. En 1293, les chanoines, plutôt que de porter leur voix sur l'un d'eux, préférèrent placer à leur tête un Victorin de Noyon. Lorsqu'il fallut le remplacer, l'élection ne put aboutir à un résultat définitif et le pape Boniface VIII, après avoir obtenu au bout de huit mois le désistement des deux candidats qui avaient réuni le plus de voix, désigna lui-même le titulaire. En 1307, la même situation se renouvela et le roi de France, pour empêcher, durant la vacance du siège abbatial, les troubles de la communauté et la dilapidation des biens, chargea l'un de ses officiers de veiller à la sécurité des chanoines et à l'administration du temporel. Mais le chambrier et ses adhérents, dont la présence de cet étranger paralysait les desseins personnels, se plaignirent de sa gestion et obtinrent ainsi qu'il fût révoqué. Une enquête contradictoire à laquelle le Parlement procéda sur l'ordre du roi démontra toutefois que cet officier s'était honorablement acquitté de sa fonction, et un arrêt de la cour obligea ses détracteurs à lui payer cent livres pour son salaire et à lui rembourser les dépenses qu'il avait faites pour le compte de l'abbaye[1].

[1] «Cum Petrus ad Parisienses, ex parte domini regis, ad custodiam et regimen bonorum tempo-   ralium monasterii Sancte Genovefe Parisius, abbatia vacante, et ad personas ipsius monasterii ab

Durant la guerre de Cent Ans, les chanoines qui étaient pourvus de prieurés-
cures, peu désireux d'échanger, le cas échéant, l'indépendance et la tranquillité de
leur bénéfice contre les charges et les difficultés des fonctions abbatiales, se dispen-
sèrent de venir à Paris pour prendre part au vote du chapitre, renonçant ainsi
du même coup à être électeurs et éligibles. Pour justifier leur conduite, ils
prétextèrent le défaut de sécurité des routes et les graves dangers auxquels devait,
à coup sûr, les exposer leur déplacement. A diverses reprises, il fallut les
contraindre par arrêt du Conseil à faire le voyage. Mais, par le fait de leur absten-
tion persistante, les chanoines résidant à Paris restèrent seuls maitres de l'élection de l'abbé, et en fin de compte, ils réussirent même, par une entente tacite,
à la supprimer. Au début du xvᵉ siècle, l'un des abbés en fonctions, sous prétexte d'éviter que l'abbaye ne fût donnée en commende, trouva plus sûr, plus
expéditif et surtout plus avantageux pour ses intérêts de traiter directement de
sa charge avec son successeur qui, le moment venu, prenait de plein droit le titre
d'abbé. Le vote du chapitre ne fut plus dès lors qu'une simple formalité qui, tout
en maintenant l'apparence de la règle, se bornait à ratifier un état de choses
arbitrairement réglé d'avance.

Bien que l'abbaye se trouvât pourvue de ressources largement suffisantes pour
assurer l'entretien de ces chanoines, l'administration de certains abbés, les uns
coupables d'incurie et les autres de cupidité [1], eut des conséquences déplorables
pour la situation financière de la maison, et les malheurs de la guerre consom-
mèrent à diverses reprises sa ruine. Au cours des xvᵉ et xviᵉ siècles, les chanoines
se virent obligés, pour assurer leur propre subsistance et pour acquitter les taxes
imposées au clergé, de vendre ou d'engager les ornements de l'église, tout comme
l'avaient fait les anciens chanoines séculiers, à la veille de leur suppression. Certains abbés durent mettre en gage leur mitre la plus précieuse pour payer les
droits de leurs bulles de nomination. Enfin, au xviiiᵉ siècle, l'aumônier de l'abbé
se procura les livres liturgiques qui faisaient défaut en échangeant des manuscrits

injuriis et violentiis deffendendas, propter discor-
diam personarum dicti monasterii partes contrarias
inter se facientium, deputatus fuisset, tandem
camerario dicti monasterii et sibi adherentibus
de dicti Petri administratione prædicta conque-
rentibus et ipso Petro a dicta administratione revo-
cato et petente misias quas ipse fecerat una cum
salari competenti sibi reddi, præcepit dominus
rex super premissis, omnibus vocatis partibus,
veritatem inquiri..... Per curiæ nostræ judicium dictum fuit et pronunciatum predictum
Petrum bene et laudabiliter se habuisse in administratione predicta.» (Bibl. Sainte-Geneviève, ms.
615, fol. 17.)

[1] «Cette maison, observait Du Molinet, estoit
tombée dans le relasche et le desordre par le malheur des guerres et la corruption des temps et
peut être aussy par la negligence des abbés, qui
avoient plus soin du spirituel que du temporel,
obtenant des tiltres d'évesques in partibus et voulant paroistre parmy les grands, quoiqu'ils fussent
de basse extraction et n'eussent point d'armes plus
considérables pour relever leur noblesse que les
épis et les gerbes qu'ils avoient tiré de la grange
de leurs peres, qui étoient laboureurs, pour en
composer leurs armes, au lieu de chercher leur
gloire dans leur vertu et leurs propres mérites.»
(P. 410.)

précieux dont il ignorait absolument la valeur [1]. On peut juger par ce dernier trait combien la culture intellectuelle était peu en faveur chez les successeurs de ces Victorins qui jadis avaient pris une part si active à la renaissance des études. Ainsi, tous les efforts de Suger n'avaient abouti, en fin de compte, qu'à replacer l'abbaye de Sainte-Geneviève dans une situation peut-être plus fâcheuse encore que celle à laquelle il avait entendu mettre un terme par la dépossession des anciens chanoines séculiers; une réforme décisive s'imposait de nouveau, et les chanoines, tout les premiers, se rendaient parfaitement compte qu'ils ne réussiraient pas longtemps à en retarder la réalisation.

En 1619, lorsque Benjamin de Brichanteau, qui joignait à son titre d'abbé de Sainte-Geneviève celui d'évêque de Laon, mourut subitement de la peste, les chanoines jugèrent indispensable de se prémunir, par une prompte élection, contre le danger de voir leur abbaye donnée en commende à quelque prélat capable d'y rétablir le bon ordre. D'un commun accord, ils portèrent donc leur choix sur le frère du défunt, Philibert de Brichanteau, qui, n'étant même pas clerc, se déclara prêt, pour justifier son élection, à prendre l'habit de Saint-Augustin. Mais Louis XIII, qui avait eu personnellement l'occasion de constater, lors d'une récente visite à Marmoutiers, le degré de relâchement des ordres religieux, et qui avait pu être exactement instruit par l'évêque de Paris de la fâcheuse situation de Sainte-Geneviève, refusa d'approuver cette nomination. Ce fut en vain que l'on fit agir auprès de lui de pressantes recommandations; si le roi consentit à pourvoir Brichanteau, à titre de dédommagement, de l'évêché de Laon et de l'abbaye de Barbeaux, il ne voulut jamais le reconnaître comme abbé de Sainte-Geneviève. Les chanoines furent, en fin de compte, victimes de leurs propres machinations; comme ils avaient fait appuyer leur élu par le cardinal de La Rochefoucauld, alors évêque de Senlis, le roi Louis XIII, qui connaissait la piété de ce prélat et estimait avec raison qu'après avoir réformé l'abbaye de Saint-Vincent de Senlis il était bien capable de rétablir la discipline régulière à Sainte-Geneviève, lui offrit pour lui-même le titre d'abbé. Il lui réitéra cette offre, malgré ses refus persistants, et finit par triompher de ses hésitations; La Rochefoucauld, toutefois, ne consentit à céder qu'à la condition d'avoir pour successeur un abbé régulier. Le titre d'abbé de Sainte-Geneviève lui fut conféré par un brevet royal du 15 juillet 1619, et dans le brevet confirmatif, délivré le 8 août suivant par le pape

---

[1] Ce fait a été rappelé à diverses reprises et notamment par Du Molinet lui-même qui s'était efforcé de réparer dans la mesure du possible la bévue de son prédécesseur : « Je ne puis que je ne deplore la perte que nous avons faite, du temps de cet abbé, de plusieurs manuscripts considerables qui estoient gardez en une gallerie de cette abbaye; car un de ses aumosniers qui n'en connaissoit pas le prix, les voyant negligez, abandonnez et comme inutiles, les donna au poids à des libraires pour avoir des livres de chant dont on avoit besoin afin d'espargner la bourse de son maistre; plusieurs bibliotheques s'en sont accommodées; j'en ai trouvé quelques-uns en celle du cardinal de Mazarin et j'en ai rencontré d'autres chez des libraires, que j'ai racheptez. » (P. 431.)

Paul IV, la réserve qu'il avait imposée se trouvait rappelée comme condition expresse de sa nomination [1].

Au début de l'année 1620, le cardinal s'installa dans l'hôtel abbatial de Sainte-Geneviève, et après avoir longuement pris conseil des chefs de quelques ordres religieux, il établit, au mois d'octobre 1621, un règlement intérieur tendant à ramener les chanoines aux pratiques de l'observance régulière. Mais il ne tarda pas à se convaincre que la réforme dont il prenait l'initiative serait autrement difficile que celle déjà réalisée par lui à Senlis, et que tous ses efforts risquaient de demeurer impuissants tant qu'il se bornerait à agir en son nom personnel. Au mois de février 1622, le roi consentit à délivrer des lettres patentes dans lesquelles il énonçait sa ferme intention de voir réorganiser l'abbaye de Sainte-Geneviève et, dans ce but, déclarait renoncer pour l'avenir à son droit de nomination de l'abbé, dont la dignité deviendrait élective et triennale. De plus, le 8 avril suivant, le pape Grégoire XV confia à La Rochefoucauld la mission de travailler avec une autorité absolue à la réformation des ordres de Saint-Augustin, de Saint-Benoît, de Cluny et de Cîteaux, en France, durant une période de six années, qui devait être prorogée par la suite jusqu'en 1641, et Louis XIII, par ses lettres du 15 juillet, donna force de loi civile à la décision pontificale, en se réservant la connaissance de tout appel ou opposition que pourraient soulever les décisions du cardinal, dont il attribuait exclusivement l'examen à douze commissaires nommés par lui. L'appui du Saint-Siège se trouvait ainsi renforcé par celui du pouvoir royal, qui s'affirma, un mois après, d'une façon plus décisive encore, lorsque La Rochefoucauld fut appelé à succéder au cardinal de Gondi dans les fonctions de premier ministre et de chef du Conseil du roi.

L'abbé de Saint-Geneviève, disposant dès lors de l'autorité nécessaire pour régler souverainement toutes les questions d'ordre spirituel ou temporel soulevées par sa réforme, et assuré de pouvoir briser toutes les résistances, se mit aussitôt en mesure de justifier la confiance que lui témoignaient le Saint-Siège et la royauté. Il forma tout d'abord le projet de restaurer et de raffermir l'ancien groupement formé par plusieurs communautés de chanoines, sous la suprématie de l'abbaye de Saint-Victor, et dont elles reconnaissaient le prieur pour leur général, mais qui, au xviie siècle, étaient réunies par un lien purement nominal. Comme les Victorins montraient fort peu d'empressement à entrer dans ses vues et paraissaient décidés à rester isolés et à s'abstenir de toute ingérence dans l'administration des autres maisons, le cardinal résolut de former, par l'union d'un certain nombre de monastères peu éloignés de la capitale, le premier élément d'une congrégation nouvelle de chanoines de Saint-Augustin, qui constituerait la Province de Paris.

---

[1] « . . . . . Te cedente vel decedente aut monasterium ipsum quomodolibet dimittente vel amittente, illud amplius in commendam non concedatur sed illi de persona regulari idonea, ac si tibi minime commendatus fuisset, provideri debeat. . . . » (Arch. nat., L 880.)

Dès le 11 mars 1623, il arrêta le règlement général qui serait imposé à cette congrégation et, le 10 avril, il désigna comme visiteurs les PP. Beaudoin et Faure, qui, en trois mois, se transportèrent dans une quarantaine de monastères, pour se rendre compte de leur situation et de leurs dispositions. Sur leur rapport, La Rochefoucauld décida, le 2 août, que désormais il ne pourrait plus être admis de novices dans les divers centres de la congrégation, que les abbayes de Sainte-Geneviève et de Senlis serviraient seules de noviciat et que toutes les autres maisons seraient tenues de contribuer à la dépense de leur entretien; et le 12 octobre, il promulgua les statuts concernant la réception à l'habit et à la profession. Ces décisions furent approuvées par lettres patentes du 22 octobre qui enjoignaient à tous officiers de justice de veiller à leur exécution. Le 26 novembre, les trois communautés que le cardinal avait unies d'office pour former la base de la congrégation, celles de Sainte-Geneviève, de Senlis et de Clairefontaine, nommèrent le P. Faure supérieur, pour une période de deux ans. Il ne suffisait pas de promulguer des règlements, il fallait encore les mettre en vigueur, et ce fut lorsque le cardinal voulut imposer sa réforme à Sainte-Geneviève que surgirent les plus graves difficultés. Dès le 1er avril 1624, le chapitre fut réuni et invité à adhérer à la nouvelle constitution de l'ordre; mais cinq chanoines seulement sur dix-neuf consentirent à l'accepter. Les religieux qui constituaient le conseil ordinaire de La Rochefoucauld furent informés par lui de cet échec, le 4 avril, et décidèrent qu'il fallait sans retard introduire dans l'abbaye un certain nombre de religieux réformés. Douze d'entre eux, avec le P. Faure, furent aussitôt mandés de Saint-Vincent de Senlis, mais toutes les tentatives faites pour leur donner accès dans la maison échouèrent devant les vexations des anciens. Les chanoines opposants ne se bornèrent pas d'ailleurs à des manifestations violentes; le 18 avril, ils présentèrent une requête au Parlement en vue d'être autorisés à assigner le cardinal et à lui faire défense d'opérer aucune innovation dans l'abbaye, tant qu'il n'en aurait pas été autrement disposé par la cour. Mais, dès le 25, un arrêt du Conseil suspendit toute procédure à ce sujet avec interdiction au Parlement de connaître du différend. Deux jours après, le cardinal qui avait réuni chez lui un certain nombre de prélats et de magistrats, ainsi que les religieux de Senlis, fit convoquer les chanoines de l'abbaye, et après leur avoir signifié son intention formelle de la confier aux réformés, il leur remit une déclaration écrite par laquelle il s'engageait à leur assurer leur entretien et leur nourriture, leur vie durant.

Le P. Faure et ses compagnons prirent alors possession de la maison par une visite au chœur, au réfectoire et au dortoir. Au moment même où ils entraient dans l'église pour célébrer l'office, les opposants firent rédiger par deux notaires une protestation formelle contre la violation de leurs droits; ce même jour, ils profitèrent de ce que le nonce du pape était venu à l'abbaye, pour se plaindre des agissements du cardinal, et pour toute réponse ils n'obtinrent de

lui qu'un blâme sévère de leur conduite. Comme on leur avait donné la faculté
d'assister aux délibérations de la communauté, ils ne manquèrent pas d'en user
pour y porter constamment le trouble, si bien qu'au bout de quelques mois, il
fallut les exclure du chapitre. L'introduction de la réforme à Sainte-Geneviève
constituait pour le cardinal un succès décisif qui lui permettait de poursuivre en
toute confiance l'exécution de ses plans. Le 23 décembre 1624, il ordonna la
création de la Congrégation de Paris, qui paraissait assurée de l'adhésion d'une
quarantaine de monastères, et le 2 janvier suivant, les religieux de Sainte-Geneviève se rallièrent avec empressement à cette décision. Un changement radical
fut alors apporté dans l'administration intérieure de l'abbaye. Le P. Faure devint
supérieur, avec la charge du spirituel, de la direction des novices et de l'organisation des études; le temporel fut confié à l'ancien prieur, le P. Guillemin, qui
avait été dès le principe l'un des meilleurs auxiliaires de la réforme, et le P. Branche
reçut le titre de procureur.

Le cardinal, qui était impatient de mettre enfin à exécution les lettres patentes
du mois de février 1622, dont la réalisation avait été présentée comme purement
éventuelle, insistait fréquemment pour qu'elles fussent renouvelées dans une
forme définitive et obligatoire. Louis XIII lui donna satisfaction, en déclarant, par
ses lettres du mois de novembre 1626, que, dans le but de contribuer personnellement au succès de la réforme, il se démettait de son droit de nomination de
l'abbé de Sainte-Geneviève et que la dignité abbatiale en cessant d'être collative
deviendrait de plein droit élective et triennale, aussitôt après la démission ou le
décès de La Rochefoucauld. Il stipulait en outre que les chanoines qui auraient
embrassé la réforme pourraient seuls prendre part à l'élection et seraient tenus
de porter leur choix sur l'un d'entre eux. Il ordonnait enfin que tous les revenus
des offices claustraux et des bénéfices simples, exception faite des prieurés-cures,
devraient être réunis pour former une masse commune. Il laissait à La Rochefoucauld la faculté de s'adjoindre, lorsqu'il le jugerait utile, un coadjuteur préposé
à l'administration de la nouvelle congrégation. Le 27 mai 1627, le chapitre
approuva la réalisation immédiate de ces mesures; le 2 juillet suivant, le Parlement enregistra les lettres patentes et le roi fit demander aussitôt au Saint-Siège
l'expédition des bulles nécessaires pour leur donner la sanction canonique. Mais,
par un arrêté du 11 mars 1630, le Grand Conseil décida qu'il devait être sursis à
l'exécution des décisions royales tant qu'elles n'auraient pas reçu l'approbation de
Rome.

Cet obstacle imprévu n'eut cependant pas pour effet d'arrêter le cardinal qui
porta toute son activité sur la constitution de sa congrégation. Dans le courant
de l'année 1632, il fit procéder à une assemblée des supérieurs réformés pour
obtenir d'eux qu'ils se démissent de leurs fonctions et il annonça qu'il se charge-
rait désormais lui-même de faire administrer leurs maisons; il nomma à cet effet

le P. Faure supérieur général et le P. Beaudoin syndic général. Cependant l'expédition des bulles traînait en longueur; l'affaire étant d'importance, la curie n'entendait pas se prononcer à la légère et des négociations répétées avaient été motivées par la nécessité d'arriver, sur certains points, à une entente parfaite. Elles furent enfin délivrées le 3 février 1634, enregistrées au Grand Conseil le 31 août et au Parlement le 9 décembre suivant. Urbain VIII avait ratifié les lettres patentes de Louis XIII en accordant à la Congrégation des chanoines réguliers tous les privilèges des ordres religieux et en ajoutant que le supérieur général élu serait en même temps abbé de Sainte-Geneviève, constituée ainsi chef d'ordre, mais que, durant la vie de La Rochefoucauld, il resterait simplement abbé-coadjuteur et ne pourrait s'occuper de l'administration de l'abbaye que dans les conditions autorisées par le cardinal.

La Rochefoucauld se mit aussitôt en mesure de convoquer le premier chapitre général de l'ordre, qui fut tenu à Paris, au mois d'octobre 1634, et les douze monastères définitivement adhérents y furent représentés par leurs prieurs qui s'empressèrent d'élire pour supérieur le P. Faure, en lui donnant mission d'achever le rétablissement de la discipline régulière. Mais au cours de cette réunion, il parut que certains religieux conservaient des tendances nettement séparatistes qui risquaient de compromettre l'avenir de la réforme. Pour obvier à ce danger, La Rochefoucauld renonça à la constitution en provinces distinctes, ce qui eût risqué, à son avis, de faciliter une scission ultérieure, et, par son ordonnance du 28 mars 1635, il décida que tous les monastères réformés ne formeraient qu'un seul corps sous la direction d'un supérieur unique et qu'ils prendraient le titre de Province de Paris ou de France. Il laissait à la communauté la faculté de séparer, le cas échéant, les deux dignités de supérieur général et d'abbé de Sainte-Geneviève, mais il imposait au supérieur l'obligation de résider dans l'abbaye et il lui adjoignait deux assistants et un procureur général qui devaient comme lui être élus par le chapitre. Il lui attribuait le pouvoir de visiter ou de faire visiter tous les monastères et d'envoyer des chanoines dans chacun d'eux. Il exigeait que l'on fît désormais dans chaque maison la partition de la masse abbatiale ou prieurale et de la masse conventuelle, et il reconnaissait aux religieux qui se refuseraient personnellement à accepter la réforme le droit de conserver leur résidence première et de prélever sur le fonds commun la dépense de leur entretien. Un arrêt du Conseil d'État du 30 mars 1636 enregistra les lettres patentes de 1626, les bulles de 1634 et l'ordonnance de 1635, ainsi que les constitutions de l'ordre, en stipulant que le tout devrait être exécuté de point en point, sans préjudice toutefois du droit de nomination des abbés pour tous les monastères au sujet duquel le roi n'aurait pas formulé de renonciation expresse.

D'importantes communautés s'efforcèrent de sauvegarder leur autonomie. Saint-Victor de Paris, le Val-des-Écoliers, le chapitre d'Uzès résistèrent de leur

mieux à la volonté du cardinal. Le pieux abbé de Chancelade, Alain de Solmi-
nibac, lutta énergiquement et non sans succès pour maintenir sa propre réforme
dans les monastères dont il avait la direction. Des sentences que rendait La Rochefoucauld, en vertu de ses pouvoirs de commissaire apostolique, les opposants
interjetèrent appel à Rome, et les différends n'étaient point encore tous apaisés,
lorsque le cardinal mourut, le 14 janvier 1645.

Peu de temps auparavant, il avait abdiqué. Le P. Blanchart, son coadjuteur,
lui succéda dans la dignité de supérieur général de la Congrégation de France
comme dans celle d'abbé de Sainte-Geneviève. Ce religieux et ceux qui, après
lui, furent placés à la tête des chanoines réguliers, poursuivirent l'œuvre du
réformateur avec un zèle constant. Ils réussirent à incorporer à la Congrégation
une quantité considérable de maisons religieuses. A la mort de La Rochefoucauld,
quarante monastères obéissaient à la règle commune. Au moment de la Révolution,
ils étaient au nombre de cent six.

Cet accroissement amena le chapitre général à se départir de l'un des principes
adoptés par le cardinal. En 1657, il fut décidé que la Congrégation se partagerait
en trois provinces (France, Bourgogne et Bretagne); et, en 1667, une nouvelle
province fut créée : celle de Champagne.

De la basilique primitive, élevée par Clovis en l'honneur des saints apôtres
Pierre et Paul, nous ne connaissons que l'emplacement qui était le même que
celui de l'église postérieure, bâtie aux xiie et xiiie siècles.

Celle-ci a subsisté, dans ses parties principales, jusqu'en 1807. Lorsque, alors,
elle fut détruite par mesure administrative, un relevé soigneux fut fait de l'état
où elle se trouvait. Il a servi à dresser les planches très précises qu'Albert Lenoir
a données, en 1835, dans la *Statistique monumentale de Paris*.

L'église Sainte-Geneviève occupait la place où est ouverte actuellement la rue
Clovis, entre l'église Saint-Étienne-du-Mont et le lycée Henri-IV. Elle mesurait
65 mètres de longueur et 20 de largeur. Le vaisseau central, flanqué de bas côtés,
était divisé en deux par un jubé : à l'Ouest, se trouvait la nef ouverte aux fidèles,
à l'Est, le chœur des religieux. Des niches rectangulaires, prises dans l'épaisseur
des murs, servaient de chapelles. Du chœur, on accédait par quelques marches
à l'abside en hémicyle sur laquelle s'ouvraient trois chapelles rayonnantes et une
sacristie. Au Nord, une autre chapelle communiquait avec le sanctuaire, près de
l'extrémité du bas côté.

Par ce même bas côté septentrional, on pénétrait autrefois dans la grande
chapelle Saint-Étienne, bâtie vers 1222 pour le service paroissial et qui, transformée au xvie siècle, est devenue l'église Saint-Étienne-du-Mont[1]. Le bas

---

[1] Voir ci-devant, tome III, p. 607 et suiv.

côté méridional était en communication avec la tour de l'église et le cloître de l'abbaye.

La façade, élevée dans la première moitié du XIIIe siècle, était percée de trois portes, de hautes fenêtres en arc brisé et d'une rose.

Une crypte, à laquelle on descendait par deux escaliers situés aux extrémités des bas côtés, était de même plan que le sanctuaire. Elle avait servi d'église paroissiale aux habitants de la Montagne jusqu'à la construction de la chapelle Saint-Étienne. En 1628, le cardinal de La Rochefoucauld y fit opérer des travaux importants et l'orna de colonnes et de marbres précieux.

Sous la nef et les bas côtés, on a retrouvé de nombreux cercueils de pierre, entre autre ceux que l'on a considérés comme ayant renfermé les restes de Clovis et des membres de sa famille.

La tour, accolée à l'église sur le flanc méridional, subsiste encore, encastrée dans les bâtiments du lycée Henri-IV. Elle comprend deux parties nettement distinctes : l'inférieure, de l'époque romane; la supérieure, de l'époque gothique.

Au flanc méridional s'appuyait le cloître des religieux, dont les trois autres côtés étaient formés par la salle capitulaire à l'Est, par le réfectoire à l'Ouest, et par un bâtiment comprenant, avec les cuisines, une chapelle dédiée à la Vierge, qu'on a appelée successivement Notre-Dame de la Cuisine et Notre-Dame de Consolation ou de Miséricorde, au Sud.

De très vastes constructions avec jardins s'étendaient au delà : le plan en a été dressé par Lenoir.

L'église dont nous venons de parler était considérée, au milieu du XVIIIe siècle, comme insuffisante par ses dimensions. D'ailleurs, elle était dans un état de vétusté voisin de la ruine. Le 9 décembre 1754, les religieux de Sainte-Geneviève présentèrent une requête au roi pour obtenir de sa libéralité la construction d'une nouvelle église. Louis XV accéda à leur demande. Plusieurs projets furent élaborés. On adopta celui de G. Soufflot, architecte du roi et contrôleur des bâtiments royaux. Les frais devaient être couverts par une part prélevée sur le produit des loteries. Plus tard, Louis XVI conclut un emprunt de quatre millions dont les deniers étaient entièrement destinés à la construction de l'église.

Les travaux furent commencés, en 1757, sur les terrains dépendant de l'abbaye situés vers l'Ouest. Les substructions et la crypte étaient terminées en 1764. Le 6 septembre de cette année, le roi posa la première pierre de l'église supérieure. L'édifice était à peine achevé lorsque survint la Révolution. Par décret, en date du 4 avril 1791, promulgué sur la proposition du marquis de Pastoret, à l'occasion de la mort de Mirabeau, le nouveau monument fut « destiné à réunir les cendres des grands hommes, à dater de l'époque de la liberté française ».

Les autres bâtiments furent, pour la plus grande partie, affectés à une école centrale. La bibliothèque qui, dispersée au XVIIe siècle par l'abbé de Brichanteau,

avait été reconstituée par La Rochefoucauld, fut nationalisée. Elle resta en place
jusqu'en 1842. Le médaillier fut transféré au Cabinet national. Les objets mobiliers
se trouvèrent dispersés; la célèbre châsse de sainte Geneviève, d'abord portée à
Saint-Étienne-du-Mont, en fut enlevée en 1793 pour être fondue; les reliques
de la sainte furent alors brûlées en place de Grève. Les quatre statues de Germain
Pilon, qui soutenaient la châsse, subsistent encore, mutilées, au Musée du
Louvre [1].

[1] Millin, *Antiquités nationales*, t. V, *Abbaye
Sainte-Geneviève à Paris*. Albert Lenoir, *Statistique
monumentale de Paris*, *Album*, t. I (22 pl.) et
Explication des planches, p. 50-70. Abbé Féret,
*L'abbaye de Sainte-Geneviève et la Congrégation de
France*. R. Giard, *Histoire de l'abbaye de Sainte-
Geneviève de Paris, jusqu'à l'année 1619* (*École
nationale des Chartes. Positions des thèses soutenues
par les élèves de la promotion de 1901, pour obtenir
le diplôme d'archiviste paléographe*, p. 71-80). Du
même, *Étude sur l'histoire de l'abbaye de Sainte-
Geneviève de Paris, jusqu'à la fin du XIIIᵉ siècle*
(*Mémoires de la Société de l'histoire de Paris*, t. XXX,
p. 41-126).

INDEX ALPHABÉTIQUE.

Marigny (Guillaume de), 1977.
Mattioli (Cornelio), 1924.
Michon (Robert), 1923.
Montenay (Jean de), 1950.
Montigny (Aubert de), 2000.
Morin (François), 1952.

Nicosie (Gérard de), voir Gérard.

Osber (Laurent), 2017.
Oudet (Robert), 2026.
Oulchy (Guillaume d'), 1985.

Paissy (Herbert de), 2030.
Paris-Branscourt (Thomas de), 1962.
Phelypeaux (Victor), 1943.
Pierre, 1980.
Pigen (Vincent), 2019.
Polinier (Jean), 1963.
Pommard (Hugues de), 1933.
Pouly (Guillaume de), 2033.
Précilbert (Renaud de), 1941.
Prudence (Saint), 1938.

Rohault (Jacques), 1916-1918.
Roissy (Jean de), 1969.
— (Jean de), 2006.
Romainville (Arnoul de), 1975.

Saint-Germain (Geoffroy de), 2005.
Saint-Leu (Nicolas de), 2010.
Saint-Martin (Renaud de), 2018.
Saunier (Jean), 2020.
Savoie (Agnès de), 1932.

Troyes (Thibout de), 1998.

Ulvy (Pierre), 2029.

Varennes (Jean de), 1966.
Vémars (Pierre de), 1996.
— (Renaud de), 2034.
Vincent (Guillaume de), 2031.
Vy (Jean de), 1970.

Watrée (Antoine), 1953.

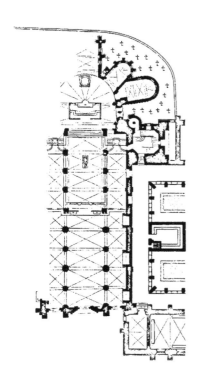

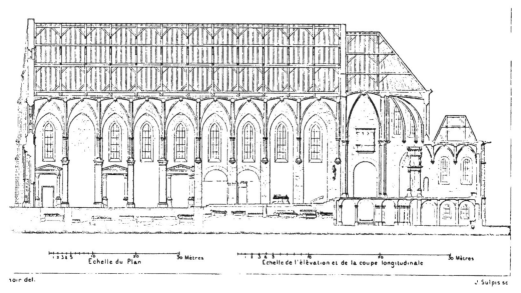

1 3 à 5   10   20   30 Mètres
Echelle du Plan

1 3 à 5   10   20   30 Mètres
Echelle de l'élévation et de la coupe longitudinale

EGLISE DE L'ABBAYE ROYALE DE Sᵀᴱ GENEVIÉVE DV MONT
Plan, Elévation et Coupe longitudinale

ÉPITAPHES DE L'ÉGLISE.

NEF ET BAS CÔTÉS.

RENÉ DESCARTES.

Épitaphe inscrite sur une table de marbre blanc encadrée de marbre noir, au bas de la première colonne de la nef, à droite en entrant.

Monument de René Descartes.

1914. — RENATUS DESCARTES, | VIR SUPRA TITULOS OMNIUM RETRO PHILOSOPHO-RUM, | NOBILIS GENERE, ARMORICUS GENTE, TURONICUS ORIGINE, | IN GALLIA FLEXIÆ

STUDUIT; ‖ IN PANNONIA MILES MERUIT; ‖ IN BATAVIA PHILOSOPHUS DELITUIT; ‖ IN SUECIA VOCATUS OCCUBUIT.

TANTI VIRI PRETIOSAS RELIQUIAS ‖ GALLIARUM PERCELEBRIS TUNC LEGATUS PETRUS CHANUT, ‖ CHRISTINÆ, SAPIENTISSIMÆ REGINÆ, SAPIENTIUM AMATRICI ‖ INVIDERE NON POTUIT, NEC VINDICARE PATRIÆ; ‖ SED QUIBUS LICUIT CUMULATAS HONORIBUS ‖ PEREGRINÆ TERRÆ MANDAVIT INVITUS, ‖ ANNO DOMINI 1650, MENSE FEBRUARIO, ÆTATIS 54.

TANDEM POST SEPTEM ET DECEM ANNOS, ‖ IN GRATIAM CHRISTIANISSIMI REGIS, ‖ LUDOVICI DECIMI QUARTI, ‖ VIRORUM INSIGNIUM CULTORIS ET REMUNERATORIS, PROCURANTE PETRO DALIBERT, ‖ SEPULCHRI PIO ET AMICO VIOLATORE, ‖ PATRIÆ REDDITÆ SUNT ‖ ET IN ISTO URBIS ET ARTIUM CULMINE POSITÆ[1], ‖ UT QUI VIVUS APUD EXTEROS OTIUM [ET] FAMAM QUÆSIERAT, MORTUUS APUD SUOS CUM LAUDE QUIESCERET, ‖ SUIS ET EXTERIS IN EXEMPLUM ET DOCUMENTUM FUTURUS.

I NUNC VIATOR ‖ ET DIVINITATIS IMMORTALITATISQUE ANIMÆ ‖ MAXIMUM ET CLARUM ASSERTOREM ‖ AUT JAM CREDE FELICEM, AUT PRECIBUS REDDE.

Bibl. Sainte-Geneviève, ms. 609, fol. 242 v°; — Cabinet des Estampes, Pe 11 a, fol. 164 (reproduction figurée); — Piganiol, t. VI, p. 69; — Millin, *Abbaye Sainte-Geneviève*, p. 62.

Table de marbre blanc, surmontée d'un médaillon présentant le buste en terre cuite du défunt, accompagné d'instruments des sciences mathématiques, le tout placé au-dessus de l'inscription précédente.

1915. — DESCARTES DONT TU VOIS ICY LA SÉPULTURE,
A DESSILLÉ LES YEUX DES AVEUGLES MORTELS,
ET GARDANT LE RESPECT QUE L'ON DOIT AUX AUTELS,
LEUR A DU MONDE ENTIER DÉMONTRÉ LA STRUCTURE.
SON NOM PAR MILLE ESCRITS SE RENDIT GLORIEUX;
SON ESPRIT MESURANT ET LA TERRE ET LES CIEUX,
EN PENETRA L'ABISME, EN PERÇA LES NUAGES.
CEPENDANT COMME UN AUTRE IL CEDE AUX LOIS DU SORT,
LUY QUI VIVROIT AUTANT QUE SES DIVINS OUVRAGES
SI LE SAGE POUVOIT S'AFFRANCHIR DE LA MORT[2].

Bibl. Sainte-Geneviève, ms. 609, fol. 242; — Cabinet des Estampes, Pe 11 a, fol. 164 (reproduction figurée); — Piganiol, t. VI, p. 68; — Millin, *Abbaye Sainte-Geneviève*, p. 62.

JACQUES ROHAULT.

Dans la nef, près du tombeau de Descartes, monument de marbre blanc, traité en bas-relief, formé d'une table rectangulaire, cintrée en haut et en bas, posée sur deux consoles et enfermant un ovale de marbre noir sur lequel se

[1] Les restes de Descartes, mort à Stockholm, furent rapportés en France, par Dalibert, en 1667, et inhumés à Sainte-Geneviève le 24 juin.

[2] Ces vers sont de Gaspard de Fieubet, chancelier de la Reine, conseiller d'État.

lisait l'épitaphe. Cet ovale était entouré d'une guirlande de lauriers, surmonté d'une sphère armillaire et d'instruments de mathématiques, et décoré de draperies soutenues par deux Génies qui tenaient des appareils d'astronomie. Au-dessous du médaillon, le philosophe assis, la main sur une sphère, faisait lace à la religion assise. Sur un cartel, derrière l'image du défunt, étaient sculptées ses armoiries. Le monument était surmonté d'une croix et de deux lampes funéraires.

1916. — D. O. M. Et æternæ memoriæ Jacobi Rohault, ambiani, celeberrimi quondam mathematici et philosophici, cujus cor hic repositum est.

Monument de Jacques Rohault.

1917. — Discordes jamdudum æquis rationibus ambæ,
Et natura et Religio sibi bella movebant;
Tu, rerum causas fidei et mysteria pandens,
Concilias utrasque et amico fœdere jungis.

MUNERE PRO TANTO, DECUS IMMORTALE SOPHORUM,
HOC MEMORES POSUERE TIBI VENERABILE BUSTUM
QUOS UNUM DOCTRINA FACIT, COMPINGIT IN UNUM
DOCTAQUE CARTESII OSSA HOC MARMOR CORQUE ROHALTI.
HAS TANTI EXUVIAS HOMINIS LIENARDUS AD ARAS
APPENDIT, SIBI OFFICIIS CUMULATUS AMICI.

Dans un cartouche, au-dessous du bas-relief, on lisait :

1918. — ÆRE JACOBI ROHAULT, FRATRIS EJUS AMANTISSIMI, REGALIS ECCLESIÆ
SANCTI QUINTINI CANONICI, ANNO 1695. — REQUIESCAT IN PACE.

ARMES. De... à la montagne de... mouvant de la pointe, accompagnée de deux étoiles en
fasce et d'un soleil en chef de...

  Cabinet des Estampes, Pe 11 a, fol. 163 (reproduction figurée); — Piganiol, t. VI, p. 72; —
  Millin, *Abbaye Sainte-Geneviève*, p. 65.

JEAN DU HESTRAY.

1919. — VIXIT JOHANNES HASTREUS, APOSTOLUS ALTER,
  SACRA FERENS, DOCTOR NOBILIS ATQUE PIUS;
  DONA DEDIT, CŒLUM VOLUIT, DIVINA PETIVIT,
  VIXIT UT HINC VIVAT, VIVIT ET HIC RECUBAT[1].

  Ms. C¹, p. 518; — Bibl. Sainte-Geneviève, ms. 609, fol. 146 v°; — Millin, *Abbaye Sainte-
  Geneviève*, p. 95.

FRANÇOIS DURAIS ✚ CHARLOTTE GUÉRIN.

1920. — CY GIST LE CORPS DE NOBLE HOMME FRANÇOIS DURAIS, SEIGNEUR DE
LA MABONNIERE, CONSEILLER AU PRÉSIDIAL DE SENLIS, BAILLY DE L'ABBAYE DE
CEANS, QUI TRESPASSA LE DIMANCHE XXV JUILLET M DC XXXIV, ET DAME CHARLOTTE
GUERIN, SA FEMME, LE DIMANCHE XVII MAI M DC XXXVII.

  Bibl. Sainte-Geneviève, ms. 609, fol. 151; — Millin, *Abbaye Sainte-Geneviève*, p. 95.

CONSTANT-LOUIS DE HANGEST.

Tombe placée au milieu de la nef.

1921. — CY GIST NOBLE CONSTANT LOYS D'HANGEST, NATIF DE CHALERANGE,
DIOCEZE DE REIMS, FILS DE MONSEIGNEUR LOYS DE HANGEST, SIEUR DE MONMORT

  [1] Jean du Hestray mourut en 1532 (Bibl. Sainte-Geneviève, ms. 609, fol. 146 v°).

ET DUDICT CHALERANGE, GRAND ESCUYER DE BRETAIGNE, ET DE DAMOISELLE MARIE D'ATHIE, SA FEMME, EN SON VIVANT...

ARMES. *De . . à la croix de . . . chargée de cinq coquilles de . . .*

Bibl. Sainte-Geneviève, ms. 609, fol. 151 : — Millin, *Abbaye Sainte-Geneviève*, p. 95.

JEAN DE HUBANS.

Tombe placée au bas de la nef, près de la grande porte, du côté du cloître.

1922. — HIC JACET MAGISTER JOHANNES DE HUBANTO, NIVERNENSIS DIOCESIS, QUONDAM DOMINI REGIS CONSILIARIUS ET PRÆSES IN CAMERA INQUESTARUM, IN PARLAMENTO, ET ARCHIDIACONUS DE CEZANIA IN ECCLESIA TRECENSI, QUI OBIIT ANNO M CCC LXXXVI°, DIE XXIV° NOVEMBRIS. – CUJUS ANIMA REQUIESCAT IN PACE. ORATE PRO EO.

ARMES. *Parti : au 1, palé d'azur et d'argent de six pièces; au 2, d'azur au chef cousu de gueules chargé de deux bandes d'or.*

Ms. B¹, p. 338; — Bibl. Sainte-Geneviève, ms. 609, fol. 151.

ROBERT MICHON.

Tombe placée près du bénitier.

1923. — NOMINE ROBERTUS, VIR PRUDENS ATQUE DISERTUS,
ET DIGNUS TITULO, CLAUDITUR HOC TUMULO.
HUNC IN PASTOREM FRATRES....[1].

Ms. C¹, p. 514; — Bibl. Sainte-Geneviève, ms. 609, fol. 217; — Millin, *Abbaye Sainte-Geneviève*, p. 39.

CORNELIO MATTIOLI.

Tombe placée dans le bas côté du Nord, près de l'autel.

1924. — CY GIST CORNELIO MATIOLI, GENTILHOMME SIENNOIS, INGENIEUR DU ROY, QUI DECEDDA LE XIV FEBVRIER M DC XLVII.

Bibl. Sainte-Geneviève, ms. 609, fol. 151; — Millin, *Abbaye Sainte-Geneviève*, p. 96.

[1] Robert Michon, abbé de Sainte-Geneviève, est mort le 24 octobre 1433 (ms. 609).

CATHERINE D'ALENÇON.

Tombe plate de pierre, portant l'effigie de la défunte dans un riche encadrement d'architecture. De chaque côté de la tête était un écu armorié. Cette tombe se trouvait dans le bas côté méridional, à droite en entrant, devant la chapelle Saint-Martin.

1925. — Cy gist noble et très puissante dame madame Katherine d'Alençon, duchesse en Baviere, comtesse de Mortaing, dame ‖ d'Armes, de Sainct

Tombe de Catherine d'Alençon.

Sylvain et du Thuit en Normandie, laquelle ‖ trespassa l'an mil quatre cens LXII, le XXIIᵉ jour du mois de juing. Dieu face a s'ame mercy [1].

[1] «Dieu luy face à l'ame mercy», d'après le ms. 609; «Priez Dieu pour le repos de son âme», d'après le ms. Pe 1.

ARMES. *Mi-parti : au 1, écartelé [de sable] au lion [d'or] et ?fuselé en bande [d'argent et d'azur] (BAVIÈRE); au 2, de France à la bordure [de gueules] besantée [d'argent] (ALENÇON).*

Ms. C¹, p. 525; — Bibl. Sainte-Geneviève, ms. 609, fol. 151 ; — Cabinet des Estampes, Pe 1, fol. 13 (reproduction figurée); — Millin, *Abbaye Sainte-Geneviève*, p. 91.

CHŒUR DES RELIGIEUX.

CLOVIS.

Tombeau de pierre situé au milieu du chœur des religieux, portant la statue couchée du roi et enfermé dans une boiserie dont les quatre faces présentaient les inscriptions suivantes[1] :

1926. — HIC EST ILLUSTRISSIMUS REX LUDOVICUS, QUI ET CLODOVEUS ANTE BAPTISMUM EST DICTUS, FRANCORUM REX QUINTUS, SED VERUS CHRISTIANUS, QUI AB ANASTASIO IMPERATORE CONSUL ET AUGUSTUS EST CREATUS. HUNC SANCTUS REMIGIUS BAPTISAVIT ET IN BAPTISMATE EJUS ANGELUS AMPULLAM SACRI CHRISMATIS DETULIT. HIC EX AQUITANIA ARRIANOS EXPULIT ET TOTAM ILLAM TERRAM USQUE AD MONTES PYRENEOS SUBJUGAVIT. HUIC PER VIENNAM FLUVIUM CERVUS MIRÆ MAGNITUDINIS VIAM OSTENDIT PER QUAM REX AC MILITES VADUM TRANSIERUNT ET IN EJUS ADVENTU MURI ANGOLISMÆ CIVITATIS CORRUERUNT; ALLEMANNIAM, TORINGIAM, BURGUNDIAM TRIBUTARIAS FECIT ET TERRAM ADJACENTEM .TRANSIVIT. PARISIIS SEDEM REGNI CONSTITUIT. ECCLESIAM ISTAM FUNDAVIT IN HONORE APOSTOLORUM PETRI ET PAULI, MONITIS SANCTISSIMÆ ET NON SATIS COMMENDANDÆ CLOTILDIS, UXORIS SUÆ, ET BEATÆ GENOVEFÆ, QUAM SANCTUS REMIGIUS DEDICAVIT; IN QUA POST LAUDABILIA OPERA REX SEPULTUS EST A QUATUOR FILIIS SUIS REGIBUS THEODORICO, CLODOMIRO, CHILDEBERTO ET CLOTARIO, ANNO DOMINI D XIII, REGNI SUI XXX.

1927. — CY GIST LE CINQUIESME ROY DE FRANCE, PREMIER ROY CHRESTIEN, DICT CLOVIS AVANT SON BAPTESME, LEQUEL SAINCT REMY BAPTISA A REIMS ET NOMMA

[1] On a cru que le tombeau primitif de Clovis portait l'inscription suivante, composée par saint Remi :

Dives opum, virtute potens clarusque triompho,
Condidit hanc sedem rex Clodoveus, et idem
Patricius; magno sublimis fulsit honore.
Plenus amore Dei, contempsit credere mille
Numina, quæ variis horrent portenta figuris.
Mox purgatus aquis et Christi fonte renatus,
Fragrantem gessit, infuso crismate, crinem.

Exemplumque dedit, sequitur quod plurima turba
Gentilis populi, spreto quæ errore suorum,
Ductorem est cultura Deum, verumque parentem.
His felix meritis superavit gesta priorum,
Semper consilio, castris bellisque tremendus.
Hortatu dux ipse bonus ac pectore fortis,
Constructas acies firmavit in agmine primus.

Mais cette épitaphe ne se trouve que dans des manuscrits interpolés d'Aimoin (*Recueil des historiens de France*, t. II, p. 538).

Louis, et la apporta une ange de paradis une ampoulle pleine de cresme, dont il fut oingt et ses successeurs, Roys de France, sont oingts a leur couronnement. Celuy Roy a l'admonestement de saincte Clotilde, sa femme, et de madame saincte Geneviefve, fonda ceste eglise en l'honneur des princes des apostres, sainct Pierre et sainct Paul, sacrée par sainct Remy. C'est la premiere eglise que jamais Roy de France fondast. Il conquist Toulouse et Aquitaine jusques aux monts Pyrenées. Devant luy les murs d'Angoulesme par miracle tomberent. Allemaigne luy fut tributaire, Thuringe, la haute Allemaigne et autres pays. Cestuy institua Paris chef du royaume de France, delivra et affranchit son royaume de la main des Romains. A ce noble Roy envoya l'empereur Anastase vesture imperiale et couronne d'or, laquelle il donna a sainct Pierre de Rome. Il vesquit et mourut sainctement et vesquit xv ans avant son baptesme et autres xv ans après et fut ici enterré, l'an d xiii, de ses quatre fils Roys, Theodoric, Clodomire, Childeric et Clotaire, en l'an xxxe de son règne.

1928. — Hic est illustrissimus rex Ludovicus qui et Clodoveus ante baptismum nominatus est, Rex Francorum quintus.

1929. — Cy gist le ve Roy de France et premier chrestien, dict Clovis devant son baptesme, lequel saint Remy baptisa a Reims et le nomma Loys. Cestuy institua Paris chef de son roiaume, lequel il delivra et franchit des Romains.

Le monument de Clovis a été refait, par les soins du cardinal de La Rochefoucauld, en marbre blanc, avec socles et corniches de marbre noir. Sur le tombeau a été placée une statue royale, trouvée dans le sous-sol du cloître, et retaillée [1]. Le cardinal a fait graver sur le nouveau monument l'inscription suivante :

1930. — Clodovæo magno, ‖ Regum Francorum primo Christiano, ‖ hujus basilicæ fundatori, ‖ sepulchrum vulgari olim lapide structum ‖ et longo ævo deformatum, ‖ abbas et conventus meliori opere, ‖ cultu et forma renovarunt. Anno Christi m dc xxi.

Cabinet des Estampes, Oa 9, fol. 1; Pe 11 a, fol. 16 (reproduction figurée); — Millin, *Abbaye Sainte-Geneviève*, p. 86-88.

PHILIPPE COUSIN.

Tombe placée au bas des degrés du sanctuaire du côté de l'Évangile.

1931. — Nomine Cognatum tumulus tenet iste Philippum,
    Quo pastore diu claruit ista domus.

[1] Cette statue se trouve aujourd'hui à la basilique de Saint-Denis.

REXERAT ILLE PRIUS DELUBRA GREGESQUE MEDARDI,
PAVERAT EXEMPLO UT BONUS OPILIO.
JURE IGITUR VEHEMENS ELEGIT ET ARDUA VIRTUS
EX OVE PASTOREM QUI BENE PAVIT OVES.
TUM MAGNÆ VARIAT SPLENDOR VIRTUTIS IN IPSO
UT FUERIT TANTO DIGNUS HONORE PATRO.
NUNC PIUS IGNOSCAT QUIDQUID PECCAVIT OLYMPUS.
QUI LEGIS HÆC FUNDAS PRO MISERANDO PRECES.

Ms. C¹, p. 515; — Bibl. Sainte-Geneviève, ms. 609, fol. 224 v°.

AGNÈS DE SAVOIE.

Tombe placée près des marches du sanctuaire.

1932. — EXIGUO CLAUDUNTUR HOC SAXO INTESTINA NOBILIS DOMINÆ AGNETIS DE SABAUDIA, UXORIS QUONDAM ILLUSTRISSIMI VIRI FRANCISCI, COMITIS DUGNENSIS; MOLEM AUTEM CORPORIS EXUIT SEXTO DECIMO MARTII, ANNO INCARNATI VERBI M° D° VIII°.

Ms. C¹, p. 525; — Bibl. Sainte-Geneviève, ms. 609, fol. 151.

HUGUES DE POMMARD.

Tombe plate de cuivre voisine du sanctuaire, portant l'effigie du défunt dans un encadrement d'architecture; aux angles étaient gravés quatre écussons : deux aux armes du prélat et deux aux armes de l'évêché de Langres.

1933. — HIC JACET BONE MEMORIE DOMINUS ‖ HUGO DE POMARCO, QUONDAM EPISCOPUS LINGONENSIS, DOMINI REGIS FRANCIE CONSILIARIUS, ‖ QUI OBIIT ANNO DOMINI MILLESIMO TRECENTESIMO ‖ QUADRAGESIMO QUINTO[1], XXVIIᴬ APRILIS. CUJUS ANIMA PER DEI MISERICORDIAM REQUIESCAT IN PACE. AMEN.

ARMES. [*D'azur*] *au sautoir* [*de gueules*] *accompagné de quatre fleurs de lis* [*d'or*] (LANGRES).
De... au chef de... chargé de trois coquilles de... et à la bordure de...
(POMMARD).

Ms. C¹, p. 507; — Cabinet des Estampes, Pe 1 k, fol. 42 (reproduction figurée); — Bibl. nat.,
ms. latin 17035, fol. 169 (reproduction figurée).

[1] 1344, d'après le ms. C¹.

Tombe de Hugues de Pommard.

GÉRARD DE NICOSIE.

Tombe plate de cuivre au pied du tombeau de Clovis.

1934. —   VENERABILIS ISTE GIRARDUS[1]
                 ARDUA QUI GESSIT HAC VOCE RITE VOCATUS,
             HIC FUIT EXPERTUS, DOCTUS, PRUDENS ET APERTUS,
             IPSE NICOSIÆ FUIT ARCHIEPISCOPUS URBIS;
             UTILIS ECCLESIÆ CYPRI MISERIS, QUORUM TURBIS —

[1] Gérard, archidiacre de Langres en 1287, nommé archevêque de Nicosie le 24 avril 1295, suspendu en 1303, remplacé le 10 mai 1312.

MILLE TRECENTI CURREBANT QUATUOR ANNI —
THESAUROS DABAT. NOVIES FEBRUUS IPSE DIES QUANDO DECESSIT.

Et, autour de la tête :

VIRTUS VERA DEI PROPITIETUR EI.

Et, à côté de l'effigie :

MAISTRE GIRARS LI F... RES, DE SENS, FECIT.

Ms. C¹, p. 507; — Bibl. Sainte-Geneviève, ms. 609, fol. 144 v°; — Millin, *Abbaye Sainte-Geneviève*, p. 95.

ÉTIENNE DE LA PIERRE.

Tombe placée vers le milieu du chœur.

1935. — HIC JACET INFERIUS DE PETRA STEPHANUS, HUJUS ABBAS ECCLESIÆ, PASTOR ET EGREGIUS, PRÆDITUS EX HORIS BORBONIORUM, MORIBUS ET VITA LAUDANDUS UT ISRAELITA, FRATRES DILEXIT QUOS LONGO TEMPORE REXIT DULCE DUM VIXIT, ÆDES ET CLAUSTRUM REFECIT, AC RURSUM CONGRESSUS EX ALTO TENDERE JUSSUS, VITAM FINIVIT ANNIS DOMINI NUMERATIS BIS SEPTEM CENTUM BIS BINOS JUNGAS ET UNUM.

Ms. C¹, p. 508; — Bibl. Sainte-Geneviève, ms. 609, fol. 214; — *Gallia christiana*, t. VII, col. 758.

PIERRE DE BÉCOUD.

Tombe placée près du jubé.

1936. — CY GIST NOBLE HOMME PIERRE DE BÉCOUD, CHEVALIER, SIRE DE FLECHINEL, EN ARTOIS, JADIS CONSEILLER DU ROY, QUI TRESPASSA L'AN DE GRACE M CCC LVI[1], LE XVIᴱ JOUR DE FEBVRIER. — PRIEZ POUR L'AME DE LUY.

ARMES. *De... à la bande ?fuselée de cinq pièces de..., au lambel de cinq pièces, chargé de quinze besants, brochant sur le tout.*

Ms. B¹, p. 338; — Bibl. Sainte-Geneviève, ms. 609, fol. 145.

[1] Le 6 février 1350, d'après le ms. 609 de la Bibliothèque Sainte-Geneviève.

CHAPELLE SAINT-JEAN-BAPTISTE [1].

FRANÇOIS DE LA ROCHEFOUCAULD.

Le tombeau du cardinal de La Rochefoucauld, que l'on trouvait à gauche, en entrant dans la chapelle, était engagé sous une grande arcade au-dessus de laquelle étaient sculptées les armes du défunt.

Tombeau du cardinal François de La Rochefoucauld.

[1] Chapelle située au sud du sanctuaire.

Le monument était formé d'un cénotaphe de marbre noir antique, décoré de feuillages et de godrons, reposant sur un socle orné d'entrelacs, en marbre blanc veiné. La face antérieure du cénotaphe était coupée par une table de marbre noir portant l'épitaphe et surmontée des armes de l'abbaye, placées dans un cartouche entouré de guirlandes.

Le cénotaphe supportait la statue agenouillée du prélat en costume cardinalice; un enfant soutenait la queue du manteau. Cette statue était l'œuvre de Philippe de Buyster, sculpteur du Roi.

Le tombeau, transféré, pendant la Révolution, au Musée des Monuments français, a été réédifié, en 1817, aux Incurables de Paris [1]. Il est aujourd'hui aux Incurables d'Ivry [2].

1937. — Eminentissimo sanctæ romanæ ecclesiæ cardinali, Francisco de La Rochefoucauld, ‖ antiqua et perillustri stirpe oriundo, ‖ doctrina, pietate et omni virtutum genere celeberrimo, ‖ primum claromontano, deinde sylvanectensi episcopo, ‖ antiquæ religionis et ecclesiasticæ dignitatis acerrimo defensori, ‖ rerum et consiliorum publicorum in Gallia quondam præsidi et administratori integerrimo, ‖ summo Galliarum eleemosinario et optimo pauperum parenti, ‖ religiosorum ordinum amantissimo patrono, ‖ regularis canonicorum Sancti Augustini disciplinæ vindici ac restitutori, ‖ hujus domus abbati religiosissimo ‖ ac munificentissimo benefactori, ‖ hoc superstitis et æterni amoris ac observantiæ monimentum ‖ tristi religione mœrentes posuerunt ‖ abbas et canonici regulares hujus ecclesiæ. ‖ Hic titulum abbatiæ quem ante ipsum nemo nisi istius domus canonicus possederat ‖ huic eidem familiæ restituit. ‖ Ossa ejus in subterraneo specie sacelli inferioris jacent. ‖ Obiit anno Domini M DC XLV, die februarii XIIII, ætatis LXXXVII. ‖ Requiescat in pace.

ARMES. *Burelé d'argent et d'azur, à trois chevrons de gueules brochant sur le tout, le premier écimé.*

Bibl. Sainte-Geneviève, ms. 713, fol. 24; — Piganiol, t. VI, p. 66; — Millin, *Abbaye Sainte-Geneviève,* p. 68.

[1] Rue de Sèvres (hôpital Laennec).
[2] Voir : H. Feulard, *Hôpital Laennec, ancien hospice des Incurables,* p. 33; — A. Boinet, *Le tombeau du cardinal François de La Rochefoucauld,* dans la *Revue archéologique,* 1908, 2ᵉ semestre, p. 96-106 et pl. XII, XIII; — M. Fosseyeux, *Inventaire des objets d'art appartenant à l'administration générale de l'Assistance publique à Paris,* p. 100 et pl.

CRYPTE.

SAINT PRUDENCE.

Tombeau en forme de sarcophage, engagé dans la muraille, sous une arcade en plein cintre; le tout décoré de marbres polychromes.

Tombeau de saint Prudence.

1938. — PRUDENTII, PARISIENSIS EPISCOPI, QUI SUB ANNO CHRISTI CCCC, ‖ PRO-XIMO ANTE SANCTUM MARCELLUM LOCO CATHEDRAM ‖ TENUIT, TUMULUS CUM RELI-QUIIS CORPORIS EX ‖ PRISTINA SEDE TRANSLATUS EST, ANNO DOMINI M DC XXVIII.

Du Molinet, p. 194; — Cabinet des Estampes, Pe 11 a, fol. 202 (reproduction figurée); — Bibl. nat., ms. latin 17040, fol. 17 (reproduction figurée); — Millin, *Abbaye Sainte-Geneviève*, p. 92; — A. Lenoir, *Statistique monumentale de Paris. Sainte-Geneviève*, pl. XV *bis*.

SAINT CÉRAUNE.

Tombeau semblable au précédent, en face de celui-ci.

1939. — Sancti Cerani, parisiensis episcopi, qui post anno Christi DC, ‖ Clotario II rege, cathedram tenuit, tumulus ‖ ex quo levatæ olim sacræ reliquiæ, in hunc ‖ locum translatus est, anno M DC XXVIII.

Tombeau de saint Céraune.

Du Molinet, p. 200; — Cabinet des Estampes, Pe 11 a, fol. 254 (reproduction figurée); — Bibl. nat., ms. latin 17040, fol. 13 (reproduction figurée); — Millin, *Abbaye Sainte-Geneviève,* p. 92; — A. Lenoir, *Statistique monumentale de Paris. Sainte-Geneviève,* pl. XV bis.

IMPRIMERIE NATIONALE.

ÉPITAPHES DE LA CHAPELLE DE MISÉRICORDE.

JEAN CASSE (?)

Tombe plate portant l'effigie d'un chanoine, dans une niche très ornée.

1940. — Hic jacet magister Johannes dictus Casse(?), diocesis ‖ pictaviensis quondam canonicus et cancellarius ecclesiæ ‖ Beate Marie noviomensis, qui obiit anno Domini ‖ millesimo trecentesimo quinquagesimo, tercia die ‖ junii.

Tombe de Jean Casse (?)

Credo quod redemptor meus vivit et in novissimo ‖ die de terra surrecturus sum et in carne mea videbo ‖ Deum, salvatorem meum.

Texte d'après le dessin ci-dessus (Guilhermy, t. I, p. 361); — A. Lenoir, *Statistique monumentale de Paris. Sainte-Geneviève*, pl. XVIII[1].

[1] Cette tombe se trouve actuellement dans la cour de l'École des Beaux-Arts.

RENAUD DE PRÉGILBERT.

Tombe plate de cuivre portant l'effigie du défunt en costume de chanoine, le bâton cantoral à la main :

1941. — HIC JACET VIR MAGNÆ DISCRETIONIS ET PRUDENTIÆ MAGISTER REGINAL-DUS DE PRATO GILBERTI, QUONDAM PRESIDENS IN CAMERA INQUESTARUM DOMINI REGIS, CANTOR ET CANONICUS AUTISSIODORENSIS, CANONICUS SENONENSIS ET CA-PELLÆ REGALIS PARISIENSIS, QUI OBIIT ANNO DOMINI M° CCC° L° XIII°, XXVᴬ DIE MEN-SIS SEPTEMBRIS[1]. — ANIMA EJUS REQUIESCAT IN PACE. AMEN.

> Ms. B¹, p. 337; — Bibl. Sainte-Geneviève, mss 609, fol. 147 v°; 1980, fol. 14; — Millin, *Abbaye Sainte-Geneviève*, p. 103.

JACQUES LE FLAMENT.

1942. — HIC JACET VENERABILIS PATER BONE MEMORIÆ VIR PROVIDUS EX GENERE ..... ORTUS, DOMINUS JACOBUS ..... QUONDAM ABBAS MONASTERII ECCLESIE DE BERTHALIA, IN BELVACINIO..... [2].

> Bibl. Sainte-Geneviève, ms. 1980, fol. 14.

VICTOR PHELYPEAUX.

Tombe plate de marbre noir, bordée de marbre blanc, placée, du côté de l'Évangile, près de l'autel. Elle était ornée de deux lampes funéraires, de la figure d'un sarcophage et des armoiries du défunt, couronnées, décorées de la crosse et de la mitre. Au centre se lisait l'inscription suivante :

1943. — HIC JACET ‖ NOBILISSIMUS ADOLESCENS, ‖ VICTOR PHELIPEAUX, ‖ ABBAS ‖ SANCTI VINCENTII DE NIOLIO, ‖ ORDINIS CANONICORUM REGULARIUM, IN TERRITORIO PICTAVIENSI, ‖ ILLUSTRISSIMI VIRI ‖ LUDOVICI PHELIPEAUX, ‖ DOMINI DE LA VRILLIERE ETC. ‖ COMITIS CONSISTORIANI, EQUITIS TORQUATI, ‖ REGIS REGNIQUE A SECRETIS QUA-TUORVIRI, ‖ FILIUS, QUI OBIIT ‖ DIE XVII DECEMBRIS, ANNO SALUTIS M DC LXV, ÆTATIS XVIII.

> ARMES. *Écartelé : aux 1 et 4, [d'azur] semé de quartefeuilles [d'or], au franc-quartier d'her-mine (PHELYPEAUX); aux 2 et 3, [d'argent] à trois lézards [de sinople] (CORTE-REAU).*

> Ms. D, fol. 190 (reproduction figurée).

---

[1] Le 25 novembre 1353, d'après le ms. 609. — [2] Jacques le Flament, abbé de Breteuil-sur-Noye, mort à Paris, le 9 août 1383.

Tombe de Victor Phélypeaux.

JOSEPH FOULON.

Tombeau de marbre noir en forme de socle, élevé de deux pieds et demi, placé devant l'autel. Il portait la statue de bronze, couchée, d'un prélat[1]. Autour de la dalle, on lisait l'inscription suivante :

1944. — Hic jacet frater Joseph[us] Foulon, hujus ec‖clesie canonicus, qui anno Domini M D LVII, in abbatem Dei gratia electus, ita sapienter ‖ vitam instituit ut omnibus, durissimis ‖ licet temporibus, gratus charusque esset..Cujus anima in pace quiescat. Amen. ‖ Obiit 7 augusti 1607.

Cabinet des Estampes. Pe 11, fol. 90, Pe 11 a, fol. 15 (reproductions figurées): — Piganiol, t. VI, p. 80; — Millin, *Abbaye Sainte-Geneviève*, p. 102 et pl. IV, fig. 3.

[1] La statue est celle de Benjamin de Brichanteau, de qui l'épitaphe suit.

BENJAMIN DE BRICHANTEAU.

Inscription placée sur le même monument que la précédente, à l'intérieur de celle-ci :

1945. — Hoc eodem componitur tumulo Dominus Benjaminus de Brichanteau, episcopus et dux ‖ Laudunensis, comes ‖ d'Anissy, par Franciæ, abbas et religiosus professus hujus monasterii, qui ut nobilitate sic pieta‖te clarus; obiit anno M DC XIX, III idus julii.

Tombeau de Joseph Foulon et de Benjamin de Brichanteau.

Cabinet des Estampes, *loc. cit.;* — Piganiol, t. VI, p. 81; — Millin, *Abbaye Sainte-Geneviève,* p. 41.

ÉTIENNE DESPOIGNY.

Tombe placée à droite de la précédente.

1946. — Sub hoc tumulo frater Stephanus Despoigny, canonicus hujus ecclesiæ, sacerdos et professus, necnon eleemosinarius, mortuorum resurrectionem expectans dormire voluit; qui ad Christum migravit anno Domini m d lxxxiv, ultima septembris.

> Bibl. Sainte-Geneviève, ms. 1980, fol. 14.

NICOLAS COUSINOT.

Tombe placée au pied de celle de l'abbé Foulon, portant l'effigie d'un religieux, sous une arcade historiée.

1947. — Hoc clauditur tumulo religiosus vir frater Nicolas Cousinot, canonicus hujus ecclesiæ, sacerdos et professus ac prior curatus Sancti Martini de Nanthodoro, qui pie et caste xlix annos vixit in hoc cœnobio, die autem xxvᵃ mensis octobris diem clausit extremum, anno Domini m d lvii. — Cujus anima requiescat in pace. Amen.

> Armes. *Écartelé : aux 1 et 4, de . . . à trois pigeons de . . . ; aux 2 et 3, de . . . à deux bandes de . . . chargées chacune de trois molettes de . . .*

> Mss B¹, p. 337 ; — C¹, p. 503 ; — Bibl. Sainte-Geneviève, ms. 1980, fol. 14 v°; — Millin, *Abbaye Sainte-Geneviève*, p. 101.

ÉPITAPHES DE LA SALLE CAPITULAIRE.

CHARLES FAURE.

Tombe plate de marbre blanc, bordée de marbre noir, au pied de la chaire de l'abbé.

1948. — A. ✻. Ω. ‖ Hic jacet ‖ reverendissimus in Christo pater ‖ Carolus Faure, ‖ hujus domus abbas, ‖ ordinis canonicorum regularium congregationis gallicanæ hoc sæculo restaurator ‖ ac primus præpositus generalis, ‖ vir ad magna quæque natus; ‖ magnus ingenio, memoria, eloquentia, erudi-

TIONE, ‖ MAJOR ANIMO, LABORE, CONSTANTIA, ‖ MAXIMUS MODESTIA, RELIGIONE, ‖ SUPEREMINENS CHARITATE; ‖ QUI COLLAPSAM UBIQUE FERE GALLIARUM CANONICÆ VITÆ DISCIPLINAM ‖ PRIMUS ERIGERE COGITAVIT, ‖ CONSILIUMQUE TAM ARDUUM ET CEPIT IPSE ADOLESCENS ET SENIBUS DEDIT ‖ MOX, UT OPERE IMPLERET, ‖ FAVENTIBUS GREGORIO XV ET URBANO VIII, PONTIFICIBUS MAXIMIS, ‖ ANNUENTE LUDOVICO JUSTO, FRANCORUM REGE CHRISTIANISSIMO, ‖ OPERAM PRÆBENTE FRANCISCO CARDINALE RUPIFUCALDO, ‖ ASPIRANTE IN OMNIBUS ET SUPER OMNES DEO OPTIMO, MAXIMO, ‖ PRIMUM IN SANCTI VINCENTII SYLVANECTENSIS DOMO, UBI DEO SE DEVOVERAT, ‖ TUM IN HAC SANCTÆ GENOVEFÆ, UBI DEO QUAMPLURIMOS DEVOVIT, ‖ TANTO CONATU TANTOQUE SUCCESSU INSUDAVIT ‖ UT CANONICORUM COLONIIS PER VARIA PASSIM CŒNOBIA DEDUCTIS, ‖ AMPLISSIMUM ORDINEM DIU MISEREQUE DEFORMATUM, BREVI FELICITER INSTAURAVERIT; ‖ DEMUM AUCTA QUINQUAGINTA MONASTERIIS SUA CONGREGATIONE, ‖ CÆTERIS EJUSDEM ORDINIS EAMDEM SUBINDE DISCIPLINAM CERTATIM AMPLECTENTIBUS, ‖ POST CONDITAS AD CANONICÆ VITÆ NORMAM OPTIMAS LEGES, ‖ IPSE VIVA LEX, IPSE SUORUM REGULA MAGIS QUAM RECTOR, ‖ IN ANIMIS FILIORUM QUOS PROPE INNUMEROS CHRISTO GENUIT, ‖ ÆTERNUM VICTURUS, ‖ OBIIT, ‖ PRIDIE NONAS NOVEMBRIS, ANNO SALUTIS M DC XLI, ÆTATIS L, PROFESSIONIS XXX.

> Bibl. nat., ms. français 20894, fol. 21 (reproduction figurée); — Bibl. Sainte-Geneviève, ms. 609.
> fol. 248: ms. 713, fol. 10, 23 v°; — Millin, *Abbaye Sainte-Geneviève*, p. 44.

PIERRE CAILLOU.

Tombe plate de pierre, placée au fond de la salle capitulaire, portant l'effigie du défunt dans un riche encadrement d'architecture à niches renfermant de petits personnages. En haut, deux anges tenaient chacun un écusson armorié.

1949. — HIC JACET VIR VITE LAUDABILIS, BONE MEMORIE REVERENDUS IN CHRISTO PATER DOMINUS PETRUS CAILLOU, ABBAS QUONDAM HUJUS VENERABILIS MONASTERII SANCTE GENOVEFE, QUI ANNO DOMINI M° CCC LXXXIX° RELIGIO‖NEM DICTI MONASTERII INGRESSUS, QUAMPLURIMA OFFICIORUM MINISTERIA EXERCENDO IN FINEM USQUE LAU‖DABILITER PERSEVERANS, PER MULTOS LABORES HUJUS VITE DIEM CLAUSIT EXTREMUM ANNO EJUSDEM DOMINI M° CCCC° LXVI, DIE XXVIII AUGUSTI. ANIMA EJUS CUM BEATIS REQUIESCAT. AMEN.

ARMES. *De... au chevron de... chargé de trois objets indistincts et accompagné de trois roses.*

> Bibl. nat., ms. français 20894, fol. 18 (reproduction figurée); — Bibl. Sainte-Geneviève, ms. 609, fol. 219; — Millin, *Abbaye Sainte-Geneviève*, p. 38.

Tombe de Pierre Caillou.

JEAN DE MONTENAY.

Cette tombe et les trois suivantes étaient formées de carreaux de marbre noir en losange.

1950. — ✠ ⫿ Hɪᴄ ᴊᴀᴄᴇᴛ ⫿ ʀᴇᴠᴇʀᴇɴᴅᴜs ᴀᴅᴍᴏᴅᴜᴍ ⫿ ᴘᴀᴛᴇʀ Jᴏᴀɴɴᴇs ⫿ ᴅᴇ Mᴏɴᴛᴇ-ɴᴀʏ, ⫿ ʜᴜᴊᴜs ᴇᴄᴄʟᴇsɪ.ᴇ ᴛᴇʀ ᴇʟᴇᴄᴛᴜs ⫿ ᴀʙʙᴀs, ⫿ ᴀᴄ ɴᴏɴᴜs ᴄᴀɴᴏɴɪᴄᴏʀᴜᴍ ʀᴇɢᴜʟᴀ-ʀɪᴜᴍ ⫿ ᴄᴏɴɢʀᴇɢᴀᴛɪᴏɴɪs ɢᴀʟʟɪᴄᴀɴ.ᴇ ⫿ ᴘʀ.ᴇᴘᴏsɪᴛᴜs ɢᴇɴᴇʀᴀʟɪs. ⫿ Oʙɪɪᴛ ⫿ ᴀɴɴᴏ Dᴏᴍɪɴɪ ᴍ ᴅ ᴄᴄ ɪᴠ, ⫿ ᴅɪᴇ x ᴊᴜɴɪɪ, ⫿ .ᴇᴛᴀᴛɪs ʟxxɪᴠ, ⫿ ᴘʀᴏꜰᴇssɪᴏɴɪs ʟɪɪ.

Bibl. nat., ms. français 20894, fol. 28 (reproduction figurée); — Millin, *Abbaye Sainte-Gene-viève*, p. 53.

PAUL BEURRIER.

1951. — ✠ ‖ Hic jacet ‖ reverendus admodum ‖ pater Paulus ‖ Beurrier, ‖ ex pastore Sancti Stephani et assistente ‖ hujus ecclesiæ bis quondam electus ‖ abbas, ‖ ac quintus canonicorum regularium ‖ congregationis gallicanæ ‖ præpositus generalis. ‖ Obiit ‖ anno Domini m dc xcvi, ‖ die xxv januarii, ‖ ætatis lxxxviii, ‖ professionis lxx.

Bibl. nat., ms. français 20894, fol. 24 (reproduction figurée).

FRANÇOIS MORIN.

1952. — ✠ ‖ Hic jacet ‖ reverendus admodum ‖ pater Franciscus ‖ Morin, ‖ hujus ecclesiæ electus ‖ abbas ‖ ac octavus canonicorum regularium ‖ congregationis gallicanæ ‖ prepositus generalis. ‖ Obiit ‖ anno Domini m dc xci, ‖ die xvi novembris, ‖ ætatis lxxi, ‖ professionis lii.

Bibl. nat., ms. français 20894, fol. 27 (reproduction figurée).

ANTOINE WATRÉE.

1953. — ✠ ‖ Hic ‖ jacet ‖ reverendus admodum ‖ pater Antonius ‖ Watrée, ‖ primus assistens, ‖ quondam prepositus generalis ‖ et abbas vii ‖ hujus ecclesiæ. ‖ Obiit ‖ xxi julii ‖ m dc xxxviii, ‖ ætatis lxxvii, ‖ professionis lvi. ‖ Requiescat ‖ in pace.

Bibl. nat., ms. français 20894, fol 26 (reproduction figurée).

FRANÇOIS BOULART.

Tombe plate de marbre blanc, bordée de marbre noir.

1954. — Hic jacet ‖ reverendissimus pater ‖ Franciscus ‖ Boulart, ‖ abbas hujus ecclesiæ ‖ et canonicorum regularium congregationis gallicanæ ‖ secundus præpositus generalis; ‖ vir tranquillitate animi, lenitate morum, ‖ vitæ innocentia conspicuus; ‖ ecclesiæ, religionis, disciplinæ amantissimus; ‖ moris antiqui retinentissimus, ‖ quem in rebus gerendis dexteritas, sagacitas et fides, ‖ in dignitatibus exercendis integritas et modestia, ‖ in laboribus assiduitas et diligentia, ‖ in adversis et prosperis æquabilitas et constantia ‖ suis mirifice charum atque utilem, ‖ magnatibus notum probatumque, ‖

OMNIBUS GRATUM ET SPECTABILEM REDDIDERUNT; ‖ QUI, DUM PRO ORDINE CANONICO ‖ ATQUE HAC DOMO REGIA ‖ PRÆCLARA MULTA OPERATUR ‖ ET PLURA COGITAT, ‖ OBIIT ‖ V IDUS JANUARII, ANNO SALUTIS ‖ M DC LXVII, ÆTATIS ‖ LXII, PROFESSIONIS XLV.

Bibl. nat., ms. français 20894, fol. 22 (reproduction figurée). — Bibl. Sainte-Geneviève, ms. 610, p. 482; ms. 713, fol. 13: — Piganiol, t. VI, p. 77; — Millin, *Abbaye Sainte-Geneviève*, p. 47.

FRANÇOIS BLANCHART.

Cette tombe et les deux suivantes étaient formées de carreaux de marbre noir en losange.

1955. — ✠ ‖ HIC JACET ‖ REVERENDISSIMUS PATER ‖ FRANCISCUS BLANCHART, ‖ ABBAS HUJUS ECCLESIÆ ‖ ET CANONICORUM REGULARIUM CONGREGATIONIS GALLI-CANÆ ‖ III. PRÆPOSITUS GENERALIS, ‖ VIR CORPORIS DIGNITATE, MENTIS PRÆSTAN-TIA, ‖ VITÆ ÆQUABILITATE, MORUM INNOCENTIA ‖ ET SERMONIBUS GRATIA EXCELLENS, ‖ IN TRACTANDIS REBUS PRUDENTIA, REGENDIS ANIMIS DEXTERITATE, ‖ COMPLECTENDIS SUIS QUOTQUOT ERANT CHARITATE ‖ ET DIVINORUM AFFECTU SINGULARIS; ‖ QUI NO-NUM ABBAS ET PRÆPOSITUS GENERALIS ELECTUS, ‖ DUM HANC DOMUM XXVII ANNOS PIA ET ASSIDUA SOLLICITUDINE ‖ REGIT, ORNAT, AMPLIFICAT, ‖ AC MIRA QUADAM SUMMÆ LENITATIS ET AUCTORITATIS MODERATIONE ‖ AUCTAM A SE QUINQUAGINTA MONASTERIIS CONGREGATIONEM ‖ CONSILIAT, FOVET, PROMOVET, ‖ QUÆ SEMPER PROVI-DERAT SPIRITU MAGNO VIDIT ULTIMA, ‖ ATQUE PER TOTOS SEXDECIM MENSES ‖ ACER-BISSIMIS MORBI CRUCIATIBUS PROBATUS ‖ ET DEO DIGNUS INVENTUS, ‖ IN SPE ‖ IM-MORTALITATIS PLENA, ‖ OBIIT, ‖ VII IDUS FEBRUARII, ANNO SALUTIS M DC LXXV, ‖ ÆTATIS LXIX, PROFESSIONIS ‖ XLIX.

Bibl. nat., ms. français 20894, fol. 23 (reproduction figurée); — Bibl. Sainte-Geneviève, ms. 610, p. 488; ms. 713, fol. 24; — Millin, *Abbaye Sainte-Geneviève*, p. 48.

ÉRARD FLORIOT.

1956. — ✠ ‖ HIC JACET ‖ REVERENDISSIMUS PATER ‖ ERARDUS FLORIOT, ‖ ABBAS HUJUS ECCLESIÆ ‖ ET CANONICORUM REGULARIUM CONGREGATIONIS GALLICANÆ ‖ VIus PRÆPOSITUS GENERALIS; ‖ EXCELSO VIR ANIMO ET FORTI; ‖ IN OBEUNDIS MUNERIBUS LABORIS ULTRA VIRES PATIENTISSIMUS, ‖ DIVINI CULTUS FLAGRANS AMORE ET STU-DIO; ‖ ERUDITIONE, PRUDENTIA, MODESTIA, CANDORE SPECTABILIS, ‖ EA IMPRIMIS IN OMNES CHARITATE ‖ QUAM APOSTOLUS CELESTI PENICILLO DESCRIPSERAT, ‖ INDE MIRA EJUS CONCILIANDIS SIBI SUORUM AFFECTIBUS, ‖ IN FOVENDA MUTUA ET RELIGIOSA CONCORDIA, ‖ IN PROMERENDA MAGNATUM EXISTIMATIONE, QUASI NATIVA FACUL-TAS; ‖ CETERUM REGULARIS DISCIPLINÆ LEGUM SERVANTISSIMUS, ‖ SIC [1] TAMEN UT

_____

[1] Le ms. 20894 porte SIT.

NULLI, NISI SIBI, DURUS FUERIT; ‖ TANDEM NOSTRÆ CONGREGATIONIS ‖ AMOR, DECUS, EXEMPLUM, PRÆSIDIUM, ‖ CORPORE NON ANIMO DEFFICIENS, ‖ CŒLO MATURUS[1], ‖ OBIIT ‖ DIE XVI JANUARII, ANNO REPARATÆ SALUTIS M DC LXXXV, ‖ ÆTATIS LXIII, PROFESSIONIS XLIV.

> Bibl. nat., ms. français 20894, fol. 25 (reproduction figurée); — Millin, *Abbaye Sainte-Geneviève*, p. 50.

JEAN-BAPTISTE CHAUBERT.

1957. — ✠ ‖ HIC JACET ‖ REVERENDISSIMUS PATER ‖ JOANNES BAPTISTA CHAUBERT, ‖ ABBAS HUJUS ECCLESIÆ ‖ ET CANONICORUM REGULARIUM CONGREGATIONIS GALLICANÆ, ‖ X^{us} PRÆPOSITUS GENERALIS, ‖ VIR MORUM CANDORE ET INNOCENTIA, ‖ PIETATE, ZELO, CHARITATE SPECTABILIS; ‖ ARDUI MUNERIS PARTES OMNES ‖ MAGNA CUM LAUDE SUSTINUIT, ‖ IPSE OMNIUM LEX ET FORMA; ‖ MULTA A[D] HONOREM DEI ORDINISQUE SPLENDOREM, ‖ ADVERSA LICET SÆPIUS VALETUDINE, ‖ MAGNO ANIMO SUSCEPIT ET EXECUTUS EST; ‖ PLURA MEDITABATUR, ‖ SED MORBO CORREPTUS LETHALI, ‖ FIDE, SPE, CHARITATE ARDENS, ‖ CŒLOQUE MATURUS, ‖ INTER SUORUM MANUS [ET] ORATIONES ‖ ANIMAM DEO REDDIDIT, ‖ DIE III MAII, ANNO SALUTIS M DCC III, ‖ ÆTATIS LXI, PROFESSIONIS XL.

> Bibl. nat., ms. français 20894, fol. 29 (reproduction figurée); — Millin, *Abbaye Sainte-Geneviève*, p. 52.

PIERRE LALLEMANT.

Cette tombe et les quatre suivantes étaient formées de carreaux de pierre en losange.

1958. — HIC ‖ JACET ‖ REVERENDUS PATER ‖ PETRUS LALEMANT, ‖ PRIOR HUJUS ECCLESIÆ ‖ EJUSDEMQUE ‖ AC UNIVERSITATIS PARISIENSIS ‖ CANCELARIUS. ‖ OBIIT ‖ ANNO DOMINI M DC LXXIII, FEBRUARII ‖ XVIII, ÆTATIS LI, ‖ PROFESSIONIS XVII.

> Cabinet des Estampes, Pe 1 k, fol. 45 (reproduction figurés); — Piganiol, t. VI, p. 79; — Millin, *Abbaye Sainte-Geneviève*, p. 108.

CLAUDE DU MOLINET.

1959. — HIC ‖ JACET ‖ REVERENDUS PATER CLAUDIUS ‖ DU MOLINET. ‖ OBIIT ‖ DIE II^A SEPTEMBRIS ‖ M DC LXXXVII, ‖ ÆTATIS LXVIII, ‖ PROFESSIONIS XLVI.

> Cabinet des Estampes, Pe 1 k, fol. 44 (reproduction figurée).

[1] Le ms. 20894 porte MATURIS.

HIC
JACET
R.P CLAUDIUS
DV MOLINET
OBIIT
DIE II^A SEPTEMBRIS
M·DC·LXXXVII·
ÆTATIS LXVIII·
PROFE'
XL·VI

Tombe de Claude du Molinet.

CLAUDE CHENVOT.

1960. — Hic ‖ jacet ‖ R. P. Claudius ‖ Chenvot, abbas ‖ Beatæ Mariæ Vallis scho‖larium et visitator ‖ provinciæ Campaniæ. Obiit ‖ trigesima septembris ‖ anno Domini 1680, ‖ ætatis 70, ‖ professionis ‖ 50.

Bibl. nat., ms. français 20898, fol. 109 (reproduction figurée).

FRANÇOIS LE FEBVRE.

1961. — Hic ‖ jacet ‖ reverendus pater Franciscus ‖ Le Febvre, ‖ Beatæ Mariæ Vallis scholarium ‖ abbas ‖ et provinciæ Campaniæ ‖ visitator. ‖ Obiit ‖ die 18 octobris, ‖ 1684, ‖ ætatis 70, ‖ professionis 52. ‖

Bibl. nat., ms. français 20898, fol. 110 (reproduction figurée).

THOMAS DE PARIS-BRANSCOURT.

1962. — Hic ‖ jacet ‖ reverendus pater Thomas ‖ de Paris ‖ Branssecourt, ‖ Beatæ Mariæ Vallis scholarium Leodi ‖ abbas, ‖ provinciæ Campaniæ quondam ‖ visitator. ‖ Obiit ‖ die 3 Augusti 1693, ‖ ætatis 70 ‖ professionis 48.

Bibl. nat., ms. français 20898, fol. 111 (reproduction figurée).

JEAN POLINIER.

Tombe plate rectangulaire.

1963. — Hic jacet ‖ reverendissimus pater ‖ Johannes Polinier, ‖ hujus ec clesiæ quater electus ‖ abbas ‖ et XII^{us} canonicorum regularium congregationis Gallicanæ ‖ præpositus generalis. ‖ Fuit ampla mens illius ‖ ac vasti regiminis capax, ‖ in providendis negotiis acumen singulare, ‖ in tractandis mira solertia, ‖ rara celeritas in conficiendis; ‖ animus sibi constans semper, ‖ nec fractus adversis, ‖ nec periculis territus; ‖ primo auditu austera indoles, ‖ reipsa facilis omnibus, ‖ chara singulis, ‖ ipsis amica magnatibus, ‖ nunquam nisi vitiorum inimica, ‖ rectus morum tenor ad pietatem sectandam, ‖ generosus ad profitendam, ‖ ad persuadendum efficax. ‖ Tandem plenus dierum, ‖ cum suorum luctu et damno, ‖ obiit ‖ VI^a martii, anno M DCC XVII, ‖ ætatis LXXXI, professionis LXIII.

Bibl. Sainte-Geneviève, ms. 713, fol. 14; — Millin, *Abbaye Sainte-Geneviève*, p. 54.

ÉPITAPHES DU CLOÎTRE.

JEAN BOUVIER.

Tombe plate de pierre, du côté de l'église, portant l'effigie du défunt sous une arcade en accolade; au-dessus, plusieurs petites figures dont celles de deux anges tenant chacun un écu armorié.

1964. — Hic jacet monastice vite zelator maximus et author, vir religione et fama commendatissimus, reverendus ‖ in Christo pater dominus dominus ‖ Johannes Bouvier, hujus inclyti monasterii abbas meritissimus. Obiit mensis novembris ‖ die XVIII, anno Domini M·CCCC·LXXIX.

ARMES. *De. . . à trois molettes de. . .*

Ms. C', p. 519; — Bibl. nat., ms. français 20894, fol. 19 (reproduction figurée); — Bibl. Sainte-Geneviève, ms. 609, fol. 220; — *Gallia christiana*, t. VII, col. 763; — Millin, *Abbaye Sainte-Geneviève*, p. 39.

Tombe de Jean Bouvier.

GAPSINGE.

Tombe plate près de l'entrée de l'église.

1965. — HIC JACET DOMINA VUAPSINGA, MATER MAGNI GALIENI DE PISIS, CLE-RICI, ANIMA CUJUS BONITATEM ET PURITATEM IPSIUS, TUM ETIAM QUIA IN SE MAG....

HABEBAT DE LANGUIDIS PAUPERIBUS ET INFIRMIS ET QUIA EIS LIBENTER ELEEMOSINAS
FACIEBAT.

> Ms. C¹, p. 507; — Bibl. Sainte-Geneviève, ms. 609, 145 v°; — Millin, *Abbaye Sainte-Geneviève*, p. 98.

JEAN DE VARENNES.

Tombe plate de pierre, du côté de l'église.

1966. — HIC JACET NOBILIS VIR JOHANNES DE VARENNA, SENESCALLUS THOLOSA-
NUS, QUI OBIIT ANNO M CCC IV; CUJUS ANIMAM DOMINUS NOSTER JESUS CHRISTUS,
QUI EST EJUS REDEMPTOR, PATIENTIAM HABERE DIGNETUR. AMEN.

> Bibl. Sainte-Geneviève, ms. 609, fol. 147; — Millin, *Abbaye Sainte-Geneviève*, p. 98.

JEAN D'ARDENNE.

Tombe placée devant la salle capitulaire.

1967. — HIC JACET BONÆ MEMORIÆ DOMINUS JOANNES DE ARDENNA, ABBAS HU-
JUS ECCLESIÆ, MAGISTER IN ARTIBUS ET LICENCIATUS, DOCTOR DOCTORUM PRÆCIPUUS,
IN OMNI SCIENTIA ET PIETATE PRÆCLARUS, QUI OBIIT ANNO DOMINI M CCC LXIII.

> Bibl. Sainte-Geneviève, ms. 609, fol. 211 v°; — *Gallia christiana*, t. VII, col. 755; — Millin,
> *Abbaye Sainte-Geneviève*, p. 35.

THOMAS BENOIT.

Tombe placée devant la porte de la salle capitulaire.

1968. — HIC SUNT IN FOSSA CINERES, VERMES SIMUL OSSA
CUJUSDAM DICTI FRATRIS THOMÆ BENEDICTI
HEU! SCROBIS IN FUNDO PUTRESCIT VERMICULOSUS
QUI FUIT IN MUNDO NUNC TRISTIS NUNCQUE JOCOSUS,
QUALISCUMQUE PRIOR FUIT INTUS, NUNC SINE VITA
HIC JACET INFERIOR, SUA VERMICULIS CARO TRITA,
SIC, SIC IMMUNDI, SIC TRANSIT GLORIA MUNDI.
NUNC VIRET UT PESCA, NUNC EST HOMO VERMIBUS ESCA.
O VOS, MORTALES, IN EO VOSMET VIDEATIS,
VENTURI TALES, VERMOSO CONDOLEATIS

VERMES VOS MOVEANT MUNDI CONTEMNERE FLORES,
VERMES VOS DOCEANT VESTROS COMPONERE MORES.
CHRISTE JESU, CUJUS CARUIT CARO VERMIBUS, HUJUS
VERMIGERI MISERI, TE, QUÆSO VELIS MISERERI
NON HUNC SUBVERTAS VERMOSUM CONDITOR AUSTRI
SED SUA CONVERTAS IN GAUDIA TŒDIA CLAUSTRI
O GENOVEFA PIA, PETRE PAULEQUE, VIRGO MARIA,
PER VOS SINT LOTA VERMOSI CRIMINA TOTA;
FAVENS OMNIBUS EXORANTIBUS, ANNUE, CHRISTE,
UT SINE VERMIBUS ADSTET IN ÆDIBUS ÆTHERIS IPSE,
POST SUA VULNERA, CŒSAQUE VISCERA, VERMICULOSUS,
POST TUA MUNERA SCANDAT AD ÆTHERA GLORIFICATUS.
VERMIGERO QUI DE SANCTO LAUDO FUIT ORTUS·
SIC FACIES IBIDEM SUMMI POST HOC MARE PORTUS.
BIS SEXCENTENO, CENTENO, SEPTUAGENO
ATQUE TER UNDENO FUIT HOC INHUMATUS IN ANNO.
VICESIMUM SEXTUM NUMERABAT MARTIUS ORTUM.

Ms. C¹, p. 509; — Bibl. Sainte-Geneviève, ms. 609, fol. 148; ms. 1980, fol. 16 v°.

JEAN DE ROISSY.

1969. — HIC JACET MITISSIMUS BONÆ MEMORIÆ FRATER JOHANNES DE ROSSIACO, QUONDAM ABBAS HUJUS ECCLESIÆ, QUI OBIIT ANNO M CCC VII, DIE OCTOBRIS[1].

Bibl. Sainte-Geneviève, ms. 609, fol. 206 v°; — *Gallia christiana*, t. VII, col. 749; — Millin, *Abbaye Sainte-Geneviève*, p. 33.

JEAN DE VY.

Tombe plate de pierre, auprès de l'entrée de la sacristie, du côté de la salle capitulaire; elle portait l'effigie du défunt, sous une arcade.

1970. — ICI GIST FRE‖RE JEHAN DE VI, JADIS ABBÉ DE Sᵀ BARTHELMI DE NOION ET APRES DE SAINCTE ‖ GENEVIEVE DE PARIS, QUI TRE‖SPASSA L'AN DE GRACE MIL CC IIIIˣˣ ET XVIII, LE XXIIII AOUST, JOUR SAINT BARTHELMI. PRI‖EZ POUR LI.

Bibl. nat., ms. français 20894, fol. 16 (reproduction figurée); — Bibl. Sainte-Geneviève, ms. 609, fol. 205 v°; — Millin, *Abbaye Sainte-Geneviève*, p. 31.

Le 2 juillet d'après le ms. 609.

Tombe de Jean de Vy.

GUILLAUME FERRY.

1971. — ILLUM PETRA TEGIS QUEM REXIT REGULA LEGIS,
CHRISTI NORMA GREGIS DEGENTIS HIC EXTITIT EGIS;
NOBILIS HIC GENERE MORUMQUE NOBILITATE,
NIL EGIT TEMERE, FULGENS HAC DUPLICITATE
GUILLELMUS FERRI, NOVI NOMEN SUPRA FERRI,
ANNO TREDECIES IN CENTENO MINUS OCTO,
EXIIT E MUNDO GUILLELMÚS SINE SECUNDO,
AUGUSTI FINE SED PUTO LABE SINE.

NICOLAS BRISFAULT.

1972. — Sub hoc tumulo jacet discretus vir frater Nicolaus Brisfault, presbyter remensis, autissiodorensis ecclesie canonicus, duo minorum ecclesiarum Sancti Symphoriani d'Oisy et Sancti Martini de Vico Vertereau rector, autissiodorensis diocesis; qui obiit anno M D XVII°, die decembris XXVIIIª. - Cujus anima requiescat in pace. Amen.

Bibl. Sainte-Geneviève, ms. 1980, fol. 15 v°.

JACQUES BRISFAULT.

Inscription placée sur la même dalle que la précédente :

1973. — Sub hac parte tumuli jacet frater Jacobus Brisfault, canonicus hujus ecclesiæ, sacerdos et professus, istius Nicolai, aliam partem tenentis, frater germanus, qui prioratus claustralis officium XXIII annis strenue ac religiose rexit, obiit autem die XVII mensis septembris, anno Domini M D XXV. - Cujus anima requiescat in pace. Amen.

Bibl. Sainte-Geneviève, ms. 1980, fol. 15 v°.

EUDES D'AYNEL.

1974. — In te dulcis odor morum confluxerat, Odo,
Flos Biturum privat florem mors avida fructu.
Mens humilis, præclara manens, mundum cor, avita
Nobilitas, frons lœta tibi meruere favorem.
Parisius cathedram titulumque Suessio primum
Contulit; huic ortum Biturix, Genovefa sepulchrum.

Bibl. Sainte-Geneviève, ms. 609, fol. 146: — Millin, *Abbaye Sainte-Geneviève*, p. 100.

ARNOUL DE ROMAINVILLE.

Tombe plate de pierre portant l'effigie du défunt sous une arcade; au-dessus, deux anges thuriféraires.

1975. — Abbas Arnulphus, ‖ qui moribus hesit ut ulphus, subjacet huic tumbe, par simplicitate columbe, dum fuit, hac vita ‖ finita, fine perita, annis mille‖nis centum bis et octuagenis, adjunctis senis, delentis crimina penis; idus octobris sexto ‖ multis quoque probris.

Tombe d'Arnoul de Romainville.

Bibl. nat., ms. français 20894, fol. 17 (reproduction figurée) ; — Bibl. Sainte-Geneviève, ms. 609, fol. 203 ; — Millin, *Abbaye Sainte-Geneviève*, p. 30.

GUILLAUME DE FOURQUEUX.

Tombe plate de pierre de même décor que la précédente.

1976. — Hic jacet ‖ magister Guillermus de Fulcosa, sacerdos et doctor in decretis, qui fuit canonicus et archidiaconus Balgenciaci in ecclesia ‖ Aurelianensi ac clericus et consiliari[us] regis Francie ‖ in suo Parlamento et postea canonicus hujus ecclesie, qui obiit anno Domini m° ccc l iiii, xvi die mensis maii. Orate pro ani‖ma ejus. Amen.

Ms. C¹, p. 519 ; — Cabinet des Estampes, Pe 11 b, fol. 117 (reproduction figurée).

Tombe de Guillaume de Fourqueux.

GUILLAUME DE MARIGNY.

1977. — Hic jacet nobilis vir dominus Guillermus de Merregniaco, illustrissimi Regis Franciæ clericus, qui obiit anno Domini m ccc l[1], calendas maii. Cujus anima per misericordiam Dei requiescat in pace. Amen.

Ms. C¹, p. 5o8; — Bibl. Sainte-Geneviève, ms. 6o9, fol. 145; ms. 198o, fol. 16; — Millin, *Abbaye Sainte-Geneviève,* p. 97.

[1] En 1361, d'après le ms. 198o.

EUDES.

Tombe plate placée dans le cloître, en face de l'entrée de la salle capitulaire, portant l'effigie du défunt sous une arcade.

1978. — Sacra doctrina ‖ doctor bonus et medicina ac logices methodo pol‖i.ens, jacet hic pat‖er Odo. Cujus anima requiescat in pace. Amen.

Tombe d'Eudes, abbé de Sainte-Geneviève.

Sur le bandeau de l'arcade :

Anno Domini m° cc° lxxv°, peidie idus novembris, obiit Odo, quondam hujus ecclesie abbas.

Ms. C¹, p. 5o8; — Bibl. nat., ms. français 20894, fol. 15 (reproduction figurée); — Bibl. Sainte-Geneviève, ms. 609, fol. 202; — Millin, *Abbaye Sainte-Geneviève*, p. 3o.

JEAN DE LA COUR.

1979. — MORT TRES CRUELLE, QUI ÇA ET DELA COURT,
A PAR SON DART ICY MIS A L'ENVERS
LE CORPS DE FEU FRERE JEHAN DE LA COURT
QUI MAINTENANT EST FAICT PASTURE AUX VERS.
SOUSPRIEUR FUST DE CEANS ET CONVERS
ET DE ROISSY PRIEUR SANS AULCUN BLASME.
VOUS QUI PASSEZ CY DEVANT A TRAVERS
PRIEZ JESUS QUE DOINT PARDON A S'AME.
CEANS FUST MIS DES SA PREMIERE ENFANCE
OU VESTU FUST SANS AULCUNS CONTREDITS,
ET, LORS QU'IL PLEUST A LA DIVINE ESSENCE,
IL TRESPASSA L'AN MIL CINQ CENS ET DIX;
PRIEZ DONC DIEU QU'IL LUI DOINT PARADIS
ET LE PRESERVE DE L'INFERNALE FLAMME,
DISANT POUR LUY CHASCUN DE PROFUNDIS,
SI QU'EN SA GLOIRE VEUILLE RECEPVOIR S'AME.
AMEN.

Ms. C¹, p. 505; — Bibl. Sainte-Geneviève, ms. 609, fol. 149 v°; ms. 1980, fol. 14 v°; — Millin. *Abbaye Sainte-Geneviève*, p. 99.

PIERRE.

1980. — HIC JACET MAGISTER PETRUS, QUONDAM PRECENTOR AMBIANENSIS, CLERICUS MARGARETE ILLUSTRISSIME REGINE FRANCORUM. OBIIT ANNO DOMINI Mᵒ CCᵘ LXXIVᵒ, XIVᵘ DECIMO KALENDAS APRILIS. — ORATE PRO EO.

C¹, p. 519; — Bibl. Sainte-Geneviève, ms. 1980, fol. 15 v°.

JEAN BRUNEAU.

Tombe plate placée près de la porte d'entrée de la chapelle de Miséricorde.

1981. — CY DESSOUBS GIST LE FEAL SERVITEUR
JEHAN BRUNEAU, PRESTRE, DE BOBIGNY CURÉ,
CLERC DE LA CHAMBRE, CHAPPELLAIN DE MONSIEUR,
SERVANT à TOUS, TANT COMME IL A DURÉ.
PAR DARD MORTEL FUST SON CORPS SEPARÉ
DE AVEC L'AME, L'AN MIL CINQ CENS ET QUATRE,
LE JOUR TREISIESME DE JUILLET, MALPARÉ.
DIEU PAR SA GRACE VEUILLE SES MAULX RABATTRE.

Ms. C¹, p. 505; — Bibl. Sainte-Geneviève, ms. 609, fol. 149; ms. 1980, fol. 17; — Millin, *Abbaye Sainte-Geneviève*, p. 98.

SIMON DOUTÉ.

1982. — HIC JACET INFERIUS FRATER SIMON DUBITANTIS
PATRIA PARISIUS, CUI GAUDIA DET PARADISI
HIC QUI PLASMAVIT CŒLUM TERRAMQUE CREAVIT,
CUI NON INVITO SERVIVIT TEMPORE VITÆ
QUAM TER CENTENO MILLENO SEPTUAGENO
NEC NON VICENO DOMINI FINIVIT IN ANNO,
VICESIMO JULIO, CLAUSUS IN HOC TUMULO.

Ms. C¹, p. 5o6; — Bibl. Sainte-Geneviève, ms. 609, fol. 148 v°; ms. 1980, fol. 17.

1983. — SOUBZ CESTE TUMBE FUST BOUTÉ,
L'AN MIL TROIS CENS SOIXANTE ET DIX
LE BEAU PERE DIT SIMON DOUTÉ,
A QUI DIEU DOINT LE PARADIS.

Ms. C¹, p. 5o6; — Bibl. Sainte-Geneviève, ms. 609, fol. 148 v°; ms. 1980, fol. 17.

GUY DE BRUYÈRES.

1984. — HELAS! PASSANS, VEUILLEZ FAIRE PRIERES
POUR MA POVRE AME DONT ICY GIST LE CORPS.
EN MON VIVANT, FRERE GUY DE BRUYERES
JE FUS NOMMÉ, BIEN EN SOYEZ RECORS.
MAIS MAINTENANT JE SUIS AVEC LES MORTS.
LE DOULX JESUS ME VEUILLE SECOURIR
ET ME DONNER EN PARADIS REPOS.
AFIN QUE L'AME DE MOY NE PUISSE PERIR.
LA MORT SUBITE SI ME VIENT D'ACCUEILLIR
EN CESTE EGLISE OU J'ETOIS AUMOSNIER
ET PITANCIER POUR LE COUVENT SERVIR,
RELLIGIEUX PROFÈS ET RÉGULIER;
PARAVANT FUS CHANTRE ET CELLERIER
EN L'ABBAYE OU J'AI ESTÉ LONG TEMPS;
PUIS LA MORT VINT QUI FAIT TOUT DELIER,
QUI M'ORDONNA CE LIEU OU JE M'ESTENS.
L'AN MIL QUATRE CENT QUATRE VINGT ET DEUX,
LE DERNIER JOUR D'AOUST, COMME CE ME SEMBLE,
LA MORT SOUDAINE QUI OSTE RIS ET JEUX
SEPARA LAME DU CORPS TENANT ENSEMBLE.
CHASCUN CHRESTIEN QUI BIEN Y PENSE EN TREMBLE
CAR LUY FAUDRA CESTE DANSE DANSER

ET ESTRE MIS AVEC MOI, QU'ON NE L'EMBLE.
POUR CE, VOUS DIS : BIEN Y FAULDRA PENSER.

Bibl. Sainte-Geneviève, ms. 609, fol. 150; ms. 1980, fol. 17 vᵉ; — Millin, *Abbaye Sainte-Gene-viève*, p. 99.

GUILLAUME D'OULCHY.

1985. — HIC JACET RELIGIOSUS ET HONESTUS VIR FRATER GUILLELMUS DE UL-CHEYO, SUESSIONENSIS DIOCESIS ORIUNDUS, QUI, ANNO DOMINI M CCCC XIII, SACRAM HUJUS CŒNOBII RELIGIONEM INGRESSUS, ETIAM PRIORATUS CLAUSTRALIS OFFICIUM PER XXV ANNORUM SPATIUM IBIDEM STRENUE REXIT. OBIIT AUTEM ANNO EJUSDEM DOMINI M CCCC LXX, UNDECIMA DIE OCTOBRIS. — CUJUS ANIMA CUM BEATIS REQUIES-CAT. AMEN.

Bibl. Sainte-Geneviève, ms. 1980, fol. 16.

SIMON DE BETHISY.

1986. — CY GIST NOBLE [ET] HONNORABLE HOMME SIMON DE BETHISY[1], CHANOINE DE MIAUS ET DE SOISSONS, QUI TRESPASSA L'AN DE GRACE M CC LXXIV, OU MOIS DE OITOUVRE. — PRIEZ QUE DIEU GRACE LUY FASSE. AMEN.

ARMES. *De . . . à la fasce de . . . accompagnée de trois châteaux de . . .*
De . . . à trois doloires de . . . , les deux du chef adossées.

Ms. B¹, p. 339; — Bibl. Sainte-Geneviève, ms. 1980, fol. 15 vᵉ.

GUY BÉCART + JEAN BÉCART.

1987. — HIC JACET GUIDO, FILIUS QUONDAM GUIDONIS DICTI BECART, DE PENULO, MILITIS ET NEPOS MAGISTRI STEPHANI BECARDI, SENONENSIS ET AMBIANENSIS CANO-NICI, QUI OBIIT DIE BEATI MATTHÆI APOSTOLI, ANNO DOMINI M CC LXXXII. ORA PRO EO. — ANNO M CC LXXXIV, VIᴬ DIE MAII, OBIIT JOHANNES, FRATER GUIDONIS, QUI JACET HIC CUM EO.

Ms. C¹, p. 518; — Bibl. Sainte-Geneviève, ms. 1980, fol. 16.

[1] « Betissi », dans le ms. 1980.

EUDES CHAGRIN.

1988. — HIC JACET MAGISTER ODO CHAGRIN DE COLUMBARIIS[1], CLERICUS DOMINI REGIS FRANCIÆ ET CANONICUS SANCTI MARTINI DE CAMPELLIS IN BRIA, QUI OBIIT ANNO DOMINI M CCC XVII, XV DIE MENSIS NOVEMBRIS. – ANIMA EJUS REQUIESCAT IN PACE. AMEN.

Ms. C¹, p. 517; — Bibl. Sainte-Geneviève, ms. 1980, fol. 16.

GUILLAUME DE LA TOUR.

1989. — HIC JACET RELIGIOSUS AC HONESTUS VIR FRATER GUILLERMUS DE TURRE, ORIUNDUS DE SISIACO, MELDENSIS DIOCESIS, QUONDAM PRIOR CLAUSTRALIS HUJUS EC- CLESIÆ, QUI FERE XXIV ANNIS STRENUE REXIT DICTUM PRIORATUM. OBIIT AUTEM ANNO DOMINI M CCCC XLV, TRICESIMA AC PENULTIMA DIE MENSIS AUGUSTI. CUJUS ANIMA PER DEI MISERICORDIAM REQUIESCAT IN PACE. AMEN.

Ms. C¹, p. 517; — Bibl. Sainte-Geneviève, ms. 1980, fol. 16.

SIMON DE BACHIVAL.

1990. — HIC FRATER SIMON DE BACHIVALLE, QUONDAM PRIOR HUJUS ECCLESIE, CUJUS ANIMA PER MISERICORDIAM DEI REQUIESCAT IN PACE. AMEN.

Ms. C¹, p. 517; — Bibl. Sainte-Geneviève, ms. 1980, fol. 15 v°.

PIERRE DE BAR.

1991. — HIC JACET FRATER PETRUS DE BARRO, DE TRECIS ORIUNDUS, QUONDAM RELIGIOSUS PROFESSUS MONASTERII SANCTI LUPI TRECENSIS ET PRIOR DE MOLINIS ET PER LICENTIAM APOSTOLICAM CANONICUS HUJUS ECCLESIÆ ET PRIOR DE ROISSIACO AC DEMUM PRIOR DE VANVIS, QUI OBIIT ANNO DOMINI M CCCC XXXVII, DIE XVIII MENSIS MAII. – ANIMA EJUS REQUIESCAT IN PACE. AMEN.

Bibl. Sainte-Geneviève, ms. 1980, fol. 15.

---

[1] Odo de Colubariis», dans le ms. 1980.

RAOUL FIEFFÉ.

1992. — DE MORT FUT PRINS MOI FRERE RAOUL FIEFFÉ
QUE CHASCUN CRAINT PLUS QU'UN SERGENT FIEFFÉ,
L'AN QU'ON DISOIT MIL CINQ CENS ET DEUX
MOULT EN FERIT DE SON DARD SI HIDEUX.
EN MON JEUNE AAGE CEANS RELIGIEUX
JE FUS VESTU ET A DIEU FIS LES VŒUX
POUR LE SERVIR ET LA TRES SAINCTE DAME
GENEVIEFVE, QUE CEANS ON RECLAME.
VINGT ET SIX ANS AI CEANS DEMEURÉ
OU DE ROSNY AI EU LE PRIEURÉ,
CELLERIER FUS, MAIS ENFERMIER DEVANT,
PUIS FALUT QUERIR, FIT PLUIE OU VENT
LA PITANCE DE NOSTRE COUVENT.
APRES CONTRAINCT LE LOUAIGE PAYER,
QUI AUX HUMAINS EST GRIEF A ESSUYER.
SI PRIEZ DIEU, QUI TOUS PESCHEZ EFFACE,
DE MES MESFAICTS VRAY PARDON IL ME FACE.
                    AMEN.

VOUS QUI PASSEZ ET LISEZ CE MEMOIRE,
NE TRESPASSEZ QUE RECORS ET MEMOIRE
DES TRESPASSEZ EN VOS CUERS VOUS N'AYEZ
ET QUE MERITE ENVERS DIEU VOUS AYEZ.

Ms. C¹, p. 605; — Bibl. Sainte-Geneviève, ms. 609, fol. 149; ms. 1980, fol. 14 v°; — Millin, *Abbaye Sainte-Geneviève*, p. 98.

SIMON BLANCHET.

1993. — SIMON BLANCHET CHANOINE REGULIER
EN SON VIVANT ESTOIT DE CETTE EGLISE,
SCIENTIFIQUE EN VERTU SINGULIER,
EST IL BIEN MORT, SA CHAROGNE EST CI MISE.
SAINTES PERSONNES SE TIENNENT POUR REQUISES
DE PRIER DIEU QU'IL LUI SOIT GRACIEUX
TANT QU'EN BRIEF SON AME SOIT ASSISE,
ENTRE LES SAINTS, AU ROYAUME DES CIEUX.

L'AN MIL QUATRE CENS QUATRE-VINGTS ET DEUX, LE DIX-SEPT NOVEMBRE.

Bibl. Sainte-Geneviève, ms. 1980, fol. 17; — Millin, *Abbaye Sainte-Geneviève*, p. 99.

GUÉRIN D'ANDELY.

Tombe plate placée dans le cloître du côté du réfectoire.

1994. — Sous cette tombe gist frere Guerin d'Andely, abbé de Sainte-Genevieve[1]. — Priez pour luy que Dieu mercy luy face a l ame.

Bibl. Sainte-Geneviève, ms. 609, fol. 204 v°.

Tombe de Jean Guermelin.

[1] Guérin d'Andely, abbé de Sainte-Geneviève en 1283.

JEAN GUERMELIN.

Tombe plate en forme de trapèze, placée du côté du réfectoire, portant l'effigie du défunt, sous une arcade, accompagnée de deux écussons armoriés.

1995. — Ici gist mes‖sire Jehan Guermelin [1], sires de lois, chanoine de Miau, qui ‖ trespassa l'an de ‖ grace m cc iiii^{xx} et vii, ou mois de janvier, jour de l'an. – Priez ‖ pour l'ame de li.

Armes. *De . . . à trois fasces de . . .*
      De. . . à deux chevrons de . . .

   Ms. B^1, p. 33g; — Cabinet des Estampes, Pe 1 k, fol. 43 (reproduction figurée).

PIERRE DE VÉMARS.

Tombe plate portant l'effigie du défunt, en harnais de guerre, et ses armoiries.

1996. — . . . . .de cathedra Sancti Petri, obiit Petrus de Vemarcio, miles, anno. . .

Armes. *De. . . à sept losanges de. . . , posées 3, 3 et 1.*

   Ms. C^1, p. 5o8.

RAOUL DE JOSSIGNY.

1997. — Cy gist Monseigneur Raoul de Jousse. . .

Armes. *De . . . à la bande de . . . accompagnée de 8 merlettes de . . .*

   Ms. B^1, p. 338.

THIBOUT DE TROYES.

1998. — Cy gist Thibout, dict de Troyes, jadis bourgeois de Paris, qui trespassa l'an de grace m cc xciv, le jour de la feste de Sainct Luc, evangeliste. – Priez Dieu pour luy.

Armes. *De . . . . . à six fasces vivrées de. . . , à la bande de. . . chargée de losanges de. . .*

   Mss B^1, p. 338; — C^1, p. 519.

[1] «Quermelin», dans le ms. Pe 1 k.

PIERRE D'AILLY.

1999. — HIC JACET MAGNÆ RELIGIONIS VIR FRATER PETRUS DE AILLY, QUONDAM SCHOLASTICUS SANCTI HILARII ET CANTOR SANCTÆ RADEGONDIS ECCLESIARUM PICTAVENSIUM. OBIIT ANNO DOMINI M CCC LXVII°, XXᴬ DIE SEPTEMBRIS. - CUJUS ANIMA REQUIESCAT IN PACE.

Ms. C¹, p. 513; — Bibl. Sainte-Geneviève, ms. 609, fol. 146.

AUBERT DE MONTIGNY.

2000. — ICY GIST MAISTRE[1] AUBART DE MONTEGNY, CHEVALIER, QUI TRESPASSA LE JUEDY AVANT LA CHANDELEUR, EN L'AN DE L'INCARNATION M CC XCI. — PRIEZ POUR S'AME.

Ms. C¹, p. 513.

ÉPITAPHES DONT L'EMPLACEMENT EST INCERTAIN.

HUGUES.

2001. — ICY GIST HUGUES, CHANOINE DE BESANÇON, QUI TRESPASSA L'AN DE GRACE M III.

Ms. C¹, p. 518.

ALAIN CREPET.

2002. — HIC JACET ALANUS CREPET, BRITO, PENTURIANENSIS, ANNO MILLENO CENTENO TER BIS ET TREDENO, IN MARCII MENSE, SUBLIMATO NECIS ENSE DORMIVIT PRO (?) PASCALE FLORIGENO. PLORANT PLEDRANI.

Ms. C¹, p. 518.

HERBERT.

2003. — QUISQUIS ES, ABBATIS HERBERTI CONGEME FATIS,
    TOT PRO PECCATIS MORS SIT ET UNA SATIS;
    SEMEN EST HOMINIS CAUSA; ESULA TINEA FINIS.
    FLOS EST CITO CINIS; PHILOSOPHERIS IN HIS [2].

Bibl. Sainte-Geneviève, ms. 609, fol. 197 v°; — *Gallia christiania*, t. VII, col. 737; — Millin, *Abbaye Sainte-Geneviève*, p. 27.

---

[1] La tombe portait probablement «messire». — [2] Herbert, abbé de Sainte-Geneviève en 1223, mort en 1240.

ARMAND LE GEOLIER.

2004. — Hic jacet magister Armandus dictus le Joolier, canonicus Sancti Quintini, qui obiit, anno Domini m cc xcvi, die lune post festum sancti Michaelis; cujus anima requiescat in pace. Amen.

Ms. C¹, p. 5o6.

GEOFFROY DE SAINT-GERMAIN.

2005. — Cy gist messire Geoffrois de Sainct Germain, chanoine et chancelier de l'église de ceans, fils de feu monseigneur Jehan de Sainct Germain, docteur en loys, lequel des son enfance a tousjours mené saincte vie et trespassa l'an de grace m cc iiii^{xx} xix.

Ms. C¹, p. 5ı3.

JEAN DE ROISSY.

2006. — Cy gist frere Jehan de Roissy, dict de Tramblay, aumosnier de ceans, qui trespassa l'an de grace m cc xcix, iv^a idus dècembris.

Ms. C¹, p. 5ı3.

JACQUES DE HANGEST.

2007. — Hic jacet religiosus vir Jacobus de Hanguesto, qui obiit anno Domini m ccc°. – Cujus anima requiescat in pace.

Ms. C¹, p. 5ı8.

RICHARD DE FÉCAMP.

2008. — Hic jacet magister Richardus de Fiscamno, canonicus constantiensis, professor legum et doctor in decretis, cujus anima per misericordiam Dei requiescat in pace; qui obiit anno Domini m ccc ı°, die martis ante festum beati Barnabæ, apostoli. – Orate pro eo.

Ms. C¹, p. 5ı8.

PIERRE DE BRESSUIRE (?).

2009. — Hic jacet Petrus de Bercorro, de Trecis oriundus, quondam religiosus professus monasteri Sancti Lupi Trecensis, et prior de Molinis et per bullam canonicus hujus ecclesiæ et prior de Rossjaco ac demum prior de Vannis, qui obiit anno Domini m ccc° vii° (?), die mensis xviiiᴬ maii.

Ms. Cˡ, p. 518.

NICOLAS DE SAINT-LEU.

2010. — Hic jacet frater Nicolaus de Sancto Lupo, quondam eleemosynarius hujus ecclesiæ, qui obiit anno Domini m ccc xxvi, xxviiiᴬ die januarii. - Orate pro eo.

Ms. Cˡ, p. 506.

ADAM DE GONESSE ✛ GUILLAUME DE CRESSON.

2011. — Hic jacet frater Adam de Gonessia, canonicus hujus ecclesiæ et curatus Sancti Medardi, qui obiit anno Domini m ccc xxxiv, die dominica et octavis Sancti Augustini.

2012. — Hic jacet frater Guillermus de Cressone, quondam camerarius hujus ecclesiæ, qui obiit anno Domini m xxx iii⁽¹⁾. - Orate pro animabus eorum.

Ms. Cˡ, p. 517.

RENAUD DE LESTOURNELLE.

2013. — Icy gist Renaut de Letournelle, clerc escolier, qui trespassa en l'an de grace m xxx viii⁽²⁾, lundy devant la Saint Clement. - Priez pour ly.

Ms. Cˡ, p. 517.

RENAUD DE CRACOVIE.

2014. — Hic jacet frater Reginaldus de Cracovia, quondam camerarius hujus ecclesiæ, qui obiit iv° idus julii, anno Domini millesimo tricentesimo quinquagesimo.

Ms. Cˡ, p. 518.

⁽¹⁾ Lire 1333. — ⁽²⁾ Sic dans le ms. Lire 1338.

BERNARD DE LA ROCHELLE.

2015. — Hic jacet, venerabilis magister Bernardus de La Rochelle, canonicus regularis hujus ecclesiæ, quondam electus in abbatem, qui post electionem non diu vivens, migravit a sæculo anno M CCC LXIV [1], XX^A julii.

Ms. C¹, p. 518; — Bibl. Sainte-Geneviève, ms. 609, fol. 212.

JEAN MARCET.

2016. — Hic jacet Johannes Marceti quondam cantor et cellerarius hujus ecclesiæ, qui obiit anno Domini M CCC LXXX VII, XIV maii.

Ms. C¹, p. 517.

LAURENT OSBER.

2017. — Hic jacet frater Laurentius Osber, quondam capicerius hujus ecclesiæ, qui obiit anno Domini M CCC LXXX VII, XIV maii.

Ms. C¹, p. 517.

RENAUD DE SAINT-MARTIN.

2018. — Hic jacet frater Reginaldus de Sancto Martino, eleemosinarius hujus ecclesiæ, qui obiit anno Domini M CCCC III, le XXVII jour mensis martii. — Cujus anima requiescat in pace.

Ms. C¹, p. 513.

VINCENT PIGEN.

2019. — Hic jacet frater Vincentius Pigen, quondam prior hujus ecclesie, qui obiit anno Domini M CCCC XV, II^A die mensis maii. — Cujus anima requiescat in pace.

Ms. C¹, p. 506.

[1] 1363, d'après le ms C¹.

JEAN SAUNIER.

2020. — [HIC] JACET MAGNÆ CIRCUMSPECTIONIS [AC] SCIENTIÆ VIR MAGISTER JOHANNES SAUNERII, SACRÆ THEOLOGIÆ PROFESSOR EXIMIUS, QUONDAM DECANUS NIVERNENSIS ET CONFESSOR DOMINÆ... DOMINÆ DE BAVARIA, QUI OBIIT ANNO DOMINI M CCCC XXX, I^a DIE SEPTEMBRIS. – CUJUS ANIMA REQUIESCAT IN PACE. AMEN.

Ms. C¹, p. 514.

GUILLAUME LE MARNOIS.

2021. — HIC JACET RELIGIOSUS ET HONESTUS VIR FRATER GUILLERMUS LE MARNOIS, DE ULEBEIO, SUESSIONENSIS DIOCESIS ORIUNDUS, QUI ANNO DOMINI M CCCC XIII SACRAM HUJUS CENOBII RELIGIONEM INGRESSUS, ECIAM PRIORATUS CLAUSTRALIS OFFICIUM PER XXV ANNORUM SPATIUM IBIDEM STRENUE REXIT. OBIIT ANNO EJUSDEM DOMINI M CCCC LXX, II^a DIE OCTOBRIS; CUJUS ANIMA CUM BEATIS REQUIESCAT.

Ms. C¹, p. 506.

GAUCHER LE SUEUR.

2022. — HIC JACET FRATER GAUCHERUS LE SUEUR, QUONDAM ELEEMOSINARIUS HUJUS ECCLESIÆ, SACERDOS ET PROFESSUS, QUI OBIIT ANNO DOMINI M CCCC LXXI, XXVII AUGUSTI. – ORATE PRO EO. AMEN.

Ms. C¹, p. 506.

DENIS DE LA PILLE.

2023. — HIC JACET FRATER DIONYSIUS DE LA PILLE, CANONICUS HUJUS ECCLESIÆ, EXPECTANS RESURRECTIONEM MORTUORUM, QUI AB ÆTATE ANNORUM SEXDECIM INDUTUS FUIT HABITU REGULÆ BEATISSIMI PATRIS AUGUSTINI... POST LABORES... VITÆ DIEM CLAUSIT EXTREMUM ANNO DOMINI M D XLIII, LE 14^k JOUR DU MOIS D'AOUST.

Ms. C¹, p. 519.

NICOLAS LE VIEL.

2024. — HIC JACET NICOLAUS LE VIEL, CANONICUS HUJUS ECCLESIÆ, SACERDOS ET PROFESSUS, PRIOR DE JAUSSINIACO, QUI OBIIT ANNO DOMINI M D LVIII, XXIII MARTII. – CUJUS ANIMA [REQUIESCAT IN PACE].

Ms. C¹ ,p. 519.

PIERRE LIARD.

2025. — ICY GIST VENERABLE ET RELIGIEUSE PERSONNE FRERE PIERRE LIARD, PRESTRE, RELIGIEUX PROFÈS, CHANCELIER DE L'EGLISE DE CEANS, PRIEUR DE VANNE ET DE NOSTRE DAME DE CHAUNY, LEQUEL DECEDA LE I JOUR DE DECEMBRE M D LXXXIX. – PRIÉS DIEU POUR LUI.

Ms. C¹, p. 519.

ROBERT OUDET.

2026. — HIC JACET VIR VENERABILIS ROBERTUS OUDET, CANONICUS HUJUS ECCLESIÆ SACERDOS ET PROFESSUS, ET CLAUSTRALIS PRIOR ET EJUSDEM AC FACULTATIS ARTIUM UNIVERSITATIS PARISIENSIS CANCELLARIUS, NECNON ET PRIOR CURATUS SANCTI MAURICII DE NANTHODORO; QUI OBIIT ANNO DOMINI M DXCIV.

Ms. C¹, p. 514.

LAZARE CHAMBROY.

2027. — HIC JACET ‖ REVERENDISSIMUS IN CHRISTO PATER ‖ LAZARUS CHAMBROY, ‖ HUJUS ECCLESIÆ ABBAS, ‖ ET CANONICORUM REGULARIUM CONGREGATIONIS GALLICANÆ ‖ PRÆPOSITUS GENERALIS XVIᵘˢ, ‖ QUEM ANIMARUM ·PASTOREM INTER ALIOS VIGILANTISSIMUM ‖ MELDENSIS CIVITAS, ‖ ABBATEM OMNIUM FACILE PRINCIPEM ‖ LEODENSIS DIOCESIS, ‖ VISITATOREM REGULARIS DISCIPLINÆ STUDIOSISSIMUM ‖ CAMPANA CANONICORUM REGULARIUM PROVINCIA, ‖ MODERATOREM DENIQUE PERITISSIMUM ‖ GALLICANA EORUMDEM CONGREGATIO SENSIT ET EXPERTA EST. ‖ SORTITUS ERAT INDOLEM OPTIMAM ‖ QUAM NULLUS SUORUM AD BENEVOLENTIAM ULTRO NON ADDUCERET, ‖ AD MALEVOLENTIAM VIX AC NE VIX QUIDEM ABDUCERET QUISPIAM, ‖ INVICTAM ANIMI CONSTANTIAM ‖ MULTIS DIFFICILLIMISQUE NEGOTIIS EXERCITAM, ‖ QUORUM PONDERE, NON ANIMO SED CORPORE FATISCENS, ‖ ACERBISSIMIS MORBI DOLORIBUS FORTITER TOLERATIS, ‖ OBIIT VII IDUS SEPTEMBRIS, ANNO DOMINI M DCC L, ‖ ÆTATIS LXII°, PROFESSIONIS CANONICALIS XLIII", ‖ I° INAUGURATIONIS SUÆ IN ANTISTITEM GENOVEFÆUM. – REQUIESCAT IN PACE.

Bibl. Sainte-Geneviève, ms. 713, fol. 39.

GUILLAUME D'AMPONVILLE.

2028. — HIC JACET FRATER GUILLELMUS DE AMPONVILLA, QUONDAM CAMERARIUS SANCTE GENOVEFE PARISIENSIS, CUJUS ANIMA REQUIESCAT IN PACE. AMEN.

Ms. C¹, p. 506.

PIERRE D'ULVY.

2029. — Hic jacet Petrus de Ulvio, diocesis Claromontis; quondam procurator in Parlamento parisiensi, qui obiit tempore diræ mortalitatis parisiensis; cujus anima requiescat in pace. Amen. Exorare pro eo, si placet, dicens : *Pater noster, Ave Maria.*

Ms. C¹, p. 5o8.

HERBERT DE PAISSY.

2030. — Hic jacet magister Herbertus de Paissiaco, quondam archidiaconus Tornacensis, qui obiit anno Domini...

Ms. C¹, p. 5o8.

GUILLAUME DE VINCENT.

2031. — Hic jacet Guillelmus de Vincent, canonicus Sancti Audomari. Cujus anima requiescat in pace. Amen.

Ms. C¹, p. 517.

GUILLAUME.

2032. — Magister Guillermus, camerarius et prior ante, hic jacet expectans veniam, Domino miserante.

Ms. C¹, p. 517.

GUILLAUME DE POULY.

2033. — Icy gist monseigneur Guillaume de Pouli, jadis prevost de Lile en Flandres, archidiacre de Sablel, en l'eglise du Mans, clerc du Roy de France....

Ms. C¹, p. 519.

RENAUD DE VÉMARS.

2034. — ....OBIIT FRATER REGINALDUS DE VEMARCIO, SACERDOS, CANONICUS HUJUS ECCLESIÆ.

> PUISQUE LE PENSEMENT DE PRIER NOSTRE DIEU
> POUR VOS POUVRES DEFFUNCTS EST SAINCT ET SALUTAIRE,
> MES FRERES ET AMIS, JE VOUS SUPPLIE NE TAIRE
> VOS ORAISONS, POUR MOY INHUMÉ EN CE LIEU.

Ms. C¹, p. 519.

RICHARD LE COMTE.

2035. — RICHARDUS COMITIS, PROPRIIS MERITIS ET AVITIS
QUONDAM SUBLIMIS, JACET HIC IN TUMBA ET IN IMIS;
SUSCIPIAS ANIMAM, NE SE DEMERGAT AD IMAM
VIRGINIS, O CHRISTE, PRECE .....LOCUS ISTE
FACQUE CAPELLANO SANCTI PATRIS EX LATERANO
QUOD GENITO COMITE PANDATUR JANUA VITÆ.

Bibl. Sainte-Geneviève, ms. 609, fol. 146 v°; — Millin, *Abbaye Sainte-Geneviève*, p. 96.

Vue de l'église Sainte-Geneviève-la-Petite ou du Miracle des Ardents [1].

ÉGLISE PAROISSIALE

DE

SAINTE-GENEVIÈVE-LA-PETITE

OU

DU MIRACLE DES ARDENTS.

NOTICE HISTORIQUE.

Dès le milieu du ${IX}^e$ siècle, l'existence dans la Cité d'un oratoire dédié à sainte Geneviève est constatée par divers documents; mais, en ce qui concerne son origine, il n'existe aucun renseignement précis et les historiens ont toujours été réduits sur ce point à de simples conjectures. On admet généralement qu'elle avait dû être bâtie, peu après la mort de sainte Geneviève, sur l'emplacement de la maison où elle avait habité, ou bien qu'elle avait été installée dans un oratoire, situé à proximité de la Seine, où elle allait faire ses dévotions et que l'on suppose avoir été le baptistère de la cathédrale. Ce premier oratoire, qui paraît n'avoir pas subsisté longtemps, aurait été remplacé par un autre, plus éloigné de la Seine, dans un hospice appartenant aux religieux de la basilique des Saints-Apôtres où se trouvaient déposées les reliques de la sainte. Ce sont là des asser-

[1] D'après le plan de Turgot. — La vue de l'église est tirée du *Tableau historique et pittoresque de Paris* par M^{***} [Saint-Victor], t. I, p. 118.

tions aussi vagues que peu satisfaisantes puisqu'elles ne nous apprennent en aucune façon ni par qui l'oratoire avait été bâti, ni comment il était desservi.

Pour arriver sur ces divers points à une certaine précision, nous n'avons guère aujourd'hui d'autre ressource que de raisonner par induction en nous appuyant sur des faits analogues que l'on peut considérer maintenant comme bien établis. Il convient de remarquer tout d'abord que les trois saints les plus populaires à Paris (saint Denis, sainte Geneviève et saint Germain) avaient leurs églises hors de la Cité; ce fut précisément le fait qui dut provoquer, peu après la mort de ces trois saints, dans l'intérieur de la Cité, la création de trois oratoires destinés à honorer leur mémoire et à conserver leur culte.

Il se passa exactement pour sainte Geneviève ce qui devait se produire, presque à la même époque, pour saint Germain et qui a été mis en pleine lumière par J. Quicherat dans son mémoire sur les *Trois Saint-Germain de Paris*. Nous n'avons donc qu'à reproduire ici les judicieuses observations du savant archéologue.

« Rien ne s'explique mieux que la construction d'une basilique accomplie peu de temps après la mort de saint Germain, avec l'intention de faire venir son corps dans la Cité.

« L'église Saint-Vincent (plus tard Saint-Germain-des-Prés) avait une situation exceptionnelle. Par la richesse de sa dotation, par la magnificence de ses bâtiments, par l'immunité qu'un synode d'évêques lui avait accordée en 566, à la demande de saint Germain lui-même, elle éclipsait déjà la cathédrale de Paris. Posséder la sépulture d'un prélat à qui la sainteté avait été décernée de son vivant devenait pour elle un titre de plus à la faveur du peuple. On conçoit que la cathédrale se soit alarmée, qu'elle ait cherché à tempérer l'excès d'une vogue préjudiciable à ses droits, en revendiquant la dépouille mortelle de son chef défunt, qu'elle ait pris sur son propre fonds (s'il est vrai que ce fut son baptistère même) l'emplacement destiné à contenir ce précieux gage. Chilpéric aura fourni l'argent pour la construction de l'église et doté les religieux qui devaient la desservir sous la surveillance directe du pasteur diocésain. Enfin la dédicace put s'effectuer sous l'invocation de saint Germain, n'y ayant besoin pour cela que de déposer sous l'autel un objet qui eût été porté par le bienheureux, ou même qui eût touché seulement à ses reliques. »

A un simple détail près, — la possession des reliques de la sainte, sur laquelle il n'y avait pas à compter, parce que les religieux de la basilique des Saints-Apôtres n'auraient jamais consenti à s'en dessaisir, — tout ce qui vient d'être dit doit s'appliquer aussi exactement à sainte Geneviève qu'à saint Germain. Ce fut évidemment le clergé de la cathédrale qui installa, à peu de frais, l'oratoire de la sainte dans son propre baptistère et qui le transféra plus tard dans un édifice voisin, lorsque l'ancienne église dut être démolie et reconstruite en l'honneur de saint Germain; ce fut lui aussi qui la fit desservir par un chanoine.

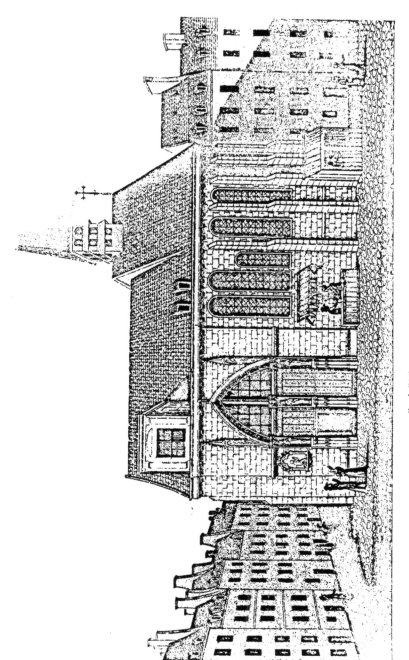

Vue de l'église Sainte-Geneviève-la-Petite.

L'analogie, d'ailleurs, bien loin de s'arrêter ici, se continue, durant plus de deux siècles, ainsi qu'il est facile de le constater par un second extrait du mémoire de J. Quicherat :

«La superbe abbaye [Saint-Germain-des-Prés] éprouva au neuvième siècle des désastres sans nombre. Appauvrie à la fois par le régime des inféodations et par les ravages des Normands, elle ne figurait plus, du temps de Charles le Gros, que comme un bénéfice réuni à l'évêché. L'évêque était alors Gozlin, l'héroïque défenseur de Paris contre les Barbares. Au premier signal du danger, il avait fait venir dans la Cité les moines de Saint-Vincent avec la châsse de saint Germain. Celle-ci fut déposée dans l'église qui avait été préparée pour elle depuis trois siècles, où du moins dans un nouvel édifice qui avait remplacé celui-là, car toutes les églises de Paris furent incendiées en 856. La présence de ces reliques devint un encouragement pour les Parisiens, qui, après la retraite des Normands, attribuèrent au saint le mérite de leur délivrance. La cathédrale paraît avoir payé la reconnaissance des citoyens en abandonnant la possession de Saint-Germain-le-Vieux à l'abbaye de Saint-Vincent. »

Les religieux de Sainte-Geneviève s'étaient trouvés exactement dans la même situation que ceux de Saint-Germain-des-Prés. Eux aussi avaient éprouvé de graves dommages du fait des Normands et, après avoir à trois reprises transporté hors Paris les reliques de la sainte, ils s'étaient décidés, en 857, à se réfugier dans la Cité, où ces reliques trouvèrent naturellement leur place dans l'oratoire qui portait son nom. Sainte Geneviève prit une part aussi active que saint Germain à la délivrance des Parisiens et sa popularité s'accrut notablement dès cette époque. Le clergé de la cathédrale ne se montra pas ingrat et il abandonna aux religieux l'oratoire de Sainte-Geneviève, qui, de ce fait, devenait en quelque sorte une succursale de la basilique des Saints-Apôtres et devait attirer le concours des fidèles. Il paraît vraisemblable même qu'à cette occasion le chanoine qui desservait cet oratoire fut agrégé à la communauté des religieux, tout en conservant la prébende et la vicairie dont il était titulaire à Notre-Dame et qu'il devait abandonner plus tard à Sainte-Geneviève.

Mais la renommée sans cesse grandissante des miracles de sainte Geneviève attira promptement les fidèles dans la basilique qui devait bientôt porter son nom, et le modeste oratoire de la Cité, d'abord négligé par eux, finit par être complètement déserté pour la grande église qui conservait la châsse de la sainte, surtout après le fameux miracle des Ardents, qui eut lieu en 1111. Dans ces conditions, l'évêque de Paris dut penser qu'il n'y avait plus aucune raison de laisser aux religieux de Sainte-Geneviève la possession d'une église de la Cité qui faisait partie de son domaine immédiat et, en 1202, à la suite d'une contestation survenue au sujet des droits paroissiaux qu'il prétendait avoir sur le Bourg-Sainte-Geneviève, il obtint par échange la restitution de la chapelle de Sainte-

Geneviève, ainsi que de la prébende et de la vicairie de Notre-Dame attribuées à l'abbaye par le chanoine Thibaud [1].

L'évêque érigea peu après cette chapelle en église paroissiale sous le titre de Sainte-Geneviève. Le peuple de Paris lui attribua bientôt le surnom de Petite, pour la distinguer de l'église du Mont. La chapelle primitive se trouvait dans l'intérieur d'un corps de bâtiments dont la partie méridionale était bordée au midi par la rue des Sablons. Lorsque Maurice de Sully fit percer, en 1163, la rue neuve qui, partant du Marché Palu, aboutissait directement à Notre-Dame, cette partie du bâtiment disparut et la chapelle se trouva, par un de ses côtés, en bordure sur la voie nouvelle. Il est probable que la chapelle dut être agrandie, après être devenue une église paroissiale, et pourvue d'un presbytère. Sa circonscription, fort peu étendue, fut réduite, au mois d'octobre 1260, par la destruction des maisons que nécessita l'agrandissement de l'Hôtel-Dieu et les administrateurs durent payer au curé une rente annuelle de trente sous parisis, pour le dédommager de la perte des paroissiens [2].

En 1402, le portail de l'église fut reconstruit aux dépens de Nicolas Flamel qui s'y fit représenter à genoux dans une niche [3]. Au commencement du xvi⁰ siècle,

---

[1] « Predicti vero abbas et conventus in excambium omnium predictorum concesserunt nobis totam censivam quam tenebant ab ipsis heredes domini Guillelmi de Garlandia, defuncti, ad capitalem censum quatuor solidorum et sex denariorum, que censiva sita est in civitate Parisiensi, juxta ecclesiam Sancte Genovefe parve, quam includunt termini subnotati : via que protenditur ab ecclesia Beate Marie versus Magnum Pontem, que dicitur vicus novus, ex parte una, et vicus qui dicitur la Regraterie, ex parte altera; ex parte vero Sancte Genovefe parve, via que protenditur per ecclesiam Sancte Genovefe parve in vicum qui dicitur la Regraterie et, ex parte opposita, via que protenditur a Parvo Ponte versus Judeariam, quittantes nobis quidquid juris, dominii et redditus habebant in dicta censiva, libere, quiete et pacifice perpetuo possidendum, nichil sibi penitus retinentes... ». (Arch. nat., L 887, dossier 3.)

[2] « Il y a une chapelle dudit Hostel Dieu, proche du Petit Pont, garnie de deux autels, sur lesquels on dit quelquefois messe. A laquelle jadis non seulement les religieux et religieuses dudit Hostel Dieu, mais aussi les séculiers, paroissiens de Saincte Geneviefve des Ardens, pouvoient venir en passant par la vieille sale dudit Hostel Dieu. De quoy se complaignant le curé, a esté ordonné que, quand on y dira messe, les portes de fer qui sont

entre l'un et l'autre seront fermées. Et pour l'interest dudict curé, touchant quelques maisons qui ont esté demolies pour l'accroissement dudit Hostel Dieu, a esté accordé que les freres qui sont de l'ordre sainct Augustin, comme les religieuses, payeront par chacun an au curé trente sols parisis a quatre termes a Paris accoustumez. Ce tiltre d'ordonnance et apoinctement, daté de l'an 1260, est enregistré au grand Pastoral de Nostre Dame, liv. 20, charte 59. » (Du Breul, p. 58.)

[3] On lisait sur le portail les inscriptions suivantes :

Du côté droit :

> De Dieu nostre saulveur
> Et de sa saincte Croix
> Soit memoire au pecheur,
> Chascun jour plusieurs fois.

Du côté gauche, au-dessous de la statue de Flamel :

> Ceste esglise n'a revenus
> Ne rentes dont soit soustenue ;
> Toutes gens qui biens y feront,
> Grands pardons en remporteront.
> Vous pellerins et aultres gens
> Mettez en ce lieu de ceans
> Vos aumosnes pour soustenir
> Ceste esglise et pour Dieu servir,
> Dont a cent doubles vous serez
> De Jhesus Christ remunerez

IV.

le curé Boussard remplaça son ancien surnom, tombé en désuétude, par le titre du Miracle des Ardents, non sans doute pour donner lieu de croire qu'il s'était produit dans l'église même, alors qu'il était bien avéré qu'il avait eu lieu au Parvis Notre-Dame, mais simplement pour perpétuer dans la Cité le souvenir de l'un des grands faits qui se rattachaient à l'histoire de la patronne de la paroisse.

Au cours de l'année 1672, on installa dans un bâtiment contigu une annexe de l'hospice des Enfants-Trouvés dont la maison principale était au faubourg Saint-Antoine. Ce voisinage devait être fatal à la vieille église. Il provoqua sa destruction en 1748, lorsqu'il devint nécessaire de reconstruire en l'agrandissant l'hôpital qui se trouvait trop à l'étroit[1]. Dès la fin de l'année 1745, le lieutenant de police, avisé des dangers que pouvait présenter le mauvais état du bâtiment de l'église, avait chargé M. de Vigny, architecte de la police, de procéder à une visite. Les marguilliers ne l'acceptèrent qu'à condition que leur architecte serait appelé à y prendre part[2]. Le lieutenant de police, par une sentence du 18 février 1746, renouvela purement et simplement la mission donnée à

• Et participans aux bienfaicts
Qu'en ladicte esglise sont faicts.

L'an mil quatre cens et deux, fust faict ce portail de l'aumosne de plusieurs.

(Bibl. nat., ms. français, 32337, fol. 168.)

[1] «Veu la requeste a nous presentée ledit jour 23ᵉ novembre 1684, par le procureur du Roy, à ce que les Administrateurs de l'Hostel Dieu de Paris, Claude Poullain et lesdicts marguilliers, ensemble tous ceux qui se trouveroient avoir bouché, enfermé et usurpé une ruelle appelée du Coulon, qui prend au haut de ladite eglise de Sainte Geneviève, et va monter et entre par derriere les maisons de la rue Neuve Nostre Dame et celle de Saint Christophle et finit dans une autre ruelle appelée de Venise, dont les bouts tombent en ladite rue Neuve Nostre Dame et celle de Saint Christophle et basti sur icelle seront assignez par devant nous pour rapporter et représenter les titres en vertu desquels ils avoient usurpé ladite ruelle.» (Arch. nat., S 3342.)

[2] «M. Chandelier, marguillier en charge, a fait rapport à la Compagnie que, le 30 décembre dernier, il lui avoit été remis par le sieur de Vigny, architeque de la police, une lettre de M. le lieutenant de police, en datte du 25 du meme mois, par laquelle ledit sieur de Vigny avoit ordre de faire la visite de l'eglise et de constater son estat pour tacher de prévenir les accidents qui pourroient arriver de la mauvaise construction et

du peril eminent où l'on pretend par la lettre qu'est ladite eglise, relativement à un memoire envoyé à M. le lieutenant de police à ce sujet et dont on n'a point donné communication à la Compagnie...

«Sur quoi, la Compagnie, ayant pris lecture et copie de la lettre de M. le lieutenant de police, du 25 decembre dernier, et des deux lettres du sieur de Vigny, des 13 et 17 du present mois, et reconnu par les lettres dudit sieur de Vigny que son intention n'étoit pas de se preter aux temperaments que la Compagnie avoit proposé, et croyant qu'il est de l'interet de la fabrique de prévenir une visite faite par un seul architeque, peut être prévenu par l'exposé d'un mémoire clandestin et surement contraire à la vérité, dans lequel on ne peut avoir eu pour objet que la destruction de l'eglise par des vues de convenance aux projets d'agrandissement que l'on médite auprès de cette eglise, a deliberé de s'opposer formellement à ce que ledit sieur de Vigny procede seul à la visite de ladite eglise, d'autant plus qu'il n'y paroist autorisé par aucune ordonnance du magistrat et que la lettre qu'il raporte de M. le lieutenant de police n'est pas pour la Compagnie un ordre suffisant pour luy faire tolérer une entreprise qui tend à la destruction d'un monument aussi respectable et aussi revéré que l'église de Sainte Geneviève du Miracle des Ardens...» (Arch. nat., LL 727, fol. 152 v°.)

son architecte. Sur appel des marguilliers au Parlement, intervint un arrêt du 14 octobre, ordonnant la visite de l'église, et deux autres arrêts des 12 et 29 novembre, concluant à la démolition sur le vu des procès-verbaux. Toute opposition eût été vaine; les marguilliers le comprirent et, par une délibération du 30 décembre, décidèrent que, dès le lundi 9 janvier, les portes de l'église seraient fermées; le 11 janvier 1747, un décret de l'archevêque ordonna la démolition du bâtiment, qui fut aussitôt effectuée [1].

En attendant que le sort de la paroisse elle-même fût définitivement réglé, les chanoines de Saint-Denis-du-Pas avaient autorisé, à dater du 8 janvier, pour une période de six mois, le transfert du service paroissial dans leur église. La question de possession du terrain de l'église soulevait de sérieuses difficultés; l'archevêque de Paris prétendait en disposer à son gré et les marguilliers lui contestaient ce droit en prétextant que, par l'érection de l'ancienne chapelle en église paroissiale, l'évêque avait perdu tous ses droits temporels et n'avait laissé à ses successeurs que la collation de la cure. Ils demandaient, d'autre part, que le titre du Miracle des Ardents fut attribué non à l'église des Enfants-Trouvés, mais à la paroisse de la Madeleine, à laquelle ils désiraient être réunis. En fin de compte, par une délibération du 17 septembre 1747, les marguilliers et les paroissiens décidèrent d'un commun accord de s'en rapporter, pour tous les arrangements à intervenir, à la justice et à l'équité de l'archevêque et, le 15 octobre, le curé Blouin se démit de son titre. Un projet de concordat avec la paroisse de la Madeleine fut préparé et adopté par l'assemblée, le 5 mars 1748.

Le 11 avril suivant, un décret de l'archevêque prononçait la suppression du titre de la cure et la réunion de la paroisse avec tous ses biens, ses droits et ses revenus à celle de la Madeleine, en Cité, qui était tenue de se charger des dettes et d'acquitter les fondations.

Le terrain de l'église était attribué à l'hospice des Enfants-Trouvés pour la construction de nouveaux bâtiments avec obligation de verser à la paroisse de la Madeleine une somme de dix mille francs qui devait être affectée à sa décoration et à son agrandissement.

Le curé Blouin bénéficiait d'une rente viagère de 1,500 livres, nette de toute

---

[1] «Vu la requête à nous présentée par le vice promoteur général de notre diocèse, expositive que l'église paroissiale de Sainte Geneviève du Miracle des Ardens en la Cité, après avoir été interdite par notre ordonnance du 8 du mois de janvier, pour cause de vétusté et péril imminent duement à nous constatés par procès-verbaux de visites d'experts, auroit été incontinent démolie; que les sieurs curé et habitans de ladite paroisse, en consequence de nostre ordonnance susdite se seroient retirés dans l'eglise de Saint Denys du Pas, au cloître de Notre-Dame, pour la célébration des offices divins et administration des sacrements et qu'ils etoient hors d'état de reconstruire ladite eglise, n'ayant pour ce ni fonds dans la Fabrique, ni aucunes ressources; que l'impossibilité de rebâtir l'eglise étoit un des cas ou les saints Canons autorisent la suppression des paroisses et leur union à d'autres paroisses voisines.... ». (Arch. nat., L 645.)

charge, et il conservait les droits honorifiques des anciens curés et le premier rang à l'église, après le titulaire, mais sans aucune juridiction ni droit ou autorité quelconque.

La nouvelle église de l'hôpital devait être dédiée sous le titre du Miracle des Ardents et célébrer sa fête patronale le 26 novembre; la célébration de cette fête devait avoir lieu dans l'église de la Madeleine à la même date, si c'était un dimanche, ou, dans le cas contraire, le dimanche qui la précédait.

Ce décret fut insinué au greffe ecclésiastique le 13 avril; la suppression de la paroisse, sa réunion à celle de la Madeleine furent confirmées par lettres patentes du même mois, enregistrées au Parlement, avec le concordat, le 7 septembre et à la Chambre des comptes le 18 juillet 1751.

Le dimanche 15 septembre 1743, la réunion des deux paroisses fut annoncée au prône et le lendemain la célébration des offices cessa à Saint-Denis-du-Pas.

Enfin, le 7 mai 1749, l'ancien curé remit à l'abbé Robert, curé de la Madeleine, tous les titres et papiers de l'ancienne paroisse.

L'hospice des Enfants-Trouvés, dont le portail gardait le souvenir du Miracle des Ardents, fut transféré, au commencement du siècle, rue d'Enfer et les bâtiments qu'il occupait ont été utilisés pour le Bureau central des hôpitaux et hospices civils jusqu'en 1876. Leur démolition, à cette époque, a été provoquée par la nécessité de dégager le nouvel Hôtel-Dieu et de régulariser la place Notre-Dame.

INDEX ALPHABÉTIQUE.

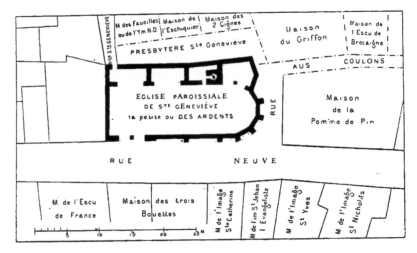

Plan de l'église Sainte-Geneviève-la-Petite ou du Miracle des Ardents [1].

ÉPITAPHES DE L'ÉGLISE.

CONFRÉRIE DES CHAPELIERS.

2036. — A LA PLUS GRANDE GLOIRE DE DIEU. — MESSIEURS LES CURÉ ET MAR-
GUILLIERS PRESENS ET A VENIR DE L'EGLISE DE CEANS SONT TENUS FAIRE DIRE ET CÉ-
LEBRER A PERPETUITÉ UNE MESSE BASSE TOUS LES DEUXIEMES DIMANCHES DE CHAQUE
MOIS DE L'ANNÉE ET CE AU MAISTRE AUTEL D'ICELLE EGLISE; COMME AUSSY SONT
TENUS LESDITS SIEURS FAIRE DIRE LE SERVICE SOLEMNEL, SÇAVOIR : VEPRES, LA VEILLE
DE LA FETE SAINT MICHEL, ET LE JOUR D'ICELLE UNE GRANDE MESSE *EXAUDIAT* ET
LES VEPRES, ET LE LENDEMAIN UNE GRANDE MESSE DE REQUIEM POUR LE REPOS DES
AMES DES DEFFUNTS CONFRERES, ET CE SUIVANT ET AINSY QU'IL EST MENTIONNÉ AU
CONTRACT SUR CE PASSÉ ENTRE LESDICTS SIEURS CURÉ ET MARGUILLIERS ET LES COM-
PAGNONS CHAPELIERS DE CETTE VILLE DE PARIS, PAR DEVANT MAISTRE JEAN FRAN-
ÇOIS ET LOUIS PILLAUT, CONSEILLERS DU ROY, NOTAIRES AU CHASTELLET DE PARIS,
LE X[E] DECEMBRE M DC LXXXIII. — *SANCTE MICHAEL, ORA PRO NOBIS.*

Bibl. nat. ms. fr. 32337, p. 174.

[1] D'après le *Plan archéologique, depuis l'époque romaine jusqu'au xviie siècle,* dressé sous les auspices
de la municipalité parisienne.

JEAN DE CRUILLY + GUILLAUME QUIQUET.

2037. — MESSIRE JEHAN DE CRUILLY, PREBSTRE, LICENCIÉ, SCRIBE DE LA COUR GE-
NERAL DE PARIS, CURÉ DE CETTE EGLISE DE SAINCTE GENEVIEFVE DES ARDENS,
GUILLAUME QUIQUET, BOURGEOIS DE PARIS, GEOLIER DES PRISONS DE LADICTE COUR
DE PARIS, EXECUTEUR DE FEU NICOLAS CORTEGUERRE, BOURGEOIS DE PARIS, SERGENT
D'ICELLE COUR GENERAL, ONT FONDÉ EN CETTE EGLISE DE SAINCTE GENEVIEFVE DES
ARDENS UNG ANNIVERSAIRE SOLEMPNEL, C'EST ASSÇAVOIR : VIGILES, PSEAULMES ET
LEÇONS, MESSE A DIACRE ET SOUBS DIACRE, DEUX CHORIAUX, A ESTRE PERPETUELLE-
MENT CELLEBRÉE LE IIIᴱ JOUR DE NOVEMBRE PAR LEDICT CURÉ ET SES SUCCESSEURS
OU LEURS COMMIS; POUR CE FAIRE SONT OBLIGEZ LES MARGUILLIERS DE LA FABRICQUE
DE CESTE EGLISE DE PAYER AUDIT CURÉ CHASCUN AN, AUDICT JOUR, DIX HUICT SOLS
PARISIS; PARMY CE LEDICT CURÉ EST TENU DE FAIRE LEDICT SERVICE ET DE BAILLER
DEUX LIVRES DE CIRE, QUATTRE CIERGES, POUR LE LUMINAIRE DUDICT SERVICE, COMME
EST CONTENU EZ LECTRES DE DECRET DE LADICTE COURT DE PARIS, SUR CE FAICTES
ET ENREGISTRÉES AU PAPIER ORDINAIRE D'ICELLE COURT, LE IIᴱ JOUR D'OCTOBRE,
L'AN M CCCC XXX.

Bibl. nat., ms. fr. 32337, p. 168.

JACQUES DANÈS.

Tombe plate de marbre noir, placée devant le maitre-autel. Elle portait les
armes du défunt, timbrées de la mitre, accolées de la crosse; un chapeau à
quatre rangs de glands surmontait les armoiries.

2038. — HIC JACET CONDITURUS RESURRECTIONEM VITÆ ILLUSTRISSIMUS ET REVE-
RENDISSIMUS IN CHRISTO PATER JACOBUS DANESIUS, EPISCOPUS TOLONENSIS, REGIS A
SANCTIORIBUS CONSILIIS, PIETATE, FIDE, RELIGIONIS STUDIO INSIGNIS, PRECIBUS
ASSIDUIS, DIU NOCTUQUE, JEJUNIIS SINE ULLO RERUM VIVENTIUM USU, VIGILIIS
AUT RARIORI SOMNO, QUEM HUMI STRATUS PLERUMQUE CAPTABAT, CILICII USU ET
CŒTERORUM QUIBUS CORPUS CASTIGARET ET IN SERVITUTEM REDIGERET, EXIGUO ET
HUMILI CULTU, SOLITUDINIS AMORE, MORUM INNOCENTIA, TAM VOLUPTATUM QUAM
OPUM OMNIMODIQUE EX ILLIS FASTUS CONTEMPTU, ELEEMOSINIS ET DIVITIARUM,
QUAS A MAJORIBUS ACCEPERAT, IN EGENOS PRODEGENTIA, SUMMA ERUDITIONE ET
DOCTRINA, IN OMNI PENE INGENII FACILITATE ET SUBLIMITATE STUPENDA IMPRI-
MIS FACUNDIA, VIX ALIQUEM NON ANTEGRESSUS, TANTAS INTER DOTES NON SOLUM
SE EFFERENS SED DEPRIMENS ET RECONDENS; INDE QUOD VITA LATUIT IN MORTE FUL
SIT; UT VIXIT SIC OBIIT ET OBDORMIVIT IN DOMINO Vᵒ JUNII, ANNO ÆTATIS LXII,
SALUTIS M DCLXII.

ARMES. *D'or au chevron d'azur accompagné de trois croisettes pattées du même.*

Bibl. nat., ms. fr. 32337, fol. 175; — ms. lat. 17029, fol. 49; — Tombeaux de Gaignières
(Oxford), t. X, fol. 10 (reproductions figurées).

Tombe de Jacques Danès [1],

SIMON VOSTRE ✚ GENEVIÈVE PELLETIER.

2039. — LES MARGUILLIERS ET FABRICQUE DE SAINCTE GENEVIEFVE DES ARDENS
SONT OBLIGEZ DE FAIRE DIRE UNE MESSE DU JOUR PERPETUELLEMENT POUR FEU SIMON
VOSTRE, JADIS LIBRAIRE ET RELIEUR JURÉ EN L'UNIVERSITÉ DE PARIS; LAQUELLE
MESSE SE DOIBT DIRE A L'AUTEL NOSTRE DAME DE LADICTE EGLISE, A CINQ HEURES
EN ESTÉ ET A SIX HEURES EN HIVER, PAR LES BOURSIERS PREBSTRES DU COLLEGE
DES DIX HUICT, TELS QU'IL PLAIRA ESLIRE A MONSIEUR LE DOYEN DE PARIS, FAIRE
SONNER ET FOURNIR TOUTES CHOSES, COMME IL EST CONTENU AUX LETTRES FAICTES
ET PASSÉES LE VIIIE JOUR DE DECEMBRE, L'AN M D XXI.

LESDICTS MARGUILLIERS ET FABRICQUE DE LADICTE EGLISE SONT TENUZ ET OBLIGEZ

[1] Réduction d'un dessin exécuté pour R. de Gaignières (Bibl. nat., ms. latin 17029, fol. 47).

FAIRE DIRE UNE MESSE DU JOUR, TOUS LES VENDREDIS, PERPETUELLEMENT, POUR FEUE GENEVIEFVE PELLETIER, JADIS FEMME DUDICT SIMON VOSTRE, ET UNG OBIT COMPLET, TOUS LES ANS, LE JOUR DE SON TRESPAS QUI FUT LE XVIIIE NOVEMBRE, ET FOURNIR DE TOUT CE QU'IL EST NECESSAIRE POUR FAIRE DIRE LESDICTS SERVICES, SI COMME IL EST CONTENU AUX LETTRES PASSÉES LE IVE JOUR DE NOVEMBRE, L'AN M D XVIII. — PRIEZ DIEU POUR EULX.

Bibl. nat., ms. fr. 32337, p. 170.

MARGUERITE DE LASSUS.

2040. — LES MARGUILLIERS DE CESTE PRESENTE EGLISE DE SAINCTE GENEVIEFVE DES ARDENS ONT PROMIS, DU CONSENTEMENT DES PRINCIPAUX MARGUILLIERS, AUX HERITIERS ET EXECUTEURS DU TESTAMENT DE FEUE HONNORABLE FEMME MARGUE-RITTE DE LASSUS, EN SON VIVANT VEUFVE DE SIRE JACQUES HUOT, MARCHAND, BOURGEOIS DE PARIS, LAQUELLE TRESPASSA LE IIIE OCTOBRE MDL, D'ESTRE DICT ET CELLEBRÉ PAR CHASCUNE SEPMAINE EN LADICTE EGLISE, UNE BASSE MESSE DE LA CONCEPTION NOSTRE DAME, EN LA CHAPPELLE OU LADICTE DEFFUNTE EST INHUMÉE, A TEL JOUR QUE LA FESTE DE LA CONCEPTION NOSTRE DAME CONVIENDRA, A L'HEURE DE NEUF HEURES DU MATIN, A LAQUELLE LESDICTS MARGUILLIERS LA FERONT SONNER ET TINCTER COMME IL APPARTIENT, FOURNIRONT D'ORNEMENS, PAIN, VIN A CHANTER ET D'UNG CIERGE D'UNE LIVRE QUI ARDERA DURANT LADICTE MESSE, ENSEMBLE D'UNE CHANDELLE D'UNG DENIER QU'ILS FERONT PORTER A L'OFFRANDE PAR UNE FILLE QUI SERA PAR EULX ORDONNÉE A CE FAIRE, QUI ORRA LADICTE MESSE, A LA FIN DE LAQUELLE ILS FERONT DIRE UNE MESSE SECRETTE DES TRESPASSEZ AVEC *DE PROFUNDIS, FIDELIUM* ET *REQUIESCANT IN PACE*, EN JECTANT DE L'EAUE BENISTE SUR LA TUMBE D'ICELLE DEFFUNCTE; ET LA OU L'ADICTE FESTE DE LA CONCEPTION NOSTRE-DAME CONVIENDRA AU DIMANCHE, LADICTE MESSE SE DIRA INCONTINENT APRES LE PROSNE DE LA GRANDE MESSE; ET TOUT CE QUE DESSUS MOYENNANT LA SOMME DE DEUX CENS LIVRES PARISIS QUE LESDICTS MARGUILLIERS ONT RECEUE PAR LES MAINS DE SES HERITIERS ET EXECUTEURS EN LA PRESENCE DE PAYEN ET FRINIE, NOTTAIRES AU CHASTELLET DE PARIS, COMME APPERT PAR LE CONTRACT PAR EULX FAICT, LE XXE OCTOBRE M D L. — PRIEZ DIEU POUR SON AME.

Bibl. nat., ms. fr. 32337, p. 170.

THOMAS DE BRAGELONGNE ✚ MADELEINE KERYER.

2041. — CY GIST NOBLE MAISTRE THOMAS DE BRAGELONGNE, CONSEILLER DU ROY ET LIEUTENANT CRIMINEL DE LA PREVOSTÉ DE PARIS, SEIGNEUR DE LA JELLE SOUBZ CHANTEMOLLE ET DU MESNIL LESPARS, EN CHAMPAIGNE, QUI TRESPASSA LE XIIE APVRIL M D LXXI;

ET MAGDELAINE KERVER, SA FEMME, QUI DECEDDA LE...

Bibl. nat., ms. fr. 32337, f° 165 v° et p. 171; — ms. fr. 32944, p. 375.

PIERRE GUENEAU.

2042. — Pour le remede de l'ame de feu Pierre Gueneau, et ses pere et mere et amis, en son vivant prebstre, clerc de l'eglise de ceans, natif de Moulins Engilbert, pays de Nivernois, Messieurs les curés et marguilliers de l'œuvre et fabrique de l'eglise de ceans sont tenus de faire dire et cellerrer a tousjours et a jamais quatre services, a chascun desquels sera chanté, le vendredy des quatre tems vespres, vigiles des morts et a la fin le *Libera*, tout au long, et *Recommandaces*, plus, le samedy, la messe de *Sancto Spiritu* et de *Beata* et la messe de *Requiem*, ou sera repeté *Si ambulavi*, et les trois versets *Sicut servus*, la prose *Lugentibus in Purgatorio*, a l'elevation du *Corpus Domini*, *O Salutaris Hostia*, et apres le premier *Agnus Dei*, *Pie Jesus Domine*, par trois fois repeté par les deux chappiers, et a la fin de la messe *Clementissime Domine*, *qui pro nostra miseria* et le *De profundis* avecque les oroisons accoustumées, et a la fin de chasque service sera distribué a monsieur le curé dix sols, et deux pains de douze deniers piece, et aux deux chappiers, diacre et soubs diacre, a chascun cinq sols tournois et ung pain de douze deniers tournois, et pour ce faire ledict Gueneaut a baillé a l'eglise de ceans cent escus soleil pour estre employez en rente au profict de ladicte eglise, comme plus a plain est declaré et contenu au contract de ce faict et passé par devant Louis Roze et Philippes Cothereau, nottaires au Chastellet de Paris, m d lxxxiv, le dimanche IIe jour du mois de septembre.

Quisquis ades, qui morte cades, sta, respice plum [1]; sum quod emis [2], modicum cineris; pro me, precor, ora.

Bibl. nat., ms. fr. 32337, p. 171. _____

JACQUES HUOT + MARGUERITE LASSUS.

2043. — En ceste chappelle de la Conception sont inhumez, les corps reduits en pouldre, feuz de bonne memoire honnorable Jacques Huot et Margueritte Lassus, sa femme, en leur vivant marchant drappier de Paris, parroissien de ceste eglise, lequel rendit son ame a Dieu le XIIIe jour d'octobre MDXVII, et ladicte Marguerite le IIIe octobre MDL. Pour le salut des ames desquels les marguilliers presens et advenir de la fabricque de ceste eglise sont tenuz et obligez, avecque le revenu et temporel d'icelle yfothecque, a faire dire et cellebrer chascun an et perpetuellement sans discontinuer, chascun vendredy de l'an, une basse messe de *Requiem*, en la fin la Passion, *De profundis* et asperger de l'eaue benoiste sur la tumbe dudict deffunct, sonner la grosse cloche a bransle et tinter par quinze comptées, et ung cierge de demie livre allumé sur l'autel; *Item*, chascun samedy de l'an, une haulte messe de ladicte Conception, diacre, soubs diacre et deux choreaux tenans chappes et procession a l'entour des Fonts, chantans un

_____
[1] *Sic*, peut-être pour *paullum*. — [2] *Sic*, sans doute pour *eris*.

RESPONDS ET LE VERSET ET L'ORAISON PAR LE PREBSTRE D'ICELLE CONCEPTION, DE-
VANT LE CRUCIFIX, AVECQUE LA GROSSE SONNÉE COMME LA GRANDE MESSE PARRO-
CHIALLE, DEUX CIERGES DE DEUX LIVRES PIECE, CIRE BLANCHE, BRULANS SUR L'AUTEL;
ITEM, CHASCUN AN, A TEL JOUR, OU PROCHAIN EN CAS D'EMPESCHEMENT, QU'ICEL-
LUY DEFFUNCT TRESPASSA, UNG OBIT SOLEMPNEL COMPLET, VESPRES, VIGILES ET
LAUDES DES TRESPASSEZ, LA VEILLE ET LENDEMAIN COMMENDACES, TROIS HAULTES
MESSES, DIACRE, SOUBS DIACRE ET DEUX CHOREAUX, DEUX PREBSTRES REVESTUS DU
SURPLIS ASSISTANS AUDICT OBIT SOLEMPNEL, PAR LE JOUR ET LA VEILLE, DEUX
CIERGES ALLUMEZ SUR L'AUTEL; A L'OFFERTOIRE PAIN, VIN ET CHANDELLE, LE TOUT
CELLEBRÉ DEDANS LADICTE CHAPPELLE OU LE DEFFUNCT EST INHUMÉ; A LA FIN DE
LAQUELLE MESSE ET OBIT SOIT CHANTÉ *LIBERA, DE PROFUNDIS,* ET ASPERGER DE
L'EAU BENOISTE SUR LADICTE TUMBE; SONT AUSSY TENUZ LIVRER, FOURNIR, AUX
DESPENS D'ICELLE FABRICQUE, CALICE ORNEMENS ET TOUT AD CE NECESSAIRE; POUR
LESQUELLES CHOSES PERPETUELLEMENT CONTINUER ET ENTRETENIR A ESTÉ BAILLÉ ET
DELLIVRÉ AUXDICTS MARGUILLIERS PAR LA VEUFVE ET HERITIERS D'ICELLUY DEFFUNCT
SEPT CENS LIVRES TOURNOIS, POUR EMPLOYER LA RENTE, AVECQUE CE UN CALICE ET
DEUX BUIRETTES D'ARGENT, PESANT DEUX MARCS SEPT ONCES, ET CERTAINS ORNE-
MENS MOITIÉ SATIN ET VELOUR ET AULTRES ORNEMENS FOURNIS, SERVANS A ICELLE
CHAPPELLE; LESQUELS SE SONT TENUZ CONTENS, AINSY QUE PLUS A PLAIN EST CON-
TENU ES LETTRES DE CE FAICTES ET PASSÉES SOUBZ LE SCEL ET PAR DEVANT DEUX
NOTTAIRES DE CHASTELLET DE PARIS, L'AN M D XVIII, LE XXe JOUR DE SEPTEMBRE.
— PRIEZ DIEU POUR EULX.

Bibl. nat., ms. fr. 32337, p. 169.

NICOLAS LAVOCAT ✠ MARIE CORSY.

2044. — LES CURÉS ET MARGUILLIERS DE L'ŒUVRE ET FABRICQUE DE CEANS SONT
TENUZ DE FAIRE DIRE, CHANTER ET CELLEBRER EN LADICTE EGLISE POUR HONNORABLE
PERSONNE NICOLAS LAVOCAT, VENDEUR DE MARÉE DES HALLES DE PARIS, ET MARIE
CORSY, SA FEMME, UNE MESSE HAULTE DU SAINCT SACREMENT ET UN SALUT DU
SAINCT SACREMENT, A PERPETUITÉ, PAR CHASCUN JOUR DE LA SEPMAINE, ASSÇAVOIR
DEPUIS PASQUES JUSQUES A LA SAINCT REMY, LADICTE HAULTE MESSE A SEPT HEURES
DU MATIN ET LE SALUT A CINQ HEURES DU SOIR, ET DEPUIS LA SAINCT REMY JUS-
QUES AU JOUR DE PASQUES, LADICTE MESSE A HUICT HEURES DU MATIN ET LEDICT
SALUT A QUATRE HEURES DU SOIR; ET A CESTE FIN SERA SONNÉ ET CARRILLONÉ PAR
TROIS FOIS LES CLOCHES DE LADICTE EGLISE ET, EN FIN DU DERNIER COUP, SERA
TINTÉ DE LA PLUS GROSSE CLOCHE LA PASSION DE NOSTRE SEIGNEUR, LAQUELLE SERA
DICTE PAR LE PRESTRE QUI CHANTERA LADICTE MESSE; EN FIN DE LAQUELLE MESSE
SERA FAICTE UNE PROCESSION DEDANS L'EGLISE OU SERA CHANTÉ *LIBERA ME DO-
MINE, SALVE REGINA* ET *DE PROFUNDIS,* ET DE MESME AU SALUT DU SAINCT SACRE-
MENT, ET ADVENANT LE DECEDS DE L'UN OU DE L'AULTRE DESDICTS LAVOCAT ET
SA FEMME, SERONT TENUZ LES CURÉS, MARGUILLIERS ET SUCCESSEURS D'ENVOYER, AUX
DESPENS DE LADICTE ŒUVRE ET FABRICQUE, LES GENS D'EGLISE HABITUÉS POUR CON-
DUIRE LE CORPS DU PREMIER MOURANT A L'ENDROIT OU IL SERA ENTERRÉ, AVEC
GENS D'EGLISE, SERA BAILLÉ PAR LES HERITIERS DUDICT PREMIER MOURANT DEUX
TORCHES POUR LA CONDUITE DE LA CROIX; PLUS QU'IL SOIT DICT ET CELLEBRÉ EN

LADICTE EGLISE, LE LENDEMAIN QUE LEDICT PREMIER MOURANT SERA ENTERRÉ, UN
SERVICE COMPLET, VIGILES, LAUDES, RECOMMANDACE PAR CHASCUN AN, A PERPE-
TUITÉ JOUR DUDICT DECEDS; PENDANT LA CELLEBRATION DESQUELS SERVICES SERONT
SONNÉES LES CLOCHES DE LADICTE EGLISE, ET, A CESTE FIN, SERONT TENUZ LES MAR-
GUILLIERS ET SUCCESSEURS DISTRIBUER A MONSIEUR LE CURÉ ET SES GENS D'EGLISE
CE QUE LEUR CONVIENDRA, ENSEMBLE DU PAIN, VIN, LUMINAIRE, ORNEMENS ET
AULTRES CHOSES A CE NECESSAIRES, ET CE MOYENNANT LA SOMME DE CINQ CENS
ESCUS QUE LEDICT LAVOCAT ET SA FEMME EN AUROIENT PAYÉ COMPTANT AUX-
DICTS MARGUILLIERS, SELON QU'IL EST PLUS AU LONG DECLARÉ AU CONTRACT DE
LADICTE FONDATION PASSÉ PAR DEVANT PHILIPPES COTHEREAU ET SIMON DEBARDE,
NOTTAIRES AU CHASTELLET DE PARIS, LE XIIᵉ DECEMBRE M DC. – PRIEZ DIEU POUR
EULX.

Bibl. nat., ms. fr. 32337, fol. 172 v°.

NICOLAS BONFONS ✛ CATHERINE RUELLE.

2045. — MESSIEURS LES CURÉ ET MARGUILLIERS PRESENS ET ADVENIR SONT TENUZ
ET OBLIGEZ FAIRE DIRE A PERPETUITÉ DEUX SERVICES COMPLETS ET SOLEMPNELS, PAR
CHASCUN AN, A L'INTENTION DE FEU HONNORABLE HOMME MAISTRE NICOLAS BON-
FONS, EN SON VIVANT MARCHAND LIBRAIRE ET IMPRIMEUR JURÉ EN L'UNIVERSITÉ
ET BOURGEOIS DE PARIS, ET DE FEUE HONNORABLE FEMME KATHERINE RUELLE, SON
ESPOUSE, COMME IL EST PLUS AMPLEMENT PORTÉ PAR CONTRACT PASSÉ PAR DEVANT
DE TROYES ET PARQUE, NOTTAIRES AU CHASTELLET DE PARIS, LE XXIXᵉ FEVRIER
M DC XXXII. LE PREMIER JOUR DESDICTS SERVICES SE DIRA LE VIII DE MAY, JOUR DU
DECEDS DUDICT BONFONS, ET L'AUTRE LE XVᵉ JUING, JOUR DU DECEDS DE LADICTE
RUELLE, OU BIEN AUX JOURS PLUS PROCHES D'ICEULX, ET A CHASCUN DESDICTS SER-
VICES SE DIRONT VIGILES A NEUF LEÇONS, TROIS HAULTES MESSES; LES TROIS CLOCHES
SERONT SONNÉES EN BRANSLE, TANT LA VEILLE QUE LE JOUR DESDICTS SERVICES; LES
BONS ORNEMENS NOIRS SERONT TENDUZ, ET LESDICTS SIEURS MARGUILLIERS SERONT
TENUZ FOURNIR L'ARGENTERIE, PAIN ET VIN D'OFFRANDE, DEUX TORCHES ET QUATRE
POINTES A LA REPRESENTATION QUI SERA POSÉE SUR LA FOSSE DESDICTS DEFFUNCTS
ET DEUX CIERGES SUR LE GRAND AUTEL; SERONT AUSSI TENUZ LESDICTS SIEURS DE
DONNER ET RETRIBUER AUX PREBSTRES QUI DIRONT LES TROIS HAULTES MESSES CHAS-
CUN DIX SOLS, AUDICT SIEUR CURÉ POUR SON ASSISTANCE QUARANTE SOLS, AU VI-
CAIRE VINGT CINQ SOLS ET AUX TROIS AULTRES PREBSTRES CHASCUN DIX SOLS; A LA
FIN DE LA DERNIERE MESSE SE DIRA LE *LIBERA* ET LE *DE PROFUNDIS*, AVEC LES
ORAISONS PROPRES ET CONVENABLES, AVEC ASPERSION D'EAU BENISTE SUR LA FOSSE;
SERONT DE PLUS TENUZ LESDICTS SIEURS DE FAIRE ANNONCER ET PUBLIER LES JOURS
AUXQUELS ON DIRA LA MESSE PARROCHIALLE, LE DIMANCHE PRECEDENT, A CE QUE
LES ASSISTANS SOIENT EXHORTÉS DE PRIER DIEU POUR LE REPOS DES AMES DESDICTS
DEFFUNCTS, DESQUELS LES CORPS CY DEVANT GISENT ET REPOSENT. – *FIDELIUM ANI-
MÆ REQUIESCANT IN PACE*.

Bibl. nat., ms. fr. 32337, fol. 173.

LUCIEN BOISARD ✚ ANNE LEGENDRE.

2046. — A LA MEMOIRE ETERNELLE. — HONNORABLE HOMME LUCIAN BOISARD, MARCHAND TAPISSIER ET BOURGEOIS DE PARIS, TANT POUR LE SALUT DE SON AME QUE DE CELLE DE VERTUEUSE FEMME ANNE LEGENDRE, SON EPOUSE, QUI DECEDA LE XXIVE DECEMBRE M DC L, AAGÉE DE XLIV ANS, A FONDÉ EN CETTE EGLISE QUATRE MESSES HAUTES AVEC LE *LIBERA*, A LA FIN D'ICELLES, L'UNE DE SAINT LUCIAN, LE VIIE JANVIER, L'AUTRE DE SAINTE ANNE, LE XXVIIIE JUILLET, LA TROISIEME DES TRESPASSÉS, LE JOUR DU DECEDS DE LA SUSDICTE LEGENDRE, ET LA QUATRIEME, AUSSY DES TRESPASSÉS, LE JOUR DU DECEDS DUDICT BOISARD; A QUOI SE SONT OBLI-GÉS MESSIEURS LES CURÉ ET MARGUILLIERS, COMME IL SE VERRA PLUS AMPLEMENT PAR LE CONTRACT PASSÉ PAR DEVANT LANGLOIS ET LEMOINE, NOTAIRES, LE XXXIE DE-CEMBRE M D CLI. — *REQUIESCANT IN PACE.*

Bibl. nat., ms. fr. 32337, fol. 173 v°.

ANTOINE DE MACHY.

2047. — MAISTRE ANTOINE DE MACHY, PRESTRE, DOCTEUR EN THEOLOGIE DE LA SOCIETÉ DE SORBONNE, CURÉ DE CETTE EGLISE DE SAINTE GENEVIEVE DU MIRACLE DES ARDENS, APRES Y AVOIR HONNORÉ ET SERVI DIEU PAR SA PIETÉ ET INSTRUIT SES PARROISSIENS PAR PAROLES ET ŒUVRES, L'ESPACE DE XXII ANS, A ENCORE LAISSÉ DE SES BIENS POUR FONDER A PERPETUITÉ LE CATECHISME, A L'ISSUE DE VEPRES, DEPUIS LE DIMANCHE D'APRES LA TOUSSAINT, JUSQUES A PAQUES, AUX CONDITIONS DU CONTRACT PASSÉ ENTRE MESSIEURS LES MARGUILLIERS ET SES EXECUTEURS TESTA-MENTAIRES, PAR DEVANT LE CARRON ET SON COMPAGNON, NOTTAIRES AU CHAS-TELLET, LE IXE JANVIER M DC LIII.

Bibl. nat., ms. fr. 32337, fol. 173 v°.

ISABELLE LE FEBVRE ✚ CHARLES GAULTIER,
MARIE DE BRESME.

2048. — CY DEVANT ONT ESTÉ INHUMEZ LES CORPS DE FEUE HONNORABLE PER-SONNE ISABELLE LEFEBVRE, FEMME DE CHARLES GAULTIER, MARCHAND ORPHEVRE, BOURGEOIS DE PARIS, LAQUELLE A FONDÉ A PERPETUITÉ, EN L'EGLISE DE CEANS, SAINCTE GENEVIEFVE DU MIRACLE DES ARDENS, TOUS LES SAMEDIS DE CHASQUE SE-MAINE, UNE MESSE BASSE DE *REQUIEM*, A L'HEURE DE NEUF HEURES, QUI DOIBT ESTRE SONNÉE, A LA FIN DE LAQUELLE DOIBVENT ESTRE DICTS UNG *DE PROFUNDIS* ET LES ORAISONS ACCOUSTUMÉES, AVEC L'ASPERSION D'EAU BENOISTE SUR LA FOSSE; *ITEM*, UNG SERVICE COMPLET AUQUEL ASSISTERONT SIX HOMMES D'EGLISE, LE IER JOUR DE JUILLET, JOUR DU DECEDS DE LADICTE LEFEBVRE; LESQUELLES MESSES ET SERVICE LES MARGUILLIERS DE SAINCTE GENEVIEFVE DES ARDENS SONT OBLIGEZ DE FAIRE

DIRE PAR CONTRACT PASSÉ PAR DEVANT SEVESTRE ET ANTOINE DESNOTS, NOTTAIRES AU CHASTELLET DE PARIS, LE Iᴱᴿ NOVEMBRE 1600.

CHARLES GAULTIER, MARCHAND ORPHEVRE ET BOURGEOIS DE PARIS, FILS DES SUS-DICTS, MARIE DE BRESME, SA PREMIERE FEMME, POUR LESQUELS LES MARGUILLIERS DE MADAME SAINCTE GENEVIEFVE DES ARDENS SONT TENUZ ET OBLIGEZ DE FAIRE DIRE ET CELLEBRER A TOUSJOURS, TOUS LES PREMIERS VENDREDIS DE CHASQUE MOIS, EN L'ANNÉE, A HUICT HEURES DU MATIN, UNE MESSE BASSE DE *REQUIEM*, EN LÁ CHAPPELLE DE NOSTRE DAME, DEVANT LAQUELLE ON DIRA LA PASSION DE NOSTRE SEIGNEUR, ET APRES ICELLE UN *LIBERA* ET *DE PROFUNDIS* AVEC ASPERSION D'EAU BENISTE SUR LA FOSSE; *ITEM*, DEUX ANNIVERSAIRES A BASSES MESSES, PAREILLE HEURE, SÇAVOIR LE XIVᴱ MAY, JOUR DU DECEDS DE LADICTE BRESME; CONTRACT PASSÉ PAR DEVANT TULOUE ET MARION, NOTTAIRES AU CHASTELLET, LE XXVIIIᴱ JUILLET M DC XXV, ET MARIE BAUDOIN, SECONDE FEMME DUDICT GAUTIER, FILS, POUR LAQUELLE LES MARGUILLIERS SONT OBLIGEZ DE FAIRE DIRE UN SERVICE COMPLET, LE IXᴱ SEPTEMBRE, ET FOURNIR, TANT POUR LE PRESENT SERVICE, COMME POUR LES AUTRES SERVICES ET MESSES, TOUT CE QUI EST NECESSAIRE, PAR CONTRACT PASSÉ PAR DEVANT TULOUE ET PARQUE, NOTTAIRES, LE XVIIᴱ AOUST M DC XVI.

Bibl. nat., ms. fr. 32337, fol. 172.

JACQUES PIGET ✛ LOUISE THIREMENT.

2049. — CI GIST JACQUES PIGET, JURÉ CRIEUR DES CORPS ET DE VIN, BOURGEOIS DE PARIS, ET LOUISE THIREMENT SA FEMME, LAQUELLE POUR LE REPOS DE SON AME ET DE SON MARY A FONDÉ EN CESTE EGLISE DE SAINCTE GENEVIEFVE DU MIRACLE DES ARDENS, A PERPETUITÉ ET A TOUSJOURS, TOUS LES SAMEDIS DE CHASCUNE SEP-MAINE DES ANNÉES, UNE MESSE BASSE DE LA VIERGE OU DES DEFFUNCTS, A LA FIN DE LAQUELLE SERA DICT LE *LIBERA* ET *DE PROFUNDIS*, AU LIEU DE LA SEPULTURE DUDICT DEFFUNCT; *ITEM* A TOUSJOURS ET PERPETUITÉ, PAR CHASCUN AN, PAREIL JOUR QUE CELUY QU'ELLE DECEDDERA, UN OBIT SOLEMPNEL AUQUEL SE DIRONT LES VESPRES, VIGILES A NEUF LEÇONS, ET LAUDES DES MORTS; LA VEILLE ET LE JOUR HAULTES MESSES SÇAVOIR : UNE DU SAINT ESPRIT, LA SECONDE DE LA VIERGE ET LA DERNIERE, A NEUF HEURES DU MATIN, DE *REQUIEM*, ET A LA FIN LE *LIBERA* ET *DE PROFUNDIS* SUR LA FOSSE, AVEC L'OROISON PROPRE ET *FIDELIUM*; *ITEM*, A TOUS-JOURS ET A PERPETUITÉ, UN SALUT QUI SE DIRA PEU AVANT NOËL, LE JOUR QUE SE DICT LE HUICTIESME *O*; LESQUELS OBITS SOLEMPNELS ET SALUTS DOIVENT ESTRE AN-NONCÉS AU PROSNE LE DIMANCHE PRECEDENT, ET LES PARENTS AVERTIS PAR LE PORTE VERGES; ET L'ŒUVRE EST TENUE FOURNIR TOUT LE LUMINAIRE, ARGENTERIE, ORNEMENS, SONNERIES ET TOUTES AUTRES CHOSES NECESSAIRES POUR L'EXECUTION DES CHARGES, CLAUSES ET CONDITIONS PORTÉES PLUS AU LONG DANS LE CONTRACT DE LA FONDATION, PASSÉ PAR DEVANT CORROZET ET FRANÇOIS, NOTTAIRES AU CHASTELLET DE PARIS, LE XXVIIᴱ FEBVRIER M DC LXVI. LEDICT JACQUES PIGET EST DECEDDÉ LE XXIIᴱ JANVIER M DC XLVIII, AAGÉ DE XL ANS, ET LADICTE LOUISE THIREMENT DECEDDÉE LE Xᴱ MARS MDCLXVI, AAGÉE DE LVIII ANS. — PRIEZ DIEU POUR LE REPOS DE LEURS AMES.

Bibl. nat., ms. fr. 32337, fol. 174.

JACQUES COLLETET.

2050. — CY GIST MAISTRE JACQUES COLLETET, PROCUREUR AU CHASTELLET, AAGÉ DE LXXXII ANS, ANCIEN MARGUILLIER DE CETTE PARROISSE, LEQUEL A FONDÉ EN CETTE EGLISE, A PERPETUITÉ, UNE MESSE BASSE DE *REQUIEM*, TOUS LES PREMIERS VENDREDIS DE CHACUN MOIS ET UN SERVICE COMPLET, A PAREIL JOUR QU'IL EST DECEDÉ, QUI EST LE XXIV DU MOIS DE MAY M DC LXXXI, ET CE A PERPETUITÉ, COMME IL EST PORTÉ PAR LES CONTRACTS DE FONDATION, LE PREMIER PASSÉ PAR DEVANT CHOISEAU, NOTAIRE, LE IIIe AVRIL M DC LX, ET LE SECOND DEVANT LANGLOIS, NOTAIRE, LE VIe MAY M DC LXXXII. — *REQUIESCAT IN PACE.*

Bibl. nat., ms. fr. 32337, fol. 174 v°.

JEAN BONNEAU ✚ ANTOINETTE ROVET.
LUCIEN BOISARD.

2051. — LES MARGUILLIERS PRESENS ET AVENIR DE L'EGLISE DE CEANS SERONT TENUZ FAIRE DIRE, A PERPETUITÉ, EN LADICTE EGLISE, ISSUE DE LA GRANDE MESSE, QUI SE CELLEBRE PAR CHASCUN DIMANCHE ET CHASCUNE FESTE DE L'ANNÉE, UN *SALVE REGINA, DE PROFUNDIS*, ANTIENNES ET ORAISONS CONVENABLES, A HAULTE VOIX; LEQUEL *DE PROFUNDIS* SE DIRA SUR LA FOSSE OU SONT INHUMEZ DEFFUNCT JEHAN BONNEAU, MARCHAND TAPISSIER A PARIS, ET ANTOINETTE ROVET, SA FEMME EN PREMIERES NOPCES, ET A LEUR INTENTION, MOYENNANT DEUX CENS LIVRES LEGUÉES PAR LADICTE ROVET; OULTRE LAQUELLE SOMME A ESTÉ DONNÉ TRENTE LIVRES ET UNE PIECE DE TAPISSERIE DE HAULTE LISSE, PAR HONNORABLE HOMME LUCIEN BOISARD, AUSSY MARCHAND TAPISSIER, DERNIER MARI DE LADICTE ROVET ET SON EXECUTEUR TESTAMENTAIRE, LAQUELLE DECEDDA LE Xe JUING M DC XXVI, AINSY QU'IL APPERT PAR CONTRACT PASSÉ PAR DEVANT COTHEREAU ET JACQUES PARQUE, NOTTAIRES GARDENOTTES AU CHASTELLET DE PARIS, LE IXe JOUR DE JUILLET M DC XXVIII.

ET LEDICT BOISARD EST DECEDDÉ LE 1.... 160... ET A ESTÉ INHUMÉ AU DESSOUBS DE L'AIGLE, AVEC LESDICTS BONNEAU ET ROVET. — PRIEZ DIEU POUR EULX.

Bibl. nat., ms. fr. 32337, fol. 173.

CLAUDE MOUSSINOT ✚ BARBE QUETISSON.

2052. — A LA GLOIRE DE DIEU. — CY DEVANT REPOSENT LES CORPS DE MAISTRE CLAUDE MOUSSINOT, AVOCAT EN PARLEMENT, NOTAIRE APOSTOLIQUE ET ANCIEN MARGUILLIER DE CETTE EGLISE, QUI DECEDA LE 8e MAY M DC LXX, ET DE DEMOISELLE BARBE QUETISSON, SON EPOUSE, DECEDÉE LE XXXe MAY M DC XCVIII; LAQUELLE A FONDÉ APRES SON DECEDS EN CESTE PARROISSE DOUZE MESSES BASSES, PAR CHACUN AN, POUR LE REPOS DE LEURS AMES; POUR LA CELEBRATION DESQUELLES MESSIEURS LES CURÉS ET MARGUILLIERS SE SONT OBLIGÉS DE FOURNIR TOUTES CHOSES NECES-

SAIRES, COMME IL EST PLUS AU LONG PORTÉ PAR LE CONTRACT PASSÉ PAR DEVANT
LE ROY ET SON COLLEGUE, NOTAIRES AU CHASTELLET DE PARIS, LE XIE JUILLET
M DC XC VIII. – PRIEZ DIEU POUR LEURS AMES.

Bibl. nat.. ms. fr. 32337, p. 174 v°.

MARIE PINARD ✠ CHARLES PINARD ✠ LOUIS LE VISEUR ✠ NICOLAS LUYEUX.

2053. — A LA GLOIRE DE DIEU ET DE DEMOISELLE MARIE PINARD. – PAR ACTE
PASSÉ PAR DEVANT DIONIS ET SON CONFRERE, NOTAIRES A PARIS, LE XXIXE NO-
VEMBRE M DCC XVII, ENTRE LES MARGUILLIERS DE CETTE PARROISSE, D'UNE PART;
ET MAITRE ANTOINE GUIGNON, PRETRE, DOCTEUR EN THEOLOGIE, GRAND MAITRE DE
L'HOTEL DIEU, ET MAITRE CLAUDE LOYAU, RECEVEUR GENERAL DU CHAPITRE DE
L'EGLISE DE PARIS, EXECUTEURS DU TESTAMENT DE LADITE DEMOISELLE PINARD,
D'AUTRE PART, APPERT LESDITS SIEURS MARGUILLIERS S'ETRE OBLIGÉS, EN CONFOR-
MITÉ DU TESTAMENT DE LADITE DEMOISELLE PINARD, DE FAIRE DIRE A PERPETUITÉ
DANS LADITE EGLISE UNE MESSE BASSE, LE JOUR DE SAINT LOUIS, POUR LE REPOS
DE L'AME DE FEU MAISTRE LOUIS LE VISEUR, UNE AUTRE LE JOUR DE SAINT NICO-
LAS, EN L'INTENTION DE SIEUR NICOLAS LUYEUX, UNE AUTRE MESSE, TOUS LES
JOURS DE L'ANNÉE POUR LE REPOS DE L'AME DE LADITE DEMOISELLE PINARD, A SIX
HEURES EN ETÉ ET A SEPT EN HIVER; LAQUELLE MESSE QUOTIDIENNE SERA CELEBRÉE
PAR UN PRETRE, ENFANT DE LA PARROISSE, A LA NOMINATION DE MESSIEURS LES
MARGUILLIERS, CONFORMEMENT AUDIT TESTAMENT, LEQUEL PRETRE SONNERA L'ANGELUS
TROIS FOIS PAR JOUR, DONNERA, LE MATIN AVANT LA MESSE, L'ASPERSION DE L'EAU
BENITE, LE JOUR DE DIMANCHE, ET DE QUINZE JOURS EN QUINZE JOURS, UN JOUR DE
DIMANCHE, IL FERA A L'ISSUE DE LA MESSE UNE EXPLICATION DE L'EVANGILE, AVEC
EXHORTATION; SE SONT PAREILLEMENT LESDICTS SIEURS MARGUILLIERS OBLIGÉS DE
FAIRE DIRE AUSSI A PERPETUITÉ, PAR CHACUN AN, HUIT SALUTS DU SAINT SACRE-
MENT, LE LUNDI DE PAQUES, LE LUNDI DE LA PENTECOTE, LE JOUR DE L'ASSOMPTION,
DE LA NATIVITÉ, DE LA CONCEPTION DE LA SAINTE VIERGE, DE L'ANNONCIATION,
DE SAINT DENIS, IXE OCTOBRE, ET DE SAINT MARCEL, AUTRES JOURS SUIVANS, SI CEUX
CI DESSUS ETOIENT EMPECHÉS; DESQUELLES FONDATIONS IL EST DIT QU'IL SERA FAIT
MENTION SUR UNE EPITAPHE DE MARBRE AINSI QUE DU SALUT DU JOUR DE SAINTE
ANNE FONDÉ EN CETTE EGLISE PAR FEU CHARLES PINARD, FRERE DE LADITE TESTA-
TRICE, COMME IL EST PORTÉ PLUS AU LONG DANS LEDIT ACTE ET TESTAMENT.

ET A ETÉ LA PRESENTE EPITAPHE MISE PAR LES SOINS DE MESSIEURS CUISSART,
GIBERT ET ROUSSELET, MARGUILLIERS.

Bibl. nat,. ms. fr. 32337, fol. 175.

INDEX ALPHABÉTIQUE.

Les Épitaphes ou Fondations des personnages cités dans l'Index sont désignées par le mot Ép. ou Fond., qui précède le numéro de l'inscription; ces renvois ont été placés en tête de chaque article et séparés des autres numéros qui indiquent simplement la mention du nom des personnes.

Pour les armoiries concernant plusieurs membres d'une même famille dont les épitaphes ne se suivent pas, le numéro de l'inscription où elles se trouvent blasonnées est accompagné du mot *Armes*.

A

AILLY (Pierre D'). Ép. 1999.
AIMERAY (Louis), 1707.
— (Pierre). Ép. 1705, 1707; — Fond. 1706.
ALENÇON (Catherine D'). Ép. 1925.
ALLAIS (Nicolas). Fond. 1791.
ALLEGRAIN (Landry). Fond. 1828.
AMAND (Claude). Ép. 1723.
AMÉ (Jean-Baptiste). Ép. 1755, 1756.
AMPONVILLE (Guillaume D'). Ép. 2028.
ANASTASE, empereur, 1927.
ANDELY (Guérin D'). Ép. 1994.
ANDRENAS (Marguerite). Fond. 1831.
ANJORRANT (Claude), 1842.

ARDENNE (Jean D'). Ép. 1967.
ARDIER (Paul). Ép. 1845-1847; — 1848.
— (Paul), 1848.
ARNAULT (Jean). Ép. 1667; — Fond. 1668.
ARNOUL DE ROMAINVILLE. Ép. 1975.
ARROGER (Marie). Ép. 1747.
ARTOIS (Comte D'), 1605.
ATHIE (Marie D'), 1921.
AUBONNET (Guillaume D'). Ép. 1560.
— (Jeanne D'). Ép. 1559.
AUBRAY (Marguerite D'). Ép. 1514.
AUTRICHE (Élisabeth D'), 1627.
AYNEL (Eudes D'). Ép. 1974.

B

BACHELIER (Jean), 1679.
— (Nicolas). Ép. 1717, 1719, 1720; — Fond. 1718.
BACHIVAL (Simon DE). Ép. 1990.
BACQUET (Hélène). Fond. 1866.
— (Marguerite). Fond. 1866.
BAILLY, 1792.
— (Christine DE), 1610.
BALUE (Jean), 1523.
— Cf. LA BALLEE.
BAR (Duchesse DE), 1674.
— (Pierre DE). Ép. 1991.
BARBEZIÈRES (Méry DE), 1880.

BARNIER (Mathieu). Ép. 1750.
BARRY (Louis BB). Ép. 1744.
BARTHÉLEMY (Isabeau). Ép. 1902.
BASTARD (François). Ep. 1651, 1652.
— (Thomas). Ép. 1651, 1652.
— (François DE). Ép. 1605.
BASTELARD (Jacques DE), 1571.
— (Marguerite DE), 1571.
BATONNEAU (Claude). Ép. 1645.
— (Marguerite), 1835.
BAUDEQUIN, 1766.
BAUDOIN (Charles). Ép. 1784.
— (Geneviève). Ép. 1560.

C

D

E

F

J

K

L

Langlois (Jean). Ép. 1764.
— Armes, 1589, 1764.
La Pierre (Étienne de). Ép. 1935.
La Pille (Denis de). Ép. 2023.
L'Arbalétrier (Pierre). Ép. 1691.
L'Arche (François de), 1676.
— (Guillaume de), 1676.
Largentier (Anne). Ép. 1827.
La Rochefoucauld (François de). Ép. 1937; — 1948.
La Rochelle (Bernard de). Ép. 2015.
Lasségan (Jacques-Carbon de). Ép. 1524.
Lassus (Marguerite de). Fond. 2040, 2043.
La Tour(Guillaume de). Ép. 1989.
La Trémoïlle (Catherine de), 1877.
— (Gilbert de), 1876, 1877, 1878.
— (Marie de), 1877.
— (Philippe de), 1877.
Laubespine (Charles de), 1601.
— (Claude de). Ép. 1880.
— Armes, 1880.
Laugeois (Martin). Ép. 1664.
L'Aulne (Suzanne de). Fond. 1562.
Launay (Blaise de). Fond. 1676, 1677; — Ép. 1681.
— (Jean de). Ép. 1795.
— (Michel de). Ép. 1795.
— (Simon de). Ép. 1795.
— Armes, 1795.
Launoy (Colas de). Ép. 1576.
— (Hugues de). Ép. 1576.
Lavocat (Charlotte-Renée), 1625.
— (Nicolas). Fond. 2044.
Le Beau (Adam). Ép. 1903.
Le Bègée (Marguerite). Ép. 1666.
Le Bossu (Catherine). Ép. 1657.
— (Claude). Ép. 1665.
— (Denis). Ép. 1657.
— (Eustache). Ép. 1665.
— (Jacques), 1661.
— (Jean). Ép. 1666.
— (Marie), 1835.
— (Nicolas). Ép. 1663, 1665.
— (Simon), 1666.
— Armes, 1657, 1663.
Le Brest (Geneviève). Ép. 1754.
— (Germain). Ép. 1650.
— (Jacques), 1601.
— (Jacques). Ép. 1683; — 1684.
— Armes, 1683.
Le Brun (Pierre). Ép. 1595.

Le Camus, 1601, 1602, 1634, 1648, 1678, 1686, 1693, 1703, 1704, 1734, 1742, 1757, 1799, 1821, 1826, 1828, 1829, 1831, 1866.
— (Jean), 1544, 1649, 1708, 1736, 1740, 1787, 1812.
— (Jeanne). Ép. 1538, 1696.
— (Marie). Fond. 1631, 1632.
— (Pierre), 1812.
— Armes, 1631.
Le Carron, 2047.
Le Cat, 1601, 1602, 1617, 1684, 1766, 1777, 1866.
Le Charon (Catherine). Ép. 1650.
Le Cirier (Georges). Ép. 1687.
Le Clerc (Jacques), 1749.
Le Clerc de Lesseville (Antoinette), 1835.
Le Comte (Louise). Ép. 1669.
— (Richard). Ép. 2035.
Le Conte (Jean), 1708.
Le Coq (Antoine). Ép. 1521, 1522.
— (Antoine). Ép. 1521.
— (Catherine). Ép. 1523.
— (Charles). Ép. 1521-1523.
— (Charles). Ép. 1521.
— (Christophe). Ép. 1523.
— (Étiennette). Ép. 1520, 1521, 1523.
— (Gérard). Ép. 1523.
— (Gérard). Ép. 1521, 1523.
— (Hugues). Ép. 1523.
— (Jacqueline). Ép. 1523.
— (Jacques). Ép. 1523.
— (Jean). Ép. 1523.
— (Jean). Ép. 1521-1523.
— (Jean-François). Ép. 1523.
— (Louise). Ép. 1521, 1523; — 1622.
— (Marie). Ép. 1523.
— (Nicolas). Ép. 1523.
— (Philippe). Ép. 1523.
Le Conctier (Toussaint). Ép. 1686.
Lécuyer (Jean). Ép. 1700.
Le Febvre (Charles). Fond. 1688.
— (François). Ép. 1961.
— (Isabelle). Fond. 2048.
Le Fèvre, 1767.
— (Marie), 1698.
— (Nicolas). Ép. 1611, 1612.
Le Flament (Jacques). Ép. 1942.
Le Fougueux (Martin). Ép. 1592.
Le Fouyn (Élisabeth). Ép. 1711.
— (François), 1679.

LOMBARD (Jean), 1650.
LOMBART (Noëlle). Ép. 1542.
LOMME (Denise). Ép. 1836.
LONGIS (Guillaume). Ép. 1543; — Fond. 1544.
LOPEZ (Alphonse DE). Ép. 1738.
LORRAINE (Alphonse-Louis DE). Ép. 1860.
— (Catherine DE). Ép. 1911.
— (Charles DE). Ép. 1893.
— (Claude DE), 1893.
— (Henri DE). Ép. 1860.
— (Louise DE). 1627, 1878.
— (Marie DE), 1883.

LORRAINE. Armes, 1860, 1893, 1911.
LOUIS XI. 1523.
LOUIS XII, 1523, 1878, 1879, 1897.
LOUIS XIII, 1612, 1635, 1667, 1709, 1844, 1846, 1875, 1948.
LOUIS XIV, 1606, 1624. 1709.
LOUISE DE LORRAINE-VAUDÉMONT, 1627, 1878.
LOYAU (Claude), 2053.
LUCAS (Jean). Ép. 1690.
— (Jean), 1862.
LUYEUX (Nicolas). Fond. 2053.

M

MACHAULT (Baptiste DE), 1521, 1522, 1622.
— (François DE), 1622.
— (Jean-Baptiste DE). Ép. 1622; — 1522.
MACHY (Antoine DE). Fond. 2047.
MACIOT (François). Fond. 1638.
MAILLART (Jacqueline). 1523.
— (Toussaint), 1749.
MAILLÉ (Antoine DE). Ép. 1889.
MAILLET (Christophe). Ép. 1654; — Fond. 1655.
MALCOT (Anne DE). Ép. 1752.
MALHERBE (Jacques). 1749.
MALLOT (Guillaume). Ép. 1574; — 1642.
— (Nicolas). Ép. 1574.
MANEZASSARD (Blaise). Ép. 1644.
MANTEL (Anne). Ép. 1795.
MANUYN (Siméon). Ép. 1653.
MARCEL (Saint). 1938.
MARCELLOT ou MARCELOT (Jeanne). Ép. 1586.
— (Noël). Ép. 1586.
— (Robert). Ép. 1586.
— (Robert). Fond. 1821; — Ép. 1822.
— (Simon). Ép. 1586.
— Armes, 1586, 1821.
MARCÈS (Jeanne). Ép. 1623.
MARCET (Jean). Ép. 2016.
MARCHAND (Denise). Fond. 1740.
— (Gilles). Ép. 1727.
MARGUERITE DE PROVENCE, 1980.
MARIGNY (Guillaume DE). Ép. 1977.
MARILLAC (Louis DE). Ép. 1868.
MARION, 2048.
MARLE (Henri DE). Ép. 1905.
MARTEAU (Jean). Ép. 1577.
MARTIN, 1735.
— (François), 1647.

MARTINEAU (Nicolas), 1908.
MATHAREL (Anne). Fond. 1688; — Ép. 1689.
MATHIEU, 1622.
MATTIOLI (Coruelio). Ép. 1924.
MAUROY (Radegonde DE). Ép. 1859.
— (Séraphin DE). Ép. 1768.
MÉDICIS (Catherine DE), voir CATHERINE DE MÉDICIS.
— (Catherine DE). Ép. 1868.
MÉGISSIER (Marie). Fond. 1757; — Ép. 1758.
MENANT (Jacques). Fond. 1649.
— (Jean). Ép. 1662.
— (Marguerite). Ép. 1661.
— Armes, 1649.
MÉNARD (Barbe). Fond. 1789.
MÉNARDEAU (Charles). Ép. 1568.
— (Claude). Ép. 1567.
— (Gratien). Ép. 1754.
— Armes, 1568.
MENISSON (Louis DE). Ép. 1909.
MERAULT (Jeanne). Fond. 1649.
MESLOIR (Jenart DE), 1896.
MÉZIÈRES (Marie DE). Ép. 1724, 1725.
MICHEL (Antoine). Fond. 1678; — Ép. 1682.
MICHON (Geneviève). Ép. 1576.
— (Robert). Ép. 1923.
MINIER (Simone). Ép. 1838.
MIREAU (Jean). Ép. 1713.
MOLINS (Jeanne DE). Ép. 1892, 1896.
MONBODIAR (Thomas DE). Ép. 1525.
MONCHY (Georges DE), 1850.
— (Guy DE). Ép. 1571.
MONNIN (François). Ép. 1698.
MONSOT (Marie DE). Ép. 1622.
MONTENAY (Jean DE). Ép. 1950.
MONTESPAN (M. DE), 1875.

N

O

P

Phélypeaux (Louis). 1943.
— (Raymond). Ép. 1844.
— (Salomon). Ép. 1843.
— (Suzanne). Ép. 1846; — 1845, 1847,
    1848.
— (Victor). Ép. 1943.
— *Armes*, 1843, 1943.
Picou (Catherine). Ép. 1618.
— (Jean). Ép. 1618.
— (Jean), 1618.
Pidou (Étienne), 1575.
— (Nicolas). Ép. 1575, 1825.
Piedefer (Robert de), 1523.
Pierre, chantre d'Amiens. Ép. 1980.
— (Claude). Ép. 1596; — Fond. 1636.
Piètre (Pierre). Ép. 1680.
Pigen (Vincent). Ép. 2019.
Piget (Jacques). Fond. 2049.
Pignier (Marie). Ép. 1760.
Pillault (Louis), 2036.
Pimpernel (Simon). Ép. 1762, 1763.
Pinard (Charles). Fond. 2053.
— (Marie). Fond. 2053.
Pinchon (Jean). Ép. 1774.

Pinguet (Marie). Ép. 1532-1534.
Pisis (Galien de), 1965.
Planson (Jacques). Ép. 1711.
Plastrier, 1679.
Platrier (Marguerite). Ép. 1527.
Poilloue (Jeanne). Ép. 1728.
Poiret (Louise). Ép. 1762, 1763.
Poirier (René). Ép. 1728.
Poitevin (Étienne). Ép. 1545.
Polhay (Charlotte). Ép. 1834.
Polinier (Jean). Ép. 1963.
Pommard (Hugues de). Ép. 1933.
Poncet (Marie). Fond. 1544.
Porcher (Madeleine). Ép. 1723.
Pouget (François). Ép. 1696.
Pouly (Guillaume de). Ép. 2033.
Poutrain, 1793.
Pradillon (Jean-Baptiste). Ép. 1886.
Précilbert (Renaud de). Ép. 1941.
Prévost (Claude), 1777.
Prucher (Geneviève). Ép. 1660.
Prudence (Saint). Ép. 1938.
Prudhomme (Claude). Ép. 1561.

Q

Quetier (Madeleine). Ép. 1521, 1522; — 1523.
Quetisson (Barbe). Fond. 2052.

Quiquet (Guillaume). Fond. 2037.

R

Rancher (Anne). Ép. 1900.
Reboul (Charles). Fond. 1741.
Rebuffe (André de). Ép. 1552, 1553.
— (Françoise de), 1553.
— (Marie de). Ép. 1553.
Reding (Henri). Ép. 1726.
— (Rodolphe), 1726.
— (Wolfgang-Dietrich), 1726.
Regnard (Jean). Ép. 1590.
Regnault (Claude). Ép. 1783.
— (Pierrette), 1523.
Remy (Saint), 1926, 1927, 1929.
— (Jean). Ép. 1598; — Fond. 1634.
Révérend (Claude). Ép. 1597, 1600.
— (Élisabeth). Ép. 1600.
Reyff (Jean-Guillaume). Ép. 1635.
— (Nicolas), 1635.

Riges, 1666.
Robertet (Florimond). Fond. 1879.
— (François). Fond. 1879.
— (Françoise). Fond. 1878, 1879; —
    1873, 1874.
Robin (François). Ép. 1541.
— (François), 1601.
— *Armes*, 1541.
Robineau (Claire). Ép. 1819.
Rochechouart (Catherine de). Ép. 1855.
— (François de), 1855.
Rodelin (Hilaire). Ép. 1747.
— (Marie). Ép. 1747.
Roger (Pierre). Ép. 1887.
Rohan (Alexandre de). Ép. 1888.
— (Anne de). Ép. 1849.
— (Louis de), 1849.

S

T

Tonnelier (Sébastien). 1644.
— Cf. Le Tonnelier.
Tricot (Fleurance). Ép. 1573.
Tronson (Claude). Ép. 1617.
— (Germain), 1882.
— (Jean), 1601.
— Armes, 1617.

Troyes (N. de), 2045.
— (Thibout de). Ép. 1998.
Trubert (Augustin). Fond. 1829.
Truchon (Françoise). Ép. 1770.
Truchot (Guy). Ép. 1730; — Fond. 1731.
Tuloue, 2048.
Turquois (Louis). Ép. 1884.

U

Ulvy (Pierre d'). Ép. 2029.

Urbain VIII, 1948.

V

Vacquieux (Pierre de). Ép. 1808, 1813.
Vaillant (Laurence). Ép. 1906.
Van der Gracht (Charles). Ép. 1578.
— (Charles), 1578.
Vanglenne (François-Martin-Paul). Ép. 1901.
Varennes (Jean de). Ép. 1966.
Varin (Madeleine). Ép. 1778; — Fond. 1779.
Vassal (Marguerite de). Ép. 1571.
Vaulx (Claude de), 1580.
Vaux (Robert de), 1562.
Vémars (Pierre de). Ép. 1996.
— (Renaud de). Ép. 2034.
— Armes, 1996.
Vendôme, cf. Bourbon-Vendôme.

Vendureau (N.). Ép. 1748.
Victor (Marie). Ép. 1816, 1817.
Vincent (Guillaume de). Ép. 2031.
Vixs (Jean de). Ép. 1625.
— (Simon-César de), 1625.
Vivien (Élisabeth). Ép. 1670.
— (Jean). Ép. 1669.
Voisin (Élisabeth). Ép. 1795.
Vostre (Simon). Fond. 2039.
Vullart (Antoine). Ép. 1818.
— (Jean). Ép. 1819.
— (Marguerite). Ép. 1818.
— (Pierre). Ép. 1818, 1819.
Vy (Jean de). Ép. 1970.

W

Watrée (Antoine). Ép. 1953.

Wirtz (Jean-Henri). Ép. 1536.

Y

Yon (Catherine). Ép. 1782; — 1657.
— (Durand). Ép. 1659; — 1657.
— (Robert). Ép. 1539, 1540, 1737.

Yon. Armes, 1539, 1659.
Ysambert (Radegonde). Ép. 1543.

Z

Zoccosoli (Jacques), 1674.

TABLE DES MATIÈRES.

Lightning Source UK Ltd.
Milton Keynes UK
UKHW020559120219
337137UK00005B/858/P